犯罪剖繪

理論與實務

廖有祿 著

五南圖書出版公司 印行

preface 序言

犯罪剖繪是犯罪偵查新的研究領域，它是透過刑案現場所顯現的行為跡證，察覺未知嫌犯的心理痕跡，藉由過去累積的研究成果和辦案實務經驗，再加上偵查人員敏銳的觀察能力和直覺，研判可能犯罪者的背景特徵，以縮小嫌犯的搜尋範圍，進而提供具體有效的偵查建議。此項技術目前已在歐美先進國家廣為應用，但在國內仍屬學術研究的範疇，有待積極引進並探討其運用的可能性。本書旨在彙整國外相關文獻，包括最新的研究領域和已獲致的具體成果，並蒐集整理國內已完成或進行中的實證研究，以建立適合國內應用的本土資料庫，並指出未來應努力的研究方向。

全書架構如下：第一章緒論首先闡述犯罪剖繪的發展沿革、定義及目標，其次介紹剖繪和犯罪的分類，最後說明此領域及本書採用的研究方法。第二章理論基礎分別說明犯罪生物學、犯罪心理學、精神醫學和犯罪社會學，並指出科際整合在犯罪剖繪的必要性。第三章解釋犯罪剖繪的基本原理、適用範圍和應用流程，並敘述其價值和限制。第四章刑案現場分析闡釋如何勘察現場，連結連續案件，區別有組織及無組織的犯罪者，辨識可能的變造現場，以及如何進行被害調查。第五章探討新興研究領域——地緣剖繪，從環境犯罪學開始認識犯罪的空間要素和地緣關係，最後以國內案例加以分析。第六至八章分別敘述犯罪剖繪的原理如何運用到目前已有大量研究成果的性侵害、縱火和連續殺人犯罪，分別說明其定義、特性及分類，並以國內案例分析加以驗證，章節順序安排理由在於許多連續縱火和連續殺人都有隱含性的動機，因此首先探討性侵害，而連續殺人則潛藏相當複雜且非常人能夠理解的機制，因此擺在最後較為恰當。第九章則探討犯罪剖繪運用在其他案件的可行性，分別列舉戀童症、性慾窒息死亡、性偏好症、連續竊盜、尾隨騷擾、電腦犯罪、恐怖活動和校園及職場暴力，證明犯罪剖繪的觀念亦可應用在一般犯罪的偵查。最後一章則是指出犯罪剖繪的未來發展，如運用在筆跡分析、用語分析、談判、偵訊、測謊、催眠、行為觀察技術、欺騙偵測、文字供述內容分析和心理解剖，以及如何藉由建立資料庫進行電腦分析，最後則是探討犯罪剖繪涉及的倫理議題，以避免此一技術遭到誤用及濫用。

綜觀全書可以發現，犯罪剖繪兼具理論基礎和實務價值，而且是一般犯罪偵查人員應具備的基本知識，而非專業剖繪人員的專利，其核心概念則是向犯罪者學習和從犯罪者的角度思考，如此將可在某些懸而未破的重大刑案中，找到一些有利辦案的蛛絲馬跡，進而釐出偵查方向並提供輔助策略，協助逮捕嫌犯及蒐集相關證據。此項技術如要普遍應用，有賴累積大量而深入的本土研究資料，本書撰寫目的即在拋磚引玉，期望未來能有更多學者投入開拓此一研究領域，共同為犯罪偵查和社會治安工作盡一份心力。

廖有祿

於2024年4月15日

contents 目次

tables 表次

figures 圖次

第一章 緒 論

第一節 發展沿革

犯罪剖繪（criminal profiling）之目的是協助警察找出犯罪者，它主要是根據刑案現場所得到的資訊來推論犯罪者的個人特徵。最初從著名的偵探小說如Authur Conan Doyle、Wilkie Collins等人的作品中首開先例，透過虛構人物Sherlock Holmes和Walter Hartright細密的觀察現場，加上個人的知識和直覺，進而推論嫌犯的行為和特徵。Edgar Allan Poe便在其作品中提及：「由於沒有一般的線索，偵查人員就會想像自己是凶手（throw himself into the spirit of his opponent），而一眼便看穿自己可能會被誘導犯錯，或太過急躁而判斷錯誤的原因[1]」。

犯罪剖繪技術這個名詞受到矚目，部分也要歸功於電影「人魔崛起」、「紅龍」、「沉默的羔羊」、「人魔」、「凶手就在門外」（copycat）以及電視影集「犯罪心理」（criminal mind）、「千禧年」（millennium）、「犯罪現場調查」（CSI）和小說「人骨拼圖」（bone collecter）、「精神科醫師」（the alienist）等的描述，在這些影片中由於市場需要，將剖繪者形容成異於常人，具備超能力，能一眼看出凶嫌，這種好萊塢效應（Hollywood effect）與真實有很大落差。事實上剖繪並不是什麼神奇的把戲（magical incantation），它是運用物證、偵查經驗和直覺，深入瞭解犯罪者的心理[2]。另外許多FBI退休探員也撰寫不少傳記，如「破案之神」、「黑暗之旅」、「世紀大擒兇」等，加上紀錄片Profilers,

---

1 張琰、吳家恆、劉婉俐、李惠珍譯（1997），Douglas, J., & Olshaker, M.合著，破案之神—FBI特級重犯追緝實錄，時報文化出版，頁21-22。

2 Turvey, B. E. (2002). Inductive criminal profiling. In Turvey, B. E. (Ed.). *Criminal profiling: An introduction to behavioral evidence analysis*. CA: Academic Press, pp. 21-22.

The New Profilers、雜誌Psychology Today中的文章Mind Hunter、FBI的最終武器——心理剖繪，紐約時報雜誌、新聞週刊、時代雜誌、全球地理雜誌中許多專欄文章等[3]，都加深了人們對犯罪剖繪的神祕色彩，以下就從剖繪技術的歷史緣起、早期萌芽和近期發展，說明此一技術未來的趨勢。

一、歷史緣起

在西方歷史上，剖繪曾經被不同宗教或政權用來妖魔化某些族群，例如反猶太學者Apion就曾向羅馬君主Caligula舉發猶太人會殺人後放血以進行宗教儀式，並用以下特徵來指控[4]：有位年輕男性失蹤、附近有猶太社區、時間發生在逾越節（Passover）前、屍體傷痕疑為儀式造成、現場血跡斑斑等，用來指控猶太社區進行綁架、折磨和謀殺，導致許多猶太人被處決，更多則是被暴民殺害。

直到中世紀時某些天主教神父宣稱有女巫與惡魔勾結，企圖破壞教廷和西方文明，這些女巫都有以下特徵[5]：年長女性、貧窮、身上有胎記（惡魔的記號）、獨居、住在偏遠地區、養寵物（惡魔附在動物身上）、有精神疾病（幻聽或幻覺）、種植藥草、沒有子女、蒐集陰莖、讓男人性無能，如果有婦女符合上述特徵就被獵巫、逮捕、拘禁、刑求和進行宗教審判（inquisition），據估計有三萬名英國婦女和十萬名德國婦女被判定為女巫而被處死。另外在西班牙也有進行類似宗教審判，將部分改信基督教但仍祕密維持以前宗教的伊斯蘭教徒和猶太人進行同樣審判，以淨化西班牙及維護天主教的地位[6]，到了1492年，所有在西班牙的猶太人也被驅逐出境，以上都是剖繪被濫用的例子，世人必須從中獲取教訓以避免歷史

---

3 Herndon, J. S. (2007). The image of profiling: Media treatment and general impressions. In Kocsis, R. N. (Ed.). *Criminal profiling: International theory, research, and practice*. NJ: Humana Press, pp. 303-323.

4 Turvey, B. E. (2012). A history of criminal profiling. In Turvey, B. E. (Ed.). *Criminal profiling: An introduction to behavioral evidence analysis*. CA: Academic Press, pp. 5-18.

5 Keppel, R. D., & Welch, K. (2006). Historical origins of offender profiling. In Keppel, R. D. (Ed.). *Offender Profiling*. Thomson Corporation, p. 6.

6 西元1290年所有英國猶太人被驅逐，1306年被法國驅逐，大部分都移民到西班牙，原來想享受宗教自由，後來還是被驅逐出境。

重蹈覆轍。

二、早期萌芽

牛津英語辭典（Oxford English Dictionary）引註最早使用「剖繪」這個術語是在1888年Longfellow的一篇文章「One of the Secrets of Good Profiling」，而實際運用此項技術，則包括外科醫生Thomas Bond早在1888年就被英國警方請來推論「開膛手傑克」（Jack the Ripper）[7]的外表、職業、收入、習慣、動機、性癖好和精神狀況，提供犯罪者的可能特徵[8]，包括：五個被害者是同一人所為、沒有共犯、凶手在割喉時被害人是躺臥的、突然攻擊導致無掙扎痕跡、使用利刃目的是毀損屍體、凶手強而有力、冷酷大膽、但沒有解剖方面知識、外表沒有攻擊性、孤獨且有怪癖、有求雌癖（satyriasis）[9]、中年無固定職業、外表整潔穿著體面、作案時穿斗蓬或外套等[10]，並建議將凶手的手寫信件公開在報紙上，以便讓熟人能辨認其字跡。另外鑑識病理學家George Baxer Phillips也協助警方從被害者身上的傷來推論犯罪者的人格特徵，他相信檢視傷痕可以提供犯罪者行為和人格的線索，例如他判斷殺手具備人體解剖的知識。

另一個著名案例是法國巴黎警方曾運用一名前科犯Francois Eugene Vidocq作為線民及便衣警探，由於他很熟悉歹徒作案的方法並且瞭解犯罪者的心理，因此幫警察破了不少案件，當然此種方法亦有風險，一是過度自信可能會影響客觀判斷，二是與黑道太過接近可能會產生貪瀆或逾越分際等問題。

此項技術的應用在近幾十年來逐漸受到矚目，事實上，早在第二次世

7 本案發生在英國倫敦White Chapel區，共有五名妓女被凶手開膛剖肚，屍體棄置在街上，凶手寄信給媒體，署名Jack，雖然有數名可疑對象，但本案一直沒有偵破。

8 Canter, D. V. (1997). Psychology of offender profiling. In Canter, D. V., & Allison, L. J. (Eds.) *Criminal detection and the psychology of crime*. Dartmouth: Ashgate Publishing, p. 486.

9 「求雌癖」係指男性無法控制對異性的過度性需求。

10 Keppel, R. D., & Welch, K. (2006). Historical origins of offender profiling. In Keppel, R. D. (Ed.). *Offender Profiling*. OH: Thomson Corporation, pp. 10-11.

界大戰期間，心理剖繪[11]技術就被實際運用在德國元首希特勒身上，美國政府曾委託研究者Walter Langer，從希特勒早期發跡到橫掃歐亞非戰場的種種行為表現，結合心理學家、社會學家、政治學家、醫生等方面學者蒐集其各項資料，包括他的演說、傳記、個人書信及著作，分析其行為表現的內在動機，用來透視希特勒人格的內在特質，包括他具有戀母情結自認為是全能的，是神派他來拯救德國，他不相信任何人，具有雙重人格及歇斯底里症狀，害怕被人下毒及刺殺，可能是性無能且有被虐症，用強壯及男子氣概的形象以補償其不安心理，不受他人支配且無法忍受挫折[12]，以此客觀的心理剖繪，作為判斷他決策的基礎[13]，並訪談希特勒周遭與他關係密切的人，以深入瞭解其心理狀態、行為動機，以及在特殊情況（例如盟軍登陸，德軍節節敗退）下會怎麼做（研判他會自殺），藉此預測其未來的行為及研擬因應策略[14]，此種方法類似古代羅馬將領會先瞭解敵方領導人再據以策劃其軍事行動。

直到1950年代中期，犯罪剖繪才脫離小說故事，走入真實生活。在當時，紐約市發生一連串瘋狂炸彈客（mad bomber）案件，凶手在16年間犯下47起爆炸案件，雖然無人因此而死亡，但許多人遭嚴重傷害而且他也不斷寄信給報社，威脅要炸毀紐約市的地標。在無計可施的情況下，1956年警方請來精神科醫師James Brussel研究爆炸現場的照片、凶手寄給報社的恐嚇信件內容等，他從犯罪現場的行為，採用心理分析方法，診斷未知犯罪者的心理疾病[15]，藉以研判嫌犯的背景，判斷此「瘋狂炸彈客」

11 剖繪不僅能用在犯罪者，也能運用在一般人，Holmes使用「社會心理剖繪」（sociopsychological profiling）以代替早先的「心理剖繪」，因為剖繪不僅可提供人格素描，更可以提供社會背景資料如年齡、種族、性別、職業、教育及其他變項。參見Holmes, R. M., & Holmes, S. T. (2002). *Profiling violent crimes: An investigative tool*. CA: Sage Publications, preface.

12 Keppel, R. D., & Welch, K. (2006). Historical origins of offender profiling. In Keppel, R. D. (Ed.). *Offender Profiling*. Thomson Corporation, pp. 20-21.

13 黃富源、廖訓誠（1996），心理描繪技術在刑事偵防上的運用，刑事科學，第42期，頁60。

14 Holmes, R. M., & Holmes, S. T. (2002). *Profiling violent crimes: An investigative tool*. CA: Sage Publications, pp. 25-28.

15 Palermo, G. B., & Kocsis, R. N. (2005). *Offender profiling: An introduction to sociopsychological analysis of violent crime*. IL: Charles C. Thomas Publisher, p. 124.

為男性、體型勻稱、具備金屬知識、有慢性疾病、妄想症、內向、以自我為中心、沒有朋友、受過良好教育、中年未婚、是東歐移民、信奉羅馬天主教、與父親相處不睦、具戀母情結、獨居或和母親同住在康乃狄克州、安靜而有禮貌、裝扮一絲不苟，甚至指出他被捕時會穿雙排扣西裝等。之後警方逮捕到Con Edison電力公司前員工George Metesky，他果然穿著雙排扣西裝（事實上警方於清晨上門時，他穿著睡衣，要出門前才換上西裝，因為他知道要面對媒體），除了和未婚的妹妹同住外，其他的描述幾乎完全相符，其主要動機是因為在工作中遭受傷害，但公司並未支付相對的補償金，導致他懷恨在心，才到處放置炸彈。當別人問到Brussel如何猜得這麼準，他的說法是在醫院長期的工作經驗中，由於精神病患大多無法詳細描述症狀，他只好仔細觀察每個病患，預測對方未來的行為模式，以及在特定情境下會作何種反應，而這次只是把程序反過來，倒果為因，從案發後的跡證研判哪種人會幹下這種事情[16]。但也有人批評他的剖繪其實與警方已掌握的線索相似，除此之外，該案能順利破獲，主要歸功於檔案管理員Alice Kelly，是她從成堆的員工補償案件中找到線索。也有人指稱Brussel的預測是後見之明（hindsight bias），也就是在Metesky遭逮捕後，再將已經披露的訊息寫入書中，並非原來提供的剖繪。

另外，從1962到1964年在波士頓發生13件性謀殺案件，所有的被害人都是被絲襪或皮帶勒死，該市立即成立一個剖繪委員會，由精神科、婦產科醫生和人類學家共同組成，原來研判係兩個不同的人作案，最後由Brussel進行剖繪，他判斷僅有一人涉案只是在過程中改變犯罪手法，結果和後來捉到的扼殺者（strangler）Albert DeSalvo的特徵（包括外表乾淨俐落、頭髮梳理整齊、不突出且不會被注意、肌肉發達、孔武有力、中上智力、未婚、30歲上下、有偏執狂及思覺失調症、義大利或西班牙後裔、執迷於與異性的關係、作案手法漸趨熟練、接近被害人但不會驚嚇到她、

16 韓文正譯（2003），Britton, P.著，人性拼圖—異常犯罪心理剖繪實錄，時報文化出版，頁116-117。

從背後攻擊等）大致吻合（除了已婚且有小孩外）[17]，其推論的方法也是依據其精神醫學專業知識[18]。事實上Brussel的確是領風氣之先，利用心理學和精神醫學的專業知識協助犯罪偵查，因此有人稱他為剖繪之父（father of profiling）。

上述臨床剖繪案例是由少數醫師（如Thomas Bond、James Brussel）利用其臨床經驗和精神醫學知識和臨床經驗所完成，雖然此種技術大多是透過媒體所描述，不免有誇大情形，但其重要性無庸置疑。現今剖繪技術的發展就是運用診斷評估而來，偵查人員可以諮詢這些專家而得到可能犯罪者的特徵剖繪[19]。

三、近期發展

雖然有了輝煌的開頭，犯罪剖繪在1960年代卻備受冷落。直到1970年代，美國境內的暴力犯罪節節高升，發生了許多引人矚目（high-profile）的重大刑案，殺人案件層出不窮，其中許多是陌生人下的毒手，犯罪剖繪才再度受人重視。

此項技術的發展，和美國聯邦調查局（FBI）有密切的關係[20]。最早是由被稱為「現代犯罪剖繪之父」的Howard Teten和探員Patrick Mullany開始，Teten曾拜訪Brussel醫師並受其指導，他在FBI訓練學院授課（應用犯罪學和異常心理學）時，經常和學員討論各類案件（包括連續殺人和性侵害），開始剖繪可能的犯罪者，在日常工作之外進行研究和剖繪，開始是透過私人關係採取訪談方式，最初並未受到重視，後來才有政府的

17 DeSalvo從偷竊、夜盜、強暴升高到連續殺人，並以掃帚柄插入被害人下體，見Schlesinger, L. B. (2000). Serial homicide: Sadism, fantasy, and a compulsion to kill. In Schlesinger, L. B. (Ed.). *Serial offenders: Current thought, recent findings*. FL: CRC Press, pp. 8-9.

18 Turvey, B. E. (2002). A history of criminal profiling. In Turvey, B. E. (Ed.). *Criminal profiling: An introduction to behavioral evidence analysis*. CA: Academic Press, p. 15.

19 Palermo, G. B., & Kocsis, R. N. (2005). *Offender profiling: An introduction to sociopsychological analysis of violent crime*. IL: Charles C. Thomas Publisher, p. 250.

20 當然有許多學者認為犯罪剖繪不是FBI的發明，事實上各國警察都曾運用類似方法追緝犯罪者，只是沒有使用這個名詞而已，另外因為美國有大量的連續殺人案件，也讓此項技術有發揮的空間。

研究贊助，並協助偵破數起案件。在1972年成立行為科學組（Behavioral Science Unit, BSU）之後，陸續有Robert Ressler、Roy Hazelwood、Dick Ault和John Douglas等人加入[21]，他們長期進入監所，有系統的進行性謀殺重刑犯的訪談研究，再運用心理學和精神醫學協助偵查犯罪，使剖繪技術被廣泛接受，並將作品登載在學術刊物上，BSU底下分為二個部門，指導研究部門（Instruction and Research Unit）負責研究和訓練，偵查輔助部門（Investigative Support Unit）則負責剖繪和諮詢[22]。後來在1985年正式成立國立暴力犯罪分析中心（National Center for the Analysis of Violent Crime, NCAVC），作為各個執法單位的情報交換中心（information clearing house）並推動暴力罪犯逮捕計畫（Violent Criminal Apprehension Program, ViCAP），匯集各地發生的重大案件，將跨州且懸而未決的兇案加以串聯，然後利用這套系統先將案件大致歸類，再製作罪犯剖繪，雖然許多工作可利用電腦完成，但犯罪剖繪依舊相當倚賴剖繪者本身的經驗，主要工作包括犯罪現場分析、提供偵查建議及偵訊策略、協助申請搜索票和起訴、案件連結分析和提供專家證詞，其主要任務有三：從事相關研究、進行教育訓練和提供案件諮詢[23]。美國在這方面進展神速，成績傲視全球，目前在FBI總部設有專職人員，每年處理上千個案件，而各州和地方警察單位也有許多受過FBI訓練的探員，運用剖繪在一些重大刑案，其運用方式為各州的聯絡官負責蒐集案件相關資訊，再將它送到FBI總部，由NCAVC指派人員進行分析，報告經過同儕審查後，再分發到各警察機關進行後續偵查，此外許多執法單位也陸續成立其專門的剖繪單位。另外在英國，心理學家Paul Britton曾提供偵查建議給警察，但他後來涉入到某宗案件，說服嫌犯承認未涉及的凶殺案而遭到警方摒棄。另外學者David

---

21 Ressler和Douglas可能是其中最出名的探員，二者都在從FBI退休後，將他們曾經手偵辦的刑案出版專書（本書的參考書目即有許多中譯本），將犯罪剖繪技術普及化，甚至在私人機構及世界各國提供案件諮詢。

22 Palermo, G. B., & Kocsis, R. N. (2005). *Offender profiling: An introduction to sociopsychological analysis of violent crime*. IL: Charles C. Thomas Publisher, p. 132.

23 Bumgarner, J. B. (2007). Criminal profiling and public policy. In Kocsis, R. N. (Ed.). *Criminal profiling: International theory, research, and practice*. NJ: Humana Press, p. 279.

Canter也從事許多相關研究，除了運用FBI的研究方法外，他也提出新的理論和統計分析方法，同樣非常成功，曾協助英國警方偵破一系列的性侵害和謀殺案，包括逮捕著名的鐵道強暴犯John Duffy及David Mulcahy[24]，其他也有愈來愈多的學者協助參與辦案，但許多專業的剖繪人員都不願透露他們使用的方法和如何導出結論，因為害怕遭到批評和複製，因此這項技術仍被認為藝術多於科學。

四、未來趨勢

犯罪剖繪是從1970年代開始，運用犯罪心理學知識到警察工作，從相似案件導出可能犯罪者的特徵，再從現場遺留證據和被害調查，推論犯罪者的人格特質和心理動力，提供未知犯罪者的行為和人格特徵及其在案發前、中、後的行為選擇，推論過程類似臨床醫師對當事人的心理評估[25]。

目前除了美國之外，在英國、澳洲、加拿大[26]、荷蘭[27]、以色列[28]、南非[29]、墨西哥[30]、哥倫比亞[31]等國亦成立類似單位（如表1-1-1）。另外

24 Hicks, S. J., & Sales, B. D. (2006). *Criminal profiling: Developing an effective science and practice*. DC: American Psychological Association, pp. 12-13.

25 Canter, D. V., & Allison, L. J. (1997) (Eds.). *Criminal detection and the psychology of crime*. Dartmouth: Ashgate Publishing, p. 448.

26 加拿大也成立行為科學及特勤組，見Rossmo, D. K. (2000). *Geographic profiling*. FL: CRC Press, p. 71.

27 荷蘭警政署在國家犯罪情報部門（類似FBI）下設犯罪剖繪單位，見Oldfield, D. (1997). What help do the police need with their enquiries. In Jackson, J. L., & Bekerian, D. A. (Eds.). *Offender profiling: Theory, research and practice*. England: John Wiley & Sons, p. 106.

28 以色列警方成立偵查心理部門（investigative psychology unit），下設測謊實驗室及行為剖繪單位，見Canter, D., & Youngs, D. (2009). *Investigative psychology: Offender profiling and the analysis of criminal action*. UK: John Wiley & Sons, pp. 402-403.

29 南非在1997年成立偵查心理部門，任務包括協助偵查、教育訓練和學術研究，各省都有一名聯絡員來協調重大及暴力犯罪的偵查工作，Canter, D., & Youngs, D. (2009). *Investigative psychology: Offender profiling and the analysis of criminal action*. UK: John Wiley & Sons, pp. 400-401.。

30 Esparza, M. A., & Turvey, B. E. (2016). Mexico: Criminal profiling and forensic criminology. In Turvey, B. E., & Esparza, M. A. (Eds.). *Behavioral evidence analysis: International forensic practice and protocols*. Academic Press, pp. 63-77.

31 Cardona, D. M. (2016). Columbia: Criminal profiling applications. In Turvey, B. E., & Esparza, M. A. (Eds.). *Behavioral evidence analysis: International forensic practice and protocols*. Academic

開始有私人的顧問公司提供剖繪服務[32]，而1999年成立的行為剖繪學會（Academy of Behavioral Profiling, ABP）則是第一個國際性、獨立、跨領域的專業組織，分成行為、偵查、鑑識部門[33]。犯罪剖繪目前仍在萌芽階段，尚須充分研究，加強偵查人員和司法人員的教育訓練（例如FBI曾提供國內及海外人員訓練），直到被普遍接受為止[34]。其未來發展的目標包括：從事實證研究、加強專業化、強調科際整合、建立倫理規範（例如英國、加拿大及澳洲都有從事剖繪工作的規範）、剖繪準則和推動證照測驗[35]。

表1-1-1 各國成立剖繪單位概況

英國	警察內部負責剖繪工作的人稱為犯罪現場分析人員或行為分析人員
澳洲	犯罪剖繪部門設立在國家情報委員會，經過訓練的剖繪人員都會成為國際犯罪偵查分析成員
加拿大	成立行為科學及特勤組
荷蘭	警政署在國家犯罪情報部門（類似FBI）下設犯罪剖繪單位
以色列	警方成立偵查心理部門，下設測謊實驗室及行為剖繪單位
南非	在1997年成立偵查心理部門，任務包括協助偵查、教育訓練和學術研究，各省都有一名聯絡員來協調重大及暴力犯罪的偵查工作
墨西哥	在1990年代發生許多性謀殺案，因此在檢察總署下設立女性謀殺特別小組，尋求美國FBI協助，並和ABP合作開展剖繪相關訓練及成立行為分析單位
哥倫比亞	在2011年成立犯罪行為分析單位，從事相關研究，協助警方偵查犯罪

Press, p. 114.

32 早期是免費提供服務，目前已有收費諮詢顧問（如Turvey），見Gudjonsson, G. H., & Copson, G. (1997). The role of expert in criminal investigation. In Jackson, J. L., & Bekerian, D. A. (Eds.). *Offender profiling: Theory, research and practice*. England: John Wiley & Sons, p. 72.

33 Turvey, B. E. (2002). A history of criminal profiling. In Turvey, B. E. (Ed.). *Criminal profiling: An introduction to behavioral evidence analysis*. CA: Academic Press, pp. 17-18.

34 Oldfield, D. (1997). What help do the police need with their enquiries. In Jackson, J. L., & Bekerian, D. A. (Eds.). *Offender profiling: Theory, research and practice*. England: John Wiley & Sons, p. 104.

35 目前ABP已於2001年首先進行剖繪一般知識測驗（Profiling General Knowledge Exam），通過後才能成為正式會員，見Turvey, B. E. (2000). "Letter from editor: Renewing the study of criminal behavior". *Journal of Behavioral Profiling*, 1(1). http://www.profiling.org/journal/subscribers/vol1_no1/jbp_lfte_january2000_1-1.html.

例如國際鑑識犯罪協會（International Association of Forensic Criminologist）於2013年通過犯罪剖繪專業認證法案，要求從事剖繪工作者必須通過認證，其中要求申請者必須是協會會員，具備行為科學或社會學相關學位，完成研究論文，接受相關訓練，通過測驗，實際完成剖繪並通過審查，還要符合協會訂定的倫理規範，如果有違反情事，可能會被撤銷或中止會員資格[36]。

此外目前在國外，許多大學紛紛提供犯罪剖繪的課程，某些課程也放在網路上提供線上教學，政府機構和警察部門有時也舉辦相關的研討會，也有部分私人公司開設訓練課程，以提供有興趣從事剖繪工作的學生，某些網站甚至免費提供諮詢服務，其中FBI行為科學組的課程最受到實務工作者的重視，它的網站[37]強調：透過研究犯罪者的行為和動機，行為科學組聚焦在發展嶄新的偵查方法和技術以面對各種犯罪，更為執法人員進行各種教育訓練，網路上也有些訓練課程並提供碩士學位學程，一旦有更多的學生和執法人員熟悉此項技術，就可以協助偵查更多未破案件和懸案[38]。

要讓犯罪剖繪充分發揮其功用，需要二方面配合，一是剖繪者要充分瞭解警察偵查犯罪的需要，提供正確可靠的資料給偵查單位；二是偵查人員也要充分瞭解犯罪剖繪的本質和用途，在偵查過程中適度採用此項技術，讓歹徒繩之以法[39]。近代的犯罪剖繪是由實務界發展出來的，但此項技術已逐漸擴展到各領域的學者專家，包括許多犯罪學者、社會學者、心理學者、精神科醫師和警察等實務工作者都逐漸投入相關研究，其未來發

36 Turvey, B. E., Crowder, W. S., McGrath, M., & Mikuluy, S. (2016). The IAFC Criminal Profiler Professional Certification Act. In Turvey, B. E., & Esparza, M. A. (Eds.). *Behavioral evidence analysis: International forensic practice and protocols*. Academic Press, pp. 50-53.

37 http://www.fbi.gov/hq/td/academy/bsu/bsu.htm.

38 Holmes, R. M., & Holmes, S. T. (2009). *Profiling violent crimes: An investigative tool*. CA: Sage Publications, pp. 301-302.

39 Egger, S. A. (2006). Psychological profiling: Past, present, and future. In Keppel, R. D. (Ed.). *Offender profiling*. Thomson Corporation, p. 43 (pp. 31-45).

展前景是相當樂觀的，未來將結合理論與實務，讓犯罪偵查工作增添一項利器。

第二節 定義及目標

一、定義

剖繪（profiling）從字義上是指一個人的身體輪廓，而側寫（profile）則被FBI探員Vorpagel定義為行為型態、趨勢和傾向，也就是人的特徵組合。剖繪有不同形式：行為、心理、統計、地理、語意和筆跡[40]，意思是從不同角度分析一個人的特徵。國內最早將這個名詞譯為「剖析」[41]，是用來分析犯罪人的心理層面，揣測其心路歷程；後來有學者翻成「描繪」[42]，可用以預測其社會背景，類似對嫌犯的素描[43]（biographic sketch）；事實上它兼具以上二種意義，因此另以一個新的名詞「剖繪」加以替代，也和其英語發音相匹配。犯罪剖繪人員（offender profiler）則是基於他（她）們蒐集過去犯罪的資料，提供警察偵查犯罪建議的專業人員[44]。

犯罪剖繪（criminal profiling）亦有稱為心理剖繪（psychological profiling）、罪犯剖繪（offender profiling）[45]、罪犯人格評估（criminal personality assessment）、犯罪現場剖繪（crime scene profiling）、犯罪

---

40 Palermo, G. B., & Kocsis, R. N. (2005). *Offender profiling: An introduction to sociopsychological analysis of violent crime*. IL: Charles C. Thomas Publisher, pp. 118, 124.

41 林燦璋（1994），系統化的犯罪分析：程序、方法與自動化犯罪剖析之探討，警政學報，第24期，頁111-126。

42 黃富源、廖訓誠（1996），心理描繪技術在刑事偵防上的運用，刑事科學，第42期，頁59-84。

43 中國大陸學者李玫瑾稱之為「嫌疑人心理畫像」，雖然稱謂有所不同，但殊途同歸。見李玫瑾（2010），犯罪心理研究—在犯罪防控中的作用，中國人民公安大學出版社，頁69。

44 Copson, G. (2006). Goals to New Castle: Police use of offender profiling. In Keppel, R. D. (Ed.). *Offender Profiling*. OH: Thomson Corporation, p. 339.

45 FBI早期使用心理剖繪，目前美國較常用犯罪剖繪，而歐陸則偏好罪犯剖繪。

現場評估（crime scene assessment）、未知嫌犯剖繪（unknown subject profiling）和行為剖繪（behavioral profiling）等[46]。這些名詞看似相同，但其強調重點各有不同，例如「心理剖繪」著重心理學的探討，詮釋現場和物證的心理層面，不只能用在犯罪偵查；「罪犯剖繪」及「未知嫌犯剖繪」則是蒐集大量犯罪者的特徵，用來建構犯罪者的描述；「現場剖繪」或「犯罪現場評估」則由犯罪現場推測究係何種犯罪者所為；「人格評估」則是側重人格在研判犯罪者特徵的價值，「行為剖繪」強調需透過外顯的行為，因為內在動機捉摸不定。此外，亦有人稱之為應用犯罪學（applied criminology）、偵查犯罪學（investigative criminology）、調查心理學（investigatory psychology）[47]，目前FBI將剖繪改名為「犯罪偵查分析」（criminal investigative analysis），目的在使法庭能更普遍接受其證詞，因為過去法官常質疑剖繪的內涵及科學性[48]，但此稱謂比較無法望文生義，因此一般人和學界仍習慣使用「剖繪」這個名詞[49]。

犯罪剖繪可定義為：由犯罪者的犯罪行為推論其特定人格特徵的過程[50]；更精確的解釋是從刑案現場、犯罪型態以及被害者特性等方面，蒐集、歸納出犯罪者的特徵或人格特質之破案技巧[51]。它是對於犯罪者的心理評量，其目的是藉由認知與詮釋在犯罪現場的有形物證，以顯示犯罪者的人格類型[52]，此項技術目前已成功運用在連續殺人[53]、縱火及性侵害犯

46 Rossmo, D. K. (2000). *Geographic profiling.* FL: CRC Press, p. 67.

47 Keppel, R. D. (2000). Investigation of the serial offender: Linking cases through modus operandi and signature. In Schlesinger, L. B. (Ed.). *Serial offenders: Current thought, recent findings*. FL: CRC Press, p. 121.

48 Turvey, B. E. (2002). Understanding offender signature. In Turvey, B. E. (Ed.). *Criminal profiling: An introduction to behavioral evidence analysis* (2nd. Ed.). San Diego, CA: Academic Press, p. 289.

49 此外另有人類學剖繪（anthropological profiling）、宗教剖繪（ecclesiastical profiling）和陪審剖繪（jury profiling）等，因非聚焦在犯罪偵查，不在本書探討之列。

50 Turvey, B. E. (2002). A history of criminal profiling. In Turvey, B. E. (Ed.). *Criminal profiling: An introduction to behavior evidence analysis* (2nd. Ed.). San Diego, CA: Academic Press, p. 1.

51 劉體中、霍達文譯（1999），破案之神II—解剖動機擒凶錄，時報文化出版，頁1。

52 Osterburg J., & Ward, R. (1997). *Criminal investigation: A method for reconstructing the past*, Cincinnati: Anderson, p. 150.

53 所謂連續殺人（serial murder）是指犯罪者在一特定期間內，不斷地殺害許多無辜者，而大

罪等偵查過程。這種在傳統刑事偵查技術之外另闢蹊徑的創新發展，乃是將犯罪心理學與司法精神醫學對犯罪人的系統研究，予以整理、比較、分析、歸納、分類並予以標準化各種罪犯的類型。而能提供實務人員在偵辦刑案時，除借重傳統之生物、物理與化學痕跡的蒐集與鑑識外，更能蒐集到犯罪人的「心理痕跡」（psychological trace）[54]，且能以之過濾人犯，縮小偵查範圍而提高破案的比率[55]。

犯罪剖繪可以分析犯罪行為特徵（如使用武器、行經路徑、使用車輛、取走物品），從相似案件拼湊出嫌犯特徵，找出可能的犯罪者，預測其種族、年齡、工作、宗教、婚姻狀況、教育程度等，並提供具體的偵查建議。剖繪除了能預測嫌犯的特徵外，也可以確定係連續型犯罪，分析案件細節，列出偵查優先順序，提供詢問嫌犯、目擊者和運用媒體的具體建議等[56]。

事實上，有些人對剖繪有錯誤的認知（misconception），如表1-2-1所示[57]。

表1-2-1　剖繪的錯誤認知和真實情況

錯誤認知	真實情況
剖繪是基於犯罪者的人格做預測	人格預測的信效度都有問題，光靠人格的敘述對偵查人員沒有幫助，剖繪者應聚焦在行為指標
剖繪者負責破案	剖繪者不是執法人員，所提供的資訊對偵查人員不一定有幫助，不應該視為警察的附屬單位
剖繪已經確認其科學定位	雖然剖繪正在向科學邁進，但還在初始階段，離科學境界尚有一段距離

量殺人（mass murder）則是在同一時間殺死數人。參見許春金（1996），犯罪學，中央警察大學，頁347-349。

54 心理痕跡係指人的行為都是有跡可尋的，就像人的影子會如影隨形一般。

55 黃富源（1995），可開天眼看凡塵，引自李璞良譯，世紀大擒兇—FBI心理分析官對異常殺人者分析手記，台北：台灣先智，序文。

56 Stevens, J. A. (1997). Standard investigatory tools and offender profiling. In Jackson, J. L., & Bekerian, D. A. (Eds.). *Offender profiling: Theory, research and practice*. England: John Wiley & Sons, pp. 83-84.

57 Bartol, C. R., & Bartol, A. M. (2013). *Criminal & behavioral profiling*. SAGE Publications, p. 59.

總之，犯罪剖繪是從刑案現場特性、被害調查和行為跡證，推論犯罪者的特徵，而產生的剖繪可以提供偵查建議和偵訊策略，協助司法諮詢服務[58]。它是結合偵查經驗和行為科學知識，提供偵查方向的一種工具[59]，其目的在協助偵查人員處理以傳統偵查技術很難快速偵破的不尋常案件[60]。

二、目標

犯罪剖繪的主要目標為提供刑事司法機關以下資訊[61]：

（一）進行犯罪者的社會和心理評估，提供嫌犯的可能特徵以縮小偵查範圍。

（二）預測嫌犯未來可能攻擊的目標、地點和時間，作為勤務部署的依據。

（三）研判嫌犯可能擁有的物品，例如犯罪者可能會持有被害人的衣服、飾物，甚至毛髮、器官當做「紀念品」（souvenir），作為暴力情節的回憶（此種現象可稱為「睹物思人」），或是從被害人或現場帶走「戰利品」（trophy）或留下物品，象徵加害者戰勝（triumph）被害者，如果能在嫌犯住處找到這些物品，即可顯示他與被害人曾有接觸，因此警方不能只注意值錢的東西被帶走，也要留意現場是否遺失具象徵意義的物品。

（四）提供偵訊建議及偵查策略：當嫌犯被逮捕後，可提供相關資訊俾利警方採取適當而有效的偵訊策略，以使其束手就範。因為不是所有

58 McGrath, M. (2000). "Forensic psychiatry and criminal profiling: Forensic match or Freudian slip-up?". *Journal of Behavioral Profiling*, l(1). http://www.profiling.org/journal/subscribers/ vol1_no1/ jbp_fp&cp_january2000_1-1.html.

59 Jackson, J. L., Eshof, P., & Kleaver, E. (1997). A research approach to offender profiling. In Jackson, J. L., & Bekerian, D. A. (Eds.). *Offender profiling: Theory, research and practice*. England: John Wiley & Sons, p. 108.

60 Palermo, G. B., & Kocsis, R. N. (2005). *Offender profiling: An introduction to sociopsychological analysis of violent crime*. IL: Charles C. Thomas Publisher, p. 176.

61 Holmes, R. M., & Holmes, S. T. (2002). *Profiling violent crimes: An investigative tool*. CA: Sage Publications, p. 9.

的人對相同問題都有同樣反應，應針對不同嫌犯採取不同策略。

犯罪剖繪也可以提供以下問題的解答[62]：

（一）找出犯罪原因和早期警訊。

（二）分析犯罪的激勵和抑制因素。

（三）探討何種被害人的反應是適切的。

（四）研判嫌犯再犯的風險，有無矯治可能。

加拿大的「行為分析單位」則指出其任務如下：

（一）發展未識別犯罪者的剖繪。

（二）分析犯罪現場。

（三）重建犯罪現場。

（四）進行間接的人格評估。

（五）提供偵查和偵訊的建議。

（六）協助執行搜索令狀。

（七）分析陳述和證言。

（八）分析可疑死亡案件。

（九）進行威脅評估。

剖繪的用途在於：推測未知犯罪者的身體、行為和人口特徵、犯後行為，發展逮捕及偵訊策略，確定簽名特徵，找出證物何在[63]。也可以進一步瞭解犯罪者，確認先前判斷的正確性，提供新的思考方向，協助偵查人員找到犯罪者。並可預測犯罪者特徵及連結犯罪，提供偵查建議、偵訊策略和證詞評估等[64]。有時更可以設下陷阱來引誘犯罪者，例如在媒體釋放

62 Ressler, R. K., Douglas, J. E., Groth, A. N., & Burgess, A. W. (2004). Offender profiles: A multidisciplinary approach. In Campbell, J. H., & DeNevi, D. (Eds.). *Profilers: Leading investigators take you inside the criminal mind*. NY: Prometeus Books, p. 39.

63 Keppel, R. D. (2000). Investigation of the serial offender: Linking cases through modus operandi and signature. In Schlesinger, L. B. (Ed.). *Serial offenders: Current thought, recent findings*. FL: CRC Press, pp. 121-122.

64 Gudjonsson, G. H., & Copson, G. (1997). The role of expert in criminal investigation. In Jackson, J. L., & Bekerian, D. A. (Eds.). *Offender profiling: Theory, research and practice*. England: John Wiley & Sons, pp. 71, 74.

部分正確或虛偽的訊息，激發嫌犯做出錯誤的反應，藉此獲得一些額外的線索。剖繪的應用包括：提供有關犯罪者人格、可能住處的評估，確立調查優先順序，提供搜索、扣押等策略建議，並進行被害者風險評估（risk assessment）及案件連結（case likage）分析[65]，在不久的未來，剖繪者可能在法庭以專家身分提供證詞[66]。

犯罪偵查一般是在不尋常案件發生和破案很困難的情況下，才發展新的技術，而剖繪通常是在所有線索已經耗盡的情況下，才尋求外界專家協助[67]。但必須牢記破案靠的是警察的專業能力和努力不懈清查各種可能的線索，剖繪只是可資運用的工具之一，不能將破案完全歸功於剖繪[68]。

第三節 剖繪分類

一、歸納法vs.演繹法

剖繪的方法可簡略區分為歸納法（inductive）及演繹法（deductive）二種，說明如下：

（一）歸納法

歸納方法是根據先前案件的統計研究，得到一組犯罪者的特徵（剖繪），再依據實際偵查經驗和直覺，推論同類的未知犯罪者亦擁有這些特徵，歸納的結論也許可以適用在某些案例，但不保證可以正確用在手頭的案件（機率問題），且剖繪者只需具備分析統計資料和過去案例的能力。

65 Rossmo, D. K. (2000). *Geographic profiling.* FL: CRC Press, p. 73.

66 Turvey, B. E. (2002). Criminal profiling in court. In Turvey, B. E. (Ed.). *Criminal profiling: An introduction to behavioral evidence analysis*. CA: Academic Press, p. 381.

67 Holmes, R. M., & Holmes, S. T. (2002). *Profiling violent crimes: An investigative tool*. CA: Sage Publications, p. 31.

68 Stevens, J. A. (1997). Standard investigatory tools and offender profiling. In Jackson, J. L., & Bekerian, D. A. (Eds.). *Offender profiling: Theory, research and practice*. England: John Wiley & Sons, pp. 77-78.

由於它沒有依賴物證，未實際檢驗前提（premise）的正確性，因此存有猜測成分而可能會犯錯。舉例說明如下：前提一：被害人是歐洲白人；前提二：通常此類案件都發生在種族內；前提三：本地區的人口大多是歐洲白人；結論：凶手「可能」是歐洲白人。注意在結論中「可能」二字不能省略，因為前提二有提到「通常」，而前提三只是在強調犯罪者可能是本地人，因此結論是建立在前提的正確性上。如果條件不符，則答案可能錯誤[69]。

歸納法的優點是容易進行，無需太多準備，不需特別的專業知識和教育訓練，任何人都可以運用，並可在短時間內做成結論；缺點則在於資料都是來自被捕的犯罪者，並未適當抽樣，剖繪的品質可能不佳且預測範圍過大，忽略事實和太快下結論，可能因為太過自信因而犯錯[70]，如果預測結果不正確可能會牽涉無辜者，其錯誤的想法在於認為：

1. 過去的犯罪者和現在類似，人類的行為和動機不會隨時間而改變。
2. 犯罪者有相同特徵，少數樣本即可推論。
3. 不需現場重建知識，也無需訪視現場。

例如，Dietz和Hazelwood的研究就被批評樣本太少（N = 20），沒有控制組（未犯罪者），資料來源（媒體報導）有問題，但是如果使用適當的研究方法，加入具代表性的樣本，歸納分析當然可以運用[71]。但在推論過程中如果有些情況未知，就不應當將過去的工作經驗和先前的研究結論，貿然填入其中的間隙（gap）以免導致錯誤的結論。

69 Petherick, W. (2006). Induction and deduction in criminal profiling. In Petherick, W. (Ed.). *Serial crime: Theoretical and practical issues in behavioral profiling*. MA: Academic Press, p. 18.

70 例如在華盛頓特區的瘋狂殺人案中，嫌犯被推估為單獨作案、白人、年輕，但事實上卻有共犯、黑人、年紀一大一小。見McGrath, M., & Turvey, B. E. (2003). "Criminal profilers and the media: Profiling the Beltway snipers". *Journal of Behavioral Profiling*, 4(1). http://www.profiling.org/journal/ subscribers/vol4_no1/jbp_cpm_4-1.html.

71 Turvey, B. E. (2002). Inductive criminal profiling. In Turvey, B. E. (Ed.). *Criminal profiling: An introduction to behavioral evidence analysis*. CA: Academic Press, pp. 26-32.

（二）演繹法

相對於歸納法是利用統計方法，描述犯罪者的一般特徵，從過去研究的犯罪者行為和背景特徵，類推到單一嫌犯[72]。演繹法則是利用推理方法，從手頭上的案件出發，透過遺留現場物證和行為跡證的分析，查看現場照片及測繪，辨識及重建案發過程，最後導出某一犯罪者的特定屬性[73]。舉例說明如下：前提一：如果犯罪者小心地肢解被害人，顯示他具備某種程度的醫學知識；前提二：被害人不是用砍劈的工具，如斧頭、砍刀肢解；前提三：沒有證據顯示凶手使用鋼鋸、帶鋸等鋸開的工具；前提四：證據顯示凶手使用像是解剖刀的尖銳工具，很精確的肢解被害人的頭部和四肢；結論：本案顯示凶手可能具備醫學知識。可見結論（犯罪者的特徵）是由物證直接延伸而來，並沒有超出物證的結論，如果結論錯誤，那麼就至少有一個前提是錯誤的，因此在做成結論前，有必要去確認每一個前提的正確性，如果前提都正確，結論就不太可能犯錯[74]。

「演繹剖繪」又稱「行為跡證分析[75]」，是從行為跡證推論犯罪者的人格和生活型態，係依據物證及行為跡證、被害調查和刑案現場特徵（包括攻擊方法、言語行為、防範措施、暴力行為的本質和順序），導出犯罪者剖繪[76]。行為跡證分析是基於二個前提，即相似性假設（homology assumption）和行為一致性（behavioral consistency），前者是指犯罪者特徵和現場行為必然相關，也就是有相似特徵的犯罪者會展現相似的犯罪

72 Palermo, G. B., & Kocsis, R. N. (2005). *Offender profiling: An introduction to sociopsychological analysis of violent crime*. IL: Charles C. Thomas Publisher, pp. 120-121.

73 Crowder, W. S. (2016). Using a cold homicide case to teach criminal profiling. In Turvey, B. E., & Esparza, M. A. (Eds.). *Behavioral evidence analysis: International forensic practice and protocols*. Academic Press, pp. 56-57.

74 Petherick, W. (2006). Induction and deduction in criminal profiling. In Petherick, W. (Ed.). *Serial crime: Theoretical and practical issues in behavioral profiling*. MA: Academic Press, pp. 20-24.

75 Turvey提出行為跡證分析此一概念，因此他鼓吹使用演繹剖繪，但是行為跡證必須以物證作為支撐。見Palermo, G. B., & Kocsis, R. N. (2005). *Offender profiling: An introduction to socio-psychological analysis of violent crime*. IL: Charles C. Thomas Publisher, p. 251.

76 Turvey, B. E. (2002). Deductive criminal profiling. In Turvey, B. E. (Ed.). *Criminal profiling: An introduction to behavioral evidence analysis*. CA: Academic Press, pp. 35-39.

現場行為，即犯下類似犯行的不同犯罪者都有相似的特徵；而後者則是同一名犯罪者在其各個犯行中行為都很相似，而且會重複犯下相類似的犯行，也會重複出現某種行為。這兩個前提都是在說犯罪者的特質會反映在其犯行特徵上，但犯罪者通常不拘一格（eclectic），也就是不會集中在某一犯罪，而且當時情境或一時衝動都可能使其行為發生變化[77]，加上事後提供的資料有限（未被發現或察覺），因此在推論上必然受限[78]。由於行為跡證的變動性高，因此要靠科學方法分析，不能僅依賴經驗或直覺，並根據行為的重要和確定性給予不同權重（weight）[79]。演繹剖繪是從刑案現場所蒐集的資料，導出犯罪者的描繪，此項技術通常需要專業知識、相關訓練和敏銳的觀察能力，而且必須避免有預設立場，依賴嚴格的邏輯推理。其中行為跡證（behavioral evidence）是演繹剖繪推論的依據，它是任何型態之可描述或使人聯想到某些行為的鑑識證據（forensic evidence），主要是針對犯罪者以及被害者之間所發生的行為，藉由傷痕型態、血跡型態、彈道分析等鑑識分析方法，可顯示犯罪者及被害者之間的行為關係[80]，因為演繹法是由物證衍生，因此較能為法庭接受。

（三）比較

綜而言之，歸納剖繪能從過去發生案件類推，描述典型犯罪者的特徵，演繹剖繪則是從物證和行為跡證，推論犯罪者的特徵[81]。歸納剖繪無需確立前提正確性，它是根據統計資料作推論，因此可能會有偏差[82]，而

77 每個人在特殊情境下會有特殊的反應，不會完全相同，而且在下一個情境又會有不同的選擇，這就是決策樹（decision tree）的概念。

78 Turvey, B. E. (2012). Infering offender characteristics. In Turvey, B. E. (Ed.). *Criminal profiling: An introduction to behavioral evidence analysis*. CA: Academic Press, p. 405.

79 Rossmo, D. K. (2000). *Geographic profiling.* FL: CRC Press, pp. 62-63.

80 Turvey, B. E. (2002). Criminal profiling: An introduction to behavior evidence analysis. CA: Academic Press, pp. 41, 678.

81 Turvey, B. E. (2002). Offender characteristics. In Turvey, B. E. (Ed.). *Criminal profiling: An introduction to behavioral evidence analysis*. CA: Academic Press, p. 338.

82 常聽到諺語是：不論你看到多少白天鵝，就是不能說所有的天鵝都是白的，因為下一隻游來的就有可能是黑天鵝。同樣的，連續殺人犯經統計90%以上是男性，還是可能有女性的連續殺人犯，因此「可能」二字省略不得。

演繹剖繪必須確認前提正確無誤，方能獲得正確的結論。前者可能會誤導偵查人員，後者則能提供一種更有效且客觀的分析證據方法，兩者的比較如表1-3-1[83]：

表1-3-1　歸納和演繹剖繪比較

類別	歸納	演繹
使用方法	比較、相關、統計程序	以鑑識為基礎，程序為導向
推論方式	由特定案件類推到一般情況	由一般情況推論到特定案件
推理過程	由下而上（bottom-up）	由上而下（top-down）
正確性	前提正確→結論可能錯誤	前提正確→結論一定正確

其中演繹法比歸納法可靠，但結合二者的優點是最佳的選擇[84]。且二者無法截然劃分，因為歸納前必先進行演繹，而演繹的基礎則是過去經驗和知識的歸納，剖繪事實上是運用演繹法找出犯罪過程中出現的特定要素，並使用歸納法去探索和詮釋這些行為的意義[85]。此二種分析方法可簡單說明如下：

1. 歸納法：如果不同的人所犯的罪有其相似之處，這些犯罪者必定有某些相同的人格特質。
2. 演繹法：從犯罪現場和遺留物證的徹底分析，可以建構未知犯罪者的心理圖像（mental image）。

其中歸納法也可以稱為精算法（actuarial），它是建立在過去有相似特性的人類行為是可以預測的，也稱為基礎率（base rate），是指過去一段時間某些人出現特定行為的普及率（prevalence）。相較之下，演繹法較傾向臨床法（clinical），它是建立在經驗、訓練和專業知識，有時會

83 Turvey, B. E. (2002). Inductive criminal profiling. In Turvey, B. E. (Ed.). *Criminal profiling: An introduction to behavioral evidence analysis*. CA: Academic Press, p. 23.

84 Holmes, R. M., & Holmes, S. T. (2002). *Profiling violent crimes: An investigative tool*. CA: Sage Publications, p. 5.

85 Palermo, G. B., & Kocsis, R. N. (2005). *Offender profiling: An introduction to sociopsychological analysis of violent crime*. IL: Charles C. Thomas Publisher, p. 252.

加入直覺和主觀，當然有時就會出現認知的偏見（cognitive bias）而發生錯誤（詳見第三章第五節），但二者其實是交互運用，各擅勝場[86]。

二、通則式vs.個殊式

另外有人從研究的角度探討剖繪知識是如何形成的，分為通則式（nomothetic）和個殊式（idiographic）二種：

（一）通則式

通則式研究指的是探討群體和普遍的抽象法則，通則式剖繪是指累積一般犯罪者的共同特徵，由於這些特徵並不一定存在於每一個案，因此問題就會出現在不當地做過度自信的推論，或是對個別犯罪者驟下結論，通則式研究能產生一般性知識，但不一定能解決個別的問題。目前大部分的犯罪剖繪都屬於通則式研究，分別說明如下：

1. 診斷評估（Diagnostic Evaluation, DE）

剖繪最早的例子就是診斷評估，它是由心理學家和精神科醫師運用臨床經驗，判斷犯罪者是否有精神疾病或心理異常，以提供有關犯罪者、刑案現場和被害人的專業意見，Copson曾指出英國的剖繪有一半是由心理學家和精神科醫師所完成，因此可以說現代的犯罪剖繪就是由診斷評估發展出來，直到現在仍可諮詢這些專家提供有助於偵查方向的建議，此種方法表面上看起來像是個殊式研究，但其實卻是長期的教育訓練和累積的臨床經驗，由於他們具備行為科學的背景和精神醫學的訓練，加上長期面對精神病患，因此能洞察異常行為背後的意義，但也有可能過於主觀而犯下解讀錯誤、過度詮釋以配合警方和耗費大量時間等問題，而且每個人的專業各不相同，因此沒有一定的方法，判斷結論也可能大不相同，也就是提供相同的資料，卻可能得出不同的結論。

2. 犯罪偵查分析（Criminal Investigative Analysis, CIA）

犯罪偵查分析主要建立在FBI針對性侵害、殺人和縱火犯罪所做的研

86 Bartol, C. R., & Bartol, A. M. (2013). *Criminal & behavioral profiling*. SAGE Publications, p. 43.

究分類上，以及根據犯罪者特徵和刑案現場區分之有組織、無組織的分類（詳見第四章第三節），最後發展成「犯罪分類手冊」（本章第四節中介紹），在實際運用上是透過犯罪行為和現場遺留的跡證，推論犯罪者的人格特質和行為特徵，據以縮小偵查範圍。犯罪偵查分析只是FBI對犯罪剖繪所提出的替代名詞，用來區別精神科醫師進行的程序（診斷評估），所以它是犯罪剖繪的方法之一，因為它是建立在研究群體而非個人的知識，所以屬於通則式研究。例如FBI曾進行36名性謀殺受刑人的研究（本章第五節中詳述），犯罪偵查分析的程序除在圖3-4-1有詳細說明外，Douglas和Burgess亦提出七個步驟：評估犯罪行為、評估犯罪現場、評估被害人、初步偵查報告、驗屍紀錄、提出犯罪者特徵剖繪及偵查建議，但仍被批評方法上有瑕疵（樣本太少、過度依賴訪談和偵查人員直覺等）及過時（僅由現場特徵進行分類會遭遇以下問題：證物變動、犯罪者使用藥物、被突發事件中斷和現場變造等）。

3. 偵查心理學（Investigative Psychology, IP）

偵查心理學最早是由David Canter參與鐵道強暴犯（railway rapist）的調查，嫌犯John Duffy利用其熟知英國鐵道的知識，在鐵路沿線犯案，並迅速搭車離去，英國警方找來Canter協助，他運用其心理學專業，推論嫌犯為已婚但無子女，居住在Kilburn附近，有家暴歷史，並導出17項的人格特質和行為特徵，也提供幾項作案環境的線索，最後找出他居住的地方，而大多數的行為剖繪都大致吻合[87]。

偵查心理學係從心理學的各個層面，深入瞭解犯罪和犯罪人，進而協助偵查犯罪，偵查心理學涵蓋心理學的所有層面並和犯罪偵查高度相關，偵查心理學通常不使用FBI根據動機的分類法，因為動機通常是不可捉摸的，有時甚至犯罪者也搞不清楚，許多行為背後也通常不是單一動機，因此用犯罪行為來區分會比較明確和可靠。David Canter提倡以研究為基

87 Bartol, C. R., & Bartol, A. M. (2013). *Criminal & behavioral profiling*. SAGE Publications, pp. 63-64.

礎去分析犯罪者的行為，它需要蒐集大量資料並強調資料的正確性，也就是運用心理學在犯罪偵查研究上，它使用典型相關（canonical correlation）去解釋犯罪行為和犯罪者特徵的相關性[88]，其方法包括五個主要因素（five-factor model），說明如下：

(1)人際一致性（interpersonal coherence）：犯罪人對待被害人的方式類似他平常和一般人的互動，而犯罪者的犯罪方式部分反映在他日常生活型態。

(2)時空的重要性（significance of time and place）：犯罪有特定的時空背景，犯罪者在他熟悉的地方感到舒適，而空間的知識是由過去的經驗所累積，時空的選擇會反映其人格特質，且時空的訊息能提供犯罪者住處和其動機性的線索。

(3)犯罪者特性（criminal characteristics）：與犯罪種類有關，根據訪談犯罪者和實證研究，犯罪的本質和方式可以導出犯罪者的分類，而此分類可以顯現犯罪者的特徵。

(4)犯罪生涯（criminal career）：犯罪者會因為犯罪經驗而修改他的作案手法，包括因應被害人的反應，主要顯現在防範行為上，並在犯罪生涯中維持類似的作案方式，也可以推測其過去從事的犯罪行動。

(5)鑑識警覺（forensic awareness）：主要由過去和刑事司法體系接觸的經驗中學習，例如慣犯會知道警方的偵查步驟，進而清除可能遺留的跡證。

偵查心理學主要探討以下問題：找出犯罪行為的重要特徵（salience）、是否在不同犯罪中出現一致性（consistency）、人會因為生心理成熟（maturation）而進化或退化、人也會因為專業知識（expertise）增長而創造犯罪條件、犯罪人會從過去犯罪經驗中學習（learn）、犯罪

88　典型相關的公式如下：$F_1A_1+\cdots+F_nA_n=K_1C_1+\cdots+K_mC_m$，其中$A_n$代表犯罪行為（Action），$C_m$代表犯罪者的特徵（Characteristics），實證資料用來找出F_n和K_m的權重（weight），也就是從犯罪的外觀可以推論犯罪者的特徵（A→C），其分析方法是使用多層級度量法（multidimensional scaling），此方法原理和因素分析（factor analysis）及叢集分析（cluster analysis）相似。

生涯（career）通常會朝漸趨嚴重發展、外在環境改變（shift）也會導致犯罪行為改變、犯罪人的作案手法是否有所改變（change）、因應不同情境（situation）會改變犯罪方式、可否能用犯罪行為推論（inference）犯罪者特徵、能否區別不同的犯罪者（differentiating offenders）[89]。而根據犯罪行為推論犯罪者特徵則是基於以下前提：犯罪行為通常有一致性、犯罪行為和日常活動也有一致性、犯罪行為通常會和個人特徵相關、在大多數犯罪都會出現的典型（typicality）區別性不高、較少出現的稀少性（rarity）反倒有其重要性、也要注意情境造成的意外（contingency）、另外不要忽略各個因素之間的交互作用（interaction）[90]。

偵查心理學嘗試將科學方法引進犯罪行為及剖繪研究之中，但也犯下過於抽象的缺點，研究結果詮釋可能因人而異，也可能解釋錯誤，目前仍停留在理論階段，離實用性尚有一段距離。此外，它和傳統的心理評估有許多差異，首先是從犯罪現場獲得的資料通常是不完整、模糊，甚至是不可靠的，因此需要加入人為的推論，其次是對可疑嫌犯的動機評估離實際行為還有一段落差，例如可能的居住地，下一位被害者的特徵，下一次犯案的地點，這些都必須和警方密切合作，才有可能提供有用的線索。

4. 地緣剖繪（Geographic Profiling, GP）

源自於環境犯罪學，主要功能是根據一系列犯罪的位置，推測犯罪者的可能住處，其詳細內容在第五章說明。

以上通則式研究運用在個案上必須特別謹慎並注意其限制，使用者要瞭解各種方法的優缺點，方能加以綜合運用。

（二）個殊式

個殊式研究是探討具體的個人和個案，它的基本前提是每個個體都是獨一無二的，個殊式剖繪就是研究特定犯罪者的獨特特徵，因為每一個案

89 Canter, D., & Youngs, D. (2009). *Investigative psychology: Offender profiling and the analysis of criminal action*. UK: John Wiley & Sons, pp. 19-22.

90 Canter, D., & Youngs, D. (2009). *Investigative psychology: Offender profiling and the analysis of criminal action*. UK: John Wiley & Sons, pp. 139-166.

件和每一位犯罪者都是獨特的，所以不能將研究團體的結果類推到每一個個體。

個殊式剖繪主要係指行為跡證分析（behavioral evidence analysis），它融合了相關學科（如鑑識科學、犯罪學、心理學和精神醫學），此法指出檢視與犯罪相關的行為跡證，就可以顯露個別犯罪者的特徵，而行為跡證係指任何可以確立行為何時或如何發生的物證，此種分析檢視和詮釋物證、被害調查及犯罪現場特徵，而其方法則是建立在科學方法、批判思考和分析邏輯上，詳細說明如下：

1. 目標：
   (1) 偵查階段：縮小嫌犯範圍、鎖定偵查對象、連結相關案件、評估犯罪升高趨勢、提供偵查線索、確保偵查方向正確、發展偵訊策略。
   (2) 審判階段：評估物證和行為跡證的本質和價值、洞察嫌犯的幻想和動機、瞭解犯罪前、中、後的意圖、藉由犯罪現場指標和行為態樣連結相關犯罪。
2. 步驟：行為跡證分析主要包括以下四個步驟[91]：
   (1) 可疑鑑識分析（equivocal forensic analysis）：檢視所有的物證，評估物證與案情的關係，詮釋物證在犯罪過程中扮演的角色。
   (2) 被害調查（victimology）：檢視被害者的各個層面，確定加、被害者的關係，評估加（被）害者所冒的風險。
   (3) 犯罪現場特徵（crime scene characteristics）：確定接近、攻擊和控制的方法、犯罪地點、性行為的種類和順序、使用的工具、口語行為和任何防範行為。
   (4) 罪犯剖繪（offender profile）：根據鑑識分析、被害調查、犯罪現場特徵、使用的方法和工具、犯罪技巧等，導出犯罪者的可能特徵。
3. 思考策略：剖繪人員必須具備批判和分析思考，追根究柢，質疑所有假

91 Petherick, W. (2006). Criminal profiling methods. In Petherick, W. (Ed.). *Serial crime: Theoretical and practical issues in behavioral profiling*. MA: Academic Press, pp. 46-48.

設，熟悉犯罪偵查和鑑識科學，也要瞭解自己的優缺點，以下是有關思考策略的準則：

(1)生活經驗：「年齡會帶來經驗，經驗會產生智慧」（age will beget experience, which will beget wisdom），但如果不能從經驗中學習，生活經驗並不必然能等同於具備知識和洞察能力，因此必須詳察其學習歷程。

(2)直覺：生活經驗的累積會產生直覺，就是知道（just know）而無法清晰表達背後的理由，例如有經驗的刑警能一眼就認定是罪犯，但此種本能也可能導致偏見、刻板印象甚至是無知，經驗是一種無價的資產，但也必須通過科學的檢驗。

(3)避免價值判斷：在描述犯罪者的個人特徵時，儘量不要用一些形容詞如「有病」、「瘋了」來形容他（她），犯罪剖繪中要排除個人的感覺。

(4)常識：個人累積的知識對他（她）未來做決定是很有用的，此種常識因人、因地、因事而異，運用常識加上細密觀察就可以洞察行為背後的意義。

4. 原則：

(1)獨特性（uniqueness）：每個人都因生物、心理和環境因素而有不同發展，沒有兩個人會完全一樣。

(2)分離性（separation）：每個人都有他獨特的喜怒哀樂，而且和剖繪者毫不相干，因此剖繪者不能將自己的想法投射和轉移到犯罪者身上。

(3)行為動態性（behavioral dynamics）：犯罪行為不是靜態的，它會在某些脈絡下進化或退化，因此不是同一個人的每一次犯罪都是相似的。

(4)行為動機（behavioral motivation）：沒有一個行為是毫無動機的，所有的行為都有它發生的原因和起源。

(5)多重決定（multi-determination）：一個單一行為可能是多重動機的

結果，因此犯罪行為是很複雜的。

(6)動態動機（motivational dynamics）：犯罪者在單一案件過程中，動機也可能一直在改變。

(7)行為變化性（behavioral variance）：不同的犯罪者可能為了完全不同的動機，卻造成相同或相似的行為，同一個行為對不同的犯罪者可能有不同的功能。

(8)非計畫中的結果（unintended consequence）：不是所有行為的結果都是有意造成的，後果無法預見，意外也有可能會發生。

(9)記憶退化（memory corruption）：目擊不可靠的原因包括遺忘、新事件取代舊記憶、暗示、聚焦武器、社會期待、填空傾向，也會受到藥物和酒精影響，目擊者也可能沒有說出全部的事實或說謊（由於困窘或本身涉入犯罪）。

(10)可靠性（reliability）：犯罪剖繪要可靠必須仰賴證據確鑿，邏輯推理正確，如果資料不正確或分析錯誤，就會造成錯誤的結論。

5. 標準作業流程（standard of practice）：此規則包括運用科學方法、客觀的分析推理、避免感情、直覺和各種偏見[92]：

(1)儘量避免偏見：鑑識專家Kirk曾說「證物不會有錯，只有人的詮釋才會犯錯」，人有時只會看到他想看到的東西，對那些不感興趣的事物視而不見、聽而不聞。

(2)儘量蒐集完整的資訊：包括所有相關的文件、偵查報告、鑑識報告、醫學檢驗、驗屍紀錄、目擊者陳述及被害調查，資訊不完整，下結論便有風險。

(3)確認證據的品質可靠：必須掌握所有的物證、在現場的正確位置、哪些人碰過、曾經做過哪些檢驗等。

(4)要儘可能親自勘察現場：瞭解現場的光線、氣味、聲音、空間關

92 Canter, D., & Youngs, D. (2009). *Investigative psychology: Offender profiling and the analysis of criminal action*. UK: John Wiley & Sons, pp. 122-139.

係、可能轉移的物證、發現先前遺漏的物證，因為每個案件都各不相同。

(5)必須提供書面文件：要確保分析結論能被充分瞭解，就必須撰寫完整的報告，結論必須強調其限制，口頭的說明可能會被誤解或誤傳。

(6)必須瞭解行為科學、鑑識科學和科學方法，接受心理學、社會學和犯罪學的正規教育，研讀犯罪剖繪相關文獻，受過偵查和鑑識相關訓練，並經歷案例實習和研討，方能勝任此項工作。

(7)結論必須建立在事實基礎上：如果沒有研讀偵查報告、勘察紀錄、檢視物證和獲取目擊證詞，推論的事實既不可靠也不正確。

(8)犯罪現場分析和罪犯剖繪必須建立在邏輯論證和分析推理之上，必須從意見、推測和理論過濾出事實，並避免犯下邏輯錯誤和不正確的事實陳述。

(9)藉由科學方法獲得結論：仔細觀察物證，可以大膽提出假設，但要小心求證，經由檢查、測試和實驗進行否證（falsification）。

(10)瞭解類化和個化的差異：類化（identification）是將事物歸在相似特性的類別中，而個化（individualization）則是確認其獨特性。

(11)必須清楚物證轉移的狀況（路卡交換原理及物證變動）：確定物證的來源和在何情況下物證被變動、湮滅、轉移和發現。

(12)任何證物、資料或發現都必須經由呈現和引用提供出來：讓其他人可以很容易用相同方法評估其工作，犯罪現場分析或犯罪剖繪如果沒有用科學方法、分析邏輯和批判思考，就只是一種猜測，這些都是司法體系所無法容忍的。

三、行為剖繪分類

有學者將行為剖繪分為五種類型，這五種類型都聚焦在行為上，雖然此種分類並未互斥而且有部分重疊，但可以有助於瞭解剖繪的整體脈絡，說明如下[93]：

（一）犯罪現場剖繪（crime scene profiling）

犯罪現場剖繪是基於在犯罪現場蒐集到的資料和特性，識別出未知犯罪者的認知傾向、動機和情感，有學者稱之為犯罪現場分析（crime scene analysis）或犯罪偵查分析（criminal investigative analysis），事實上犯罪現場剖繪無法指向何人有罪，它只能發展出合理的假設，指出何人可能犯罪，如果正確的話，剖繪能提供犯罪者的人口統計變項、犯罪動機、行為型態和心理特徵，也能指出犯罪者會再犯的機率，此外它可以在不同案件發現共同的作案手法，指出這些犯罪是由同一組人犯下的，稱之為案件連結（case linkage）或連結分析（linkage analysis）（詳見第四章第二節），此步驟有人支持亦有人反對，原因在於犯案手法可能會改變，有人認為犯罪現場剖繪還停留在藝術（art）階段，但也有許多學者正努力使它朝科學（science）邁進。

（二）地緣剖繪（geographic profiling）

偵查人員長久以來就利用地圖來找出犯罪活動的熱點（hot spots），也用來追蹤同一犯罪者的行動軌跡，過去是在地圖上用圖釘標示犯罪地點，現在則大量採用電腦及地理資訊系統（GIS）來分析犯罪資料。地緣剖繪是基於不同犯罪地點的位置及空間關係，找出未知犯罪者的可能住處或下次犯罪的可能地點，因此它可以協助偵查人員找到犯罪者居住的大概位置，或是縮小下次犯罪可能發生的地方，以縮小監視範圍，地緣剖繪基本上是嘗試找出犯罪者熟知、感到舒適、找到被害者的地方。地緣剖繪者聚焦在犯罪地點及其居住地和工作地的關係，例如他們會注意犯罪者選擇棄屍的位置，以及犯罪者會選擇舒適區來作案，地緣剖繪不僅可用於搜尋連續暴力犯罪，也可以用來分析財產犯罪如入室竊盜或連續搶奪（詳見第

93 Bartol, C. R., & Bartol, A. M. (2013). *Criminal & behavioral profiling*. SAGE Publications, pp. 16-19.

五章）。

（三）心理剖繪（psychological profiling）

心理剖繪通常是透過心理學家，用來找出和預測危險的個人會從事危害他人的行為，在大多數的案例中，個人的身分被評估及預測，完成此種任務有二種相似的步驟，威脅評估（threat assessment）和風險評估（risk assessment）。「威脅評估」是用來確定可能發生暴力行為威脅的可信度和嚴重性，在某些案例中，造成威脅者的身分可能未知，其目的是找出可能的犯罪者，評估他對目標的風險，預測暴力行為升高的可能性，進而阻止其發生。而「風險評估」則是用來評估某人可能違反社會規範和表現奇怪行為，其目的是評估某人可能從事暴力行為，進而傷害自己、他人或整個社會，作為是否給予保釋、預防性羈押或假釋的依據，將有助於犯罪預防或處遇，其範圍較廣，即使威脅尚未發生亦可以評估其風險程度。這二種評估都是經由背景調查、心理測量、評估工具、觀察和訪談得來，在大多數的例子中，要求威脅評估或風險評估的單位，不僅要求發生暴力事件的統計數據，它們還會要求評估可能的結果，以及可以做些什麼以減輕其結果或預防其發生。威脅評估通常用在校園暴力、校園槍擊及職場暴力（詳見第九章第八節）；而風險評估則普遍用在尾隨騷擾（詳見第九章第五節）。

（四）嫌犯剖繪（suspect-based profiling）

嫌犯剖繪是用來找出可能會犯特定犯罪者的心理或行為特徵，例如毒品交易、劫機、恐怖活動等，嫌犯剖繪是有系統的蒐集過去犯罪者的行為、人格、認知和人口統計資料，它是去找出某種群體特質和特定犯罪活動的相關性，協助警方找出潛在嫌犯加以調查，嫌犯剖繪假定某些人在某些特質高於一般人口，所以它通常是以統計精算（actuarial）而非臨床（clinical）的方法決定其可能犯罪的程度，例如在特定時段開某種廠牌的車、高速行駛且具備特殊外觀的人可能是毒販而被警方攔下盤查，這裡指稱的特殊外觀或人口屬性，可能是可疑的行為、年齡、性別、衣著、種族或宗教，由於將種族含納進來，因此也有人稱之為種族剖繪（racial profiling）而引發種族歧視及過度暴力等問題。最近的發展是訓練行為偵測人員（Behavioral Detection Officer, BDO），從可疑行為去找出犯罪徵兆，以避免種族剖繪的問題。

前述「種族剖繪」是指基於種族、膚色、族群、宗教或國籍而非個人的行為，導致警察認定某人從事犯罪而採取行動，也就是因種族等屬性而遭警方懷疑。例如911事件後發生後，來自中東國家人士就常被懷疑會從事恐怖活動，或是黑人駕車常不成比例的遭警察攔停及搜索（例如有研究統計被攔停的車主約有80%是非裔、西班牙裔或少數族群，相較之下，只有20%是白人）。此種執法方式其實有其依據，例如公路警察被要求針對可疑的出租車輛、開車異常謹慎遵守交通規則、駕駛員穿金戴銀、車主和車輛狀態明顯不匹配加以攔停，這些特徵均符合毒販的剖繪（drug courier profile），但基於種族原因被攔停或拒絕搭機乘客，會導致種族歧視的質疑，差別待遇的執法方式也有法律和道德的問題，目前美國已經有許多州通過法律禁止運用種族剖繪，並要求執法人員要接受反偏見（antibias）訓練，也開始蒐集被攔停車主的資料進行分析，以避免種族歧視問題。

（五）可疑死亡分析（equivocal death analysis）

可疑死亡分析也稱為重建心理評估（reconstructive psychological evaluation），它是用來重建死者的情感生活、行為型態和認知特徵，由於是在死亡後進行，因此也有人稱之為心理解剖（psychological autopsy）（詳見第十章第一節）。可疑死亡分析通常是用來確定是否為自殺，以及其原因為何，心理解剖可用於申請保險理賠案件，以確定死亡是謀殺而非自殺，許多心理解剖是由軍事心理學家進行，因為近年發生許多軍人自殺案件，例如美國軍方在2011年就有32件自殺案件，導致重大傷亡；又海軍Iowa號戰艦爆炸事件就造成高達47人死亡，軍方高度懷疑是水手Clayton Hartwig故意製造爆炸，但隨後的調查委員會則駁斥此種說法（詳見第十章第四節）。此外可疑死亡分析也應用在性慾窒息死亡案件（見第九章第二節）。

就某種程度而言，以上五種分類有部分重疊，某些案件可能包含二種以上分類，儘管如此，在概念上將其分開討論，有助於深入探討，有效的剖繪需要整合經驗及判斷，經由理論研究及專業共識（包括倫理標準），因此此一領域的推進有賴良好的實證研究。

第四節 犯罪分類

在1980年代時，犯罪偵查技術有一項重大的進展。FBI針對性謀殺犯、性侵害犯、猥褻孩童者、誘拐者以及縱火犯等，開始一系列的研究，將上述幾種犯罪類型加以描述並確定其重要的特徵。最初這些特徵是供作犯罪剖繪之用，而現今，這些研究結果又多了一項額外的用途，也就是在1992年彙整成「犯罪分類手冊」（Crime Classification Manual, CCM），隨後於2006年進行修訂，其副標題為「調查和分類暴力犯罪的標準系統」。這本手冊醞釀的最後六年，開始受到FBI調查人員、剖繪專家、執法官員、矯治及假釋等相關單位、以及精神醫學工作者的注意。這本手冊的目的主要有四：一是將刑事司法領域中的術語統一；二是促進刑事司法和其他領域間的溝通，如刑事司法與精神醫學之間的交流；三為教育刑事司法體系的人員及大眾；最後則是發展資料庫供作偵查研究之用。

而在手冊的結構方面，主要依據犯罪者的主要意圖（intent）為基礎而作出分類。而意圖的分類包括：性意圖、犯罪組織、個人因素、團體因素等四類。為了對犯罪分類去蕪存菁，編輯小組主要由FBI的「國立暴力犯罪分析中心」裡的幹員所組成，另外顧問委員會也對手冊的初步藍圖提供了附加評論和建議，以修正手冊的架構。由於此手冊的特殊目的，犯罪（主要為殺人、縱火、性侵害[94]）的定義，與FBI的統一刑案報告（Uni-

94 本書章節排列順序與犯罪分類手冊不同，第六章先討論性侵害，乃因部分縱火與殺人均隱含

form Crime Report, UCR）相同如下：

一、殺人（himicide）：亦即某人故意不法殺害他人的行為。而其分類如同其他指標犯罪（index crime）的定義，僅根據警方調查的報告，而不依法院、醫師、驗屍官、陪審團或其他司法單位的認定。此處的分類不只包括過失殺人、自殺、意外、正當防衛殺人等，還包括意圖殺人、傷害致死等。

二、縱火（arson）：與「統一刑案報告」定義相同，亦即故意或惡意縱火、或企圖縱火，包括有無詐騙意圖而燒燬住宅、公共大廈、車輛或飛機、或個人財物等。

三、性侵害（rape）：包括強制性交，亦即強迫且違反被害者意願的性關係。另外，性侵害及企圖使用強制力的性侵害，或者違反男女意願的強制威脅皆包括在內，以及一般稱為妨礙自由的無身體接觸犯罪。所有年齡包括孩童、青少年及成人都涵蓋在此類範圍中。

犯罪分類手冊主要分為二個部分：第一部分包括將三種主要犯罪類型依數字分類，這些類型包括犯罪的定義、被害者特徵、犯罪現場指標、刑事鑑識發現，以及應該調查的事項等，每個分類都有案例說明。第二部分為犯罪研究的回顧，包括判斷犯罪分類過程的重要概念，如變造現場的偵查、犯罪現場的獨特行為、暴力犯罪的作案手法、簽名特徵、刑案現場攝影、合法的面談，以及FBI的偵查輔助部門在協助執法上的角色[95]。其第二版則增列電腦犯罪、宗教極端分子的謀殺、年長女性性謀殺、尾隨及兒童誘拐。

Douglas等人於1992年所出版的犯罪分類手冊，原本是要提供美國各地警方辦案時方便使用，將犯罪類型予以三個阿拉伯數字編碼（coding），該手冊分類係依照犯罪者的基本動機（primary motivation）與意

性的動機，故先予介紹，第七章探討縱火，係因此種現象相對容易瞭解，而連續殺人則安排在第八章，原因在於此種犯罪相對複雜，尤其連續殺人犯的內心想法，一般常人較難理解，故將其置於最後。

95 Douglas, J. E., Burgess, A. E., Burgess, A. G., & Ressler, R. K. (1992). *Crime classification manual*. NY: Lexington Books, pp. ix-xi.

圖（intent）加以區分；編碼中第一個數字代表主要的犯罪類型，如1代表殺人罪、2代表縱火罪、3代表性侵害。第二個數字則是主要犯罪類型的再分類，在性侵害主要犯罪類型中又可以分為三類：犯罪組織（criminal enterprise）、個人因素（personal cause）與團體因素（group cause），第三個數字則是代表上述犯罪類型的特別分類。如果以三個數字將犯罪分類之後，還有個別子群（sub-groups）犯罪種類存在，則以小數點後兩位數字來表示。茲為方便參考起見，沿用該書編碼說明如本書附錄[96]。

本書亦將以犯罪剖繪已成熟應用的連續殺人、縱火及性侵害犯罪為主要研究對象，並將其分類列為重點，分別在第六至八章探討。在此需要說明犯罪者的分類是建立在人類行為在不同情境下都維持相同，但這並非實情，人類的行為在不同情境下是不一致的，在大多數情況下，如果情境相似，其行為傾向會相同，但如果情境改變，行為就可能不一致，所以在下結論時就必須謹慎。

藉由將犯罪者依其犯罪的相似性進行分類，可以提供犯罪者大致的輪廓，但必須注意每位犯罪者不可能完全符合某一類別中的所有特徵，也可能會具備不同類別的某些特徵，也就是在不同類別中含有相同的特徵，但某些特徵不應有重疊（overlap）情形，也就是應該互斥（mutually exclusive），而且應該能將所有的犯罪者均包括在內（all inclusive），如此方才符合分類學（typology）的標準[97]。另外一個重要問題是如何判斷某一犯罪者歸屬某一類別，依賴主觀判斷或客觀數據，亦即採歸納法或演繹法（如第三節所述）其實各有優劣，有待讀者在研讀各種犯罪之分類時再思考此一問題。最後，每一個犯罪者都有其獨特性和變異性，也就是人各不同且會隨時間而改變，這也使得犯罪分類更加困難，上述問題其實都和人類行為難以預測和分類有重大關聯。

---

96 Douglas, J. E., Burgess, A. E., Burgess, A. G., & Ressler, R. K. (1992). *Crime classification manual*. NY: Lexington Books, pp. 193-248.

97 分類理應符合互斥和全包的要求，但本書所列各學者的分類，大多未符合上述要求而有混合的情況，這是因為犯罪人的行為經常受到個人因素及當時情境影響，而有難以預測的問題。

第五節 研究方法

一、資料蒐集方法

正確的資料來源是奠定剖繪技術精確的關鍵所在，有關剖繪的研究要分別從質性及量化的方式進行資料的蒐集與分析工作[98]：

（一）質性研究之目的是描述犯罪者的人格特質、作案手法及刑案現場的特徵，所獲得的資料對於案件的偵破有極大的貢獻。

（二）量化研究的目標有二：

1. 利用統計程序進行檢驗，再研究刑案現場的蛛絲馬跡，判斷出該件犯罪的凶手是屬於有組織或是無組織的罪犯（詳見第四章第三節）。
2. 確認出各種變項以及犯罪者的特質，如此不但有利於犯罪剖繪工作，同時也可提供相關統計數據以供參考。

本書係經由以下方法蒐集資料：

（一）個案相關資料的蒐集：先向警察機關、檢察署、法院、監所單位調閱研究對象的犯罪紀錄、偵查報告、移送、起訴及判決書、服刑紀錄等，這些資料雖不見得完整，但均有助於訪談前對個案的瞭解，檢視其訪談內容的正確性及往後的作案手法及犯罪模式分析。

（二）側面調查：至研究對象家庭、學校、工作單位進行訪視，查閱個案的基本資料，包括家世背景、生活習慣及健康狀況等，並從親友同事處蒐集其工作紀錄、學業成績甚至自傳、日記、信函等文件，以補充資料的不足並查證其真實性。

（三）心理測驗：有時犯罪者也不清楚他為何要這樣做，或是無法用言語描述，此時利用各種心理和人格測驗工具，可以發掘其潛藏的慾望和動機，而藉由已經建立的常模（norm）也可以判斷犯罪者的人

98 李璞良譯（1995），Ressler, R., Burgess, A., & Douglas, J.合著，異常快樂殺人心理，台灣先智，頁3-6。

格特質，及其在常態分配下與一般人口的比較（如落在平均數的幾個標準差）。

（四）深度訪談：此為本書的主要研究方法，由作者親自或指導研究生與犯罪受刑人或前科犯[99]，在監獄、看守所內或選擇適當地點，經由重複進行半結構而開放性的深度訪談（in-depth interview），以鼓勵其儘量表達，並從旁觀察以發覺其隱藏動機、個人慾望、情感和衝突，訪談資料將被用來探索犯罪行為背後的內心想法及心理反應。

深度訪談除了必須花費大量時間和受訪者建立信任關係外，訪談技巧也很重要，例如：事先瞭解受訪者的背景，再依其背景（年齡、性別、語言）找到適當的訪員，明瞭並適當運用他們常用的方言或術語，首先談論受訪者關心的事物（不要馬上切入犯罪議題，以免關係弄僵），在訪談過程中保持警覺以免受騙（事實上犯罪者會欺騙也是他人格的一部分），利用已知的資料（個案紀錄、側面調查和心理測驗）檢視其提供的訊息，也必須保持中立客觀和冷靜的態度，不受犯罪者的影響，研究的目的不是要評價他（她），而是盡力蒐集有用的訊息，也不要試圖改變他們，因為這是不可能的任務。但最重要的是訪談者的態度要保持尊重（respect begets respect），訪談者不能自恃高人一等，看不起受訪者，殊不知犯罪者才是犯罪的「專家」，他們經年累月從事此一「行業」，累積不少寶貴經驗，訪談者必須抱持「以犯罪人為師」的心態，方能建立彼此和諧（rapport）的關係，使訪談順利進行，並能取得豐富而深入的重要訊息[100]。

顯然連續犯罪者的研究並不適合採用大規模的郵寄問卷或電話訪談，因為數量較少且不易尋獲，訪談就成為最適當的研究方法，但在訪談之前，需要蒐集其相關資料以免被其誤導。因侷限於國內心理異常的犯罪

99 犯罪者在定罪前通常不會配合訪談，因為害怕揭露內容會影響審判結果，一旦定罪入獄服刑後，就是實施訪談的最佳時機。

100 Turvey, B. E. (2012). Introduction to terrorism: Understanding and interviewing terrorists. In Turvey, B. E. (Ed.). *Criminal profiling: An introduction to behavioral evidence analysis*. CA: Academic Press, pp. 576-581.

個案較少，量化的數據分析較不適宜，故除了一些基本資料有賴統計分析外，本研究偏重於質的解析，主要運用理論驗證（theory confirming）的個案研究法（case study）[101]，而其中將兼採美國聯邦調查局的「犯罪剖繪」技術，以進行資料的分析工作。

本研究資料的分析架構，可以圖1-5-1說明：首先進行個案相關資料的蒐集，並與側面調查結果相互驗證，如果必要時可進行心理測驗，根據初步獲得的資料再深入訪談犯罪者，以進行犯罪剖繪，俾推論其行為動機、作案手法及簽名特徵，研究所得可作為預防犯罪的對策和偵查方向的擬定，以及建構解釋犯罪剖繪的理論基礎。

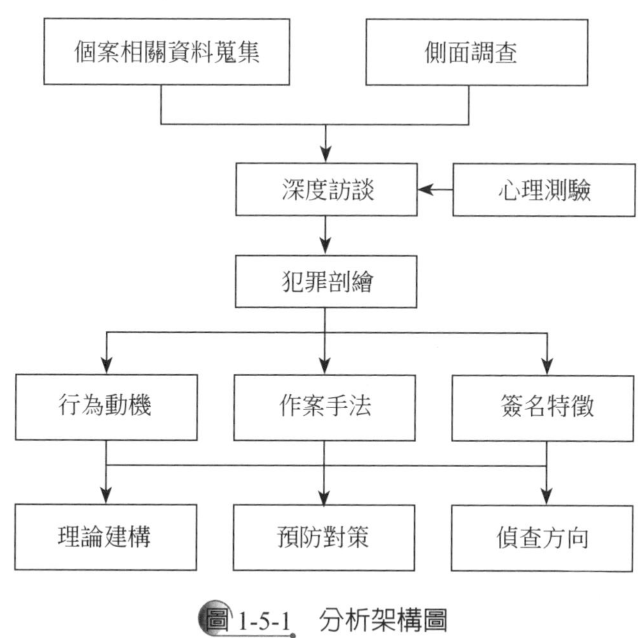

圖1-5-1 分析架構圖

二、國內外研究

長久以來，犯罪研究學者持續對犯罪行為作宏觀的量化或微觀的質性

101 Hagan, F. E. (2003). *Research methods in criminal justice and criminology*. Allyn and Bacon, pp. 174-175.

研究，如青少年犯罪、財產犯罪、白領犯罪等，這些研究的確能提供人們對於犯罪原因的瞭解，從而提出有效的犯罪預防方法。然而對於警察人員而言，由於其面對的是一樁樁已經發生的案件，而且又面臨即時破案的壓力，因此上述研究事實上對於犯罪偵查工作並無太大助益。但犯罪學家想要觀察和瞭解的是整體犯罪現象，因此對個別犯罪者的特徵和犯罪細節很少有興趣[102]，因而有關剖繪的文獻較為少見、分散且不易發現[103]。而不同領域的專家各自研究，並沒有彼此分享他們累積的知識，因此有關犯罪剖繪的資訊，散布在不同的專業期刊[104]。

犯罪剖繪領域中，最為人所知的就是FBI行為科學組在1979-1983年曾實施的一項研究計畫（Criminal Profiling Project）[105]，它是針對36名判刑入獄的性謀殺犯（被害者至少有118位）進行大規模的訪談工作，排除一些宣稱無辜和拒絕接受訪談者外，這些訪談事先都經過當事人同意，他們同意的原因主要為：想要瞭解自己為何會犯下這些罪行，試圖補償被害人和整個社會，已承認罪行的人想藉此說明他們的想法，而尚未認罪的人欲藉此為自己辯護。此外，也有些人是基於想要「教導」警方他們是如何犯罪以及犯罪的動機為何，因此大多採取合作的態度，訪談地點大部分在監獄內進行[106]。藉由訪談這些性謀殺犯，再找出刑案現場的特徵，並進行犯罪者分類，最後用來預測和驗證可能嫌犯的特徵[107]。

研究所蒐集的資料包括官方紀錄及訪談資料，前者包括精神醫療、

102 Farrington, D. P., & Lambert, S. (1997). Predicting offender profiles from victim and witness descriptions. In Jackson, J. L., & Bekerian, D. A. (Eds.). *Offender profiling: Theory, research and practice*. England: John Wiley & Sons, p. 157.

103 Jackson, J. L., & Bekerian, D. A. (Eds.) (1997). *Offender profiling: Theory, research and practice.* England: John Wiley & Sons, p. xiii.

104 Schlesinger, L. B. (2000). Serial homicide: Sadism, fantasy, and a compulsion to kill. In Schlesinger, L. B. (Ed.). *Serial offenders: Current thought, recent findings*. FL: CRC Press, p. 3.

105 原先是BSU成員的自行研究，後來FBI發現研究結果有用，乃於1982至1985年由司法部資助。

106 詳見Ressler, R. K. Burgess, A. W., & Douglas, J. E. (1988). *Sexual homicide: Patterns and motives*, NY: Free Press, pp. x-xiii.

107 Jackson, J. L., & Bekerian, D. A. (1997). Does offender profiling have a role to play? In Jackson, J. L., & Bekerian, D. A. (Eds.). *Offender profiling: Theory, research and practice*. England: John Wiley & Sons, p. 4

刑案資料、法庭審理過程、與矯治人員訪談及服刑紀錄。而後者所蒐集的資料（包括其背景資料、犯罪現場的行為及犯罪後的行為）則受限於凶手所能回憶的部分，如果資料不完整、不願回答或回應前後有矛盾，所獲資料就可能不正確或無法使用。而為了要瞭解犯罪者犯罪生涯的發展過程，該研究建立了一個行為動機模型（motivational model），此模型是由Erikson的發展衝突理論（developmental conflict theory）及Bandura的社會學習理論（social learning theory）整合而來，必須要從其不良的社會環境（主要是父母疏於管教、過於嚴厲或不一致），童年／青春期所遭遇的重大事件（目擊或經歷虐待、缺乏環境的支持、人際關係不良），對這些事件的反應模式（塑造偏差的人格特質及認知結構），對他人所產生的行為及其結果（從童年時期的偏差行為到成年後的反社會行為），以及經由其思考的「回饋濾網」（feedback filter）對其犯行所產生的反應（對其行為合理化、一味追求刺激），加以深入探究（如圖1-5-2）[108]，整個循環過程有如蝴蝶效應（butterfly effect），亦即成長過程中的些微偏差並未受到適當矯正，發展成根深蒂固的心理變態人格，最後便是一連串的犯罪行為，再透過犯罪後的合理化，強化其偏差的人格特質，陷入重複的犯罪循環，最終成為慢性犯罪者（chronic offender）[109]。除了反覆進行訪談外，必要時也可以實施心理測驗，因此這類研究在方法上應屬於質性為主，量化為輔的個案研究法性質。

FBI後來再訪談41名性侵害犯，並將他們分成四類（補償、剝削、報復及虐待型），最後建立「犯罪分類手冊」。早先的研究大多是採取臨床途徑（少數個案），後來則採用統計方法（大量樣本）[110]。另外Norris等

108 李璞良譯（1995），Ressler, R., Burgess, A., & Douglas, J.合著，異常快樂殺人心理，台灣先智，頁125。

109 Homant, R. J., & Kennedy, D. B. (2006). Serial murder: A biopsychosocial approach. In Petherick, W. (Ed.). *Serial crime: Theoretical and practical issues in behavioral profiling*. MA: Academic Press, pp. 212-213.

110 Farrington, D. P., & Lambert, S. (1997). Predicting offender profiles from victim and witness descriptions. In Jackson, J. L., & Bekerian, D. A. (Eds.). *Offender profiling: Theory, research and practice*. England: John Wiley & Sons, p. 133.

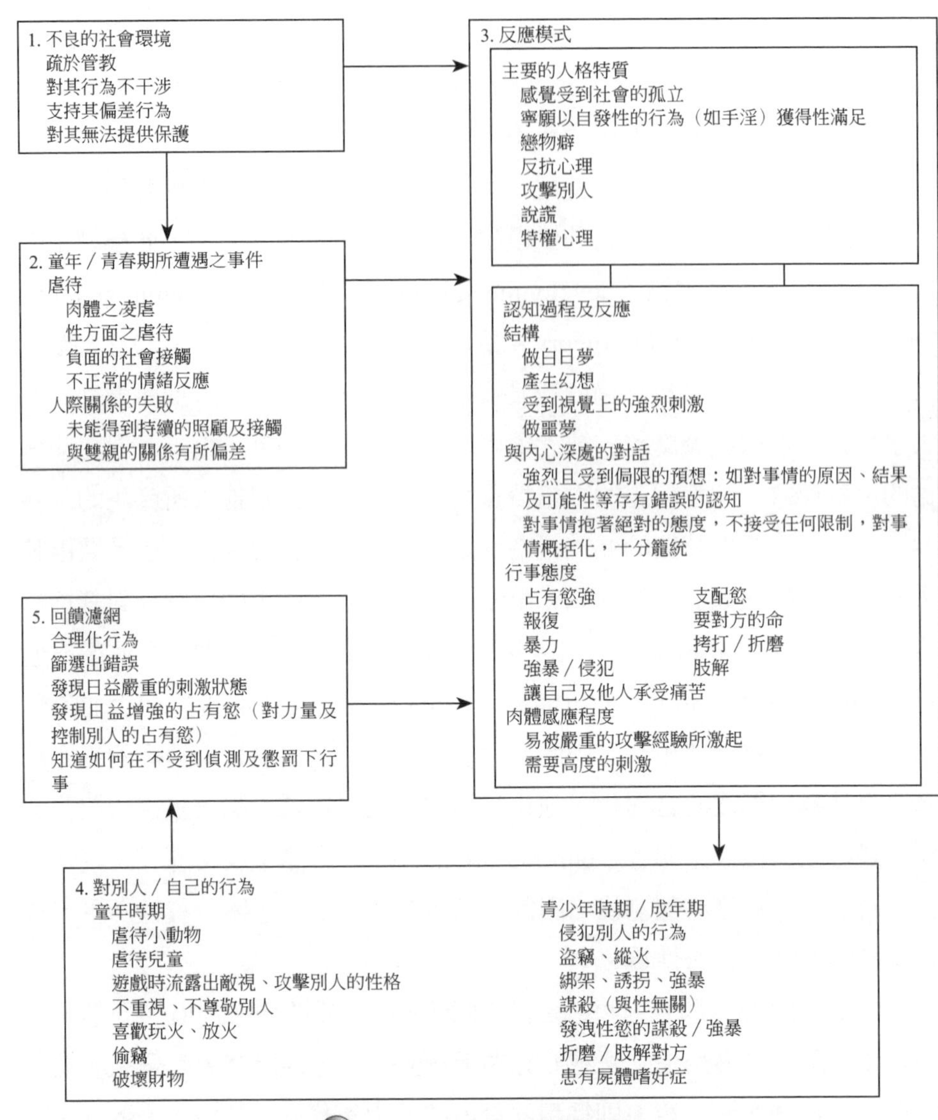

圖1-5-2 犯罪者的動機模型

也曾調查300位以上連續殺人犯，並對其中12位及其家人做深入訪談，此外再和神經科、外科、精神科醫生、社會工作者、醫事檢驗員及研究專家做了500次以上個案工作訪談，而發展出潛在連續殺人犯的生物和社會剖繪[111]。

另外一種量化方法是進行多面向度量法（multi-dimensional scaling, MDS），此法是將犯罪者特徵和犯罪行為所有變項的資料輸入電腦，再計算各變項間的相關係數（coefficient of association），最後在空間上呈現變項間的相互關係並加以詮釋，其分析方法稱為最小空間分析（Smallest Space Analysis, SSA），進一步將接近的變項分區並找出主題（theme），再經由視覺檢視相關的變項並加以解釋，茲以圖1-5-3加以說明，圖中每個點代表一個變項（犯罪行為），實線左下方為針對人（person）的犯罪，右上方為針對財產（property）的犯罪，另外虛線左上方為表達型（expressive）犯罪，也就是行為會提供自身的酬償，右下方則為工具型（instrumental）犯罪，也就是用來達成另一個目的[112]，如果二個變項的位置愈接近，表示這二個特徵較常同時出現（co-occurence），反之低相關變項會落在不同區域，顯示其不相似性（dissimilarity），計算其共同出現的測量方法為Jaccard係數，而最中間位置的變項出現頻率最高，愈往外則出現頻率較低[113]。

例如有學者分析33位比利時性謀殺犯的20個犯罪者特徵和22項犯罪現場特徵，根據各個變項的意義可分為四個區域，分別是社會不適應（social inadaptability）即無法成功整合入社會、盲從（conformism）即從成年起就努力融入社會、性虐待（sexual abuse）有受性虐待經驗並曾嘗試自殺、問題青年（problematic youth）即過去有偏差行為，再將犯罪現場特徵納入分析，可分為五個區域，分別為採取低風險、限制被害人、擺置屍體、性侵害和犯罪等群組，可分為虐待計算型（sadistic-calculator）及機會衝動型（opportunistic-impulse）二種主題[114]，此一方法的問

111 Norris, J. (1988). *Serial Killers*, NY: Doubleday, p. 217.

112 依此可分為expressive-property, expressive-person, instrumental-property, instrumental-person四種犯罪主題。

113 Canter, D., & Youngs, D. (2009). Investigative psychology: Offender profiling and the analysis of criminal action. UK: John Wiley & Sons, pp. 81-118.

114 Gerald, G., Mormont, U., & Kocsis, R. N. (2007). Offender profiles and crime scene pattern in Bel-

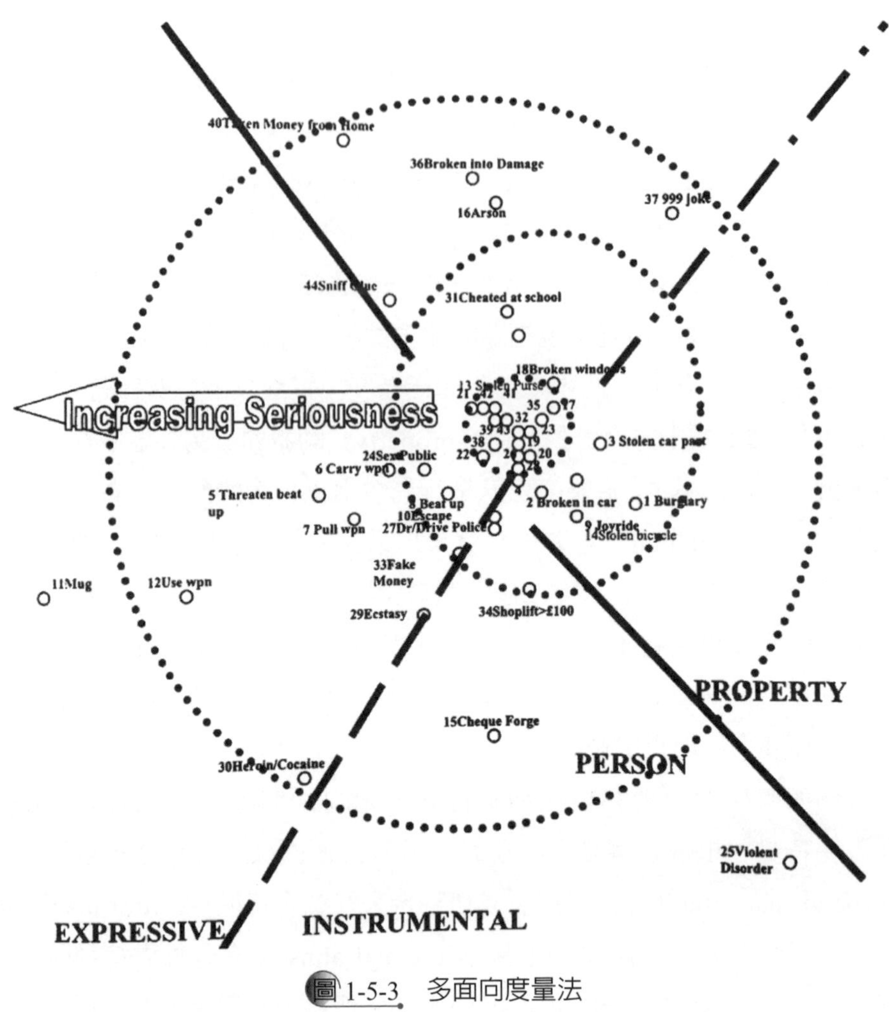

圖1-5-3 多面向度量法

題在於對於散布圖（scatter diagram）的解釋可能會因人而異。Kocsis將此種方法的運用稱為犯罪行為剖繪（Crime Action Profiling, CAP），IP和CAP事實上都運用MDS，但前者主要是從犯罪行為中找出主題來加以詮釋，而後者則試圖找出犯罪者特徵和犯罪行為的關係，可依據犯罪行為來

gien sexual murders. In Kocsis, R. N. (Ed.). *Criminal profiling: International theory, research, and practice*. NJ: Humana Press, pp. 27-48.

推測可能犯罪者的特徵[115]。

另外一種質性研究方法是由犯罪者回溯自己的生命故事（life story），自己探索在犯罪過程中扮演的角色，通常是透過問卷加上開放性陳述來詮釋其行為，由於採自我探索方式，因此能更深入的洞察其行為的意義甚至其心路歷程，而揭露其犯罪過程也可用來連結案件，並進一步推論犯罪者特徵，因此有助於犯罪偵查，此一方法也能更掌握整個犯罪情節（script），亦可探索犯罪者認定的被害者角色及二者間的互動（interaction）。

此項技術的探索與發現需要不斷地聚集和累積資料，因此值得國內對各類型犯罪做更廣泛而深入的探討。目前國內在此領域尚有待開發，本書也將截至目前的相關研究加以彙整，希冀能對此一領域的研究發展，奠定堅實的基礎。

三、常見研究問題

在犯罪剖繪領域中，常見的研究問題整理如下：

（一）根據有限的個案作推論，樣本無代表性，無法類推到母群體[116]。

（二）過分依賴官方紀錄，但警察紀錄通常不是為了研究目的，因此其適用性大有問題[117]。

（三）被害人和目擊者可能記憶不清，或陳述內容記錄不全。

（四）推論方法未明確說明，有些作者引用小說情節作為研究資料來源[118]。

（五）犯罪人提供的資料可能有所保留或刻意欺瞞，其真實性大有問題。

115 Kocsis, R. N. (2007). Schools of thought related to criminal profiling. In Kocsis, R. N. (Ed.). *Criminal profiling: International theory, research, and practice*. NJ: Humana Press, pp. 393-404.

116 Rossmo, D. K. (2000). *Geographic profiling*. FL: CRC Press, p. 25.

117 Godwin, G. M. (2001). Death by detail: A multivariate model of U. S. serial murders' crime scene actions. In Godwin, G. M. (Ed.). *Criminal psychology and forensic technology: A collaborative approach to effective profiling*. FL: CRC Press, p. 132.

118 Baeza, J. J., & Turvey, B. E. (2002). Sadistic behavior. In Turvey, B. E. (Ed.). *Criminal profiling: An introduction to behavioral evidence analysis*. CA: Academic Press, pp. 450-451.

（六）經常引用媒體作為資料來源，引用未經查證的私人紀錄。

（七）超越個人專業發表意見，運用直覺和經驗在研究上。

（八）大多數的文章是半自傳形式或期刊論文，而非有系統的學術論著[119]。

（九）依賴事後資料，傾向支持研究者原來的假設[120]。

（十）缺乏操作型定義，未檢驗加、被害者之間的互動[121]。

（十一）缺乏信效度研究，欠缺理論基礎。

（十二）資料編碼未完整反映原始檔案，可能有所疏漏或輸入錯誤資料。

（十三）沒有完整蒐集犯罪者的背景資料，也沒有運用控制組。

（十四）太過相信自己的研究，沒有仔細經過檢驗和追蹤剖繪結果[122]。

（十五）偵查人員經常只注意到剖繪的某一部分，而非整體[123]。

此外FBI的研究常被拒絕出版，因為外部審查者嚴厲批評其研究方法[124]，最常被質疑的地方，就是太過依賴訪談，由於犯罪人願意接受訪談的原因包括：想要補償被害人、吸引大眾注意、獲取法律上的利益[125]。但是犯罪者接受訪談會有所顧慮，因為如果太誠實，可能會妨礙其假釋出獄的機會，因此可能會以下列方式欺騙訪談者：講對方喜歡聽的

119 Godwin, G. M. (Ed.). Criminal psychology and forensic technology: A collaborative approach to effective profiling. FL: CRC Press, p. iv.

120 Baeza, J. J., & McGrath, M. (2000). "Criminal behavior literature review project". *Journal of Behavioral Profiling*, 1(2). http://www.profiling.org/journal/vol1_no2/jbp_cblrp_mg_may2000_1-2.html.

121 Godwin, G. M. (2001). Reliability, validity, and utility of extant serial murder classifications. In Godwin, G. M. (Ed.). *Criminal psychology and forensic technology: A collaborative approach to effective profiling*. FL: CRC Press, p. 69.

122 Turvey, B. E. (2002). Offender characteristics. In Turvey, B. E. (Ed.). *Criminal profiling: An introduction to behavioral evidence analysis*. CA: Academic Press, p. 348.

123 Kocsis, R. N., & Coleman, S. (2001). The unexplored ethics of criminal psychological profiling. In Godwin, G. M. (Ed.). *Criminal psychology and forensic technology: A collaborative approach to effective profiling*. FL: CRC Press, p. 325.

124 Turvey, B. E. (2002). Offender characteristics. In Turvey, B. E. (Ed.). *Criminal profiling: An introduction to behavioral evidence analysis*. CA: Academic Press, p. 349.

125 Godwin, G. M. (2001). Reliability, validity, and utility of extant serial murder classifications. In Godwin, G. M. (Ed.). *Criminal psychology and forensic technology: A collaborative approach to effective profiling*. FL: CRC Press, pp. 66-67.

話、不承認某些行為、美化自己、醜化被害者[126]，因此在引述犯罪者的訪談內容時，應小心查證其真實性。此外如果僅依賴合作且配合訪談的樣本，其推估全體犯罪者的代表性便可能有問題，而每位犯罪者會對他的行為有個別的說法，研究者不宜全盤接受，或自認為能充分瞭解其心理，但儘管如此，深度訪談的確能夠提供許多重要線索，關鍵在於能問對問題，並聽清其回答的弦外之音，犯罪者並非一朝一夕形成，因此有必要深究其發展的脈絡以洞察其內在想法。

在進行訪談前，必須認知到「每個人都想訴說其故事」，訪談者必須作為一個忠實的聽眾和觀眾，不要有偏見或預設立場，當然不必完全同意受訪者的觀點，但也不必去評價他（她），只要詳細的傾聽和觀察即可，再從中去體會事情發生的脈絡和對行為者的意義，從而推敲其動機，有學者提出訪談的建議如下[127]：

（一）讓受訪者用他自己的話去解釋他的行為。

（二）分析其描述以瞭解其經歷的事物。

（三）依照半結構式大綱進行訪談。

（四）讓受訪者能完全掌握他談話的內容。

（五）讓受訪者能自由岔開話題，暢所欲言。

（六）進行錄音，以便完整保留其音調、音量、口語，並使訪談者能專注在問話而不必分心記錄。

（七）訪談後儘快重聽錄音帶，記下額外問題的筆記。

（八）謄寫所有的錄音內容，找出重要的主題。

（九）整合相關的訊息，例如官方（警察、法院、監所）紀錄，找出其間的差異和原因。

（十）評估所有的資料，試圖釐清其犯案的動機，瞭解犯罪者對其行為的解釋。

---

126 Baeza, J. J., & Turvey, B. E. (2002). Sadistic behavior. In Turvey, B. E. (Ed.). *Criminal profiling: An introduction to behavioral evidence analysis*. CA: Academic Press, p. 450.

127 Hickey E. W. (2006). *Serial murders and their victims*. CA: Thomson Wadsworth, pp. 277-279.

在訪談時不但要問對問題，也要能夠察覺其肢體語言，控制訪談情境及主導整個訪談過程，也要有效地適應訪談對象，不去激怒他、使他厭煩，或是讓整個訪談過程突然中斷，訪談者的任務是蒐集資訊，不要有所曲解。要獲得有用的剖繪，資料要正確，犯罪者、被害者、目擊者的說明都是有用的資料來源，當事件剛發生時，被害人情緒激動，可能會提供不正確的資訊，待情緒穩定平靜後，資料才會較完整，因此訪談應在事後一段時間再進行，但又可能有遺忘的問題，因此不能拖太久，訪談技術（如協助回復記憶）也會影響資料的多寡和品質，也可能會被訪談者誤導[128]。例如訪談容易引進訪談者的偏見，或是太過依賴受訪者的回憶。對受刑人的訪談比其他來源更能瞭解他們的想法，因為剖繪者是正常人，很難瞭解這些不理性的行為，但受訪者大多不願透露其內心想法，如果罪犯說謊，則研究的結果將大有問題[129]，而根據受訪者編造故事所做成的結論是相當危險的[130]。

此外有學者提出在進行研究要避免以下問題[131]：

（一）記憶偏見（memory bias）：訪談內容容易受到過去對犯罪者或案件的經驗及知識所污染。

（二）偽陰（false negative）或偽陽（false positive）：預期不發生但卻發生，或預期會發生但卻沒發生。

（三）偏重當前因素（weighing current factors）：事物隨時在轉變，因此必須以動態的觀點探索前因後果。

（四）虛幻相關（illusionary correlation）：將研究對象的行為和外在環境做不當的連結。

（五）後見之明（hindsight）：事後一目瞭然的事，在當時根本看不清。

128 Bekerian, D. A., & Jackson, J. L. (1997). Critical issues in offender profiling. In Jackson, J. L., & Bekerian, D. A. (Eds.). *Offender profiling: Theory, research and practice*. England: John Wiley & Sons, pp. 214-216.

129 Turvey, B. E. (2001). "Sexual homicide: Literature review and research findings", *Journal of Behavioral Profiling*, 2(2). http://www.profiling.org/journal/subscribers/vol2_no2/jbp_bt_2-2.html.

130 Rossmo, D. K. (2000). *Geographic profiling*. FL: CRC Press, p. 22.

131 Hickey E. W. (2006). *Serial murders and their victims*. CA: Thomson Wadsworth, p. 276.

（六）自負（overconfidence）：研究者自視甚高，無法有效溝通，也不能洞察研究對象的想法。

（七）過度聚焦（overfocusing）：只專注在枝微末節，而未認清其真正意義。

此外，雖然犯罪剖繪目前主要運用在偵查階段，但它並非警察的專利，事實上，一個案件要能夠順利破案、起訴、審判和定罪，需要各階段司法人員的通力合作，假如能運用剖繪技術順利逮捕犯罪人，但如果檢察官及法官不能接受或認同此種方法，偵查人員的努力將徒勞無功，因此也要加強檢察官和法官在這方面的知識。另外在偵查階段也可以仰仗其他領域（如心理學和精神醫學）的學者專家共同合作，除了進行相關研究外，必要時亦可引進專家學者協助偵查犯罪，結合各領域的專業，可以更有效的推進犯罪剖繪在偵查工作的應用[132]。

就當前情況而言，警察有較多機會可以接觸犯罪者，但大多缺乏學術研究能力，而學者具備研究能力，卻無法接觸實際案例，二者應充分合作分享資訊。剖繪要有價值，必須說明使用的方法和結果是如何推導出來，並通過同儕的審查（peer review）和複製檢驗（replicative test）[133]，希望有一天犯罪剖繪可以符合科學檢驗的標準[134]。

132 Montet, L. (2007). The observations of the French judiciary: A critique of the French Ministry of Justice policy report into criminal analysis. In Kocsis, R. N. (Ed.). *Criminal profiling: International theory, research, and practice*. NJ: Humana Press, pp. 295-298.

133 複製是指如果有清晰的資料蒐集和分析程序，不同的人也可以得到相同或相似的結果，也就是即使是不同的人，如果給他們同一份資料，也能獲得相同的結論。

134 McGrath, M. (2001). "Signature in the courtroom: Whose crime is it Anyway?". *Journal of Behavioral Profiling*, 2(2). http://www.profiling.org/journal/subscribers/vol2_no2/jbp_mm_2-2.html.

第二章　理論基礎

從十八世紀中期貝加利亞（Beccaria）開啟「古典犯罪學派」[1]至今，人們集中心力注意並解釋犯罪行為，許多學者都在思考犯罪的單一原因，自由意志（free will）、實證決定論（positive determinism）[2]、遺傳及貧窮都曾經是此一議題所認真檢驗及辯論的焦點。本章的主要目標是提供這些基礎理論的概況，在這些理論中有一些細微的差異，而且每一理論體系都有其獨特的觀點及關注焦點，可以對犯罪剖繪這項技術提供輔助。以下分別從犯罪生物學、犯罪心理學、精神醫學、犯罪社會學加以闡釋，並說明科際整合（interdisciplinary integration）的必要性。

第一節　犯罪生物學

犯罪行為的生物學解釋宣稱某些人生來就有犯罪的傾向，子女不但繼承父母的基因，也承襲了父母的道德和感情，此類研究最早可追溯「犯罪人之母」Ada Jukes，研究發現她的子孫有大量的罪犯、娼妓和貧窮者。但此一結果也可能是環境造成的，為了要控制環境因素的影響，另有學者探討在相似環境養育的雙胞胎，發現同卵雙生的行為相似度高於異卵雙生；也有學者研究發現領養子女和其生父母的行為相似度，高於與其養父母的行為相似度；其他研究亦發現犯罪和攻擊傾向的確有生物因素的淵源，基因的組成對人類天生的暴力和攻擊傾向有影響。以下分別介紹遺傳、身體特徵、基因缺陷和生化因素的影響：

1　古典學派認為人可以自由決定其行為，會犯罪是因為有利可圖，其抉擇會因害怕處罰而受到約制，刑罰要有效，需滿足迅速、嚴厲和確實三個要件。

2　實證學派認為人的行為受到生物、心理和社會等內外在因素所決定，其目標就是找出犯罪人和非犯罪人的差異。

一、遺傳和祖型再現

義大利醫生同時也是犯罪人類學家Lombroso在研究383名監獄受刑人後發現有些人生來就有犯罪的傾向，他說犯罪人是沒有進化的人類，因而在生理上退化（throwback）至遠古的祖先（forebears）——黑猩猩（app or chimpanzee），稱為祖型再現或隔代遺傳（avavistic），他找到一些生來犯罪人（born criminal）的特徵，包括：鷹勾鼻、厚唇、濃眉、皺紋多、臉部不對稱、耳朵特別大或很小、前額後縮、突出的眉毛、顎骨或下巴、左邊觸覺較敏銳、對疼痛不敏感、視覺銳利但聽覺、嗅覺和味覺較遲鈍、年長後仍異常敏捷、受傷後快速復原、不能分辨是非、缺乏羞恥、懊惱、榮譽感和同情、沉迷於賭博和飲酒，當然不是每個特徵都必須吻合，但其研究方法因欠缺對照組而招致許多抨擊，另有學者試圖加以驗證，卻發現與非犯罪人比較並未達統計上之顯著水準。而女性犯罪者則缺乏女性特徵，外表類似男性，值得注意的是Lombroso在後期修正了他早期的說法，除了生理因素外，精神疾病、心理缺陷甚至是社會結構，都能解釋一部分的暴力犯罪。

二、身體特徵

另有學者主張不同的生物因素和身體特徵決定一個人是否會犯罪，其中骨相學（phrenology）和面相學（physiognomy）認為頭蓋骨的形狀或異常與犯罪行為有關，另外Sheldon等人提出了體型論（somatotype）：

（一）矮小粗壯型（endomorph）：從飲食、社交中得到愉悅和滿足，最不可能觸法，偶而會犯詐欺罪。

（二）瘦弱型（ectomorph）：瘦小而脆弱、缺乏自信、無法維持良好人際關係，易犯竊盜罪。

（三）鬥士型（mesomorph）：喜好運動、肌肉發達、渴望冒險、具攻擊性，容易涉入暴力犯罪。

Sheldon使用三個1-7的數字來描述不同體型，有部分研究支持他的說法。另外德國學者Kretschmer也發現體型和犯罪傾向高度相關，如瘦高型易犯竊盜，粗壯型易涉入暴力犯罪，矮胖型常犯詐欺，早期的剖繪人員受到此種觀點影響，因而關注犯罪人與正常人的區別[3]。

三、基因缺陷

有學者認為犯罪行為可能和人體內缺乏一種「單胺氧化酶」（MAO）的物質有關，大腦所控制的各種現象，如攻擊性、性行為、睡眠、疼痛、學習與記憶等，都是由神經傳遞質（neurotransmitter）所引起的一連串生化反應造成，其中血清素（serotonin）便是腦中相當重要的神經傳遞質，其在腦中量的多寡直接影響到各種行為傾向，而血清素的分解，則是由MAO-A酶來負責，亦有學者發現反社會行為者其血清素濃度較一般正常人為低[4]。

四、化學失衡和賀爾蒙影響

另有學者認為體內化學或賀爾蒙失衡是導致兒童和成人出現暴力行為的原因，他們發現沒有攝取足夠的維生素或礦物質的兒童有心智發展的問題，長大後就容易從事攻擊、暴力或異常的性活動。有學者亦發現許多婦女都是在月經前後因為心情煩躁而犯罪。部分女性犯罪者，尤其是殺人、放火等激情罪犯，可能與女性賀爾蒙失調產生之異常精神狀態——月經前緊張症候群（premenstral tension syndrome）有關，其特性包括憂鬱、情緒不安定、無法自我控制、悶悶不樂、刺激性興奮、容易疲勞等，在此期間易影響其攻擊行為之發生。此外尚有許多生物或環境因素和犯罪有關，如腦瘤、XYY染色體、腦部傷害、腦波異常、環境污染、睪丸激酮、神經傳導等，但目前學者大多不認為上述生物因素是犯罪的決定性原因，具備犯罪傾向的人需要環境因素才會觸發其犯罪行為[5]。

---

3 FBI前探員Ressler就是將Kretschmer的發現加入他的剖繪案例中，見Ressler, R., & Shatchman, T. (1992), *Whoever fights monsters*. NY: St. Martins's Press, p. 5.

4 楊士隆（2019），犯罪心理學，五南圖書，頁24-25。

5 Holmes, R. M., & Holmes, S. T. (2009). *Profiling violent crimes: An investigative tool*. CA: Sage Publications, pp. 66-67.

犯罪生物學者仍持續在尋找犯罪的原因（如基因的影響），但是這些恐怕都非決定因素，也就是說犯罪人不是與生俱來的，大多數是環境造成的，但即使是成長在優良的環境，情境機會仍有可能造就暴力犯罪者。

第二節 犯罪心理學

人類早先對犯罪提出解釋是認為犯罪人著魔或中邪（撒旦附身），需要用驅魔（exorcism）如念咒語、撫摸聖物，甚至火烙等方法，方能使患者痊癒[6]，然而自從心理學發展以後，對犯罪的原因就有相當不同的看法，就像Neitzel指出：他認為犯罪是潛在犯罪人具有相當程度獨特之人格特質的結果。因此犯罪者就被評斷為心理異常，心理學家在探索犯罪心理的起源時，通常不太注意個人的社會環境，一些研究和理論都持續在尋找及鑑別犯罪心理原因變項的單一因素。列舉如下[7]：

一、智能不足

早期心理學家指出犯罪及偏差行為與智能不足或欠缺智力直接相關，智能不足可能直接影響社會適應，並導致個人採取一種犯罪或偏差的生活方式，研究顯示低智力的年輕人可能比一般智力的人較容易有偏差行為。但是從「批判學派」（critical school）的觀點而言，這個現象的另一種解釋為：有較高智力的人比較有能力躲避逮捕，亦即低智力者比高智力者容易被刑事司法單位察覺。

智能不足者所從事的犯罪類型，以縱火、性犯罪及竊盜居多，另外女性之智能不足者容易成為性侵被害人，綜合學者觀點，智能不足者之所以

6 在古典學派之前有所謂的「魔鬼說」，係以超自然力量來解釋犯罪的原因，犯罪人是因為撒旦附身，才會有異於常人的行為，因此出現連續殺人犯宣稱接收到外星人或是某種動物指令的說法，但其實可能另有所圖，例如殺害13個被害人的連續殺人犯「山姆之子」宣稱是收到隔壁鄰居所養的狗指示，事後承認是為了報復鄰居和其吵鬧的狗。

7 Holmes, R. M., & Holmes, S. T. (2002). *Profiling violent crimes: An investigative tool*. CA: Sage Publications, pp. 50-60.

可能犯罪的主因為[8]：

（一）判斷力較低：無法預見犯罪行為的不良後果。

（二）他們對於慾念（如食慾、性慾、占有慾等）缺乏抑制能力，對情緒也不善控制，因而易由細微動機轉為衝動性行為，如放火、傷害或違反社會規範之性行為。

（三）他們缺乏職業與新事物的適應能力，因而在生存競爭中立於不利的地位，成為社會的落伍者，使其採取反社會行為，力謀補救。

（四）由於其學習能力、社交能力與語言能力低劣，易受他人輕視、虐待，使其心懷怨恨與不平，因而付諸不正當的報復行為。

（五）有些智能不足者伴有性格異常的特質，易於發生反社會行為。

二、人格特性

人格理論強調犯罪人與非犯罪人相較，大多具有病態之人格或人格特質，如不成熟、缺乏自制、較高侵略攻擊性、低學業成就、外向逸樂取向、叛逆、敵對、退縮、逃避現實等特性[9]。例如Glueck夫婦的研究指出：犯罪者比一般人顯現較多的攻擊、反抗、敵對及破壞性，然而很少有實證資料可以證實存在一種犯罪或偏差行為的人格特質[10]。Dollard等敘述犯罪心理除了會導致訴諸暴力之外，更無法忍受挫折，在他們的研究中發現，有暴力傾向的人缺乏抵抗挫折（frustration tolerance）的能力，挫折成為行動的催化劑，而行動則使他們有一種掌控的感覺，此種行動包括攻擊原來使其受挫的對象，或轉移（displace）到無辜的第三者，甚至是自我逃脫的防衛機制（defense mechanism）。

三、犯罪人的思考方式

Yochelson及Samenow的研究指出：犯罪者的人格基本上與非犯罪者

8 楊士隆（2019），犯罪心理學，五南圖書，頁93-94。

9 楊士隆（2019），犯罪心理學，五南圖書，頁39。

10 事實上有很多學者發現犯罪與偏差行為甚至意外事件、交通事故之間具有高相關，詳參閱Hirschi, T., & Gottfredson, M. R. (1994). *The generality of deviance*, NJ: Transaction Publishers.

並沒有什麼不同，事實上，二者唯一的差異在於其對犯罪的思考方式。他們強調：不是環境使一個人成為犯罪人，而是一連串的選擇使得他在很早就開始犯罪。因此，犯罪問題的解決在於改變犯罪人的思考方式，只有如此，我們才能改變其行為。

另有學者Walters進一步提出八種犯罪人的思考型態，頗具參考價值，說明如下[11]：

（一）自我安慰（mollification）：把自己從事犯罪行為的責任歸因到外在環境的不公平，以減輕淡化自己對自身行為應負的責任。

（二）切除斬斷（cut off）：利用各種方法（如酒精、藥物），消除阻礙其從事犯罪行為的抑制力，犯罪者常缺乏良好的自制力，且容易被他人所動搖。

（三）自恃特權（entitlement）：認為其個人有特權，得以免於遵守一般人所遵循的規範，一旦犯罪者以「需求」作為理由來說服自己，便提供一張從事犯罪行為的「許可證」。

（四）權力取向（power orientation）：渴望獲得力量且控制他人的想法，例如吸毒者藉由使用藥物來使自己暫時擁有控制權的感覺。

（五）虛情假意（sentimentality）：由於個人所從事行為可能與其正面形象有所矛盾，因此必須尋求調和之道，來消除已存在的差異現象，藉此增進正面形象，來替自己的行為做辯護。

（六）過度樂觀（superoptimism）：對自己過度自信且持樂觀的態度，例如脫逃的機率大於被逮捕的機率，雖然終究有被捕的一天，但絕不可能是這一次。

（七）認知怠惰（cognitive indolence）：最初在從事犯罪行為時，會花很多時間和精力，審慎評估成功機率與利益得失，但隨著時間一久，就變得較為懶散而無法評估自身的思考內容與犯罪計畫。

（八）半途而廢（discontinuity）：犯罪者常忽略長遠的目標，而去追求

11 楊士隆（2019），犯罪心理學，五南圖書，頁50-56。

可獲得立即滿足的機會，對於自己許下的承諾、立定的計畫和目標往往無法實現。

四、個性缺陷

心理學家耗費很多心力去研究反社會人格，Cleckley描述他們常有自戀、習慣性說謊、不滿足的性生活、並持續與法律有瓜葛，而且不會後悔也沒有罪惡感。精神病患有可能是腦部受傷，或是來自遭受拒絕的家庭。腦瘤和腦傷會降低自我抑制能力，產生衝動和攻擊行為，但目前仍無法證明腦傷和暴力犯罪有直接相關。事實上人格特性可能在腦傷之前就已經形成，傷害後更進一步惡化此種行為模式，例如間歇性爆發疾患（intermittent explosive disorder）會突然發洩在周遭的事物，如殺人、攻擊陌生人、毆打配偶、虐待兒童、破壞財物、攻擊動物等，目前關於生理因素對行為影響的瞭解仍有待努力[12]。

五、精神分析

從精神分析途徑來研究人類心理的啟始者—佛洛伊德（Freud）並沒有花很多時間在犯罪的分析上，但是他的追隨者提出很多有關犯罪心理的有趣理論。根據佛氏的想法，人類的感覺和行為是來自本我（id）、自我（ego）和超我（superego）的各種潛意識衝突。「本我」是心靈的一部分，它代表人類的生物驅力，依據愉悅（pleasure）原則，尋求立即的滿足；「超我」是社會反應的一部分，依據道德（moral）原則，它告訴我們何者當為或不當為；「自我」則是人格的一部分，依據現實（reality）原則，具有控制以性和攻擊為中心之本我野蠻衝動（libidinal force）的任務，自我具有協調、控制和減少本我和超我衝突的功能。犯罪人可能是超我發展過度或發展不足，不論哪一種情況，都會導致罪惡感、焦慮或亂迷（anomie）狀態的感覺，由於這種亂迷的感覺，個人就處在一種需要懲

12 Miller, L. (2000). The predator's brain: Neuropsychodynamics of serial killing. In Schlesinger, L. B. (Ed.). *Serial offenders: Current thought, recent findings*. FL: CRC Press, pp. 152, 155.

罰的狀態，處罰會去除其罪惡感及焦慮，而使人回復到心理平衡的狀況。總結來說，犯罪人格的精神分析集中在性和攻擊的角色，以及早期兒童適應的方法，它對犯罪理論的主要貢獻是使我們瞭解潛意識（unconsciousness）、罪惡感及焦慮的角色，以及其與犯罪的關聯。

六、行為主義與社會學習

行為主義認為人類的行為乃透過學習而來，是環境或刺激下的產物，其基本假設是：人們根據外來的反應而改變行為，行為若受到獎賞則會不斷出現，若受到懲罰則會逐漸消失，行為的產生乃與刺激（stimulus）來源有接觸才有反應（reaction），即所謂的「近朱者赤，近墨者黑」，而學習則有多種類型，制約學習（conditional learning）是透過外在刺激所被動習得的反應，將兩個本來沒有關係的事件連在一起，產生學習效果；而操作學習（operant learning）則是透過嘗試與錯誤，主動學習，從多種反應中選擇其一與特定刺激聯結的歷程；最後社會學習（social learning）則是透過耳濡目染，間接學習而來，即觀察別人行為的結果，如果行為的結果是受獎賞或未受懲罰，則會學習到該行為，反之，若一行為的結果是受到懲罰或未受獎賞，則不會學習到該項行為[13]。社會學習認為，人們非生而具暴力行為的本能，暴力行為乃透過生活經驗學習而來，如觀察他人因攻擊而達成目標，或在電視、電影觀察他人因暴力行為而獲益，均有可能使觀察者學習到攻擊或暴力行為，或是幼兒時觀察成年人未因暴力行為而受懲罰，則長大後，容易用暴力或攻擊行為處理日常事務，而學習暴力行為。而行為模仿的主要來源有三：家庭成員、生活環境和大眾傳播媒體[14]。

七、認知與道德發展

學者Piaget研究發現兒童的道德及心智發展是從無律（anomous）、

13 張春興（1997），現代心理學，華泰書局，頁221-236。
14 許春金（2010），犯罪學，三民書局，頁285-287。

他律（heteronomous）到自律（autonomous），一開始毫無規範意識，行為不受任何拘束，未有絲毫道德意識的發展，再逐步到遵守規範，服從權威，對行為對錯的判斷只單純重視行為的後果，最後不再盲目服從權威，也開始意識到道德規範的相對性，行為的對錯判斷，除看行為的後果外，也會考慮到當事人的動機。

另外學者Kohlberg則將道德發展理念應用到犯罪問題，他認為人們在成長過程中，經歷不同的道德發展階段，每個階段對於對與錯的道德問題各有不同的判斷理由，犯罪者的道德發展可能不同於守法者的道德發展，六個道德發展階段分別為：

（一）僅是為了服從權威和避免懲罰。

（二）為自己負責，滿足自己的需要，而讓別人為自己負責。

（三）要成為好人，有好的動機關心他人，站在他人立場著想。

（四）維護社會規範，為人群和社會的福祉效勞。

（五）以社會大眾共同認知的規範，而承認他人的權利。

（六）要對應用於全人類之正義和平的原則，以及對人格的尊重等原則負責任。

研究發現，犯罪者的道德發展，遠遠的落後在具相同社會背景的非犯罪者，而發展成較高層次的道德，則可使一個人隔絕於犯罪行為之外[15]。

綜而言之，不論是何種犯罪心理原因的理論，心理學提出迥異於其他學門的不同觀點，並能提供有關人口變項與行為、犯罪的統計關係。心理學可以用來瞭解犯罪過程、犯罪模式和犯罪動機，但擁有心理學文憑不必然就已具備剖繪所需的教育、訓練和經驗[16]。剖繪人員必須具備心理學的相關專業知識，並曾進行實證研究，受過相關訓練，更需有實際從事訪談及剖繪的經驗[17]。總之，心理學對犯罪剖繪的主要貢獻在於：提出

15 許春金（2010），犯罪學，三民書局，頁282-284。

16 Petherick, W. (2002). "Review of offender profiling and crime analysis". *Journal of Behavioral Profiling*, 3(1). http://www.profiling.org/journal/subscribers/vol3_no1/jbp_cblp_wp_3-1.html.

17 Gudjonsson, G. H., & Copson, G. (1997). The role of expert in criminal investigation. In Jackson, J. L., & Bekerian, D. A. (Eds.). *Offender profiling: Theory, research and practice*. England: John Wiley & Sons, p. 69.

犯罪者特徵、提供偵訊策略、以催眠回復目擊者的記憶、偵查有心理疾病的案件、評估心理狀況（心神喪失或精神耗弱）以減輕刑罰和提供處理建議[18]。

第三節 精神醫學

精神醫學是與心理學相近的學科，由於犯罪剖繪主要運用在異常的犯罪，而精神科醫師平常就在處理精神異常的病患，對他們的奇特心理有深入的理解，因此如果有需要可以諮詢這些專家，所以精神醫學等相關知識就特別適用在犯罪剖繪，偵查人員必須熟悉精神醫學常用的術語。

許多人在面對連續殺人案件發生時，第一個反應就是認定這個人一定是瘋子，否則怎麼可能會犯下如此凶殘的暴行。事實上，許多這種人的確有長期的精神病史，而且在事前也常有些促發因素或事件發生，但是在犯罪當下，通常意識是清楚的，也就是他能分辨是非，只是無法抑制殺人的衝動，而且在事後也常常被自己的犯行驚嚇到，而有不尋常的反應，當然在事後經常以行為時無辨識能力而主張無罪（not guity by reason of insanity），但事實上「辨識能力」只是一種法律術語，並非精神醫學的正式用語，因此仍需進行臨床評估。

在探討各種精神疾患前，有二個名詞必須先予澄清：其中精神病（psychosis）係指嚴重脫離現實，而有妄想、幻覺等症狀，但這些人通常不會傷害別人，頂多是戕害自己（沒有痛楚感），另外精神官能症（neurosis）則是較輕微的症狀，沒有脫離現實，呈現焦慮、驚恐或強迫行為，研究發現連續殺人犯較少有精神病，而是呈現不同程度的精神官能症。

在關於犯罪剖繪的文獻中，常會指出犯罪者出現許多症狀以及具備某些個人特性，根據犯罪者的某些行為，心理學家或精神科醫師往往就把

18 Gudjonsson, G. H., & Copson, G. (1997). The role of expert in criminal investigation. In Jackson, J. L., & Bekerian, D. A. (Eds.). *Offender profiling: Theory, research and practice*. England: John Wiley & Sons, pp. 62-65.

一些標籤及診斷加在這些人身上。因此，許多執法機關在研究這些犯罪人時，皆會指出以下數種特徵或診斷現象，以便於理解驅使他們犯罪的思考模式。這些臨床診斷的心理特徵，通常有以下幾種[19]：

一、思覺失調症[20]

思覺失調症（schizophrenia）原稱精神分裂症，係精神病類型中較難理解的一種，其症狀包括：思考、知覺、情感、自我意識與行為等方面之障礙，呈現病態性精神錯亂現象，與現實脫節並產生幻覺、妄想，由於患者具前述症狀極易衍生犯罪行為，故為當前司法精神醫學探討之熱門課題。King等人依據思覺失調症之症狀，將其分為正性症狀與負性症狀，其中正性症狀又可分為正性症狀（幻覺及妄想）及解構症狀（解構的語言和行為）二類，分別說明如下（如圖2-2-1）：

（一）正性症狀

1. 幻覺：在沒有接收到任何環境刺激的情況下所產生的感覺經驗，常見的幻覺為幻聽（聽到別人沒聽到的聲音）及幻視（看到別人沒看到的景象），而幻聽又較幻視更為常見。
2. 妄想：縱使已有明顯證據可證實，仍堅信與事實相違背的事，常見的類型包括：
   (1)被迫害妄想：患者自覺受到迫害，如言語上的針對、嘲弄、跟蹤及監聽等。
   (2)誇大妄想：患者會誇大自身重要性、權力或知識等。

19 以下參閱Giannangelo, S. J. (1996). *The psychopathology of serial murder: A theory of violence.* CT: Praeger Publishers, pp. 7-17.

20 思覺失調症的診斷準則包括：A.下列症狀至少有兩個或兩個以上且持續至少一個月，其中1-3症狀至少要有一項：1.妄想；2.幻覺；3.胡言亂語；4.異常的心理動作行為（如僵直）；5.負性症狀（鈍化的情感、無動機、無社會性等）；B.發病期間，工作、人際關係或自我照顧功能，明顯低於發病前的水準；C.有病徵的時期至少持續六個月，六個月中至少一個月符合上述症狀，在前驅期或殘餘期可能只表現負性症狀，或至少符合上述二項症狀，但呈現形式較輕微。見台灣精神醫學會譯（2016），DSM-5精神疾病診斷準則手冊，合記圖書，頁50-51。

(3)關聯性意念：患者會將不重要的事情納入其妄想結構，甚至認為自己在他人瑣碎的日常生活中扮演重要角色。

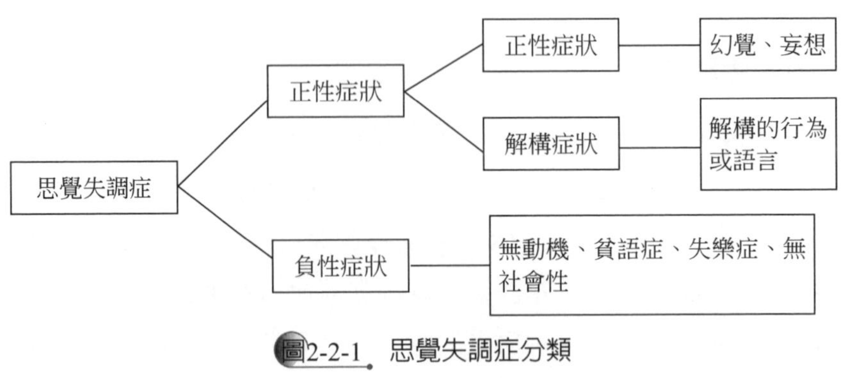

圖2-2-1 思覺失調症分類

（二）解構症狀

1. 解構的語言：又稱思考形式障礙，因思考連結鬆散或思考脫軌等因素，導致患者在組織或陳述其想法時出現障礙。
2. 解構的行為：有許多的行為形式，最常見的形式為僵直症（catatonia），又可約略分為下列幾種：
   (1)僵直性靜止：患者維持不尋常的姿勢很長一段時間。
   (2)蠟狀屈曲：他人可以移動患者四肢，擺成一種姿勢，患者會保持該姿勢很長一段時間。
   (3)重複出現某種姿態。
   (4)激動用力揮動四肢。

（三）負性症狀

又可區分為體驗與表達兩大領域：

1. 體驗領域

(1) 無動機：在持續日常活動上，缺乏動機或興趣甚至能力。

(2) 無社會性：嚴重的社會關係毀損，社交技巧不佳，不願與他人相處，縱使有互動亦簡短表淺。

(3) 失樂症狀：對愉快的體驗減少，愉快又可分為即時性愉快感即當下所感受到的愉悅感，預期性愉快感則指預期未來事件或活動所生的愉悅感。

2. 表達領域

(1) 鈍化的情感：缺乏外顯的情感表達，此一概念涉及外在情緒表現而非內在情緒感受。

(2) 貧語症：話量顯著減少，僅用一兩個字回答問題。

思覺失調症患者觸犯刑事案件的比例並不低，最主要乃因此類患者具有妄想、幻覺，呈現知覺、情感障礙等而衍生犯罪行為，犯罪類型包括殺人、縱火及傷害等[21]。

二、心理變態[22]

心理變態（psychopathic）經常和反社會（antisocial）人格產生混淆，雖然反社會人格在DSM中已正式取代心理變態，但事實上它們並非兩個可以互換的術語。許多受刑人皆被診斷有心理變態的問題，而且就其症狀及治療而言，它是一種更加嚴重的心理狀態，心理變態者經常表現出暴力傾向。根據Meloy的說法，心理變態是一種混合攻擊性自戀（aggressive narcissism），以及長期反社會行為的人格。心理變態者的個人史經常是一連串的利用及傷害他人，他們不斷地攻擊這個世界以建立自己破碎的自尊心[23]。

21 楊士隆（2019），犯罪心理學，五南圖書，頁63-70。

22 心理變態人格疾患（psychopathic personality disorder）的診斷準則為：A.能言善道且外表有吸引力；B.大言不慚；C.需要不斷的刺激；D.病態說謊；E.操控他人；F.缺乏懊悔或罪惡感；G.不易受影響；H.缺乏同理心；I.寄生的生活方式；J.行為控制能力低；K.雜交；L.早期行為問題；M.缺乏真實長期的目標；N.衝動；O.缺乏責任感；P.無法承擔行為的責任；Q.短暫的關係；R.少年犯罪；S.假釋遭撤銷；T.犯罪行為眾多。參閱Hare, R. (1991). Manual for the revised psychopathy checklist. Toronto: Multi-Health Systems. 引自Giannangelo, S. J. (1996). *The psychopathology of serial murder: A theory of violence*. CT: Praeger Publishers, p. 9.

23 Meloy, J. R. (1988). The Psychopathic Mind: Origins, Dynamics, & Treatment. NJ: Jason Aronson. 引自Giannangelo, S. J. (1996). *The psychopathology of serial murder: A theory of violence*. CT:

心理變態是指心神喪失但未精神錯亂（insanity without delirium）。他享受大多數人認為邪惡、可怕的行為，也瞭解這些行為會對他人造成嚴重傷害，但不感覺後悔，也不願意停止。早先稱為心理變態，後來稱為社會變態，目前DSM將其歸類為人格障礙症（反社會類型）。不是所有心理變態的人都是犯罪者，也不是所有犯罪者都有心理變態，事實上，心理變態的人看起來都很正常[24]。心理變態者大多以自我為中心，欠缺和他人維持親密關係的能力[25]。他們經由反社會行為尋求刺激，以補償其較低的生理喚起（physiological arousal），因此會執迷於追求刺激的活動而不顧他人的痛苦[26]。

心理變態者經常有早期暴力的傾向，容易演變成未來對陌生人犯罪的行為，這種暴力是經過策劃、有目的且冷血的。心理變態者的動機是支配及控制，因此他們也很少與他人有其他牽扯。由於心理變態者的性喚起無法自發，導致他們會一再地尋找性的滿足感。患者會認為性是他們應得的權利，而不是平等互惠的關係。心理變態者與他人很少有互動，而這正是他們缺乏感情及愛人能力的證明，在某種程度上，患者會把他們的性伴侶看成沒有價值的物品，因此心理變態者也常有虐待他人的傾向。

Cleckley是第一個研究心理變態人格的臨床人員，曾列出16項特徵，Hare則是此領域的專家，他發展出心理變態清單（psychopathy checklist, PCL-R），其中比較重要者說明如下：

（一）缺乏同理心：無法理解他人的感受。

（二）操弄他人：為了個人利益而故意欺騙。

（三）犯罪多樣性：呈現各式各樣的犯罪行為。

（四）不能接受行為的責任：將過錯推給別人。

Praeger Publishers, p. 9.

24 Turvey, B. E. (2002). Psychopathic behavior. In Turvey, B. E. (Ed.). *Criminal profiling: An introduction to behavioral evidence analysis*. CA: Academic Press, pp. 412-420.

25 Palermo, G. B., & Kocsis, R. N. (2005). *Offender profiling: An introduction to sociopsychological analysis of violent crime*. IL: Charles C. Thomas Publisher, p. 29.

26 Miller, L. (2000). The predator's brain: Neuropsychodynamics of serial killing. In Schlesinger, L. B. (Ed.). *Serial offenders: Current thought, recent findings*. FL: CRC Press, p. 146.

（五）能說善道但膚淺：言語流暢但未深思熟慮。
（六）誇大自己：膨脹自我價值和能力。
（七）衝動傾向：行為前不考慮後果。
（八）行為控制不良：容易被激怒或受挫。
（九）缺乏罪惡感：對自己的錯誤行為不感到後悔。

此清單以行為實例來判斷是否符合此種人格特質，因為透過訪談得到的訊息可能包含犯罪者的合理化說詞或是說謊，故其內部一致性（internal consistency）、評量者間（interrater）和再測（retest）信度都很高[27]，已成為認定心理變態者的標準工具。雖然這些標準常與反社會人格的診斷準則作比較，但是這個量表可以進一步找出內在、外在的特徵，因此仍有其效用。另外，心理變態與反社會人格相比，其暴力更為常見且嚴重。而且一般而言，心理變態是無法治療的。

三、人格障礙症

人格障礙症與犯罪行為高度相關，DSM-5列出A群（妄想型、孤僻型、思覺失調型）、B群（反社會型、邊緣型、做作型、自戀型）、C群（畏避型、依賴型、強迫型）人格障礙症，分別說明如下：

（一）妄想型人格障礙症

妄想型人格障礙症（paranoid personality disorder）呈現在各種場合中，一種對他人廣泛的不信任或懷疑，例如他們的動機都是惡意的，表現符合以下四項（或更多）[28]：

1. 沒有充分根據地懷疑別人都在利用、傷害或欺騙他。
2. 專注於對朋友或共事者之忠誠和可信度的不合理擔心。
3. 因別人會利用訊息對他造成傷害的莫須有害怕，抗拒信賴他人。

---

27 Cooper, A. J. (2000). Female serial offenders. In Schlesinger, L. B. (Ed.). *Serial offenders: Current thought, recent findings*. FL: CRC Press, p. 281.

28 台灣精神醫學會譯（2016），DSM-5精神疾病診斷準則手冊，合記圖書，頁324-325。

4. 在別人善意的舉動或言語中，解讀出貶抑或威脅。
5. 持續地心懷怨恨。
6. 察覺出在他人言語，不明顯地對他的個性或不名譽的攻擊，並迅速地憤怒回應或反擊。
7. 對配偶或性伴侶忠貞的反覆不合理懷疑。

（二）孤僻型人格障礙症

孤僻型人格障礙症（schizoid personality disorder）疏離社會關係及在人際場合侷限地表達感情，表現符合以下四項（或更多）[29]：
1. 不欲求也不享受親近關係，包括身為家庭的一員。
2. 幾乎總是選擇孤單的活動。
3. 很少對與他人有性經驗感興趣。
4. 很少有活動讓他感到樂趣。
5. 除一等親外，缺乏親近朋友或知己。
6. 對他人的讚美或指責顯得漠不關心。
7. 顯現情感冷漠、疏離或平淡的情感。

（三）思覺失調型人格障礙症

思覺失調型人格障礙症（schizotypal personality disorder）呈現社會與人際缺損，顯示出對親近關係的急切不舒服和能力降低，認知和知覺扭曲以及行為乖僻，表現符合以下五項（或更多）[30]：
1. 將隨機發生的事件當作有特殊意義，解釋為和自己有關。
2. 古怪的信念或神奇的思考影響其行為，且與次文化常模不一致。
3. 不尋常的知覺經歷（錯覺）。
4. 古怪的思考和言語。
5. 猜疑或妄想的信念。

29 台灣精神醫學會譯（2016），DSM-5精神疾病診斷準則手冊，合記圖書，頁323。
30 台灣精神醫學會譯（2016），DSM-5精神疾病診斷準則手冊，合記圖書，頁323-324。

6. 有不適切或狹隘的情感。
7. 行為和外表古怪、怪癖、奇特。
8. 除一等親外，缺乏親近朋友或知己。
9. 過度的社交焦慮不會因熟悉而減少，且傾向於有妄想性害怕，而不是對自己負面評價解釋。

（四）反社會型人格障礙症[31]

在精神醫學術語中，犯罪者有時被貼上心理變態（psychopath）或是社會變態（sociopath）的標籤，或是有成年反社會人格（adult antisocial personality）的問題。因為許多犯人童年時的行為表現，經常會有行為規範障礙症（conduct disorder）[32]的問題，例如攻擊他人或動物、毀壞他人財產（如縱火）、欺騙或偷竊及重大違規等。因此，認定社會變態與反社會人格的要素經常相通，亦即經常無法遵守社會準則如法律的規定等。他們常會有身體上的暴力、容易衝動、缺乏對真相的尊重、想要操縱他人、以及缺乏懊悔或感同身受的情緒。雖然某些犯罪人在犯案後，曾經自述有懊悔的感覺，但是卻從未試圖改變他們的行為，或者去尋求協助。

反社會人格的原因可能包括生理上的因素[33]、孩童期的創傷（大多數連續殺人犯都有此問題）、無法控制衝動的神經疾病（腦部血清素的含量異常）、遺傳等。但有時這些反社會人格診斷的適當性，也受到強烈的質疑[34]。

31 反社會型人格障礙症（antisocial personality disorder）的診斷準則為：A.15歲開始，漠視且侵犯他人權益；B.至少年齡滿18歲；C.有證據顯示個案15歲以前為行為規範障礙症的患者；D.反社會行為並非只發生於思覺失調症或雙相情緒障礙症發作的病程中。參見台灣精神醫學會譯（2016），DSM-5精神疾病診斷準則手冊，合記圖書，頁324-325。

32 行為規範障礙症（conduct disorder）的診斷準則為：A.一種重複而持續的行為模式，侵犯他人基本權益或違反與其年齡相稱的主要社會標準或規範；B.此行為困擾引起臨床上顯著社交、學業或職業功能減損；C.若已滿18歲，應未達反社會型人格障礙症的診斷準則。參見台灣精神醫學會譯（2016），DSM-5精神疾病診斷準則手冊，合記圖書，頁221-222。

33 Andreasen, N. C. (1984). *The broken brain: The biological revolution in psychiatry*. NY: Harper & Row. p. 252.

34 Havens, R. (1992). Personal Communication. In Giannangelo, S. J. (1996). *The psychopathology of serial murder: A theory of violence.* CT: Praeger Publishers, p. 8.

許多心理變態的人符合反社會人格的標準，但大多反社會人格者不是心理變態，反社會人格的特徵為：沒有同理心、狡猾、操縱他人、犯罪多樣性、沒有責任感、能言善道、膚淺、誇張、自大、沒有罪惡感、行為控制不良[35]。其外顯的行為則有：攻擊動物或他人、破壞財物、不能符合社會規範、欺騙他人、衝動、易怒且好攻擊、魯莽、缺乏愛心和自責[36]。此種人格障礙症發展因人而異，通常已持續一段期間，且顯現許多反社會行為，更重要的是，當事人經常拒絕改變現狀，且反社會行為會漸趨嚴重。

（五）邊緣型人格障礙症[37]

在近代精神醫學中，邊緣（borderline）的概念一直具有多樣性與隨時代而變化之特性，過去在這方面已經做過許多複雜的討論，然而至今此名詞之意義仍無定論。邊緣的概念基本上是從精神分析治療中發展出來，是根據表面上看似精神官能症的個案，在分析過程中，精神病症特徵顯現出來而展開的治療理論。早期的精神科醫師在使用「邊緣」一詞時，一般是指介於精神官能症與思覺失調症界線的案例[38]。

邊緣型人格障礙症常與反社會型人格障礙症作比較，因為兩者都有人際關係、自我形象及感情的不穩定，而且患者都很容易衝動。另外由於患者的自我認同感不足且相當不穩定，因此他們常把世界看成不是全好就是全壞。他們自詡為救世天使，意圖糾正世界上的錯誤，或報復世界所虧欠他們的一切。

---

35 Turvey, B. E. (2002). Psychopathic behavior. In Turvey, B. E. (Ed.). *Criminal profiling: An introduction to behavioral evidence analysis*. CA: Academic Press, p. 413.

36 Palermo, G. B., & Kocsis, R. N. (2005). *Offender profiling: An introduction to sociopsychological analysis of violent crime*. IL: Charles C. Thomas Publisher, p. 28.

37 邊緣型人格障礙症（borderline personality disorder）表現符合以下五項（或更多）：1.瘋狂地努力逃避真實或想像中的被拋棄；2.不穩定且強烈的人際關係模式，特徵為在理想化和貶抑兩極之間轉換；3.認同障礙：顯著和持續不穩定的自我形象或自我感；4.至少二方面潛在自我傷害的衝動行為（如過度花費、性虐待、物質濫用、危險駕駛或嗜食）；5.一再的自殺、威脅或自殘行為；6.來自心情明顯反應過度的情感不穩定；7.慢性空虛感；8.不適當且強烈的憤怒，或對憤怒難以控制；9.短暫與壓力相關的妄想意念或嚴重解離症狀。見台灣精神醫學會譯（2016），DSM-5精神疾病診斷準則手冊，合記圖書，頁325-326。

38 林憲（1993），邊緣障礙及非定型精神病群，中華精神醫學，7卷2期，頁65-78。

雖然邊緣型人格在女性身上較常見，但並非意味著男性就不會有這種人格障礙症。造成邊緣型人格的原因包括家庭亂倫、性虐待、煩躁不安的經驗、不良的環境（如身體的不適、不正常的焦慮和不滿）等。反社會型人格、邊緣型人格障礙症都與正常的情感過程有嚴重偏差，而造成嚴重的暴力行為。

（六）做作型人格障礙症

做作型人格障礙症（histrionic personality disorder）是過度情緒化與尋求他人的注意，表現符合以下五項（或更多）[39]：

1. 當他不是注意的中心時會感到不舒服。
2. 時常以不恰當的性誘惑或性挑逗與他人交往。
3. 展現快速轉變和膚淺表現的情緒。
4. 利用自己身體外觀來吸引他人注意。
5. 說話風格過度不精確，並缺乏細節。
6. 情緒表達顯露自我誇示、戲劇化和過度誇張。
7. 易受暗示（如易被他人或情境所影響）。
8. 自認為人際關係比實際更為親密。

（七）自戀型人格障礙症

自戀型人格障礙症（narcissistic personality disorder）為誇大（幻想或行為）、需要讚賞、缺乏同理心，表現符合以下五項（或更多）[40]：

1. 對自己重要性的自大感。
2. 專注於無止境的成功、權力、顯赫、美貌或理想愛情等幻想中。
3. 相信他的獨特，僅能被其他特殊或居高位者所瞭解，或與之相關連。
4. 需要過度的讚美。
5. 認為自己有特權（如不合理的期待自己有特殊待遇）。

39 台灣精神醫學會譯（2016），DSM-5精神疾病診斷準則手冊，合記圖書，頁326。
40 台灣精神醫學會譯（2016），DSM-5精神疾病診斷準則手冊，合記圖書，頁327。

6. 在人際上顯得剝削（如占他人便宜以達到自己的目的）。
7. 缺乏同理心：不願意辨識或認同別人的情感與需求。
8. 時常妒忌別人或認為別人妒忌他。
9. 顯現自大、傲慢的行為或態度。

這個特徵在許多犯罪者身上都可以找到，而這種侵略性自戀也是典型精神病態者的特徵，尤其是有明顯的虐待他人傾向[41]。連續殺人犯通常有自戀性人格，以自我為中心（self-centered）並具備一些執迷（obsessive）的特質，而這些特質通常會反映在犯罪現場，這種人通常自以為與眾不同，因此不屑與人為伍，殺人有時就會發生在感覺自尊受到威脅時。

（八）畏避型人格障礙症

畏避型人格障礙症（avoidant personality disorder）會避免社交活動，感到不足，對負面評價特別敏感，表現符合以下四項（或更多）[42]：

1. 因為害怕被批評、不認同或被拒絕，避免涉及顯著人際接觸的工作場合。
2. 除非確信受歡迎，否則不願與人交涉。
3. 因為害怕丟臉或被嘲諷而克制親密關係。
4. 在社交場合專注於被批評或被拒絕。
5. 因為感到不足而在新人際情境中顯得壓抑。
6. 自認社交笨拙、不吸引人或不如人。
7. 因為害怕尷尬，通常不願意冒個人風險或從事任何新活動。

（九）依賴型人格障礙症

依賴型人格障礙症（dependent personality disorder）為自成年期初期階段開始，一種廣泛和過度地需要被關心，造成順服和黏人的行為及害怕分離，表現符合以下五項（或更多）[43]：

---

41 Meloy, J. R. (1992). *Violent attachments*. NJ: Jason Aronson, p. 69.
42 台灣精神醫學會譯（2016），DSM-5精神疾病診斷準則手冊，合記圖書，頁328。
43 台灣精神醫學會譯（2016），DSM-5精神疾病診斷準則手冊，合記圖書，頁328-329。

1. 若沒有他人的過度建議或再三保證，困難於做出日常生活的決定。
2. 需要他人為他大多數的主要生活領域承擔責任。
3. 因為害怕失去支持或認可，困難於對他人表達不同意。
4. 困難於為他自己實施新計畫或做事。
5. 過常於獲取他人的撫慰或支持，甚而志願去做一些不愉快的事。
6. 因誇張地害怕沒有能力照顧自己，單獨一人時感到不舒服或無助。
7. 當一段親密關係結束時，急於尋找另一段關係作為關心或支持的源頭。
8. 不切實際地專注於自己不被他人照顧的害怕。

（十）強迫型人格障礙症

強迫型人格障礙症（obsessive-compulsive disorder）包括強迫性思考（obsessive thought）及強迫性行為（compulsive action），其行為特徵如下：過度專注於細節、規則、清單、秩序、組織或行程表反而失去活動的主要目的，過於追求完美而妨礙任務的完成，過度熱衷於工作而排除休閒活動或友誼，堅持他人要照他們的方式做事，對倫理道德過於嚴苛及一絲不苟、缺乏彈性，即使已無情感價值也無法拋棄破舊或無價值的物品，除非別人完全照自己的意思來做，不願分派工作或任務給他人，吝於花費在自己或他人，展現出死板、頑固等[44]。由於患者常有強迫性的意念，因此使他們本身感到痛苦。另外值得注意的是，由於強迫性行為好發於男性，因此有可能是遺傳或生理的因素所造成。

此型患者會有明顯而難以抗拒的衝動，而這股衝動是因強迫性意念而產生，行為具有重複性、目的性及故意的意圖，且必須按照某種規則或順序行動。這種行為常是為了抵消、或避免某些可怕的事件或情境而產生，然而行為本身卻與所欲抵消或避免的事物之間，缺乏現實途徑的關聯，或是程度上太超過一般的範圍。此外，釋放壓力的行為、罪惡感、行為的再

44 台灣精神醫學會譯（2016），DSM-5精神疾病診斷準則手冊，合記圖書，頁329-330。

體驗及患者的不安焦慮，會形成一個循環：強烈的慾望→行動→冷卻期。此種過程也包括了犯罪後行為，如再次將幻想變為真實、涉入偵查工作、或者再回到作案地點等[45]。

四、解離症[46]

解離（dissociative）是指思想、情感、經驗無法整合[47]，而產生突然、暫時性的意識改變，包含出現二種以上的人格狀態。換句話說，就是某人的心理與生理分離，而自發性自我催眠（spontaneous self-hypnosis）狀態便是解離的一個例子[48]。此種現象常被用來描述人的創傷反應，如夢遊（fugue）[49]、失憶症（amnesia）[50]、自我感消失（depersonalization）[51]、多重人格及創傷後壓力症狀等。Prince便曾敘述解離的狀態為：大部分的意識被另一個人格掌控。此種狀態有多種意識變化，不論正常與否，都是由於同一個過程及機轉所造成，催眠、發呆、夢遊都是這種狀態的例子[52]。

解離症的可能病因包括嚴重的童年創傷、某些生理的傾向等。例如看到母親亂倫後會運用分離（split）的自我防衛機制（self-defensive mechanism）[53]，新的人格會否定其母子關係，以壓抑或逃脫此種創傷造

45 Douglas, J. E., Ressler, R. K., Burgess, A. W., & Hartman, C. R. (1986). Criminal profiling from crime scene analysis. *Behavioral Science and the Law*, 4(4), pp. 367-393. In Giannangelo, S. J. (1996). *The psychopathology of serial murder: A theory of violence.* CT: Praeger Publishers, p. 16.

46 解離症（dissociative disorders）包括解離性身分障礙症（dissociative identity disorder）、解離性失憶症（dissociative amnesia）、失自我感障礙症（depersonalization disorder）及其他未註明之解離症（dissociative disorder not otherwise specified）。參閱台灣精神醫學會譯（2016），DSM-5精神疾病診斷準則手冊，合記圖書，頁155-158。

47 Egger, S. A. (1990). *Serial murder: An elusive phenomenon*. NY: Praeger, p. 77.

48 Bliss, E. C. (1986). *Multiple personality, allied disorders & hypnosis*. NY: Oxford University Press, p. 166.

49 夢遊是一種暫時而突如其來的離開家裡或熟悉的地方，但事後卻不復記憶。

50 此種暫時失憶的原因是心理而非器質上的問題。

51 自我感消失是一種暫時脫離自己身體的經驗，而會導致嚴重的社會或職業功能損傷，作為一種排除不愉快記憶的方法。

52 Prince, M. (1975). *Psychotherapy & multiple personality: Selected essays*. MA: Harvard University Press, p. 291.

53 自我防衛機制是用來減輕焦慮的狀態，包括：否認（denial）是有意識的拒絕承認事實上已發生的事件、壓抑（repression）是無意識的排斥產生焦慮的事物、抑制（suppression）是有

成的痛苦反應，並將對母親的仇恨轉移到其他女性身上[54]。許多曾經有解離經驗者的智商皆高於一般水準，而這也是連續殺人犯的另一項特徵。儘管這些事件片斷都很輕微，但都指出了某種程度的解離狀態。而這些症狀也不常被記述或證實，因為很容易被他們拿來作為卸責或抗辯的藉口。

就多重人格者（multiple personality）而言，真實和幻想間的界線是模糊的，但是一旦著手殺人後，幻想就變成事實，殺人前會不斷在心中演練細節，殺人後則會聚焦在如何使過程更加完美，不容許有任何差錯，有時會宣稱聽到某種指令，其實是自己的幻覺，也有人對犯罪過程不復記憶，絲毫不記得發生什麼事情[55]。另有一說是人會被惡魔侵入並控制他的身體，而出現動物的野蠻行為，因此古時候的治療方法是在頭蓋骨上鑽個洞，讓惡魔離開身體。

五、創傷後壓力症[56]

即使是正常人也會因為一些暫時性的挫折和創傷而產生壓力症狀，例如戰爭或突然的天然、人為災害，許多犯罪者皆有兒童期的創傷經驗，包括生理、心理、性或綜合性的傷害，它們不但都符合創傷事件的描述，而且都會嚴重到產生症狀。創傷後壓力症（posttraumatic stress disorder）的患者通常會一再體驗這些痛苦的回憶，造成夢境、幻覺、妄想及前述的解離狀態。經常會感到他們與別人脫節及疏遠、無法去愛別人、沒有未來、

意識的排斥產生焦慮的事物、投射（projection）是最初壓抑某種特質，隨後將其附著到其他事物、轉移（displacement）是發洩不被接受的衝動到替代的目標、昇華（sublimation）則是將不被接受的衝動導向社會接受的管道。

54 Miller, L. (2000). The predator's brain: Neuropsychodynamics of serial killing. In Schlesinger, L. B. (Ed.). *Serial offenders: Current thought, recent findings*. FL: CRC Press, p. 142.

55 Campbell, J. H., & DeNevi, D. (2004). *Profilers: Leading investigators take you inside the criminal mind*. NY: Prometeus Books, pp. 83-96.

56 創傷後壓力症的診斷準則為：A.暴露於真正的或具威脅性的死亡、重傷或性暴力；B.此創傷事件持續被再度體驗；C.持續逃避創傷事件相關的刺激；D.無法記得創傷事件的重要情節，對其起因和結果，有持續的扭曲認知；E.持續有警醒度增加的症狀（創傷事件前所無）；F.症狀持續超過一個月；G.此困擾引起臨床上顯著苦惱，減損社會、職業或其他重要領域的功能。參閱台灣精神醫學會譯（2016），DSM-5精神疾病診斷準則手冊，合記圖書，頁143-146。

難以集中精神、敏感、易怒、攻擊他人[57]等，都屬於創傷後壓力疾患的症狀。

六、情緒異常

根據DSM-5之界定，情緒異常（mood disorder）主要分為二類：

（一）兩極型（bipolar）情緒異常

不論患者是否經歷鬱期，只要曾經呈現躁期（manic episode）則歸於兩極型情緒異常，此類患者會週期性地呈現躁期及鬱期，狂躁症患者在臨床上必須帶有明顯的情緒高昂、擴張、易怒的情感，持續至少一星期，且此一情緒異常已嚴重影響社交或工作，甚至已有精神症狀，同時在情緒發作期間，至少出現下列七項之三個症狀：

1. 誇大的自尊或自大。
2. 睡眠減少。
3. 比平常多話或不停說話。
4. 思緒飛躍或主觀的感覺思想在奔馳。
5. 注意力飛散，極易被不重要或不相干的刺激所干擾。
6. 目標活動增加，包括：社交、工作、學業或性方面。
7. 參與過多具不良後者之娛樂活動，如狂買、性濫交或愚昧商業投資。

（二）單一型（unipolar）情緒異常

係指患者偏向憂鬱而未曾罹患狂躁症者，根據DSM-5，重鬱症（major depressive）必須在下列症狀中出現五個以上（1.情緒低落；2.失去興趣或樂趣，此二項症狀至少應有其中之一），並至少持續二週：

1. 由外觀察覺患者大部分時間情緒低落，而且整天且每天心情憂鬱。
2. 幾乎整天且每天對日常活動失去興趣或愉悅感。

57 心理學上有所謂暴力循環（cycle of violence）假設，是指受虐的兒童較有可能在成年後虐待他人，甚至是其他小孩。

3. 胃口不佳，體重顯著減輕，或食慾增加，體重顯著上升。
4. 幾乎每天失眠或睡眠過多。
5. 幾乎每天心理行為激昂或遲滯。
6. 幾乎每天疲倦或無精打采。
7. 幾乎每天自我感到無價值感，或有過度不適當的罪惡感。
8. 幾乎每天思考能力及注意力減退或猶豫不決。
9. 反覆地想死或有自殺意念，企圖自殺或有一自殺計畫。

情緒異常與犯罪之關聯，並不容易確定，犯罪者可能係在狂躁或心情鬱悶下犯罪，亦可能在犯罪後，因罪咎感或遭監禁之結果，而顯得更加的不愉快[58]。

七、畏懼性疾患

又稱畏懼性精神官能症（phobic neurosis）係指持續地害怕某些事物和情境，事實上沒有實際的危險，或是超出其實際的嚴重性，包括畏懼高處（acrophobia）、空曠（agoraphobia）、疼痛（algophobia）、雷電（astraphobia）、封閉空間（claustrophobia）、獨處（monophobia）、污染或細菌（mysophobia）、血液（nematophobia）、黑暗（nyctophobia）、群眾（ocholophobia）、疾病（pathophobia）、火焰（pyrophobia）、梅毒（syphilophobia）、動物（zoophobia）等[59]，因為畏懼這些事物或情境而可能無端傷害周遭的人。

八、虐待

虐待（sadism）是由法國學者Marquis de Sade最早提出，係指被害者身體痛苦引起的性喚起（sexual arousal），犯罪者折磨有意識的生物，並享受其殘忍的行為，目的在達到性滿足，因為完成性交並不能滿足其性

58 楊士隆（2019），犯罪心理學，五南圖書，頁73-74。

59 Girod, R. J. (2004). *Profiling the criminal mind: Behavioral science and criminal investigative analysis*. NY: iUniverse, p. 59.

慾。性虐待對象包括彼此同意的性被虐症者或不同意的被害者，而當虐待導致殺人時則稱為色慾殺人（lust murder）。

虐待是一種性異常，從施加權力和控制在被害人身上而得到性滿足，被害人被羞辱、貶損而感到害怕、恐懼，甚至導致傷害或死亡，犯罪者從被害人對折磨的反應而得到最大滿足。虐待者通常希望被害者不要馬上死亡，因為傷害一個死去、不能反應的被害人，並不能滿足加害人。DSM對性虐待的定義如下[60]：

（一）故意施加痛苦（心理、身體）在一個有知覺的人身上。

（二）經過一段時間。

（三）從中獲得性喚起或滿足。

而虐待行為則包括[61]：

（一）性侵害：以陰莖、異物侵入陰道、嘴巴或肛門，目的在使被害人痛苦。

（二）勒頸：限制氧氣進入腦部，目的在征服、控制、處罰和殺害被害者。

（三）殺人：虐待狂會儘量使被害人存活，以持續其性滿足。

（四）在他人面前殺被害人：可能是為了報復，或享受存活者的折磨和痛苦。

（五）折磨：包括綑綁、倒吊、鞭打、毆打、燒燙、窒息、塞口、矇眼、捏咬乳頭、滴臘、刀割等方法，使其產生痛苦。

性施虐症者的發展階段如下：創傷→幻想→解離→暴力→循環[62]，其過程包括：兒時可能被虐待，以幻想對抗施暴者，造成解離現象，並在心裡演練情節，可能會先虐待動物，最後以真人為對象，在過程中會將被害者去人格化（depersonalization），當做是滿足其衝動的物品，殺人過

60 Baeza, J. J., & Turvey, B. E. (2002). Sadistic behavior. In Turvey, B. E. (Ed.). *Criminal profiling: An introduction to behavioral evidence analysis*. CA: Academic Press, pp. 427-429, 433-437.

61 Baeza, J. J., & Turvey, B. E. (2002). Sadistic behavior. In Turvey, B. E. (Ed.). *Criminal profiling: An introduction to behavioral evidence analysis*. CA: Academic Press, pp. 444-450.

62 Rossmo, D. K. (2000). *Geographic profiling.* FL: CRC Press, pp. 22-23.

程會逐漸脫離現實且漸趨儀式化，也會逐漸修正犯罪技巧，並從先前的錯誤中學習，事實上加害人知道對錯，只是無法抗拒其衝動（有時抗拒會產生焦慮和身心症狀），並選擇不抗拒以追求刺激[63]，最後付諸實現，且在過程中得到高潮且獲得性滿足，並重複上述過程，因此幻想在虐待行為中扮演起源（genesis）和維持（maintenance）的雙重角色[64]。而死後（post mortem）的行為包括吃人肉（cannibalism）、取出內臟（evisceration）、飲血（vampirism）、戀屍（necrophilia）、毀損屍體（mutilation）等均不能被視為是虐待行為[65]，因為沒有知覺的被害人不能提供性喚起，虐待必須在死前施虐，而被害人死後並不會有痛苦，犯罪者必須經由被害者痛苦方能達到性刺激和滿足，刺激則來自被害人對折磨的反應。此外，憤怒殺人大多採殘殺（overkill）方式，亦即超出致死所需的傷害，因此不會多花時間去綑綁、折磨被害人[66]。選擇、尾隨和捕捉被害人相當是犯罪者的前戲，而折磨和殺戮會使其感官興奮達到頂點[67]。

NCAVC曾列出「虐待殺人」現場常見的指標，包括：被害人通常是陌生人、被綁架、有多個犯罪現場、在隱蔽的地方以便可以長時間相處、可能就在犯罪者住處、戴手套以免留下指紋、事先選定地點、事前有詳細準備、有進行折磨的設備、有綑綁束縛的痕跡、有特製的裝置、現場可能有加害人的精液和被害人的排便、屍體被隱藏或燒燬也有可能被任意棄置、或故意放置在容易被人發現的地方、現場有可能被變造以掩蓋其殺人動機。此外NCAVC也列出一般的鑑識發現，包括：死前性侵和折磨、同時出現陰道侵入、口交、肛交、插入異物等性行為、毆打部位集中在性器

63 Miller, L. (2000). The predator's brain: Neuropsychodynamics of serial killing. In Schlesinger, L. B. (Ed.). *Serial offenders: Current thought, recent findings*. FL: CRC Press, p. 140.

64 Myers, W. C., & Borg, M. J. (2000). Serial offending by children and adolescents. In Schlesinger, L. B. (Ed.). *Serial offenders: Current thought, recent findings*. FL: CRC Press, p. 300.

65 Schlesinger, L. B. (2000). Serial homicide: Sadism, fantasy, and a compulsion to kill. In Schlesinger, L. B. (Ed.). *Serial offenders: Current thought, recent findings*. FL: CRC Press, p. 14.

66 Birnes, W. J., & Keppel, R. D. (1997). *Signature killers: Interpreting the calling cards of the serial murdere*r. NY: Pocket Books, pp. 154-155.

67 Miller, L. (2000). The predator's brain: Neuropsychodynamics of serial killing. In Schlesinger, L. B. (Ed.). *Serial offenders: Current thought, recent findings*. FL: CRC Press, p. 137.

官、出現咬痕和殘殺痕跡、在陰道或肛門插入異物、現場留有精液、如果有共犯，可能有不同人的精液和陰毛、在被害人身上小便、有繩索綑綁痕跡、有矇眼和塞口物、出現與性有關的束縛、由傷痕可見二人曾相處一段時間等[68]。

九、精神醫學和犯罪剖繪的關係

相較之下，精神醫學和犯罪剖繪有以下相同特徵[69]：

（一）藝術層面：運用個人的技巧和經驗到特定案件。

（二）批判思考：質疑案件的所有證據。

（三）獨立分析，必要時要親訪現場。

（四）查看所有資料，方能做出最佳決策。

（五）依據事實，不可完全依賴經驗。

（六）僅提供事實，不要推銷結論。

（七）必須符合倫理規範，可以說某人符合剖繪，不能斷定某人有罪。

綜而言之，具備心理學的一般知識可以使偵查人員具備犯罪剖繪的基本概念，而如果要成為剖繪專家，則需接受精神醫學的基礎訓練（至少需具備基本概念並瞭解相關名詞），方能洞悉某些異常行為的背後意義，進而提出較深入的研判及預測。

第四節　犯罪社會學

社會學家關切犯罪行為的社會結構與過程，以及原因和其交互作用，他們的關注焦點集中在違反規範及偏差行為的社會學定義。以下列舉

68 Canter, D., & Youngs, D. (2009). *Investigative psychology: Offender profiling and the analysis of criminal action*. UK: John Wiley & Sons, pp. 347-349.

69 McGrath, M. (2000). "Forensic psychiatry and criminal profiling: Forensic match or Freudian slip-up?". *Journal of Behavioral Profiling*, l(1). http://www.profiling.org/journal/subscribers/vol1_no1/jbp_fp&cp_january2000_1-1.html.

和犯罪剖繪關係較密切的社會學理論[70]：

一、結構／功能論和社會結構理論

結構／功能論（structural/functionalist）的說法可以追溯至涂爾幹（Durkheim）的著作，他提出不同的利益團體對是非的看法不同且有衝突。涂氏的主要貢獻在於他強調社會生活的結構而非心理原因[71]，他的犯罪理論起源自社會步入現代化的過程，亦即從機械型（mechanical）進展到有機型（organic）社會，有機型社會的高犯罪率在於一般人有亂迷（anomie，即無規範）的感覺，另外犯罪會比較集中在人口密度較高的都會地區，因為都市能提供較高的匿名性，也能提供較多可攻擊的目標。根據結構／功能論者對偏差行為及犯罪的觀點，社會的功能就如同一部潤滑良好、整合且秩序井然的機器。理想上，人們一致認同社會的價值和目標，偏差行為和犯罪代表對這種社會共識的破壞。

二、緊張理論和社會階層理論

其他社會學者也提出社會和個人之間的緊張（strain）關係，如Merton的理論主張：人類學習到社會的目標以及達到這些目標的手段，社會上大多數人有高期望（有些人則沒有），但是有部分人卻因種族、經濟和環境因素遭社會阻隔而無法達到這些目標，亦即文化目標超過了結構性機會，犯罪就可能經由對亂迷的適應，亦即Merton所說的標新立異（innovation）而產生，犯罪人會採取非法的手段以達成合法的目標[72]。在社會結構因素中，歧視、財富分配不均、貧富差距擴大、長期被經濟剝削及相對剝奪感擴增而衍生的挫折與憤怒，轉而產生犯罪行為，都是可能的犯罪原因。

70 Holmes, R. M., & Holmes, S. T. (2002). *Profiling violent crimes: An investigative tool*. CA: Sage Publications, pp. 65-68; Hickey, E.W. (2006). *Serial murders and their victims*. CA: Thomson Wadsworth, pp. 95-104.

71 社會學有別於心理學的觀察，前者是巨觀的（可說是見林不見樹），後者則是微觀的（可稱之為見樹不見林）。

72 也有學者批評此種說法，因為大多數連續殺人犯都不是少數民族或弱勢族群，也大多不是因為經濟利益去從事犯罪行為。

三、犯罪副文化理論

如果生活在與主流價值相反的副文化（subculture）中，就容易違反主流文化（dominant culture）而觸法，Wolfgang等學者強調犯罪傾向是由暴力副文化（violent subculture）所造成，由於中下階層的機會受到阻隔，暴力有時是提供壓力宣洩的管道，尤其是在酒精和藥物的影響下，這些人大多來自功能失調的家庭，加上學校成績不佳，缺乏專業技術，沒有穩定工作，因為挫折而導致反社會行為，這些人聚在一塊，有共同的價值觀念，視他人為非我族類，因此會共同抵禦外侮，也常以暴力作為解決問題的方法[73]。相關研究都發現，不論少年是否具有犯罪傾向，與不良友伴結幫的結果，其從事偏差與犯罪行為之頻率即大增，在幫派中殺人等暴力行為往往被合理化，在團體壓力（group pressure）下，可能會從事許多非理性之暴力犯罪行為。

四、差別接觸理論和社會學習理論

Sutherland的差別接觸（differential association）理論指出：犯罪行為是在直接接觸的團體關係中學習，而不是經由暴露在大眾傳播媒體如電視、電影所造成。這並不是說有些犯罪的技術不會從這些來源中學習，而是指犯罪所需要的動機、驅力、方向及合理化（rationalization）的學習都是發生在有意識的層次，個人犯罪心理的形成，取決於與那些喜好犯罪和遵守法律的人之親密關係的差異程度[74]。此外，社會學習理論（social learning theory）主張許多犯罪係從同儕學習而來，行為會因獎賞而增強，因懲罰而減弱，而過去被害或受虐的經驗和目睹暴力行為，都可能會學習到錯誤的認知和犯罪行為。社會學習又稱為觀察學習，主要是透過觀察他人行為所接受的獎賞和懲罰而決定是否學習該行為，另外制約學習

---

73 Palermo, G. B. (2007). Homicide Syndromes: A clinical psychiatric perspective. In Kocsis, R. N. (Ed.). *Criminal profiling: International theory, research, and practice*. NJ: Humana Press, pp. 4-6.

74 與古人所云「近朱者赤，近墨者黑」的道理相類似。

（conditioning learning）則是指兩件事物經常同時出現時，大腦對其中一種事物的記憶會附帶另一件事物，因此便習得（aquisition）某種反應，反之刺激不再出現，則此反應便消退（extinction）；而操作學習（operant learning）強調行為樣態係由外界環境（刺激）所塑造，如果有機體與環境發生互動，造成行為的增加，此過程稱為增強（reinforcement），反之行為減少的過程即為懲罰（punishment）。

五、社會控制理論和社會化過程理論

社會化（socialization）過程理論主張犯罪行為是社會化過程（尤其是家庭的教養）出現了問題，或許晚近最具影響力的犯罪學理論是由Hirschi所提出，他主張人們和傳統社會間有一種鍵結（bond），在其理論構念中，社會所內化的規範有幾項基本的要素，附著（attachment）指的是人們感受到其他人對他（她）的想法，不願由於自己的偏差行為，辜負了他人（父母、師長）的期望；奉獻（commitment）是社會報酬與社會服從的連結程度，如果從事犯罪行為，未來的美好遠景就可能會落空；參與（involvement）指的是社會成員投注在傳統活動的時間，參與程度愈高，犯罪活動的機會就愈少[75]；信仰（belief）則是指一個人若是對社會的道德規範或法律不尊重時，他便有陷於犯罪的危機[76]。連續犯罪者通常和家庭關係不良，學業成就不佳，常從事偏差行為，也藐視社會傳統價值，此外，父母的育兒技巧不良，也可能對子女有不良的影響。而古典學派認為人不會犯罪是害怕受到處罰，但殺人犯罪大多是一時衝動，犯罪當下並不會去思考其前因後果，因此刑罰的嚇阻效果不大，Reckless則認為人不會犯罪，是受到內在和外在抑制（containment）的影響[77]。

75　俗諺：邪惡出於懶人之手（the devil finds work for idle hands），就是這個道理。

76　許春金（1996），犯罪學，中央警察大學，頁243。

77　內在抑制因素包括自我控制、良好的自我概念、高度的挫折容忍力和責任感，外在抑制因素則包括一致的道德價值觀、明確的社會角色規範和責任。

六、中立化技術和標籤理論

Sykes和Matza指出犯罪者仍固守傳統的價值，為了要合理化其違法行為，就必須使用中立化（Neutralization）技術，包括否認其責任（這不是我的錯）、否認造成的損害（沒有什麼損傷）、否定被害人（這是他自己造成的）、責備責難者（社會才是該責備的對象）和訴諸高權威人士（是老大叫我幹的），因此連續殺人犯常在取人性命前不將被害人當人看（dehumanization），或是殺害妓女，因為在他們眼中這些人就是人渣，他這麼做是在替天行道。標籤理論（labeling theory）則認為對犯罪者的負面評價會產生烙印（stigma）效果，從初級偏差（primary deviance）變成次級偏差（secondary deviance）而一再犯案，最後變成自我實現的預言（self-fulfill prophecy）。

基本上，社會學家認為犯罪是學習而來或個人處於被迫犯罪的社會狀況，犯罪的原因在於犯罪者的人格及社會的結構。社會上有各種目標和機會、合法和非法手段、犯罪行為的促進與制約因素，社會學家不太強調潛意識在偏差行為扮演的角色，或是將智能不足作為犯罪的決定性原因。他們認為犯罪是性格和環境互動的結果，犯罪者是先天（nature）和後天（nurture）的結合[78]。但大部分的犯罪者是環境所造成，並非天性，即使是良好的環境也會產生暴力犯罪者，而犯罪後社會的反應，如被貼標籤和烙印也會促發次級偏差行為而再犯。

另外，近代犯罪社會學家也強調不能忽略「機會」在犯罪過程中扮演的角色，依照「一般犯罪理論」的說法，犯罪需具備二個要素：犯罪傾向（propensity）和犯罪機會（opportunity），前者是指穩定的個人差異，探討犯罪生涯的開始（onset）、持續（persistence）和終止（desistance），後者則是由犯罪前、中、後的情境（situation）、脈絡（context）和機會因素所決定，強調不能忽略機會因素的影響，因為外在條件

78 Palermo, G. B., & Kocsis, R. N. (2005). *Offender profiling: An introduction to sociopsychological analysis of violent crime*. IL: Charles C. Thomas Publisher, p. 51.

是無法控制的。因此「同一性假設」（homology assumption）主張犯罪現場特徵和犯罪者個人屬性有直接相關，即二個犯罪者的背景愈相似，則犯罪現場愈一致的說法，常常在實證研究中被駁斥的原因，就是大多未考慮機會因素，犯罪現場通常和情境與脈絡高度相關，也通常影響時間、空間和作案手法的選擇。此外，一般犯罪理論認為犯罪大多是多樣化（generalist）而非專精化（specialist），因此低自我控制（low self-control）的人會利用各種機會去觸犯不同的犯罪行為[79]。

第五節 學科的結合

另有學者從四種理論闡明犯罪與剖繪的關係[80]：

一、犯罪型態發展途徑（developmental pathway）

主要說明嚴重的、持續的反社會行為，都是從兒童時期開始，例如小時候就有虐待動物、霸凌同儕、藥物濫用，也參與各種破壞、偷竊、飲酒行為，在生涯發展中無法習得正向的人際互動技巧，因此連續犯罪者有高度可能會出現在犯罪資料庫中，有早期的逮捕和定罪紀錄，很早就涉入刑事司法系統。

二、犯罪者的發展和成熟改變（maturation change）

犯罪方式會跟著時間改變，當情境變化時，作案手法就會改進，青少年時從事高度危險、衝動、尋求刺激，強烈受到同儕壓力和影響，這些都與不成熟的自我控制相關，當年紀漸長，冒險和犯罪行為頻率就會下降，因此可見青少年的犯罪現場會展現衝動和不成熟，不謹慎和冒險的入室竊

79 Beauregard, E., Lussier, P., & Proulx, J. (2007). Criminal propensity and criminal opportunity: An investigation of crime scene behaviors of sexual aggressors of woman. In Kocsis, R. N. (Ed.). *Criminal profiling: International theory, research, and practice*. NJ: Humana Press, pp. 89-113.

80 Bartol, C. R., & Bartol, A. M. (2013). *Criminal & behavioral profiling*. SAGE Publications, pp. 81-87.

盜顯示罪犯較年輕，但隨著犯罪經驗增加，作案手法就有大幅改變。

三、人際關係和同儕拒絕（peer rejection）

同儕拒絕是預測未來會涉入持續及嚴重犯罪的重要指標，它會加劇反社會行為和攻擊，也容易和人發生爭執、不專注和破壞，研究者如果能追蹤其成長紀錄，就會發現開始犯罪年齡是未來犯罪的重要預測因子，成長的背景（尤其是對同儕的行為）可以限縮連續犯罪者的範圍。

四、心理變態（psychopath）的犯罪型態

心理變態者傾向會主導、操弄他人，並且會有衝動、冒險和反社會行為，會從加害他人獲得刺激，缺乏道德感，生存在自己設定的規則，冷血，以威嚇和暴力滿足自身需求，藐視社會規範，犯下殘忍暴行，犯罪後也不會刻意隱匿，因此假如出現殘忍和虐待攻擊，顯示攻擊者可能具備心理變態，或是在偵查一件殘忍犯罪但缺乏明顯動機時，應當去調查有大量犯罪前科，具有典型心理變態的人。

很明顯地，以上所討論的每一種理論，都對瞭解犯罪人生理、心理及環境有不同的焦點及方向，但單一理論無法解釋所有的犯罪行為，目前學者大多主張人類的行為是多重原因（multicausal），也就是生理、心理和社會環境互動的產物，犯罪是一種非常複雜且很難預測的問題，因此目前犯罪學者大多主張科際整合（inter-disciplinary integration），例如生物學可以得知犯罪人與生俱來的特徵，心理學和精神醫學的結合可以提供剖繪人員分析這種人的人格，社會學可以協助剖繪人員瞭解人格發展的個人、社會、職業及支持關係的網絡。我們發現剖繪人員可以調配這些學門的各種理論，藉以瞭解犯罪者的人格和社會脈絡的關係，這個過程並沒有什麼神奇和奧秘之處，它的成功在於掌握學科的事實，以及如何將執法人員的知識和經驗加進來[81]。

---

81 Holmes, R. M., & Holmes, S. T. (2002). *Profiling violent crimes: An investigative tool*. CA: Sage Publications, pp. 26-34.

從上述的理論可以得知，連續犯罪者被許多因素影響，不太可能單一因素就可以決定其犯罪行為，故有必要瞭解各個學門，其中剖繪的知識來源包括：研究犯罪行為（犯罪學）、心理疾病（心理學、精神醫學）、檢視物證（鑑識科學）[82]，因此剖繪者必須瞭解人類行為、異常心理、犯罪現場、偵查步驟及鑑識科學[83]。剖繪是犯罪者特徵的清單，整體剖繪包括社會和心理層面，因此需要結合生物學、心理學、社會學、犯罪學和精神醫學[84]。

剖繪是從犯罪行動的細節，推論未知嫌犯的可能特徵，其資料來源包括訪談犯罪者、過去的偵查經驗和推論[85]。此外偵查專業知識、行為科學理論、統計等學科對犯罪剖繪也都有貢獻[86]。而警察擁有豐富的偵查知識，如果再加上社會學和行為科學的訓練，就可以成為優秀的剖繪人員[87]。

82 Turvey, B. E. (2002). A history of criminal profiling. In Turvey, B. E. (Ed.). *Criminal profiling: An introduction to behavioral evidence analysis*. CA: Academic Press, p. 3.

83 Canter, D. V., & Allison, L. J. (1997) (Eds.). *Criminal detection and the psychology of crime*. Dartmouth: Ashgate Publishing, p. 460.

84 Palermo, G. B., & Kocsis, R. N. (2005). *Offender profiling: An introduction to sociopsychological analysis of violent crime*. IL: Charles C. Thomas Publisher, p. 9.

85 Canter, D. V. (1997). Psychology of offender profiling. In Canter, D. V. & Allison, L. J. (Eds.) *Criminal detection and the psychology of crime*. Dartmouth: Ashgate Publishing, p. 485.

86 Stevens, J. A. (1997). Standard investigatory tools and offender profiling. In Jackson, J. L., & Bekerian, D. A. (Eds.). *Offender profiling: Theory, research and practice*. England: John Wiley & Sons, p. 87.

87 Holmes, R. M., & Holmes, S. T. (2002). *Profiling violent crimes: An investigative tool*. CA: Sage Publications, p. 277.

第三章　原理與應用

第一節　基本原理

社會和行為科學家長久以來明瞭社會環境會影響人格的形成，犯罪者的人格特質也會反映在他們的作案方式及刑案現場，而且會持續不斷地顯現出來。而近幾十年來逐漸受到重視的犯罪剖繪技術，是從刑案現場、犯罪型態及被害者特性等方面蒐集、歸納出犯罪者的背景特徵或人格特性之破案技巧[1]，此項技術目前已成功運用在連續殺人、縱火及性侵害犯罪等偵查過程。有別於傳統的偵查技術，犯罪剖繪強調利用行為科學的理論，針對個別刑事案件犯罪者的人文背景、犯罪動機、心理特質等進行瞭解並進而推測，這些正是警方擬定偵查方向及詢問策略時最需要的資料[2]。以下就概略描述這種剖繪技術的原理：

一、犯罪者的核心人格不會改變

人格（personality）是一個人的整體價值觀和態度，是由生物（遺傳）、文化、環境、共同經驗和個別經驗所組成[3]，並會影響其認知、情感、動機和行為，可用來預測一個人在某種情境下會如何行事。人格具有持久性和獨特性[4]，雖然人格會在一生中稍微改變，但大多維持不變，

1 劉體中、霍達文合譯（1999），Robert Ressler & Tom Shachtman合著，破案之神II—解剖動機擒凶錄，時報文化出版，頁1。

2 侯崇文、周愫嫻等（2000），性侵害案件偵查心理描繪技術運用，內政部性侵害防治委員會，頁5。

3 Holmes, R. M., & Holmes, S. T. (2002). *Profiling violent crimes: An investigative tool*. CA: Sage Publications, pp. 37-39.

4 Boon, J. C. W. (1997). The contribution of personality theories to psychological profiling. In Jackson, J. L., & Bekerian, D. A. (Eds.). *Offender profiling: Theory, research and practice*. England: John Wiley & Sons, pp. 43-44.

因此是相當穩定而且可以預測，人格的核心基本上不會因為時間而改變，一個人可能可以改變他（她）的外表，但是人格的中心成分是定型的，只有少數會因為時間、環境和壓力等而改變。即使是當一個人想要改變其基本人格，他將會發現這是很困難甚至是不可能改變的。犯罪者經年累月才成為他後來的樣子，他們不大可能在短時期內有徹底的改變，這不單是他們不想去改變，即使他們想要也無從改變（即所謂「江山易改，本性難移」）。這個假設對剖繪過程有其基本的重要性，由於犯罪者無法改變人格，會使他們以相近的方式犯類似的案件，不僅會犯相同的案件，也可能會迫使每個被害者做前一位被害者被迫去做的事情，因此犯案的方法會反映犯罪者的人格[5]，而人格不會改變，正是刑案現場會反映犯罪者人格的基本前提。

需要特別注意的是人格雖然是定型的且其基本特質是穩定的，但其行為會隨不同的情境而改變，也就是人會和情境產生互動並影響在其犯罪行為上，簡單公式如下：Person×Situation = Act，所以不能忽略情境的影響。

二、刑案現場反映犯罪者人格

「現場會反映人格」是犯罪剖繪最重要的假設，這句話也可以倒著說「人格會反映在現場」，而且是在犯罪過程中透過行為反映在刑案現場，而事後的偵查工作，則是從現場留下的跡證，反推可能發生的犯罪行為，從而經由過去的研究成果或偵查經驗，推測那種人可能犯下此案。人類的行為特質通常不會改變，此種特質會持續反映在其日常生活和犯罪行為，每一次的犯罪都會出現特定行為，因此犯罪者的行為在某方面是可以預測的[6]。犯罪剖繪的前提是人的思想會引導其行為（what a person thinks directs the person's behaviors），行為會反映其人格、生活型態和發展經

5 Palermo, G. B., & Kocsis, R. N. (2005). *Offender profiling: An introduction to sociopsychological analysis of violent crime*. IL: Charles C. Thomas Publisher, p. 116.

6 Palermo, G. B., & Kocsis, R. N. (2005). *Offender profiling: An introduction to sociopsychological analysis of violent crime*. IL: Charles C. Thomas Publisher, p. 16.

驗，而行為和人格會以相同方式反映在犯罪現場，某種人格的人在現場也會重複出現某種行為[7]。犯罪剖繪的基本前提，是刑案現場會反映出犯罪者的人格特質，例如刑案現場發現被害人在生前有被凌虐的痕跡，顯現犯罪者可能有虐待性人格，因此評估刑案現場將會協助警察並提供他們調查犯罪的方向，包括縮小偵查的範圍。被害者被傷害的方式是很重要的，但其他物證及非物理的證據（nonphysical evidence，即行為跡證）也對犯罪者人格的評估非常有價值。例如，刑案現場的混亂程度可以顯示無組織（詳見第四章第三節）的人格涉入犯罪；另一方面，如果犯罪現場是整齊和清潔的，或是發現謀害者是屬於「五階段殺人狂」（幻想→跟蹤→綁架→殺害→棄置），那麼就會導致完全不同社會背景犯罪者的假設。剖繪人員必須將整個刑案現場列入考慮，以便形成犯罪者人格的心理影像。

三、作案手法都很類似

犯罪者的行為和刑案現場的證據，而不是犯行本身，才是決定案件適合剖繪的程度。刑案現場包含有很多線索，剖繪者可據以判定為犯罪人的作案手法（modus operandi）。就如同沒有二個犯人是完全相似的，同樣地，沒有二個犯罪現場會完全相似，犯罪現場也會反映凶手的變態人格。犯罪剖繪是從犯罪特性推論犯罪者的特徵，認為人類的行為是人格結構的呈現，因此行為是持續而且可以預測的[8]。剖繪是從刑案現場的證據（已知）推論犯罪者的特徵（未知）[9]，因此物證和非物理（行為、心理）跡證的關係才是剖繪過程的關鍵[10]。作案手法是犯罪者作案慣用的方法，雖然類似但會隨時間而改變（進化或退化）。

---

7 Geberth, V. J. (2003). *Sex-related homicide and death investigation: Practical and clinical perspectives*. FL: CRC Press, pp. 671-673.

8 Rossmo, D. K. (2000). *Geographic profiling*. FL: CRC Press, pp. 68-69.

9 Kocsis, R. N., Irwin, H., Hayes, A. F., & Hunn, R. (2001). Criminal psychological profiling in violent crime investigations: A comparative assessment of accuracy. In Godwin, G. M. (Ed.). *Criminal psychology and forensic technology: A collaborative approach to effective profiling*. FL: CRC Press, p. 94.

10 Holmes, R. M., & Holmes, S. T. (2002). *Profiling violent crimes: An investigative tool*. CA: Sage Publications, p. 72.

四、簽名特徵將會維持不變

犯罪人的簽名特徵（signature）是他（她）犯罪的獨特方式，此特徵可能是殺人、強暴者對被害人所說的話、犯罪人遺留在刑案現場的特殊方式，或是其他足以顯示的物品，而這些特徵通常會維持不變，以滿足其特殊的心理需求。犯罪人會在其所犯的案件留下相同的特徵，而調查人員要警覺到這些罪行是由同一個人所犯下，進而協調各個發生案件轄區單位的力量以促進案件的調查。

剖繪的基本假設為：犯罪是人的動機和需求的表達[11]，人類行為會因環境和生物因素所影響，犯罪者在不同場合會有類似的行為特徵，因為犯罪種類是多樣化的，和當時的機會、特殊情境、社會過程和個人學習有關[12]。每個人的行為背後都有動機，相同行為（犯罪）可能有不同理由（動機），因此沒有二個案件會完全相似，人類行為會學習、改變和成長，作案手法會一直演進，而運用科學方法可以使剖繪者免於個人偏見、種族和性別歧視、刻板印象及個人經驗影響[13]。但剖繪者如果太客觀，就不可能從犯罪者的角度思考[14]，因此有必要將自己化身為犯罪者，才能從看似平淡無奇的刑案現場，看穿凶手的複雜動機和行為。

第二節 作案手法與簽名特徵

前節闡述犯罪剖繪的基本原理，其中提及作案手法與簽名特徵，在此深入說明二者的定義、作用、變化和比較：

11 Palermo, G. B., & Kocsis, R. N. (2005). *Offender profiling: An introduction to sociopsychological analysis of violent crime*. IL: Charles C. Thomas Publisher, p. 246.

12 Canter, D. V. (1997). Psychology of offender profiling. In Canter, D. V., & Allison, L. J. (Eds.) *Criminal detection and the psychology of crime*. Dartmouth: Ashgate Publishing, p. 491.

13 Turvey, B. E. (2002). Deductive criminal profiling. In Turvey, B. E. (Ed.). *Criminal profiling: An introduction to behavioral evidence analysis*. CA: Academic Press, p. 42.

14 Turvey, B. E. (2002). Understanding offender signature. In Turvey, B. E. (Ed.). *Criminal profiling: An introduction to behavioral evidence analysis*. CA: Academic Press, p. 283.

一、作案手法

（一）定義

「作案手法」一詞於1645年在文獻中出現，並自十九世紀開始普遍運用[15]。「作案手法」原出於拉丁文的modus operandi，在英文則稱為method of operation，簡稱M.O.，日本譯為「犯罪手口」，我國則有人譯稱為「犯罪手法」或「犯案方式」，係指某人或某特定犯罪集團，在反覆多次從事犯罪行為時，會慣用某一特定手法或方式。

人類從事犯罪行為時，多會以自己的能力、知識、習慣、便利性、成功機率等因素，作為如何從事犯行的考量。因為可能有多種的途徑或方式均可達到相同的犯罪結果，而在這些途徑或方法之間，要如何加以選擇則端賴特定犯罪人或犯罪集團來自行決定，而其所選擇的特定犯罪方法就可稱為「作案手法」[16]。

而犯罪模式（crime pattern）則是指不特定相關一群人間的作案手法，有相類似的犯罪途徑、手段和方法，可彙整出一套概括模式。二者意義雖然有些雷同，但後者範圍較前者為大[17]。另外有一個相類似的名詞—腳本（script）是指重複經驗的記憶方式，它會將情節儲存起來，每一次行動無須仔細考慮，因此可以有效而快速的進行，過去的犯罪經驗也會形成腳本，因此就可以從此次的犯罪行為中，推論其過去的犯罪生涯[18]。就如同開車或游泳，一開始的每一動作都需要學習，並經由重複而強化，最後這些反應會經由練習強化而成為腳本，之後就成為直覺的反應而無需思考。

---

15 Keppel, R. D. (2000). Investigation of the serial offender: Linking cases through modus operandi and signature. In Schlesinger, L. B. (Ed.). *Serial offenders: Current thought, recent findings*. FL: CRC Press, p. 122.

16 林茂雄、林燦璋合編（2000），警察百科全書（七）：刑事警察，正中書局，頁39。

17 李名盛（1997），犯罪模式分析之研究—以台灣海洛因及安非他命交易為例，中央警察大學警政研究所碩士論文，頁9-11。

18 Davies, A. (1997). Specific profile analysis : A data-based approach to offender profiling. In Jackson, J. L., & Bekerian, D. A. (Eds.). *Offender profiling: Theory, research and practice*. England: John Wiley & Sons, p. 193.

（二）作用

作案手法係指犯罪者為了能成功犯案所進行的行為，其主要作用在探究犯罪者如何犯案[19]。作案手法是犯罪者以什麼樣的特定手段或方法進行犯罪，其範圍包括準備工作、犯案時間、地點選擇、被害者挑選、犯罪工具、技巧學習、脫逃路線等，例如小偷會事先勘察現場（甚至留下記號），挑選主人不在家的時間，掌握附近鄰居的狀況，找人把風或接應，準備開鎖工具，進入後遮蓋攝影機，在最短時間內搜括財物，過程中隨時注意門外動態，儘速脫離現場等。作案手法是犯罪者完成犯罪必定且需要從事的行為或活動，它必然留存於刑案現場，且具有可塑性，會趨向降低風險、提高效益或增進滿足感等三方面演變[20]。

幾乎所有罪犯都有各自的作案手法，它是犯罪者的習慣、技巧及行為特性的總稱，通常指犯罪者為了成功達成犯行而從事的行為，作案手法可以反映出犯罪者如何犯案，且可從中區分出犯罪者的動機或簽名特徵[21]。犯罪者會重複使用某一種作案手法，是因為這種手法很管用，但是作案手法仍有可能隨著犯罪者技巧變得更為熟練（evolve），或因酗酒、吸毒而有退化（deteriorate）情形，也有可能因為過於自信而失風被捕。作案手法是犯罪者完成一件罪行所需採取的行動，這是經由學習得來的行為，犯罪者會視情況加以修正，隨著經驗的增長，犯罪者的作案手法會變得愈來愈完美。舉例來說，銀行搶匪的共犯可能在作案一、兩次之後瞭解到，在搶劫過程中他應該使接應汽車的引擎保持運轉以利逃逸，這就是作案手法的一環[22]。

作案手法包括計畫犯罪、選擇地點、事前勘察、準備工具、使用武

19 Turvey, B. E. (1999). *Criminal profiling: An introduction to behavior evidence analysis*. CA: Academic Press, p. 443.

20 林燦璋主編（2000），犯罪剖繪（二）—連續殺人犯罪偵查，中央警察大學出版社，頁276。

21 Turvey, B. E. (2002). Case assessment. In Turvey, B. E. (Ed.). *Criminal profiling: An introduction to behavioral evidence analysis*. CA: Academic Press, p. 65.

22 李宛蓉譯（1999），Douglas J., & Olshaker M.合著，惡夜執迷，天下遠見出版，頁78。

器、拘束被害人、防範行為、帶走物品和運送方法等[23]。作案手法可以保護嫌犯身分免於曝光（protection of offender identity），確保犯罪成功（successful completion of crime）和便於脫逃（facilitation of escape）所採取的策略，因為管用而重複出現，會因為經驗、自信和錯誤學習而改進，入監服刑也有重大影響，因為他會在獄中檢討此次作案失敗的原因，汲取同囚獄友的成功或失敗經驗，甚至互相學習犯罪技巧及拓展人際網絡（例如打聽到何處能以更高價格銷贓）等。因此作案手法很難改變（depart from），更難以根除（get rid of）。

犯罪者在犯案過程中獲得許多經驗，從中學到他在某種犯罪特別成功，因此早期犯罪是未來犯罪行為的最佳預測指標[24]。犯罪者在犯罪過程中會重複使用相同的方法（因為管用），當他發現其他方法較有效時，就可能會在過程中略為改變[25]。人類的犯罪行為大部分是過去犯案經驗的結果[26]，犯罪者會因為再次犯案而獲得經驗，發現某些更有用的作案手法，因此儀式可能會演變，但主題會維持不變（ritual may evolve, but the theme persists）[27]。

（三）變化

作案手法是完成犯罪所需要的行動，會維持一致性但也會學習改進。當犯罪者得到經驗，建立信心，或是被逮捕及入獄服刑都會有所改變

23 Turvey, B. E. (2002). Staged crime scene. In Turvey, B. E. (Ed.). *Criminal profiling: An introduction to behavioral evidence analysis*. CA: Academic Press, p. 231.

24 Canter, D. V. (1997). Psychology of offender profiling. In Canter, D. V., & Allison, L. J. (Eds.). *Criminal detection and the psychology of crime*. Dartmouth: Ashgate Publishing, p. 496.

25 Keppel, R. D. (2000). Investigation of the serial offender: Linking cases through modus operandi and signature. In Schlesinger, L. B. (Ed.). *Serial offenders: Current thought, recent findings*. FL: CRC Press, p. 123.

26 Davies, A. (1997). Specific profile analysis : A data-based approach to offender profiling. In Jackson, J. L., & Bekerian, D. A. (Eds.). *Offender profiling: Theory, research and practice*. England: John Wiley & Sons, p. 192.

27 Keppel, R. D. (2000). Investigation of the serial offender: Linking cases through modus operandi and signature. In Schlesinger, L. B. (Ed.). *Serial offenders: Current thought, recent findings*. FL: CRC Press, p. 132.

（例如他會從牢友處習得犯罪技巧，在獄中拓展人際關係，檢討自己被捕原因，並記取他人失敗的教訓）[28]。作案手法改變的原因，包括教育、成熟、經驗、被害者反應和媒體報導等，另外警察的行動也會造成目標、地點和手法的轉移[29]。媒體報導也可能使犯罪者瞭解偵辦過程，進而改變作案手法，或導致他人模仿（copycat）[30]。犯罪者會從過去成功及失敗的經驗、避免失敗和重複成功策略中學習。此外，媒體揭露和偵查作為也會導致空間、時間、目標、策略和行動的轉移（displacement）[31]，因此人類的犯罪行為大部分是過去犯罪經驗的結果[32]。

總括影響作案手法的因素包括：學習專業知識、獲得工作經驗、犯罪經歷和自信、接觸刑事司法體系、媒體報導模仿、心理狀況、嗑藥、酗酒、心智退化、過度自信和其他原因（如武器失靈、車輛故障、被路過的人目擊、迅速逃離現場、中斷犯行等）。其中失控（gone wrong）是指使用過多武力，過程中包含許多未計畫的行為，這些都會增加犯罪者的風險。例如，連續殺人犯Ted Bundy在犯罪晚期的作案手法已漸漸退化，不但留下大量證據，較少防範措施，更多儀式行為，作案間隔也逐漸縮短，傷害程度則益趨嚴重，導致其最後失風被捕[33]。

需要特別注意的是，作案手法是一種經由學習而來的行為（learned behavior），例如竊賊會改進他破壞門戶、闖入屋內的技術，以降低被捕的風險並提高獲益。犯罪者會重複使用某一種作案手法，是因為這種手法的確很有效，但作案手法並非一成不變，仍會隨著犯罪者經驗與信心

28 因此各國都有犯罪人和警察將入監服刑戲稱為「入獄深造」（going to college），意指出獄後犯罪技巧將更加提升。

29 Rossmo, D. K. (2000). *Geographic profiling.* FL: CRC Press, p. 58.

30 Turvey, B. E. (2002). Serial homicide. In Turvey, B. E. (Ed.). *Criminal profiling: An introduction to behavioral evidence analysis*. CA: Academic Press, p. 521.

31 Rossmo, D. K. (2000). *Geographic profiling.* FL: CRC Press, pp. 132-133.

32 Davies, A. (1997). Specific profile analysis : A data-based approach to offender profiling. In Jackson, J. L., & Bekerian, D. A. (Eds.). *Offender profiling: Theory, research and practice*. England: John Wiley & Sons, p. 192.

33 Turvey, B. E. (2002). Staged crime scene. In Turvey, B. E. (Ed.). *Criminal profiling: An introduction to behavioral evidence analysis*. CA: Academic Press, pp. 232-236.

的累積而演進，而讓技巧變得更熟練，甚至入監服刑對於犯罪者的作案手法也會有極大的影響，他們會從導致他們被監禁的錯誤經驗中記取教訓，或是從監獄中其他犯罪者的經驗分享，來改進他們的作案技巧，作案手法會視犯罪行動的需求而演進，因此它是動態（dynamic）而且具有可塑性（malleable）。

被害者反抗對於作案手法的演進也有很重大的影響，如果強暴犯在控制被害者時遭遇到困難，他就會改進作案手法，以適應被害者的抵抗，例如他可能會攜帶膠帶或其他繩索，也可能會使用武器或偷襲，並且迅速制服被害者，如果這些方法都無效，他可能會訴諸更強大的武力，或是乾脆將被害者殺死；因此，作案手法會視犯罪需求而演進[34]。

二、簽名特徵

（一）定義

當犯罪者從事某些遠超過基本犯行所需的不尋常行為，這些行為即稱之為「獨特行為」（personation），犯罪者會花費額外的時間在這些僅對其個人別具意義的儀式化動作，而當犯罪者從一個案件到另一個案件裡，都有這些一連串重複且類似固定儀式（ritual）的行為，則這類的行為便稱之為「簽名特徵」（signature），是一種簡單且重複性的人格特質[35]。簽名特徵包括身體（physical）、口語（verbal）和性（sexual）行為，例如在性侵害犯罪中使用過度的武力，說出特別的話，或是重複進行某種順序的性行為。簽名特徵可能包括留下東西或帶走物品，或在牆上畫圖或書寫文字，有時是要傳達給被害者或偵查人員，希望引發強烈的情緒反應，也包括屍體的擺置、毀損，顯示犯罪者的心理和情感需求。

異常行為指的是犯罪者不尋常的行為，此行為對犯罪者有特別的意

34 Douglas, J. E., Burgess, A. E., Burgess, A. G., & Ressler, R. K. (1992). *Crime classification manual*. NY: Lexington Books, p. 260.

35 Douglas, J. E., Burgess, A. W., Burgess, A. G., & Ressler, R. K. (1992). *Crime classification manual*. NY: Lexington Books, p. 251.

義，而超出犯罪所需要的程度。當連續犯在每一次犯罪中都顯現重複的儀式行為，此時就稱為簽名特徵、心理指紋（psychological fingerprint）或註冊商標（trademark），可作為犯罪偵查的重要線索（calling card）。簽名特徵是犯罪者獨特的行為，可以滿足其心理及情感需求，其中簽名層面（signature aspect）代表心理的狀態（emotional theme），簽名行為（signature behavior）則是不需要的行為[36]。前者是犯罪者潛在的心理動力，而後者則是現場所呈現的外顯行為，雖然犯罪者的儀式核心不會改變，但行為不會在每一個現場出現。例如，外在環境改變、發生突發事件而中斷、或出現未預期的被害者反應等[37]。

大部分暴力犯罪者在他們的內心中，常常存有一種獨特的幻想（fantasy），內容包括性侵、酷刑、殺人、製造炸彈、放火、或是這些暴力犯罪行為的組合。當犯罪者將幻想轉化為實際行動時，他們就會在犯罪過程中表現出不尋常的行為[38]。犯罪者會花費相當多的時間在這些對他本人具有特殊意義的行為上，但這些動作只有犯罪者才瞭解其中的特殊意義，除非他願意說出來，外人才會瞭解其意涵。

（二）作用

簽名特徵是犯罪者純粹為了滿足個人情緒需求而有的行為，通常與完成犯行並沒有關係，但卻是犯罪者一開始決定犯下此案的動機。簽名特徵可說無奇不有，竊盜或縱火犯罪者可能在犯罪現場的某個位置射精、撒尿或排便，以突顯他的傲慢與輕視，事實上從事這些額外的行為不但有可能會留下跡證，更會延長罪犯逗留在現場的時間，此與犯罪的重要原則——儘速脫離現場，正好背道而馳；此外，性謀殺犯在被害人下體插入

---

36 Turvey, B. E. (2002). Understanding offender signature. In Turvey, B. E. (Ed.). *Criminal profiling: An introduction to behavioral evidence analysis*. CA: Academic Press, pp. 279-280.

37 McGrath, M. (2001). "Signature in the courtroom: Whose crime is it anyway?". *Journal of Behavioral Profiling*, 2(2). http://www.profiling.org/journal/subscribers/vol2_no2/jbp_mm_2-2.html.

38 Douglas, J. E., Burgess, A. E., Burgess, A. G., & Ressler, R. K. (1992). *Crime classification manual*. NY: Lexington Books, p. 250.

異物（如筆、梳子、酒瓶、掃帚等）或是連續殺人犯在刑案現場塗鴉，甚至拿走被害者的東西，作為紀念品或是戰利品，而此項東西本身對犯罪者而言，並不見得有實質上的價值，但是對其心理可能有特殊的意義，這些種種的行為都屬於簽名特徵。犯罪者所顯現的簽名特徵核心是不會改變的，與作案手法會隨經驗累積而變化是不同的。然而這些儀式化的行為，也有可能會因為被意外打斷，或是被害者出乎意料的反應而不會出現，而且也不是每一位連續犯罪者都會有簽名特徵的出現，因此並不一定在每個案件中都能發現到這些超乎尋常的簽名特徵，簽名特徵被認為是心理變態（psychopathology）的訊號，如果犯罪者在刑案現場顯現心理變態，就較有可能剖繪連續犯罪者。

暴力犯罪者可能會以某種特定方式折磨被害人，連續殺人犯也許用攝影機拍下他姦殺被害人的鏡頭，事後再反覆觀看當時的情境，這些行為都屬於簽名特徵[39]。簽名特徵往往是犯罪所不需要的行為，若能仔細分析，就可以瞭解構成這些行為的人格、生活方式及成長經驗。因為犯罪者的幻想會產生暴力行為，當他終於實現了這些行為，在這個犯罪行為中將會顯示出獨特且具個人色彩，奠基於幻想的儀式或表現，單純犯罪並不能滿足這些人，基於幻想的驅使，他必須做一些遠超過犯這種罪行所需要的行為，當在犯罪現場中發現了這些儀式般的主體時，犯罪者已然完成了他內心的幻想情境。犯罪者所展現的簽名特徵核心通常不會改變，不像作案手法，這種核心部分對於犯罪者是永久不變的[40]。

簽名特徵通常建立在幻想（fantasy）之上，犯罪者通常會重複進行某種順序的性行為，因為他需要這些儀式（ritual）以達到性滿足[41]。它是一

39 李宛蓉譯（1999），Douglas, J. E., & Olshaker, M.合著，惡夜執迷，天下遠見出版，頁78-79。

40 Douglas, J. E. & Burgess, A. E. & Burgess, A. G. & Ressler, R. K. (1992). *Crime classification manual*, NY: Lexington Books, p. 261.

41 儀式行為和簽名特徵一樣，是滿足特殊的心理需求，但它強調犯罪過程中有固定的順序，例如先捆綁、折磨，再性侵、殺人等。見Geberth, V. J. (2003). *Sex-related homicide and death investigation: Practical and clinical Perspectives*. FL: CRC Press, p. 726.

種和犯罪無關的特殊行為，出自於犯罪者的幻想[42]，反映其獨特人格，會超出完成犯罪所需要的行為，雖然其核心成分不會改變，但仍會有演進情形，而且通常需要花額外的時間，如毀損屍體、留下訊息、讓被害人講某些話或從事某些行為、束縛被害人（使其恐懼）、殘殺（overkill，超出所需程度）、以貶抑姿勢擺置（posing）屍體、取走紀念品（回憶當時情況）、縱火（發洩憤怒）等[43]。簽名行為會反映一個人的性格、生活型態和成長經驗，是犯罪者需求的顯現，而且會逐漸儀式化，沒有彈性也不能消除[44]。

（三）變化

簽名特徵是犯罪者在犯案時的一種獨特行為，可能存在於犯罪者的殺戮行為、性侵害犯對被害人所說的特定詞語、犯罪者將某些物品留在刑案現場的特殊舉止等[45]；不若作案手法會學習改進，簽名特徵因係個人人格上的強制特質且是特殊人格的重複展現，故幾乎穩定不變。犯罪簽名特徵不一定存在於每一刑案現場，因為它是完成犯案未必要有的行為或活動，然而卻可滿足犯罪人的情緒或心理上的需求，它是犯罪者人格特徵的特有行為或活動，相當靜態且可塑性低[46]。

犯罪者不一定會留下簽名行為（因受外界因素干擾或時間不夠），而且可能會從事某些防範措施（precautionary measure），以掩蓋其簽名行為，這些證據可能會被偵查或鑑識人員忽略、遺漏或無意中破壞。此外，簽名行為需要花額外時間去完成，若只依據現場照片和文字紀錄，沒有經

42 Schlesinger, L. B. (2000). Serial homicide: Sadism, fantasy, and a compulsion to kill. In Schlesinger, L. B. (Ed.). *Serial offenders: Current thought, recent findings*. FL: CRC Press, p. 5.

43 Keppel, R. D. (2000). Investigation of the serial offender: Linking cases through modus operandi and signature. In Schlesinger, L. B. (Ed.). *Serial offenders: Current thought, recent findings*. FL: CRC Press, pp. 125-126.

44 Turvey, B. E. (2002). Understanding offender signature. In Turvey, B. E. (Ed.). *Criminal profiling: An introduction to behavioral evidence analysis*. CA: Academic Press, p. 283.

45 Holmes, R. M., & Holmes, S. T. (2002). *Profiling violent crimes: An investigative tool* (3rd Ed.). CA: Sage Publications, p. 44.

46 林燦璋主編（2000），犯罪剖繪（二）—連續殺人犯罪偵查，中央警察大學出版社，頁276。

過任何訪談，就很難確定是為了滿足其心理需求，因為只有犯罪者才知道他的動機為何[47]，所以簽名特徵通常是隱晦不明，並不容易區別，也不一定能夠從其行為跡證揣摩出來。

三、作案手法和簽名特徵的比較

簡單的說，作案手法是探討犯罪者如何（how）作案，而簽名特徵則是說明犯罪者為何（why）要犯下此案，作案手法是犯罪的必要行為，雖然類似但也會改變，會受到被害者的反應或其他因素所影響，而簽名特徵則超出加害所需，而且會維持不變，因此用簽名特徵連結犯罪較為可靠，雖然犯罪者瞭解此種行為容易被人串聯，仍然會忍不住去做，因為它可以提供他獨特的需求，因此犯罪者對過程的重視更甚於結果[48]，二者的比較如表3-2-1[49]：

表3-2-1　作案手法和簽名特徵的比較

作案手法	動態	功能需求	學習改進	流動
簽名特徵	靜態	滿足心理需要	不會改變	穩定

作案手法與簽名特徵之間的差異可能很微妙，譬如Texas有名銀行搶匪要銀行內所有人皆脫光衣服，擺出性感的姿勢，然後加以拍照，此一行動無助於搶案的完成，反而使他在現場駐留更久，因而增加被捕的風險，但他就是覺得非做不可，這就是簽名特徵。另外在Michigan也有一名銀行搶匪，他命令銀行裡的每個人都脫光衣服，但是他並沒有拍照，他這樣做的目的是要使現場人士因羞怯而自顧不暇，無法正眼看他，事後便無法清楚指認他的特徵，這就是他的作案手法，因此同一行為可能有不同的用

47 Turvey, B. E. (2002). Understanding offender signature. In Turvey, B. E. (Ed.). *Criminal profiling: An introduction to behavioral evidence analysis*. CA: Academic Press, p. 284, 287.

48 Keppel, R. D. (2000). "Signature murder: A report of the 1984 Cranbrook, British Columbia cases". *Journal of Forensic Science*, 45(2), pp. 500-503.

49 Turvey, B. E. (2002). Understanding offender signature. In Turvey, B. E. (Ed.). *Criminal profiling: An introduction to behavioral evidence analysis*. CA: Academic Press, p. 280.

意[50]。

又例如有名強暴犯侵入民宅後控制一對夫妻，先是命令丈夫面朝地板趴下，隨後在他背後放置一組杯盤，並告知如果讓他聽到杯盤掉落的聲音，就立刻殺掉他太太，然後將他太太帶到另一房間加以性侵害，在這位先生背後放置杯盤是一種有效控制的作案手法。可是如果該名強暴犯控制了太太之後，叫她打電話要她在外面的先生馬上回來，當先生回家時將他綁在椅子上，並讓先生目睹整個性侵過程，這種綑綁先生的行為就不是作案手法，此種遠超過完成性侵害所需的簽名特徵，是在經由主宰、羞辱丈夫中獲得情緒上的滿足[51]。

同一行為可能是簽名特徵或作案手法，或同時滿足二者，不同的人會為不同的理由做同一件事，而一個人的單一行為也可能有多重原因。例如，燒燬被害人屍體可能是湮滅證據的防範措施（作案手法）或憤怒報復[52]的行為（簽名特徵），或同時滿足洩恨及湮滅證據的雙重功能，同一行為有不同的功能，因此要區別作案手法和簽名特徵，必須將犯罪行為放在整體脈絡（context）下加以分析[53]。

作案手法是進行犯罪所需的行動，用它來連結犯罪不太可靠，因為沒有考慮到許多會影響犯罪行為的因素，如手法改進等（因案被捕或由於被害人的反應）。而簽名特徵是犯罪者重複留在現場的特殊行為，主要用來實現幻想，包括雙方的言語互動，有特定順序（儀式），但不一定會出現（干擾因素或未預期的被害人反應），例如過度傷害、竊取衣物、擺置屍體等，需要深入分析才能辨認出簽名特徵[54]，但如果出現就可以用來連結

50 Douglas, & Munn(1997). Modus operandi and the signature aspect of violent crime. In Douglas, J., Burgess, A., Burgess, A., & Ressler, R.(Eds.), Crime Classification Manual, Jossey-Bass, p. 262.

51 林山田、林東茂、林燦璋（2012），犯罪學，三民書局，頁203-204。

52 例如明明被害人已被刺死，卻在死後在其身上澆汽油燃燒屍體，方足以洩恨。

53 Cooley, C. (2000). "Criminal behavior literature review project". *Journal of Behavioral Profiling*, 1(2). http://www.profiling.org/journal/subscribers/vol1_no2/jbp_cblrp_lp_may2000_1-2.html.

54 Godwin, G. M. (2001). One offender- five victims: Linking the offenses of the serial killer John William, Jr. In Godwin, G. M. (Ed.). *Criminal psychology and forensic technology: A collaborative approach to effective profiling*. FL: CRC Press, p. 179.

案件。

另外犯罪模式（crime pattern）則是指將同類型案件，經由個案歸納的方式，找出其共通的犯罪途徑，其用途不僅可用於偵查，也可運用在犯罪預防。例如從常見的電信詐騙案件，可以歸納出事先蒐集個人資料，準備好人頭電話及帳號，再編好說詞（會因應時事變遷而調整），以亂槍打鳥或鎖定對象方式，運用話術騙取被害人信任，再引誘其匯款或臨櫃提款，最後由車手將款項提領或轉匯到人頭帳戶，完成整個詐騙的過程，犯罪者在過程中隱藏身分，避免與被害人直接接觸，且採分工模式，各集團間也沒有面對面接觸，整個過程就是犯罪模式[55]。

歸納上述犯罪模式、作案手法[56]和簽名特徵的意義、特性、功能、探討對象及分析方法等整理如表3-2-2，可見三者在某些方面有其相似之處，但仍有許多差異[57]。綜而言之，犯罪模式的範圍最大且變動性較小，作案手法次之，而簽名特徵則範圍最小且鮮少變動。

表3-2-2　犯罪模式、作案手法和簽名特徵的比較

名稱	犯罪模式	作案手法	簽名特徵
原文	crime pattern	modus operandi	signature
特性	共通途徑	成功犯案手段	獨特行為
主要功能	犯罪預防	連結刑案	個化凶嫌
變動性	很小	不高	幾乎固定
探尋標的	共通性	專門性	特異性
探討對象	同類型案件	個人或集團	個人
研究範圍	頗廣	較小	細微
影響因素	社會變遷	經驗學習	心理幻想
分析方法	個案歸納	現場物證	行為跡證

55 盧俊光、廖有祿（2006），新興詐欺犯罪型態、模式及中介物之分析，2006年刑事偵查學術研討會，中央警察大學，頁13-32。

56 本書不採一般通稱的犯罪手法，目的即在與犯罪模式有所區別。

57 林燦璋（2000），犯罪模式、犯罪手法及簽名特徵在犯罪偵查上的分析比較—以連續型性侵害案為例，警學叢刊，31卷2期，頁100。

第三節 適用範圍

一、適用案件

犯罪剖繪技術的運用必須構築在基本的前提之上，此前提就是當一個人犯罪時，必須在犯罪的過程中有出現變態的人格特質，例如犯罪過程雜亂無章、無計畫性、毀損被害者的肢體部位等，都是其人格特質的反映。因此，犯罪現場本身會反映出犯罪者的變態徵候，而剖繪人員就必須從這些刑案現場所遺留的物證上顯示的變態徵候，內視（inspect）犯罪者的人格特質。

此外，犯罪剖繪技術主要運用於分析「再現率」（reoccurrence）高的犯罪類型，其效用才可發揮到極大，如果只是單一偶發案件的分析，則對犯罪偵防的效用並不大。現今民眾向警方報案的刑案中，許多是由過去曾犯下相似案件的犯罪者所為，因此這些人的作案手法多少已有模式呈現，仔細分析不但有助於破案，也可抗制及預防相類似案件的再發生[58]。許多研究亦發現，大部分的犯罪是由少數人所犯下，這些人稱為「生涯犯罪人」（career criminal）或「慢性犯罪者」（chronic offender），他們會一而再、再而三的犯下各種罪行，而這些犯罪者也正是犯罪剖繪主要鎖定的目標，因此犯罪剖繪適用於專精（specialized）的犯罪者，而非多樣化（versatile）的犯罪者。

犯罪剖繪主要適用在重大案件的偵查，但這不是意味它只能用來破大案，而是因為此一技術需要蒐集大量的資料，一般的案件（如命案）通常透過人際關係的清查，大多就能有所突破。另外也不是一開始就進行剖繪，而是當案情無法突破且懸而未決時，犯罪剖繪才會派上用場。

當然，犯罪剖繪並不是適用在所有的刑事案件上，它不是萬靈丹，也不是只要是謀殺案就可以適用。通常剖繪技術運用在未知嫌犯，而其犯罪

58 林燦璋（1994），系統化的犯罪分析：程序、方法與自動化犯罪剖析之探討，警政學報，第24期，頁124。

過程有顯現精神病態特徵的案件較為有效。Holmes曾列出八種最適合心理剖繪的犯罪型態：性凌虐、殺害後取出被害者內臟、切割被害者肢體、無合理動機的縱火、狂亂的性謀殺或連續殺人、性侵犯、宗教狂或狂熱的殺人、戀童症等[59]。

因此不是每種犯罪都適合剖繪，其中含有某種程度心理變態的犯罪者最為適合，由於在這些案件中，犯罪者和被害者有許多言語和行為互動，導致現場遺留許多跡證，可以提供偵查參考[60]。而剖繪在犯罪者於相同案件出現重複型態最為有用，適用在犯罪過程有明顯的性行為，顯見犯罪者已呈現出情感紊亂[61]。還有就是那些無法解釋，沒有動機，通常是虐待的案件。例如連續性謀殺最適合用來剖繪，因為它有重複性且具備典型的簽名特徵[62]。除了Holmes列出的犯罪種類之外，適合剖繪的案件另有：色慾殺人及毀損屍體、屍體擺置、兒童性虐待（包括戀童、調戲兒童）、寫猥褻或威脅信件[63]、儀式及秘密宗教犯罪、爆炸案、謊報性侵害等有明顯性行為而且和社會脫節的犯罪，其他如騷擾犯罪、重複暴露狂、縱火狂、竊盜癖、打猥褻電話及匿名惡意信件等，而且連續犯罪比單一案件更為適合[64]。

反觀毒品和財產犯罪、破壞財物、搶劫、傷害或殺人（無法顯露犯罪者人格）等案件，由於在犯案的過程中，犯罪者和被害者二者互動較少，因此較不適合剖繪。此外由於剖繪會耗費許多人力、物力，基於成本考量，較不適合運用在入侵住宅竊盜或一般傷害等較輕微案件，傳統偵查方

59 Holmes, R. M., & Holmes, S. T. (2002). *Profiling violent crimes: An investigative tool*. CA: Sage Publications, p. 2.

60 Goldsworthy, T. (2002). "Serial killers: Characteristics and issues for investigators". *Journal of Behavioral Profiling*, 3(1). http://www.profiling.org/journal/subscribers/vol3_no1/jbp_tg_3-1.html.

61 Canter, D. V. & Allison, L. J. (Eds.) (1997). *Criminal detection and the psychology of crime*. Dartmouth: Ashgate Publishing, pp. 448-449.

62 Palermo, G. B., & Kocsis, R. N. (2005). *Offender profiling: An introduction to sociopsychological analysis of violent crime*. IL: Charles C. Thomas Publisher, pp. 124, 128.

63 Holmes, R. M., & Holmes, S. T. (2002). *Profiling violent crimes: An investigative tool*. CA: Sage Publications, p. 4.

64 Rossmo, D. K. (2000). *Geographic profiling*. FL: CRC Press, p. 73.

法在偵辦大多數犯罪仍然有效，例如許多殺人案件是在家庭內發生，因此可能嫌犯明顯可知，只要掌握相關線索，要順利破案並不困難，但即使在家庭內殺人，仍會面臨變造現場或缺乏證據的困難，而剖繪可協助偵查人員解決以傳統手段無法偵破的案件。例如連結盲點（linkage blindness）是無法找出一連串犯罪的關聯，而使用犯罪剖繪正可解決此種問題。亦可研究應用於連續住宅竊盜，例如作案手法、選擇的地點和時間、或是竊取的物品（如戀物症）、動機（如偷窺）等都可以進行研究[65]。除此之外，未來趨勢包括讓偵查人員接受適當剖繪訓練後，可擴大運用在販毒、挾持人質案件的偵查、談判和偵訊工作[66]。

二、適用階段

學者Hicks和Sales認為犯罪剖繪可用在三個階段[67]：

（一）偵查階段：串聯一系列案件，找出未知嫌犯的生心理特徵和生活型態，提供犯罪者可能的犯前和犯後行為，評估犯罪行為是否會升高為更嚴重的暴力犯罪，建議更主動積極的策略，以迫使嫌犯離開藏身處或暴露其身分。

（二）逮捕階段：列舉應搜索項目及位置，預測嫌犯被捕時的反應和行為，建議適當的偵訊技術。

（三）起訴階段：在法庭提供專業知識以展示如何連結連續案件到單一嫌犯，或是經由犯罪剖繪串聯相關刑案。

而學者Turvey指出犯罪剖繪可運用於以下三個階段[68]：

（一）偵查階段：可縮小嫌犯範圍，連結相關犯罪，發展偵訊策略，評估

---

65 Stevens, J. A. (1997). Standard investigatory tools and offender profiling. In Jackson, J. L., & Bekerian, D. A. (Eds.). *Offender profiling: Theory, research and practice*. England: John Wiley & Sons, p. 90.

66 Goldsworthy, T. (2000). "Criminal profiling: Is it investigatively relevant?". *Journal of Behavioral Profiling*, 2(1). http://www.profiling.org/journal/subscribers/vol2_no1/jbp_cp_2-1.html.

67 Hicks, S. J., & Sales, B. D. (2006). *Criminal profiling: Developing an effective science and practice*. DC: American Psychological Association, p. 3.

68 Turvey, B. E. (2002). Deductive criminal profiling. In Turvey, B. E. (Ed.). *Criminal profiling: An introduction to behavioral evidence analysis*. CA: Academic Press, p. 47.

犯罪升高的可能性，提供偵查線索和確保偵查方向正確。

（二）審判階段：可以評估物證的價值，洞察嫌犯在犯罪前、中、後的幻想、動機和心理狀態，推測其再犯風險，作為定罪和量刑的參考。

（三）上訴階段：在刑事案件定罪後，被告宣稱無辜或判決錯誤而提起上訴，此時便需重新檢視相關跡證，以支持或駁回上訴[69]。

犯罪剖繪目前主要用在偵查階段，並非鑑識工具，因為它不能提供犯罪者的確切身分，只能指出何種人可能犯罪，可以縮小嫌犯範圍，擬訂偵查策略，補充傳統偵查技術，以刑案現場特性推論犯罪者人格，評估犯罪者願意冒多少風險及被害人有多少風險被害，亦可確定是否為連續犯罪，提供偵訊策略，以及提供偵查方向。另外犯罪剖繪如果要運用在案件審理上，則必須以專家證人（expert witness）到法庭作證的方式，因為此種知識已超出法官的理解範圍，必須以口頭說明，方可被瞭解和接受。

目前犯罪剖繪已經常出現在歐美國家的法庭上，學者專家以證人地位到法庭作證，但除了在少數案例被接受作為證據，大多被排斥在外，原因不外是：不能符合作為證據的標準、專家資格被質疑、學界尚未認定其可靠性、涉及專家經驗、主觀判斷和直覺、專家也有可能犯錯、未普遍接受同儕檢驗、結果基於機率故有可能犯錯、未符合法律構成要件、剖繪結論與系爭事實無關、有可能誤導法官或陪審員、法庭對證據的要求高於警方調查、剖繪結果至多只能作為情況證據（circumstantial evidence）[70]等，因此還有很大的努力空間[71]。

另有人從事犯罪剖繪對模擬陪審員（mock juror）決定影響的研究，發現剖繪專家的證詞可能會讓陪審員有成見，進而影響其判斷，也無法分

69 Turvey, B. E. (2016). Criminal profiling and crime scene analysis in postconviction review. In Turvey, B. E. & Esparza, M. A. (Eds.). *Behavioral evidence analysis: International forensic practice and protocols. Academic Press*, pp. 337-357.

70 Zappala, A., & Bosco, D. (2007). The phenomenon of serial murder and the judicial admission of criminal profiling in Italy. In Kocsis, R. N. (Ed.). *Criminal profiling: International theory, research, and practice*. NJ: Humana Press, pp. 263-272.

71 Meyer, C. B. (2007). Criminal profiling as expert evidence? An international case law perspective. In Kocsis, R. N. (Ed.). *Criminal profiling: International theory, research, and practice*. NY: Humana Press, p. 270.

辨剖繪的正確與否，可能會對其證詞過度相信，而且因為媒體渲染，剖繪的價值被過度誇大，就不太會去質疑其正確性和可靠度，但他們都表示會檢視目擊證詞及鑑識檢驗，不會因為剖繪專家的意見就驟下判斷[72]。

犯罪剖繪可運用在以下情況[73]：當線索有限時作為一種偵查工具、提供另一個偵查方向、在進行偵訊時洞察嫌犯的心理、協助法官或陪審員瞭解嫌犯心理、對未偵破的連續殺人案件進行有系統的追蹤、促進跨轄區處理連續案件的聯繫、檢視偵查步驟及物證蒐集的缺失、運用理論以解釋犯罪人及犯罪行為、評估物證的可靠性等。

但不是所有偵查上有用的工具就一定在法庭上會被接受，警察通常需要立即而有效的結果，以增加未知嫌犯快速逮捕和移送的可能性，但法庭需要的是正確而可靠的證據，而剖繪經常被法庭排除，因為過程中會有許多猜測的成分，剖繪的目標在於提供偵查相關線索，使整體偵查方向正確[74]。因此剖繪不應在審判定罪階段被提出，因為它不是很可靠，可能會有錯誤。行為跡證和犯罪剖繪不能單獨用來個化（individualize）嫌犯，只能用來指出哪種人而不是哪一個人可能犯罪[75]。因此犯罪剖繪可作為偵查的起點，而非鑑識的工具，因為它不能提供犯罪者的確切身分，但可能指出何種人可能犯下此案，可據此縮小偵查範圍。

當所有其他傳統方法用盡，剖繪技術當然可以用來輔助偵查工作，犯罪剖繪最適合用在傳統方法無法解決的案件[76]。雖然犯罪剖繪不能取代徹

72 Paclebar, A, Meyers, B., & Brinemann, J. (2007). Criminal profiling: Impact on mock juror decision making and implications for admissibility. In Kocsis, R. N. (Ed.). *Criminal profiling: International theory, research, and practice*. NJ: Humana Press, pp. 249-262.

73 Hickey E. W. (2006). *Serial murders and their victims*. CA: Thomson Wadsworth, p. 33.

74 Cooley, C. M., & Turvey, B. E. (2002). “Reliability and validity: Admissibility standards relative to forensic experts illustrated by criminal profiling evidence, testimony, and judicial rullings”. *Journal of Behavioral Profiling*, 3(1). http://www.profiling.org/journal/subscribers/vol3_no1/jbp_cc_bt_3-1.html.

75 McGrath, M. (2001). “Signature in the courtroom: Whose crime is it Anyway?”. *Journal of Behavioral Profiling*, 2(2). http://www.profiling.org/journal/subscribers/vol2_no2/jbp_mm_2-2.html.

76 Kocsis, R. N., & Coleman, S. (2001). The unexplored ethics of criminal psychological profiling. In Godwin, G. M. (Ed.). *Criminal psychology and forensic technology: A collaborative approach to effective profiling*. FL: CRC Press, p. 334.

底而有計畫的偵查，卻是另一項有力的偵查輔助工具[77]。

第四節　應用流程

一、剖繪程序

犯罪剖繪是一連串的過程，從資料蒐集與評估，對現場的重建及假設的形成，到最後對犯罪者的推測與提供偵查的建議等，必須一個步驟接一個的進行，才是案件能否成功突破的關鍵。圖3-4-1為犯罪剖繪的進行程序，重點在於如何利用命案現場的分析來進行剖繪工作，尤其適用在和性有關的殺人案件[78]，儘管是以性謀殺的剖繪程序為架構，但可應用在任何適合犯罪剖繪的犯罪類型。在進行犯罪剖繪時所使用的方法，十分類似臨床醫生進行診斷及醫療的程序，都是先蒐集資料，然後將資料加以分析、研判，最後決定要如何動手術，手術結束後再將結果報告提出討論。而犯罪剖繪是先蒐集並分析評估資料，再進行犯罪重建並形成假設，導出罪犯剖繪並以現有資料加以檢驗，最後提出書面報告，再交由刑警進行偵查及逮捕，而此過程會利用腦力激盪、經驗、直覺和推測，也倚賴長期偵查經驗的累積。有關犯罪剖繪的產生過程主要分為以下六個步驟[79]：

（一）資料輸入（data input）

輸入和剖繪工作有關的各種資料，包括刑案現場（物證、屍體位置、凶器、證據的樣式、形狀和位置）、被害調查（背景資料、習慣、家庭結構、年齡、職業、最後被人發現的情況）、法醫檢驗（死因、傷口情

77 Jackson, J. L., & Bekerian, D. A. (1997). Does offender profiling have a role to play? In Jackson, J. L., & Bekerian, D. A. (Eds.). *Offender profiling: Theory, research and practice*. England: John Wiley & Sons, p. 1.

78 Ressler, R. K., Burgess, A. G., & Douglas, J. E. (1988). *Sexual homicide: Patterns and motives*. NY: Lexington Books, p. 135.

79 李璞良譯（1995），Ressler, R., Burgess, A., & Douglas, J.合著，異常快樂殺人心理，台灣先智，頁198-218。

形、死亡前後之性行為、驗屍報告、實驗室化驗報告）、警方初步偵查報告（背景資料、初步觀察結果、犯罪時間、報案人身分、死者鄰居狀況、死者社會地位及經濟狀況、案發地區的犯罪率）、照片（空中攝影、命案現場照片、被害者照片）等，資料蒐集愈多，剖繪工作就愈正確。唯一不需要的資料是可能的嫌犯，因為此一資訊可能會影響剖繪人員的判斷，甚至會有預設立場。

剖繪人員對於一切的背景資料、證據以及警方的初步報告等，都需要深入研究，一些不起眼的資料或照片，往往就是破案的重大關鍵。剖繪人員在多方蒐集資料後，還需要仔細的過濾，以免被一些錯誤的訊息所誤導，或是讓自己有預設立場，這些都是在偵查過程中應該注意的地方。

（二）分析研判（decision process）

將蒐集到的資料加以組織及安排，使之能以有意義的形式呈現出來，例如刑案種類及形式、凶手原始意圖、被害者的危險、犯罪者的風險、暴力加重的程度（如從偷窺→愛撫→傷害→性侵→謀殺）、犯案時間（時間愈長，風險愈高）及地點因素（如遭遇地、攻擊地、犯罪地、屍體棄置地及棄車地等）。

（三）犯罪評估（crime assessment）

剖繪人員根據前二個階段的分析結果，必須做出細節的評估與研判，譬如犯罪重建、犯罪的種類（有組織或無組織嫌犯）、被害者的選擇、嫌犯控制被害者的策略或方法、犯罪過程、犯罪現場的情節、變造現場、犯罪動機以及犯罪現場有何不易掌握的變動因素等。

（四）犯罪剖繪（criminal profile）

根據所蒐集的資料，研判出嫌犯的背景、體格、身體特徵、習慣、信念、價值觀、導致行凶的動機以及行凶前後的行為等，並且據以提出建議：是否該約談、偵訊、確認或逮捕嫌犯，至此剖繪工作告一段落，並應據此比對犯罪現場和證據的符合程度以及剖繪的正確性。

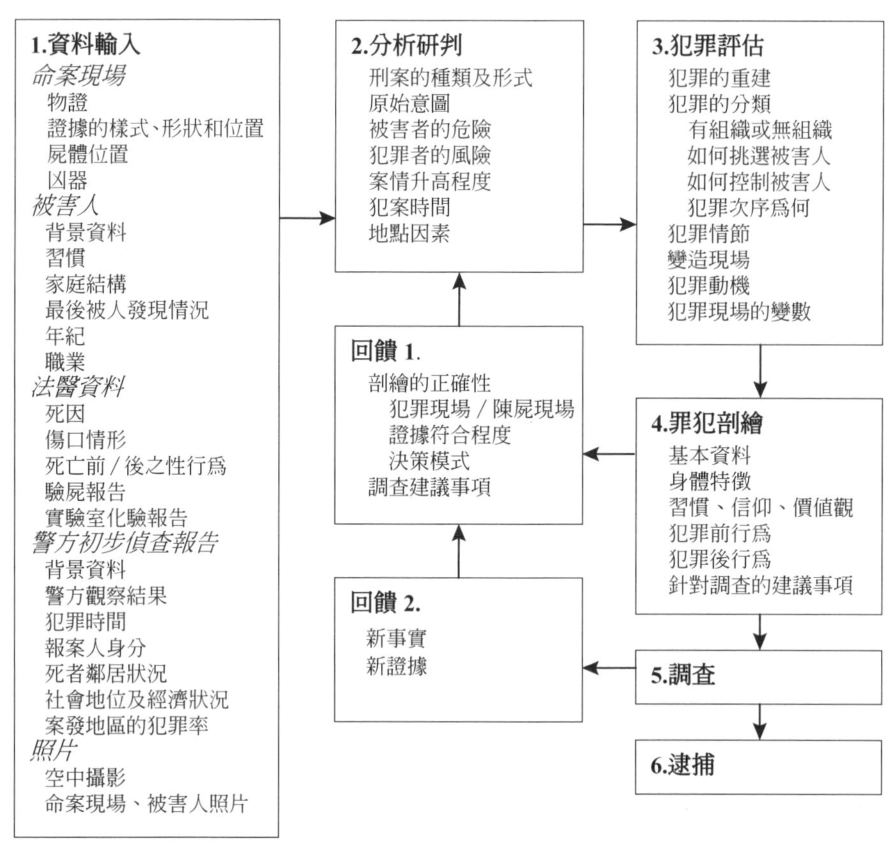

圖3-4-1　犯罪剖繪進行程序

（五）調查（investigation）

當剖繪工作完成，且與所蒐集到的證據或案情研判完全一致（congruence）的話，就會把相關的書面報告交給原來要求提供協助的警察單位，以作為後續調查的依據；如果在調查過程中，出現物證與案情研判不符，或是發現了新事實、新證據，就必須經由「回饋」（feedback）再重新評估所有的資料。

（六）逮捕（apprehension）

一旦嫌犯遭到逮捕，就必須檢討每個剖繪過程中所產生的結果，是否和真實的情形完全一致，即使嫌犯已經俯首認罪，仍須對其展開詳細的偵訊，以檢查整個犯罪剖繪工作的正確性如何，以及偵查過程有無改進的空間。

簡而言之，要導出犯罪者剖繪需要先徹底分析犯罪行為本質和種類，並與過去類似案件進行比較，再深入分析犯罪現場和鑑識報告，深入調查被害者的背景，研判犯罪者的可能動機，接著將相關資訊加以組合並交叉檢視，最後才能得到正確結論，在調查過程中要回答幾個關鍵問題[80]：

（一）What：現場發生了什麼事情？試著去重建犯罪和時間序列。

（二）Why：為何犯罪會發生？為何是這個被害人？為何發生在這個時間、地點？回答這些問題有利於研判可能的動機。

（三）How：犯罪重建可以提供許多有價值的資訊，如犯罪者的老練程度、所冒風險及完成犯罪不需要的行為（如簽名特徵）。

（四）Who：要回答究竟是誰犯下此案，需要徹底檢視所有的跡證，通則式方法會得出可能的特徵，而個殊式方法會導出較具體的特徵。

另有學者提出剖繪的科學程序應包含以下三個步驟[81]：

（一）評估犯罪現場的證據

剖繪就是將現場的證據連結到未知犯罪者的特徵，犯罪現場的證據不只是物證而已，也包括目擊者證詞和被害調查，並將這些證據透過犯罪重建連結到犯罪行為。

（二）藉由犯罪重建，連結未知犯罪者的動機、人格和行為

從現場證據可得出三種犯罪者特徵，其中動機和人格都是潛伏且無法觀察的概念，必須透過行為才能顯示其價值，行為則包括犯罪行為和日常

80 Konvalina-Simas, T. (2016). Portugal: Applications of behavioral evidence analysis and forensic criminology. In Turvey, B. E. & Esparza, M. A. (Eds.). *Behavioral evidence analysis: International forensic practice and protocols*. Academic Press, p. 89.

81 Hicks, S. J., & Sales, B. D. (2006). *Criminal profiling: Developing an effective science and practice*. DC: American Psychological Association, pp. 131-134.

生活，行為和動機、人格之間都有關聯，分別說明如下[82]：

1. 動機：探究人為何會從事某種行為，動機（motive）和意圖（intent）高度相關，後者是瞭解犯罪者「是否」故意犯罪，而前者則是探討其「為何」犯罪的原因，動機是意圖背後的理由，但有時犯罪者也不清楚他為何要這樣做，動機是潛伏且無法直接觀察的，只能藉由顯現的行為去推測，法律是藉由人的外顯行為來評價，但動機則是剖繪過程中推論犯罪者特徵的重要步驟。此外，動機可能相當複雜（多重動機）甚至是會臨時改變主意的，超出原來的犯罪意圖。
2. 人格：犯罪現場通常是內在人格的投射，人格包括內在和外在因素，內在人格特質通常是穩定而長期存在的，而外在人格特質則和情境（situation）高度相關，具有可塑性且會適應情境改變（包括性別、種族、社經地位等），因此行為可說是人格特質和外在環境互動的產物，人格和動機都是無法直接觀察的，只能運用一些問卷、量表和投射工具去測量，因此其信效度仍有待考驗。
3. 行為：相較於動機和人格，行為是最容易被直接觀察和描述的，外顯行為也是用來推敲動機和人格的基礎，另一種間接測量的行為是自陳報告（self-report），但犯罪者可能會說謊或有所保留。Hicks和Sales認為行為是動機和人格的表現，他們提出一個模式（如圖3-4-2），內含前述犯罪現場證據、動機、人格和行為，以及之間的互動關係，並以搶劫作為例子（如圖3-4-3）加以說明，由圖中可見人格和動機會影響行為，最後以犯罪現場證據呈現，而剖繪就是從現場證據反推人格及動機，最後找出可能的犯罪者[83]。

其中第一層行為（first-level behavior）稱為推論的行為（inferred behavior），是從現場證據透過犯罪重建所產生，並和犯罪行為和現場跡證

82 Hicks, S. J., & Sales, B. D. (2006). *Criminal profiling: Developing an effective science and practice*. DC: American Psychological Association, pp. 157-170.

83 Hicks, S. J., & Sales, B. D. (2006). *Criminal profiling: Developing an effective science and practice*. DC: American Psychological Association, pp. 207-230.

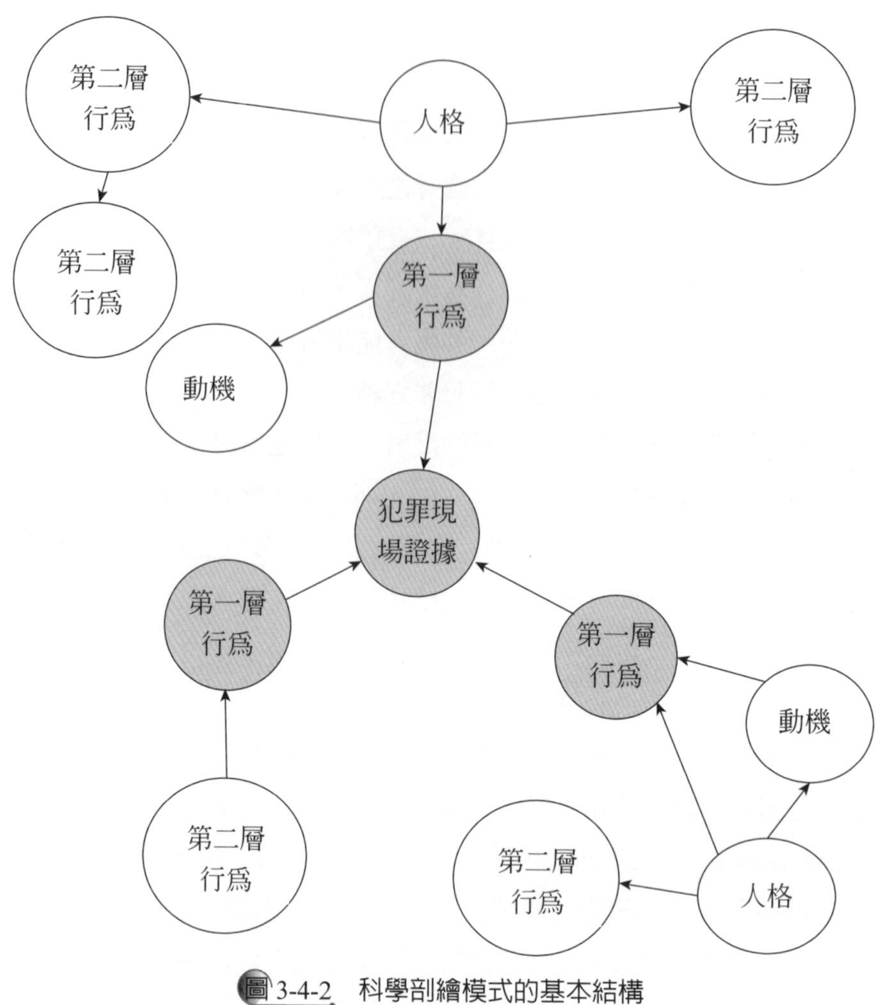

圖 3-4-2 科學剖繪模式的基本結構

直接相關，至於第二層行為（second-level behavior）則稱為偵查相關的行為（investigation-relevant behavior），是由模式中的變項推測而得，但不必然和犯罪直接相關，如果由圖中心往外看，就是從現場跡證（在遠處湖畔被自己圍巾勒死的屍體）重建第一層犯罪行為（未計畫殺人、開車到作案地點、殺被害人），再據以推敲犯罪者的人格（衝動、敵意）和動機（搶劫、強迫被害人合作），而這些人格和動機的假設都必須符合邏輯和時間順序，接著再推測嫌犯可能有哪些行為會和後續偵查相關（例如有衝

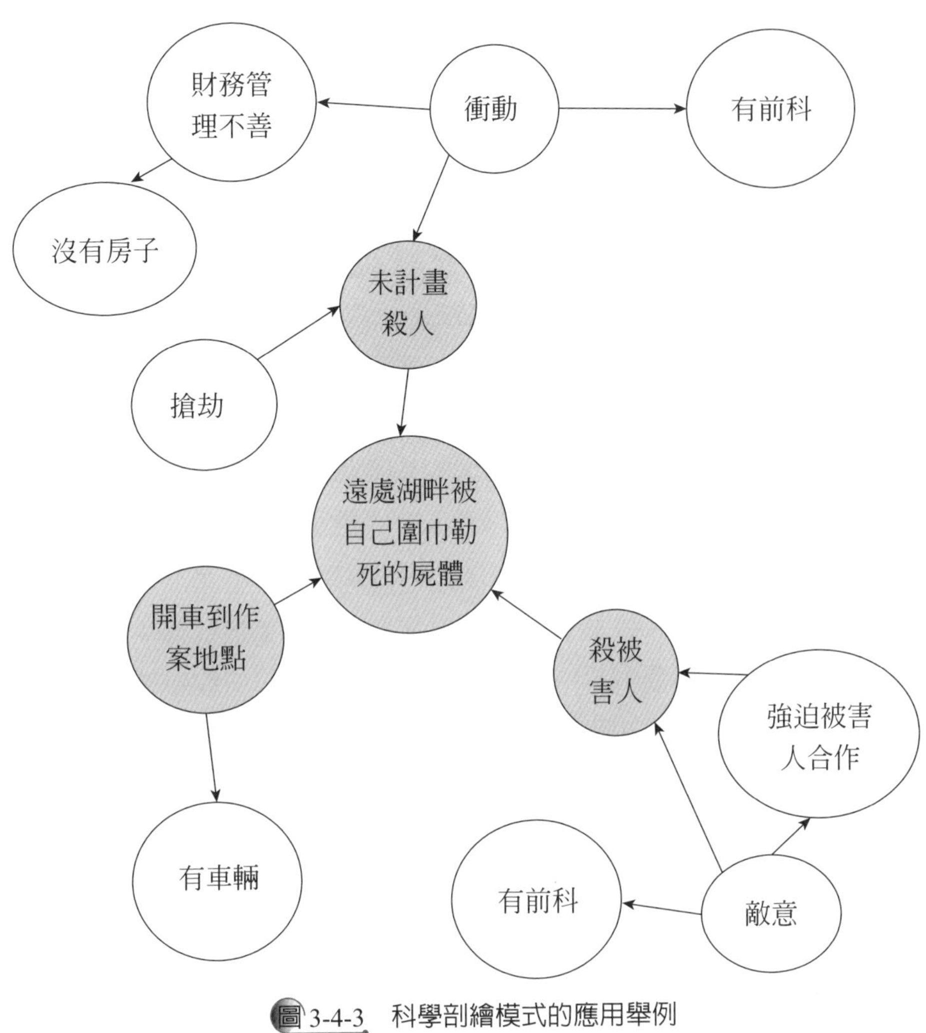

圖 3-4-3　科學剖繪模式的應用舉例

動性格的人容易有前科紀錄、財務管理不善所以沒有房子等），當然每一行為都有不同的詮釋，需要以跡證佐證或排除這些解釋。這些資訊就可以協助偵查人員縮小搜尋範圍，也可進一步思考人格和動機有無可能相互影響，或直接由第一層行為推論第二層行為（無須透過特定人格和動機，如嫌犯有車輛才能開車到作案地點），整個模式的目標就是由第一層行為去推測第二層行為，而其間的關係則由人格和動機連結起來，最後能推導出可能有助於偵查的行為以縮小偵查範圍，而且證據愈多，預測就愈可靠而正確。當然此種預測必須考量環境條件（environmental condition）和情境因素（situational factor），因為這些外在條件和因素都會影響人類行為的決定，譬如具備敵意的人格和想要控制被害人的動機，會因為被害人反應的情境因素而有不同的行為（例如原來只想讓被害人不出聲，卻因他奮力抵抗，最後使其窒息而死）。

（三）測試剖繪的預測

一旦找出犯罪現場證據和動機、人格、行為的關聯，就必須使用資料來檢驗上述關係的假設，有些直接相關，有些變項則關係複雜，如果資料推翻假設，則其關係就必須修正。

總之，整個剖繪步驟包括：評估犯罪行為→分析犯罪現場（含被害人）→閱讀偵查報告、鑑識檢驗和驗屍報告→評估蒐集資料→重建當時情境→成立假設→發展剖繪→測試→報告結果。而分析程序如下：蒐集資料（犯罪、被害人、現場、環境）[84]→閱讀分析（what）→研判動機（why）[85]→可疑嫌犯（who）[86]，就是由犯罪現場發現的跡證，反推過去曾經發生過什麼事情，再推敲犯罪者的行為動機，最後導出犯罪者可能特徵的描述，例如判定現場變造應依序探討：是否犯罪現場已被變造（what），接著再思考嫌犯為何（why）要變造（將偵查方向導向他人），最後分析誰（who）最有可能變造（通常是那些和被害人有某種關係的人才需要變造現場），偵查範圍就得以限縮。

動機分析（motivational analysis）是指藉由評估物證和犯罪現場特徵，探討犯罪者的可能動機，其基本前提是動機會產生行為（人類行為的

84 Boon, J. C. W. (1997). The contribution of personality theories to psychological profiling. In Jackson, J. L., & Bekerian, D. A. (Eds.). *Offender profiling: Theory, research and practice*. England: John Wiley & Sons, p. 46.

85 其切入點為犯罪動機，本書第六、七、八章犯罪者的分類中，最重要者即動機的分類。

86 Jackson, J. L., Eshof, P., & Kleaver, E. (1997). A research approach to offender profiling. In Jackson, J. L., & Bekerian, D. A. (Eds.). *Offender profiling: Theory, research and practice*. England: John Wiley & Sons, p. 116.

主要動機大多是趨樂避苦），犯罪者因動心起念（認為犯罪是有利的而且不至於被發現）而著手犯罪，所以一切行為都是有跡可循的，但動機只有犯罪人知曉，因為動機存在於其內心深處，一般人無從知道，所以正常人通常無法瞭解為何他們會去做這樣的事情，有賴透過深度訪談才能理解。

犯罪剖繪是建立在幾個基本前提下：沒有二個案件是完全相似的、每個犯罪行為背後一定有動機、犯罪者在單一或多重犯罪中可能有多重動機、不同犯罪者可能因為完全不同的理由展現相同或類似的行為、犯罪行為會因為時間而改變，而且每個人都不相同[87]。此一程序類似精神科醫師的診斷治療過程，結合了剖繪人員的常識、經驗、知識、直覺、猜測和腦力激盪[88]。

剖繪人員必須整合物證和行為跡證，必要時要到現場訪視，報告應以書面撰寫（而非僅用口頭描述），並和同僚以腦力激盪方式通力合作[89]。另外偵查人員可以試著在心裡與未知凶手對話，以重建犯罪過程，但不可太過深入以免失去客觀性。事實上，警察的日常工作可提供許多經驗，並可用來剖繪案件[90]。

通常犯罪剖繪都是透過腦力激盪與直覺，以及合理的猜測等過程才有可能完成，而剖繪者的專業經驗則是靠多年的智慧、歷練以及對重大案件的熟稔程度所累積下來的。犯罪剖繪人員在從事偵查工作時，也必須要擁有根據過去經驗做出若干假設的能力，不過這些假設並非憑空臆測而來，而是根據所蒐集到的資料而下的判斷。當然這些判斷也可以解釋案件發生的一些現象，同時更能將許多漫無頭緒、雜亂無章的資料組織起來，使偵查工作能更順利地進行。至於這些資料的來源有二：一是自案件本身所蒐

87 Gee, D., & Belofastov, A. (2007). Profiling sexual fantasy: Fantasy in sexual offending and the implication for criminal profiling. In Kocsis, R.N.(Ed.). *Criminal profiling: International theory, research, and practice*. NJ: Humana Press, p. 62.

88 Geberth, V. J. (2003). *Sex-related homicide and death investigation: Practical and clinical perspectives*. FL: CRC Press, p. 678.

89 Rossmo, D. K. (2000). *Geographic profiling*. FL: CRC Press, p. 74.

90 Holmes, R. M., & Holmes, S. T. (2002). *Profiling violent crimes: An investigative tool*. CA: Sage Publications, pp. 19-20, 35.

集而來；二是根據偵查人員對犯罪行為的瞭解及過去累積的經驗。

在實際應用上，FBI編製了一套犯罪分類方法，它依照被害情形、刑案現場（處所、環境、地點、時間、罪犯人數、有組織或無組織、物證、武器、屍體處置、遺留或遺失物品）、有無變造、鑑識發現（死因、創傷、性侵犯）等，將各種暴力犯罪加以分類，並據以提供在調查上應考慮的事項及搜索建議，頗值得實務單位參考[91]。

二、輸入資料

進行剖繪程序的首要步驟是輸入相關資料，包括：現場錄影、照片、偵查報告、驗屍報告、性侵害調查、證人及被害人陳述[92]。分析資訊包括警方偵查檔案、鑑識報告、犯罪現場圖、現場及被害人照片、周遭環境、醫學檢驗報告（身體傷害、中毒情形）、死亡前行經路線及最後被看到的地點、被害人背景等[93]。並應取得相關資訊，例如：姓名、年齡、性別、種族、身高、體重、婚姻狀況、教育程度、社經地位、犯罪紀錄、病歷、身體缺陷、住處、車輛、最近行為改變、衣著、舉止、工作、作息時間、嗑藥、飲酒、有無武器、從軍紀錄等[94]。在蒐集相關資訊後應進行初步評估，它是由目前所瞭解的事實，分析何者需要深入調查，回顧初步證物以提供立即的偵查方向，並避免事態繼續擴大，但它的限制是資料較不充足，因此所能獲致的結論也較少[95]。

但由於資訊超載（information overload），並不是所有資訊都有

---

91 Douglas, J. E., Burgess, A. W., Burgess, A. G., & Ressler, R. K. (1992). *Crime classification manual*. NY: Lexington Book, pp. 6-12.

92 Turvey, B. E. (2002). Case assessment. In Turvey, B. E. (Ed.). *Criminal profiling: An introduction to behavioral evidence analysis*. CA: Academic Press, pp. 58-64.

93 Keppel, R. D. (2000). Investigation of the serial offender: Linking cases through modus operandi and signature. In Schlesinger, L. B. (Ed.). *Serial offenders: Current thought, recent findings*. FL: CRC Press, p. 122.

94 Geberth, V. J. (2003). *Sex-related homicide and death investigation: Practical and clinical perspectives*. FL: CRC Press, pp. 677-678.

95 Turvey, B. E. (2002). Case assessment. In Turvey, B. E. (Ed.). *Criminal profiling: An introduction to behavioral evidence analysis*. CA: Academic Press, pp. 69-71.

用，任何可以回答犯罪者做了什麼（what）？何時（when）？在哪裡（where）？如何做（how）？誰做的（who）？以及為什麼（why）等問題的資訊都和偵查有關。因此限制資料蒐集在與偵查有關（investigatively relevant）的範圍就很重要，才可以確定何種資訊有用，如此方能瞭解犯罪是否發生，並能找到犯罪者，確定其與被害者的關係，並藉由這些資訊縮小嫌犯範圍，提供偵查方向，而在不同階段各有不同之蒐集資料的重點[96]：

（一）現場勘察：蒐集保存所有證據，確定是否有第二犯罪現場，記錄現場初始狀態等。

（二）初步評估：找出可能的目擊者和嫌犯，評估物證，如果被害人存活，應儘速進行訪談，如果被害人死亡，則立即進行被害調查。

（三）擴大偵查：確定犯罪動機，辨識簽名行為、作案手法，檢視目擊者說詞，評估所有物證（如果有新線索，必須回饋到前述階段）。

（四）鎖定目標：從證據產生可能嫌犯清單，檢視證據的真實性，找出嫌犯和案件的連結。

（五）進行逮捕：對可能嫌犯採取行動（搜索、監視、詢問），以證據評估相關案件，再據以擴大偵查。

三、產出結果

一份完整的剖繪報告應包括以下內容[97]：

（一）警告：要強調報告只是一項偵查工具，並不能指稱某人有罪或無辜，而且要建立在研究基礎上。

（二）報告者的資格和能力：簡要介紹剖繪者的資歷，包括接受過何種訓練和資格認證。

96 Goldsworthy, T. (2000). "Criminal profiling: Is it investigatively relevant?". *Journal of Behavioral Profiling*, 2(1). http://www.profiling.org/journal/subscribers/vol2_no1/jbp_cp_2-1.html.

97 Bartol, C. R., & Bartol, A. M. (2013). *Criminal & behavioral profiling*. SAGE Publications, pp. 78-79.

（三）同儕審查：該報告有經過其他專業人員仔細審查，確認其內容可靠正確。

（四）案件摘要及評估：詳細摘要敘述該犯罪的發生經過及評估過程。

（五）依據提供的資訊評估嫌犯：提供文獻和研究證據，目的是提供執法人員可疑嫌犯的特徵，其結論和推論過程都要交待清楚。

（六）風險評估和再犯預測：預測未來可能暴力的風險程度及再犯可能性。

（七）偵查建議：提供建議包括搜尋地點、調查方向、加被害者關係、有何變化可能及如何因應等。

剖繪可以提供以下資訊：背景資料（年齡、性別、種族、婚姻狀況）、教育程度、前科紀錄、服役經歷、家庭狀況、日常習慣、擁有車輛、人格特徵[98]、生活型態、成長環境、社會適應、人格特徵、外觀舉止、衣著打扮、情緒適應、心理變態行為、職業、工作經歷和適應、工作習性、住處與案發現場的關係、社經地位、性調適、性偏好和犯罪動機等[99]。並能提供犯罪事實、作案手法、簽名行為、連結嫌犯和被害人及現場的關係、說明帶走和留下的證物、佐證目擊證詞、提供偵查線索和訪談建議、協助找到嫌犯等[100]。如果剖繪能提供愈多資訊（犯罪者特徵），則偵查範圍就能相對縮小。

其中犯罪者的特徵包含身體、心理、社會、地緣和關係的任何屬性，可提供偵查單位何種人可能犯罪的資訊[101]：

（一）犯罪技術：如犯罪計畫、防範行為（戴手套、保險套）等。

---

98 Jackson, J. L., & Bekerian, D. A. (1997). Does offender profiling have a role to play? In Jackson, J. L., & Bekerian, D. A. (Eds.). *Offender profiling: Theory, research and practice*. England: John Wiley & Sons, p. 5.

99 Geberth, V. J. (2003). *Sex-related homicide and death investigation: Practical and clinical perspectives*. FL: CRC Press, p. 675.

100 Turvey, B. E. (2002). Case assessment. In Turvey, B. E. (Ed.). *Criminal profiling: An introduction to behavioral evidence analysis*. CA: Academic Press, pp. 64-69.

101 Turvey, B. E. (2002). Offender characteristics. In Turvey, B. E. (Ed.). *Criminal profiling: An introduction to behavioral evidence analysis*. CA: Academic Press, pp. 339-342.

（二）對被害者的瞭解：如雙方關係、是否彼此認識（曾呼喚被害人姓名），有無強行侵入痕跡，為何進入其車輛而沒有掙扎等。

（三）對犯罪現場的瞭解：如安全設施、警衛輪班情形、貴重物品的位置、如何取得、進入路徑等。

（四）對方法的瞭解：如使用較熟悉的東西、慣用的作案手法、作案所需的特別知識等。

剖繪可以提供未知嫌犯的特徵，使得認識他的人可以很快辨認出來，進而檢舉或識別嫌犯，許多剖繪人員對其推測的正確性自我感覺良好（feel good），認為許多單位要求提供剖繪服務就代表其結論真能協助警方偵查犯罪，事實上都會過於武斷與主觀，應當由第三方（third party）來評估。剖繪的正確性（validity）和實用性（utility）經常被質疑，以下討論這兩項議題：

（一）正確性：即正確預測未知嫌犯的特徵，有些剖繪者大膽宣稱他從未犯錯，有100%正確率，事實上決定正確性的唯一方法是比較剖繪和被定罪之犯罪者的特徵[102]，但犯罪者不會完全符合剖繪，正確率是指剖繪命中（hits）的數目，但其貢獻也應當包括案件評估、偵查建議和偵訊策略。因此剖繪單位提供的服務，不只是產生剖繪。

（二）實用性：即提供資訊能實際協助犯罪偵查，實用性比正確性更難確認，例如剖繪結果如果範圍太大（例如年齡分布在12-60歲），則結果當然完全正確，但對於需要引導的偵查人員將沒有效用，任何太模糊、無法利用或正確性低的建議不太可能產生有用的線索，因此必須考慮其實用性，亦即正確性不等同於實用性。

剖繪的目的在縮小嫌犯範圍，因此不能無所不包，或適用於任何人，沒有實用性的剖繪將會浪費寶貴的時間和偵查資源。許多正確性的評

102 當然定罪不一定就是有罪（可能會誤判），而無罪也不一定就代表無辜（未掌握相關證據），但這是評估正確性的有效指標。

估是建立在偵查人員感覺有用，但實際上不管偵查過程是否有用到。Pinizzotto宣稱結合常識、邏輯、經驗和直覺，剖繪的正確率超過八成，但其問題在於：

（一）如果犯罪者未被逮捕，要如何比較被逮捕嫌犯的特徵和剖繪（也許是對的，但沒有解答）。

（二）決定被捕嫌犯的特徵是否符合剖繪（例如犯罪者出身自破碎家庭，但「破碎」要如何定義？），涉及到剖繪者的主觀判斷（也就是原來抽象、模糊的預測，事後都變成正確的判斷）。

（三）剖繪如果和偵查人員已經知道的情況一樣（沒有進一步提供他們未知的訊息），那正確的判斷到底是誰的功勞（who gets the credit）？

（四）剖繪有時是事後諸葛，亦即後見之明（hindsight）將正確結果套在（tailored to fit）剖繪之上，或是正確的結果都記得，錯誤的結論都被忽略掉。

另一種方法是調查使用者的滿意度（consumer satisfaction），但是使用者可能太過相信收到的資訊，剖繪也有可能太過誇大而給予偵查人員錯誤的希望。評估剖繪正確性的最佳方法，是在逮捕嫌犯時計算正確的特徵。但是一個剖繪可能包括十項特徵，其中只有二項正確（正確率20%），但其中一項導致成功識別和逮捕嫌犯；另一個剖繪十項特徵完全正確（正確率100%），但未能協助逮捕嫌犯，到底哪一個案件的剖繪正確率較高？實用性又如何？實在很難找到標準答案。

犯罪剖繪報告應以書面呈現，理由如下：書面報告可以將推理過程清晰完整陳述，如此比較容易被理解，也不必再花費口頭報告時間，更可留下永久紀錄供人檢視，並可在報告中闡釋蒐集的資料內容，陳述推理的邏輯，運用的限制等，且可通過同儕審查，以提升其品質[103]。

103 Turvey, B. E. (2012). Infering offender characteristics. In Turvey, B. E. (Ed.). *Criminal profiling: An introduction to behavioral evidence analysis*. CA: Academic Press, p. 417.

另外，剖繪者的工作不是在寫完報告甚至提交後就結束，首先必須隨時修改報告（當有新證據出現時），因此剖繪應當是動態而非靜態的文件，其次剖繪者有責任花時間向偵查人員解釋報告細節，使偵查人員能夠理解報告內容，進而加以應用[104]。

科學研究的要求不僅要依賴充分的證據和清晰的表達結論，還要說明其分析推理的方法，也要指出其研究限制，目前有關剖繪正確性的研究仍然少見，有時是從事此項工作者對類似研究持保留態度，甚至不願提供其推理過程，雖然有學者認為剖繪還未達科學的境界，並不意味就不需要運用上述的科學原則，嚴格地遵循科學的步驟，可以讓剖繪的結果更加正確，讓檢警甚至法庭能更有信心的接受其結論[105]。

第五節　問題、評估和限制

一、問題

也許到目前為止最準確的剖繪之一，就是精神科醫生Brussel所做關於「瘋狂炸彈客」Metesky的剖繪，他正確地預測凶手會穿一套雙排扣的西裝，令人驚訝地，當炸彈客最後被抓到時，居然證實是真的（詳見第一章第一節）。但是儘管有如此令人驚訝的正確性，有些評論家仍然認為剖繪的價值並沒有被證實，Godwin就曾如此宣稱：

> 十次剖繪有九次是沒有意義的，他們只是在玩捉迷藏的遊戲，對所有方向暗自摸索，只希望能碰到一隻袖子，他們偶而會做到，但是並不確定可以抓到，因為從事這項工作的行為科學家必須以普遍性和類型化來處理，但是警察不能逮捕一種類型，他們需要的是

104 Petherick, W. (2002). "The fallacy of accuracy in criminal profiling", *Journal of Behavioral Profiling*, 3(1). http://www.profiling.org/journal/subscribers/vol3_no1/jbp_wp_3-1.html.

105 Petherick, W. (2006). *Serial crime: Theoretical and Practical issues in behavioral profiling*. MA: Academic Press, p. 56.

確切的資料：姓名、日期，而這些都不是一位精神科醫生有辦法提供的。

Jenkins也對聯邦調查局探員Douglas、Ressler和Hazelwood所提出剖繪的價值予以嚴厲的抨擊，他引註Ganey的觀察說：已經退休的Hazelwood在Hatcher案子中提出了FBI有史以來最不正確的剖繪。另一個失敗的例子是NCAVC對美國主力艦愛荷華號在海外爆炸事件的剖繪[106]。他也指出FBI前任特別探員Lindsey曾抨擊Ressler在其自傳「世紀大擒兇」（Whoever fights monsters）的吹噓。除此之外，Jenkins引述Douglas提出剖繪的一件案例，這個案子在案發十幾年後仍未破案[107]。

雖然聯邦調查局宣稱他們非常關切剖繪的正確性，並對其信度和效度做深入的研究，更有大量資源提供給FBI，但是對於剖繪的價值一直沒有全體一致的看法。心理學家Campbell就曾爭論剖繪最多只是一門藝術而非科學，他指出：(1)提供給警方的犯罪者類型大多是一般人所能提供的資訊；(2)剖繪不是過於含糊就只是一般常識；(3)警察人員可能太過迷信學者的猜測。Geberth也曾告訴人們應當注意：犯罪剖繪是一種優良的執法工具，然而它只是眾多工具的一種，不能夠取代優良的調查技術。事實上，並沒有一次逮捕是單獨依賴剖繪的結果。剖繪者可以做出受過訓練的猜測（educated guess），而這種猜測是剖繪者藉由偵辦刑案所獲得的經驗，加上本身具備有關犯罪學、社會學、心理學及精神醫學的知識。除此之外，優秀的剖繪人員能發展出對特定罪行的感覺或直覺，這就是剖繪的

106 本案係指1989年美國Iowa號戰艦爆炸案，共造成47名水手死亡，案發後海軍組成調查小組，訪談相關人員，並蒐集信件、日記等資料，送交FBI調查，最後結論是水手Hartwig自殺導致爆炸，但事後眾議院軍事委員會質疑調查結果的真實性，另外請美國心理學會（APA）12名心理學家及2名精神科醫師重新檢視，強烈懷疑係意外事故造成爆炸，見Poythress, N., Otto, R. K., Darkes, J., & Starr, L. (2006). APA's expert panel in the congressional review of the USS Iowa incident, In Keppel, R. D. (Ed.). *Offender Profiling*. OH: Thomson Corporation, pp. 451-463.

107 本案可能就是指轟動一時的大學炸彈客（Unabomber, Una即University和airline的縮寫），FBI在經過十八年的努力，投入無數偵查人員後，對其作案手法及人格類型做出鉅細靡遺的剖繪，但仍舊毫無所獲，最後破案關鍵在於其親兄弟的舉發，詳見黃裕美等譯（1996），大學炸彈客—瘋狂的天才，聯經，頁4-5。

藝術層面[108]。

剖繪較常被批評為結果太一般性、過於模糊、提供的建議並無法運作、不能產生有用線索、缺乏理論基礎，因此需要更多研究[109]。雖然剖繪太一般化就沒有價值，但是太詳細則容易有誤差[110]，無論一項技術有多可靠或多正確，如果不能實際用於犯罪偵查，它的實用性就不大，因此如果設定範圍太大，就無法做有效的搜尋（由於偵查資源有限）[111]。剖繪常見的問題包括[112]：

（一）年齡：可能猜錯範圍，太窄容易犯錯，太寬則無實務價值。

（二）性別：忽略女性（不一定是弱者），女性也可能有性幻想。

（三）智商：聰明人可能會做愚蠢的事情，高犯罪技術不一定就是高智商者所為。

另外有許多錯誤的迷思（myth），例如所有的連續殺人犯都是白人、連續殺人犯很少發生在美國以外地區、大量殺人犯大多是心神喪失、沒有明顯理由就殺人，事實上根據研究，並非所有連續殺人犯都是白人，世界各地的連續殺人犯正在大量累積，大量殺人犯通常沒有心神喪失或心智異常，因此有需要進行更多的研究[113]。

此外剖繪者大多是自己宣稱的專家，背景多元而且大多是業餘工作者，沒有專業紀律及道德規範，有些是靠直覺下判斷，因此其正確性難以評估，由於他們大多不願提供書面報告，因此品質也就參差不齊[114]。剖

108 Holmes, R. M., & Holmes, S. T. (2002). *Profiling violent crimes: An investigative tool*. CA: Sage Publications, pp. 7, 43-45.

109 Rossmo, D. K. (2000). *Geographic profiling*. FL: CRC Press, pp. 74-76.

110 Jackson, J. L., Eshof, P., & Kleaver, E. (1997). A research approach to offender profiling. In Jackson, J. L., & Bekerian, D. A. (Eds.). *Offender profiling: Theory, research and practice*. England: John Wiley & Sons, p. 112.

111 Rossmo, D. K. (2000). *Geographic profiling*. FL: CRC Press, p. 209.

112 Turvey, B. E. (2002). Offender characteristics. In Turvey, B. E. (Ed.). *Criminal profiling: An introduction to behavioral evidence analysis*. CA: Academic Press, pp. 342-344.

113 Bartol, C. R., & Bartol, A. M. (2013). *Criminal & behavioral profiling*. SAGE Publications, p. 61.

114 Gudjonsson, G. H., & Copson, G. (1997). The role of expert in criminal investigation. In Jackson, J. L., & Bekerian, D. A. (Eds.). *Offender profiling: Theory, research and practice*. England: John Wiley & Sons, pp. 75-76.

繪經常出現以下陷阱[115]：

（一）偏見（bias）：個人好惡（如討厭犯罪者）導致預設立場，影響剖繪結論。

（二）移情（transference）：過分同理當事人的經驗，以致無法客觀判斷。

（三）投射（projection）：將自己潛意識的看法和經驗投射到評估之中。

另外四種可能的錯誤包括[116]：

（一）確認性偏見（confirmation bias）：尋求支持而非駁斥某一理論的傾向，也就是重視符合假設的資訊而忽略反面的資料。

（二）虛構性相關（illusory correlation）：努力去尋找原來無關變項的相關性，亦即先前的信仰扭曲了認知，把注意力放在原本無關的假設。

（三）團體效應（group effect）：團體的成員傾向接受內部普遍的價值觀，角色屬性會影響對事物的判斷，如警察比較容易認定嫌犯有罪。

（四）專家影響（myth of expert）：一般人會震懾於專家的頭銜，所以剖繪者的觀點會強化偵查人員的原有看法，剖繪者有時也誤認他有極大貢獻。

上述問題可藉由深刻瞭解自己，和同事共同討論案例來改進。但這些問題只能減少，無法完全去除，而且常常無法察覺，剖繪者必須使自己保持在健康狀態，並且在工作之外有正常生活，才能減少犯錯機會。犯罪剖繪應力求精確，否則可能會成為牽連無辜民眾的工具[117]，因此需要再進

115 McGrath, M. (2000). "Forensic psychiatry and criminal profiling: Forensic match or Freudian slip-up?". *Journal of Behavioral Profiling*, l(1). http://www.profiling.org/journal/subscribers/ vol1_no1/ jbp_fp&cp_january2000_1-1.html.

116 Alison, L., & Canter, D. (2006). Professional, legal and ethical issue in offender profiling. In Keppel, R. D. (Ed.). *Offender Profiling*. OH: Thomson Corporation, pp. 401-404.

117 Turvey, B. E. (2001). "The integrity of the discipline", *Journal of Behavioral Profiling*, 2(2). http:// www.profiling.org/journal/subscribers/vol2_no2/jbp_lfte_2-2.html.

一步研究成功完成剖繪所需要的技巧[118]。如果有必要，可以借助外界專家的協助（包括審視剖繪報告的正確性，或將原始資料送給其他專家由他們來做判斷），因為他們較能從旁觀且客觀的角度提供建議。

另外有學者提出四種可能的偏見[119]：

（一）記憶和認知偏見（memory and cognitive bias）：記憶是一種非常複雜的過程，建立在個人的經驗、訓練、知識和價值觀，有經驗的剖繪者長期從事此項工作，因此他們覺得不需要改變，這種過程稱之為信仰堅持（belief persistence），一旦形成，就會抗拒改變，但過度依賴此種認知偏見可能會危及偵查。

（二）確認偏見（confirmation bias）：人們會選擇報告中符合他們對嫌犯的認知，而忽略不符合的結論和預測，傾向蒐集符合既存期待的證據，而忽略矛盾的資訊，一旦證據證實了既存的觀點就變成信仰，其他被注意到的資訊很快就被當作是錯誤的訊息。

（三）自信偏見（self-serving bias）：每個人都有強烈的傾向將成功歸功於自己，失敗時則否認其責任，這種自我欺騙（self-deception）可以維持其自信心。

（四）基本歸因錯誤（fundamental attribution error）：人們傾向用性格（內在因素）來解釋他人的行為，而非環境（外在因素），通常會假設犯罪行為和人格特質是一致的，而忽略了外在環境的影響，但此種過度的估計可能會導致錯誤的結論。

此外，一般人在進行推論時，也常出現以下謬誤（fallacy）[120]：

118 Kocsis, R. N., Irwin, H., Hayes, A. F., & Hunn, R. (2001). Criminal psychological profiling in violent crime investigations: A comparative assessment of accuracy. In Godwin, G. M. (Ed.). *Criminal psychology and forensic technology: A collaborative approach to effective profiling*. FL: CRC Press, p. 94.

119 Bartol, C. R., & Bartol, A. M. (2013). *Criminal & behavioral profiling*. SAGE Publications, pp. 51-55.

120 Petherick, W. A., & Turvey, B. E. (2012). Criminal profiling: Science, logic, and cognition. In Turvey, B. E. (Ed.). *Criminal profiling: An introduction to behavioral evidence analysis*. CA: Academic Press, pp. 54-59.

（一）訴諸權威（appeal to authority）：經常人云亦云，尤其是此權威人士並非本領域專家或不具專業，或其專業不被認可，未提供確切證據，甚至自己已有定見，但因其權威性而深信不疑，未考慮其他的可能性。

（二）訴諸傳統（appeal to tradition）：依照長期以來的說法，尤其它是多數人的看法，例如FBI探員McCrary就稱警察增加剖繪服務的需求就證明其有效性，事實上，二者並不能直接畫上等號，而且此種想法一旦形成就很難改變。

（三）太快或過度類推（hasty and sweeping generalization）：當某人在不充足的資訊（例如只有幾個不具代表性的案例）下結論，或是將眾多案例的結論直接套用在特定案件（可能情況不盡相同），都有可能犯錯。

另外如果偵查人員已提及某一可能嫌犯，也可能影響剖繪者的獨立判斷，即使在後續偵查中嫌疑已排除，仍有可能一直被列在可疑清單中。事實上人非完全的理性，而是有限的理性（limited rationality），人們依賴有限的資訊作判斷，而外在的事物卻很複雜，人類傾向將外在紛亂（chaos）的事物簡化，而且每個人對相同的事物，會基於個人經驗不同而有不同的認知和解釋，因此會受其心態、偏見和認知所影響，導致在做評估時，會有不同的決策模式。另有學者提出在剖繪時可能會犯錯的原因如下[121]：

（一）捷思（heuristic）：捷思是指人在處理資訊和做複雜決策時，快速有效導出推論的心智捷徑，此種方法相當有用，但有時會犯下嚴重和系統性錯誤，例如剖繪者常將有過去犯罪紀錄的人視為可疑嫌犯，因為偵查工作通常是在高度壓力，情況也常混沌不明下就要做判斷和決定，有時在資訊不齊時，將一般犯罪者當作目標，因為剖繪者常依靠過去相類似案件的個人經驗，雖然捷思法可以節省時

121 Bartol, C. R., & Bartol, A. M. (2013). *Criminal & behavioral profiling*. SAGE Publications, pp. 87-91.

間，但有可能犯錯，因為表面上相似的二個案件，其實中間仍有許多差異。

（二）基礎率（base rate）謬誤：此種謬誤是發生在忽略某種群體的共通特性，亦即剖繪者面對特定案件，認為它是獨特的，就忽略一般的特徵，此種錯誤通常發生在依照過去的經驗下判斷，而忽略了一般發生的狀況。

（三）表達不確定性（expression of uncertainity）：剖繪者有時會指出犯罪者必定具備某種特徵，但此種評估有它的不確定性，剖繪者應當很清楚的加入預測的機率，讓偵查人員可以判斷事件發生的可能性，另外團隊合作也可以提出比單一剖繪者更正確的結論，因此要鼓勵偵查人員和其他專家分享報告，透過討論以避免單一個人的主觀評價。

不論如何，剖繪技術將會繼續成為許多偵查工作的一部分。尤其警察人員的每日工作更提供他們學習的機會，並可用之於剖繪案件，而剖繪所需的基本知識是社會和行為科學的基本概念和原理，並且要注意到物理和非物理證據所顯露的訊息，尤其是要注意到微小而常會被忽略的細節，因此剖繪可以而且應當是由那些與犯罪最接近的警察來完成[122]。

二、評估

為了評估剖繪的正確性和滿意度，曾有不同學者和機構分別從事以下研究：

（一）FBI評估報告

FBI曾統計209個案件（其中殺人占55%，性侵害占35%，其他10%），其中46%已破案，評估結果在88%破獲案件的偵查過程中剖繪是有用的，其中72%有助於確定偵查方向，20%協助找出可能嫌犯，17%直

122 Holmes, R. M., & Holmes, S. T. (2002). *Profiling violent crimes: An investigative tool*. CA: Sage Publications, pp. 24, 190.

接找到嫌犯，6%協助起訴嫌犯，但有17%完全沒有幫助。而在104件未破案件中，也協助提供許多有用的線索[123]。另一個研究FBI剖繪的192個案件，其中88件已破案，有15件（17%）剖繪協助找出犯罪者，在其他案件中剖繪能協助偵查方向聚焦並找出及起訴犯罪者，只有17%的剖繪對偵查完全沒有幫助[124]。FBI宣稱行為科學組（BSU）的正確率達80%，而且警察對於剖繪的滿意度很高[125]。但有人批評FBI的報告並未通過學術評估，經常落入過度自信陷阱[126]，該研究沒有客觀標準，也不確定其錯誤率，因為只有犯罪者被捕才能確定剖繪是否正確（定罪不一定有罪，而無罪也不一定無辜）[127]。而且正確性判斷通常依賴主觀感覺，即愈相信剖繪，則認為剖繪愈正確[128]。

目前有關剖繪的成效評估報告仍相當少見，有些剖繪者不願透露其推論方法，因此很難進行實證檢驗，即使警察機關內部有評估，也很少對外發表，導致一般人對其正確性產生質疑，因此有關此方面的實證研究仍有待努力。總之，如果剖繪要達到科學能接受程度，必須由外在公正專家或學術團體來進行檢視[129]。

（二）其他評估研究

另有其他學者研究分析剖繪的書面報告，檢視其預測的正確性[130]。

123 Rossmo, D. K. (2000). *Geographic profiling.* FL: CRC Press, p. 77.

124 Homant, R. J., & Kennedy, D. B. (2006). Psychological aspects of crime scene profiling: Validity research. In Keppel, R. D. (Ed.). *Offender Profiling*. OH: Thomson Corporation, p. 332.

125 Kocsis, R. N., & Coleman, S. (2001). The unexplored ethics of criminal psychological profiling. In Godwin, G. M. (Ed.). *Criminal psychology and forensic technology: A collaborative approach to effective profiling*. FL: CRC Press, p. 329.

126 Rossmo, D. K. (2000). *Geographic profiling.* FL: CRC Press, p. 75.

127 Turvey, B. E. (2002). Offender characteristics. In Turvey, B. E. (Ed.). *Criminal profiling: An introduction to behavioral evidence analysis*. CA: Academic Press, pp. 350-351.

128 Palermo, G. B., & Kocsis, R. N. (2005). *Offender profiling: An introduction to sociopsychological analysis of violent crime*. IL: Charles C. Thomas Publisher, p. 214.

129 Kocsis, R. N., & Coleman, S. (2001). The unexplored ethics of criminal psychological profiling. In Godwin, G. M. (Ed.). *Criminal psychology and forensic technology: A collaborative approach to effective profiling*. FL: CRC Press, p. 331.

130 Gudjonsson, G. H., & Copson, G. (1997). The role of expert in criminal investigation. In Jackson, J. L., & Bekerian, D. A. (Eds.). *Offender profiling: Theory, research and practice*. England: John Wiley & Sons, p. 68.

結果指出預測的犯罪者特徵有72%是正確的，19%不正確，9%無法確認。有14.1%協助破案，但只有2.7%幫助找到嫌犯，16.3%發現新的偵查方向，82.6%指出有用訊息，53.8%有利於犯罪偵查。亦有研究指出剖繪協助偵破不到25%的案件，只有2.7%（5/185）使用剖繪找到犯罪者。可見外在評估比局內評估的正確率較低，因為評估涉及個人主觀判斷，對自己人的標準通常較寬鬆，而上述正確率偏低的原因，也可能是會尋求剖繪的案件，通常是已走入死胡同之較困難偵查的刑案，因此破案難度本來就比較高，破案率低是可以理解的。另外研究指出剖繪可使偵查人員更瞭解犯罪，確認其偵查工作完整而適當。因此剖繪人員必須瞭解警察的需求，而偵查人員也必須瞭解剖繪的限制（不能光靠剖繪破案），偵查工作愈徹底，則剖繪愈正確[131]。

學者Goldblutt曾針對12個已破案件起訴嫌犯的資料，和先前提供的112個剖繪資料做比較，發現其中82件（72%）資料是正確的，22件（19%）資料錯誤，10件（9%）還需要更多資訊來確定其正確性，因此整體而言，剖繪結果還是相當可靠的。另外他分析了警察機關尋求剖繪單位的需求意見，依序為：提供罪犯剖繪、釐清犯罪行為、提供偵訊策略、連結案件、評估目擊證詞、文件分析、評估自白可信度、運用媒體策略及評估嫌犯涉案程度等，統計發現尋求意見件數正大幅增加中[132]。也逐漸從案件遭遇瓶頸時才尋求協助，轉變為在偵查初期就要求介入，滿意度也愈來愈高，並表達未來會再尋求此項服務。

此項研究指出書面報告的優點在於：它能說明過程、方法、理由和結論（較不會被誤解），減少說明的時間，也可以作為同儕審查的依據，而口頭報告內容較可能會被遺忘[133]。結果指出剖繪人員撰寫較長的剖繪報

131 Rossmo, D. K. (2000). *Geographic profiling.* FL: CRC Press, p. 80.

132 Copson, G. (2006). Goals to Newcastle: Police use of offender profiling. In Keppel, R. D. (Ed.). *Offender profiling*. OH: Thomson Corporation, pp. 341-349.

133 Turvey, B. E. (2002). Offender characteristics. In Turvey, B. E. (Ed.). *Criminal profiling: An introduction to behavioral evidence analysis*. CA: Academic Press, p. 345.

告，包括較多細節，內容也比較正確，確實對偵查工作有所幫助[134]。但是必須注意剖繪者通常會宣傳成功的例子，卻隱藏失敗的案例。因此探討正確率的研究並不容易，可能要花許多時間，故此類的研究較少[135]。當然有人說發表書面報告可能讓犯罪者學到如何躲避偵查，但事實上犯罪者很少有機會接觸到這些出版品，亦無法理解其內容[136]。因此以書面報告評估其正確性，較為可靠且經得起討論及考驗。

（三）滿意度研究

此外亦有人以使用者滿意度（consumer satisfaction）研究作為評估標準，使用者滿意程度可採訪談或問卷方式，例如宣稱剖繪成功是因為看到要求剖繪服務的需求增加，且對剖繪結果表示滿意[137]。大多數偵查人員滿意剖繪的服務，因為它能提供偵查方向和建議，因此會再尋求協助[138]。另外，大部分剖繪提供的偵查建議都被高度評價，認為是新觀念、有實用性、成功率高，但大多數要求剖繪的案件都是已走到死胡同，因而期待很高，應當儘早求助剖繪專家，以提供新的偵查方向，不要等到陷入困境才想到利用剖繪來脫困[139]。但是也有人指出被偵查人員接受，不一定就代表剖繪的正確性和實用性，因為警察機關通常在案情無法突破情況下，亦接受可靠度較低的目擊、指認和靈媒，剖繪只是其求助管道之

---

134 Palermo, G. B., & Kocsis, R. N. (2005). *Offender profiling: An introduction to sociopsychological analysis of violent crime*. IL: Charles C. Thomas Publisher, p. 147.

135 Jackson, J. L., Eshof, P., & Kleaver, E. (1997). A research approach to offender profiling. In Jackson, J. L., & Bekerian, D. A. (Eds.). *Offender profiling: Theory, research and practice*. England: John Wiley & Sons, p .127.

136 Kocsis, R. N., & Coleman, S. (2001). The unexplored ethics of criminal psychological profiling. In Godwin, G. M. (Ed.). *Criminal psychology and forensic technology: A collaborative approach to effective profiling*. FL: CRC Press, p. 328.

137 Jackson, J. L., & Bekerian, D. A. (1997). Does offender profiling have a role to play? In Jackson, J. L., & Bekerian, D. A. (Eds.). *Offender profiling: Theory, research and practice*. England: John Wiley & Sons, p. 6.

138 Rossmo, D. K. (2000). *Geographic profiling*. FL: CRC Press, p. 78.

139 Jackson, J. L., Eshof, P., & Kleaver, E. (1997). A research approach to offender profiling. In Jackson, J. L., & Bekerian, D. A. (Eds.). *Offender profiling: Theory, research and practice*. England: John Wiley & Sons, pp. 128-131.

一[140]。而且大部分警察都存在一種心態，就是偵查線索多多益善，剖繪既然能夠提供不同偵查方向，絕對不會排斥此種服務，因此在進行滿意度調查時大多表達正面評價。因此研究發現，大多數警察機關對FBI的剖繪服務都相當滿意，即使案件不是由於剖繪結果而有所突破，也很少因而找到犯罪者，但它的確能協助深入瞭解犯罪者，縮小偵查範圍，提供新的思考方向，尤其是在偵查陷入困境而無法突破時，此一工具的確對偵查工作有所助益。但目前警察人員對剖繪知識的瞭解大多來自電視和電影，只有少數是經由閱讀相關書籍或文章，或是接受相關訓練得來[141]，因此剖繪相關知識仍然有待加強。

FBI曾訪談使用者以瞭解其滿意程度，結果發現82%認為提供的建議有實用性，77%指出可協助釐清偵查方向及找到犯罪者，17%受訪者認為沒有任何幫助，綜合使用者認為的主要優點在於可以藉由剖繪深入瞭解案件，確認原來所做的判斷；問題則在無法提供確切資料、結論太一般化，因此期待更詳細的資料。總之，資料的完整與品質是剖繪成功的重要因素，不是只有偵查人員認為相關的資料才有用，剖繪人員應當具備心理學背景，可以是警察接受專業訓練，或是尋求外界專家協助。但由於心理學家和精神科醫師通常缺乏刑案現場經驗和偵查專業知識，因此剖繪結論最好包括書面文件和口頭說明，以免遭到誤解。

（四）剖繪正確性比較

Pinizzotto和Finkel曾比較五組人在二個案件上的表現，分別為4名FBI剖繪專家、6名受過剖繪訓練的警探、6名有經驗但未受過相關訓練的警探、6名臨床心理學家及6名沒有經驗的大學生，分別給他們二個已破案件的詳細資料，要求他們根據資料撰寫可能犯罪者的剖繪，比較後發現：除專家外，受過訓練的警探報告最詳實也最客觀，警察評價專家和受過訓練

140 Turvey, B. E. (2002). Offender characteristics. In Turvey, B. E. (Ed.). *Criminal profiling: An introduction to behavioral evidence analysis*. CA: Academic Press, p. 351.

141 Goldsworthy, T. (2000). "Criminal profiling: Is it investigatively relevant?". *Journal of Behavioral Profiling*, 2(1). http://www.profiling.org/journal/subscribers/vol2_no1/jbp_cp_2-1.html.

之警探的報告最有幫助，另外這二個案件（殺人及性侵害）中，性侵害案件的剖繪正確性較高，因為被害人的陳述較詳盡[142]。

Kocsis等人也曾進行一項類似研究，比較5位專業剖繪人員、35位警察、30名心理學家、31名大學生、20名靈媒的預測能力，先讓他們分別閱讀已破案件的相關資料，據以做出犯罪剖繪，再用已知的嫌犯特徵加以比對，正確率是以答對問題的數目作衡量，結果發現剖繪人員表現最好，心理學家次之，靈媒最不可靠，而警察如果接受訓練，會在剖繪工作表現良好[143]。比較不同人所做的剖繪，發現心理學家最能洞察人類的行為，正確性較佳[144]，剖繪人員能撰寫較詳細而有用的報告，而且比較正確[145]。結論是剖繪工作需要接受專業訓練，具備心理學相關知識，並能進行客觀邏輯思考，再加上偵查實務經驗，而且不能排除直覺的效用[146]。

但另有學者對愛爾蘭的警察及大學生用類似的方法進行檢驗，發現二組並無顯著差異，亦即在提供案件相關資料後，警察預測犯罪者特徵的正確率並未顯著高於大學生，也就是並不支持FBI所稱偵查經驗是犯罪剖繪過程中很重要的屬性。究其原因，可能是警察會依賴過去對犯罪者的刻板印象，直接套用在手頭的案件上，忽略現有案件的關鍵細節，導致在預測時發生偏誤，結論是經驗雖然對偵查非常重要，但在犯罪剖繪扮演的角色是有限的，甚至有誤導的可能性，這些研究的主要問題在於提供給受試者的問卷都是封閉式（closed）的問題，而非讓參與者自己定義其剖繪的結

142 Homant, R. J., & Kennedy, D. B. (2006). Psychological aspects of crime scene profiling: Validity research. In Keppel, R. D. (Ed.). *Offender Profiling*. OH: Thomson Corporation, pp .331-332.

143 Holmes, R. M., & Holmes, S. T. (2002). *Profiling violent crimes: An investigative tool*, CA: Sage Publications. p. 3.

144 Kocsis, R. N., Irwin, H., Hayes, A. F., & Hunn, R. (2001). Criminal psychological profiling in violent crime investigations: A comparative assessment of accuracy. In Godwin, G. M. (Ed.). *Criminal psychology and forensic technology: A collaborative approach to effective profiling*. FL: CRC Press, p. 79.

145 Rossmo, D. K. (2000). *Geographic profiling.* FL: CRC Press, p. 77.

146 Kocsis, R. N. (2007). Skills and accuracy in criminal profiling. In Kocsis, R. N. (Ed.). *Criminal profiling: International theory, research and practice*. NJ: Humana Press. pp. 375-378.

論[147]。

在美國有35%都市、19%鄉村警察局曾使用靈媒（psychic）來協助辦案，另外英國、荷蘭、德國、法國也有使用，以國內而言，當案情無法突破時，警察同仁求神問卜者亦為數不少，通常靈媒無法提供有助於偵查用途的資訊，雖然其預測較不正確，但看起來較有自信，而一旦破案，錯誤的預測就被遺忘，正確的預測就被展示作為證據，導致人們相信可以藉由靈媒的方法破案[148]。由於靈媒通常以一般人的印象或直覺進行預測，因此其正確性並不高。

上述研究的比較方法大多依據研讀案例報告，撰寫犯罪者的特徵描述預測，再比對其正確性，結果普遍發現：剖繪人員由於接受過相關訓練，會考慮較多行為的細節資訊[149]，因此其正確性較高，描述也最詳細。另外心理學家比警察更能正確預測，原因在於他們可以多面向方式描述犯罪者人格，因此心理學的知識比偵查經驗和直覺（gut feeling）更為重要[150]。

（五）小結

識別（identification）是指一組事物的一般性，能夠將某人劃分到某一類別，而個化（individualization）是指事物具有獨特性，可以確定個人的確切身分，在刑事鑑識領域中，目前只有少數方法可以達到個化（如指紋、DNA），而剖繪只能做到犯罪者識別，無法做到個化。行為跡證

147 Gogan, D. (2007). Investigative experience and profile accuracy: A replication study. In Kocsis, R. N. (Ed.). *Criminal profiling: International theory, research, and practice*. NJ: Humana Press, pp. 389-391.

148 Wiseman, R., West, D., & Stemman, R. (1996). "Psychic crime detective: A new test for measuring their successes and failures". *Skeptical Inquirer*, Jan/Feb, pp. 38-41.

149 Jackson, J. L., Eshof, P., & Kleaver, E. (1997). A research approach to offender profiling. In Jackson, J. L., & Bekerian, D. A. (Eds.). *Offender profiling: Theory, research and practice*. England: John Wiley & Sons, p. 118.

150 Kocsis, R. N., Irwin, H., Hayes, A. F., & Hunn, R. (2001). Criminal psychological profiling in violent crime investigations: A comparative assessment of accuracy. In Godwin, G. M. (Ed.). *Criminal psychology and forensic technology: A collaborative approach to effective profiling*. FL: CRC Press, pp. 90-93.

和犯罪剖繪不能單獨用來個化，無法證明某人是否有罪（guilty）或無辜（innocent）[151]，只能指出何種人最可能犯罪，不能指出特定人涉案，因為人類的行為非常錯綜複雜，行為背後的意義不能過度簡化，而剖繪尚未達到科學境界，充其量只是經過訓練的猜測（educated guess），因此含有機率成分且可能會猜錯，必須用科學證據加以檢驗。包括[152]：

1. 檢驗（testing）和否證（falsification）：剖繪經常被批評過度依賴訪談，全盤接受警察機關的資料，沒有將剖繪和實際犯罪者做比較，未經檢驗就接受上述資料。
2. 同儕檢驗（peer review）：運用外部審查者檢視研究方法是否正確，由同儕進行檢驗會降低單一剖繪者犯錯的機率。
3. 錯誤率（error rate）：在犯罪者被逮捕和承認後，以客觀標準檢驗剖繪是否正確。
4. 接受度（general acceptance）：讓執法單位認為剖繪是有用的偵查工具，也讓司法機關接受剖繪作為證據。

在實際運作中經常發現：二個不同的剖繪者在檢視同一資訊後，可能提出完全不同的預測，因此可見剖繪是一項高度的藝術，結果因人而異，應當努力使其成為可複製、科學的技術。過去有太多媒體和小說情節充斥在FBI剖繪人員的著作中，這些自傳經常宣稱其正確率很高[153]，但很少有人會去驗證犯罪剖繪的品質和其實用性[154]。另有學者指出剖繪過程與結果缺乏一致性，使用方法片斷而沒有統整，還有各個剖繪單位和人員也經常看法衝突而彼此掣肘[155]。而剖繪結果也常被批評不正確，樣本

151 有罪或無辜、當事人是否心神喪失、被告有無能力接受審判、應不應該判處死刑等，被稱為法庭的最終問題（ultimate issue），犯罪剖繪不應涉入此議題。

152 此一準則是在Daubert v. Merrell Dow Pharmaceuticals, Inc.案例提出，見Turvey, B. (2000). “Criminal profiling and the problem of forensic individualization”. *Journal of Behavioral Profiling*, 1(2). http://www.profiling.org/journal/subscribers/vol1_no2/jbp_cpfi_may2000_1-2b.html.

153 Palermo, G. B., & Kocsis, R. N. (2005). *Offender profiling: An introduction to sociopsychological analysis of violent crime*. IL: Charles C. Thomas Publisher, p. 150.

154 Canter, D. V. & Allison, L. J. (Eds.) (1997). *Criminal detection and the psychology of crime*. Dartmouth: Ashgate Publishing, p. 456.

155 Petherick, W., & Field, D., Lowe, A., & Fry, E. (2006). Criminal profiling as expert evidence. In

不具代表性，無法協助破案[156]。總之，犯罪剖繪尚在發展初期，此一領域要發展成熟，必須評估其正確性，並整合各個研究，方能提升其實用程度[157]。

三、限制

（一）剖繪的運用限制

剖繪者必須瞭解犯罪偵查的需求，而偵查人員也要瞭解剖繪的本質和限制[158]，例如它很難提供犯罪者的確切身分，只能縮小嫌犯的偵查範圍，它的真正價值是引進新的思維到困難偵破案件上。除了熟悉此項技術並進而提出需求外，也必須充分瞭解其能力和限制，並加以適當應用，整合其他行為科學和鑑識分析技術[159]。犯罪剖繪有其立論依據，雖然尚未成熟、內容分歧，且未達到科學的嚴格要求。但它是經過整理的知識，如果能建立清楚的準則，瞭解其限制並經過實證檢驗，剖繪就不會被誤用[160]。而法庭也必須瞭解行為證據的限制，剖繪者也不能忽略這些限制，而驟然提供被指控者符合特定剖繪的結論，必須將物證和行為跡證一起列入考慮（以物證支持剖繪）[161]，也就不致於冒然提出錯誤的結論。

（二）文化差異

各國的犯罪情形和犯罪人特徵各不相同，因此某個國家發展的剖繪技

Petherick, W. (Ed.). *Serial crime: Theoretical and Practical issues in behavioral profiling*. MA: Academic Press, p. 68.

156 Palermo, G. B., & Kocsis, R. N. (2005). *Offender profiling: An introduction to sociopsychological analysis of violent crime*. IL: Charles C. Thomas Publisher, p. 149.

157 Rossmo, D. K. (2000). *Geographic profiling.* FL: CRC Press, p. 86.

158 Jackson, J. L., & Bekerian, D. A. (1997). Does offender profiling have a role to play? In Jackson, J. L., & Bekerian, D. A. (Eds.). *Offender profiling: Theory, research and practice*. England: John Wiley & Sons, p. 7.

159 Rossmo, D. K. (2000). *Geographic profiling.* FL: CRC Press, p. 243.

160 Kocsis, R. N., & Coleman, S. (2001). The unexplored ethics of criminal psychological profiling. In Godwin, G. M. (Ed.). *Criminal psychology and forensic technology: A collaborative approach to effective profiling*. FL: CRC Press, p. 335.

161 Turvey, B. E. (2002). Offender characteristics. In Turvey, B. E. (Ed.). *Criminal profiling: An introduction to behavioral evidence analysis*. CA: Academic Press, pp. 351-352.

術可能無法轉移到其他地方，因為有文化差異，例如日本的暴力犯罪率很低[162]，與美國比較，搶奪犯罪率為1.8：220.9，殺人犯罪率為1：16，因此連續殺人較為罕見，即使有，其特徵亦有所差異，例如有較多共犯、手法偏好勒斃、動機較多為謀財害命、色慾殺人則較少[163]。因此美國的研究結論可能無法適用於其他國家和台灣地區，但目前很少有研究探討不同文化對剖繪的影響[164]。剖繪和人口組成有關，因此一國的研究無法完全類推到他國，雖然某些國家的犯罪特徵相同，要將某國的研究應用在其他地方，仍然需要大幅修改，使用任何技術都要瞭解其能力和限制，所有偵查人員都應對犯罪剖繪技術的限制有基本瞭解[165]。

（三）犯錯可能性

剖繪可以幫助法官瞭解犯罪者的心理和行為，但是無法確認資料的正確性，也可能會犯錯，因此目前在實務上尚未被法庭普遍接受作為證據[166]。而且當預測變項愈多，嫌犯的範圍會逐漸縮小，如果其中包括特殊的特徵，將很容易找到可能的犯罪者，但如果某一個變項預測錯誤，剖繪結果就會有錯[167]，因此剖繪人員不可超出所掌控的資訊，而冒然提出沒有依據的預測[168]。而偵查人員也不能太過依賴評估結果而忽略其他線索，更要避免盲目聽從剖繪報告，甚至因為嫌犯特徵符合剖繪結果就認定

162 原因可能包括注重團體而非個人主義、同質性高、強調責任、社會和諧、犯錯的人具羞恥感等。

163 Hickey, E. W. (2006). *Serial murders and their victims*. CA: Brooks, pp. 309-316.

164 Bekerian, D. A., & Jackson, J. L. (1997). Critical issues in offender profiling. In Jackson, J. L., & Bekerian, D. A. (Eds.). *Offender profiling: Theory, research and practice*. England: John Wiley & Sons, p. 213.

165 Kocsis, R. N., & Coleman, S. (2001). The unexplored ethics of criminal psychological profiling. In Godwin, G. M. (Ed.). *Criminal psychology and forensic technology: A collaborative approach to effective profiling*. FL: CRC Press, p. 333.

166 Rossmo, D. K. (2000). *Geographic profiling*. FL: CRC Press, p. 83.

167 Farrington, D. P., & Lambert, S. (1997). Predicting offender profiles from victim and witness descriptions. In Jackson, J. L., & Bekerian, D. A. (Eds.). *Offender profiling: Theory, research and practice*. England: John Wiley & Sons, p. 144.

168 Turvey, B. E. (2002). Criminal profiling in court. In Turvey, B. E. (Ed.). *Criminal profiling: An introduction to behavioral evidence analysis*. CA: Academic Press, p. 360.

是犯罪者，而造成不可收拾的結果。

（四）藝術層面

剖繪結果有猜測的成分，僅能輔助偵查而無法完全取代傳統的偵查技術，目前仍然是藝術層面超過科學成分[169]。不同的人會導出不同的剖繪，因此剖繪可能會因為不同的知識背景和實務經驗而有不同的結論，而這些技巧和直覺很難用傳統方法教授[170]。犯罪剖繪兼具科學和藝術，它運用科學方法蒐集和詮釋資料，而其藝術層面則和剖繪者的背景知識、偵查經驗和投入程度有關[171]。雖然剖繪許多層面都是建立在科學的資料上，但在不同程度上，需要靠直覺來填補其間隙，方能呈現完整的面貌[172]。因此就有學者指出剖繪至多是藝術而非科學（criminal profiling is more of an art than a science），它是受過訓練的猜測，而直覺（intuition）或第六感（the sixth sense）就是剖繪所需要的藝術層面[173]，它是補足偵查人員不清楚的地方或者是無法解釋的現象，尤其是在下結論的時候不可或缺的元素。

（五）傳統的偵查技術

沒有一個犯罪者是單靠剖繪而加以逮捕，因為剖繪有機率成分，但偵查人員需要的是確切的資料，而剖繪人員卻無法提供這些資料[174]。Van Susteran曾指出，他不記得哪一個剖繪者破了哪件案子，所有的案件都是以傳統的偵查技巧破案。剖繪人員必須小心提供結論，不要因為急於提供

169 Rossmo, D. K. (2000). *Geographic profiling.* FL: CRC Press, p. 76.

170 Bekerian, D. A., & Jackson, J. L. (1997). Critical issues in offender profiling. In Jackson, J. L., & Bekerian, D. A. (Eds.). *Offender profiling: Theory, research and practice*. England: John Wiley & Sons, p. 211.

171 Palermo, G. B., & Kocsis, R. N. (2005). *Offender profiling: An introduction to sociopsychological analysis of violent crime*. IL: Charles C. Thomas Publisher, p. 248.

172 Ormerrod, D.(2006). Criminal profiling: Trial by judges and jury, not criminal psychologist. In Keppel, R.D. (Ed.). *Offender profiling*. OH: Thomson Corporation, p. 420.

173 Holmes, R. M., & Holmes, S. T. (2002). *Profiling violent crimes: An investigative tool*. CA: Sage Publications, pp. 13-15.

174 Rossmo, D. K. (2000). *Geographic profiling.* FL: CRC Press, pp. 79-81.

答案而欠缺根據。剖繪是一種識別和詮釋犯罪行為的技術，目的在預測嫌犯的心理、背景特徵和可能位置，它整合各個專門的知識[175]，特別適合在怪異、難破的案件。因此Campbell指出：

1. 剖繪者所能提供的資訊，不會優於線民所提供的線索。
2. 剖繪通常過於含糊，內容和普通常識差不多。
3. 警察通常會震懾於學者的地位而不敢加以反駁。

Geberth也說他未見到剖繪導致某人被捕，它只是眾多工具之一，不能取代良好的偵查技術[176]。

（六）後續研究

目前要求剖繪的案件正快速增加，顯示警察已逐漸瞭解其優點和能力，但如果要讓警界和學界接受，還需要作更多深入的研究[177]。雖然剖繪仍未達到科學境界（inexact science），但可透過假設和檢驗達到科學的標準[178]。犯罪剖繪仍未深入研究和讓人充分理解，也未能持續提供正確的評估，而研究的結果不必然是可靠和正確，尚須通過檢驗，剖繪是一種類似測謊的偵查工具，因為它有一部分是建立在經驗和直覺之上，而且有可能會犯錯，因此需要更廣泛而深入的分析，有待學者從事更多後續研究，方能提高其正確率和實用性。

175 Palermo, G. B., & Kocsis, R. N. (2005). *Offender profiling: An introduction to sociopsychological analysis of violent crime*. IL: Charles C. Thomas Publisher, pp. 121, 247.

176 Holmes, R. M., & Holmes, S. T. (2002). *Profiling violent crimes: An investigative tool*. CA: Sage Publications, p. 14.

177 Jackson, J. L., Eshof, P., & Kleaver, E. (1997). A research approach to offender profiling. In Jackson, J. L., & Bekerian, D. A. (Eds.). *Offender profiling: Theory, research and practice*. England: John Wiley & Sons, p. 132.

178 Turvey, B. E. (2002). Offender characteristics. In Turvey, B. E. (Ed.). *Criminal profiling: An introduction to behavioral evidence analysis*. CA: Academic Press, p. 352.

第四章　刑案現場分析

刑案現場不僅是證據集中的重要地點，也是犯罪者、被害者在現場互動的地方[1]，其關係如圖4-0-1，其中雙向箭頭代表跡證可能互相轉移（例如犯罪者和被害者發生扭打，一方的血跡、毛髮和纖維可能轉移到另一方）[2]，有經驗的偵查和勘察人員可以從現場留下的物證，回溯重建案件的發生經過。本章將探討如何進行現場勘察、透過刑案現場連結案件、不同種類的犯罪者在刑案現場的差異、犯罪者如何變造現場以及如何經由現場分析進行被害調查。

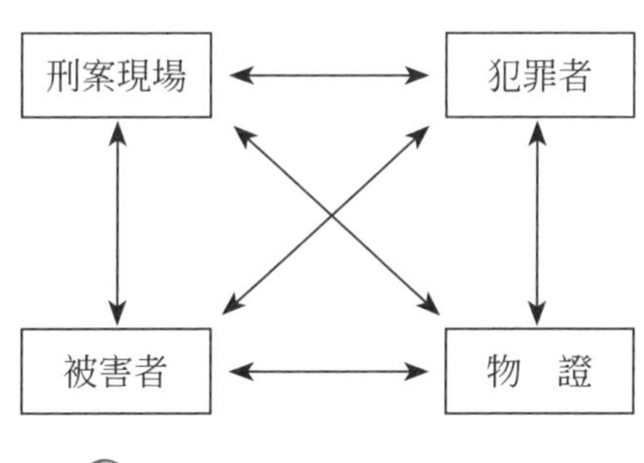

圖4-0-1　刑案現場的關係圖

第一節　現場勘察

刑案現場（crime scene）是犯罪行為發生的地點，也是物證的寶庫。現場可大致分為室內、室外、車輛或水底四種；亦可區分為第一（primary）現場，即主要犯行出現的地方，也是大多數證物發現的地點，第

1　Holmes, R. M., & Holmes, S. T. (2002). *Profiling violent crimes: An investigative tool*. CA: Sage Publications, p. 18.

2　Lee, H. (1994). *Crime scene investigation*. Taiwan: Central Police University Press, p. 80.

二（secondary）現場則是部分加、被害者產生互動而留下跡證的地方，可能有幾處第二現場，第三（tertiary）現場則是出現物證，但沒有證據顯示加、被害者產生互動的位置，例如使用過的槍枝或沾染血跡衣物的埋藏地點，棄置（disposal）現場是屍體或作案車輛被丟棄的地點，中介（intermediate）現場則是介於第一現場和棄置現場之間，例如車輛、地面可能會有一些轉移跡證（transfer evidence）。

舉例說明如下：一對夫妻在高樓公寓發生爭執，先生將太太從陽台推下，身體在掉落過程中碰觸數個樓層的陽台（留下血跡、毛髮），最後掉落地面，凶手趕忙用車子將屍體載到偏僻處丟棄。在本案中，公寓房間即第一現場，車輛是第二現場也是中介現場，各樓層陽台即第三現場，偏僻處則是棄置現場[3]。就犯罪偵查而言，每個可以找到跡證的現場都很重要。

犯罪現場處理包括辨識（recognize）、記錄（document）、蒐集（collect）、保全（preserve）和運送（transport）現場的證物，而現場勘察則包括現場檢視、記錄、實驗室分析、結果詮釋和犯罪重建，犯罪現場分析則是犯罪和刑案現場的分析和詮釋程序，以上工作通常需要專業人員，所以犯罪現場處理能產生證物，而證物則透過實驗室分析和犯罪重建的檢視與詮釋以產生行為跡證，行為跡證則是經由檢視與分類，以確認犯案的動機、變造現場、作案手法和簽名行為，最後比較案件進行連結分析。

一、資料輸入

在進行犯罪剖繪前，必須蒐集大量的資料，良好的現場勘察可以獲得更多有用的證物，再藉由良好的犯罪重建，就容易得到令人滿意的犯罪剖繪，一般應蒐集的資料如下[4]：

3 Turvey, B. E. (2012). Crime scene characteristics. In Turvey, B. E. (Ed.). *Criminal profiling: An introduction to behavioral evidence analysis*. CA: Academic Press, pp. 290-293.

4 Turvey, B. E. (2012). An introduction to crime scene analysis. In Turvey, B. E. (Ed.). *Criminal profiling: An introduction to behavioral evidence analysis*. CA: Academic Press, pp. 149-158.

（一）現場錄影：錄影是低成本而容易取得的現場全貌，如果不能親臨現場，錄影就是瞭解刑案現場的最佳方式。

（二）現場照相：相對於動態的錄影，靜態的照相也是描述現場的重要工具，但通常會出現以下問題：照片不足、影像失焦及未提供整體脈絡。

（三）偵查報告：應要求偵查單位提供偵查作為和初步調查報告，通常資淺的員警會撰寫詳細而有用的報告，而資深員警只提供他們認為重要的部分。

（四）現場測繪：應包括手寫的草稿和經過度量的現場圖，最重要的是要顯示整體環境和物證的相對位置。

（五）證據清單：所有現場被辨識、記錄和蒐集的證據，都必須記載在清單上，包括誰在什麼地方找到什麼東西，以及在何時送到何處後交給誰，並做過哪些檢驗。

（六）鑑識分析結果：偵查人員要決定何種證物要送到實驗室做哪些鑑識分析，分析結果應以正式書面報告呈現。

（七）醫事檢驗和驗屍報告：確定死亡的時間、型態和原因，以及傷口的情況，通常由醫檢師或法醫進行。

（八）驗屍照片：解剖過程中應攝影記錄，包括遠照、近照、外傷、內傷、清潔前後，有時可以提供被忽略的發現，應對照驗屍報告。

（九）性侵害調查表：通常由負責救護或檢傷的醫護人員填寫，由於這些人可能未接受刑事護理學的相關訓練，因此必須與之溝通，說明報告應具備的項目。

（十）目擊者和被害人的書面或錄音陳述：相關當事人的陳述要比偵查人員依賴記憶的訪談摘要可靠，因為記憶可能有選擇性，也可能僅聚焦在預設立場上。

二、結果輸出

勘察結果目的是提供以下讓事實更清晰的有用資訊：

（一）犯罪事實（corpus delicti）：顯示犯罪發生的情況，例如入口處留下工具痕跡和指紋、破壞門窗、翻箱倒櫃、遺失值錢物品、地上留下鞋印等。

（二）作案手法：顯示嫌犯的習慣、技術和特殊行為，通常有一致性，有時會與時俱進，例如現場沒有採到指紋可能是嫌犯戴手套。

（三）簽名行為：呈現不尋常或特殊的行為，目的在滿足嫌犯心理情感上的需求，例如在現場排便、撒尿、偷女性的內衣褲等。

（四）連結嫌犯和被害人：被害人身上的血跡、毛髮、纖維轉移到嫌犯，或是嫌犯身上的微物跡證轉移到被害人。

（五）連結嫌犯和現場：例如屬於犯嫌的東西遺留在現場，或是現場的東西被嫌犯帶走，此種雙向轉移也可能發生在被害人、目擊者和現場之間。

（六）支持或駁斥目擊者的證詞：物證可以顯示目擊者的說詞可信或說謊。

（七）識別嫌犯：例如留下的指紋、毛髮、精液、血跡或DNA可以個化凶嫌。

（八）提供偵查線索：物證可以讓偵查引導至有利的方向，例如在肇事逃逸案件中，遺留的油漆斑可以縮小可疑車輛的範圍。

三、初始評估

初始評估（threshold assessmrnt）是初步檢視物證、行為跡證、現場特性及被害調查，評估目前的情況可以提供立即的處理方向，它不是完整的結論，只是列舉何者已知，何者需要進一步調查，其目的在提供偵查方向或確保方向無誤，並指導偵查人員蒐集更多的資料以協助進行犯罪剖繪；另一個目的則是為了公眾安全，有時案件已迫在眉睫，不能等待完整的報告前，需要根據初步且不完整的資訊，做出立即的回應，例如提醒社區居民注意防範。

初始評估應包含以下內容：回顧與案件相關的事實、進行被害調查、評估犯罪現場特徵、對可疑嫌犯的動機和可能特徵提供初步假設、提供需進一步蒐集的鑑識分析及被害者資訊、提出偵查策略及發展犯罪剖繪等[5]。

整個犯罪偵查流程如圖4-1-1，分為以下幾個階段[6]：

（一）犯罪現場階段：首先進行案情評估，再來就是保全現場、記錄和蒐集物證，初抵現場人員應做初步評估，並徹底檢視現場，最後應判斷是否有第二或第三現場。

（二）初步評估階段：接著應進行被害調查，和被害人建立良好合作關係，找出可能的目擊者和嫌犯，並評估證物與整起案件的關係，最後根據相關資訊找出可疑嫌犯。

（三）偵查階段：此階段應評估相關證詞，嘗試確立犯罪動機，據以縮小嫌犯範圍，找出作案手法和簽名特徵，進行案件連結和評估所有證物的真實性。

（四）鎖定階段：從所有證物和證詞列出可能嫌犯，確立嫌犯和案件的關係。

（五）逮捕階段：針對嫌犯採取必要行動，如搜索、逮捕及偵訊，如果有新的證據或資訊，就必須重啟調查。

前二步驟屬初步偵查階段，後三步驟屬後續偵查階段，當然以上步驟只是為了方便理解，實際狀況各個案件均不相同，應依不同情況適度修改而非一成不變，此外在偵查階段如果發現新的證據和額外的情報，都應當重新進行評估工作。

四、犯罪重建

當一個犯罪案件發生後，傳統上，偵查人員進入現場前會先攝影或錄

5　Crowder, W. S., & Turvey, B. E. (2016). Threathold assessment. In Turvey, B. E. & Esparza, M. A. (Eds.). *Behavioral evidence analysis: International forensic practice and protocols. Academic Press*, pp. 125-127.

6　Goldsworthy, T. (2006). Serial rape: An investigative approach. In Petherick, W. (Ed.). *Serial crime: Theoretical and practical issues in behavioral profiling*. MA: Academic Press, pp. 173-180.

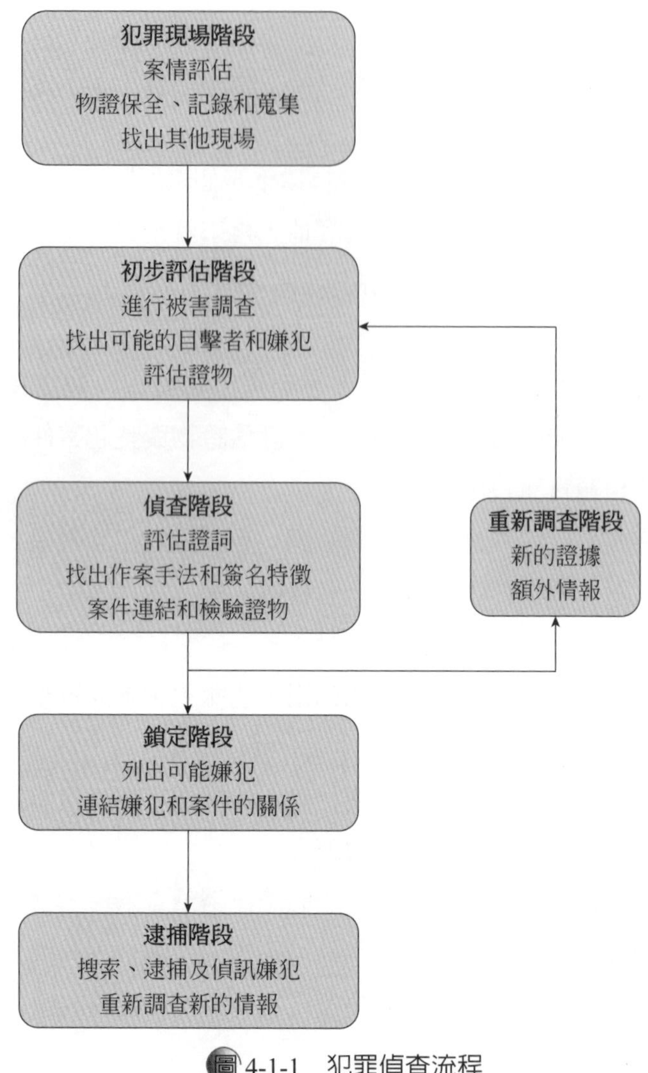

圖 4-1-1　犯罪偵查流程

影，之後會馬上找尋血跡、精液、指紋、毛髮等證物，並送交鑑識人員化驗，唯事後若有對案情不甚瞭解之處，則通常會將真實或模擬的證物擺回現場，再進行犯罪現場重建（crime scene reconstruction），藉以協助瞭解案發經過。但是依照剖繪專家的建議，偵查人員應當先不要理會這些物理證據，而專注於非物理因素（行為跡證）以引導蒐證。依作者見解，偵查人員在進入刑案現場後，可先依現場狀況，從犯罪者的角度思考以推估案發經過後，再進行採證工作，如此一方面不致遺漏任何線索（依照可能行經路線搜尋，會比大規模地毯式搜索更為仔細），也可避免因移動證物而造成將來現場重建有失真（如位置、方向錯誤）情形。

需要注意的是蒐證本身也會破壞現場，因此除非有急迫需要（如物證很容易消失或腐敗），否則可以在刑案現場原封不動下，在現場進行犯罪重建（crime reconstruction），而不是在攝影及蒐證後，回到辦公室再做案情研判，因為在現場的評估會更貼近真實情況。

「犯罪重建」是指根據現場發現的物證推測犯罪時所發生的事情，它是從現場物證推論犯罪者特徵的必經步驟，和「現場重建」略有不同，例如血跡斑的型態能告訴我們當時可能發生什麼事，此項資訊可能比血跡的血型或DNA檢驗更加重要，因為如果沒有可疑對象，就無從比對或鑑定這些物證的來源。而要重建犯罪，就必須對人類的行為有初步瞭解[7]，基本上是運用路卡交換原理（Locard's exchange priciple），即二物接觸必有物質轉移所留下的痕跡，因此偵查人員從現場遺留痕跡重建犯罪經過，就像考古學家從遺留古跡重建歷史事件，需具備像是沒有線索導引下拼湊圖片的能力，找出可能發生的故事（narrative）和其時間序列（time-line）。

犯罪重建與再表演（reenactment）和再創造（recreation）不同，前者是指被害者、嫌犯、證人或其他當事人，基於對犯罪的認知，回到現場重演產生犯罪現場或證據的事件；後者則是透過原始現場的紀錄，呈現犯罪現場的物品或行為[8]。

犯罪重建最常用的方法是基於經驗的詮釋，需要學習能從原因看到結果，再反溯由結果導出原因的能力，而每日生活的經驗，便可讓我們從

7　Chisum, W. J. (2002). An introduction to crime reconstruction. In Turvey, B. E. (Ed.). *Criminal profiling: An introduction to behavioral evidence analysis*. CA: Academic Press, pp. 81-83.

8　李俊億譯（2003），Lee, H. C., & Palmbach, T. M., & Miller, M. T.合著，犯罪現場—李昌鈺刑事鑑定指導手冊，商周出版，頁284。

結果推論出可能的原因，任何有關發生事件的推論都必須基於事實，再加上合乎邏輯的推理，經驗是一種寶貴的資產，但它必須通過科學的檢驗，以避免造成觀察的盲點，亦即必須以事實來支持推理，仔細觀察所有的線索，思考所有可能的解釋，再將不合理的假設去除，最後得到合邏輯且符合事實的結論，並將所有可能發生的事件依序串連起來，就能達到犯罪重建的目的[9]。

犯罪重建首先需考慮物證在犯罪過程中扮演的角色，而可以推論案發經過的物證包括以下種類[10]：

（一）序列性（sequential）跡證：用來建立事件發生的順序，如兩個玻璃破裂的放射痕可以確立槍擊的順序。

（二）方向性（directional）跡證：可以知道它從哪裡來，要到何處去，如地板上血跡的拖痕可知屍體拖動的方向。

（三）位置（positional）跡證：顯示在何處發生，曾經到過的地方，如地上的煙蒂顯示某人曾在某處停留。

（四）行動（action）跡證：指的是在犯罪過程中發生的事情，如彈殼、彈孔和槍傷顯示曾發生槍擊事件。

（五）接觸（contact）跡證：顯示二個人或物體曾在某處接觸，如玻璃上的指紋顯示某人曾碰觸它。

（六）所有權（ownership）跡證：可以明確的指出是誰擁有的，如DNA、指紋、車牌號碼、IP位置等。

（七）關聯性（associate）跡證：通常是指可用來解釋關聯的微物跡證，如身上的纖維和車上的纖維相符，顯示此人曾在此處出現。

（八）限制性（limiting）跡證：可用來定義犯罪現場的界限，現場的範

9 Chisum, W. J., & Turvey, B. E. (2012). An introduction to crime reconstruction. In Turvey, B. E. (Ed.). *Criminal profiling: An introduction to behavioral evidence analysis*. CA: Academic Press, pp. 256-260.

10 Chisum, W. J., & Turvey, B. E. (2012). An introduction to crime reconstruction. In Turvey, B. E. (Ed.). *Criminal profiling: An introduction to behavioral evidence analysis*. CA: Academic Press, pp. 261-266.

圍可以決定採證的界限，例如許多物體堆積在門後，這個門就不太可能是嫌犯的出入口。

（九）推論（inferred）跡證：犯罪當時應該在現場但事實上卻未發現，如被害人的皮夾、首飾失蹤，或是作案用的刀、槍不在現場，可能已被凶嫌帶走。

（十）時間（temporal）跡證：顯示案發當時現場的時間關係，如床頭櫃的時鐘因打鬥而掉落，時間停留在案發當時。

（十一）心理（psychological）跡證：滿足犯罪者個人需要或動機的任何行為，如折磨被害人滿足虐待動機，或是記錄犯行，提供未來回味犯罪經過。

（十二）消失（missing）跡證：可能被帶走的物證，包括可以識別身分的線索，或是作為紀念品或戰利品。

在犯罪重建時，主要依賴物證的識別與詮釋，也會運用目擊者陳述、嫌犯供述及倖存被害者的描述，而重建的步驟依序為：辨識（recognize）→記錄（document）→蒐集（collect）→保全（preserve）→運送（transport）→識別（identify）→比對（compare）→個化（individuate）→詮釋（interpret）→重建（reconstruct），當然重建是一種假設，需要以尋獲的證物或調查所得的線索一一加以比對，以排除其不合理的地方，更要避免錯誤推論誤導偵查方向。其中尤須注意任何可能增減、改變、重置、模糊、污染、滅失物證的情況（evidence dynamics），其原因有[11]：

（一）犯罪者行動：防範措施、變造現場、儀式行為。

（二）被害者行動：自我防衛、清理現場、清潔動作（如洗澡）。

（三）二次轉移：人和物品接觸產生的轉移，但非實際犯罪所產生。

（四）打包運送：證物在儲存、運輸過程中可能發生交叉污染情形。

（五）目擊者：為了保全被害者尊嚴而移動證物或偷竊現場物品。

11 Chisum, W. J., & Turvey, B. E. (2002). Evidence dynamics. In Turvey, B. E. (Ed.). *Criminal profiling: An introduction to behavioral evidence analysis*. CA: Academic Press, pp. 99-106.

（六）處理人員：消防、救護、偵查、鑑識人員、法醫進行的滅火、緊急救護行動或偵查、勘察、檢驗等作為中無意間破壞。

（七）其他：氣候（破壞、分解）、昆蟲、動物掠食、火災等。

因此必須在勘察人員到達前進行現場封鎖、管制進出、攝影、測繪等工作，以保全所有物證，勘察人員抵達後應重新界定搜索範圍，以免遺漏重要物證或造成當事人不便，另外在犯罪發生前，該區域已有日常活動，因此勘察人員必須區別事前存在的東西和犯罪留下的證物，以免蒐集到與案情無關的物品或遺漏重要的證物。要防止上述問題，證物的監管鏈（chain of custody）就非常重要，在交接過程中必須詳細記錄，以釐清責任歸屬。另外現場如有屍體，則傷痕分析（wound pattern analysis）也是其中重要的步驟，要辨識、記錄、檢視傷痕的性質、起源和意圖，包括[12]：

（一）徹底記錄：不僅是被害者的傷痕，加害者所受的傷也要詳細記載。

（二）詮釋原因：判定死前、當時或死後發生，以確定傷口的來源。

（三）確定動機和意圖：依據遺留物證判定犯罪者的企圖。

在進行犯罪重建時，應注意以下幾點：

（一）應將各個線索依時間順序排列，以找出可能的真正原因[13]。

（二）重建人員必須親臨現場，空間關係很難用照片加以瞭解。

（三）目擊者的陳述不一定可靠，因為每個人都會以不同觀點來詮釋犯罪[14]。因此證言不可全信，物證比較可靠（silent witness）。

12 Turvey, B. E. (2002). Wound pattern analysis. In Turvey, B. E. (Ed.). *Criminal profiling: An introduction to behavioral evidence analysis*. CA: Academic Press, pp. 127-128.

13 Chisum, J. (2000) "A commentary on bloodstain analysis in Sam Sheppard case". *Journal of Behavioral Profiling*, 1(3). http://www.profiling.org/journal/subscribers/vol1_no3/jbp_basc_1-3.html.

14 Chisum, W. J. (2002). An introduction to crime reconstruction. In Turvey, B. E. (Ed.). *Criminal profiling: An introduction to behavioral evidence analysis*. CA: Academic Press, pp. 92-93.

第二節　案件連結

破案方法主要是靠嫌犯自白、有人目擊、掌握現場物證、被害人脫逃、因他案被捕和案件連結等[15]，而資訊來源主要來自民眾提供線索、其次才是警方掌握的情報[16]，其中案件連結部分為本節探討的重點。

案件連結（case linkage）是指將發生在不同時間、地點的案件，依物證、人證或犯罪行為的連結，判定係為同一犯嫌或同一犯罪集團所犯之連續案件，因為在各案件中呈現行為的相似性，可以減少可疑嫌犯的數量，其主要功能在於將發生在不同轄區的案件加以連結，可使得原屬於單獨的個案，經由專案小組的聯合偵查，將其一併偵破，除了減少偵查資源的浪費之外，亦能將同一人或集團過去所犯的連續案件（積案）一併移送，進而擴大偵破而發揮偵查功能的實質效益，另外亦可達到預防警示的功效，例如竊盜案件產生連結關係後，可明顯發現連續住宅竊盜案件集中在某個時段及區域內，可實施埋伏、跟監、調閱監視影像等偵查作為，更可將犯罪的熱時、熱點型態分布讓轄區居民周知，進而提升民眾的自我防衛措施，甚至進一步提供警方可能嫌犯的線索或協助辨識嫌犯[17]。

以往偵查人員所進行的案件連結，大多透過有形的物證，如指紋、DNA、鞋印或毛髮等，但由於犯罪人經由經驗學習或媒體報導，逐漸瞭解警方的辦案模式，因此採取眾多防範行為，避免在現場留下跡證，故近年來開始採用行為跡證分析，如作案手法、簽名特徵，但必須注意行為跡證有變動可能，例如作案手法改變，或因當時情境變化來不及留下簽名特徵等，因此運用時要特別小心[18]。

---

15 Turvey, B. E. (2002). Serial homicide. In Turvey, B. E. (Ed.). *Criminal profiling: An introduction to behavioral evidence analysis*. CA: Academic Press, pp. 520-521.

16 Rossmo, D. K. (2000). *Geographic profiling.* FL: CRC Press, p. 50.

17 潘贈媚（2014），鑑識情資—以連續住宅竊盜案件為例，中央警察大學刑事警察研究所碩士論文，頁35。

18 Turvey, B. E., & Freeman, J. (2016). Applied case linkage. In Turvey, B. E. & Esparza, M. A. (Eds.). *Behavioral evidence analysis: International forensic practice and protocols. Academic Press*, p. 300.

在案件連結過程中，首先必須確定一連串案件係同一人或同一集團所為，方能進行串聯，其次則須瞭解連結過程中可能遭遇的盲點及如何加以克服，分別說明如下：

一、連續案件

在眾多案件中，首先應確定係同一人所為，以下是連續犯罪的可能指標[19]：

（一）殺人：毀損屍體、吃人肉、特殊擺置、性謀殺、戀屍癖、殘殺、折磨被害者、蒐集紀念品。

（二）性侵害：特殊口語、虐待行為、性偏好症、蒐集紀念品。

（三）縱火：破壞財物、現場有性行為跡證、出現簽名特徵（遺尿、遺糞）、儀式化行為。

連續犯罪應包括在不同時間對同一被害者及不同被害者，而連續性侵害犯罪者通常有許多不同前科（如竊盜）[20]，因此如果將連續犯罪侷限在同類案件將會喪失許多破案機會，例如性侵害案件搜尋對象不能僅限於有性侵前科的人。另外被捕和未捕嫌犯的特徵可能不同，有必要加以區別[21]。

大部分的殺人被害者是被熟識者所殺[22]，而這些案件會破案，是因為雙方有親密關係，但在陌生人性謀殺案中，加害人與被害人並無關聯，由於缺乏加、被害人的關係，使得案件難破[23]，因此需要清查許多嫌犯，因

19 Jackson, J. L., Eshof, P., & Kleaver, E. (1997). A research approach to offender profiling. In Jackson, J. L., & Bekerian, D. A. (Eds.). *Offender profiling: Theory, research and practice*. England: John Wiley & Sons, p. 120.

20 Myers, W. C., & Borg, M. J. (2000). Serial offending by children and adolescents. In Schlesinger, L. B. (Ed.). *Serial offenders: Current thought, recent findings*. FL: CRC Press, p. 289.

21 Farrington, D. P., & Lambert, S. (1997). Predicting offender profiles from victim and witness descriptions. In Jackson, J. L., & Bekerian, D. A. (Eds.). *Offender profiling: Theory, research and practice*. England: John Wiley & Sons, pp. 135, 154.

22 Rossmo, D. K. (2000). *Geographic profiling*. FL: CRC Press, p. 27.

23 Rossmo, D. K. (1997). Place, space and police investigation: Hunting serial violent criminals. In Canter, D. V. & Allison, L. J. (Eds.) *Criminal detection and the psychology of crime*. Dartmouth: Ashgate Publishing, p. 508.

而產生資訊超載（information overload）的問題，隨之而來則有處理大量線索造成曠日廢時、大規模調查增加的人力、物力成本等問題[24]，這些大量的線索，需要藉助剖繪技術及案件連結才能有效縮小偵查範圍[25]。

同樣的，大多數的性侵害案件由於犯罪者和被害者之間有關係，因而容易破案，但在陌生人間的性侵害（stranger rape）案件並沒有這種關係，因此要過濾許多嫌犯和線索。陌生人性侵害是指加害人與被害人在案發前互不相識，可能彼此間曾照過面、有過交談，但是兩造之間並沒有直接的關係，性侵害犯透過強制力、威脅及詐騙手段，對陌生被害者進行非法的性行為[26]。

在連續案件中，需依賴以下行為跡證進行連結[27]：

（一）矇眼：避免被害人認出來或在進行攻擊時感覺較自在。

（二）攻擊臉部：防止他人指認或為了加深被害人恐懼。

（三）丟棄、擺置屍體：避免被人發現或貶損被害人以發洩其憤怒。

（四）徒手：未攜帶犯罪工具或意圖直接接觸被害人使其心生畏懼以感受被害人掙扎的快感。

（五）肢解：便於運送及藏匿屍體或重複砍、刺、割傷（picquerism）被害人以達到性滿足。

（六）束縛：限制被害人行動或使其感到無助。

（七）使用膠帶：可用來捆綁被害人手腳、遮蓋雙眼及嘴巴，使用方便，通常透過學習得來。

（八）變造現場：在警方到達前故意更動現場，目的在誤導偵查方向。

（九）紀念品：帶走通常是不值錢的衣服或飾物，用來回憶已經發生的事情。

---

24 Rossmo, D. K. (1997). Geographic profiling. In Jackson, J. L., & Bekerian, D. A. (Eds.). *Offender profiling: Theory, research and practice*. England: John Wiley & Sons, pp. 159-160.

25 Jackson, J. L., & Bekerian, D. A. (Eds.) (1997). *Offender profiling: Theory, research and practice*. England: John Wiley & Sons, p. xiii.

26 張平吾（1999），被害者學概論，中央警察大學出版社，頁74。

27 Holmes, R. M., & Holmes, S. T. (2002). *Profiling violent crimes: An investigative tool*. CA: Sage Publications, pp. 130-136.

（十）戰利品：代表征服，通常是較有價值的物品，也有可能是故意留下的記號。

其中需注意，上述行為跡證不光是作案手法，也有可能是簽名特徵。此外，只觀看照片而沒有親身訪視刑案現場去實際感受是不夠的，因此應當親自查看現場（最好與案發時間相同時段，以查看現場照明情形並詢問可能的目擊證人），並訪談偵查人員以瞭解其觀察所得，如此方能對案發經過有深刻的瞭解[28]。

二、案件連結

案件連結是透過連結分析方法，找出先前認為無關的案件之間的關聯性，亦即由案件共通的行為，判定是同一人或集團所為，以便將偵查資源整合，尤其在已經確認某一案件係某人所為，如果其他案件有高度相似性，可判定係同組人馬時，就有可能清理積案，如果所有的案件都沒有頭緒時，找出不同案件的相似性，亦可整合相關線索而促進案件的調查，案件連結的基礎在於犯罪行為的一致性（behavioral consistency），案件可以連結就是因為犯罪者在一連串案件中都出現類似的行為，加上不同犯罪者的作案方式都有穩定差異性（stable distinctiveness），並且可以區別出來，因而提供偵查人員串聯的機會。

案件連結可分為二種，主動式搜尋（active search）是指主動在資料庫裡找尋作案手法類似的案件；被動式搜尋（reactive search）是指破案後尋找同一犯罪者過去曾犯的案件（積案）。連結分析（linkage analysis）首先要找出案件的共通點，如此才能促進資訊的分享和決定適當的反應方式，主要是靠現場物證（最確定，但不一定會出現）、對嫌犯的描述（包括照片、錄影和目擊者描述）和現場行為的分析（找出作案手法、簽名特徵、行為的相似性、時間和地緣關係的差異處）。如果不同的現場能採到可個化的物證如指紋或DNA，當然可以正確的連結案件，如果沒

28 Geberth, V. J. (2003). *Sex-related homicide and death investigation: Practical and clinical perspectives*. FL: CRC Press, p. 674.

有就必須從不同案件的行為跡證進行連結。

如果案件跨越轄區時，可採取中央協調或聯繫會議方式，將情報集中或利用資訊系統彙整情報[29]。其作法係將所有可能之相關案件出現的各個特徵，勾選在表4-2-1之中，再找出同時出現大部分共通特徵的案件，就可能是連續型案件，須注意的地方，不是所有連續案件都會出現全部的共同特徵，因為可能作案時間不夠、被害者有不同的反應、出現干擾因素（如有人目擊）、或是作案手法改變（精進或退化）。連結步驟如下[30]：

（一）選擇資料：所有可能案件及出現特徵均需納入，須排除經驗和偏見。

（二）整理資料：從各個案件的各項特徵找出相似點或差異處。

（三）將所有資料填入表4-2-1，再確定案件之間的關係及先後順序。

表4-2-1　案件連結分析示例

	特徵1	特徵2	…	特徵m
案件1	√	√		
案件2		√	√	√
:	√		√	
案件n	√	√	√	

要正確連結犯罪，必須選擇明顯的行為指標，透過連結犯罪可以蒐集相關案件的資訊並加以比較[31]，如此方能彙整各個轄區的有限情報，讓片斷而零散的資訊得以充分利用，例如鄰近轄區共發生三個案件，各個案件的線索都不充足，如果能將它們串聯起來，也許能互相補足欠缺的線索。連結分析亦可用來比較作案手法和簽名特徵，以確定係同一個人所為[32]，

29 Rossmo, D. K. (2000). *Geographic profiling*. FL: CRC Press, pp. 54, 64-65.

30 Godwin, G. M. (2001). One offender- five victims: Linking the offenses of the serial killer John William, Jr. In Godwin, G. M. (Ed.). *Criminal psychology and forensic technology: A collaborative approach to effective profiling*. FL: CRC Press, pp.180, 191.

31 Rossmo, D. K. (1997). Geographic profiling. In Jackson, J. L., & Bekerian, D. A. (Eds.). *Offender profiling: Theory, research and practice*. England: John Wiley & Sons, p. 160.

32 Turvey, B. E. (2002). Understanding offender signature. In Turvey, B. E. (Ed.). *Criminal profiling: An introduction to behavioral evidence analysis*. CA: Academic Press, pp. 302-303.

其中經由簽名特徵而非作案手法來連結犯罪較為可靠，因為前者通常較後者更為固定不變。

犯罪者會在其連續案件中顯現行為的相似性，稱為犯罪行為相似性假設（behavioral consistency hypothesis），但是在案件連結中應注意到以下二點[33]：

（一）不同的犯罪者會因不同的理由而做出類似事情，又稱為行為變異性原則（principle of behavioral variance）。

（二）單一的犯罪行為可能是多重決定的結果，亦即可能是多重動機或多重外在因素，又稱為多重決定原則（principle of multi-determination）。

所以案件連結不是那麼容易，因為人類的行為是複雜而多變化的，因此連結分析如果只考慮行為的一致性（commonality），而忽略其非相似性（dissimilarity），就容易造成疏漏。由於作案手法容易改變，運用它來連結犯罪較不可靠，相較之下，簽名特徵比較穩定，如果出現，更能用來連結案件，不過簽名特徵較為隱晦，不太容易被察覺出來[34]。

案件連結程序如圖4-2-1，首先是蒐集相關資訊，包括被害調查、目擊者描述、現場照片、測繪、驗屍報告、毒物檢驗等；其次是組合犯罪者曾出現的行為清單，包括作案手法、簽名特徵、儀式行為等；再來是搜尋出現類似行為的案件，建構其他可能類似案件的行為清單，分辨其相似及差異性，針對其重要性分別加權；最後撰寫偵查報告，確定案件是否為同一人或同一集團所為，在整個過程中需要處理大量資料，而資料的正確性最為重要，雖然可以借用電腦的協助（詳見第十章第二節），但最後還是要靠人的判斷[35]。

---

33 Turvey, B. E., & Freeman, J. (2012). Case linkage: Offender modus operandi and signature. In Turvey, B. E. (Ed.). *Criminal profiling: An introduction to behavioral evidence analysis*. CA: Academic Press, pp. 347-349.

34 Turvey, B. E. (2016). Applied crime scene analysis. In Turvey, B. E., & Esparza, M. A. (Eds.). *Behavioral evidence analysis: International forensic practice and protocols*. Academic Press, pp. 214-215.

35 Woodhams, J., Bull, R., & Hollin, C. R. (2007). Case linkage: Identifying crimes commited by the same offender. In Kocsis, R. N. (Ed.). *Criminal profiling: International theory, research, and practice*. NJ: Humana Press, pp. 117-133.

圖 4-2-1 案件連結程序

三、連結盲點

連結盲點（linkage blindness）是無法識別一系列犯罪之間的關聯性，主要原因在於案件跨越轄區，單位間缺乏聯繫，且由於各單位績效競爭，導致警方未能協調合作，沒有分享情報，甚至彼此競爭而隱藏重要訊息等[36]。如果有犯罪間隔時間拉長、作案手法有所改變或犯罪者採取防範行為（包括使用偽裝、戴手套、遮蓋被害者眼睛[37]）等情形，就更難加以連結。另外目擊者對性別、種族、年齡、身高、體型、外觀的陳述大多正確[38]，但是如果時間拉長，目擊者的記憶逐漸消退，證據也可能會流失，也會導致案件連結更加困難[39]。而案件中若出現模仿（copycat）效應，也就是其他人模仿他人的作案手法，也要從中發覺細微差異，不可驟下判斷

36 Goldsworthy, T. (2002). "Serial killers: Characteristics and issues for investigators". *Journal of Behavioral Profiling*, 3(1). http://www.profiling.org/journal/subscribers/vol3_no1/jbp_tg_3-1.html.

37 Jackson, J. L., Eshof, P., & Kleaver, E. (1997). A research approach to offender profiling. In Jackson, J. L., & Bekerian, D. A. (Eds.). *Offender profiling: Theory, research and practice*. England: John Wiley & Sons, p. 125.

38 Farrington, D. P., & Lambert, S. (1997). Predicting offender profiles from victim and witness descriptions. In Jackson, J. L., & Bekerian, D. A. (Eds.). *Offender profiling: Theory, research and practice*. England: John Wiley & Sons, p. 151.

39 Rossmo, D. K. (2000). *Geographic profiling.* FL: CRC Press, p. 36.

係同一人所為。

犯罪人通常會在現場留下行為的訊號，偵查人員經由觀察現場將可以洞察其動機。因此如果沒有對刑案現場（包括被害人）做徹底評估，就不可能有好的剖繪結果，因為刑案現場會透露犯罪者的人格線索，現場蒐集到的資料對未來的剖繪非常重要，因此必須要以有系統的方式進行。如果缺乏細密的觀察能力和邏輯推理，將會忽略許多重要的線索[40]。在連結案件時，通常會有以下問題[41]：

（一）預設立場（confirmation bias）：只接受符合自己想法的資訊，忽略其他重要訊息。

（二）選擇性思考（selective thinking）：只注意到有利的證據，忽略不利的事實。

（三）事後謬誤（post hoc fallacy）：只因為某事件發生在前，就認定它是原因，而排除其他因素。

（四）管見（tunnel vision）：是指只看到想看的東西，只聽到想聽的說法[42]。

因此剖繪人員必須具備相關專業知識，並具備同理心及和善的態度（即使是面對嫌犯），如此通常能獲得更多相關的事實，因為對犯罪行為的假設，有待事實證據加以驗證，因此必須仔細觀察刑案現場、被害人和犯罪人間的互動。而良好剖繪人員的共通點是高度好奇、觀察細節和邏輯思考，經由詳細檢視犯罪現場，方可發覺某些重要的心理痕跡，最後才能導出正確的剖繪[43]。而錯誤的案件連結，則可能導致無辜者被定罪，因此在運用時要特別小心。

40 Palermo, G. B., & Kocsis, R. N. (2005). *Offender profiling: An introduction to sociopsychological analysis of violent crime*. IL: Charles C. Thomas Publisher, pp. 13-14, 84.

41 Godwin, G. M. (2001) (Ed.). *Criminal psychology and forensic technology: A collaborative approach to effective profiling*. FL: CRC Press, p. v.

42 Holmes, R. M., & Holmes, S. T. (2002). *Profiling violent crimes: An investigative tool*. CA: Sage Publications, p. 137.

43 Palermo, G. B., & Kocsis, R. N. (2005). *Offender profiling: An introduction to sociopsychological analysis of violent crime*. IL: Charles C. Thomas Publisher, pp. 85, 125.

另外在連結分析時，需注意以下問題[44]：

（一）要達到分析結論可靠，首先要資料正確，如果資料錯誤就會導出錯誤的結果，正所謂「垃圾入、垃圾出」（garbage in, garbage out），所以必須保證偵查過程中所獲得的資料是正確的。

（二）如果有新增的資料或新發現的證據，就必須要回頭重新檢視與現有資料的相容性，並評估是否需要蒐集額外的資料。

偵查中的案件連結可以當作線索，但是事實可能尚未確認，要將過去積案提呈到法庭，則需要確切的證據，也就是所有案情細節都需要釐清。

案件連結的正確性及其機率如表4-2-2，顯示判斷結果除了能正確連結（hit）及排除無關案件（correct rejection）外，也可能會遺漏（miss）應該要連結的案件，也可能連結到不應連結的案件而造成錯誤警訊（false alarm）。其相對機率呈現於圖4-2-2，可見使用的準則愈有效，遺漏和錯誤連結的機率就愈低，其指標稱為ROC（Receiver Operation Characteristics），曲線下的面積稱為AUC（Area Under Curve），AUC愈大，評估的準則愈有效。

表4-2-2　案件連結的可能結果

案件連結		實際情況	
		連結	未連結
預測結果	連結	a	b
		Hit	False Alarm
		PH = a/(a + c)	PFA = b/(b + d)
	未連結	c	d
		Miss	Correct Rejection
		PM = c/(a + c)	PCR = d/(b + d)
總計		a + c	b + d

44 Turvey, B. E. (2016). Applied crime scene analysis. In Turvey, B. E. & Esparza, M. A. (Eds.). *Behavioral evidence analysis: International forensic practice and protocols*. Academic Press, p. 195.

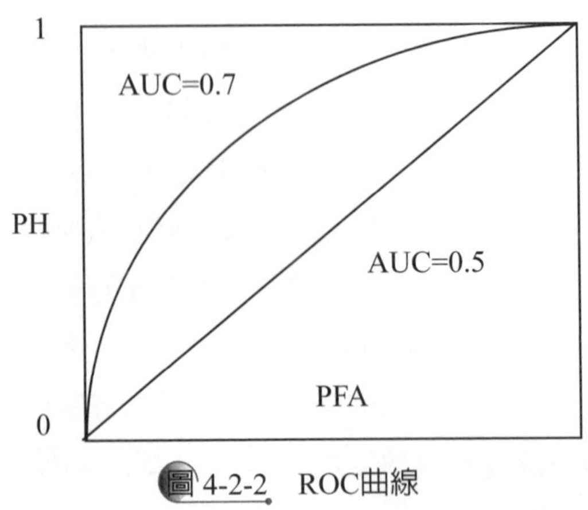

圖4-2-2 ROC曲線

連結分析最適合運用在「冷案」（cold case），亦即未破且沒有進展的案件，其原因包括缺乏物證、線索耗盡、案件負荷大且缺乏相關資源，這些積案有時因為被捕嫌犯承認舊案或心生罪惡感而自首，或是關係人因心情平復而提供消息，或新科技出現而使案情有所突破，在面對冷案時可採行的策略有成立專責單位，給予足夠的人力、物力資源，以積極的態度尋找新證據和新線索[45]。總之，偵查人員必須隨時保持警覺，任何正在偵查的單一案件都有可能是連續案件的其中之一，如果能有效連結相關案件，才不會遺漏任何重要訊息。

第三節 有組織及無組織

1970年代初期，聯邦調查局行為科學組的探員便利用刑案現場所蒐集到的資料為基礎，透過結構訪談，展開犯罪剖繪工作以過濾人犯、縮小偵查範圍而提高破案率。從事犯罪剖繪工作的探員可以根據犯罪者的犯行特徵，判定出凶手是屬於有組織（organized）或是無組織（disorga-

45 Turvey, B. E. (2002). Case assessment. In Turvey, B. E. (Ed.). *Criminal profiling: An introduction to behavioral evidence analysis*. CA: Academic Press, pp. 72-76.

nized）的罪犯[46]。一般說來，前者對於自己的犯行顯然早有預謀，不僅其犯行都是有意識的行為，且在犯案現場完全控制被害者；至於後者的犯行很少是有意識的行為，事先亦無縝密的計畫，而犯案現場的所做所為以臨時起意或一時興起的成分居多；不過也有些凶手同時具有這兩種不同類型的特質，可以稱之為「混合型」（mixed）的凶手[47]。有組織及無組織犯罪者在社會背景、人格特性及刑案現場（犯案過程和犯後行為）上互有差異，偵訊方式也有所不同，分別說明如下[48]：

一、有組織

「有組織」這個術語，通常根據犯罪行為本身的評估、對被害者的綜合分析、刑案現場（包括任何變造）的觀察。這些特徵包括：看起來像是有計畫犯案、準備犯罪工具並帶到現場、會選擇被害者、犯罪現場顯示在其控制之下，有條不紊的方法皆透過犯罪的每一階段反映出來。通常首次犯罪並沒有太周詳的計畫，但隨著犯罪次數增加，計畫就會愈加周密。

一般而言，有組織犯罪者的智力在平均以上，其犯罪都經過仔細考慮及策劃。犯案地點遠離其居住地及工作地，通常具有相當的機動性，會移動相當距離再犯案。對有組織的連續犯而言，幻想及儀式都很重要，他選擇的被害者一般為陌生人，其年齡、外表、行為等均合乎自己喜好的類型。通常他會攜帶精心準備的「虐待工具」（torture kit），包括束縛物及毀損屍體的器具。他可能先尾隨被害者一段時間，且自豪能在言語上操

46 FBI原本將這些色慾犯罪者（lust offenders）分為兩種主要類型：無組織未社會化（disorganized asocial）及有組織反社會化（organized nonsocial）兩種，不過在1988年出版的*Sexual homicide: Patterns and motives*一書中，已經將未社會化（asocial）及反社會化（nonsocial）兩字刪除，不過Holmes等人不表贊同，他們認為這兩個字描述的字義相當有用；因為在反社會化及未社會化兩字間有著基本性質上的不同，且這兩個字可幫助區別有組織與無組織之間的差異，而提供具有價值的資訊。參閱Holmes, R. M., & Holmes, S. T. (2002). *Profiling violent crimes: An investigative tool* (3rd Ed.). CA: Sage Publications, p. 72.

47 Ressler, R. K., Burgess, A. W., & Douglas, J. E. (1988). *Sexual homicide: Patterns and motives*. DC: Heath and Company, pp. ix-x.

48 李璞良譯（1995），Ressler, R., Burgess, A., & Douglas, J.合著，異常快樂殺人心理，台灣先智，頁171及173。

縱其目標。獵捕及控制被害者皆經過預先計畫，從他的獵物身上得到最大的權力感。他常會從被害者身上帶走戰利品及紀念品，用以再次體驗犯案經過或提高關於殺人的幻想。有組織犯罪者對警察的偵辦程序很熟悉，常自豪能阻撓偵查，並利用精心安排或隱藏證據而嘲弄警方。他們會從每次犯罪中學習，使其犯罪過程及躲避偵查的技巧更加老練。雖然有時其日常生活被描述為單獨且怪異，但通常看起來十分正常，且同事、家人、鄰居都認為他是個普通人[49]。表4-3-1為有組織犯罪者的特徵歸納，其特徵綜合多項研究列舉如下[50]：

（一）社會背景：18-45歲（平均35歲）、和被害者同年齡、同種族、男性、中產階級、已婚或同居、有性能力、智商中上、高中畢業、有些曾念大學、學業成就不佳、沒有精神病、身體狀況良好、住處離犯罪地點較遠、車輛維持良好狀況、有能力從事各種工作、可能是警察的愛慕者、自願從軍但因不名譽事件退伍、攻擊他人、曾因人際暴力和性犯罪被捕、社會適應良好、群居（有朋友）、人際關係良好、具備良好語言技巧。

（二）人格特性：只關心自己、以自我為中心、不顧他人死活、不負責任、有女人緣、穿著體面、蒐集色情刊物、有多重性伴侶、為人狡猾、欠債不還、好說謊、脾氣暴躁、無法接受批評、性格善變、幼時曾遭身體和性虐待、出生序排在前頭、父母教養不一致、父親工作穩定、幼時有戀母創傷、有一個嚴格的母親和一個缺席的父親、反社會人格、心理疾病、外觀正常友善、清楚是非對錯、沒有罪惡感、不能從錯誤中學習[51]。

（三）犯案過程：小心計畫、遠離住處犯案、警覺、機動、有幻想及儀

---

49 Miller, L. (2000). The predator's brain: Neuropsychodynamics of serial killers. In Schlesinger, L. B. (Ed.). *Serial offenders: Current thought, recent findings.* FL: CRC Press, pp. 138-139.

50 Ressler, R. K., Burgess, A. W., & Douglas, J. E. (1988). *Sexual homicide: Patterns and motives*. DC: Heath and Company, p. 122.

51 Geberth, V. J. (2003). *Sex-related homicide and death investigation: Practical and clinical perspectives*, FL: CRC Press, pp. 687-690.

式行為、選擇特定被害人（陌生人）、掌控犯罪過程、有特別偏好的被害者、譏諷警察、冷靜、會引誘拘捕被害者、帶凶器至現場、離開時會帶走、有基本鑑識概念、很少會留下證據、通常是先姦後殺、犯案前有環境壓力、計畫犯罪、選擇犯罪地點、尾隨被害人、選擇的被害者類似其重要他人（significant others）、要求被害人順從、有殺人工具、會從犯罪過程中學習並改進作案手法[52]。

（四）犯後行為：避免被發現和留下證據、隱藏死者身分或移走屍體、蒐集和帶走戰利品、可能會變造現場、瞭解偵查步驟、打探消息、以阻止警方偵查為樂、甚至和警察單位接觸並提供情報、追蹤媒體報導、犯罪後如感受威脅會更換工作。

表 4-3-1　有組織犯罪者的人格特性

智商高、有天分	男性化的形象	心理病態、反社會、自戀人格
具有社交能力	表達能力佳	外表討喜具吸引力
在社會上頗具競爭能力	伺機而動	有妻子、女友及異性經驗
與人同住	有自己的車子	汽車性能維持得很好
兄弟間排行較前面	機動性的職業	有問題行為史或犯罪前科
童年時管教較為嚴格	注意媒體報導	犯案前通常會喝酒
喜歡從事技術性高的行業	服刑中表現良好	案發前曾面臨到環境的壓力
在性方面頗有能力	父親的工作穩定	在犯案時能控制住自己的情緒
與父母親同住	父母的管教不一致	案發後或許會換工作或住所

（五）偵訊方式：有組織的犯罪者會預期警察可能會問的問題，準備如何因應，因此偵訊人員必須對掌握的資訊要有絕對信心，並以單獨方式進行偵訊[53]。

52 Godwin, G. M. (2001). Reliability, validity, and utility of extant serial murder classifications. In Godwin, G. M. (Ed.). *Criminal psychology and forensic technology: A collaborative approach to effective profiling*. FL: CRC Press, pp. 63-64.

53 Holmes, R. M., & Holmes, S. T. (2002). *Profiling violent crimes: An investigative tool*. CA: Sage Publications, p. 79.

二、無組織

「無組織」這個術語，是根據被害者調查、刑案現場分析、法醫報告、犯罪行為本身的評估而成。沒有計畫的犯罪、不由自主的本質，例如沒有準備犯罪工具、武器係就地取材，都會反映在這些因素裡面。原因可能是因為犯人較年輕、缺乏老練的犯罪經驗、使用毒品及酒精、或精神障礙等。

無組織犯罪者行事較無計畫，因此刑案現場會充斥著許多偶然的行為。他常常是一位孤獨者或隱士，也是一位低成就者，覺得自己在性方面或人際關係上無法勝任，自我形象很低，認識他的人會覺得他是個古怪或奇特的人。會從事偷窺或暴露、偷女性內衣、自體性慾行為中使用色情書刊等性活動。暴力犯罪是自然而然的結果，被害者通常都是碰巧成為目標。犯罪過程缺乏熟練，且一般皆採取閃擊法（blitz attacks，亦即利用突然武力傷害，意圖快速制服被害者）。對被害者突發的身體及性暴力後，通常被害者很快就會死亡。攻擊通常有過度殺戮（overkill）的特徵，屍體會有多處穿刺傷或毆傷。對屍體的死後行為（post mortem）可能包括咬、肢解、毀損、插入異物、或在屍體上手淫，可能不會與屍體直接性交。一般而言，犯罪現場相當零亂、無組織，不會湮滅證據，較少拿取戰利品。無組織犯罪者的特徵綜合如下：

（一）社會背景：年齡16-30歲、男性、被害者年齡並不重要（她是被隨機選擇、在不當時間、不當地點出現）、和被害者同種族、單身、課業表現不佳、可能被高中退學、智力中下、中下階層、瘦弱、住處或工作處所接近犯罪地點、沒有車子、有的話也是老爺車、內部凌亂、沒有好好保養、沒有工作或從事不需技術的工作、服役因不適應而退伍、前科有偷竊、戀物、竊盜、暴露及其他輕微罪行、出生序較後面、父親工作不穩定、家教嚴厲、未婚、沒有性生活或性能力差、為人處世較低調、社會適應不良[54]。

54 Ressler, R. K., Burgess, A. W., & Douglas, J. E. (1988). *Sexual homicide: Patterns and motives*. DC: Heath and Company, p. 123.

（二）人格特性：有短暫精神病症（brief psychotic disorder，如妄想、幻覺、胡言亂語、混亂或僵直行為）、脫離現實、妄想、幻覺和偏執、嫌惡社會、孤獨、隔離、低成就、衣服髒亂、衛生習慣不良、熟人認為他很奇怪、沒有性伴侶、人際關係不佳、以手淫和色情刊物彌補、喜好夜間活動、沒有親近朋友、單獨居住、退縮、怯懦。

（三）犯案過程：在犯罪時會焦慮、喝酒、臨時起意、以突發暴力使被害人快速安靜、武器係就地取材、犯罪現場凌亂、攻擊臉部、將被害人去人格化（depersonalization）[55]、不將被害人當人看、對隨機的被害人下手、選擇住處附近犯案、採取急襲、犯罪地點密集在某處附近、攻擊臉部或殘殺、性侵害通常發生在死後、會毀損屍體、殺人是為了性滿足、以閃擊方式攻擊、無法控制衝動、藉由施加痛苦和貶損被害人而得到性滿足、虐待可使其重獲力量並釋放去勢的焦慮（castration anxiety）、沒有鑑識概念、缺乏準備、不太可能拘束被害人、快速將其殺害[56]。

（四）犯後行為：以毀損屍體、截肢等替代性行為、殘殺、以鈍器攻擊被害人的臉部、偶而會出現吃人肉（anthropophagy）、喝人血（vampire）、沒有陰莖侵入、不會隱藏屍體、屍體特殊擺置、有儀式特徵、帶走紀念品當作回憶、證物留在現場、犯罪後行為有明顯改變、對新聞報導沒有興趣[57]。

（五）偵訊方式：對無組織犯罪者的偵訊應以同理心（empathy）方式，在對方感到舒適的地方，並在夜間進行[58]。

55 也稱為「非人化」，意指將被害者不當人看，她的姓名、身分對加害人都不重要，因為她只是洩慾的工具而已。

56 Geberth, V. J. (2003). *Sex-related homicide and death investigation: Practical and clinical perspectives*. FL: CRC Press, pp. 680, 692-694.

57 Godwin, G. M. (2001). Reliability, validity, and utility of extant serial murder classifications. In Godwin, G. M. (Ed.). *Criminal psychology and forensic technology: A collaborative approach to effective profiling*. FL: CRC Press, pp. 64-65.

58 Holmes, R. M., & Holmes, S. T. (2002). *Profiling violent crimes: An investigative tool*. CA: Sage Publications, p. 75.

上述特徵是綜合多項研究發現，因此並非全部都會出現，表4-3-2為無組織犯罪者的人格特性，表4-3-3則為有組織及無組織犯罪者在刑案現場及犯罪後行為的綜合比較[59]。

表4-3-2　無組織犯罪者的人格特性

在社會上表現頗不成熟	獨自居住	童年受到不一致或嚴厲的懲罰
女性經驗很少	通常沒有約會經驗	犯罪時感到焦慮不安
可能為性無能	甚少有飲酒的習慣	自己獨居或與家人同住
在家中的排行往往殿後	有接受治療的精神病史	工作歷史不長且表現不佳
智商低於一般標準	有自殺傾向	居住或工作場所接近犯罪地點
無法適應社會	對於新聞媒體不感興趣	邊緣性人格、思覺失調症
非技術性的工作者	顯著的行為改變	外表怪異、蓬頭垢面、衣冠不整
父親工作不穩定	有夜間活動的習性	表達能力差
高中輟學	個人衛生習慣不佳	有秘密藏身處

表4-3-3　刑案現場及犯罪後行為的差異

有組織犯罪者	無組織犯罪者
事先經過縝密的計畫	無計畫，在偶然情況下發生
攜帶武器和犯罪工具到現場	武器和犯罪工具係就地取材
被害人是目標下的陌生人	被害人或作案地點是凶手所熟悉
選擇隱密而熟悉的地點	臨時起意，遭遇地點即犯罪現場
把被害人當人看	根本就沒把被害人當人看
選擇低風險的綁架方式	選擇高風險的綁架方式
完全掌控犯罪過程	犯罪時行為雜亂，殘殺
擅長控制被害者	對被害者的控制度很低
能控制住自己的談話	無法控制談話的語氣或內容
要被害人絕對地順從其旨意	閃擊，會突然對被害人施加暴力

59　李璞良譯（1995），Ressler, R., Burgess, A., & Douglas, J.合著，異常快樂殺人心理，台灣先智，頁173。

表4-3-3　無組織犯罪者的人格特性（續）

有組織犯罪者	無組織犯罪者
羈押或監禁被害人	不會攜帶限制行動的工具
在被害人死前曾從事性侵害行為	被害人死後才進行性侵犯或凌辱
命案現場通常找不到兇器或證據	證據或兇器會遺留在命案現場
會移走被害人	屍體就遺留在命案現場
變造犯罪現場	不會變造現場
常投入偵查工作	極少投入偵查工作
居住地不定	居住地固定
回到犯罪現場	回到犯罪現場
自願提供消息	也許會參加被害者的葬禮或是尋求宗教慰藉
期待被詢問	可能會寫日記或剪報
也許會移動屍體	可能會更換居住地
移動屍體到明顯之處	可能會換工作，個性可能會改變

表4-3-1～3的內容在觀察時需特別注意幾點，首先是表格內各項特性之間互有關聯，其次是每一特性均可互相加以比較，還有不是每個特性都會出現，最後是有些犯罪者同時具有兩種不同類型的特質，可稱之為「混合型凶手」。此外前述各項特性如未經過本土實證檢驗，則運用時要特別謹慎，因為社會背景可能會有文化差異，但也可能有共通之處。例如學者曾訪談國內性侵害殺人犯12名，瞭解其背景（包括家庭狀況、前科素行、求學過程、就業經歷、就醫情形）、人格特質（自述性格、訪談接觸觀感、心理測驗）、性經驗（婚姻狀況、與異性關係、特殊性經驗、性偏差行為）、犯罪過程（犯案前、中、後）、犯罪現場特徵（犯罪手法、個人化特徵）等，研究結果將其中4人列為有控制能力型（即有組織），5人列為無控制能力型（無組織），另3人為中間型（混合型），並將其個人特質與犯案狀況差異整理如表4-3-4，與國外發現大致相似[60]。總之，「犯罪

60　侯友宜（2003），台灣地區性侵害殺人犯罪之研究，中央警察大學犯罪防治研究所博士論文，頁288。

現場會說話」、「犯罪現場有情節且會自行說出」，其關鍵則在於分析人員能否洞悉[61]。

表4-3-4 有控制能力型與無控制能力型性侵害殺人犯特質差異

類別	有控制能力型	無控制能力型
家庭	與家庭接觸緊密，家庭結構較為完整 父親的工作穩定，家庭經濟為中等以上	家庭接觸較不緊密，家庭結構也較不穩定
日常表現	資質較高，喜歡從事技術性工作 就學期間較無偏差行為 通常有能力交往知心朋友 異性關係較為穩定且交往不複雜 生活習慣較為整潔 較無嚴重之犯案前科	工作更動頻率高，從事較為簡單之低社經地位工作 就學期間通常表現不良 缺乏知心朋友 異性關係複雜且不穩定 具有不同程度之身心問題
案前狀況	案發前多面臨環境的壓力 在案發前較少喝酒及嗑藥情況 犯案前即有計畫並非偶然發生 會刻意挑選安全之犯罪時間及地點 犯罪地點通常離工作或是居住地有一段距離 選擇被害者的原因多有其意義 被害者都與其年紀相仿	案發前會經歷一段焦慮之情緒 在案發前會有嗑藥及喝酒情形 犯案時缺乏計畫，通常在偶發的情況下犯罪 犯罪之時間及地點不是刻意挑選或具有安全性標的 犯案地點為其生活或是居住區域附近 被害者通常為較易控制之對象
案發狀況	自行攜帶武器的比例較高 案發時較能控制自己的情緒，對被害者較無過度傷害之情形	犯案工具現場隨手取得之比例較高 攻擊的暴力程度通常較高
案後狀況	移動以及清理犯罪現場之比率高 犯罪後生活型態並無太大的改變 取走被害者物品（現金）的比率較高	犯罪現場沒有經過清理顯得雜亂，屍體棄置於現場 犯罪後生活有所改變

三、混合型

有時犯罪者同時具有組織及無組織的特徵，就稱為混合型（mixed），因為以下的原因，注意犯罪現場可能同時反映出有組織和無

61 林燦璋（1994），系統化的犯罪分析：程序、方法與自動化犯罪剖析之探討，警政學報，第24期，頁124。

組織的特徵是很重要的[62]：

（一）犯罪者可能不只一位，因此會顯現不同的行為模式，但也有可能犯罪是由其中一個人所主導，因此會偏向某種類型（通常為有組織）。

（二）可能由條理分明、有計畫的攻擊開始，但因未預料的事件發生而惡化（如無法控制被害人），也有可能在犯案次數多了以後，作案手法逐漸學習演進，而從無組織趨向有組織改變。

（三）犯罪過程的不一致，可能代表多種程度的有組織／無組織行為。年輕的犯人（沒有經驗）、酒精或毒品的使用（退化），都會造成混合型的犯罪現場。

（四）攻擊的主要動機可能只是為了性侵害，但因為被害者掙扎或犯罪者精神狀態改變，可能導致犯罪漸趨嚴重，特別容易發生在報復型的性侵害犯身上。挑選被害者可能顯示出是一位有組織的犯罪者（如仔細選擇並尾隨被害者），但未藏匿屍體或是隱藏技巧拙劣。武器則是隨手取得（如石頭）且遺留在犯罪現場，犯罪現場顯得相當混亂。法醫報告顯示攻擊方式為閃擊法、過度殺戮、鈍器傷，常使用自己身體（手腳）當武器。

（五）外在的壓力也會改變犯罪者的行為，促發因素造成緊張上升，而導致某人突然爆發衝動攻擊，無法計畫及控制犯罪。Ted Bundy[63]是一個典型的例子，由於外在的壓力，使得他從有組織的犯罪者退化為無組織的犯罪者。從前期至中期的綁架及性侵害殺人案件中，

62 Ressler, R. K., Burgess, A. W., Douglas, J. E., Hartman, C. R., & D'Agostino, R. B. (1986). Serial killers and their victims: Identifying patterns through crime scene analysis. *International Journal of Violence*, 1, pp. 288-308.

63 Theodore Robert Bundy (Ted Bundy) 1974-1978年於美國數州犯案，是現今最為人所知的連續殺人犯之一，他本身對自己的高知名度及惡名昭彰感到非常得意，而且直到1989年執行死刑時皆未改變。他所殺害的被害者可能達到50人，他用一種具有吸引力的法律系學生形象，引誘他所遇到的被害者。但他最後一次殺人時相當狂躁不安，這次作案與他往常的特徵截然不同，顯得十分衝動，因而導致他被逮捕。參閱Giannangelo, S. J. (1996). *The psychopathology of serial murder: A theory of violence.* CT: Praeger Publishers, pp. 103-104.

他都小心地選擇、尾隨並綁架其被害者，且小心地藏匿屍體。但是逃亡的生活方式使得他很不舒服，導致他突然瘋狂殺害隨機選擇的被害者，且使用犯罪現場隨手可得的武器，然後再丟棄到附近。被害者的屍體公然丟棄在命案現場，與他先前處理屍體的情況大不相同。這些後來的動作，都說明了這是一位典型無組織殺人犯的行為。

雖然大部分的犯罪者和刑案現場都介於有組織和無組織之間，呈現在兩個極端的中間（continuum）而被歸納為混合型，但應當還是要有所區分，例如現場有8項特徵符合有組織，2項特徵符合無組織，則應將其歸類為有組織。另外由於會用到剖繪的案件大多屬於較不容易偵破的案子，因此在官方資料上，似乎較偏向有組織，也就是有組織的犯罪者較有可能犯下多數案件而未被察覺，例如FBI針對36名性謀殺犯的研究（見第一章第五節），其中有組織占24名，無組織占12名，這是因為抽樣誤差的結果（限於同意的受訪者）。

四、分類問題

分類若非基於行為而是依據自陳報告或精神疾病，將會忽略行為的重要性。由於個人的行為是人格特質和社會情境交互作用的結果，現場的行為是依據過去的經驗而非精神疾病，因此依據行為的分類較具代表性[64]。如果從現場出現的行為進行分析，則可發現無組織特徵可能不是精神病（psychotic）的結果，而有組織特徵也不一定是心理病態者（psychopathic）所為[65]，二分法無法說明犯罪者會因時間而改變，也無法解釋其發生原因。例如無組織犯罪者也可能會事前計畫，而毀損屍體和死後性侵犯行

64 Godwin, G. M. (2001). Reliability, validity, and utility of extant serial murder classifications. In Godwin, G. M. (Ed.). *Criminal psychology and forensic technology: A collaborative approach to effective profiling*. FL: CRC Press, p. 70.

65 前者有精神疾病，脫離現實，後者則清楚他在做什麼，見Turvey, B. E. (2002). Organized v. disorganized- A false dichotomy. In Turvey, B. E. (Ed.). *Criminal profiling: An introduction to behavioral evidence analysis*. CA: Academic Press, pp. 220, 225.

為都歸類於無組織類型亦有待商榷[66]。

有學者認為將複雜的命案現場簡化為二種，是為了利於和學界溝通和教學訓練之便，其實這是不正確的二分法（false dichotomy），其理由如下[67]：

（一）絕大多數的命案現場是介於兩者之間的混合型。

（二）現場跡證不可單獨隔離檢視，而是要循整體脈絡觀察。

（三）殺人動機屬於純粹報復、家庭暴力、故布疑陣、飲酒吸毒等非心理異常（non-mental illness）或是非精神疾病（non-psychotic）者，現場亦會呈現無組織特徵。

（四）有組織命案的現場，不是心理變態人格者（psychopath）的犯案專利。

（五）將命案凶嫌一分為二，忽略了犯罪生涯的真實進展，有些人犯案手法會進化或退化。

（六）二分法是以作案手法為剖析基礎，卻未將簽名特徵此一關鍵因素納入分析。

（七）忽略臨床診斷及現場勘察的結果，在法庭有妄下結論的風險。

（八）此一分類較少以理論形式呈現，與一般通則式研究有別，並未在專業期刊上發表，也未接受同儕檢驗。

綜觀此二分法雖屬創新且實用，卻容易讓人誤解犯罪行為本質的進展和犯行重建的價值，根本之道，仍應回歸現場物證和整體脈絡的邏輯思維。

此外Holmes的分類未互斥（mutually exclusive）亦未窮盡（inclusive），沒有注意犯罪人、被害人和環境的互動。總之犯罪現場很少是完全有組織或無組織，通常是介於兩極端之間（混合型），FBI在1980年代

66 Godwin, G. M. (2001). Reliability, validity, and utility of extant serial murder classifications. In Godwin, G. M. (Ed.). *Criminal psychology and forensic technology: A collaborative approach to effective profiling*. FL: CRC Press, p. 66.

67 Turvey, B. E. (2012). Organized v. disorganized: A false dichotomy. In Turvey, B. E. (Ed.). *Criminal profiling: An introduction to behavioral evidence analysis*. CA: Academic Press, pp. 77-79.

提出有組織和無組織的分類是為了溝通觀念和傳授技巧，故而將其簡化以便容易運用[68]，此項分類方法已經運用一段時間，但目前只有少數研究檢驗有組織和無組織分類的效度[69]。

第四節 變造現場

一、故布疑陣

犯罪人通常會有誤導偵查的行為，包括口頭說謊和實體重新布置現場，而後者又稱為「故布疑陣」，整個故布疑陣過程包括原始（primary）行為和變造（staging）行為，其動機分述如下[70]：

（一）原始行為：可能由於貪心、憤怒、報復、吸引注意及其他原因。

（二）變造行為：隱藏嫌犯身分（避免被指認出來）、避免困窘（保全被害人的尊嚴，例如死者被剝光衣服，造成現場情境很難堪，因此其家屬幫他穿上或蓋上衣服）。

因此「變造」是犯罪者在警方到達前，故意改變刑案現場或證物（包括清除刑案現場，不留下任何證據），以誤導偵查方向或保護被害人及其家屬。其主要目的在將偵查方向遠離最可疑的嫌犯[71]，最常出現的變造現場包括[72]：

---

68 Turvey, B. E. (2002). Organized v. disorganized: A false dichotomy. In Turvey, B. E. (Ed.). *Criminal profiling: An introduction to behavioral evidence analysis*. CA: Academic Press, pp. 219-220.

69 Kocsis, R. N., & Coleman, S. (2001). The unexplored ethics of criminal psychological profiling. In Godwin, G. M. (Ed.). *Criminal psychology and forensic technology: A collaborative approach to effective profiling*. FL: CRC Press, p. 332.

70 Hazelwood, R. R., & Napier, M. R. (2005). Crime scene staging and its detection. In Palermo, G. B., & Kocsis, R. N. (Eds.). *Offender profiling: An introduction to sociopsychological analysis of violent crime*. IL: Charles C. Thomas Publisher, pp. 99-101, 110.

71 Turvey, B. E. (2002). Staged crime scene. In Turvey, B. E. (Ed.). *Criminal profiling: An introduction to behavioral evidence analysis*. CA: Academic Press, p.253.

72 Hazelwood, R. R., & Napier, M. R. (2005). Crime scene staging and its detection. In Palermo, G. B., & Kocsis, R. N. (Eds.). *Offender profiling: An introduction to sociopsychological analysis of violent crime*. IL: Charles C. Thomas Publisher, pp. 103-104.

（一）讓死者看起來像是自殺或意外，以掩飾謀殺（如殺人後製造上吊景象）。

（二）將殺人變造成住宅竊盜（如離開現場前故意翻箱倒櫃）。

（三）讓謀殺看起來像是性侵害（如殺人後故意褪下被害人的衣服）。

（四）故意燒燬犯罪現場，目的在破壞證據（如住宅竊盜後燒燬房屋）。

（五）謊報性侵害案件（如掩飾婚外情或未婚懷孕）。

最常見的變造方式包括竊盜和縱火，此外殺人案件偽造成自殺、高空墜樓或自然死亡，或是變造成自殺或意外以掩飾照顧疏忽都是常見的方式[73]。當然變造現場不全然都是犯罪，例如性慾窒息死亡（詳述於第九章第二節）可能被變造成殺人或自殺（目的在避免困窘）。目前沒有變造現場的統計數字，但似乎有上升的趨勢，可能是因為犯罪者逐漸瞭解偵查的過程，因而會以變造現場的方式避免被指認出來[74]。

綜合變造現場的研究發現，犯罪者多為男性，被害人多為女性，而且大多有親密關係，地點多在臥室，而武器大多是隨手取得，如果是變造成竊盜案件，則大多由犯罪者首先報警，或僱用他人發現屍體和報案，現場則布置成窗戶被打開或破壞，抽屜被打開並取走部分值錢的物品等[75]。

現場變造是嫌犯為了防止或誤導偵查所做的行為，Geberth注意到變造現場最普遍的形式，為嫌犯試圖改變現場的要素，讓它看起來像是自殺或意外；另一個普遍的形式是藉由以下方式來破壞證據，企圖引導偵查人員至別的方向上。

（一）變造成自殺或意外

變造的方法可能包含：故意毀損或隱藏物證、將凶器放在被害者手

73 Turvey, B. E. (2002). Staged crime scene. In Turvey, B. E. (Ed.). *Criminal profiling: An introduction to behavioral evidence analysis*. CA: Academic Press, p. 250.

74 Hazelwood, R. R., & Napier, M. R. (2005). Crime scene staging and its detection. In Palermo, G. B., & Kocsis, R. N. (Eds.). *Offender profiling: An introduction to sociopsychological analysis of violent crime*. IL: Charles C. Thomas Publisher, p. 89.

75 Turvey, B. E. (2002). Staged crime scene. In Turvey, B. E. (Ed.). *Criminal profiling: An introduction to behavioral evidence analysis*. CA: Academic Press, pp. 266-269.

上、被害者死後將屍體放在可能發生意外死亡的場所、對目擊者或警方作錯誤的陳述、假造自殺遺書等情況。

（二）變造成性謀殺

變造的方法可能包含：撕破或除去被害者的衣服、將被害者屍體棄置到遙遠且不會與被害者或嫌犯有關聯的戶外場所、屍體擺放成像是遭受性侵害[76]。此外尚有將屍體搬到第二現場、製作假筆錄、表現極度震驚與悲哀等情況[77]。

另外，犯罪者通常有一種特殊而需要剖繪人員特別留意的行為[78]：復原或還原（undoing）也是異常行為的一種，大部分發生在有親密關係的人身上，其主要原因是犯罪者受到良心的譴責，後悔自己所犯下的罪行，想藉由復原減輕內心的衝突，例如男子因細故後殺害同居女友後，清洗現場及被害者，幫他（她）穿上乾淨而漂亮的衣服，再將屍體移到沙發或床上，最後再覆蓋棉被或毛毯等，此種行為在外觀上很像變造，但其目的完全不同，它是藉由抵消或還原犯罪的後果，回復到原來的狀態（natural looking state）像是被害者沒有受到傷害或睡著了，就好像一切都沒發生一般，以迴避內心的壓力。

還有一個名詞「擺置」（posing）也常被混淆，擺置通常是指將屍體特殊安排，布置成不自然姿勢（unnatural position），例如遮掩或突顯重要部位，擺置特別東西（例如將異物插入陰道），或是將軀幹及四肢擺置成特殊姿態，目的在滿足犯罪者特殊心理需求，或是想要傳達某種訊息，它和變造除目的不同外，擺置只有針對屍體，而變造則是涉及到整個現場，變造可視為作案手法的一部分，可使犯罪者不被懷疑而能順利脫身，

76 呂志成（2002），性謀殺案件之現場特徵分析，中央警察大學刑事警察研究所碩士論文，頁36；Turvey, B. E. (2002). Staged crime scene. In Turvey, B. E. (Ed.). *Criminal profiling: An introduction to behavioral evidence analysis*. 2nd ed. CA: Academic Press, pp. 249-256.

77 Turvey, B. E. (2002). Staged crime scene. In Turvey, B. E. (Ed.). *Criminal profiling: An introduction to behavioral evidence analysis*. CA: Academic Press, pp. 273-274.

78 Douglas, J. E., Burgess, A. W., Burgess, A. G., & Ressler, R. K. (1992). *Crime classification manual*. NY: Lexington Book, pp. 250-252.

通常是經驗累積或學習的結果，而擺置通常是以被害者為道具，用來傳達某些其象徵意義的訊息（utilize the victim/crime scene as a prop to communicate a symbolic message），可視為簽名特徵的一部分[79]。

二、變造現場的破綻

變造就是在警方到達前有目的地改變犯罪現場的一種行為，其主要理由是要誤導調查人員的偵查方向，以掩飾自己犯行不讓他人或警方察覺，因此調查人員不應忽略那些首先報案、過度合作或過分悲傷行為的人。值得注意的是犯罪者在變造現場時會犯下許多錯誤，因為他太過分強調將犯罪現場偽造成自己想像的樣子，但卻忽略了有邏輯地把犯罪現場組合起來，因此會顯露許多不協調的地方，而這些矛盾的地方就是破綻（red flags）所在，所以犯罪偵查人員應該仔細勘察刑案現場所獲得的每一項線索，再列出其中部分不協調的地方，並試著找出其中的破綻[80]。

變造的跡象包括：無強行侵入痕跡（如門鎖未被破壞）、抽屜被打開但不像是要翻箱倒櫃、留下貴重物品、只偷竊特定物品、替被害者投保高額保險、不合理的傷痕等，例如防衛傷不可能在身體內側、順向、傷口太淺（猶豫或怕疼）等，都有必要進一步調查清楚。

依學者研究國內故布疑陣殺人破綻分為以下四類[81]：

（一）現場破綻：包括陳屍狀態異常、陳屍現場非第一現場另有殺害現場、犯罪人之故布疑陣手法重複出現、現場被刻意清洗過、現場過度布置、現場痕跡狀態異常、現場多了不該多的物證、現場少了不該少的物證、意外現場異常頻繁出現、發現屍體證明被害人非失蹤等。

79 Homant, R. J., & Kennedy, D. B. (2006). Psychological aspects of crime scene profiling: Validity research. In Keppel, R. D. (Ed.). *Offender Profiling*. OH: Thomson Corporation, p. 329; Keppel, R. D. (2006). Testimony of Robert Keppel in State of Washington v. George W. Russel. In Keppel, R. D. (Ed.). *Offender profiling*. OH: Thomson Corporation, p. 221.

80 Douglas, J. E., Burgess, A. W., Burgess, A. G., & Ressler, R. K., (1992). *Crime classification manual*. NY: Lexington Book, pp. 250-252.

81 廖宗宏（2015），故佈疑陣殺人犯罪類型與偵查指標之實證研究，中央警察大學犯罪防治研究所博士論文，頁165-177。

（二）物證破綻：從DNA、監視影像、藥毒物檢驗、指紋物證、通聯紀錄、嫌犯受傷、咬痕物證、遺留物品、血跡鞋印、捆綁工具等發現破綻。

（三）人證破綻：從目擊證詞、鉅額投保、盜領財物、犯罪人供詞等發現破綻。

（四）死因破綻：自殺解剖發現係他殺、意外死亡解剖發現係他殺、被害人遭性侵致死解剖發現異常、死亡時間有誤、被害人病死解剖後發現係他殺等。

變造犯罪現場是犯罪者有意採取的行動，目的在改變犯罪現場（包括增加、移動、去除證據），以誤導偵查方向，但由於變造的事件實際並未發生，因此證據間必有矛盾或中斷之處，如果仔細找尋一定可以發覺，因此偵查人員要特別注意那些和實際情形不一致的地方。研究發現犯罪現場最常變造以掩飾謀殺，而住宅竊盜則是最常被變造的方式（謀殺變造成竊盜失控而殺人），因此最常偽造的地方是被害人的臥室，被害人的屍體通常最先被實際的犯罪者發現並報案，最常變造的方式是將窗戶打開或故意打破門窗，最常見的原始動機是憤怒，其次是利益或二者的結合。破解變造現場的方法是仔細研究犯罪現場並進行合邏輯的推理，根據演繹形成假設，並根據事實加以檢驗（例如竊盜犯不會麻煩地搬走低價值的東西，而遺留高價值卻唾手可得的物品或現金）[82]。

犯罪者變造現場會犯錯的原因在於他將現場變造成他所想像的樣子，而產生不一致的情形，這些矛盾就成為變造的破綻。例如妻兒死亡，丈夫卻未受傷，犯罪者不以最大威脅者為目標，或最具威脅者所受的傷害卻最小。變造現場常犯錯的主要原因是由於心理壓力和時間緊迫，因而沒有留下必要的、合邏輯的證據，犯罪者努力使其看起來像自然發生，但在事件順序中必然有間隙存在[83]。

82 Turvey, B. E. (2004). "Staged burglary: Technical note and civics lesson". *Journal of Behavioral Profiling*, 5(1). http://www.profiling.org/journal/subscribers/vol5_no1/jbp_5-1_sb.html.

83 Turvey, B. E. (2002). Staged crime scene. In Turvey, B. E. (Ed.). *Criminal profiling: An introduc-*

而在面對變造現場需要考慮的問題包括：如果動機是利益的話，嫌犯為何不從現場取走適當（可以直接花用或容易銷贓）的財物？進入現場的入口合邏輯嗎？所犯的罪會讓嫌犯置於高風險的情境嗎？被害者所受的傷勢和犯罪相稱嗎？目擊者的說詞與其他人的說法或證據衝突嗎？目擊者的行為或陳述有自相矛盾的跡象嗎？

歸納變造現場的偵查建議包括：徹底回顧現場的紀錄和被害調查，並詢問被害家屬有無異動現場（如幫被害人穿上衣服或移走難堪物品如色情書刊），更要瞭解醫護人員在救護過程中有無破壞證物（如剪斷上吊的繩索、脫去被害人的衣服等），辨識出所有可能是變造的行為指標，找出原始行為和變造行為的動機，確定何人可能從原始和變造行為中獲利。變造現場的犯罪者通常會犯錯，因為他以現場應該看起來的方式進行變造而留下許多破綻，這些不一致的地方就是應當注意的焦點[84]。另外，變造的人通常和被害者有某種關係（如親密伴侶），因此如果懷疑有變造的可能性時，應當先從周遭的人、事、物開始著手偵查。

國外曾發生一個變造現場而出現破綻的案件，一對夫妻因故發生爭吵，先生殺死太太後，趕忙離開現場，離開前將二樓臥室的抽屜全部拉開，翻動裡面的衣物，並將落地窗打開，想造成竊賊侵入遇到女主人而將其殺害的印象，並在一樓草坪擺置原來放在戶外的樓梯（事實上此木梯已腐蝕，不太可能承載一個人的重量），但匆忙間卻架反，也沒有試著踩踏上去，以致沒有發現鞋印及梯子陷入草地的痕跡，二樓陽台也沒有足跡，翻動衣物也不像是一般竊賊翻箱倒櫃的情況，這些都是變造現場的破綻。而會變造現場的人通常和被害者有相當程度的關係（如果沒有任何關係，儘快脫離現場即可，無需費勁去變造現場），因害怕被查出來而做出這些行為，因此可以從周遭的人開始清查，必然可以找出一些蛛絲馬跡而突破

---

tion to behavioral evidence analysis. CA: Academic Press, pp. 249-250, 254.

84 Hazelwood, R. R., & Napier, M. R. (2005). Crime scene staging and its detection. In Palermo, G. B., & Kocsis, R. N. (Eds.). *Offender profiling: An introduction to sociopsychological analysis of violent crime*. IL: Charles C. Thomas Publisher, pp. 106-107.

案情[85]。

三、謊報

謊報（false report, false allegation）是指向警察或其他人員[86]謊稱自己或他人涉入犯罪，或虛偽的宣稱他曾經被害（其實不然），需注意者，不要將謊報和虛偽自白（false confession）混淆，它是承認原本自己沒犯的罪，有些人會主動承認（如頂罪）、因刑求心生恐懼、或受到偵訊人員的暗示而被動承認未犯的罪。謊報也是一種變造行為，可能發生在殺人、擄人勒贖、兒童虐待、家庭暴力、搶劫、保險詐欺、謊稱火災或劫機，也常發生在性侵害案件中，謊報情形包括[87]：

（一）撕扯自己的衣服。

（二）將現場布置成好像發生掙扎。

（三）故意傷害自己。

（四）宣稱自己曾遭綁架。

謊報目的在獲取金錢利益或從被害者身分獲益（獲得補償）、辯解自己不當的行為（合意性交卻聲稱遭性侵）、改善現有的環境（遷移至較好處所）、傷害某人或某個機構、報復遭拒絕男性、在原有關係或機構中擴大影響、心智錯亂或記憶錯誤等[88]。Dietz和Hazelwood曾提出以下謊報的徵兆：陳述的故事很奇怪、故事不是太詳細就是太模糊、沒有人相信有誰會這麼做、被害人曾傷害自己、被害人不是第一個報案者、指控的對象是陌生人、聲稱對抗許多人但卻沒有明顯傷痕、宣稱眼睛被矇住或失去知覺、對自己遭受的傷害漠不關心、不確定發生的地點、衣服破損部位和傷

---

85 Douglas, J. E., & Munn, C. (2006). Violent crime scene analysis: Operandi, signature, and staging. In Keppel, R. D. (Ed.). *Offender profiling*. OH: Thomson Corporation, pp. 182-183.

86 其他人員係指依法令有義務通報犯罪之人（mandated reporter），如醫生、護士、教師、社工人員等。

87 Hazelwood, R. R., & Napier, M. R. (2005). Crime scene staging and its detection. In Palermo, G. B., & Kocsis, R. N. (Eds.). *Offender profiling: An introduction to sociopsychological analysis of violent crime*. IL: Charles C. Thomas Publisher, p. 102.

88 Canter, D., & Youngs, D. (2009). *Investigative psychology: Offender profiling and the analysis of criminal action*. UK: John Wiley & Sons, pp. 242-243.

口不一致、以前曾經發生類似的情形、被傷害後的行為和宣稱的情況不一致、不和偵查人員合作、經常轉移話題、曾有謊報紀錄等。此外尚有要求只和女警談、親密同伴或父母強迫她報案、被禁足但自行外出後返家、宣稱在繁忙的街道被綁架、被一位戴面具的人攻擊、目前正處於藥物勒戒期間、已經懷孕、無法詳細描述嫌犯特徵、曾遭受同樣攻擊、一直要求金錢賠償、模仿其他被害人、規避回答關鍵問題、有長期的精神問題等[89]。

謊報的精確數字無從得知，但研判實際數量應比現有統計高出許多，而且各種犯罪都有可能發生謊報情形，以下是歸納出謊報的常見徵兆（red flags）[90]：

（一）行為方面：顯示被害人受到他人壓力才報案，不願協助警方調查，甚至干擾調查，不清楚攻擊地點，對攻擊者的特徵描述很模糊，不能提供犯罪細節也沒有人目擊，對自己所遭受的傷害漠不關心，也不期待檢驗結果，報案另有目的（吸引注意或提供不在場證明）。

（二）語言方面：陳述的內容很模糊，無法描述性侵害的細節和順序（可能因為不好意思而避重就輕），拒絕和訪談者合作，企圖引導雙方談話，指控的對象是陌生人，陳述事實經過很奇怪，指稱被攻擊時失去知覺，不記得發生什麼事，要求只和女警官談，避免回答特定問題，在關鍵點時以激動大哭迴避，陳述內容和電影或電視情節相近。

（三）物證方面：現場重建的結果和被害人的描述不吻合，未發現明顯的傷口，傷口的型態顯示可能是自我傷害，聲稱有強烈抵抗卻沒有因為防衛而造成的傷痕。

（四）過去經歷：曾有謊報紀錄，有長期精神疾病（如被害妄想）且經常就醫，目前正面臨嚴重的個人（例如金錢和感情）問題。

---

89 Baeza, J. J., & Turvey, B. E. (2002). False report. In Turvey, B. E. (Ed.). *Criminal profiling: An introduction to behavioral evidence analysis*. CA: Academic Press, pp. 171, 177.

90 McGrath, M. (2000). "False allegations of rape and the criminal profiler". *Journal of Behavioral Profiling*, 1(3). http://www.profiling.org/journal/subscribers/vol1_no3/jbp_farcp_1-3.html.

性侵害案件謊報的機率不低，如果沒有加以區分，會浪費許多寶貴的偵查資源，甚至逮捕無辜者，但是被害人未提出指控、撤回告訴、缺乏證據、無事實根據等，都不應直接視為謊報，通常宣稱遭性侵害的人都不被信任，不是太冷靜，就是太激動，二者都可能被認為是謊報。謊報的動機包括：獲取金錢利益（如保險理賠）、報復關係人（如配偶、雇主、老師）、懷疑同居人不忠貞、爭奪子女監護權、引起親友關注、吸引媒體注意或同情目光、誤導偵查方向、隱藏犯罪事實、先發制人（惡人先告狀）、取得不在場證明（alibi）或是勒索金錢、治療性病、性交易的顧客不願付錢、利用謊報性侵害掩飾婚外情或已經懷孕的事實，但單一行為可能有多重動機，謊報也可能有多種原因。有些人杜撰性侵害是為其未婚懷孕卸責，或是想得到性傳染病的醫療照顧，雖然有這些可能，對報案者仍應加以尊重，先不要懷疑其動機，幫他們解決目前面臨的問題，但也不要排除謊報的可能性，因為若無法有效過濾謊報案件，將會浪費有限的偵查資源在此類案件上，甚至有可能導致無辜者被捕或定罪，正確而適當的執法也可嚇阻那些潛在的謊報者。此外必須注意調查謊報可能會使真正的被害者卻步而不敢報案，因此調查過程必須注意避免造成其二度傷害[91]。

四、逐層分析

逐層分析（frame-by-frame analysis）是用在訪談被害人和嫌犯的技術，類似電視或電影中的慢動作，可捕捉犯罪過程的所有細節，在分析過程中必須將整體情境納入考慮，並進行嚴格的邏輯檢視，在不合邏輯處停頓下來，再分析其可能原因，此項技術對於瞭解犯罪的細節、引出嫌犯自白、連結相關案件、成功破案及起訴都非常重要，尤其對破解謊報案件特別有效。

此項技術很少被利用的原因在於偵查人員沒有耐心、心中已有答案或缺乏訓練及經驗。在進行之前，首先應先將被害者帶到安全、舒適和隔離

91 Baeza, J. J., & Turvey, B. E. (2002). False report. In Turvey, B. E. (Ed.). *Criminal profiling: An introduction to behavioral evidence analysis*. CA: Academic Press, pp.170, 178, 185.

的地點，遠離犯罪場所，另外諮商人員最好不要在場，以免干擾訪談。接著先介紹自己，在短時間內獲得必要的資訊（包括犯罪者的特徵描述、曾經碰觸過的物品、可能進入的地點、發生的時間等），並對被害者的心理狀況做記錄，而此種事前訪談不需要很詳細（原因在於時間限制、對象會因為剛遭逢重大變故而分心、無法忍受持續而詳細的訪談）。

正式的逐層分析最好採取當面澄清的方式，不要等到訪談後再檢查書面紀錄，而且在過程中要觀察對方的肢體語言，以找出所有物證和被害者陳述之間的矛盾，接著要求被害者詳細陳述發生事件當時的狀況，仔細傾聽不要打斷，由他的口頭敘述中找出問題。

在許多案件中，嫌犯會在心中事先演練故事的內容，但不會準備和犯罪無關的問題，因此首先應以無關問題發問，由於嫌犯知道這些資訊不會危及到他，因此會誠實回答，此時應觀察其回答這些無關問題時的反應、表情和姿勢，接著再逐步切入與犯罪有關的問題，在隨後問及關鍵問題時，應注意並比較對方在說謊時的差異，一般人在陳述編造謊話時，通常臉會朝下，避免以眼睛直接接觸，顯示他對這些問題感到不舒服並開始緊張，最後再穿插一些嫌犯未預期會被詢問的內容，此時他便會即席編造理由，而這些都是他事前沒有預期和練習的部分，再比對事先掌握的案情，並和詢問過程中獲知的訊息加以比較，質疑前後矛盾之處，因此故事很快就被揭穿。逐層分析是一項很有效的訪談技術，有時可以成功地協助偵破案件，尤其是在面對可疑的謊報案件時特別有用[92]。

92 Baeza, J. J., & Savino, J. (2001). "Frame-by-frame analysis: An interview technique". *Journal of Behavioral Profiling*, 2(2). http://www.profiling.org/journal/subscribers/vol2_no2/jbp_jbjs_2-2.html.

第五節 被害調查

一、被害調查

被害調查（victimology）是徹底調查和被害者相關的所有資訊，它在刑案現場分析中相當重要，但經常被忽略，除了不易進行之外，偵查人員面對刑案，為了保持客觀立場，有時刻意和被害人保持距離以避免感情投入（emotional investment），另外社會大眾普遍將某些被害人邊緣化（marginalization）、醜化（vilification）或美化（deification），如果偵查人員立場和一般人不一致，就有可能遭受輿論的壓力，要進行犯罪剖繪，就必須避免有此刻板印象。被害調查是廣泛的瞭解被害人和其環境，方能正確的詮釋犯罪事實及犯罪人，其目的如下[93]：

（一）瞭解犯罪要素：藉由研究被害人，瞭解被害人和現場、犯罪人和現場、被害人和犯罪人的關係。

（二）建立時間序列（timeline）：回溯被害人遇害前的行動，對瞭解被害人如何成為加害目標非常重要。

（三）界定嫌犯清單：確定何人曾和被害人接觸，這些連結可能和二者的地理位置、工作、學校、嗜好等有相關。

（四）提供偵查建議：徹底的被害調查可提供偵查方向的建議。

（五）協助犯罪重建：瞭解被害人為何在此？被害人正在做什麼？如何被加害人盯上？

（六）釐清事件脈絡：以完整資訊來支持或駁斥被害人的說詞。

（七）掌握作案手法：由犯罪過程瞭解犯罪者的作案手法，尤其是挑選被害人的方法。

（八）確立嫌犯動機：例如由現場帶走的東西，可知犯罪的目的是為了情、仇、財等？

93 Turvey, B. E., & Freeman, J. (2012). Forensic victimology. In Turvey, B. E. (Ed.). *Criminal profiling: An introduction to behavioral evidence analysis*. CA: Academic Press, pp. 163-186.

（九）協助案件連結：當相類似的被害人遇害，可判定係同一（組）人所為。

（十）維護公眾安全：將被害訊息傳達給大眾，俾便採取適當反應措施。

（十一）瞭解犯罪者暴露（offender exposure）程度：由犯罪者可能被發現、識別、逮捕的風險，可推測犯罪者的信心或技巧。

（十二）被害暴露（victim exposure）分析：被害暴露指的是被害者經歷的有害元素，被害風險則是用來預測可能的危害，例如Hentig曾指出可能增加犯罪被害的因素如：年輕、婦女、老年、心智耗弱、移民、少數民族、愚鈍、憂鬱、貪婪、淫蕩、獨處、虐待等。被害暴露又可分為二種：

1. 生活方式暴露（lifestyle exposure）：由於被害者的日常生活環境和個人特質所造成，包括職業（如律師、警察、娼妓、毒販）、習慣和苦難（如嗑藥、酗酒、精神疾病）、個人特質（如攻擊、衝動、自殘、被動、低自尊、異常性行為），上述因素可能同時出現，而產生加成效果。

2. 情境／事件暴露（situational/incident exposure）：指的是被害當下出現的因素，包括發生時間、案發地點、鄰近犯罪活動（被波及）、可能被害者數量、可取得的武器、有無被照顧或監視、被害者的心理狀況、有無使用酒精或藥物，這些因素也會和環境因素結合而產生高度風險。例如，單獨置身昏暗的地方、四下無人、讓人搭便車等，都可能提高被害的風險。

被害調查有幾個重要項目，包括被害者是否認識犯罪者？有無懷疑任何人？有無犯罪和報案的歷史？有無武器？有無攻擊性人格？過去24小時的經歷與遭遇？有關被害者的資訊愈充分，對犯罪偵查工作愈有幫助。

被害調查中，釐清武器與傷痕的關係也是重要的一環，一般而言，傷痕分為以下六種[94]：

94 Turvey, B. E., & Freeman, J. (2012). Crime scene characteristics. In Turvey, B. E. (Ed.). *Criminal profiling: An introduction to behavioral evidence analysis*. CA: Academic Press, pp. 300-302.

（一）鈍器傷（blunt force trauma）：強力使用非刺穿的武器會造成：

1. 擦傷（abrasion）：表皮被掀開。

2. 挫傷（contusion）：血管破裂，但皮膚仍完整。

3. 割裂傷（laceration）：挫擊而造成有撕裂傷。

（二）銳器傷（sharp force injury）：

1. 刺傷（stab）：尖銳武器穿刺，通常較深。

2. 切傷（incise）：尖銳武器劃過皮膚，長而不深。

3. 砍傷（chop）：由笨重且有尖銳端的武器造成，如斧頭、刀劍。

（三）燒傷（burn）：由於火、熱或化學藥物造成的燒燙傷或腐蝕。

（四）槍傷（gunshot wound）：包括來福槍、霰彈槍及手槍，從遠端以單一或多重彈道，抵達目標時造成貫穿（兼有出入口）或穿口（僅有入口）。

（五）治療和診斷造成的傷口（therapeutic and diagnostic wound）：醫護人員在緊急救護時造成的傷痕，如針孔、切開或壓迫，如心肺復甦術（cardiopulmonary resuscitation, CPR）。

（六）死前（antemortem）或死後（postmortem）傷：通常是加害者造成的，二者較難區分，前者出血較多，後者則較少。

二、被害剖繪

被害剖繪（victim profiling）早先用來解釋被害者在犯罪發生經過所扮演的角色[95]，探討具備何種人格特質和行為特徵，最容易成為某種犯罪活動的被害人。在犯罪偵查工作中，則是要徹底調查被害人的所有資訊[96]。被害剖繪的重要因素包括身體特徵（年齡、性別、衣服、髮型、髮

95 Rossmo, D. K. (2000). *Geographic profiling*. FL: CRC Press, p. 27.

96 Baeza, J. J., Chisum, W. J., Chamberlin, T. M., McGrath, M., & Turvey, B. E. (2002). Academy of behavioral profiling: Criminal profiling guidelines. In Turvey, B. E. (Ed.). *Criminal profiling: An introduction to behavioral evidence analysis*. CA: Academic Press, p. 592.

色）、家庭狀況（家屬人數、父母、兄弟、子女相處情形）、婚姻狀況（不僅是已婚或未婚，而是要瞭解其相處情況）、個人生活型態（嗜好、運動習慣、飲酒及用藥情形、經常出入地點）、職業（訓練、工作、職位）、教育程度（智力高低、學業成績、就讀學校、交友網絡、智力高低）、個人背景（住處、鄰居、朋友）、醫療記錄（病歷、有無傳染病、牙醫就診紀錄、精神狀況）、心理疾病（懼高、懼曠、就醫紀錄）、犯罪紀錄（前科、目前涉案情形）、最後蹤跡（行經路線、接觸何人、接觸地點、電話通聯紀錄、社交活動、不尋常行動）等[97]。

例如，連續殺人的被害者通常是年輕女性、白人、陌生人（比較不容易被指認出來）、集中在人口稠密區、離住家不遠處，和一般家庭內殺人不同的地方，被害人通常不是促發者（precipitator）[98]，也不是因為自身的因素（如衣著暴露、舉止隨便）而遇害，純粹是由於不良的生活型態（在不當的時間獨自出入不當的地點）而被盯上，有時被害人是因為其外觀引發殺人犯的幻想，或是因為他（她）們是社會的邊緣人（如娼妓、移民、無家可歸、同性戀者、安養機構收容人或年長者）而遭難，連續殺人通常發生在種族內（intraracial），亦即白人殺白人、黑人殺黑人，很少有跨種族的情形，幼童也常成為連續殺人犯的目標，因為這些人容易被掌控，經常用禮物、食物或玩具，在大賣場或遊樂場加以誘拐，再帶到偏僻地方加以侵害[99]。

被害者是犯罪現場的延伸[100]，在犯罪偵查過程中，被害者常被忽略，他是最後一個目擊犯罪的人，如果存活，可以訴說整個犯罪經過；如果死亡，則必須靠犯罪現場說明整個過程。犯罪現場分析會替被害人

97 Holmes, R. M., & Holmes, S. T. (2002). *Profiling violent crimes: An investigative tool*. CA: Sage Publications, pp. 268-274.

98 「被害者促發的殺人」係指被害者在犯罪事件中扮演一個直接、正面的催促者，其角色為在殺人之情節中爭吵，率先對其後來的加害者，使用肢體暴力或武器攻擊，而最終成為被害者。

99 Hickey, E. W. (2006). *Serial murders and their victims*. CA: Brooks, pp. 247-272.

100 Turvey, B. E. (2002). Victimology. In Turvey, B. E. (Ed.). *Criminal profiling: An introduction to behavioral evidence analysis*. CA: Academic Press, p. 149.

說話，因為他和犯罪者有密切的接觸，能提供許多有關犯罪者的言語、身體和性行為等資訊[101]。例如被害人大多是在家裡睡覺、找工作、上酒吧、當娼妓、搭便車時遭殺害。而連續殺人犯會挑選特定被害人（社會邊緣人，如娼妓、同性戀），因為他們失蹤甚至遇害也不會引起社會注意[102]。

因為警察和犯罪者沒有直接接觸，因此所獲得的資訊很少是由直接觀察得來，必須靠被害人或目擊證人提供，但是被害人也不可能提供犯罪者內在心路歷程（尤其是幻想）的可靠資訊[103]。此外竊盜案的被害人由於未和竊賊直接接觸，很少能提供犯罪者的特徵描述，但暴力犯罪案件的被害人則能提供較多資訊[104]。所以許多重要資訊仍然要靠訪談被害人得來，其主要內容包括：接近方法、抵抗反應、奇特的性行為、語言有無突然改變及失蹤物品等[105]。

而在訪談過程中，偵查人員應避免有預設立場，例如美化（deify）和醜化（vilify）被害人都不對，某些人責備被害人應負起全部或部分責任，例如被害人是犯罪人的同夥、主動誘惑、引起犯罪或沒有奮力抵抗（其實心裡是願意的），其中有許多是所謂的強暴迷思（myth）[106]。如果訪談者心中已有答案，將會阻礙甚至矇蔽許多有助釐清真相的重要資訊。

當潛在的犯罪者鎖定某一個人或團體並已造成暴力的威脅（targeted

101 Canter, D. V., & Allison, L. J. (1997) (Eds.). *Criminal detection and the psychology of crime*. Dartmouth: Ashgate Publishing, p. 449.

102 Goldsworthy, T. (2002). "Serial killers: Characteristics and issues for investigators". *Journal of Behavioral Profiling*, 3(1). http://www.profiling.org/journal/subscribers/vol3_no1/jbp_tg_3-1.html.

103 Canter, D. V. (1997). Psychology of offender profiling. In Canter, D. V., & Allison, L. J. (Eds.). *Criminal detection and the psychology of crime*. Dartmouth: Ashgate Publishing, p. 486.

104 Farrington, D. P., & Lambert, S. (1997). Predicting offender profiles from victim and witness descriptions. In Jackson, J. L., & Bekerian, D. A. (Eds.). *Offender profiling: Theory, research and practice*. England: John Wiley & Sons, p. 147.

105 Canter, D. V., & Allison, L. J. (1997) (Eds.). *Criminal detection and the psychology of crime*. Dartmouth: Ashgate Publishing, p. 455.

106 Turvey, B. E. (2002). Victimology. In Turvey, B. E. (Ed.). *Criminal profiling: An introduction to behavioral evidence analysis*. CA: Academic Press, pp. 139-141.

violence），如尾隨、工作場所暴力或攻擊公眾人物時，就有必要進行威脅評估（threat assessment）以識別、評估及處理此種可能發生的危險，對於這些潛在的犯罪者，制裁並不能嚇阻他，因為他已絕望地渴求報復，或是為了達成目標不惜犧牲，對於這些人而言，暴力行為通常是長期問題的累積，再加上環境因素及觸發事件而造成，通常事前會有一些徵兆，如果相關單位能有效處理也許能夠預防，威脅評估通常可分為三個階段[107]：

（一）識別（identification）：找出可能的犯罪者，通常在事發前會出現一些與攻擊相關的行為，如表達對目標的興趣，試著和目標溝通，研究如何接近目標，準備和練習使用武器，嘗試進行攻擊等。接著要蒐集相關資訊，如信件、前科紀錄、親友描述等，如果有必要，可進行面對面接觸，以確認上述資料的真實性。

（二）評估（assessment）：有時訪談當事人反而會提高其興趣而增加目標的風險，如果沒有接觸反而有可能興趣消散，因此應進行評估以瞭解是否應採取必要的行動。

（三）處理（management）：首先應事前規劃，而此計畫應具備彈性以適應情境改變，並將計畫付諸實行，包括預防其發生、減少其損害、最後才是追訴處罰，最好的方式還是透過個案的親友來改變其想法和行為，使威脅消失無形。

整個威脅評估過程分析如圖4-4-1，在行為出現前大多有前兆（antecedent），行為後產生的後果（consequence）如果出現強化（reinforcement）則會對原有行為產生正向刺激（stimulus）和增強，如果導致處罰或嫌惡（aversive）則會對原有行為產生負向消散（extinction）效果[108]。

---

107 Fein, R. A., Vossekuil, B. B., & Holden, G. A. (2006). Threat assessment: An approach to prevent targeted violence. In Keppel, R. D. (Ed.). *Offender Profiling*. OH: Thomson Corporation, pp. 149-158.

108 Girod, R. J. (2004). *Profiling the criminal mind: Behavioral science and criminal investigative analysis*. NY: iUniverse, pp. 36-37.

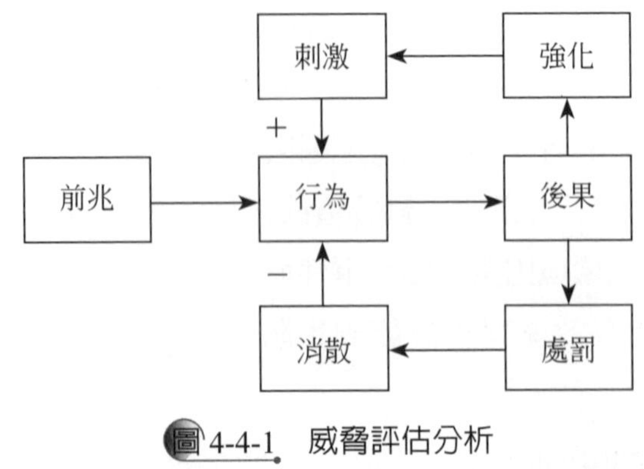

圖4-4-1 威脅評估分析

另外有二個和被害剖繪相關的名詞：可疑死亡分析（equivocal death analysis）是指對被害者進行分析，從死亡前發生的事件重建死者心理狀態，可能的結論包括殺人、意外、自殺或不確定原因；而心理解剖（psychological autopsy）則根據訪談相關人員、檢視命案現場及檔案資料，重建死者的人格剖繪，判斷是否為自殺（詳見第十章第一節）[109]。

三、被害處遇

在被害調查過程中，需要特別注意被害人的反應，通常被害者家屬面對的問題包括身分辨認、試圖報復、還要協助警方調查，造成他們經常有睡不安穩、作夢、自責、抵抗力減弱、引發疾病、焦慮、憂鬱沮喪、憤怒恐懼、回想被害人及當時情形、改變日常活動、不敢夜晚出門、規避相關事務、縮小活動範圍、避免接觸陌生人及陌生環境等現象（總稱為「創傷後壓力症候群」，post-traumatic stress syndrome）。此外還有刑事司法體系所造成的二度傷害，包括責怪、貶抑被害人、認定被害人也有責任、司法過程曠日費時、需長期等待等[110]。還有偵查人員沒有必要的重複訪談

109 Poythress, N., Otto, R. K., Parkes, J., & Starr, L. (2006). APA's expert panel in the Congressional Review of the USS Iowa incident. In Keppel, R. D. (Ed.). *Offender profiling*. OH: Thomson Corporation, pp. 452-453.

110 Miller, L., & Schlesinger, L. B. (2000). Survivors, families, and co-victims of serial offenders. In Schlesinger, L. B. (Ed.). *Serial offenders: Current thought, recent findings*. FL: CRC Press, pp. 311-314.

被害人，對被害人的痛苦和折磨表達冷漠[111]，都會在無意中造成傷害。

在刑案發生後，如果被害人死亡，要通知被害家屬應親自前往，有同伴隨行並提供支持，但不要隨意透露案情，簡單直接陳述事實，避免婉轉表達，機智誠實回答所有問題，但不要透露必要以外的訊息，冷靜支持，撫慰家屬，保持同理心，但不要過度感傷或自己失去控制，尊重家屬隱私，不要讓家屬單獨留在家中（留一個人陪伴），提供相關資訊、聯絡電話與書面指示（說明接著會發生什麼事），提供交通工具，讓家人決定是否要指認。並要說明在接下來的刑事司法程序中，被害人會遭遇的情況：

（一）當時間經過，逮捕機會下降，破案壓力增加，被害家屬會不斷要求提供消息，此時應適當提供其發洩管道，亦可使其有機會協助提供警方線索，另外在多重被害人的情況中，應避免有些人遭到忽略。

（二）審判階段：被害家屬對無法介入司法程序感到挫折，也對法庭缺乏人道關懷感到憤怒，在審理過程中會聽到一些以前不知道的資訊而感到震驚，在面對犯罪者面無表情或嘻笑怒罵時更是無法忍受。

在被害調查過程中，應當適時提供被害家屬心理治療，如此不但有益於被害家屬的調適，亦有利於偵查工作。其基本原則為合作互助、共同計畫、評估處理技巧及資源，此外尚有不同治療方式[112]：

（一）個別治療：傾聽評估、解說疏導、提供支持、消除不實際的期待、提供具體資訊（避免一次提供過多訊息）、注意當事人的反應、協助找出問題來源（可以鼓勵採取寫日記或錄音方式記錄，但不要過度執迷）、尋求他人支持、減少自責、回到正常生活和展望未來。

（二）家庭治療：接受事實、找出問題、分析原因、找出治療方法、依優先順序解決問題，家庭成員彼此支持，計畫未來，重建、恢復家庭正常功能。

---

111 Turvey, B. E. (2002). Serial homicide. In Turvey, B. E. (Ed.). *Criminal profiling: An introduction to behavioral evidence analysis*. CA: Academic Press, p. 516.

112 Miller, L., & Schlesinger, L. B. (2000). Survivors, families, and co-victims of serial offenders. In Schlesinger, L. B. (Ed.). *Serial offenders: Current thought, recent findings*. FL: CRC Press, pp. 314-318, 325.

另外在面對創傷後兒童的治療上，必須注意小孩不太會表達自己，可藉由遊戲、洋娃娃、說故事來瞭解問題，對小孩的問題要耐心回答，以年齡相稱的答案加以說明，但要避免用語過於婉轉，以使其清楚瞭解目前面臨的狀況。

四、連帶被害

通常只有犯罪者受到關注，很少有人會注意到被害者及其家屬、幫助者與治療者等人可能遭遇的問題。其中幫助者和治療者更常被心理治療忽略，因為一般人認為他們可以自己對抗壓力，而警察人員也常拒絕心理治療，由於他們具有硬漢的刻板印象[113]，因此其遭受創傷後的壓力就經常被忽視。

警察的壓力來源主要來自破案壓力，這些壓力會影響其個人身體健康和正常家庭生活，即使嫌犯被捕，仍要面臨證據不足以將歹徒定罪或法官輕易交保，或是偵查過程發生錯誤導致挫折，團隊士氣低落，甚至遭凶手嘲諷偵查人員的辦案能力。此外，眼見被害人無辜遭到殺害，或接觸被害家屬感同身受，凡此種種皆挑戰其心理防衛機制（defense mechanism）和處理能力。治療首要目標在情緒宣洩，教導其適當反應壓力，發展危機管理能力和鼓勵團體支持，而且必須強制所有相關的人員都要參與。

此外，偵查人員容易被極度的情感衝突所影響，導致情緒疲乏，原因在於：

（一）同理心可以幫助瞭解當事人的經歷，但也可能傷到偵查人員。

（二）可能自己的生活也曾經遭遇某些創傷事件，當面臨當事人類似情形時，勾起其痛苦的回憶。

（三）壓力會因為面對受創兒童而加劇，因為每個人都有親人。

結果會使得偵查人員失去客觀性，過度認同當事人，而這些影響會擴

113 警察因工作特性，發展出被稱為約翰韋恩（John Wayne）或克林伊斯威特（Clint Eastwood）症的人格，在強悍的外表下，有一顆軟弱的心，加上比一般人更有機會接觸槍枝，導致其自殺率是因公殉職的兩倍。

散到他的家庭及工作單位，產生一種替代創傷（vicarious traumatization）的現象，此種壓力會逐漸累積，例如不能瞭解別人為何不像他那麼憤怒，因而從原來的社會支持網絡中隔離及退縮[114]。這些問題都需要審慎面對，因為其效應是既深且廣的，尤其在剖繪過程中強調要融入和同理，更有可能會危害到剖繪人員的心理健康。由於剖繪工作每天需面對許多重大暴力犯罪案件，對剖繪者的身心健康有重大影響[115]，因此從事此項工作的剖繪人員應當[116]：

（一）維持健康的個人生活，不要將工作和負面情緒帶回家裡。

（二）平均分配工作上的責任，以免某些人壓力過重。

（三）平衡重大犯罪和一般案件的案件負荷。

（四）定期休假，設定合理的工作時程，如有需要應尋求諮商。

（五）發展合理的期待和目標，不要有不切實際的要求，破案有時要靠天時、地利、人和。

（六）發覺自我支持的方法，適度發洩壓力，維持正常情緒。

（七）參與促進社會關係的活動，例如和親友一同出遊，接觸大自然。

（八）平常要多從事與工作無關的活動，不要整個心思都圍繞在工作上。

---

114 Miller, L., & Schlesinger, L. B. (2000). Survivors, families, and co-victims of serial offenders. In Schlesinger, L. B. (Ed.). *Serial offenders: Current thought, recent findings*. FL: CRC Press, pp. 310, 326-329.

115 Holmes, R. M., & Holmes, S. T. (2002). *Profiling violent crimes: An investigative tool*. CA: Sage Publications, p. 2.

116 Miller, L., & Schlesinger, L. B. (2000). Survivors, families, and co-victims of serial offenders. In Schlesinger, L. B. (Ed.). *Serial offenders: Current thought, recent findings*. FL: CRC Press, p. 329.

第五章　地緣剖繪

所謂地緣剖繪（geographic profiling）[1]是在剖繪過程中，取得犯罪者出現的空間行為[2]（spatial behavior）或犯罪相關地點的資訊[3]，藉由一連串犯罪的位置（包括多次犯罪地點及單次犯罪涉及多個地點[4]），來預測犯罪者的可能住處及下次可能犯罪的地點（通常地點資訊愈多，愈能準確預測），而地緣剖繪者（geo-profiler）則是被訓練來觀察犯罪空間型態的人。此外犯罪行為通常與日常生活高度相關，因為平常活動的地點，也通常和犯罪地點有所關聯，這就是一般人所稱的「地緣關係」。此項技術可以用在牽涉許多犯罪現場的連續殺人、性侵害、縱火、搶劫和爆炸案件，它嘗試重建犯罪者和被害者在犯罪前後的旅程，當犯罪者的活動空間裡發現有合適的被害者經過時，這些地方往往就成為犯罪容易發生的地點。

本章首先介紹犯罪分析及製圖的概念，其次說明地緣剖繪的理論基礎及基本原理，再探討影響犯罪地點選擇的因素，以及犯罪者如何選擇作案地點，並闡述如何將預測結果運用在偵查工作，最後分別從量化及質性研究，進行國內案例的分析。

第一節　犯罪分析

犯罪分析（crime analysis）是一種系統性（包括量化與質性）研究犯罪、失序問題及警察所關切的議題，包括人口統計、時間及空間因素，用

1 本書譯為地緣剖繪，而非地理剖繪，乃因犯罪者大多存在地緣關係，也就是在熟悉地方犯案的特性。

2 空間行為通常要結合時間因素，例如犯罪在何時出現在何地，因此地緣剖繪需要掌握犯罪者的時空資訊。

3 Holmes, R. M., & Holmes, S. T. (1998) (Eds.). *Contemporary perspectives on serial murder*. CA: Sage Publications, p. 199.

4 例如犯罪人碰到、尾隨、攻擊、性侵或殺害被害者、棄置屍體或車輛的地點，可能都不同。

來協助警察在逮捕人犯、犯罪及偏差行為的預防、降低和成效評估（如圖5-1-1）。警察機關長久以來經常使用地圖作為犯罪分析的重要工具，而犯罪製圖（crime mapping）就是在犯罪分析中進行空間分析，最近的趨勢則是利用地理資訊系統（Geographic Information System, GIS）將地理資料進行視覺化分析[5]。

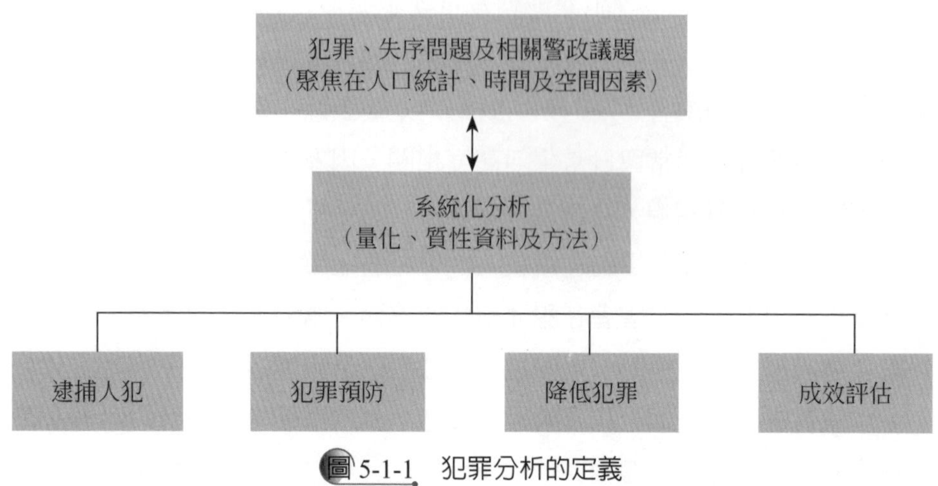

圖5-1-1 犯罪分析的定義

而GIS則是一種資訊系統，用來捕捉、管理、整合、操作、分析和展示空間中分布的資料，一般而言，會有多種層級的資料套疊在基圖上，例如圖5-1-2顯示土地使用、人口組成、犯罪防治措施、運輸路網、重建區域和犯罪事件疊合（superimpose）在地圖上，可提供交叉整合性分析[6]。

犯罪分析的程序如下（如圖5-1-3）[7]：

5 Boba, R. (2009). *Crime analysis with crime mapping*. Sage Publications, pp. 3-7.

6 Chainey, S., & Ratcliffe, J. (2005). *GIS and crime mapping*. John Wiley & Sons, pp. 40-41.

7 Boba, R. (2009). *Crime analysis with crime mapping*. Sage Publications, pp. 57-62.

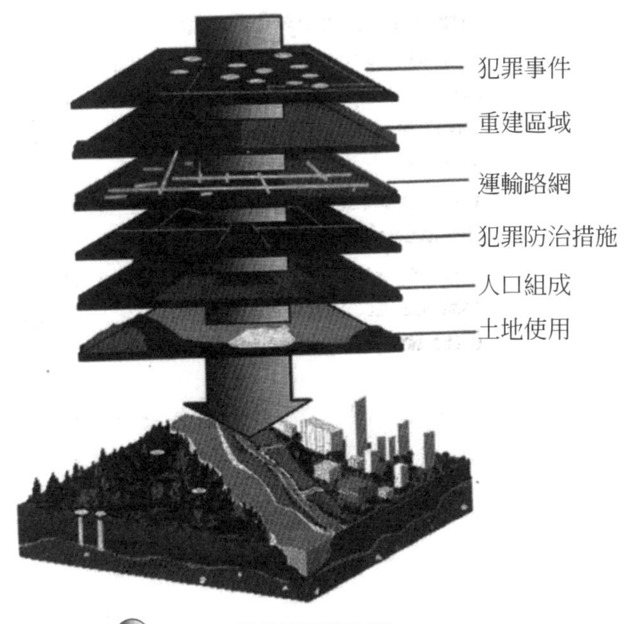

圖 5-1-2　地理資訊系統

一、資料蒐集（collection）

（一）資料必須正確而持續的蒐集。

（二）只蒐集有利於犯罪分析的資料。

（三）資料必須適當而及時地蒐集。

（四）資料必須儲存足夠數量，以備有效分析。

（五）資料必須能以電子形式存取，以供查詢和下載。

二、資料校對（collation）

（一）清理（cleaning）：修正錯誤和不一致的資料。

（二）編碼（geocoding）：將犯罪資料和地理資料合併，以便進行空間分析。

（三）建立新的變數：從現有變數重新編碼為新變數，以便進行進階分析。

三、資料分析（analysis）

當資料蒐集齊全後，進行各種統計及視覺化分析，在資料分析後，如果發現資料不足或有錯誤情形，有可能回到蒐集和校對的資料修改循環（data modification subcycle）。

四、資訊散布（dissemination）

一旦完成資料分析，分析人員有義務將分析結果，用淺顯易懂和簡單扼要的方式，傳送到各需求單位，包括警察人員、管理決策者、市民大眾、其他分析人員及新聞媒體。

五、回饋（feedback）

資料分析人員必須尋求被提供資訊者的回饋，以便改進整個程序，並提高分析資料的可用性。

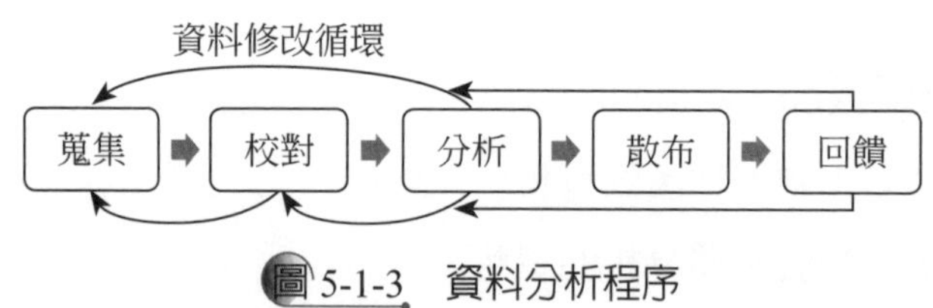

圖5-1-3 資料分析程序

犯罪分析可協助警方在下列各方面[8]：

一、加速偵破刑案。

二、發展有效的犯罪預防策略。

三、找到和逮捕犯罪者。

四、起訴犯罪者並加以定罪。

五、提高巡邏和偵查效率。

六、改進公共安全和生活品質。

七、偵測和解決長久存在的問題。

---

8 Bruce, C. W. (2004). Fundamental of crime analysis. In Bruce, C. W., Hick, S. R., & Cooper, J. P. (Eds.). *Exploring crime analysis: Readings on essential skills*. International Association of Crime Analysis, p. 11.

八、妥善規劃資源的未來需求。

九、落實有效的刑事政策及治安對策。

十、喚醒一般大眾加強警覺。

警察工作長久以來就已注意嫌犯的地緣關係，但有系統的探討係自1980年代末期在加拿大Simon Fraser大學開始進行相關研究，1995年溫哥華警方建立第一個地緣剖繪部門，隨後美國、英國、德國和荷蘭亦跟進，目前已累積不少研究成果，且已逐步運用在犯罪偵查實務工作上。地緣剖繪是犯罪剖繪新近發展的一支，係綜合現代地理學和環境犯罪學的發現，其內容可與前述犯罪剖繪結果互補，也就是在地緣剖繪結論的原則下，補充犯罪者差異形成的例外，使推論的結果更具正確性及實用性。

第二節　理論基礎

一、環境犯罪學

「犯罪地理學」（criminal geography）旨在研究犯罪的空間和時間分布，其發展可溯自統計學家Guerry和Quetelet的著作、犯罪學者Shaw與McKay在芝加哥的研究，以及芝加哥學派學者Burgess及Park奠定的基礎，當時稱為生態犯罪學（ecological criminology），他們發現犯罪集中在都市的某些區域，而提出同心圓理論（concentric circle theory），犯罪大多發生在轉型區（transition zone），而且不會隨著移民的移入與移出產生變化，似乎與此地區的社會解組（disorganization）高度相關[9]。

犯罪的空間型態很早就被提及，但早期並不受學者重視，認為只對警察工作有重要性，某些期刊甚至婉拒刊登犯罪發生的地圖，以節省版面空間，但目前已重新受到重視[10]。犯罪學者探究地理因素，通常是關心犯罪

9 Rossmo, D. K. (2000). *Geographic profiling.* FL: CRC Press, pp. 1, 97-98.

10 Brantingham, P. J., & Brantingham, P. L. (1991) (Eds.). *Environmental criminology*. IL: Waveland Press, p. 27.

的整體空間分布，因此都在處理累積的地理資料，找出犯罪熱點等空間趨勢，將警察巡邏部署在經常發生犯罪案件的地點，因此大多只能用在犯罪預防或社區警政工作。

「地緣剖繪」是犯罪剖繪的一個分支，其萌芽的原因主要由於地理資訊系統（Geographic Information System, GIS）的發展和少數學者（如Canter和Rossmo）的提倡[11]。GIS用來儲存及分析地理資料，找出犯罪熱區（hot spot），可以瞭解犯罪趨勢，減少連結盲點，早期警告預防，預測下次犯罪地點和集中巡邏警力，作為埋伏和圍捕依據[12]，而Canter則是第一位將研究焦點放在預測犯罪者住在哪裡的學者[13]。

地緣剖繪的理論基礎主要包括：環境犯罪學（任何犯罪要發生，必須犯罪者和被害者在時空有交錯）和日常活動理論（有動機的犯罪者遭遇適合的被害人，二者都在從事日常活動）[14]。環境犯罪學（environmental criminology）對人和周遭環境的互動有興趣，犯罪被視為是犯罪者和周遭環境互動的產物，它是從人類生態學、環境心理學、行為地理學和認知科學所衍生出來[15]。「環境犯罪學」主要探討犯罪者的空間型態（spatial pattern），認為犯罪的旅程（journey to crime）和日常活動前往工作或購物極為相似，因此其移動方式是可以預測的，犯罪地點通常也是犯罪者的主要活動地點。環境犯罪學者開始運用地理資訊去描述、瞭解和控制犯罪，在空間層面研究犯罪，包括犯罪旅程、經由環境設計預防犯罪（crime prevention through environmental design）[16]，環境犯罪學可以預

11 Palermo, G. B., & Kocsis, R. N. (2005). *Offender profiling: An introduction to sociopsychological analysis of violent crime*. IL: Charles C. Thomas Publisher, pp. 225-226.

12 Rossmo, D. K. (2000). *Geographic profiling.* FL: CRC Press, pp. 185-187.

13 Palermo, G. B., & Kocsis, R. N. (2005). *Offender profiling: An introduction to sociopsychological analysis of violent crime*. IL: Charles C. Thomas Publisher, p. 156.

14 Rossmo, D. K. (1997). Place, space and police investigation: Hunting serial violent criminals. In Canter, D. V., & Allison, L. J. (Eds.) *Criminal detection and the psychology of crime*. Dartmouth: Ashgate Publishing, p. 507.

15 Rossmo, D. K. (2000). *Geographic profiling.* FL: CRC Press, p. 111.

16 Rossmo, D. K. (1997). Place, space and police investigation: Hunting serial violent criminals. In Canter, D. V., & Allison, L. J. (Eds.) *Criminal detection and the psychology of crime*. Dartmouth: Ashgate Publishing, p. 509.

測犯罪者會在何處犯罪[17]。

日常活動理論（routine activity theory）則是和犯罪型態（crime pattern）理論及理性選擇（rational choice）理論密切相關，但各個理論強調的重點不同，「日常活動理論」強調「社會」、「犯罪型態理論」強調「地區」、「理性選擇理論」則強調「個人」，分別說明如下：

「日常活動理論」是指犯罪者從日常活動中習得犯罪的機會，它指出犯罪者和被害者必須在時空交錯（convergence in space and time），犯罪要發生，必須要有動機的犯罪者（motivated offender）在適當時空環境與合適的目標（suitable target）接觸，而且要有能力的監控者不在場（absence of capable guardian），此理論可以下列公式簡要說明：crime = (offender + target − guardian)×(time + place)。當人決定要犯罪，他會從日常生活對空間的印象中，選擇適當的犯罪地點。

「犯罪型態理論」指出犯罪者在搜尋合適標的物時，會發展出一套方式[18]。它指出犯罪行為最可能發生在犯罪者的「認知空間」（於第三節說明）和合適標的物的交錯之處，此項理論可以解釋犯罪的分布，因此大多數犯罪者不會隨機選擇犯罪地點。目標選擇受到犯罪者和環境互動的影響，每一犯罪事件都受到過去的經驗和未來的意向所影響。犯罪地點選擇模式如下[19]：

（一）個人有動機去從事特定犯罪：每個人有各種不同的動機，強度也不一樣。

（二）實際犯罪是許多階段決定（multi-stage decision）的結果：表達型（expressive）的階段較少（過程較簡單），工具型（instrumental）的階段較多（過程較複雜）。

---

17 Godwin, G. M. (2001). Geographic profiling. In Godwin, G. M. (Ed.). *Criminal psychology and forensic technology: A collaborative approach to effective profiling*. FL: CRC Press, p. 276.

18 Verma, A. (2001). Construction of offender profiles using fuzzy logic. In Godwin, G. M. (Ed.). *Criminal psychology and forensic technology: A collaborative approach to effective profiling*. FL: CRC Press, p. 51.

19 Rossmo, D. K. (2000). *Geographic profiling*. FL: CRC Press, pp. 116-118.

（三）環境會散發許多信號（signal），這些信號可以提供一般人從事特定行為的線索。

（四）犯罪者會利用這些環境的提示（cue）去找到適合的目標。

（五）他會學到某些環境所提供的線索和合適的目標有關。

（六）一旦這種尋找合適目標的型態確定，就不太會改變。

（七）每個人的犯罪型態都有所不同，也都和其學習的過程有關。

「理性選擇理論」指出犯罪行為是自由意志與理性選擇的結果，犯罪者會理性的考慮各種替代方案的勞力、報酬和成本[20]，其基本概念為犯罪者是理性的，會尋求其最大利益及最小成本，例如犯罪地點愈遠，雖然成本較高，但風險隨之降低。即使是精神病患在犯罪時也有理性成分，但受限於時間、能力和資訊，因此大多數的犯罪者是有限理性的（limited rationality）或有限的理性選擇（limited rational choice），亦即犯罪通常是臨時起意，快速決定，沒有仔細思考，也沒有詳細的計畫[21]，因此犯罪地點也有可能是隨機挑選。

綜合上述理論，可以發現犯罪需要有動機的犯罪者和可能的目標接觸，而犯罪者搜尋目標會偏向他熟悉的地方，因為他在此處感覺較安全，且風險較低，犯罪者不太可能在他感到不舒服且全然陌生的環境犯案，加上此處有大量目標又容易脫逃，犯罪就可能會在此發生[22]。

二、基本概念

犯罪的地點分布，可以圖5-2-1加以說明。一件犯罪要發生，必須要有犯罪者（offender）、標的物（target）和時空環境（environment）交錯，其中犯罪者通常對特定被害者有特殊偏好（victim preference），心

20 成本通常是指犯罪者要付出的代價，除了移動成本外，犯罪者通常會考慮可能面臨的刑罰，因此要嚇阻犯罪，必須刑罰要超出犯罪所得的利益，但又不能過量以免產生反效果，亦即「罪刑均衡原則」，另外刑罰要有效果，必須具備嚴厲、迅速和確實等三個要件。

21 Rossmo, D. K. (2000). *Geographic profiling.* FL: CRC Press, pp. 111, 114-115.

22 Brantingham, P. J., & Brantingham, P. L. (1991) (Eds.). *Environmental criminology*, IL: Waveland Press, pp. 41-43.

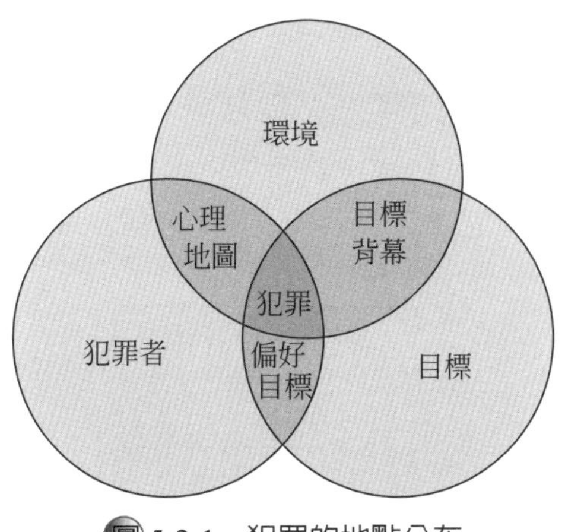

圖5-2-1　犯罪的地點分布

理地圖（mental map）則代表每個人對他的環境和位置的認知[23]，犯罪者從日常生活中獲得有關空間的資訊，在腦海中留下印象，經驗告訴他們哪裡可以發現被害者，因而產生心理圖像[24]。最後目標背幕（target backcloth）是指合適的犯罪目標之地理及時間分布，這些標的會受到周遭環境所影響，而非平均分布在地理空間內[25]，如果犯罪者沒有特別偏好，目標背幕會平均分布，但一般會偏向某種時空環境。犯罪發生地點和目標分布有關，因此考慮被害特徵在發展地緣剖繪非常重要，目標背幕也會受到天然和人工實體環境所影響[26]。因此犯罪較可能發生在某些地點，犯罪地點並非隨機分布，可能的被害者在空間和時間上並非平均分布，而犯罪會隨著目標的集中程度而變化[27]。

圖5-2-2為犯罪者的決意過程（decision-making process），首先他會

23 Palermo, G. B., & Kocsis, R. N. (2005). *Offender profiling: An introduction to sociopsychological analysis of violent crime*. IL: Charles C. Thomas Publisher, p. 227.

24 Godwin, G. M. (2001). Victim target networks as solvability factors in serial murder. In Godwin, G. M. (Ed.). *Criminal psychology and forensic technology: A collaborative approach to effective profiling*. FL: CRC Press, pp. 253-254.

25 Rossmo, D. K. (2000). *Geographic profiling*. FL: CRC Press, p. 128.

26 Rossmo, D. K. (1997). Geographic profiling. In Jackson, J. L., & Bekerian, D. A. (Eds.). *Offender profiling: Theory, research and practice*. England: John Wiley & Sons, p. 165.

27 Brantingham, P. J., & Brantingham, P. L. (1991) (Eds.). *Environmental criminology*, IL: Waveland Press, p. 40.

掃描周遭環境以發現容易得手的目標，並考量是否有危險存在，包括有無目擊者、附近是否有警察經過、有無逃脫路線等，再決定下手的適當時機，如果利益大於風險，就有可能會下手（鎖定目標及實施犯罪），但如果風險太高，就可能會完全放棄、待會再來或轉移陣地[28]。

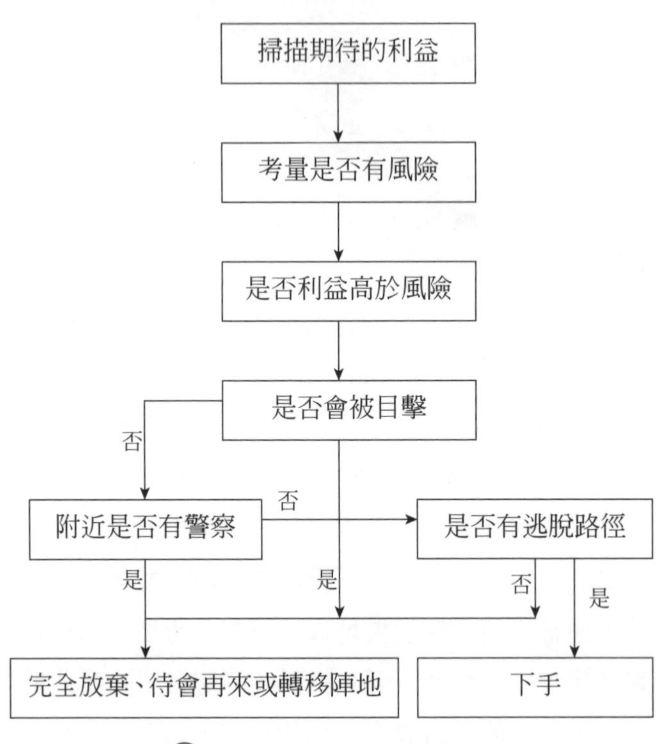

圖5-2-2 犯罪者的決意過程

三、前提假設

在運用地緣剖繪前，必須符合以下前提[29]：

（一）必須是連續犯罪，一般而言至少要五件以上。

28 Godwin, G. M. (2001). Victim target networks as solvability factors in serial murder. In Godwin, G. M. (Ed.). *Criminal psychology and forensic technology: A collaborative approach to effective profiling*. FL: CRC Press, p. 255.

29 Kemp, J. J., & Koppan, P. J. (2007). Fine-tuning geographical profiling. In Kocsis, R. N. (Ed.). *Criminal profiling: International theory, research, and practice*. NJ: Humana Press, pp. 356-359.

（二）犯罪者在連續犯案過程中，不能是移動的（如搬家）。

（三）僅能用在劫掠型，不能用在通勤型犯罪者（第三節中詳述）。

（四）被害目標必須是平均分布在空間中。

另有學者提出要有效推估犯罪者的住處，必須符合六項條件[30]：

（一）能將一系列犯罪連結到某一犯罪者，連結的方法包括指紋、DNA、工具痕跡、作案手法或簽名特徵，除此之外，如果犯罪現場都很接近，很可能是同一人所犯下。

（二）至少需要三到五件犯罪，否則很難有效連結到單一犯罪者，因為樣本太小可能會犯錯，當然單一案件但有多個地點（如遭遇、攻擊、殺害、棄置）也可以推估犯罪者的住處。

（三）犯罪應當要廣泛分布，而且有一個中心點，如果犯罪密集集中在某處，可能就是在犯罪者住處附近，尤其是情感型的犯罪，犯罪距離通常較短。

（四）犯罪者應當有一個穩定的活動地點，所以遷移型犯罪者或犯罪者居無定所，就很難預測其住處。

（五）犯行之間應當間隔不長，間隔過長（如數年）就不太可能被串聯，尤其是犯案手法不同時。

（六）連結犯罪必須在時間上是接續的，同一時間發生的犯罪不太可能用來連結並找出犯罪者的住處。

但在實際運用時，會遭遇以下二大問題：

（一）越軌的犯罪者（deviant offender）

1. 有些犯罪者沒有固定的住所，包括流動人口、無家可歸的人、甚至是外國人。
2. 另外有些人可能狡兔三窟，從不在一個地方停留太久。
3. 不住在一起的共犯，各自從住處出發到某處會合，犯罪地點由其中一人

30 Bartol, C. R., & Bartol, A. M. (2013). *Criminal & behavioral profiling*. SAGE Publications, pp. 117-121.

主導決定。

4. 有些犯罪者行蹤不定，或突然偏離日常活動地點，例如被警察盯上便遠離家鄉犯案。
5. 作案手法改變，例如更換交通工具或犯案地點，導致警方不能掌握其全般犯罪，無法將所有犯罪地點串聯。

（二）偏離的犯罪情境（deviant circumstance）

1. 活動空間被一些地理環境所限制，例如特殊地形地貌、街道寬窄、公用運輸系統或交通便利情形，都會影響犯罪的分布。
2. 潛在的犯罪標的物並非隨機分布，例如犯罪比較集中在市中心區，因為那裡人多、匿名性高、犯罪機會多、交通便利、也較容易脫逃。
3. 無法確切掌握某些犯罪的作案地點，例如性侵害犯會將被害人帶到偏僻地點，而實際遭遇地點卻無人知曉，分析殘缺不全的資料可能會犯錯。
4. 通常我們會關注已經發生的案件，而忽略那些因為犯罪者行經不同路線而沒有被選中的目標，或被害者搭乘不同交通工具而沒有被鎖定。

四、重要名詞

在地緣剖繪中，有一些重要名詞需要特別加以說明：

（一）基地（base）、定錨點（anchor point）：大多指居住地，但也有可能是工作地點、經常出入的娛樂場所或朋友的住處。

（二）犯罪熱區（hot spot）是指犯罪較常發生的區域，狩獵區（hunting ground）則是犯罪者在此監視，等候目標出現的區域[31]。

（三）舒適區（comfort area）：犯罪者在他們熟悉的空間裡覺得較安全，不會在全然陌生的環境犯案[32]。

---

31 Rossmo, D. K. (2000). *Geographic profiling.* FL: CRC Press, pp. 125-126.

32 Alston, J. D. (2001). The serial rapists' spatial pattern of victim selection. In Godwin, G. M. (Ed.). *Criminal psychology and forensic technology: A collaborative approach to effective profiling*. FL: CRC Press, p. 242.

（四）最省力原則（least effort principle）是指人類會從事花費最少力量的行動，因此當有許多地點可供選擇，在其他條件皆相同的情況下，將選擇最近的地點（不會捨近求遠）[33]。

（五）緩衝區（buffer zone）：犯罪者會避免在住處附近犯案，以免留下證據或被熟人認出[34]。但緩衝區並非安全區，並不保證犯罪不會在此發生（人在衝動或盛怒之下，有時會不顧一切而鑄下大錯）。

其中「最省力原則」會支配人類的行為，在理性選擇下，犯罪人會選擇最小成本和最大報酬的地點作案，並會在旅行的成本和被捕的風險中求取平衡，而最近的地點通常也是離家最近的「舒適區」，因此這二個概念基本上是類似的，但人們不會完全採取最短路徑[35]，因為它和「緩衝區」事實上是矛盾的，經過衡量後會形成最佳距離（optimal distance）[36]。另外「緩衝區」概念對於掠奪性犯罪（如竊盜、搶奪）較適用，感情動機的犯罪（如殺人、性侵害）則較不適合。因為前者大多經過深思熟慮，而後者則是出於一時衝動所致，基於此種原因，緩衝區較適用於棄屍地點而非綁架地點[37]，因為前者較後者容易掌控，可以完全由犯罪者獨自決定（不受被害者行動影響）。而且連續殺人的棄屍範圍會隨著犯罪次數增加而遞減，原因是已經成為慣性且信心增加，為了降低運輸風險而決定將屍體棄置在離作案地點不遠處。

另外以犯罪者的居住型態可分為：

（一）穩定型（stable）：住在某處一段時間，會在附近殺害被害人，並在同地或附近棄置屍體。此種人大多年紀較輕、喜歡尋求刺激、犯罪過

33 Rossmo, D. K. (2000). *Geographic profiling.* FL: CRC Press, p. 87.

34 Alston, J. D. (2001). The serial rapists' spatial pattern of victim selection. In Godwin, G. M. (Ed.). *Criminal psychology and forensic technology: A collaborative approach to effective profiling*. FL: CRC Press, p. 235.

35 Rossmo, D. K. (2000). *Geographic profiling.* FL: CRC Press, pp. 120-122.

36 Godwin, G. M. (2001). Victim target networks as solvability factors in serial murder. In Godwin, G. M. (Ed.). *Criminal psychology and forensic technology: A collaborative approach to effective profiling*. FL: CRC Press, p. 252.

37 Godwin, G. M. (2001). Geographic profiling. In Godwin, G. M. (Ed.). *Criminal psychology and forensic technology: A collaborative approach to effective profiling*. FL: CRC Press, p. 280.

程比較有組織、計畫犯罪、會尋找特定的被害者、也會搬運屍體[38]。

（二）遷移型（transient）：經常旅行找尋被害人，到處移動以混淆警方，屍體棄置在遠處。此種人教育程度較低、沒有穩定工作、有婚姻問題、犯罪過程比較無組織、經常改變住處、沒有特定的被害者。這些犯罪者沒有固定住處，心理病態者更是到處流竄，有些強暴犯會被吸引到容易找到被害者的地方，如紅燈區[39]。

此外Rossmo認為對某些犯罪者而言，獵取目標的刺激超過任何其他考慮（除了避免被捕以外），因此以犯罪地點預測嫌犯的住處應該考慮狩獵型態（hunting style），他將犯罪者的狩獵型態分為二個階段，並各分為三至四種類型[40]：

（一）搜尋方法：找到適當對象（會影響遭遇地點）

1. 出獵（hunter）：由住處往外尋找被害人（類似劫掠型）。
2. 入侵（poacher）：不在住處附近犯罪，常移動到其他地方犯案（類似通勤型）。
3. 漫遊（troller）：從事其他日常活動，沒有特別尋找對象，通常是碰巧遇到被害人，臨時起意犯案。
4. 設陷阱（trapper）：製造情境吸引被害人到某處加害。

（二）攻擊方法：進行攻擊方式（會影響棄屍地點）

1. 猛禽（raptor）：一旦遭遇立即攻擊。
2. 潛行（stalker）：尾隨等待機會再加以攻擊。
3. 伏擊（ambusher）：引誘到容易控制地點再攻擊。

其中遭遇和棄屍地點比較容易被警察發現，而攻擊和殺害地點通常只

38 Holmes, R. M., & Holmes, S. T. (2002). *Profiling violent crimes: An investigative tool*. CA: Sage Publications, p. 111.

39 Rossmo, D. K. (2000). *Geographic profiling*. FL: CRC Press, pp. 104, 146.

40 Rossmo, D. K. (1997). Geographic profiling. In Jackson, J. L., & Bekerian, D. A. (Eds.). *Offender profiling: Theory, research and practice*. England: John Wiley & Sons, p. 167.但有學者批評此種分類雖然有趣，但其實用性則有待考驗。

有犯罪者才知曉。表5-2-1顯示搜尋和攻擊方法及其地緣分析的可行性，表中適合分析的程度包括：可以、可能、難預料和不行四種，另外多餘（redundant）是指分析是可能的但沒有價值，例如犯罪者的住址可以由分析設陷阱之連續殺人犯的屍體棄置地點所推測（引誘被害人到他的住處，殺害後掩埋在後院或地下室），但此種情形就無需進行空間分析。此外某些類型比其他類型較有可能出現，例如出獵／猛禽類和設陷阱／伏擊者就比出獵／潛行者和設陷阱／猛禽類較有可能。最後，此表只是一般狀況，每一個案都和其他個案有顯著差異[41]。

表5-2-1　狩獵分類和地緣分析的可行性

攻擊方法		出獵	入侵	漫遊	設陷阱
遭遇地點	猛禽	可以	難預料	可以	多餘
	潛行	可以（如果已知）	難預料	可以（如果已知）	多餘
	伏擊	可以	難預料	可以	多餘
棄屍地點	猛禽	可以	難預料	可以	多餘
	潛行	可能	不行	可能	不行
	伏擊	多餘	多餘	多餘	多餘

第三節　空間要素

一、認知空間

根據環境犯罪學的說法，每個人都有經常的活動地點（activity node），包括家庭、工作、購物及娛樂場所，而往來這些地點的日常路徑（routine pathway），加上沿途周遭的環境，會形成所謂的認知空間（awareness space）或活動空間（activity space）（如圖5-3-1），由於經常出入這些地方的相關經驗，會形成每個人腦海中的心理地圖（mental

41　Rossmo, D. K. (2004). Geographic profiling update. In Campbell, J. H., & DeNevi, D. (Eds.). *Profilers: Leading investigators take you inside the criminal mind*. NY: Prometeus Books, pp. 303-304.

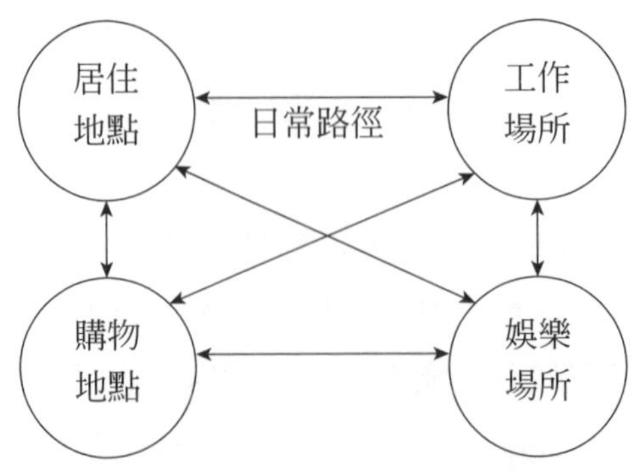

圖 5-3-1 犯罪者的認知空間

map）[42]，心理地圖反映一個人對環境的認知和偏好，而這個心理地圖會隨著時間與經驗不斷累積和更新，它會和年齡和社經地位相關，如年長、有子女、女性和失業者，對周遭空間認知有限（因為較少出門），而對環境很熟悉的人（如計程車司機）則較有能力到處移動。

犯罪者不僅限於住處附近出入，尚須往來工作、學校、購物和娛樂場所，這些地點形成其日常的活動空間，犯罪者在大部分時間和一般人沒兩樣，從事正常（非犯罪）活動，因此會在上述地點及沿途犯罪，不會離開太遠，也不會到他不熟悉的地方犯罪，有可能是犯罪者上下班時沿途去犯案。如果是搭乘大眾運輸工具，犯罪會集中在主要節點（車站）；如果是開車或騎車，則呈現線性型態而在沿線犯罪。另外認知空間是動態的（dynamic），會隨時間而改變，其資訊來源是經由生活經驗逐漸累積，也可能來自媒體報導，或從其他人學習而來，例如犯罪者之間的資訊交換[43]。

目標選擇通常是非隨機而且可以預測，犯罪人花大部分時間參與非犯罪活動，因此和被害人最初接觸的地點，通常和其活動地點及日常路徑

42 Kocsis, R. N., Irwin, H., Hayes, A. F., & Hunn, R. (2001). Criminal psychological profiling in violent crime investigations: A comparative assessment of accuracy. In Godwin, G. M. (Ed.). *Criminal psychology and forensic technology: A collaborative approach to effective profiling*. FL: CRC Press, p. 279.

43 Brantingham, P. J., & Brantingham, P. L. (1991) (Eds.). *Environmental criminology*. IL: Waveland Press, pp. 35-37, 47-48.

很接近，日常活動的中心點大多是住處，會花最多時間在住處附近活動，從住處到其他地點（工作場所、學校、朋友住處、購物地點）形成日常路徑，犯罪者對犯罪地點熟悉（感到安全）的重視程度，比跑到遠處以降低被認出風險的考量更為重要[44]。犯罪地點會受到個人對不同地點的喜好程度所影響，而認知空間會影響嫌犯的空間選擇，因此犯罪會發生在適當標的物和犯罪者認知空間重疊之處[45]。

此外，以下因素會影響犯罪地點的選擇[46]：

（一）年齡：研究發現年輕人在較近處犯罪，年長者會旅行較遠。

（二）智力：聰明的人會到離家較遠處犯罪以避免被懷疑。

（三）婚姻：已婚者犯罪旅程較短，因為他對家庭有責任，需要返回家中。

（四）職業：工作也會限制犯罪者的旅行能力，例如隔天要上班就不能離開太遠，但也可能因為有交通工具而跑得更遠。

犯罪者選擇作案的地點通常會經過深思熟慮，即使是衝動、無計畫的犯罪也會考量在適當地點，他會在平常與環境的互動中認知到哪裡可能有適當的目標，以及最安全和快速的逃逸路線以避免被逮捕[47]。由於犯罪者並非時時刻刻都在尋找犯罪機會，而是大部分時間在從事非犯罪活動，當他有犯罪念頭時，也會在其熟悉的「舒適地區」找尋被害人。對犯罪者而言，犯罪地點熟悉度的重要性大於減少被發現的機會，因為在熟悉的地區犯案，令他覺得安心且有把握，因此他很少會長途跋涉到一個完全陌生的地方犯案，所以犯案地點通常會落在犯罪者的認知空間，亦即大多集中在他的活動地點和日常路徑上，因而形成地緣關係。

---

44 Alston, J. D. (2001). The serial rapists' spatial pattern of victim selection. In Godwin, G. M. (Ed.). *Criminal psychology and forensic technology: A collaborative approach to effective profiling*. FL: CRC Press, pp. 231-232, 247.

45 Rossmo, D. K. (1997). Place, space and police investigation: Hunting serial violent criminals. In Canter, D. V. & Allison, L. J. (Eds.) *Criminal detection and the psychology of crime*. Dartmouth: Ashgate Publishing, p. 513.

46 Petherick, W., & Turvey, B. E. (2012). Alternative methods of criminal profiling. In Turvey, B. E. (Ed.). *Criminal profiling: An introduction to behavioral evidence analysis*. CA: Academic Press, p. 86.

47 House, J. C. (1997). Towards a practical application of offender profiling: The RNC's criminal suspect prioritization system. In Jackson, J. L., & Bekerian, D. A. (Eds.). *Offender profiling: Theory, research and practice*. England: John Wiley & Sons, p. 179.

二、犯罪旅程

在地緣剖繪過程中，二點之間的距離有直線和曲線兩種[48]：

（一）直線距離（as the crow flies）：犯罪者認知的最短路徑[49]。

（二）曲線距離（curvimeter measure）：車輛或步行的實際距離[50]。

其中曲線距離通常比直線距離要長，人在空間中活動必然受限於行進路線，但每個人對距離的認知未必相同，影響距離認知的因素尚有：起點、終點、交通工具、喜歡的路線、熟悉的道路、關卡的種類和數量、實體和心理的障礙[51]、替代的路線和實際的距離，這些都會影響犯罪地點的選擇[52]。克服距離因素必須花時間、金錢和力氣，如果這些因素受限，較近的地點比遠處有先天上的優勢。此外，犯罪者掌握較多住處附近的資訊，因此會偏向先前已經知道的地點，當距離住處愈遠，犯罪的機率就會下降[53]。根據犯罪旅程（journey to crime）的研究發現，刑案通常發生在犯罪者的住處附近，年輕犯罪者較年長者機動性差（沒有交通工具），因此犯罪距離較短，而不同的犯罪類型亦有不同的距離（例如衝動型的犯罪距離較近，而精心策劃的犯罪地點則較遠）[54]。

而案件間距離（inter-crime distance）係指連續犯所選擇下手（如行竊）的犯罪地點中，接續兩次犯案地點的距離，其主要目的為探討連續犯罪者所選擇作案地點之間的距離，可否作為預測下次犯案地點之用[55]。

研究發現大多數犯罪都是以加害者的住所為中心而向外擴散，而且會

48 Alston, J. D. (2001). The serial rapists' spatial pattern of victim selection. In Godwin, G. M. (Ed.). *Criminal psychology and forensic technology: A collaborative approach to effective profiling*. FL: CRC Press, p. 238.

49 歐基里得（Euclidian）距離即二點之間的最短路徑，即直線距離。

50 曼哈頓（Manhattan）距離是指經由街道方格（street grid）實際旅行的距離。

51 Rossmo, D. K. (2000). *Geographic profiling*. FL: CRC Press, pp.44, 88.

52 Holmes, R. M., & Holmes, S. T. (2002). *Profiling violent crimes: An investigative tool*. CA: Sage Publications, p. 209.

53 Brantingham, P. J., & Brantingham, P. L. (1991) (Eds.). *Environmental criminology*. IL: Waveland Press, p. 31.

54 Rossmo, D. K. (2000). *Geographic profiling*. FL: CRC Press, pp. 99-100.

55 林燦璋、廖有祿、陳瑞基（2011），連續型住宅竊盜犯的行為跡證與案件連結分析，中央警察大學學報，第48期，頁109。

呈現距離遞減型態（distance decay pattern），亦即愈往外案件數愈少，離開住所一段距離後，犯罪會急劇下降，因為犯罪者不會離家太遠犯案（如圖5-3-2）[56]。在有關性謀殺的研究中發現，住所到加害、被害雙方遭遇地點的距離，通常遠小於屍體棄置地點，顯示性侵害犯罪通常與日常生活型態有關，而棄置屍體則牽涉更多理性的考慮（會丟棄在較遠處）。如果犯罪者已沈溺其中（較衝動而不考慮後果），則往後的犯罪會愈接近住處，但如果是有計畫的犯罪，則會在較遠的地方犯案，以避免被人發現。因此會有所謂「緩衝區」（如圖5-3-2）的現象，也就是會離住處至少一段安全距離（minimum safe distance），犯罪者會避免在此處犯案，以免被認出或不小心遺留犯罪證據。由於一般人皆會遵循「最省力原則」，亦即當有多個目標時，如果其他條件相同，通常會選擇最近的一個，再配合前述避免在住處附近犯案的原則，會形成所謂的理想距離（optimum distance），通常最初的犯罪地點，可能靠近犯罪者的居住地和工作場所，但隨著成功犯案所帶來的滿足，會逐漸往外尋找目標，將使其犯罪範圍愈來愈廣，因此連續犯的後續犯罪距離會逐漸增加[57]。

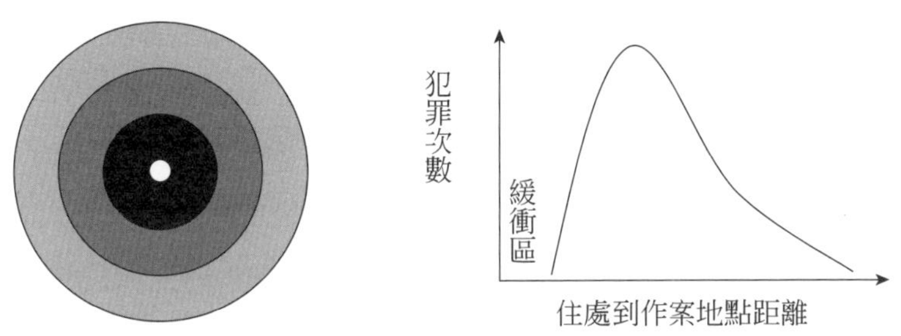

圖5-3-2　距離遞減型態

56　Godwin, G. M. (2001). Geographic profiling. In Godwin, G. M. (Ed.). *Criminal psychology and forensic technology: A collaborative approach to effective profiling*. FL: CRC Press, p. 278.

57　Alston, J. D. (2001). The serial rapists' spatial pattern of victim selection. In Godwin, G. M. (Ed.). *Criminal psychology and forensic technology: A collaborative approach to effective profiling*. FL: CRC Press, p. 234.

三、通勤型及劫掠型

有關嫌犯住處與犯罪地點的關係可分為二種類型（如圖5-3-3）[58]：

（一）通勤型（commuter）：犯罪者會移動到住處以外地區犯案，此處距離他日常生活作息地區有一段距離，亦即犯罪者從住處走一段距離，再到另一處去犯案，二個區域並不重疊（即Rossmo所稱的入侵者）。

（二）劫掠型（marauder）：係以住所為犯罪的中心點，犯罪者離開住處犯案再回到住處，下次再往不同方向出外作案再返回住處，居住區域和犯罪區域重疊（即Rossmo所稱的出獵者）。

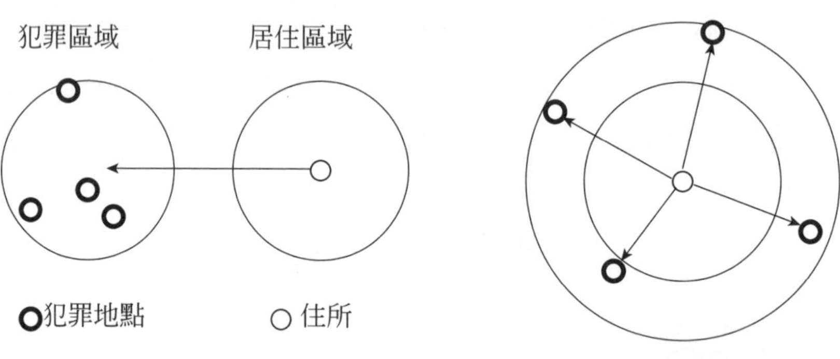

圖5-3-3 通勤型和劫掠型

欲判定某個連續犯罪者屬於何種類型，通常以圓圈假設（circle hypothesis）判斷：犯罪者往各個方向外出犯案，犯罪地點所形成的圓圈會包含住處[59]。首先找出二個距離最遠的犯罪地點，將此距離作為直徑，畫出一圓，此圓應當包含所有犯罪地點，而住處應當落在圓圈之內（通常在圓心附近），此直徑並不考慮地形和路徑，因此如果以實際路徑代替直線

58 Godwin, G. M. (2001). Geographic profiling. In Godwin, G. M. (Ed.). *Criminal psychology and forensic technology: A collaborative approach to effective profiling*. FL: CRC Press, pp. 282-283.

59 Rossmo, D. K. (1997). Geographic profiling. In Jackson, J. L., & Bekerian, D. A. (Eds.). *Offender profiling: Theory, research and practice*. England: John Wiley & Sons, p. 168.

距離會更準確[60]。其基本原理係將犯罪地點繪於地圖，並向內推估犯罪者的住處。但其中有二個名詞須先定義：居住區域（home range）是指住處的周遭空間，而犯罪區域（offense range）則是準備犯案的地區。據此檢驗以下二種假設：

（一）通勤假設：犯罪者從他的住處前往到另一地區犯案，犯罪區域會超越其居住區域，二者之間沒有重疊。

（二）劫掠假設：以住處為中心點，犯罪者往外犯案，接著回到住處，居住區域和犯罪區域有明顯重疊。

通常以二個相隔最遠的犯罪地點之距離作為直徑畫一圓圈，如果包含住處則符合劫掠假設，否則符合通勤假設[61]。通常劫掠型的犯罪距離較短，而通勤型的距離較長，劫掠者以住處為犯罪中心，通勤者到其他地方（通常會偏好某處）犯案，但通勤型和劫掠型只是二種極端，大部分的犯罪者均介於其中[62]。研究結果較支持劫掠假設，但是亦有少數有經驗的犯罪者可能屬於通勤型，會遠離容易被認出的地方犯案。也可能原來為劫掠型，但經驗增加後卻轉為通勤型。

通常暴力或感情型的人身犯罪（殺人或性侵），因為是一時衝動不會考慮太多，也不太會有周詳計畫，所以大多偏向劫掠型。而竊盜、搶奪的財產犯罪，則通常會事前計畫，因此不會離家太近以免被鎖定，例如學者研究發現通勤型在連續殺人中占11-14%，縱火犯占18%，性侵犯占29%，但住宅竊盜犯卻占52%[63]，因此住宅竊盜犯較多為通勤型，而連續性侵犯則多是劫掠型。另外都會區的犯罪者較可能是劫掠型（可能和犯罪標的集中此處和交通工具較便利有關），偏遠地區的犯罪者較多是通勤型。

例如性侵害犯罪的空間位置和住處研究的結果支持劫掠假設（87%樣

60　Canter, D., & Larkin, P. (1993). "The Environmental Range of Serial Rapists". *Journal of Environmental Psychology*, 13, pp. 63-69

61　Palermo, G. B., & Kocsis, R. N. (2005). *Offender profiling: An introduction to sociopsychological analysis of violent crime*. IL: Charles C. Thomas Publisher, pp. 230-233.

62　Rossmo, D. K. (2000). *Geographic profiling*. FL: CRC Press, p. 151.

63　Kemp, J. J., Koppan, P. J. (2007). Fine-tuning geographic profiling. In Kocsis, R. N. (Ed.). *Criminal profiling: International theory, research, and practice*. NY: Humana Press, pp. 355-356.

本和91%案件）[64]，犯罪者通常不會離家太遠去犯案，因此在空間上會接近住處（除非特別選擇對象或地點），由犯罪地點可以預測犯罪者的可能住處，尤其是衝動型犯罪（如性侵害、殺人）。而竊盜犯通常會在他平常活動的地點犯案，這些熟悉的地方會提供他下次犯罪的資訊，犯罪者通常在住處或工作、娛樂地點附近犯案，因為熟悉某個地點所提供的安全感，會超越在犯罪時被認出的風險考量，但為了避免在犯罪地點被鄰居或路過的人認出，不會在住處一定距離內（緩衝區）犯案。財產犯罪者的目標在個人獲利，會尋找有最佳獲利機會的地區，因此犯罪距離可能較遠，而性侵害犯大多係一時衝動，沒有經過審慎考量，因此會呈現在住處附近犯案的地緣型態。一開始會在熟悉的地方犯案，但下一次會找其他方向作案以避免被指認，接續的案件也會循此模式，但不會離家太遠，如此便形成以住家為基地，往各種不同方向作案的劫掠型犯罪[65]。另一種解釋是犯罪者的情感狀態，如果是情感發洩或性驅動，稱為表達型（expressive）犯罪，其犯罪距離較短，類似前述的劫掠型；而犯罪是為了獲取金錢或物質，則稱之為工具型（instrumental）犯罪，其型態類似通勤型，以縱火案件為例，如果是因為強烈的情感因素，則犯罪距離較短，如果是為了獲取利益，則犯罪距離較長。

四、例外情形[66]

犯罪者通常不會遠離住處犯案，除非有以下情形[67]：

（一）嫌犯居無定所，或住所、工作地點和朋友的住處較為分散。

（二）利用假日到遠處犯案（因此在分析時應將平常日和例假日分開）。

64 Godwin, G. M. (2001). Geographic profiling. In Godwin, G. M. (Ed.). *Criminal psychology and forensic technology: A collaborative approach to effective profiling*. FL: CRC Press, p. 282.

65 Owen, D. (2010). *Profiling: The psychology of catching killers*. NY: Firefly Books, p. 132.

66 處理事情通常須先掌握原則，才不致在紛雜多變的事物中迷失方向，但又需注意有原則必有例外，而且有時例外情況比一般情形要多，所以不能一而概之，以免忽略其他重要訊息。

67 Davies, A. (1997). Specific profile analysis : A data-based approach to offender profiling. In Jackson, J. L., & Bekerian, D. A. (Eds.). *Offender profiling: Theory, research and practice*. England: John Wiley & Sons, p. 203.

（三）生活型態經常改變（因此要特別注意犯罪者有無生活方式改變）。

（四）有特定的被害者，而他們距離較遠，或有特定的犯罪地點（高危險區）。

（五）鎖定高價位的財物進行竊盜或搶劫（通常高級住宅座落較偏僻）。

（六）擁有汽車或便捷的交通工具，並且願意花較長時間搜尋被害者。

（七）由於案件被媒體披露或警察增加巡邏密度，因而改變犯罪地點。

因此要注意到這些變化因素，其中第（四）點所稱之高危險區包括紅燈區、停車場、休息區，或是遊民、同性戀、老人和貧窮者出入處，由於社會不太關心這些社會的邊緣人，幾天不見他們也很稀鬆平常，因此警察對其失蹤也比較不重視[68]。此外，由於犯罪者的日常活動和經驗大多侷限在少數地區，或是因為地形障礙（如湖泊、河流）或交通因素（如幹道、大眾運輸路線），甚至是心理因素（如避開仇家或可能路檢盤查地點），會形成方向性的偏好（directional bias），而非整個範圍都涵蓋，因此常會集中在某個角度而成為扇形（wedge-shape）或雨刷形（windshield wiper）而非圓形，在偵查中如果能考慮此方向性在預測犯罪者的居住地，將可有效縮小偵查的範圍[69]，但有時犯罪者也會故意在不同距離和方向犯案，以分散警方的注意力，誤導警察的偵辦方向[70]。

當前對於犯行偏角的測量法有二，其一是以犯罪人的居住地為圓心，對分布最散的犯罪地點畫線，此範圍可涵蓋所有犯罪地點，此夾角即為「最大犯行偏角」；另一種則為作案的「續行偏角」，測量法是以犯罪人居住地為圓心，分別畫一直線至各犯罪地點，接續兩案件的夾角，其角度應介於0-180°。這兩種測量法的功用有別，最大犯行偏角是以巨視角

68 Godwin, G. M. (2001). Victim target networks as solvability factors in serial murder. In Godwin, G. M. (Ed.). *Criminal psychology and forensic technology: A collaborative approach to effective profiling*. FL: CRC Press, p. 256.

69 Godwin, G. M. (2001). Geographic profiling. In Godwin, G. M. (Ed.). *Criminal psychology and forensic technology: A collaborative approach to effective profiling*. FL: CRC Press, p. 286.

70 Godwin, G. M., & Canter, D. (2001). Encounter and death: The spatial behavior of U. S. serial killers. In Godwin, G. M. (Ed.). *Criminal psychology and forensic technology: A collaborative approach to effective profiling*. FL: CRC Press, p. 273.

度，大致瞭解連續作案空間方向的偏好情形，而續行偏角則是以微觀角度，檢視前一案件的空間行為是否會影響接續案件的狩獵範圍（hunting region）[71]。

總之，如果未能考慮犯罪者選擇目標和犯罪方式的決定過程，僅聚焦在犯罪地點，就會忽略這些變化因素，而如能結合地緣和心理剖繪，將可有效分析空間行為和心理行為，重新建構犯罪者的犯案過程[72]。

第四節 地緣關係

本節探討如何將前述理論與原理應用在犯罪偵查工作，首先說明犯罪者如何選擇作案地點，其次討論如何藉由這些地點資訊進行剖繪程序，最後探討如何將預測的結果實際運用在偵查工作。

一、犯罪地點

（一）地點種類

地緣剖繪乃運用一連串的犯罪地點以推測犯罪者的可能住處，也可以用在包括許多現場的單一犯罪。在進行地緣剖繪時，以下相關地點均應列入考慮：被害者最後被發現的地方、雙方接觸地點、攻擊發生地（可能會轉移到另一個偏僻的地點）、死後行為（postmortem acts，如戀屍、分屍）發生的地點和棄置地（包括屍體和車輛）。例如當攻擊和遭遇地點是在同一位置時，顯示犯罪者應該屬於「無組織型」，而且他住的地方通常距離前述地點相當接近，因為這種人大多只會在熟悉的地方犯案，並且大多步行前往。但是當各個地點不同的時候，則顯示其活動範圍已經擴大，

71 林燦璋、廖有祿、陳瑞基（2011），連續住宅竊盜的作案手法與空間行為模式之實證剖析，警學叢刊，41卷5期，頁108-109。

72 Godwin, G. M. (2001). A psycho-geographical profile of a series of unsolved murders in Raleigh, North Carolina. In Godwin, G. M. (Ed.). *Criminal psychology and forensic technology: A collaborative approach to effective profiling*. FL: CRC Press, p. 289.

而且可能事先有計畫，願意冒移動長距離而被發現的危險，因此應該屬於「有組織」的犯罪者。

如果單純以四個犯罪地點：遭遇（encounter）→攻擊（attack）→殺害（murder）→棄置（dump）加以分析，犯罪可能在同一處，也可能有八種組合[73]。有組織且機動性較高的犯罪者，犯罪過程較複雜，因此牽涉的地點較多，而犯罪地點愈多，顯示作案手法愈複雜，愈不容易破案[74]。但是當屍體分散各處，如能判定係連續犯罪，將可有效預測凶手的住處[75]。

在進行地緣剖繪時，應當從犯罪者的角度思考，例如犯罪者在選擇地點時，會考慮以下問題[76]：此處適合犯罪嗎？有充足和適合的被害人嗎？此地是否熟悉？是否感到舒適？有無脫逃路徑？被逮捕的可能性高嗎？如此較能準確判斷犯罪者的所在位置。

（二）不同犯罪的地點選擇

不同的犯罪，其地點分布亦有不同，例如[77]：

1. 連續殺人：遭遇→攻擊→殺害→棄屍。
2. 性侵害：遭遇→攻擊→性侵害→釋放。
3. 縱火：縱火處（只有一個地點）。

根據研究，愈有組織、愈機動的犯罪者，則犯罪地點愈分散。而知道愈多地點資訊，則破案機率愈大，犯罪地點愈接近則愈容易破案。犯罪者會以過去的知識去評估和選擇目標，因此以前的經驗會影響往後的行為，而犯罪是多階段決定（multi-stage decision）的結果，但情感型（expres-

---

73 包括：E→A→M→D，EAM→D，EA→MD，E→A→MD，EAM→D，E→AMD，EAM→D，EAMD等八種組合，其中E: Encounter, A: Attack, M: Murder, D: Dump。

74 Rossmo, D. K. (2000). *Geographic profiling.* FL: CRC Press, pp.1, 31, 59.

75 Godwin, G. M. (2001). A psycho-geographical profile of a series of unsolved murders in Raleigh, North Carolina. In Godwin, G. M. (Ed.). *Criminal psychology and forensic technology: A collaborative approach to effective profiling*. FL: CRC Press, p. 290.

76 Holmes, R. M., & Holmes, S. T. (2002). *Profiling violent crimes: An investigative tool*. CA: Sage Publications, p. 215.

77 Rossmo, D. K. (2000). *Geographic profiling.* FL: CRC Press, p. 179.

sive）犯罪較單純，工具型（instrumental）犯罪較複雜，因此人身犯罪會較接近住處，而財產犯罪則距離較遠[78]。因為暴力犯罪通常是衝動和沒有計畫的行動，地點的選擇也是臨時起意和偶然的，犯罪者通常在較熟悉處（住處附近）犯案，因此有計畫的犯罪地點距離住處較遠，衝動型犯罪（如強暴）則距離較近[79]。財產犯罪者通常比人身犯罪距離住處較遠[80]，暴力犯罪者的住處比財產犯罪者更靠近犯罪地點[81]。例如搶劫是計畫型犯罪，選擇被害者是依據方便性、錢財露白、低風險和容易脫逃等因素，犯罪者通常會選擇鄰近的城鎮犯案[82]。即使是電話詐欺和網路犯罪，雖然是透過電話或網路，最後還是需要一個實體的場所，例如自動櫃員機（ATM）、銀行櫃台，選擇這些地點還是受到日常活動的影響，如離家較近、地點熟悉等。

（三）犯罪地點的變化

犯罪地點會隨著以下因素而產生變化：

1. 最早犯罪的地點較接近犯罪者的住處或工作地點，當經驗和信心增加後，就開始擴大攻擊的範圍，增加旅行距離，擴展被害人的搜尋範圍[83]。
2. 犯罪次數愈多，甚至已成為日常生活的一部分，會因為過度自信，反而縮短犯罪距離，最初接觸地點通常較接近住處，對偵查的幫助較大，後

78 Brantingham, P. J., & Brantingham, P. L. (1991) (Eds.). *Environmental criminology*. IL: Waveland Press, pp. 29-30.

79 Godwin, G. M., & Canter. D. (2001). Encounter and death: The spatial behavior of U. S. serial killers. In Godwin, G. M. (Ed.). *Criminal psychology and forensic technology: A collaborative approach to effective profiling*. FL: CRC Press, p. 263.

80 Godwin, G. M. (2001). Geographic profiling. In Godwin, G. M. (Ed.). *Criminal psychology and forensic technology: A collaborative approach to effective profiling*. FL: CRC Press, p. 278.

81 House, J. C. (1997). Towards a practical application of offender profiling: The RNC's criminal suspect prioritization system. In Jackson, J. L., & Bekerian, D. A. (Eds.). *Offender profiling: Theory, research and practice*. England: John Wiley & Sons, p. 179.

82 Rossmo, D. K. (2000). *Geographic profiling*. FL: CRC Press, p. 100.

83 Holmes, R. M., & Holmes, S. T. (2002). *Profiling violent crimes: An investigative tool*. CA: Sage Publications, pp. 213-214.

來的棄屍地點也會較接近住處，因此確定犯罪的順序對偵查工作非常重要[84]。

3. 如果犯罪地點很接近，顯示嫌犯可能住在現場附近，而犯罪者的機動性（擁有交通工具或利用大眾運輸系統）會影響剖繪的準確性，尤其在預測嫌犯住處方面會產生問題[85]。
4. 連續殺人犯與被害者最初接觸的地點，比棄屍地更接近住處，如果案件經過縝密計畫，則接觸地點會更遠，但是如果犯罪者已沉迷於犯罪，則作案距離會縮短[86]。
5. 另外許多犯罪者喜歡舊地重遊（尤其是縱火犯罪），以回味當時情景（因此偵查人員應該在犯罪後對犯罪地點維持監控），此外如果在某處犯案成功，也會吸引他再度回到此處作案[87]。

（四）犯罪地點與住處的關係

地緣剖繪的首要目標是預測嫌犯的住處，如果犯罪者居住在定點，且隨機選擇不同方向並旅行大約相同距離作案（當然這是理想狀況，實際上會受很多因素影響），那麼犯罪地點的地理中心位置（centroid）通常可以正確預測其住處[88]。當犯罪者的技巧和經驗逐漸熟練，犯罪距離會加大，連續殺人犯的第一次犯罪地點通常最接近住處，因為初次犯罪都是衝動和臨時起意。第一次犯罪地點通常較接近住處，隨著犯罪次數增加，距離會逐漸拉長，因此早期的犯罪較能預測嫌犯的住處。但是由於性侵害的

---

84 Godwin, G. M., & Canter. D. (2001). Encounter and death: The spatial behavior of U. S. serial killers. In Godwin, G. M. (Ed.). *Criminal psychology and forensic technology: A collaborative approach to effective profiling*. FL: CRC Press, pp. 272-273.

85 Farrington, D. P., & Lambert, S. (1997). Predicting offender profiles from victim and witness descriptions. In Jackson, J. L., & Bekerian, D. A. (Eds.). *Offender profiling: Theory, research and practice*. England: John Wiley & Sons, p. 144.

86 Godwin, G. M., & Canter. D. (2001). Encounter and death: The spatial behavior of U. S. serial killers. In Godwin, G. M. (Ed.). *Criminal psychology and forensic technology: A collaborative approach to effective profiling*. FL: CRC Press, p. 259.

87 Rossmo, D. K. (2000). *Geographic profiling*. FL: CRC Press, p. 180.

88 Rossmo, D. K. (1997). Place, space and police investigation: Hunting serial violent criminals. In Canter, D. V. & Allison, L. J. (Eds.) *Criminal detection and the psychology of crime*. Dartmouth: Ashgate Publishing, p. 512.

報案率低，因此第一件已知的犯罪可能已經是第二件或第三件。而職業竊盜犯和搶劫犯因為有事前計畫，因此旅行距離會較長[89]。

雙方遭遇地點通常較接近被害人的住處和他最後被看到的地方，而屍體被發現處有最多物證。如果殺害和棄屍地點不同，歹徒可能住在攻擊地附近；如果屍體丟棄在殺害地，凶手可能不是當地人；如果殺人後埋藏屍體，顯示歹徒可能希望再度使用這個地點[90]。選擇棄屍地點通常涉及較多理性考量，和被害者接觸地點則大多和日常活動有關，前者距離住處通常較遠，而犯罪者有時也會分散棄屍位置在不同方向，以避免被偵測出來，至於預測住處與實際居住地的誤差，稱為錯誤距離（error distance），但在實務上並不會以單一地點，而是以一個區域進行推測[91]。

（五）犯罪地點和犯罪者的關係

犯罪旅程通常和犯罪者特徵相關，例如學者研究發現白人（6.67哩）比黑人（2.29哩）犯罪距離長，財產犯罪比人身犯罪距離較長，搶劫犯會為了特定目標而長途跋涉，美國連續殺人犯比英國犯罪距離較長，性侵犯在假日的犯案距離比平常日要長，因此在地緣剖繪中如能將這些因素（如犯罪者特徵、犯罪類型、平常日或假日）納入考慮，將能提升其實用性[92]。

（六）地點資訊的應用

犯罪地點一般是由尋獲證物和目擊證詞所決定，警察通常只知道遭遇地和棄屍地，攻擊地和殺害地只有凶手知道[93]。此外，許多空間的相關因

89 Rossmo, D. K. (2000). *Geographic profiling.* FL: CRC Press, pp. 103, 151, 181-182.

90 Rossmo, D. K. (2000). *Geographic profiling.* FL: CRC Press, pp. 32, 193.

91 Godwin, G. M., & Canter. D. (2001). Encounter and death: The spatial behavior of U. S. serial killers. In Godwin, G. M. (Ed.). *Criminal psychology and forensic technology: A collaborative approach to effective profiling*. FL: CRC Press, p. 268.

92 Kemp, J. J., Koppan, P. J. (2007). Fine-tuning geographic profiling. In Kocsis, R. N. (Ed.). *Criminal profiling: International theory, research, and practice*. NJ: Humana Press, p. 354.

93 Rossmo, D. K. (1997). Geographic profiling. In Jackson, J. L., & Bekerian, D. A. (Eds.). *Offender profiling: Theory, research and practice*. England: John Wiley & Sons, p. 166.

素也應列入考慮，例如有些地區是高風險區域（如風化場所），有可能是特定性侵害犯（任務型）鎖定的目標。亦有少數移動型（geographically transient）犯罪者會使用交通工具尋找目標，以製造假車禍或提供搭便車機會而加以性侵害，並利用便捷的道路網丟棄被害人，以混淆執法單位的追查，因此交通因素亦應列入考慮。

由於雙方接觸地點與加害者有很高的地緣關係，因此找出被害人失蹤前最後被看見的地方就十分重要，此項資訊可藉由查訪周遭居民和目擊者[94]、調閱監視錄影帶、清查電話通聯紀錄、打卡地點、停車紀錄等取得相關資訊，甚至交通罰單、消費紀錄及收據（如過路費、Etag、信用卡、發票）都能提供重要的線索[95]，總之資料愈多愈好，而且需要將一系列犯罪連結起來，才能做完整的分析。

而在連續性侵害案件中，第一次犯案的地點通常最接近犯罪者的住處，而確認第一個案件就相形重要，因此也必須將時間因素考慮進來，目前研究的方向是將這些地理資訊輸入電腦，再透過地理資訊系統（geographic information system）的協助，儲存、分析和定位來自不同管道的資訊，GIS軟體讓研究者不僅可將資料視覺化（visualization），也可以評估人們在空間的行為。但是這些數據不能只靠靜態的統計分析，如地理中心法（centrogeography）[96]，尚須將犯罪人的心理因素也考慮進來，考量整體心理跡證和案件的來龍去脈，而形成心理—地緣剖繪（psycho-geographical profiling）或地理—行為剖繪（geo-behavioral profiling），方能發揮其效用到最大程度。例如無組織的犯罪者通常在住家附近守株待兔，而有組織的犯罪者則會遠離住處外出尋找目標。年紀大、有交通工

94 Godwin, G. M., & Canter. D. (2001). Encounter and death: The spatial behavior of U. S. serial killers. In Godwin, G. M. (Ed.). *Criminal psychology and forensic technology: A collaborative approach to effective profiling*. FL: CRC Press, p. 273.

95 Godwin, G. M. (2001). Victim target networks as solvability factors in serial murder. In Godwin, G. M. (Ed.). *Criminal psychology and forensic technology: A collaborative approach to effective profiling*. FL: CRC Press, p. 257.

96 地理中心法可用來找出犯罪地點的重心（center of gravity），也就是離各個犯罪地點最小距離的位置，又稱為質心（centroid），通常就是犯罪者的可能住處。

具、再犯次數多、犯罪過程中出現簽名特徵的犯罪者，也會有較長的犯罪旅程，如果能掌握更多相關訊息，如犯罪者特徵、犯罪類型、犯罪空間和周遭環境，配合地緣剖繪再進行微調（fine-tuned），將對犯罪偵查更有助益[97]。

二、剖繪程序

在建構犯罪現場地緣剖繪時，可依照下列步驟進行[98]：

（一）徹底詳閱案件檔案，包括偵查報告、目擊者證詞、驗屍報告及心理剖繪（如果已經有的話）等。

（二）仔細檢視犯罪現場照片及測繪圖。

（三）與偵查人員及犯罪分析者詳細討論。

（四）可能的話，要親自到犯罪現場實地勘察（最好和犯罪時段相近）。

（五）分析被害人背景資料及附近的犯罪統計。

（六）研究當地街道分布、土地使用及運輸路線。

（七）配合適當的電腦分析。

（八）撰寫階段及總結書面報告。

而在進行地緣剖繪時必須考慮下列因素[99]：

（一）犯罪地點種類：遭遇、攻擊、犯罪、棄屍、棄車地，如果有多個地點，可能是有組織的犯罪者；如果是同一地點，可能是無組織的犯罪者。

（二）道路、車站、幹道和公路分布。

（三）實體和心理障礙：人們在不熟悉的地方，通常會感到不舒服。

（四）土地使用情形：住宅區、商業區、工業區或公園。

97 Kemp, J. J., Koppan, P. J. (2007). Fine-tuning geographic profiling. In Kocsis, R. N. (Ed.). *Criminal profiling: International theory, research, and practice*. NJ: Humana Press, p. 360.

98 Holmes, R. M., & Holmes, S. T. (2002). *Profiling violent crimes: An investigative tool*. CA: Sage Publications, p. 164.

99 Holmes, R. M., & Holmes, S. T. (2002). *Profiling violent crimes: An investigative tool*. CA: Sage Publications, pp. 217-220.

（五）周遭人口狀況：性別比例、種族組成、年齡分布、職業種類、社經地位和犯罪率等。

（六）被害者的日常活動、異常之處。

（七）轉移：因應警察採取的行動或媒體的報導而轉移陣地。

地緣剖繪的主要目標在預測犯罪者可能居住、工作的地點，或是和犯罪者有重要關聯的地方。但地緣剖繪不可能提供確切的地址，而是較大的區域和範圍[100]。而剖繪的正確性取決於資訊的品質，地圖則能提供較具體的資訊，包括：地點清單、街道地圖、案件描述和相關資訊。此外，由於個人特徵會與空間選擇互動，因此心理剖繪可以也必須和地緣剖繪相互補充，方能發揮二者的最大功效[101]。

三、偵查應用

地緣剖繪可以運用在以下犯罪偵查工作：

（一）加強巡邏密度，集中巡邏在犯罪者可能活動的地點。

（二）以地緣關係過濾嫌犯，縮小嫌犯清單，減輕資訊負荷。

（三）推測犯罪者的可能住處，分析嫌犯的逃逸路線和可能藏匿的地點[102]。

（四）適時發布犯罪者可能再次作案區域的新聞，通知周遭居民加強警覺。

（五）以地址搜尋相關資料庫，分析監視錄影機設置位置，提出最佳搜尋策略。

（六）在重要地點設置路障，或在犯罪地點周遭挨家挨戶清查[103]。

（七）提供定點埋伏、靜態監視、逐戶訪查、地毯搜索的參考資訊[104]。

---

100 Palermo, G. B., & Kocsis, R. N. (2005). *Offender profiling: An introduction to sociopsychological analysis of violent crime*. IL: Charles C. Thomas Publisher, pp. 227, 240.

101 Rossmo, D. K. (2000). *Geographic profiling*. FL: CRC Press, pp. 213-217.

102 Rossmo, D. K. (2000). *Geographic profiling*. FL: CRC Press, pp. 225-235.

103 Rossmo, D. K. (1997). Geographic profiling. In Jackson, J. L., & Bekerian, D. A. (Eds.). *Offender profiling: Theory, research and practice*. England: John Wiley & Sons, pp. 171-174.

104 Holmes, R. M., & Holmes, S. T. (2002). *Profiling violent crimes: An investigative tool*. CA: Sage Publications, p. 221.

（八）以所獲地點資訊結合測謊偵訊，輔助鑑識檢驗[105]。

例如Canter就設計出DRAGNET軟體及iOPS（interactive offender profiling）決策支援系統，Rossmo也開發一套「犯罪地理目標鎖定」（criminal geographic targeting）系統及三度空間視覺化工具RIGEL程式，它運用地理資訊系統及三度空間繪圖技術，此系統能算出每一點的高度，代表犯罪者可能住處的機率，畫出等值圖（ispleth map）或等高線（contour）並疊合在街道圖上，再加上顏色標示，通常圖中的最高點（一般以顏色最深顯示）代表犯罪者的可能居住地點[106]，就可以預測連續犯罪者的可能住處，通常地點資訊愈多，就愈能正確預測。另外Levine也發展出CrimeStat程式，它可以用來觀察、瞭解和詮釋犯罪空間並加以視覺化，以便於理解和預測。

另一種方法是將所有可能是同一犯罪者的不同作案地點為中心，以相同的距離畫圓，當所有半徑擴大到所有的圓圈會重疊到一個點時，這個點可能就是嫌犯的住處，需注意的是半徑愈大，嫌犯住在這個重疊區域的機率就愈大，可能的嫌犯數目也會隨之增加[107]。但是單靠電腦分析，其用途仍非常有限，例如Godwin曾用他設計的電腦系統（Predator）分析出嫌犯居住的區域，正確率只達44%，而機率不高也會降低警方使用的信心和意願[108]。

地緣剖繪試圖以相關的犯罪地點，找出未知嫌犯的可能住處[109]。但不是所有的犯罪都能進行地緣剖繪，目前以連續殺人、性侵害、縱火、搶

105 Palermo, G. B., & Kocsis, R. N. (2005). *Offender profiling: An introduction to sociopsychological analysis of violent crime*. IL: Charles C. Thomas Publisher, pp. 227-229.

106 Rossmo, D. K. (1997). Geographic profiling. In Jackson, J. L., & Bekerian, D. A. (Eds.). *Offender profiling: Theory, research and practice*. England: John Wiley & Sons, p. 162.

107 Kemp, J. J., Koppan, P. J. (2007). Fine-tuning geographic profiling. In Kocsis, R. N. (Ed.). *Criminal profiling: International theory, research, and practice*. NJ: Humana Press, p. 352.

108 Petherick, W. (2006). Criminal profiling methods. In Petherick, W. (Ed.). *Serial crime: Theoretical and Practical issues in behavioral profiling*. MA: Academic Press, p. 44.

109 Godwin, G. M. (2001) (Ed.). *Criminal psychology and forensic technology: A collaborative approach to effective profiling*. FL: CRC Press, p. xi.

劫、暴露狂、性謀殺、綁架較適合，連續犯罪最適合地緣剖繪[110]，少量的犯罪則較不適合[111]。此外，在犯罪者鎖定的目標區主動巡邏將可有效嚇阻犯罪，而如果因為警察巡邏導致犯罪轉移（displacement），則顯示巡邏勤務對預防犯罪產生效果，但是當有媒體報導或被警察盯上，犯罪者可能會轉移作案的時間、地點、目標和方式[112]。

總之，有關地點的資訊愈多，將可協助瞭解犯罪者的地理特徵，刑案將愈可能偵破，也比較有希望找到倖存者及相關證人，而在被害目標地區部署主動警力（proactive policing）將能有效嚇阻犯罪，而如果發現犯罪者已轉移到其他地區，則顯示警方的作法已然奏效[113]。此項技術可成功預測嫌犯的可能出沒地點、時間及可能挑選的對象，再配合進行喬裝、埋伏、誘捕及攔檢等勤務，將可作為輔助犯罪偵查的重要工具。

第五節　國內案例分析

一、研究方法

犯罪剖繪依其資料來源的取得、分析方法的不同，可大致分為歸納式剖繪（inductive profiling）與演繹式剖繪（deductive profiling）。前者從已破獲的案件，透過統計的方式建立犯罪資料庫，並從中檢驗相關理論與特定案件，可以得到適用於剖繪的相關原則；後者則藉由正確的刑事鑑識與整個犯罪過程的行為重建（behavioral reconstruction），來推論有關加

110 Holmes, R. M., & Holmes, S. T. (2002). *Profiling violent crimes: An investigative tool*. CA: Sage Publications, p. 214.

111 Rossmo, D. K. (2000). *Geographic profiling*. FL: CRC Press, pp. 211-212.

112 Davies, A. (1997). Specific profile analysis : A data-based approach to offender profiling. In Jackson, J. L., & Bekerian, D. A. (Eds.). *Offender profiling: Theory, research and practice*. England: John Wiley & Sons, p. 206.

113 Godwin, G. M. (2001). Victim target networks as solvability factors in serial murder. In Godwin, G. M. (Ed.). *Criminal psychology and forensic technology: A collaborative approach to effective profiling*. FL: CRC Press, pp. 251, 257.

害人的資料。因此前者屬於量化研究，後者則屬於質性研究。而地緣剖繪研究通常也有二種途徑（approach）[114]：

（一）量化（客觀）分析：使用統計量化技術，分析和詮釋位置資訊，以犯罪地點進行統計分析，推估犯罪者的可能住處。

（二）質性（主觀）分析：重建犯罪者的心理圖像（mental map），從犯罪者的決意過程，解釋他為何會選擇在這個地點犯案。

例如犯罪者住處通常位於犯罪地點的中心位置，可經由這些地點的空間座標求出平均值。但可能有以下問題；空間資訊不足、可能被偏離值（outlier）影響、受到犯罪者活動空間和目標分布影響，導致住處可能不在中心點。通常人類的空間行為無法完全從累積（aggregate）的資料進行精準的預測，稱為「生態謬誤」（ecological fallacy）[115]，因為統計是將所有人的資料納入分析，自然不能反映個別差異。由於大部分刑案紀錄都有地址資訊[116]，因此地理資訊愈多，愈有可能破案，但這類研究較少，而且大多未經實證檢驗[117]。總之，人類的行為較難預測，因此需要較多的空間資訊，以降低機會因素可能造成的衝擊，並提高其正確率，而決定和分析犯罪地點仍然是一種主觀的過程，尚須依賴知識、經驗和剖繪者的詮釋。以下即依據量化及質性二種地緣剖繪研究途徑，進行國內案例的分析[118]：

二、量化分析

國內有關地緣剖繪的量化研究較少，其中有學者針對連續街頭強盜搶

114 Rossmo, D. K. (1997). Geographic profiling. In Jackson, J. L., & Bekerian, D. A. (Eds.). *Offender profiling: Theory, research and practice*. England: John Wiley & Sons, p. 161.

115 Rossmo, D. K. (2000). *Geographic profiling.* FL: CRC Press, pp. 93, 102, 195.

116 Rossmo, D. K. (1997). Geographic profiling. In Jackson, J. L., & Bekerian, D. A. (Eds.). *Offender profiling: Theory, research and practice*. England: John Wiley & Sons, p. 170.

117 Godwin, G. M., & Canter. D. (2001). Encounter and death: The spatial behavior of U. S. serial killers. In Godwin, G. M. (Ed.). *Criminal psychology and forensic technology: A collaborative approach to effective profiling*. FL: CRC Press, p. 260.

118 從本章開始到第八章，每章後面均加入國內案例分析，目的是透過本土實證研究，以探索國外文獻適用於國內現況的可行性。

奪犯罪偵查，應用地緣剖繪技術的研究，此篇論文以1999-2003年高高屏三縣市地區內，犯下五件以上的街頭強盜搶奪[119]案件，並已由警察機關填報破獲在案，共325名連續街頭強盜搶奪犯的3,276個案件資料，透過刑事警察局刑案知識庫前科查詢系統、全國戶政資料查詢系統、全國電子地圖查詢系統，取得嫌犯的前科、戶籍、犯罪地點的經緯座標值等資訊，以自行開發的程式，計算空間距離及角度測量數據進行分析。研究發現除了一般犯罪分析之外，有關地緣關係的結論摘要如下[120]：

（一）在犯案旅程方面，平均犯案距離為5.37公里，而犯案距離分布，明顯呈現「距離遞減」效應，自0公里急遽上升，1-3公里次數達到最高，自3公里以後即隨距離的增加而遞減，具有顯著的地緣特性，但未出現明顯的「緩衝區」效應（可能與台灣地狹人稠特性有關）。

（二）犯案旅程與各變項間之分析：犯罪者住在高雄市、年齡18歲以下、職業學生、教育程度國中小、無前科、徒步犯案者犯罪旅程較短；年齡較大、有毒品前科、使用動力交通工具者，初期犯罪旅程較長。

（三）在犯案區域分析方面，連續強盜搶奪案集中在都會區，某些地區犯罪人口率、犯罪密度和人口密度數值均高於其他區域甚多，可說是連續街頭強盜搶奪犯罪的「高危險地帶」，應加強這些區域的防搶作為與預防宣導工作。

（四）依據圓圈假設的判讀規則，進行實證分析，發現劫掠型占88.1%、通勤型占11.9%，與英國連續性侵害犯（87：13）、美國連續殺人犯（89：11）、英國連續殺人犯（86：14）的研究相當接近。

（五）在犯罪方向和角度方面，研究發現許多連續搶奪犯的犯罪地點，均位於其夾角所圍成的扇形區域內，善用此種特性，對於個案的地緣剖繪或預測嫌犯下一次可能的犯罪地點，將有相當大的助益。

119 選擇強盜搶奪案件進行研究的原因，在於被害人報案時，大多能提供確切的地點資訊，且案件量夠多，足以進行統計分析。

120 陳仁智（2005），地緣剖繪技術應用於連續街頭強盜搶奪犯罪偵查之研究─以高高屏三縣市為例，中央警察大學刑事警察研究所碩士論文，頁114-119。

（六）檢視單一搶奪犯在連續犯案過程中，整體犯案次序與犯案旅程平均距離的線性趨勢呈現遞減現象，當個案的犯案數達十四次以上時，則其犯案地點就可能離其居住地不遠了，顯示犯案次數增加後，犯罪經驗會使搶奪犯鬆弛戒心。

另有學者選取發生在高雄市且遭警方破獲移送並填報破案紀錄表之竊盜案件中，挑選犯案達三次以上之連續住宅竊盜案件嫌犯共39人，總計犯案達279件，綜合嫌犯背景、犯案手法與時空環境特性等變項，與嫌犯之空間行為特徵進行交叉分析，歸納出以下結論[121]：

（一）圓圈假設與嫌犯之犯罪工具、作案特性、準備措施、案件發生月份、發生時間等變項有顯著關聯性。

（二）嫌犯之作案旅程與其年齡、教育程度、前科、犯案數、犯罪工具、作案特性、準備措施、住宅種類有顯著相關性。

（三）嫌犯之犯行偏角與其犯罪工具、作案特性、準備措施、案件發生月份等變項有顯著相關性。

（四）嫌犯之案件間距離與其年齡、前科等變項有顯著相關性，平均案件間距離與其侵入方法、案件發生月份等變項有顯著相關性。

（五）嫌犯之犯罪工具與準備措施等變項，與嫌犯之空間行為特徵之間關聯性最多。嫌犯之教育程度、犯案數、侵入方法、案件發生時間與嫌犯之空間行為特徵之間關聯性最少。

尚有學者研究27名曾因單獨實施住宅竊盜犯罪行為，被警方查獲至少五案以上（共352件住竊案件），研究發現如下[122]：

（一）27名個案均符合圓圈假設。

（二）有17名（約占62.96%）住竊犯的移動型態為劫掠型，符合通勤型移動型態的住竊犯計有10名（約占37.04%）。

（三）依Canter等人檢驗連續犯罪者緩衝區的方法，並未發現具有顯著的

121 李佳龍（2007），連續住宅竊盜犯罪之地緣剖繪研究—以高雄市為例，中央警察大學刑事警察研究所碩士論文，頁156。

122 林燦璋、廖有祿、陳瑞基（2006），住宅竊盜作案手法與空間行為模式分析，警學叢刊，41卷5期，頁132-133。

緩衝區特徵。

（四）劫掠型的最大偏角明顯大於通勤型（有顯著差異），顯示通勤型具有更明顯的方向性偏好。

（五）大多數住竊犯會傾向離家不遠處犯案，顯示住居所與犯罪地點具一定程度的地緣關係。

（六）大多數的住竊犯會傾向接續於不遠處的地點犯案[123]，顯示接鄰犯罪地點間具有一定程度的地緣關係。

（七）大多數住竊犯相鄰二個案件犯罪地點與住所的夾角不大，顯示接鄰犯罪地點間具有一定程度的地緣關係。

（八）大多數住竊犯在相鄰二個案件間的犯罪日程不長，顯示住竊犯會傾向於短期間內重複犯案。

（九）平均案件間距離較平均作案路程為短，平均案件間距離遞減效應較平均作案路程明顯，顯示案件間距離較作案路程更具有地緣關係。

（十）初犯住竊年齡較小者，愈早接觸住竊犯罪，隨著其年齡的增長，犯罪經驗愈見充足，較不會傾向選擇與上次犯案地點相近的處所犯案。

另有一項研究針對38名曾犯下三件以上陌生人間性侵害犯，進行空間行為特性分析，結果發現[124]：

（一）連續性侵害犯作案地點與發生數之間，有距離遞減效應發生：有50%的作案路程小於3.3公里，60.35%的作案路程小於5公里。

（二）關於圓圈假設，在38名個案中有33名成立（86.84%），其中劫掠型和通勤型分別各占20名（60.6%）及13名（39.4%）。

（三）此研究並未發現連續性侵害犯選擇作案地點時，有緩衝區的特殊考量。

---

123 此種鄰近重複現象（near repeat）是指案件間距離與犯罪日程的實證結果具有遞減效應，即犯罪距離不長，時間間距也不長的特性，大多數研究對象具有短時間區段（temporal proximity）在鄰近地點（geographic proximity）犯案的傾向。

124 林燦璋、廖有祿、陳瑞基、陳蕾伊（2006），犯罪地緣剖繪—連續性侵害犯的空間行為模式分析，警政論叢，第6期，頁163-190。

（四）連續性侵害犯罪活動會形成方向的偏好，在38名個案中有29名（76.32%）具有犯行偏角的型態，平均扇形角度為77.38°，另此研究在檢驗續行偏角的同時意外發現續行偏角有遞減的情形，即50%的犯罪續行偏角小於12.34°，且有58.15%會小於20°。

（五）連續性侵害犯的平均作案路程為7.43公里，遠較國外發現為長。

（六）在空間行為的差異檢定方面，劫掠型與通勤型在作案件數上並沒有顯著差異，劫掠型的犯行偏角顯著大於通勤型，且犯行偏角不會因個人背景因素而有顯著差異，已婚、喪偶或離婚者的平均作案路程明顯長於未婚者，劫掠型的平均作案路程顯著短於通勤型。

（七）在進行連續性侵害犯下次作案地點的預測時，此研究發現續行偏角比最大犯行偏角，更能有效做出預測。

三、質性分析

以量化分析國內的強盜搶奪犯罪，僅能獲得累積的統計資料，對各個案情欠缺較深入的瞭解，對案件的偵查幫助也較有限，有賴進行質性研究予以改進。目前國內已有學者進行「連續搶奪犯罪手法剖析之研究」，首先採用官方資料分析法，蒐集研究個案之基本資料及刑案紀錄，包括前科紀錄、刑案現場報告、偵訊筆錄、移送書、起訴書、判決書、戶役政資料等，以交叉檢驗受訪者陳述事實之可信度，並對受訪者有初步的掌握。共選取40名個案，進入台北監獄進行訪談，該研究針對國內連續搶奪犯罪手法進行分析，並驗證地緣剖繪相關理論且研究其應用的可行性。

根據對國內搶奪犯罪者之犯案手法特性的初步研究結果顯示，犯罪者在犯罪前、中、後有固定之犯罪模式，茲分述如下並整理如圖5-5-1[125]：

125 參考楊士隆（2005），台灣地區擄人勒贖犯罪模式之研究，中央警察大學執法新知論衡，1卷1期，頁129。詳見董紀宏（2006），連續搶奪犯罪手法剖析之研究，中央警察大學刑事警察研究所碩士論文。

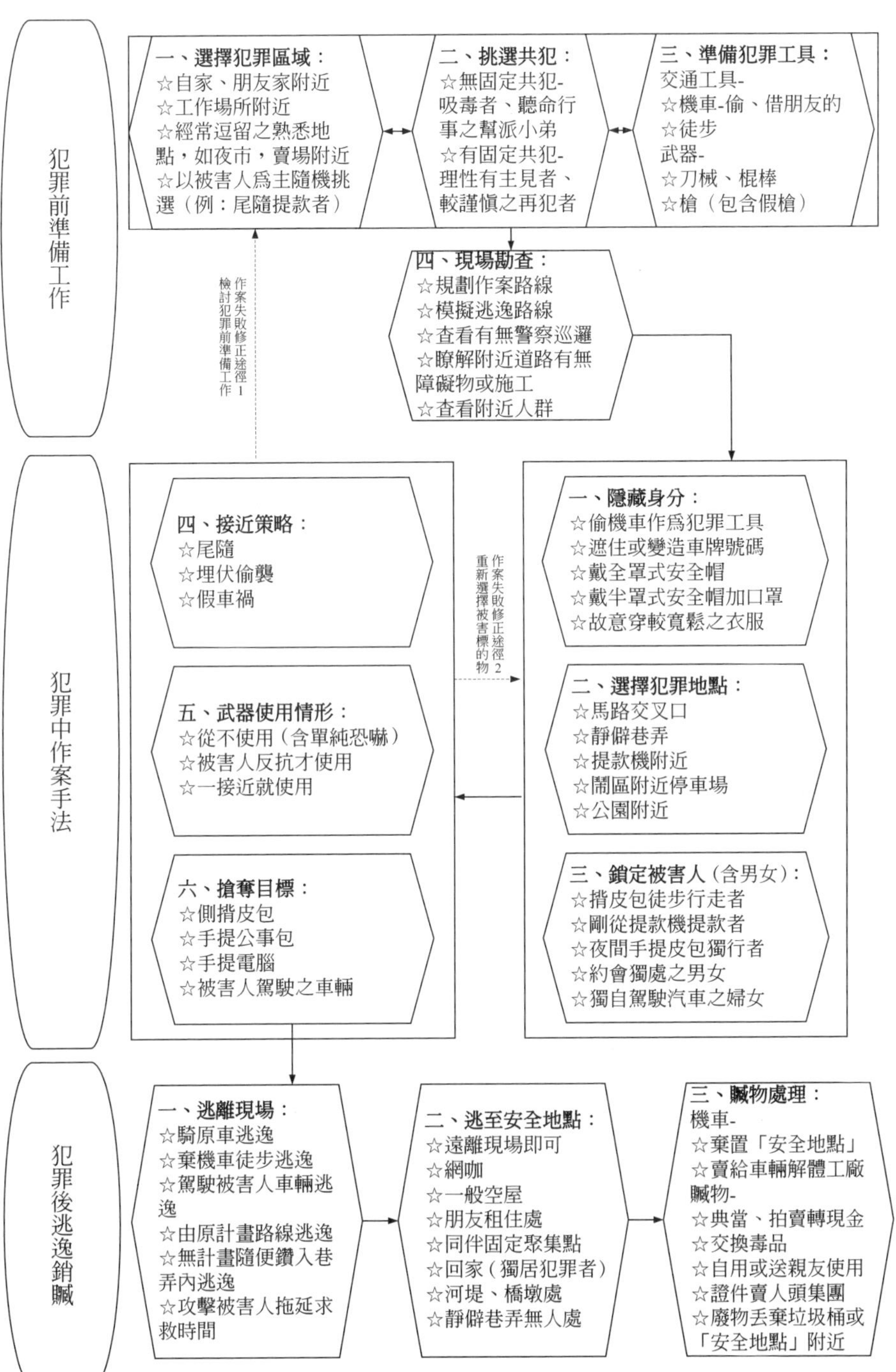

圖 5-5-1　連續搶奪犯罪模式圖

（一）犯罪前

搶奪犯罪者兼有財產與暴力犯罪的性質，根據研究，搶奪者在犯罪前大多無詳細計畫，但為成功達到搶奪被害人財物的目的，犯罪者在犯罪前仍會有所準備，包括挑選共犯、準備武器、交通工具、規劃逃逸路線、是否竊取車輛等。有些搶奪犯罪者對犯罪時間、地點及被害人的挑選會有特定的選擇，有些則是臨時起意或隨機挑選。此外，由於搶奪的過程必須接近被害人才有下手的機會，因此犯罪者會藉由埋伏、尾隨、製造假車禍等方式接近被害人。

（二）犯罪中

搶奪犯罪的手法大多以徒手行搶，少數會攜帶刀、槍、大鎖、棍棒等武器，一方面可壯膽，一方面能夠減少被害者的反抗；在犯罪中，如果被害人抵抗，有些犯罪者可能因此放棄行搶，有些則可能恐嚇或傷害被害者。為避免行搶時被在場的人指認或遺留物證，犯罪者會尾隨被害者至僻靜巷弄下手，有些則在犯罪時穿戴面罩、手套，戴帽子或以變換交通工具、衣著等方式行搶，這些作法，雖然可能緣於犯罪前之準備工作，但就整個犯罪過程而言應屬犯罪中行為。

（三）犯罪後

搶奪犯罪者犯案後離開方式也很多元，大多數的搶犯都會快速離去或循事前預定的路徑離開現場，如遇在場民眾或警察圍捕時，搶犯可能選擇棄車逃離、或開走被害者車輛等作法。有共犯時，有些搶犯會於犯罪後到指定地點分贓，分贓地點可能為網咖、公園、荒郊野外等，分贓地點通常是同案搶犯都熟悉的地方。因此，偵查人員可以從拾回證件、皮包等地點，得知其分贓地點，並進而重建嫌犯的地緣特性與活動概況。另外有些搶犯會將贓物分送親友或留作紀念，這對於偵辦人員清理積案上很有幫助，整體而言，贓物的處理方式或丟棄地點是以物查人的偵查方式。

另以白米炸彈客為例，嫌犯楊儒門居住地在基隆市，作案時是搭

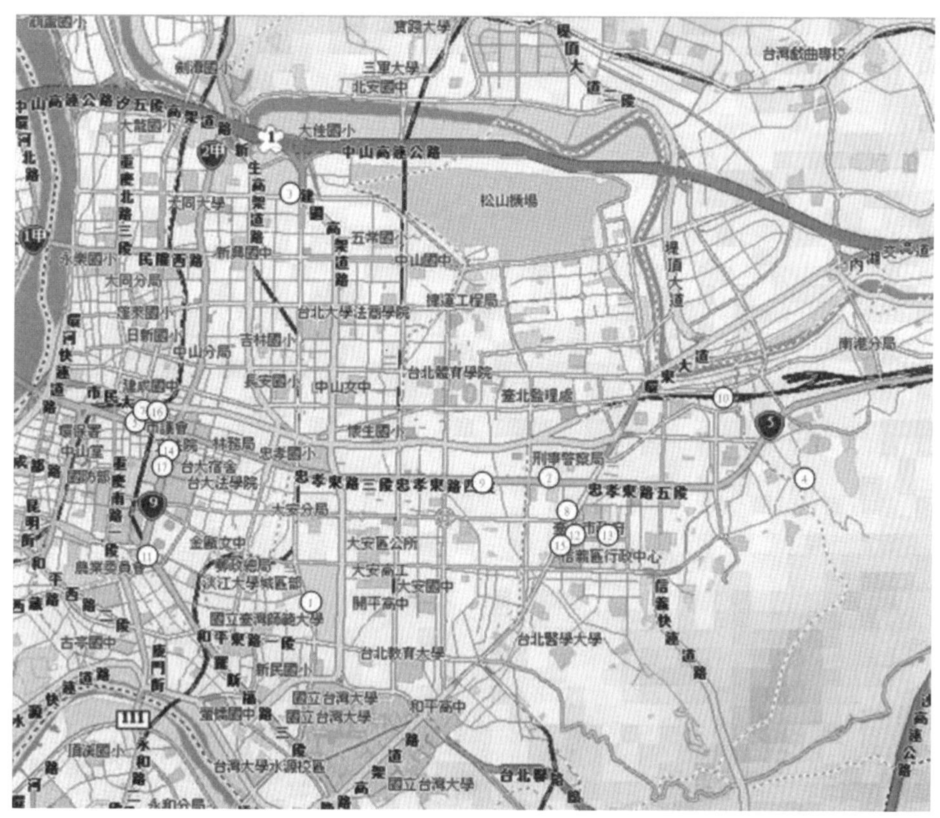

圖5-5-2　白米炸彈客作案地點的空間分布

客運、火車或騎機車南下，抵達松山或台北火車站，再搭配步行或乘坐捷運展開犯案，圖5-5-2是他17個作案地點的位置，除第六案（搭乘南下電聯車抵中壢站）之外，放置炸彈的位置大多分布在忠孝東路沿線（14/17），特別是集中在台北市政府（6/17，搭乘火車和機車各三件）及中正一警分局附近（6/17，六件都搭乘火車），若分別以松山及台北火車站作為兩個圓圈的圓心，對照這兩個小圓圈範圍內所各自包含的六個作案地點，其分布情形大致吻合距離遞減型態，若以最遠之二案發地點（第四案及第六案）畫圓，使每個點均在圓內，半徑為20.38公里，居住地並不在此圓圈之內，圓心至居住地距離為42.88公里，超過半徑，因此可推定屬通勤型[126]。另由作案地點（放置炸彈位置）判斷，均距離捷運車站不遠，判斷可能是搭捷運前往，由炸彈放置被發現時間回溯，可以研判出入捷運站的大概時間，再搭配悠遊卡在固定車站進出時間，調取錄影監視影像過濾，應可鎖定特定對象，再利用大眾傳播媒體，請民眾提供嫌犯線索，案件就有突破可能[127]。

另一種研究方法稱為犯罪認知製圖法（criminological cognitive cartography），它是探索犯罪者在與環境互動中形成的認知過程，探知他為何選此地點犯案，此方法是要求犯罪者依照其腦海中的印象（cognitive script），繪製地圖並標明在何處犯罪及相關地點（如住處、工作地點、娛樂場所、道路、地形地貌等），再經由共同討論以理解此圖的意義，過程中亦可加入其個人的描述（personal narrative）以瞭解他的日常生活和空間的關係，甚至可以深層探討其心路歷程，尤其是在犯罪當下他的想法，圖上亦可呈現犯罪者對環境的熟悉程度，為何選擇某些目標、行進路線、脫逃路徑，究竟是考慮哪些因素，過程中是否刻意避開那些實體或心理障礙物。例如一個英國性侵累犯被要求標示其歷次作案地點（如圖5-5-3），由圖中顯示住處是其作案的中心點，第一次作案是在比較遠的地方，隨後一連串案件都發生在住處附近，顯示都是從家中外出犯案再回到住處，圖中亦顯現每次犯案地點都不會太靠近，因為他知道回到該處犯案可能有警察已經在那裡等著他，因此他會往不同的方向作案。除此之外，他心中似乎有一條界線，也就是通常不會跑到太遠而不熟悉的地方，因此愈往外犯罪次數愈少，而較遠的地方可能是臨時起意，圖中大致可見前述的距離遞減、舒適區、最省力原則、緩衝區及劫掠型等概念似乎都能應驗[128]。

126 林燦璋、施志鴻、陳仁智（2007），白米炸彈客的作案歷程—行為跡證剖析，警學叢刊，37卷5期，頁146-147。

127 本案結局是嫌犯看到媒體公布其影像後，自知無法脫身，故由其弟陪同下，前往警局自首。

128 Canter, D., & Youngs, D. (2009). *Investigative psychology: Offender profiling and the analysis of criminal action*. UK: John Wiley & Sons, pp. 178-186.

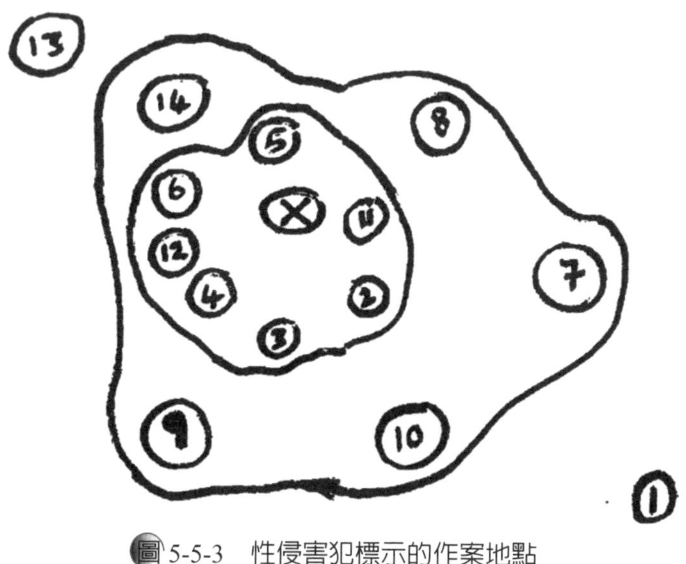

圖5-5-3　性侵害犯標示的作案地點

當然在進行地緣剖繪研究會遭遇某些問題，首先是違法活動一定是在破案後才可能取得資料，因此大部分資訊都是來自被捕的犯罪者，那些未報案及未偵破的案件都不可能進入資料庫；其次是官方資料可能不完整或不可靠，例如地址可能錯誤、時間非常模糊（例如汽車竊盜報案大多是在上班時發現，而非確切作案時間），而犯罪人的描述也可能遭到扭曲或解讀錯誤，因此不同資料應相互檢視以免被誤導[129]。

[129] Canter, D., & Youngs, D. (2009). *Investigative psychology: Offender profiling and the analysis of criminal action*. UK: John Wiley & Sons, pp. 194-196.

第六章　性侵害犯罪

第一節　定義及特性

一、定義

性侵害（sexual assault）是指犯罪者違反被害人的自由決定，以武力威脅或欺騙而加諸性暴力，包括陰道、肛門和口腔的侵入（包含使用手指或異物）[1]，而連續[2]性侵害係指犯二件以上性侵害的行為[3]。性侵害的本質是一種暴力行為[4]，性只是武器，用來處罰、貶損和羞辱被害人[5]，會造成被害人極度的身心受創。性侵害的被害者大多為年輕女性，加害者通常以男性為主，但亦有女性參與，女性性侵害犯有些是與男性共犯，早期可能不情願，因為怕被遺棄而被迫參與，但後來可能就沉浸其中，甚至幫男伴尋找被害人（因為雙方為同性別，被害人比較沒有警覺），並主動參與性侵害及虐待等行為[6]。此外也包括婚姻強暴（marital rape）即強制配偶從事性行為，以及準強制性交（statutory rape）即和未達法定年齡者合意

1 Palermo, G. B., & Kocsis, R. N. (2005). Offender profiling: An introduction to sociopsychological analysis of violent crime. IL: Charles C. Thomas Publisher, p. 63.

2 一般而言，連續（serial）係指在不同時間、地點犯案，被害人數通常在2-4人以上，另有學者認為人數並不重要，重點在犯罪人有無再犯的傾向，此外性侵害之間大多有冷卻期，只是不同類型性侵犯的間隔不同而已，參見Petherick, W. (2006). Serial stalking: Looking for love in all wrong places. In Petherick, W. (Ed.). *Serial crime: Theoretical and Practical issues in behavioral profiling*. MA: Academic Press, pp. 144-145.

3 Turvey, B. E. (2002). Serial rape. In Turvey, B. E. (Ed.). *Criminal profiling: An introduction to behavioral evidence analysis*. CA: Academic Press, p. 529.

4 Palmer, C. T., & Thornhill, R. (2000). Serial rape: An evolutionary perspective. In Schlesinger, L. B. (Ed.). *Serial offenders: Current thought, recent findings*. FL: CRC Press, p. 59.

5 Turvey, B. E. (2002). Staged crime scene. In Turvey, B. E. (Ed.). *Criminal profiling: An introduction to behavioral evidence analysis*. CA: Academic Press, p. 264.

6 Cooper, A. J. (2000). Female serial offenders. In Schlesinger, L. B. (Ed.). *Serial offenders: Current thought, recent findings*. FL: CRC Press, pp. 270-271.

性交，其中合意（consent）是指在充分瞭解後果下同意的行為，因此除年齡過小外，使用藥物或酒精導致被害人昏睡或無法抗拒，或是被害人處於身體或心智失能（physical or mental disability）均屬性侵害的範疇。另外男性被害者也常被忽略，此類案件少見的原因在於被害人羞於報案，除發生在男女之間，也常見於同性戀之間以及集體強制性交中。

根據我國刑法第221條之規定，對於男女以強暴、脅迫、恐嚇、催眠術或其他違反其意願之方法而為性交者，屬強制性交罪，而有下列情形之一者，屬加重強制性交罪：

（一）二人以上共同犯之者。

（二）對未滿14歲之男女犯之者。

（三）對精神、身體障礙或其他心智缺陷之人犯之者。

（四）以藥劑犯之者。

（五）對被害人施以凌虐者。

（六）利用駕駛供公眾或不特定人運輸之交通工具之機會犯之者。

（七）侵入住宅或有人居住之建築物、船艦或隱匿其內犯之者。

（八）攜帶凶器犯之者。

在性侵害犯罪中，幻想（fantasy）在發展和維持性異常行為中扮演重要角色，性幻想是引起性喚起（sex arousal）的內心想像，它是從外在的世界撤回到個人的內在世界中，可能從小時候的白日夢開始，藉由幻想逃避現實，遁入可以完全掌控的世界，隨著年齡增長，會伴隨青春期的手淫，以強化其性刺激，有時作為性關係失調的補償，或作為性偏好行為的替代，或再次體驗過去的性經驗。性犯罪者經常透過幻想在心中演練犯罪情節，而當性幻想觸發犯罪行為後，此一犯行也會反過來強化並融入原來的幻想，此循環類似毒品或其他成癮的過程。性幻想的功能有三：一是作為手淫、合意性行為、性犯罪的前導（precursor），二是強化先前的性喚起，三是用來克服內心的約束（inhibitor）。幻想會影響作案手法，因為它提供犯罪者在心裡演練的機會，可確保其順利完成作案，矯正可能出現的錯誤，它也可能讓作案手法退化，因為幻想漸趨複雜後，甚至變成儀式行為時，成功完成犯行就變得更加困難。另外幻想也會影響簽名特徵，簽名特徵的起源可能來自幻想，因此簽名行為會反映犯罪者的幻想，幻想也會加入犯罪行為來滿足犯罪者的特殊需求，心智狀況的退化（如嗑藥、酗酒、過度自信）也會顯現在簽名特徵上，犯罪者會利用幻想來躲避現實，並將這些經驗變成習慣且沉浸在此過程中。因此剖繪人員必須洞察這些幻想，方能預測其行為的演變，瞭解簽名特徵如何滿足其心理的需求，而如果掌握幻想在犯罪過程中扮演的角色，就能對犯罪者及其犯罪行為有更深層的瞭解，例如他和被害者的言語互動、偏好的性活動及儀式行為等[7]。

二、特性

性侵害犯通常是失業的低所得者、缺乏自信、較為衝動、與他人互動困難，案件大多發生在夏季、週末及夜晚，加、被害者大多互相認識，少部分發生在陌生人之間（因彼此無連結，故偵查較為困難），而且發生地點通常接近被害人的住處（如果沒有地緣關係，則很難加以連結），如果嫌犯愈聰明，則犯罪愈複雜；如果過程中伴有幻想，則再犯的機率愈高。性侵害的動機包括機會、憤怒、報復和性滿足[8]，通常「性」是主要的動機，也有一些人是為了證明團結而進行集體性侵害（通常發生在青少年幫派之中）[9]。

性侵犯通常會連續再犯，也就是一次作案並不能滿足他，得逞後並不會打消其再次犯案的念頭，冷卻一段期間後便會再蠢蠢欲動，因此會造成循環，只是各類型性侵犯的週期不同，間隔時間依性侵犯的需求、壓力及衝突而定，當然情境和機會也會扮演重要角色，FBI前探員Ressler便稱犯罪者會執迷於未實現的幻想，驅使他們進行下一次犯行[10]。

---

7 Gee, D., & Belofastov, A. (2007). Profiling sexual fantasy: Fantasy in sexual offending and implication for criminal profiling. In Kocsis, R. N. (Ed.). *Criminal profiling: International theory, research, and practice*. NJ: Humana Press, pp. 49-71.

8 Rossmo, D. K. (2000). *Geographic profiling*. FL: CRC Press, pp. 37, 39.

9 Turvey, B. E. (2002). Serial rape. In Turvey, B. E. (Ed.). *Criminal profiling: An introduction to behavioral evidence analysis*. CA: Academic Press, p. 531.

10 Turvey, B. E. (2012). Serial cases: Investigating pattern crime. In Turvey, B. E. (Ed.). *Criminal pro-*

性侵害犯罪的特質包括：多為年齡較大者對年輕者的犯罪，發生在夜晚、室內、一對一之熟識者居多，是暴力犯罪性質多於性的犯罪，加害者有許多與性犯罪無關之前科。此外，性侵犯之生理、心理與社會特性大致如下：大多來自破碎家庭，呈現家庭病史特徵，有強烈的異性虐待妄想，婚姻生活並不協調美滿，部分加害者有陽萎現象，兒童早期曾遭受性侵害，常有精神疾病之呈現，存在智能不足情形，大多挫折容忍力低並且有嚴重自卑感，人際關係處理拙劣，勞工及無固定職業者居多，早期有偏差（如酒癮）與犯罪行為出現[11]。

性侵害犯經常有竊盜、暴力及性犯罪前科以及酗酒、傷害、偷窺、暴露、打猥褻電話等紀錄。有些人的主要犯罪活動是竊盜或搶劫，性犯罪是附帶的行為[12]。許多性侵害犯都是臨時起意，或只有大概的計畫，被害者的選擇標準主要是容易得手，至於住處、年齡、外觀及穿著，反倒是次要考慮。通常年長的性侵犯作案距離較長（偏向通勤型），而年輕的性侵犯大多在住處附近犯案（偏向劫掠型），性侵害加害者一般會轉移陣地，將被害人從最初的遭遇地點移到較偏遠地方再加以侵害[13]，而性虐待犯則是經常四處尋找獵物。

性侵初犯大多是出於一時衝動，連續性侵犯通常以陌生人為目標，而老練的性侵犯通常會計畫細節並有某些防範行為（precautionary behavior），用來混淆、阻礙偵查及鑑識工作，以免犯行及其身分曝光，包括選擇偏僻昏暗地點、挑選陌生人下手、戴手套、戴口罩、擦拭指紋、戴保險套、清洗精液、強迫被害人清洗、更換衣服、改變裝扮、轉移至偏僻地點、帶走犯罪工具、說謊誤導、改變語音、矇被害者雙眼、丟棄其衣服、蒐集其身分資料和威脅被害者不得報案等，如果有這些行為則顯示加害者

filing: An introduction to behavioral evidence analysis. CA: Academic Press, p. 542.

11 楊士隆（2019），犯罪心理學，五南圖書，頁222-224。

12 Davies, A. (1997). Specific profile analysis : A data-based approach to offender profiling. In Jackson, J. L., & Bekerian, D. A. (Eds.). *Offender profiling: Theory, research and practice*. England: John Wiley & Sons, pp. 195, 204.

13 Rossmo, D. K. (2000). *Geographic profiling*. FL: CRC Press, pp. 41-42.

可能有性犯罪前科，因為有被捕經驗的人深刻瞭解湮滅證據（尤其是精液）的重要性，大部分性侵害案件都是透過DNA檢驗而確定犯罪者[14]，因此目前在性侵害犯罪現場中，已經很難發現精液、血液、毛髮等物證，有賴透過「行為跡證」的概念加以突破（詳見下節犯罪行為分析）。此外，性侵害犯知道自己可能被抓，反而會增加其性侵過程的刺激性，而一旦成功，則會嘗試更刺激的方式[15]。

性謀殺（sexual homicide）是在性侵前、後殺人，在殺人案件的比例僅占0.5-1.1%，性侵犯一般不會殺人，除非他要使被害人安靜下來、意外致死、或是要避免被認出來，年輕被害人通常發生在戶外的偏僻地點，而年長的被害人則大多在家中遇害，死因通常是窒息，很少使用武器，如果有，也大多是在現場取得，現場常發現有捆綁、撕扯衣服及咬痕，部分犯罪者有酗酒、特殊性癖好、住宅竊盜或強盜等前科[16]。

但色慾殺人（lust murder）則是將性與攻擊結合在一起，此類案件大多發生在陌生人之間，死因通常是窒息，很少使用武器，現場經常發現繩索束縛痕跡，被害者衣服被扯下且下體暴露，FBI的犯罪剖繪計畫（criminal profiling project）從1979-1983年共訪談36位性謀殺犯（至少118名被害人），發現犯罪者全為男性，絕大多數是白人，大多有性侵害前科，56%被害人在死前被侵犯，三分之一被折磨至死，58%屍體被隱藏，47%完全裸體，28%屍體被特殊擺置，27%犯罪者會回到現場（部分會與死者屍體性交），32%曾保留紀念品，此項計畫在1982年才開始獲得司法部的補助，目前仍是FBI剖繪技術的重要基礎[17]。

---

14 Davies, A. (1997). Specific profile analysis : A data-based approach to offender profiling. In Jackson, J. L., & Bekerian, D. A. (Eds.). *Offender profiling: Theory, research and practice*. England: John Wiley & Sons, pp. 197-199, 205.

15 Rossmo, D. K. (2000). *Geographic profiling*. FL: CRC Press, p. 38.

16 Turvey, B. E., & Freeman, J. (2016). Examing sexual homicide. In Turvey, B. E., & Esparza, M. A. (Eds.). *Behavioral evidence analysis: International forensic practice and protocols. Academic Press*, pp. 253-258.

17 Turvey, B. E. (2001). "Sexual homicide: Literature review and research findings", *Journal of Behavioral Profiling*, 2(2). http://www.profiling.org/journal/subscribers/vol2_no2/jbp_bt_2-2.html.

至於被害人則大多是年輕單身女性、低社經地位，屬於較脆弱的一群，加、被害者間關係則包括熟識者（acquaintance）及陌生人（stranger），前者除配偶（含同居人）強制性交外，大多屬約會強暴（date rape），而後者則因身分不明，偵查難度較高（尤其是臨時起意者）。另外性侵害犯罪具有高犯罪黑數（dark figure of crime）的特性，被害者常因羞愧、害怕被報復或被家人責備、或擔心偵查過程的二度傷害，因而選擇不報案，其中尤以熟識者強暴居多，所以實際數字與官方統計落差頗大。

每個性侵犯都有他的被害者選擇方式，目標選擇跟他的社會關係和地理環境有關，也就是犯罪者會使用相同的途徑去挑選被害者，有學者根據被害者遇害前的活動分為三種情境[18]：

（一）住家：又可分為：

1. 侵入住家：犯罪者侵入被害者住處加以性侵，通常會攜帶武器控制被害者，也會確認被害者是否獨自在家。
2. 受邀進入：雙方熟識，被害者邀請加害者進入家中，發生性侵後通常被害人不會去報案。

（二）戶外：又可分為：

1. 非強制：沒有使用暴力接近被害者，例如被害者正在戶外跑步，加害者逐漸取得其信任，再邀請被害者到加害者家中。
2. 強制：加害者在戶外等待機會，攻擊並綁架被害者，因為發生在戶外，被害者的抵抗會吸引他人注意，所以加害者的風險較高。

（三）社交：目標在從事社交或娛樂活動，犯罪者等待機會使用強制力控制和攻擊被害者，又可分為：

1. 現場：發生在室內，例如購物商場的廁所或游泳池的更衣間。
2. 場外：遭遇和攻擊都發生在室外，發生時被害者多獨自一人，然後被轉

---

18 Bartol, C. R., & Bartol, A. M. (2013). *Criminal & behavioral profiling*. SAGE Publications, pp. 150-152.

移到另一地點加以性侵。

而被害者在加害者眼中扮演的角色有三[19]：

（一）將被害者視為物體（victim as object）：被害者對加害者而言沒有太大意義，並不把她當人看待，她只是他逞慾的工具，也因為如此，才能對她施加各種奇特的行為，通常會隱藏身分，與被害者無互動，而且缺乏同理心。

（二）將被害者視為媒介（victim as vehicle）：被害者是用來表達加害者的需求和憤怒，可能象徵過去一個重要的人（如分手或追求不成的前女友），藉由被害者來發洩憤怒的情緒，因此可能會對其性部位加以攻擊。

（三）將被害者視為人（victim as person）：將被害者看作是一個人，想要和她有些互動或情感的交流，嘗試和她有親密關係，因此不會有太強烈的攻擊。

以暴力程度而言，其攻擊強度依序遞減，即視被害者為物體 > 媒介 > 人。

第二節　犯罪行爲分析

Hazelwood和Burgess從許多性侵害被害人的陳述資料中發現，由於加、被害者在犯罪過程中有大量的肢體接觸及言語互動，因此關於犯罪者身體特徵的資料其實很詳盡，但是卻缺乏可以提供犯案動機、犯罪者特徵以及犯罪行為特性的資料。因此他們發展出一套針對被害人的訪談大綱，此一大綱內容鉅細靡遺且依據犯罪過程設計，藉由事後訪談被害人，透過被害者的記憶，可以深入瞭解犯罪行為的重要細節，其大概內容包括以下問題[20]：

19 Hicks, S. J., & Sales, B. D. (2006). *Criminal profiling: Developing an effective science and practice*. Washington D.C.: American Psychological Association, pp. 79-82.

20 Hazelwood, R. R., & Burgess, A. W. (2001) (Eds). *Practical aspect of rape investigation: A multi-*

一、犯罪者用來接近被害者的方法為何？

當每個人決定要完成一件事情時，通常他們都會選擇自己比較得心應手的方法。同樣的，一個性侵害者會選擇一套接近及制服他所選定被害人的方法。欺近（approach）的方法可歸類為：

（一）誘騙法（con）

使用誘騙法的犯罪者通常智力較高，會以藉口（subterfuge）、詭計（trick）、偽裝（disguise）或是詐術（ruse）來接近被害人，他們的目的是要取得被害人的信任且不起疑心，接著擄獲（capture）她。一旦犯罪者取得對被害人的控制之後，對於被害人的態度就會突然轉變，這種轉變可能是對被害人內在敵意（inner hostility）的反應。使用誘騙法的犯罪者對於自己和女性的互動能力很有自信，並相信自己不會讓她們感到害怕。

（二）閃擊法（blitz）

使用閃擊法的犯罪者通常智商普通，因此藉由突然使用立即制服（immediate overpowering）或致傷的暴力（injurious force）來制服被害者，不讓她們有反擊或是溝通的機會，再加以綑綁、塞口、矇眼以限制其行動。通常犯罪者會使用拳頭，或是其他較鈍的武器、用藥劑迷昏、勒殺等方式攻擊被害者。使用此法顯示犯罪者對女性的敵意，以及犯罪者在與女性的互動關係中相當自私。另外有學者提出「閃擊」只是用來描述攻擊的一種方式，而不是接近被害者的方法，且通常閃擊會包含突襲在內[21]。

（三）突襲法（surprise）

使用此法的犯罪者是在被害人熟睡、分心、出神時，或是採取埋伏方式（如躲在牆後、汽車後座、地下室、樹林之中），通常犯罪者會使用口頭威脅或是亮出武器來制服被害人。而使用此法可能顯示出：

---

disciplinary approach (3rd. Ed.). NY: CRC Press, pp. 118-130.

21 Turvey, B. E. (2002). Crime scene characteristics. In Turvey, B. E. (Ed.). *Criminal profiling: An introduction to behavior evidence analysis* (2nd. Ed.). San Diego, CA: Academic Press, p. 195.

1. 被害人是在犯罪前就被選定的目標，而選定的過程可能很短暫，通常是基於長期對被害人的監視。
2. 犯罪者沒有足夠的信心使用誘騙法，也不想使用暴力的閃擊法來擄獲被害人。

二、犯罪者如何維持對被害人的控制？

犯罪者維持對被害人的控制方式，主要是取決於他們性侵害的動機。以下是四種常見之控制被害人的方法：

（一）單純在場（mere presence）

由於被害者的順從及恐懼，犯罪者的出現很可能就足以控制被害人。不過這對偵查人員而言卻很不可思議，因為通常偵查人員是基於自己的觀點，來判斷被害者的反應，而不是基於被害者的人格特質、犯罪當時的情境和恐懼因素。

（二）言語或肢體威脅（verbal or physical threat）

攻擊的線索通常會在言語的威脅中顯現出來，偵查人員應儘可能將這些威脅的內容逐字加以描述，也應記錄這些威脅內容是否有被實現。此外性侵害犯也可能會威脅被害者不得抵抗，否則會暴力相向。

（三）肢體暴力（physical force）

在性侵害案件中，肢體暴力的使用與程度，包括矇眼（blindfold）、捆綁（bind）、塞口（gag）、扯破衣服等，是犯罪者動機的關鍵決定因素，偵查人員應該測定暴力使用的程度，以及犯罪者在暴力使用前、中、後的態度。

（四）使用武器（use of weapons）

包括使用棍棒、刀器、槍械，大多只是用來威嚇被害人不得抵抗，也有直接使用武器傷害被害人，許多性侵害者會亮出武器來取得或維持對被害者的控制，要確定的不只是性侵害者是否持有武器，也包括他是在什麼時間點拿出武器。

三、攻擊者所使用的肢體暴力程度為何？

晤談者對於肢體暴力的描述應該愈精確愈好，被害者有時會誇大遭受暴力的程度。基於此，Hazelwood和Burgess發展出四種暴力程度，以幫助偵查人員對於暴力使用程度的鑑定。

（一）最小的暴力（minimal force）：在這個層次有極少甚至沒有暴力的使用。性侵害者可能有掌摑被害者，但並沒有重複施暴，暴力的使用只是用來威嚇被害者。

（二）中等的暴力（moderate force）：當性侵害者使用中等暴力時，會重複毆打被害者，即使被害者沒有抵抗。在整個攻擊過程中，性侵害者會使用辱罵或其他相類似的言語。

（三）過度的暴力（excessive force）：在這種程度的暴力中，被害者所受到的傷害可能會達到住院程度，性侵害者會用辱罵且帶有貶低口吻的語氣。

（四）殘忍的暴力（brutal force）：在此終極層次的身體暴力，被害者承受了極大程度的暴力（包含折磨），可能會致死（lethal）或是需要長期的治療，而性侵害者的言語通常反應了憤怒與敵意。

四、被害者有反抗攻擊者嗎？

通常被害者在被命令去做某件事時，會有兩種反應：順從或抵抗。順從（compliance）是指被害者立即服從加害者的指令而沒有遲疑，以利能安然逃脫，但並未意味二者的互動是合意的（consensual）。抵抗可被定義為任何被害者所採取用來防止、延遲、減低攻擊效果的行動。大多數偵查人員重視被害者的言語、肢體抵抗之際，往往忽略了同樣重要的一種抵抗類型——消極抵抗。因此被害者有以下三種抵抗方式：

（一）消極抵抗（passive resistance）：消極抵抗是發生在當被害者沒有

言語及肢體抵抗，也沒有遵守性侵害者的指示時（不配合）。

（二）言語的抵抗（verbal resistance）：這類型的抵抗包括尖叫、抗辯、拒絕、或是企圖勸說、哀求與攻擊者協商等，但並不包含哭泣。

（三）肢體的抵抗（physical resistance）：這類型的抵抗包括踢、打、抓、企圖逃跑等。

五、犯罪者對於抵抗的反應？

人類在面臨壓力時會有許多種反應，性侵害對被害人來說是很大的壓力，但是對性侵害者而言，也造成很大的壓力（害怕被認出或逮捕、害怕被傷害或嘲笑、害怕被害者成功抵抗等）。所以對偵查人員而言，瞭解性侵害者面對被害者抵抗的反應就很重要，以下有五種主要的犯罪者反應：

（一）停止要求（cease demand）：性侵害者在面臨被害者的抵抗時，可能不會企圖以暴力讓其屈服，而是放棄原先的要求，改實行另一階段的攻擊。

（二）妥協／協商（compromise/negotiate）：犯罪者可能會妥協，或是同意被害者建議的替代行為。例如犯罪者本來想與被害者肛交，但經過被害者反抗，犯罪者改由陰道性侵被害者，而沒有進行肛交。

（三）逃走（flee）：有時性侵害者會因為被害者的抵抗而逃離現場，這可能是因為：犯罪者不想以暴力違背被害者的意願、沒有心理準備被害者會抵抗等。

（四）威脅（threaten）：有些犯罪者會想藉由言語或是身體的威脅，再重新獲得被害者的屈從。如果這時被害者不理會犯罪者的威脅而持續抵抗，瞭解犯罪者接下來的反應就很重要。

（五）暴力（force）：最後一種犯罪者的反應就是會藉由暴力，訪談者應界定此時的暴力程度以及其持續的時間。

六、性侵害者有性功能障礙嗎？

性功能障礙（sexual dysfunction）所指的是性滿足（sexual gratification）的渴望以及達到性滿足能力的損傷。偵查人員應注意性侵害被害者在訪談中，可能不會自願提供此類問題的資訊，因為她們認為這並不重要、對於犯罪者要求她們所做的克服性功能障礙的動作感到尷尬、或是忽略這件事而沒有體認到這是性功能障礙。性功能障礙有以下類型：

（一）勃起不足（erectile insufficiency）：這類型的性功能障礙指的是男性在性交時無法勃起或是無法持續勃起（又稱陽萎），研究指出，勃起不足在陌生人對陌生人的性侵害中最為常見。

（二）提前射精（premature ejaculation）：提前射精指的是在進入（penetration）陰道的前、後，就立即射精（俗稱早洩）。

（三）遲緩射精（retarded ejaculation）：與提前射精相反，遲緩射精指的是射精困難或失敗，而沒有獲得性滿足。

（四）附條件的射精（conditional ejaculation）：在勃起以及持續勃起方面的功能都沒有問題，但是只有經過被害者的刺激（如要求她們以口交、用手、或言語的刺激等），才會射精。

七、在攻擊中發生了哪種型態、順序的性行為？

性行為包括使用性器官、器具或異物，以達到性興奮的目的。記錄性侵害時的性行為種類有助於更瞭解性侵害犯，所以對偵查人員而言，確認性侵害時性行為的種類和順序就很重要。但這對被害者來說卻很困難，因為她經歷了感情的創傷，以及基於羞恥或恥辱，所以大多不願意去討論犯罪中的這一部分，訪談者可藉由專業以及同理的態度來克服被害者的不願意合作。通常陰道性交（vaginal penetration）、口交（fellatio）、舔陰（cunnilingus）、肛交（anal sex）等行為最常出現在性攻擊，而親吻、愛撫、使用外在器具、手指侵入陰道與肛門、戀物、窺視、綑綁、暴露等，通常會被忽略。但是關於這些行為的資訊（包括所花的時間和順序，例如先肛交再口交，顯示有貶損的意圖），都有助於對犯罪者的瞭解。

八、犯罪者有什麼言語行為（verbal activity）？

刻板印象認為性侵害者是經由身體暴力獲得對被害者的控制，但是實際上性侵害者也使用語言來獲取對被害者的控制。在藉由與被害者的言語行為中，可顯示關於犯罪者本身及其犯罪動機的訊息，所以經由被害者得知性侵害者所說過的話，以及說話時的方式（音調、態度）就很重要。例如：讚美、表現禮貌、關心、質問、歉意、以及犯罪者討論他自己的生活，顯示犯罪者想要實現被害者同意的幻想（fantasy of consent）；而貶低、辱罵、威脅、咒罵的言語也可能顯示犯罪者的憤怒，以及想藉由性去處罰、貶損被害者。言語行為（含舉例）包括以下幾種[22]：

（一）作案手法的指令：不要看我的臉。

（二）簽名特徵的指令：搖你的屁股，我要看它動。

（三）威脅：看我的臉，我就殺了你。

（四）自信：我要讓你看看一個真正的男人。

（五）詢問被害人：你的姓名？你幾歲？

（六）猥褻的字眼、歧視用語：母狗、賤人。

（七）軟性訴求：我沒有要傷害你。

（八）侮辱：你勉強值得我強暴。

（九）擁有：你是我的。

（十）故意欺騙：我的名字是○○○，我住得很近。

（十一）補償：我並沒有要傷害你。

（十二）道歉：我很抱歉，我平常不是這樣的。

（十三）協議：如果你照我的話做，我就會放了你。

（十四）讚美：你看起來真漂亮。

（十五）自貶身價：我是個失敗者。

（十六）合理化：我不是要強暴你，我不會這樣做的。

---

22 Turvey, B. E., & Freeman, J. (2012). Crime scene characteristics. In Turvey, B. E. (Ed.). *Criminal profiling: An introduction to behavioral evidence analysis*. CA: Academic Press, p. 309.

九、被害者有被強迫說什麼嗎？

儘管性行為是基於生物功能，但是性的刺激與滿足則是受控於性心理（psychosexual），而性能力也是受控於心理，人類的感覺也是性行為中不可或缺的部分。其中聽覺是一項很重要的性感覺（sexual sense），所以性侵害者可能會要求被害者說某些字（如髒話）、言語（如稱讚）、發出聲音（如叫床）來刺激、增強他的性能力。犯罪者要求被害者所說的話，可提供偵查人員洞察犯罪者的動機及幻想。

十、在攻擊的過程中，犯罪者的態度有任何突然的改變嗎？

應詢問被害者是否有觀察到性侵害者任何態度上的轉變，如果有，應要求被害者回憶在犯罪者態度轉變之前，甚至是性侵害完成後有突然發生什麼事。可能的原因有：犯罪者的性功能障礙、外在的干擾、被害者的抵抗、缺乏被害者的恐懼、嘲笑或輕視。而態度的改變可反應在言語、身體和性行為上，因為在性侵害時不僅對被害者造成極大壓力，對犯罪者也同樣造成很大壓力，所以犯罪者處理壓力的能力是很重要的因素。

十一、犯罪者有採取什麼防範的措施嗎？

這個問題的答案關係著界定性侵害者的經驗層次，界定的基準在於他用來保護自己不被指認出來的方法。性侵害者的經驗層次可分為二種：

（一）新手（novice）：新手的性侵害者對於現代醫療及鑑識（forensic）技術不甚瞭解，因此對於防止被指認出來的防範措施做得很少。例如他可能會穿戴面罩、手套、改變聲調、矇住被害者的眼睛，這些都是沒有警覺到可藉由頭髮、菸蒂或檳榔渣來檢測DNA的防範措施。

（二）老手（experienced）：相較於上述的防範措施，經驗老到的性侵害者可能在犯罪前就策劃好逃離路線、在侵入或離開時切斷被害者的電話線、命令被害者沖洗身體、自行攜帶綑綁物及塞口物、在攻擊過程中戴手套和保險套、強迫被害者清洗任何他碰觸及沾有精液的物體、將所有的犯罪工具或證物帶離現場等。

十二、有什麼東西被拿走嗎？

絕大多數的性侵害被害者都有失竊物品，偵查人員應注意「有什麼東西被拿走了」以及「為何這些東西被拿走」。被拿走的東西可歸類為：

（一）證據類（evidentiary）：性侵害者會帶走可作為證據的物品（如沾有精液的衛生紙），可能是基於經驗以及曾經在類似案件裡被逮捕。

（二）值錢類（valuable）：犯罪者會拿走什麼樣值錢的物品（例如被害人的財物和提款卡），取決於他的年紀和成熟度。

（三）個人類（personal）：此類物品包括被害者的照片、內衣褲、毛髮、甚至是價值低廉的飾物，犯罪者重視的不是這些物品本身的價值，而是這些物品可供其回味犯罪情節及被害者。

接下的重點在於這些被拿走的個人物品被視為戰利品（trophy）或是紀念品（souvenir），這可經由性侵害者的身體、言語或性行為來界定：咒罵的、敵意的、身體暴力的性侵害者通常拿走物品作為戰利品，象徵勝利和征服；而拿走紀念品的性侵害者通常是「紳士型」（權力確認型，下節詳述），用來記憶或回味，他們使用很少的暴力行為以及在言語上不會過於粗暴。最後要討論犯罪者後來是否會將拿走的物品歸還被害者，對於「戰利品犯罪者」而言，歸還物品代表恫嚇、威脅被害者；而對「紀念品犯罪者」而言，則是要向被害者表示其實他是好人。

十三、被害者有任何顯示他曾被鎖定的經驗嗎？

首先應先確定被害者是事先被鎖定的目標（targeted victim）或是被隨機選中的目標（opportunistic victim）[23]，包括滿足加害者的特殊幻想，或是被害者的特徵和其父母、配偶或親友相似或具象徵性意義

23　隨機代表沒有事前計畫，包括臨時選定的時間、地點、隨選的目標、隨意的犯行或隨手取得的武器等。

（symbolic significance）而被選中。有些性侵害者會在犯罪前就選擇及鎖定被害者，而偵查人員應確定被害者在遇害前是否有接到莫名的、沒有表示身分的電話或紙條，住家或是汽車被破壞，有人在附近徘徊或是經由窗戶窺探，感覺到被跟蹤或是注視等訊息。更要確定加害者是否事先有計畫（對現場已有掌握，準備犯罪工具），或是臨時起意（雙方並不認識，被害者只是偶遇加害者而成為目標）。

十四、料想性侵害者的朋友會如何描述他？

通常會建議偵查人員要求被害者以性侵害者的朋友或是夥伴的角度，來描述性侵害者的人格特質。這要視被害者的意願，以及她是否能獨立於對犯罪者的個人感覺來描述他。如果被害者參與了此一過程，將有助於她能從被害的陰影中儘速恢復。

簡單的說，性侵犯在動機出現後，必須克服三個障礙，包括內在抑制（internal inhibitation）即壓抑內心的恐懼和不安，外在限制（external constraint）即帶往偏僻處所以防止他人目擊，及被害者的抵抗（victim's resistence）以威嚇或暴力壓制被害人使其屈從。

第三節　性侵害犯罪者的分類

對犯罪者加以分類是犯罪剖繪的重要步驟，如此才能縮小偵查範圍，以下針對性侵害（含性謀殺）犯罪者從動機、行為層面和心理特質加以區分：

一、動機分類法

動機（motive）是基於情感、心理和物質上的需要，促使人去從事某些行為，並因此得到滿足。在犯罪偵查過程中，瞭解犯罪者的動機是很重要的，但卻是不容易的任務，因為犯罪者的內心想法很難得知，另外有時候人的行為不是深思熟慮後的產物，因此當事人也未必知曉其真正動機，尤其在犯罪偵查中只能由其行為及情境去推敲。但確定犯罪動機有以下好處：可以縮小嫌犯範圍、進行案件連結、研判嫌犯身分並瞭解其心理狀態[24]。

許多研究者試圖對各種性侵害犯作分類，FBI的行為科學組在這方面似乎有所斬獲，他們依據Groth等針對陌生人性侵害案件所設計以權力（power）、憤怒（anger）和性（sexuality）為要素的分類法，亦即性只是用來滿足權力和憤怒動機的工具。此外，再參考Knight和Prentky所提供的分類法，而將性侵害犯區分為以下四種類型[25]：

（一）權力確認型（power reassurance）

1. 個人背景

權力確認型也稱為「補償型」（compensatory），是四種類型中最不具暴力及攻擊性（因此也有稱為「紳士型」），也是最沒有社交能力者，其深受極低的自我肯定所困擾。這類性侵害犯大多數來自於單親家庭，和母親同住，在學問題不大，平均教育程度是十級（約國中畢業）。通常是單身，沒有性伴侶，不擅於運動，較沉默及被動，朋友很少，經常逛附近的成人書店，喜歡看色情書刊。因為教育程度較低，常受僱從事一些勞力的工作，且通常被視為穩定、可靠的員工。

權力確認型性侵害犯可能有不一樣的性偏差行為，例如可能有異裝（男扮女裝）或雜交的性行為、暴露、窺視、戀物症或過度手淫等。剖繪者應注意這類性侵害犯的窺視行為是重要的指標，因為它可能導致這些人到附近地區找尋被害者。例如，一位這類性侵害犯的被害者說，性侵害者藉由臥室窗戶窺視，當機會來了，就從窗戶侵入被害者的房子。

2. 性侵害的過程

權力確認型的性侵害犯，性侵犯的主要意圖是為了提升自我的地

24 Freeman, J., & Turvey, B. E. (2012). Interpreting motive. In Turvey, B. E. (Ed.). *Criminal profiling: An introduction to behavioral evidence analysis*. CA: Academic Press, pp. 312-313.

25 Holmes, R. M., & Holmes, S. T. (2002). *Profiling violent crimes: An investigative tool* (3rd. Ed.). Thousand Oaks Park, CA: Sage Publications, pp. 144-157.

位。性是他主要的目的，與一般認為性侵害的主要需求並非性行為，而是一種攻擊的手段，性則是次要的說法正好相反。對這類性侵害者而言，性行為確認了他地位的重要性。他覺得自己是個失敗者，藉著性侵過程去控制另一個人，使自己相信自身是重要的，儘管只是暫時地。因此，他僅使用足夠的力量去控制被害者。

這類性侵害者的行為，性犯罪是其性幻想的一種表達。因此，他會考慮到被害者的感受，通常不會刻意去傷害她。他認定被害者喜歡和他進行性行為。他可能要求被害者對他說猥褻的話，但自己很少會用不敬的言語與被害者交談。他可能有禮貌地要求被害者脫去衣物，而且只露出供性侵害進行所需要的身體部位。

權力確認型性侵害犯，傾向選擇年紀相仿和同種族的被害者，而且地點通常是在住家附近或與他工作地點相近的地方，因為他是徒步前往。犯案時間通常是在午夜到凌晨五點，犯案間隔約7到15天。性侵害之初雖使用些微暴力，但當他繼續攻擊時，暴力程度可能會增加。假如需要，他會從被害者家裡選擇武器，他也可能從被害者家中蒐集紀念品。

權力確認型性侵害犯是唯一可能事後與被害者接觸的人，他會關切性侵害對被害者所造成的影響。這類性侵害者可能以為被害者喜歡他，因而答應再來見面。在一個案例中，曾有性侵害者答應隔天回來，而當他真的回來時，警察正等著他。這種類型的性侵害犯可能有某種性功能障礙，例如陽痿。此外，他可能會寫日記，以記下被害者的姓名並且描述其性侵害行為。

（二）權力獨斷型（power assertive）

1. 個人背景

權力獨斷型或「剝削型」（exploitative）性侵害犯的行為，只是企圖表達男子氣概和個人的支配。這類型的性侵害犯有一種優越感，只因他是男人，而他性侵害是因為他相信這是男人對女人的權力，用來維持其男性優勢（male supremacy）。對這類性侵害犯而言，性侵害不只是性的舉動，更是掠奪的衝動行為。在性侵害中所展現的攻擊，是意圖使被害者順從。他不關心被害者的感受（comfort）或處境（welfare），被害者必須依照他的慾望去做。

權力獨斷型性侵害犯的一些社會背景如下[26]：大約70%是出身於單親家庭，有三分之一曾在寄養家庭住過，約75%在童年曾遭受生理虐待。這類型性侵害犯大多有家庭問題且曾經歷不愉快的婚姻。他很注重形象，傾向於穿著流行服飾。他常是單身酒吧的常客，且人們都知道他總是在釣女人，他聲音大且喧鬧，並且持續試著去確認他男子氣概的形象。這類型犯罪者可能從事一些傳統男性化的職業，比如建築工或警察工作。他時常開拉風的車，可能是跑車或在他社交圈中最受歡迎的特別車型。

2. 性侵害的過程

權力獨斷型性侵害犯常在單身酒吧尋覓獵物，那裡總有充足的女性供他選擇，而被害者通常是與他同年紀的族群。這類性侵害犯的侵略是混合言語和肢體的暴力，若遭反抗，他會威嚇被害者，而後為所欲為。這種性侵害犯常扯破或撕裂被害者的衣物，他認為被害者不再需要這些衣物，所以何必費力去脫掉它們？這類型性侵害犯可能對被害者有多重的攻擊，他不但與被害者進行陰道性交，也進行肛交，然後在抽出之後，立刻要求含吸其性器。他可能有射精的障礙，所以會強迫被害者與他口交，使他產生生理興奮而能夠繼續進行性侵害。

這類性侵害者犯案的間隔大約是20至25天，不是為了性而性侵害，主要是作為一種掠奪行為。基本上他有穩定的性伴侶、太太或愛人，這類犯罪者常感覺到性侵害的需求，他的攻擊是企圖強迫被害者依從他的要求。當持續性侵害時，攻擊會增強。這類性侵害犯可能會帶武器到性侵害現場，顯示是預先計畫好的行動。他不會對被害者隱藏其身分，認為自己不需要戴面具、戴保險套、躲在暗處或矇眼睛，也沒意圖要再接觸被害者。這類性侵害犯在性侵害之後不會道歉，更不會蒐集紀念品或寫日記。

26 本節百分率等數字取自FBI研究人員訪談41名性侵害犯的研究結果。

（三）憤怒報復型（anger retaliation）

1. 個人背景

憤怒報復型（簡稱為報復型）或稱替代型（displaced）的性侵害犯傷害婦女有他偏激的目的，他想性侵害所有婦女，以扯平他生平在女人手中所遭受到真實或想像的不公平。這些暴力性犯罪者經常是來自不愉快或不正常的家庭，超過一半（56%）的這類犯罪者，在童年被父親或母親過度的生理傷害。大約80%來自父母離異的家庭，而20%的這類犯罪者是被收養的孩子，且53%曾住過寄養家庭（foster home），有80%曾在僅有母親或其他女性主導的家庭中長大。因為他與這些女性（母親、養母、義母或其他人）有明顯的不愉快經驗，或是在追求異性過程中被拒絕，因而對一般女性樹立一種負面和敵意的情感。

這類犯罪者通常很有社交能力，認為自己相當強健且有男子氣概，故常尋求的娛樂係以運動為中心，而且也可能從事動作取向的職業，比如警察工作或賽車選手。他可能已婚，但像許多性侵害犯一樣，對他的配偶沒有暴行。為支撐他大男人的形象，也可能涉入種種的婚外情，朋友常認為他脾氣暴躁。他似乎對性侵害有一種不能控制的衝動，而他性侵害行為的發生，傾向在與妻子、母親或生活中一些重要女性的衝突事件之後，這些衝突可能促使他震怒，進而以性侵害行為來洩恨。

2. 性侵害的過程

憤怒型性侵害犯傾向性侵害他住家附近的異性，他的攻擊是突然或急襲的，顯示這些性侵害很少有計畫。至於性侵害的目的倒不是單純為了性，主要是在表達憤怒，因此在性侵害過程中會故意傷害被害者。在性侵害出現的攻擊行為，依序從口頭攻擊到身體的傷害再到可能的謀殺。這類性侵害犯常對被害者說很多褻瀆的話，且常撕扯被害者衣物和隨手取用武器去傷害被害者，包括使用他的拳頭和雙腳。

這類性侵害犯在性的滿足和表達其憤怒之間做了重要的連結，他使用褻瀆的言語來達到兩個目的：提高他自身的性興奮並灌輸恐懼給被害者。

他覺得需要以許多方式來表達他的憤怒，例如他可能與被害者肛交，然後立刻強迫與他進行口交，之後可能射精在被害者臉上，以作為進一步貶低被害者。他傾向尋覓同種族且與他同年紀或稍大一點的女性，可能會開車潛近他家附近的被害者。而在性侵被害者後，不會再試著接觸被害者。

（四）憤怒興奮型（anger excitation）

1. 個人背景

憤怒興奮型（又稱虐待型）性侵害者（sadistic rapist）是四種性侵害犯中最危險的類型，這類犯罪者的性侵害行為，主要是出於性侵略的幻想。他的目的是施加給被害者生理和心理的痛苦。這類型的犯罪者很多有反社會人格，而且具有相當的攻擊性，尤其是當他們追求個人的滿足受到阻礙時。這類犯罪者在侵略和性滿足間有重要關連，換言之，他將攻擊和暴力加以性愛化。

虐待型性侵害犯相關的社會特質如下：約有60%生長於單親家庭，大多在童年時遭受過身體虐待，而且許多來自於性偏差的家庭（例如父親本身是性侵害犯）。很多這類性侵害犯曾在青少年階段有性變態，如窺視、雜交及過度手淫。平常會喝些酒，而且也可能是個毒品使用者。典型的虐待型性侵害犯都已婚，而且被認為是一個「好男人」，通常住在犯罪率低的中等階級住宅區，有平均中上的教育程度，且從事白領工作。

這類型性侵害犯呈現一種強迫性的人格，此點在剖繪過程中特別重要。強迫性的特質顯示在他個人的外表及所駕駛的交通工具上，要求整潔、乾淨和保持最佳的狀況。這類型犯者大多聰明且可能沒有前科紀錄，他能逃避犯罪的偵查，不外是因為他仔細策劃性侵害犯罪，而且在計畫的範圍內執行。他的智能、對警察工作的瞭解、反社會性格，以及仔細的計畫和執行犯罪，使得他特別不容易被逮捕。

2. 性侵害的過程

這類型性侵害犯的性侵略行為有一深層目的：不單是要控制且意圖傷害被害者，而且最後通常會殺害被害者。虐待型性侵害犯使用他保養良好的汽車潛近被害者，他非常小心的選擇被害者，確定沒有被人看見，並且儘可能準備所有的防範措施來阻礙警方的偵查和逮捕。他通常將被害者帶到他能掌控所有行動的地方，即舒適地帶（comfort zone）。

這類型性侵害犯在犯罪中使用塞口、膠帶、手銬和其他裝備，與其說是控制被害者，不如說是對被害者灌輸恐懼。他也可能將被害者的眼睛矇住，主要是為了增加被害者的害怕。他可能用極度褻瀆和貶損的話，很詳細的告訴被害者他將要對她們做什麼。他攻擊被害者時，可能以另一個名字稱呼被害者，可能是他太太或母親的名字。

虐待型性侵害犯的行動過程非常儀式化，每一件性侵害案都必須依照計畫進行，使其經歷那種他所相信必要的感覺。有可能要被害者對他說些話來刺激他，而且可能堅持以口交作為性交的前奏，他可能也有射精的障礙。這類性侵害犯常在車內帶有「強暴工具箱」（rape kit）。當這類型犯罪者持續犯案時，會學到潛近被害者更有效的方法，而處理所殺害屍體的方式也更高明。他對自己的犯行無絲毫的悔意，且將繼續犯罪直到被捕。這類犯罪者會擴大他的暴行，由連續性侵害犯成為連續殺人者是常有的情形。

以上的動機分類可再歸納為以下二種類型[27]：

（一）權力型：權力確認型追求權力的感覺和控制被害人，這類人感到在性和其他方面都不夠格，藉由性侵害重新確認他的性能力，會說服自己，被害人因其行為達到興奮而合理化；權力獨斷型則視強暴為表達權力優勢和主控的象徵，相信他有權力攻擊被害人。

（二）憤怒型：施加較嚴重的暴力，以報復他在女性所承受的拒絕，犯罪者通常不能從強暴中達到性滿足。憤怒報復型目的在表達憤怒及對女人的敵視，因而會貶損被害人；憤怒刺激型則從觀察被害人的痛苦得到愉悅和滿足，最後常造成死亡的結果。

27 Palermo, G. B., & Kocsis, R. N. (2005). *Offender profiling: An introduction to sociopsychological analysis of violent crime*. IL: Charles C. Thomas Publisher, pp. 137-139.

二、性謀殺分類

Keppel和Walter批評Holmes的分類方法功能太廣，對偵查工作幫助有限，而且沒有實證研究支持，他們稱「犯罪人就是自己的原告」（the perpetrator can be his own accuser），也就是他會顯露自己犯罪的跡象，因而延伸「性侵害」的分類到「性謀殺」，每一類別包含犯罪動力（dynamics）、殺人型態（homicide pattern）及嫌犯剖繪（suspect profile），說明如下[28]：

（一）權力確認型性謀殺（約占21%）

1. 犯罪動力

在此類型中，性侵害是有計畫的，但殺人則是無計畫的殘殺，凶手是因為誘惑和征服的幻想所驅使，但因被害人不合作而產生驚慌，因驚慌而導致對不順從的被害人進行計畫外的攻擊，殺人之後，凶手會因為好奇而進行死後毀損屍體（postmortem mutilation）。

2. 殺人型態

凶手通常挑選他認識的10-15歲甚至更年輕的女性被害人，使用威脅來控制她，第一次不會帶武器，但往後的攻擊就會帶刀或槍，為了實現他的幻想，他會嘗試禮貌的對話以確認他的性能力，但被拒絕後，他會感到受到威脅而毆擊或勒頸而殺害被害人，因為性攻擊可能沒完成，因此在現場未留下精液，他會帶走紀念品，或蒐集剪報以維持他和被害人的關係，案件通常在夜間發生。

3. 嫌犯剖繪

凶嫌年紀在25歲上下，也有可能早先因其他犯罪入獄而年齡再大一些，通常會做白日夢並過度幻想，有偷竊或撫弄女性衣物的行為，喜歡生活在幻想中，害怕真實的性關係被拒絕，通常未婚，別人認為他很古怪且

28　其中百分比係從2,476個樣本統計出來，見Keppel, R. D., & Walter, R. (2006). Profiling killers: A revised classification model for understanding sexual murder. In Keppel, R. D. (Ed.). *Offender profiling*. OH: Thomson Corporation, pp. 89-101.

與社會隔離，學校和服役成績不佳，感覺自卑而不能接受批評，因此喜歡待在家裡或熟悉的環境，從事卑微的工作，通常步行前往犯罪地點，如果有車的話也是老舊或保養不良，前科包括偷竊及非法入侵，現場無組織且遺留大量證據。

（二）權力獨斷型性謀殺（約占38%）

1. 犯罪動力

在此類型中，性侵害是有計畫的，但殺人則是為了控制被害人施加攻擊的結果，凶手藉由暴力來展示他能掌控被害人及維持大男人的形象，殺害被害人強化凶手的權力並消除被害人的威脅。

2. 殺人型態

此類型的特徵是經由性侵和殺人來伸張權力，性侵害是隨機的，他會帶武器到現場，用來擴張他的力量，被害人可能被毆打，衣服會被扯破，如果被害人在家中遇害，屍體不會被毀損，如果被綁架後殺害，屍體就被丟棄，凶手會嘗試隱藏身分而清理現場，有時會帶走物品向他人炫耀。

3. 嫌犯剖繪

凶手年齡大約是20出頭，男性，注重身材，身上有刺青以展示男子氣概，車子性能良好，可能有酗酒、嗑藥，態度自大而高傲，獨來獨往，通常從事個人的運動，有竊盜和搶奪前科，可能被學校退學或從陸戰隊或海軍退役，但紀錄不良而提前退伍，有許多不成功的婚姻或男女關係，曾表達強烈的反同性戀看法。

（三）憤怒報復型性謀殺（約占38%）

1. 犯罪動力

在此類型中，性侵害是有計畫的，殺人是由於對女性被害人發洩憤怒和報復，攻擊可能是因為被害人或另外一位對他相當重要的女性批評他而引發，攻擊可能是偶發的（episodic），會重複犯行以紓解犯罪人的壓力，性謀殺是一種儀式化的暴力，攻擊是為了報復女性。

2. 殺人型態

此類型的性攻擊是暴力且殘殺被害人，凶手憤怒的來源是有女性批評或羞辱他，被害人通常是替代他憤怒的來源，但是當目標比他年輕，就直接攻擊她而不找其他人替代，凶手通常步行前往，如果開車，通常會停在200呎外再走路，被害人通常被攻擊嘴巴和臉部，凶手會就地取材，性侵可能未完成，但攻擊會持續到凶手完全滿足為止，不管被害人是否已死亡，屍體被丟棄在門外，臉朝下，眼睛蓋起來，如果在室內就被放在櫃子裡，犯罪現場呈現無組織，凶器放在150呎以內，凶手在離開前會帶走紀念品，因為痛恨被害人，因此不會有罪惡感。

3. 嫌犯剖繪

凶手年齡通常在25-29歲，目標是年紀較長的被害人，加害者被視為是衝動、以自我為中心且喜怒無常的人，社會關係不良，通常是孤獨的，如果已婚，可能有家庭暴力或婚姻失和，也可能有婚外情以面對原始婚姻的不滿意，犯罪紀錄包括傷害、家暴或魯莽駕駛，通常學業成就不佳如被學校退學，如果有服役，可能因突發行為和反抗權威而退伍，也有可能曾轉介到精神科就診。

（四）憤怒刺激型性謀殺（約占7%）

1. 犯罪動力

本類型的性侵害和謀殺都是預謀的，被害人男女都有，凶手從施加痛苦和延長折磨造成的恐懼得到滿足，攻擊行為是由掌控的幻想及對殺人過程產生興趣所驅動，而非只是死亡的結果，凶手的憤怒與性產生連結，並經由幻想演練細節。

2. 殺人型態

犯罪過程反映在有計畫及對被害人延長傷害，犯罪者會攜帶武器和工具箱到現場，被害人是陌生人但是凶手喜好的類型，使用詭計接近被害人，並帶到偏僻處所，此時凶手會顯示猶豫的心情轉換以混淆被害人，可能告知他將殺被害人，並因被害人恐懼而興奮，攻擊呈現儀式化和實驗性質並持續到死後，顯現在束縛和掌控，也可能有切割、燒燙、局部的毆打、撕下皮膚、身體插入異物和勒頸，屍體的情況因人而異，如脫下衣服、留下身體部位作為紀念品，屍體移至他處掩埋，小心避免留下物證以免身分曝光，犯罪過程是有組織的，遠離家門犯罪並參與警方調查。

3. 嫌犯剖繪

凶手年齡不定，社交正常，聰明且沒有犯罪紀錄，可能已婚，有正常工作，職業可能是機械或木工，曾讀大學，有私人房間以擺放殺人工具和紀念品，蒐集色情（如SM）書刊，不太會飲酒但有吸食毒品。

三、行為分類法

前述動機分類法主要是根據犯罪者的個人背景及犯罪要素，而針對犯罪者的動機做分類，是屬於歸納式的分類法，動機的分類對於區分大多數的犯罪行為是有幫助的；另有學者Turvey針對犯罪者的行為—動機做分類（behavior-motivational typology），將分類的重心轉移到行為上，是屬於演繹式的分類法。他認為動機是促使和誘發人們從事違法行為的一種心理情境，但是動機無法直接被證明，僅有犯罪人自己知道，且會基於各種原因加以隱瞞，然而動機可經由罪犯的行為跡證被推論出來。

Turvey將犯罪者的動機和行為分為五類：權力確認型（power reassurance，亦稱補償型）、權力獨斷型（power assertive，亦稱剝削型）、憤怒報復型（anger retaliatory，亦稱報復或替代型）、虐待型（sadistic，亦稱憤怒興奮型）及獲利型（profit）。此一分類與前面FBI的類型相當近似，分類的依據主要是根據Groth的演繹式分類，但將重心放在犯罪者的行為上，每一類別都針對犯罪者的接近法（method of approach）、攻擊法（method of attack）、言語行為（verbal behavior）、性行為（sexual behavior）、肢體行為（physical behavior）、作案手法行為（MO behavior）、簽名特徵行為（signature behavior）等進行分析，整理表6-3-1[29]：

29 Turvey, B. E. (2003). Criminal motivation. In Turvey, B. E. (Ed.). *Criminal profiling: An introduction to behavior evidence analysis* (2nd. Ed.). San Diego, CA: Academic Press, pp. 311-322.

表6-3-1　行為—動機分類表

	補償型	剝削型	報復型	虐待型	獲利型
接近法	突襲	誘騙／突襲	閃擊／突襲	誘騙	任何
攻擊法	言語威脅／武器	言語威脅／肢體暴力／武器	極度暴力／武器	突襲／肢體暴力／武器	任何
言語行為	不會傷害被害者 讚美被害者 要求情感回饋 自我貶低 關心被害者 感到抱歉 詢問被害者的性偏好 性能力再確認	表現獨斷性 下達性指令 首要目的是性愉悅 表現男子氣概 大量猥褻言語 貶低／羞辱被害者 具體指出性行為 言語威脅	言語自私 不妥協 因某事件或想像事件責備被害者 憤怒、敵意言語	取得被害者信任 慫恿被害者離開安全地帶 命令被害者尊稱自己 攻擊時問被害者的感受 貶損／羞辱的稱呼被害者	命令被害者交出有價值物品 對物品價值感興趣
性行為	前戲 讓被害者參與性行為 讓被害者協商 不會強迫被害者遵行某些性要求	隨心所欲 缺乏前戲 反覆侵害 折磨／虐待被害者 拉扯／捏／咬 目標在擄獲／征服／控制被害者 被害者只是滿足性幻想的工具	性自私 性是暴力的延伸 無前戲 迫使被害者做他認為是羞辱／貶損的行為，如口交	蒐集大量色情書刊 經由被害者的痛苦反應而興奮 事先排演、性自私 綑綁被害者，性折磨被害者，肛交後口交 射精在被害者身上 為後續幻想記錄 蒐集紀念品／戰利品	利用被害者為主角出版色情刊物 利用被害者提供性服務而獲利 將被害者賣為性奴隸

表 6-3-1　行為—動機分類表（續）

	補償型	剝削型	報復型	虐待型	獲利型
肢體行為	不會肢體傷害 最小的暴力 以威脅或亮出武器控制被害者	撕裂被害者衣物 塞口不讓她說話 使用強制力 隨被害者抵抗程度使用適度到極度暴力 選擇便利、安全的地點犯案	撕裂被害者衣物 穿特定衣物（如軍裝） 極度殘忍暴力	長時間極度暴力 傷害被害者 攻擊具性意義的部位 隨憤怒增加暴力，進而增強其性喚起	使用足夠控制被害者而完成犯行的暴力 適度的暴力
MO 行為	在舒適地區犯案 在相同地區作案 事先鎖定目標 監視被害者 深夜或凌晨犯案 挑選單身或有幼兒之被害者 攻擊時間短 被害者抵抗便停止攻擊	被害者是事先選擇或隨機挑選 依照可得性／易接近性／弱點選擇被害者 侵害地點視被害者而定 使用武器或高度暴力 被害者行動受制	非預謀 鎖定特定目標 犯案時地不定 視時機使用武器 認識被害者或被害者有特別象徵	假扮權威身分 犯行精密計畫 有條理地執行 選擇情感易受傷／會被警方質疑／低自尊／無侵略性的被害者 選擇可完全控制的地點 暴力程度不斷提升 殺被害者以防指認	犯罪期間短 鎖定較富有的目標 愈快完成犯罪愈好
簽名行為	攻擊前後窺視 拿被害者的私人物品 記錄性侵過程 打騷擾電話 事後接觸被害者	攻擊包括殘忍暴力 貶損的性行為，如肛交 可能攜帶並使用情趣用品	先攻擊，後有延伸行為 攻擊直到情感發洩為止 現場有許多表達憤怒的證據	攜帶性侵害工具箱 侵害時間很久 善於交際 挑選陌生人犯案	帶著對犯罪者有特別意義的物品去犯罪 任何會拖延犯罪時間的行為

由各類型犯罪者的行為所顯示出的意涵歸納如下：

（一）補償型：犯罪者意圖透過低侵略性的方法，以恢復其自信及自我價值，會合理化犯罪，認為是兩情相悅，並試圖事後接觸被害者。

（二）剝削型：犯罪者透過適度到高度侵略性的方法，意圖對被害者控制、支配、羞辱來證明犯罪者的權威，不屑採取防範措施。

（三）報復型：犯罪者的行為顯示其對於某些人、團體、機構、或是某些類似特徵的對象，有極大的憤怒，被害者可能相似於他仇恨的對象，累積的憤怒導致高度的暴力，貶損、羞辱被害人。

（四）虐待型：犯罪者的行為顯示經由被害者的痛苦，方可獲得性滿足。初步動機是性，但是要透過肢體侵害或折磨被害者來達成。

（五）獲利型：犯罪行為顯示犯罪者的動機是為了物質或個人的利益。

Turvey的分類法可對照Groth或FBI的分類法，由於出發點不同，更有助於對性侵害犯的瞭解，並有利於犯罪偵查工作。此外，由於Turvey之分類法是以行為為出發點，主要是經由犯罪現場的證據去推論犯罪者的行為，再由犯罪者的行為去推敲犯罪者的動機，與前述動機分類法息息相關，可一併對照參考。以上分類方法在犯罪偵查的應用，是以刑案現場所出現的行為跡證（已知），在行為一動機分類表上勾選出現的行為（可能會出現在不同動機類型上），再計算勾選最多的類型，根據犯罪剖繪基本原理之「刑案現場反映犯罪者人格」（見第三章第一節），推論出犯罪者的類型，再參考先前研究所得（如表6-3-1），歸納出性侵害犯的人格特徵（未知），再據以縮小偵查範圍。

另外需注意的地方是上述動機分類只是起點，一個人在作案時可能有雙重（或多重）動機，而動機也會隨不同時空而改變想法，另外當時情境也可能改變其犯罪行為，這些都是需要注意的地方，總之，人的思想和行為不是固定不變的，這也是行為科學（研究人的學科）難以掌握的地方。

四、心理特質分類法

前述的動機和行為分類有許多問題和缺點，主要的原因在於每個人無法用不同類別完全區分，因此從犯罪者的心理特質切入，將有助於深入瞭解犯罪者，其基本精神在於犯罪者與其他人的互動，也會反映在對待被害者的方式，而獲取在犯罪現場中二者的互動型態，可輔助對性侵犯的行為剖繪，此項分類系統是建立在麻州處遇中心（Massachusetts Treatment Center）的研究基礎上，它將性侵犯區分為四大類共九種，其分類系統說明如下（如圖6-3-1）[30]：

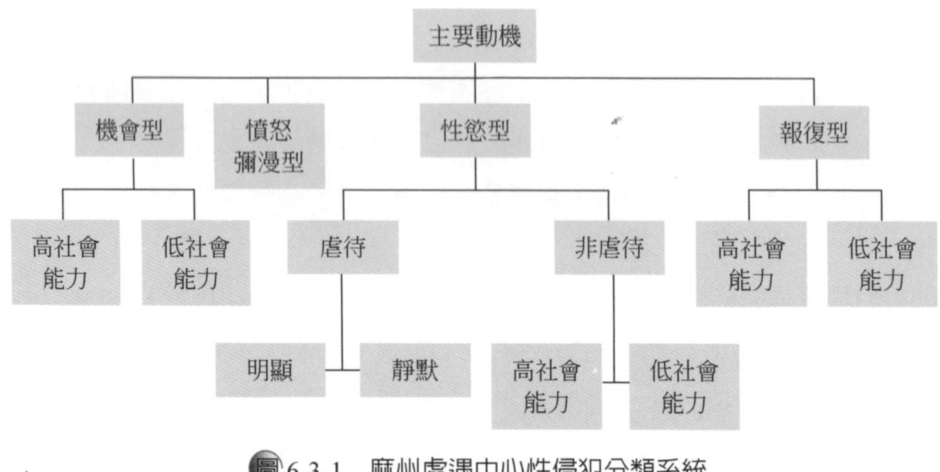

圖6-3-1 麻州處遇中心性侵犯分類系統

（一）機會型（opportunist）

機會型或衝動型是由情境因素或機會所驅動，性侵可能發生在其他犯罪（如搶劫或入室竊盜）過程中，主要特徵在於衝動或缺乏自我控制，他們視被害者為發洩工具，並不關心被害者的害怕或不舒服，此類型通常表現以下特性：

1. 對被害者的感受麻木或冷淡。
2. 不會出現過度暴力，使用武力只是為了獲取被害者的服從。
3. 呈現成年的衝動行為，如經常打鬥、破壞和其他衝動的反社會行為。

本類型又可分為二種，高社會能力會顯現在成年時期的高衝動，低社會能力則顯現在青少年時期的高衝動。

（二）憤怒彌漫型（pervasively angry）

憤怒彌漫型顯現高度的憤怒遍及其生活的各個層面，他的行動是任性

30 Bartol, C. R., & Bartol, A. M. (2013). *Criminal & behavioral profiling*. SAGE Publications, pp. 154-157.

和暴力，其攻擊通常造成被害者相當的傷害，這類型的犯罪者的職業歷史穩定，他認為自己是強壯且具男子氣概，他人通常描述他脾氣暴躁，此類型通常展現以下特性：

1. 攻擊超過獲取被害者服從所需，會展現言語和身體的攻擊。
2. 出現青少年和成年的暴力和憤怒驅動的反社會行為。
3. 攻擊通常是非計畫且無預謀的。

（三）性驅動虐待型（sexually motivated, sadistic）

性驅動虐待型呈現虐待幻想，又可分為明顯型（overt）和靜默型（muted），前者的性攻擊行為直接以暴力行為表現，被害者的痛苦可增強其性刺激，後者則是來自幻想，對被害者的身體傷害較小，其動機是被害者的恐懼可提升其性喚起，會不斷演練其性幻想，此類型通常展現以下特性：

1. 攻擊和暴力明顯超過獲取被害者服從所需。
2. 攻擊會增強加害者的性刺激，犯罪者從被害者的傷害得到性愉悅。
3. 有證據顯示暴力的性幻想或被害者的恐懼能提供刺激。

（四）性驅動非虐待型（sexually motivated, non-sadistic）

此類型從事性攻擊是由於他感覺到強烈的性喚起刺激，主要動機是想要證明他的性能力，攻擊者幻想他可以證明其男子氣概和性能力，雖然被害者是陌生人，但犯罪者可能已經追蹤觀察被害者一段時間，在性侵過程中呈現較低程度的攻擊，甚至事後可能去接觸被害者，又可分為二種，低社會能力者通常是安靜、服從、人際關係較差且自信心較低，高社會能力者人際關係較佳、工作能力較強且事業成功。此類型通常會呈現以下特性：

1. 出現自我肯定（self-affirmation）的言語。
2. 行為以一種奇怪方式反映，他會嘗試與被害者建立關係。
3. 表達關心被害者的感受，享受此次的性經驗。

（五）報復型（vindictive）

報復型性侵犯是由於對女性的憤怒所驅動，他用性侵來傷害、羞辱和詆毀女性，被害者被殘忍的傷害以致有虐待行為，如咬、刺傷或扯破衣服，被害者通常是陌生人，加害者會使用褻瀆言語並經由威脅造成情感傷害，大多數犯罪者雖然已婚，但他與配偶的關係是周期性的虐待和家庭暴力，和機會型及非虐待型性侵犯一樣，也可以依社會能力分為二種，此類型性侵犯有以下特性：

1. 使用言語或行為去貶抑、羞辱女性。
2. 性愉悅來自傷害的行為。
3. 傷害的行為並非針對具性意義的身體部位。

第四節 國內案例分析

目前國內由犯罪剖繪的角度所從事的性侵害犯罪研究，首先是黃富源、黃徵男、廖有祿等的「性侵害加害人之特質與犯罪手法之研究」，該研究是從監獄服刑的性侵害犯，選取50名個案，再經由個案相關資料的蒐集、側面調查、深層晤談、心理測驗、身心紀錄調查及畫圖分析，找出計程車司機性侵害、集體性侵害、搶劫性侵害、侵害幼童、近親相姦五種類型的作案手法[31]。

其次是侯崇文、周愫嫻等的「性侵害案件偵查心理描繪技術運用之研究」，該研究經過篩選前科紀錄、診療紀錄、受刑人資料紀錄等，選出9名性侵害加害人作為研究樣本，採用訪談方法，深入剖析受訪者之晤談紀錄，並分別從心理及社會行為、犯罪事實與證據進行分析[32]。

本節係以林燦璋、廖有祿、趙尚臻的「陌生人間連續性侵害犯的作

31 黃富源、黃徵男、廖有祿等（1999），性侵害加害人之特質與犯罪手法之研究，內政部性侵害防治委員會。

32 侯崇文、周愫嫻等（2000），性侵害案件偵查心理描繪技術運用之研究，內政部性侵害防治委員會。

案手法剖析—行為取向研究」加以說明如下：本研究自台北監獄共選出21名個案，這些受刑人大多連續犯下三件以上陌生人間的性侵害犯罪，同時並已判決確定且正在監獄服刑。資料來源包括個案前科紀錄、刑案現場報告、偵訊筆錄、移送書、起訴書、判決書與實地進行訪談時所獲得的資料，並藉由這些資料的相互佐證與交叉分析，以得到比較正確無誤的分析結論。

在整理相關的訪談資料後，依照個案在作案過程所表現出的中心主題（theme）[33]，將訪談個案的性侵害犯分為五種類型[34]：

一、親密渴望型

這類型的性侵害犯可能因為種種的因素，例如外貌不佳、自卑或家庭問題等，導致自己在某一個成長時期（尤其是青春期）無法得到自己想要的親密感，這種親密感的需求可能是對於家人（例如母親），也可能是對於某位女性，雖然屬於此類型的人大多已經結婚，亦有一個正常的家庭，然而對於親密感的渴望卻是有增無減，因此想藉由性侵害過程，得到渴望已久的親密感。

二、控制滿足型

每個人都希望對自己的生活周遭具有某種程度的控制權，然而被歸於這類型的個案，對於控制權不是過度地擁有，不然就是根本任人擺佈、毫無選擇的餘地。前者的人生到犯案之前大多一帆風順，很少遇到重大的挫折，一旦對於某些事情失去原有的優勢或控制權時，就無法面對即將到來或已經發生的壓力；後者則是對於自己的事情自始至終都無法按照自我意識決定，長期籠罩在他人陰影之下。不管是何者情況，個案都是想藉由性

33 每一次犯罪都是獨一無二的，即使是同一名犯罪者所犯下的案件，在案件彼此之間的犯罪過程中，不可能每一個細節都能做到完全相同，然而其中仍有「中心主題」的存在，可以貫串連結這些案件。

34 林燦璋、廖有祿、趙尚臻（2006），陌生人間連續性侵害犯的作案手法剖析—行為取向研究，中央警察大學學報，第43期，頁211-212。本研究並不直接套用國外分類，而是透過訪談個案所得資料，採由下而上方式歸納出國內性侵犯的分類。

侵害這種最能達到掌控被害人的犯罪，來重新取得原本屬於自我的控制權或嘗試主宰他人的感覺。

三、犯罪習性型

對於犯罪習性類型的個案而言，犯性侵害罪與犯其他不同類型的罪行，並沒有多大的差別，因此在此類型中的個案，大多是前科累累，犯罪對他們而言，就好比是在釋放能量一樣，所以一旦遇有犯罪的機會，就會把握時機觸犯法律，而性侵害也是他們犯罪歷程的一部分。

四、混亂失控型

相對於大部分犯罪者為避免犯行遭他人發現或逃脫逮捕，對於犯罪總是尋求以最小風險來攫取最大利益，然而混亂失控型個案在犯罪現場的行為，大多脫序演出，令常人無法理解其行為用意何在，這些混亂行為包括無緣無故狂亂毆打被害人、留下明顯物證與不顧時間地點肆意犯案等，整體而言呈現出一種混亂且失去控制的狀況。

五、無法歸類型

在本研究進行訪談過程中，有些個案仍堅持自己是清白的，不然就藉口喝酒喝到酩酊大醉，對於發生何事已不復記憶，針對一切指控的犯行皆全盤否認，因此無法得知其確切的背景資料或犯案細節，所以將這些人置於無法歸類型中，也排除在分析之列。

本研究的分析架構（如圖6-4-1），係從整個犯罪過程中，選取重要且具區別性的犯罪行為，並將這些犯罪行為分為三個階段來討論，即犯罪前（precrime）、犯罪中（peri-crime）與犯罪後（postcrime）的行為，這三個部分應是偵查人員最感興趣且應多加注意的重點；分析的重點包括：準備工作、挑選目標、口語行為、肢體行為和性行為；最後再從這些犯罪現場的行為，試著推論或詮釋加害人的空間行為和風險評估、作案手法與犯案後的動向，作為犯罪偵查實務上的參考。

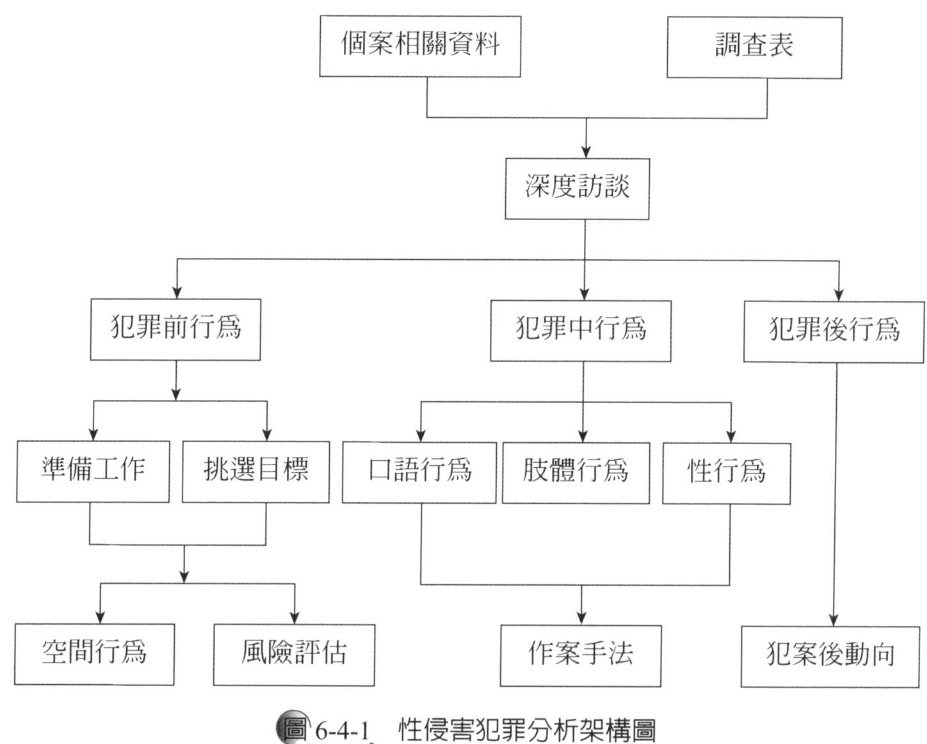

圖6-4-1　性侵害犯罪分析架構圖

一、犯罪前行為

犯罪前行為係討論犯罪者犯案的前階段行為，前階段行為可以分為四個面向來討論，以清楚瞭解犯罪者在此階段出現的行為，這些面向即：個案犯案前的心理狀態、準備工作、挑選目標及接近方式（如表6-4-1）。在本研究中個案犯案前心理狀態一般都處於正常有理智的情況下，然而有時可能正面臨某些壓力（包括經濟、工作、親情、感情等），而且超過一半個案在作案前曾飲酒；相較於國外的性侵害犯，本研究的個案在犯案前雖然大部分有預謀或預見其發生，但較無複雜的準備工作或明顯的防範措施，犯案工具則以刀類最常見；在挑選目標方面，則是因個案主觀認知的不同而有所歧異，本研究以犯案時間、地點及挑選原則加以區分；至於接近方式，則分為誘騙、出其不意和閃擊方式[35]。

表6-4-1　性侵害犯罪前行為分析表

犯罪前行為	心理狀態	酒精	超過一半個案在作案前曾飲酒
			飲酒犯案者有酗酒習慣
		壓力	經濟、工作、親情、感情或兼具有
			沒有明顯壓力存在（親密型、犯罪型）
	準備工作	預謀：大部分有預謀或預見發生	
		交通工具：視經濟狀況好壞而定	
		犯案工具：以刀類最常見	
		防範措施：沒有許多複雜措施（犯罪經驗不足）	
	挑選目標	犯案時間：固定時間（作息固定）、不固定時間	
		犯案地點：於某特定區域密集地犯案者最多	
		挑選原則：理想（親密型）、易於控制（控制型）、無（犯罪型、混亂型）	
	接近方式	誘騙：高風險被害人（親密型、控制型、犯罪型）	
		出其不意：低風險被害人（控制型、犯罪型）	
		閃擊：不分類型對象（混亂型）	

二、犯罪中行為

犯罪中的行為，亦即是犯罪過程中的核心部分，為求有系統地剖析出現在此核心部分的犯罪行為，本研究計分成四個層面來討論：在語言行為方面，有異於控制型會對被害人好奇詢問，混亂型與犯罪型採取較強硬的語言行為，親密型個案偏好使用較為軟化的語言，甚至會安撫關心被害人；在暴力行為方面，混亂型是研究中最危險的類型，因為其所採取的暴力程度最為殘忍；維持控制方法包括威脅、綑綁、暴力及藥物，不同類型的抵抗反應也不同；如從性行為方面來看，常發生在犯案過程的性行為種

35　林燦璋、廖有祿、趙尚臻（2006），陌生人間連續性侵害犯的作案手法剖析—行為取向研究，中央警察大學學報，第43期，頁208。

類，依序為對被害人陰道性交、口交、手指侵入陰道以及肛交，大部分個案表示在犯案過程中，甚少出現性功能障礙的情形（可能不願承認），同時個案在犯罪現場出現的性行為與平日的性生活相差無幾；最後則是針對個案在犯罪現場中，出現不屬於上述任何方面的特殊行為，本研究個案有撕掉膠帶、強迫觀賞色情影片和蓋住被害人臉部等行為（詳如表6-4-2）[36]。

表6-4-2 性侵害犯罪中行為分析表

<table>
<tr><td rowspan="14">犯罪中行為</td><td rowspan="4">語言行為</td><td colspan="6">親密型：軟性用語、關心安撫</td></tr>
<tr><td colspan="6">控制型：好奇詢問</td></tr>
<tr><td colspan="6">犯罪型：恐嚇威脅、貶低輕蔑</td></tr>
<tr><td colspan="6">混亂型：恐嚇威脅、冷漠</td></tr>
<tr><td rowspan="4">肢體行為</td><td rowspan="4">抵抗反應</td><td>親密：離開逃走</td><td rowspan="4">維持控制</td><td>威脅</td><td rowspan="4">暴力程度</td><td>親密：拉扯（輕）</td></tr>
<tr><td>控制：提高暴力</td><td>綑綁</td><td>控制：拉扯（輕）</td></tr>
<tr><td>犯罪：協商或逃走</td><td>暴力</td><td>犯罪：毆打（中）</td></tr>
<tr><td>混亂：致命暴力</td><td>藥物</td><td>混亂：致命（重）</td></tr>
<tr><td rowspan="3">性行為</td><td rowspan="3">種類</td><td>陰道性交</td><td rowspan="3">順序</td><td>性交伴隨愛撫</td><td rowspan="3">障礙</td><td>大部分未發生</td></tr>
<tr><td>口交肛交</td><td>先口交再性交</td><td>草草結束</td></tr>
<tr><td>手指插入</td><td>與日常性生活類似</td><td>個案有所保留</td></tr>
<tr><td rowspan="3">特殊行為</td><td colspan="6">撕掉膠帶：潛意識中希望被害人能接納他</td></tr>
<tr><td colspan="6">強迫觀賞色情影片：不成熟的人格特性</td></tr>
<tr><td colspan="6">蓋住被害人臉部：避免指認、去人格化、自卑</td></tr>
</table>

三、犯罪後行為

完整的犯罪偵查，除了應著重犯罪者在犯罪前、中的行為，還應當包括犯罪後的行為，同時這也是常被忽略之處。本研究中將犯罪者在犯罪後行為分為五個部分來討論（如表6-4-3）：在帶走現場物品方面，研究中

36 林燦璋、廖有祿、趙尚臻（2006），陌生人間連續性侵害犯的作案手法剖析—行為取向研究，中央警察大學學報，第43期，頁209。

個案大多拿取有價值的物品；有部分個案在犯案後仍會留在現場與被害人互動，例如道歉或給予金錢等；至於個案犯案後態度則大多感到後悔，然而犯案後絲毫無感覺的個案，亦不在少數；另外藉由討論個案所出現的後續行為（如回到現場、打聽消息、聯絡被害人等），則可以得知個案犯罪後的動向；最後從個案被逮捕的原因（如被共犯供出、因他案被捕等）發現，就整體犯罪偵查而言，似乎仍有很大改善空間[37]。

表6-4-3　性侵害犯罪後行為分析表

犯罪後行為	帶走物品	證物類：避免逮捕、湮滅證據
		價值類：獲取經濟上所需（犯罪型）
		個人類：紀念物、戰利品（本研究中未出現）
	對被害人行為	道歉：彌補心理（親密型）
		給錢：經濟富裕、目的在於性侵害
		相處：享受控制權（控制型）
		強拍裸照：回想過程、恐嚇被害人
		無特殊行為：避免被逮捕（犯罪型）
	態度情緒	後悔：對家人或被害人愧疚
		擔心：仍外出犯案，形成惡性循環
		解脫：擺脫無力或威脅（控制型）
		自我膨脹：目中無人、不願與警方合作
		無：麻木不仁（犯罪型）
	後續行為	回到現場：熟悉安全、繼續犯案（控制型）
		打聽消息：瞭解辦案進展（親密型），滿足自大（控制型）
		聯絡被害人：討好、幻想與被害人交往（親密型）
		搬家：被共犯供出而逃亡
		回想過程：強化下次犯案動力
		無：避免被逮捕（犯罪型）

37　林燦璋、廖有祿、趙尚臻（2006），陌生人間連續性侵害犯的作案手法剖析—行為取向研究，中央警察大學學報，第43期，頁209-210。

表 6-4-3　性侵害犯罪後行為分析表（續）

	被捕原因	現行犯逮捕：回到或逗留現場以突顯出自大（控制型）
		被人指認：不在乎被逮捕（混亂型）
		被共犯供出：共犯自白指證
		因他案被捕：靠運氣而意外查獲
		調查捕獲：埋伏、指紋、通聯紀錄

最後綜合整理各類型性侵害犯的人格特徵以及其在犯罪前、中、後的各種行為，為求便於瞭解，製表如表6-4-4：

表 6-4-4　各類型性侵害犯之人格特徵與犯罪行為

類型	基本人格特徵	犯罪前行為	犯罪中行為	犯罪後行為
親密型	第一次犯案平均年齡25歲 個性溫和內向，安靜不多話 已婚，並有正常家庭	無明顯壓力存在 特定區域密集犯案、採誘騙方式接近被害人 被害人大多是學生	軟性的語言行為 使用不受傷方式使被害人配合 使用綑綁方式控制被害人 輕度暴力	對被害人道歉 與被害人聯絡
控制型	第一次犯案平均年齡30歲 個性積極外向，有自信心，社會經驗豐富，社交能力高 因工作需要必須到處奔波，與他人互動 犯案前面臨著壓力 輕視女性	準備易得逞的武器 在同一地點犯案 被害人大多是兒童	好詢問的語言行為 視情況使用暴力控制被害人 使用綑綁控制被害人 輕度暴力	繼續與被害人相處 犯案後覺得解脫 常在現場被捕
犯罪型	第一次犯案平均年齡22歲 有許多前科，大多是竊盜、搶奪或強盜 工作不穩定	無明顯壓力存在 準備易得逞的武器 不特別選擇被害人	威脅與輕蔑的語言行為 視情況與被害人協商或逃跑 直接使用暴力控制被害人 中度暴力	帶走財物 犯案後無特別態度 逃避警方追捕

表6-4-4　各類型性侵害犯之人格特徵與犯罪行為（續）

類型	基本人格特徵	犯罪前行為	犯罪中行為	犯罪後行為
混亂型	第一次犯案平均年齡24歲、很早就有精神方面的問題 小時候曾被性侵害過、將女性物化	依想像準備武器 特定區域密集犯案、不特別選擇被害人、閃擊方式接近被害人	恐嚇威脅的語言行為 直接使用暴力控制被害人 重度暴力	常遭人指認

表6-4-4旨在說明各類型性侵害犯，在不同的犯罪階段所出現的犯罪行為特徵，這些特徵都是各類型個案最明顯而能與其他類型區別的項目，須注意的是，雖然有些類型在某一階段的行為特徵相類似，但其原因可能不盡相同，例如在犯罪前行為中，親密型與犯罪型在犯案前都無任何明顯的壓力存在，但親密型犯案前無壓力存在，是因為其犯案在於追求親密感；對於犯罪型而言，原因則是其犯罪的天性使然。

另外，從這些特徵行為，可清楚地辨識出何種類型的性侵害犯會出現何種特徵行為，可以幫助偵查人員作為連結特定案件的基本參考。再者，亦可以根據犯罪現場出現的行為（包括犯罪前、中、後），來推測犯罪者屬於何種類型的性侵害犯，這與針對不同類型性侵犯，可應用不同的偵查策略息息相關（可根據其人格特徵，縮小偵查範圍）。至於性侵害犯的人格特徵方面，本研究並未多加著墨，實因本研究較側重於作案手法之研究與比較，同時作案手法對整體犯罪偵查較具有實際意義，有助於偵查人員連結可能存在的連續案件，以集中人力、物力於重點對象的偵查。在訪談過程中，仍然可以發現某些類型確實具有某種顯而易見的人格傾向，例如親密型個案大多內向溫和，十分配合訪談；控制型個案則較外向，勇於表達自我觀感[38]。

藉由分析不同犯罪階段的行為特徵，本研究亦發現可以搭配適當的偵查方式與研擬有效的偵查策略，以縮小偵查範圍，逮捕可能的犯罪嫌疑

38　林燦璋、廖有祿、趙尚臻（2006），陌生人間連續性侵害犯的作案手法剖析—行為取向研究，中央警察大學學報，第43期，頁212-213。

人，最後應用突破犯嫌心防的詢問策略，以確實清查潛在的連續案件，如此方能使性侵害的犯罪偵查技術臻於完善。

第七章　縱火犯罪

第一節　縱火犯罪的定義

一、縱火犯罪

怎樣的行為屬於「縱火（arson）犯罪」？研究文獻中最常見且最普遍的定義是：「一種對於財產上故意且惡意破壞的焚燬行為」[1]。基此，縱火犯罪應涵蓋有下列三個要素[2]：

（一）縱火必須造成財物的燒燬（burning of property）：具有實質上的毀壞，至少是部分的毀壞，而非僅有燒焦或只是燻黑而已。

（二）火災須是由於縱火所引起（the burning is incendiary in origin）：亦即現場應有證據存在，諸如有效的縱火裝置，不論它是多麼簡單的東西。

（三）火災顯示為惡意引起（the burning is shown to be started with malice）：具有毀壞財物的明顯意圖，因此因意外造成的火災，如打翻蠟燭、電器走火，都不算是縱火。

儘管「縱火」的定義可能有不同的解釋與描述，但通常「故意」（willful）及「惡意」（malicious）是最基本必備的要件[3]。而根據美國聯邦調查局「統一刑案報告」（Uniform Crime Report, UCR）的定義，「縱火」是指：任何故意或惡意破壞而燒燬或試圖燒燬住宅、公共建築

1 Douglas, J. E., Burgess, A. W., Burgess, A. G., & Ressler, R. K. (1992). *Crime classification manual*. NY: Lexington Books, p. 165.

2 DeHaan, J. D. (1997). *Kirk's fire investigation* (4th Ed.). Upper Saddle River, NJ: Prentice Hall, p. 395.

3 Ritchie, E. C., & Huff, T. G. (1999). Psychiatric aspects of arsonists. *Journal of Forensic Sciences*, 44(4), p. 733.

物、汽機車、飛機、個人或其他私人的財產等，不論是否有詐欺的意圖[4]。因此縱火是意圖毀損或詐欺而惡意放火燒燬財物，它是實現犯罪者意圖的代理物（agent）[5]，對象包括個人、團體或財物，可能是主要目標或是被波及。

就我國刑法的用語而言，並無「縱火」此一名詞，依其行為本質而歸類於刑法「公共危險罪」章當中之放火罪（刑法§173～§176），其內容包括：放火燒燬現供人使用之住宅或現有人所在之建築物或交通工具、放火燒燬現非供人使用之他人所有住宅或現未有人所在之他人所有建築物或交通工具、放火燒燬前兩項以外之他人所有物及準放火行為（以火藥或其他爆裂物炸燬前三項之物）等。然而，無論是在犯罪學或消防科學的火災原因調查及媒體報導中，對於上述故意破壞他人財產之行為，較常使用「縱火」稱之，故所謂「縱火犯罪」其實即與上述之「放火罪」同義。

二、連續縱火

一般而言，對於連續縱火（serial arson）的簡單概念係指反覆性的縱火行為，其中可以包括一次數起縱火事件、數次數起縱火事件，或是一次（或數次）大量縱火事件等。而若嚴格加以區分，則連續縱火、瘋狂縱火（spree arson）與大量縱火（mass arson）具有不同的概念。「連續縱火」係指三起以上分別的縱火案件，且在案件之間皆有一段情緒冷卻期（cool-off period），而此期間的長短可能是一天、一週或甚至一年以上；而「瘋狂縱火」係指三起以上不同地點的縱火，但在縱火案件之間，並無情緒上的冷卻期。至於「大量縱火」則是指縱火犯在很短的時間裡，對於同一地點放了三起以上的火[6]。

4 Davis, J. A., & Lauber, K. M. (1999). Criminal behavioral assessment of arsonists, pyromaniacs, and multiple firesetters. *Journal of Contemporary Criminal Justice,* 15(3), p. 273.

5 Turvey, B. E. (2002). Fire and explosives: Behavior aspects. In Turvey, B. E. (Ed.). *Criminal profiling: An introduction to behavioral evidence analysis*. CA: Academic Press, pp. 391-392.

6 Icove, D. J., & Horbert, P. R. (1990). Serial arsonists: An introduction. *Police Chief,* 57(12), pp. 46-49.

三、縱火狂

縱火狂（pyromania）的討論自十九世紀以來，在國外已有相當長的時間，然而直到現在仍然存有不少的爭議。當我們從報章雜誌上看到連續縱火案件的時候，有些人會直覺的反應，就說是又出現了「縱火狂」，甚至連新聞媒體也是這樣的報導，然而連續縱火案件未必都是縱火狂所為[7]。

在精神醫學會所出版的「精神疾病的診斷與統計手冊」（Diagnostic and Statistical Manual of Mental Disorders: 5th ed, DSM-5）一書中將「縱火狂」分類在「侵擾性衝動控制及行為規範障礙症」（disruptive impulse control and conduct disorder）裡。而「衝動控制障礙症」的基本特質是無法抗拒對自己或他人有害活動的衝動、驅力或意圖。多數縱火狂並無明顯的動機（財產獲益、憤怒或報復、獲取認同），因為無法抗拒的衝動而多次故意縱火，在縱火前會呈現緊張或激昂的感覺，縱火時感到愉悅、滿足和解放，在縱火後緊張消失，接著在旁觀看火勢，並在他人救火時達到快感[8]。被捕後很快招認，但並不後悔，也沒有內疚[9]。

而根據DSM-5對於縱火狂的診斷特徵有六點準則，其中第五點與第六點是作為排除其他縱火原因的準則，然後才能開始縱火狂之診斷，此六點準則如下[10]：

（一）不只一次故意而有目的之縱火。

（二）在行動之前有精神緊張或情緒的激發。

（三）著迷、有興趣、好奇或被吸引於縱火及其情境前後的狀況（如裝備、用法及後果）。

（四）縱火、目睹火災或參與災後處理時，感覺愉悅、滿足或舒緩。

---

7 簡而言之，縱火狂大多會連續縱火，但連續縱火未必就是縱火狂所為。

8 Palermo, G. B., & Kocsis, R. N. (2005). *Offender profiling: An introduction to sociopsychological analysis of violent crime*. IL: Charles C. Thomas Publisher, pp. 70-72.

9 Mavromatics, M. (2000). Serial arson: Repetitive firesetting and pyromania. In Schlesinger, L. B. (Ed.). *Serial offenders: Current thought, recent findings*. FL: CRC Press, p. 90.

10 台灣精神醫學會譯（2016），DSM-5精神疾病診斷準則手冊，合記圖書，頁224-225。

（五）縱火並非為了獲得金錢、表達社會政治意識、湮滅犯罪行為、表達憤怒或報復、改善其居住環境、受妄想或幻覺之指使、或是判斷力減損所致（如認知發展障礙症、智能不足或物質中毒）的後果。

（六）縱火行為無法以行為規範障礙症、躁狂發作、或反社會人格障礙症作更佳解釋者。

而有些精神疾病的患者會以縱火來傳達一種要求、期望或是需要，歸類為「溝通型縱火」（communicative arson），例如精神疾病患者試圖要再回到醫院而縱火的案例[11]，應與縱火狂有所區隔。

因此可以說，縱火狂就是具有持續性衝動的放火行為，不顧他人生命與財產的損失，並且無法獲取任何的物質利益，而又缺乏可理解的縱火動機[12]。然而造成此一行為的原因至今仍未明朗，甚至有些被歸類為性慾的縱火狂，他們將縱火當作是強烈的性慾滿足，象徵著性慾衝動的延伸。

第二節　縱火犯罪的特性

一、縱火的特性

火的出現促進人類文明的發展，但在此同時，火災也造成文明的破壞，尤其是在工商業發達以後，許多縱火案件隨之發生。蓋因縱火有其特定的性質，因而成為普遍的犯罪行為，就縱火犯罪的性質可歸納為以下幾點[13]：

（一）縱火是一種都市病：都市中的外地謀生者，一旦面臨生活壓力，在無適當宣洩管道下，道德制約的力量又薄弱，即可能因為對社會不滿而以縱火作為洩恨手段。

---

11 Mavromatics, M. (2000). Serial arson: Repetitive firesetting and pyromania. In Schlesinger, L. B. (Ed.). *Serial offenders: Current thought, recent findings.* FL: CRC Press, p. 75.

12 Davis, J. A., & Lauber, K. M. (1999). Criminal behavioral assessment of arsonists, pyromaniacs, and multiple firesetters. *Journal of Contemporary Criminal Justice*, 15(3), p. 274.

13 陳金蓮（1994），縱火調查技術之研究，文笙書局，頁62-68。

（二）縱火是最易著手與成功的犯罪：無論就犯罪的準備（如縱火物質、引火工具簡單且容易取得）、著手（不需特殊的技術與體力）或脫罪（短時間內即可完成、時間延遲裝置可製造不在場證明）而言，縱火應是最易成功的罪行。

（三）縱火是較難偵辦的犯罪：高溫與救災行動都會破壞縱火相關跡證，而預謀犯罪者更會施以手段誤導偵查方向。而且對於心理疾病之縱火犯的行為不是常理所能研判，因此對這些縱火犯罪的偵查，可說有如大海撈針。

（四）縱火是湮滅其他犯罪跡證的最佳手段：在火災的高溫與消防人員的救災下，現場跡證很容易就被破壞掉，成為掩飾其他犯罪（如謀殺、竊盜等）跡證的最佳方式。

（五）縱火是掩護下一步罪行的最佳方法：救火是分秒必爭的事情，且災後現場將是一片混亂，因此可以轉移他人之注意力或延緩他人之焦點，以進行下一步犯罪（聲東擊西）。

（六）縱火是鼓動群眾不安心理的最好策略：火災擴大延燒後，最容易造成群眾的不安與騷動，甚至引起異常激動之情緒與行為。

（七）縱火是本益比最高的犯罪：縱火所需器材簡單、易取又便宜，再加上容易著手、脫身與脫罪，故無論就經濟效益或危險評估，縱火算是本益比最高的作案手法之一。

（八）某些特殊之犯罪除縱火外別無他法：像是被追殺、通緝或冒領遺產、保險金而必須消滅某人身分時，則可縱火焚燒替身以掩人耳目[14]。

（九）縱火是一種流行性的傳染病：縱火易於著手、脫身、脫罪，自然就成為容易學習的作案手法。再加上傳播媒體的報導、影劇造成的模

14　例如台中一名男子，經歷離婚加上公司倒閉，又身陷詐欺等罪遭判刑確定，竟萌生冒用胞兄身分詐領保險金念頭，將胞兄殺死後，在其皮夾放入自己駕照、名片和骰子，並焚燒屍體，營造自己詐賭被殺害假象，檢警比對死者兒子DNA，揭發弟殺兄案情，見http://www.setn.com/m/news.aspx?newsID=698981。

仿效果等，更在無意間成為學習的管道，如同流行性疾病成為社會失控的病源一般。

（十）縱火是弱勢者較易著手的洩恨方式：對於女性、體弱或是弱智者而言，在無法選擇其他洩恨手段時，縱火就成為他們最佳的方式之一。

（十一）縱火可能導致傷害、死亡和財產損失，容易實施且不易偵查，取得證據困難，因此破案率較低。

（十二）有些連續殺人犯在瘋狂殺人之前是連續縱火犯[15]，因此縱火可能是連續殺人和性謀殺的前兆[16]。而縱火、遺尿和傷害動物是成年人攻擊行為的預測因子[17]。

綜合上述各項縱火的性質，可以歸納發現縱火犯罪本質上具有惡質性、便宜性、普遍性、恐怖性、單獨性、再犯率高和破案率低等特性。縱火犯的動機與行為以憤世嫉俗、仇恨、侵擾、破壞、滋事、人格異常者居多，本身就有惡質的意念。而火災一旦發生，其後果具有相當的破壞性，導致生命及財產損失，尤其縱火之被害者是不特定的社會大眾，對公共安全的威脅自不在話下，更會造成人心恐慌[18]。而且就成本付出與利益取得的考量，即如前所述，縱火是本益比最高的犯罪之一。再加上縱火器材簡單易取，且短時間即可完成，亦不需太多體力，因此無論男女老幼，皆有可能實施，也不需他人幫助，使得縱火犯罪的年齡層極為寬廣，無論國內外之統計皆然。而破案率低亦反映了縱火案件不易偵破的事實，究其原因，除了易於湮滅跡證、易於著手、脫罪外，與相關消防單位、偵查單位的調查與鑑定能力不足、警察與消防機關在分家後橫向聯繫不夠和偵查防制不易都有關係。

---

15 Mavromatics, M. (2000). Serial arson: Repetitive firesetting and pyromania. In Schlesinger, L. B. (Ed.). *Serial offenders: Current thought, recent findings*. FL: CRC Press, p. 70.

16 Rossmo, D. K. (2000). *Geographic profiling.* FL: CRC Press, p. 44.

17 Myers, W. C., & Borg, M. J. (2000). Serial offending by children and adolescents. In Schlesinger, L. B. (Ed.). *Serial offenders: Current thought, recent findings*. FL: CRC Press, p. 296.

18 我國刑法係將縱火犯罪規定在刑法分則公共危險罪章之放火罪（刑法第173～176條所規定放火部分之要件行為）的部分，即可看出其對於社會大眾的威脅程度。

目前火災的調查是先由消防單位火災調查人員開始，一旦排除意外、天然原因而懷疑有縱火可能時，就由警察單位鑑識人員接手，但鑑識人員可能對火災原因調查的知識不足，加上時過境遷部分證物可能早已消失，如果警消單位未充分配合，很可能案件就石沉大海，此外縱火也可能涉及保險理賠問題，因此和保險公司合作，綜合相關情報和資源，才有可能使真相大白。

二、縱火犯的特徵

以下分別就一般縱火犯、連續縱火犯和縱火狂的特徵，說明如下：

（一）縱火犯的一般性特徵

國內外直接針對縱火犯性格特徵的研究甚少，究其原因，可能是縱火犯研究樣本的取得不易，此外由於不同的縱火動機差別，因而增加研究的困難度與複雜性。就目前國內外研究縱火犯的有限文獻裡，可以發現縱火犯通常具有以下的特徵[19]：

1. 個人背景層面：縱火犯在智能上較一般人略顯偏低，或有智能上的缺陷（但智慧型縱火犯則否）；而在職場上，也經常是從事非技術性的工作，而且常更換工作，部分無特定動機與計畫之縱火犯，其縱火行為多為腦部邊緣體刺激所導引，此類患者受刺激時，常不斷回想過去某些與火有關之不愉快經驗，持續刺激腦部致出現縱火行為。
2. 心理層面：縱火犯罪者大多挫折感高，呈現缺乏自信心、低自尊、憂慮、憤世嫉俗、鑽牛角尖、具敵視性格（如間接攻擊、直接攻擊、言語攻擊、否定主義、怨恨與疑心）、衝動性、過分活躍與低自制力等特徵。

19 參閱：(1)徐文郎（2002），都會區縱火災害防治與搶救對策之研究，台北科技大學土木與防災技術研究所碩士論文，頁44。(2)黃軍義、葉光輝（2003），性格特徵及過去與火有關經驗對縱火行為的影響，中華心理衛生學刊，16卷2期，頁23。(3)Davis, J. A., & Lauber, K. M. (1999). Criminal behavioral assessment of arsonists, pyromaniacs, and multiple firesetters. *Journal of Contemporary Criminal Justice*, 15(3), pp. 277-278.

3. 精神層面：多具有精神、情緒與人格多重問題，而且重複顯現縱火行為，有些縱火犯是在幻覺與妄想的情況下縱火，或是因為縱火對象即是造成其壓力之來源，而引發其縱火行為。部分縱火犯屬於縱火狂或偏執狂之思覺失調患者，常在無法抗拒之下，伴隨著強烈的縱火慾望而縱火。
4. 家庭背景層面：縱火犯的家庭環境較為惡劣，家庭結構較不健全（父母分居、離異、一方死亡或俱亡），父母管教態度偏差或有家庭暴力，家庭的社經地位較低。此外，幼年期間常未被告誡不可玩火，因而持續玩火。另研究亦發現家裡曾被火波及，父親從事與火有關之工作等亦與縱火行為有關。
5. 社會適應層面：縱火犯大多缺乏社交技巧，因此人際關係不良，尤其是與女性的互動關係上，他們也呈現社會隔離現象。縱火犯多半呈現弱勢者姿態，他們是弱小的、殘障的，或是社會地位較低，無法以正面衝突表達憤怒，亦無法以強勢作為傷害對方，因此只能藉由縱火這種間接的方式，來燒燬對方財物，甚至傷害、燒死對方，以達到洩恨的效果。

另外，國內有針對報復洩恨型縱火行為進行研究指出，我國縱火犯具有下列的本土化特色，對其縱火行為動機的形成產生影響：華人社會的獨子性格現象、家庭管教觀念有認知差異、當兵之前的真空期、原住民或與外籍人士的婚姻等[20]。

另外縱火或觀看火災會使某些人獲得某種程度的性刺激或滿足，甚至產生勃起和射精現象。因利益而縱火通常只有一次，而再犯者可能有嚴重的心理病態或精神疾病。縱火通常發生在更暴力和直接的人身犯罪之前，此外縱火和連續殺人，可能都有性動機[21]。

綜合縱火犯的特徵包括：男性為主、年輕、單身、平均智商、中產階

20 黃軍義、葉光輝（2001），報復洩恨型縱火行為的動機與形成歷程，犯罪學期刊，第8期，頁118-119。

21 Mavromatics, M. (2000). Serial arson: Repetitive firesetting and pyromania. In Schlesinger, L. B. (Ed.). *Serial offenders: Current thought, recent findings*. FL: CRC Press, pp. 85, 89, 96.

級、勞工、家庭失調、有犯罪前科、持續再犯、有心理問題、曾經自殺、在夜間工作或放學後進行、有計畫多於衝動、目標大多是隨機選擇或熟悉的地方、距離不會太遠（步行可達地點）、縱火裝置不會太複雜、通常是火柴或打火機、部分係就地取材、縱火後會立刻離開、但有部分縱火犯會留在原地或離開後回到火場、而且會注意媒體報導[22]。成人縱火是為了報復、洩恨、隱藏犯罪或詐欺，青少年則是為了報復或破壞[23]。部分縱火犯會從觀看火災得到性滿足，有些會在現場手淫。此外，許多縱火犯來自破碎家庭、未婚、酗酒、有身體疾病、心智障礙、學校和職業表現不佳、報復社會、沒有罪惡感、無同理心。

研究發現許多縱火犯是少年，其動機是破壞和報復社會，感受刺激和在同儕中得到認同，因此會成群結黨縱火，通常選擇離家不遠的目標，有些在兒童時期曾遭虐待，因此其主要目標是報復那些虐待他的人，有一部分青少年會逗留在現場觀看救火過程，研究顯示青少年縱火和家庭失能、求學障礙、反社會特質息息相關，伴隨少年非行，也從事各種反社會行為[24]。

國外發現有些縱火犯是消防人員及義消，其特徵多為年輕新手，主要動機是追求刺激和享受成為目光焦點的英雄形象，通常對雜草、垃圾堆、廢棄車輛或無人居住的房屋縱火，其作案手法都很相似，有時會製作延遲點燃裝置，縱火後自行報案，並迅速抵達現場，救火時會注意圍觀群眾的反應，因此澳洲在徵募消防人員前會先以心理測驗篩選[25]。

至於縱火犯為何要縱火？他從此行為能得到什麼？這些都是很難回答的問題，除非我們能從縱火犯的角度思考，才有可能釐出頭緒。有縱火犯指出，放火是穿褲子（做愛以外）所能得到的最大刺激。有些青少

22 Rossmo, D. K. (2000). *Geographic profiling*. FL: CRC Press, pp. 47-48.

23 Turvey, B. E. (2002). Fire and explosives: Behavior aspects. In Turvey, B. E. (Ed.). *Criminal profiling: An introduction to behavioral evidence analysis*. CA: Academic Press, p. 398.

24 Bartol, C. R., & Bartol, A. M. (2013). *Criminal & behavioral profiling*. SAGE Publications, p. 161.

25 Mavromatics, M. (2000). Serial arson: Repetitive firesetting and pyromania. In Schlesinger, L. B. (Ed.). *Serial offenders: Current thought, recent findings*. FL: CRC Press, pp. 71-73, 76-77.

年或成人為了追求刺激，於吸食迷幻藥或毒品後，因產生不同程度的幻覺而縱火，可能是因為吃藥後產生喜歡看火焰的心理，也可能根本不知道所為何事。而女性縱火犯通常為了特定原因（報復），因此反倒較危險，女性會在月經前因焦慮產生衝動而縱火，之後趨於平靜[26]。許多少年有縱火行為，年輕時縱火會強化其長大後成為慣性縱火犯的可能性[27]。心理分析理論認為小孩會以手淫解除緊張，而因為無法與人發生性接觸，因此會以縱火代替手淫，許多縱火犯有遺尿症是因為仍固著於性器期（phallic urethral stage），另外兒童會對火感到好奇，因此經常為了玩火柴而引發火災[28]。

（二）連續縱火犯的特徵

根據文獻上學者研究和統計資料顯示，連續縱火犯具有以下的基本特徵[29]：

1. 個人背景特徵：性別上仍以男性為主，且以青少年居多；而童年時期的家庭結構，大多數都是雙親俱在，但也有些是只有母親的陪伴，或是母親與繼父的情況，有一半以上其家庭功能失調；在職業方面，勞役工作占了不少比例，其次是辦公室助理；他們大多數受過九至十二年的學校教育，智力水準在一般程度以上；在婚姻方面，大部分都是單身狀態，其次是離婚，而且絕大多數不是沒結過婚，就是僅有過一次婚姻；在性取向上大多數還是異性戀者，只有約四分之一是同性戀或雙性戀者；在精神狀態上顯示具有多重的心理症狀，有些人還有自殺傾向或是酗酒情形，且在人際交往關係上缺乏穩定性；過去有很多時間待在少

---

26 Mavromatics, M. (2000). Serial arson: Repetitive firesetting and pyromania. In Schlesinger, L. B. (Ed.). *Serial offenders: Current thought, recent findings*. FL: CRC Press, pp. 78, 94.

27 Myers, W. C., & Borg, M. J. (2000). Serial offending by children and adolescents. In Schlesinger, L. B. (Ed.). *Serial offenders: Current thought, recent findings*. FL: CRC Press, p. 294.

28 Mavromatics, M. (2000). Serial arson: Repetitive firesetting and pyromania. In Schlesinger, L. B. (Ed.). *Serial offenders: Current thought, recent findings*. FL: CRC Press, pp. 79-80.

29 參閱：(1)Holmes, R. M., & Holmes, S. T. (2002). *Profiling violent crimes: An investigation tool* (3rd. Ed.). Thousand Oaks, CA: Sage, pp. 90-95.(2)Rossmo, D. K. (2000). *Geographic profiling*. Fl: CRC Press, pp. 47-48.

年觀護所或是監獄，在前科紀錄上，很多連續縱火犯過去都有多次遭逮捕的紀錄，其中也不乏因縱火而被逮捕者，而且只有在被捕才會中斷其犯行，否則會一直縱火下去。

2. 犯罪行為及現場特徵：許多連續縱火犯都是選在下班後縱火；他們的住所距離縱火現場不遠（大都在半哩至二哩之間），大部分選在自己熟悉的地區縱火；到達現場的方式，大多採取步行的方式，其次才是開車；縱火案件發生期間，大多還是與父母住在一起，或是獨居、與他人同住的狀態，而居住的房屋形式，以獨棟獨戶或公寓居多；他們在選取被害目標時，大多是隨機挑選；接近縱火目標的方式通常是直接進入、破壞侵入或直接在屋外縱火；大多是使用火柴或是打火機來引燃火災；他們通常會遺留火柴、汽油桶等證物在縱火現場裡；大部分在縱火後會繼續留在現場，或是隱身在人群當中或尋找一個安全的地方，觀看火災及消防單位滅火過程以觀賞其「傑作」，至於其他未留在現場的縱火犯裡，也有過半數會再度回到縱火現場察看。在逮捕的方式上，大部分是執法機關調查而將其逮捕，其次則是自行供認或因有人目擊而遭逮捕。

此外，美國所做的研究顯示，連續縱火犯的縱火動機以報復居多，其次是興奮、刺激感；而其中報復型動機因素裡又以對社會的報復心理居多，其次則是對公共機關的報復或對個人的報復；而興奮型動機因素裡，則是以尋求刺激者居多，其次則是尋求認同或引起注意[30]。連續縱火犯通常是年輕、單身，很早就從事犯罪，有其他財產犯罪前科，許多有服刑紀錄。

一般說來，連續犯罪者都會有其作案手法的特徵，而連續縱火犯的作案手法包括縱火目標與使用裝置明確（或是使用一些較不尋常的縱火裝置）。而可能會出現的簽名特徵如在現場排便、撒尿，偷竊建築物內的東西，或帶走某些東西當作紀念品或戰利品（例如拿走女人的內衣），有些

---

30 Rossmo, D. K. (2000). *Geographic profiling*. Fl: CRC Press, p. 46.

連續縱火犯還會在牆上塗鴉[31]。

FBI對連續縱火犯的剖繪包括：白人男性、18-27歲、單身、教育程度不高、有犯罪前科、有心理問題、就業紀錄不佳、藥物濫用或酗酒、家庭功能失調、距離犯罪現場不到二哩、一時衝動、為了報復等特徵[32]，且部分放火者被捕後會招供，但卻無自責或悔改之意。

（三）縱火狂的特徵

縱火案件中又以連續縱火的縱火狂對社會最具威脅性，縱火狂的典型特色就是重複不斷地放火，且不顧他人生命、財產的損失。根據研究顯示，縱火狂通常以成年男性居多，而且具有學習障礙與社交技能不足的情形；他們並無精神異常，且會預先計畫；縱火狂通常會留下來觀看火災，也經常引發假警報[33]。

另外，在他們成長、教養的環境裡是破碎、粗糙的，管教方式不一致，且被父母忽視；在社會適應上有很嚴重的人際互動障礙；在婚姻狀態上，有些縱火狂雖然有結婚，但其在婚姻生活的適應上常有問題，並且在兩性的互動上也有困難，很少與女性有所接觸；通常是從事勞力性質的工作；很多縱火狂通常過去都有犯罪紀錄，像是偷竊、侵入住宅竊盜、還有其他的財產犯罪；有些在被捕或入獄後會試圖自殺；他們縱火的動機有：為了成為英雄或是引起注意、讓所謂的專家出糗、喜愛破壞的感覺、不可抗拒的衝動、報復或是性滿足等。

此外還有一種現象值得注意，就是有少數消防人員或義消，為了追求刺激或英雄形象，可能先縱火後再自己報警，接著就匆匆返回消防隊參與救災工作，享受放火的刺激及圍觀群眾的注目。因此消防人員的甄選應先清查其背景、心理狀況和前科紀錄，詢問其過去服勤紀錄，除了能過濾不

---

31 Douglas, J. E., Burgess, A. W., Burgess, A. G., & Ressler, R. K. (1992). *Crime classification manual*. NY: Lexington Books, pp. 263-264.

32 Turvey, B. E. (2002). Fire and explosives: Behavior aspects. In Turvey, B. E. (Ed.). *Criminal profiling: An introduction to behavioral evidence analysis*. CA: Academic Press, p. 401.

33 Rossmo, D. K. (2000). *Geographic profiling*. Fl: CRC Press, p. 48.

適任者外，也可嚇阻可能的縱火犯混入消防人員行列。

而在縱火歷程裡，縱火狂的縱火通常是匆忙、草率、無組織的傾向，而且都是使用容易取得的東西來縱火，像是火柴、報紙等；經常選擇在夜間縱火（因為夜間不易被發現且能增加刺激），而目標通常是隨機選取；縱火狂通常都是獨自一人犯案，很少會有同謀；縱火前的情緒會表現出緊張、不安或焦慮、頭昏眼花、心悸，感覺有一股無法抗拒的衝動迫使他們去縱火，雖然知道縱火對他們而言並無意義，但也無法去控制、阻止；至於縱火後的情緒與行為，他們的緊張暫時獲得解脫，有些會感到性滿足感，有的甚至會留在現場，或佯裝成目擊者，或是幫忙救火，有的則在確認消防隊來救火後就返家睡覺；逮捕對縱火狂而言，也是一種解脫，因此他們有時會主動向警方自首，或是相當配合地供認，但是他們不會對其縱火行為感到後悔[34]。

綜合縱火狂的特徵包括：平均年齡17歲、白人居多、有心理或身體缺陷、大多有學習障礙、社會技巧不佳、出身破碎家庭、學校、社會和婚姻適應不佳、從事非技術性工作、懦弱內向、缺乏自尊、防衛心強、壓抑憤怒和仇恨、追求刺激、有少年非行紀錄、酗酒及自殺意圖、動機是享受破壞財物、報復和性滿足、有無法抑制的衝動。大多在夜間進行、隨意選擇目標、不顧他人死活、單獨進行、事前呈現緊張焦慮、當時無法控制情緒、事後則有解放和滿足的感覺、並留在現場觀看[35]。病態縱火犯的個人特徵則包括：通常在25歲以下，未婚，家庭環境不佳，父親不在家，由母親掌控，學習退縮、怯懦，低智商，心理混亂，社會適應不良等[36]。

---

34 Holmes, R. M., & Holmes, S. T. (2002). *Profiling violent crimes: An investigation tool* (3rd Ed.). Thousand Oaks, CA: Sage, pp. 95-100.

35 Holmes, R. M., & Holmes, S. T. (2002). *Profiling violent crimes: An investigative tool*. CA: Sage Publications, pp. 98-100.

36 Canter, D. V. & Allison, L. J. (1997) (Eds.). *Criminal detection and the psychology of crime*. Dartmouth: Ashgate Publishing, p. 450.

三、縱火方式與手段

國內亦有實證研究針對縱火受刑人進行分析，顯示縱火犯所表現的行為有以下幾點值得注意[37]：

（一）犯案時間：縱火時間以晚上九點至凌晨六點之間所占比例最高，占48.4%，可見為數較多之縱火選擇夜深人靜時著手犯罪。

（二）使用的方法：以臨時起意並就地取材者最多，占40.8%，有預謀並預備器材者次之，占34.2%，有預謀且就地取材者占12.5%，臨時起意並預備器材者占10.3%。

（三）縱火對象：以住宅（占40.8%）、家具門窗（31%）為主，其他包括汽車、機車、教堂、人、廢棄物、工廠、棉被、廚房、倉庫等，可謂各種人、物、處所皆具，無所不包。

（四）縱火使用的物質：包括汽油、紙張、酒精、電氣、化學物質、去漬油、瓦斯、松香水、蠟燭、汽油彈及可燃的垃圾等。

（五）引火方法：以打火機當作引火方法為最多，占84.5%，其餘用火柴、香煙、瓦斯當引火物者均不多。

（六）縱火犯中累犯占40.2%，顯見再犯的比例不低。

犯罪工具或手段的選擇，與犯罪者的經驗有相當高的關連性，牽涉到社會學習與個人過去經驗的影響。由於科技的發達，各種化學物質不斷開發，其揮發易燃、有毒性、容易爆炸、隨處可取得的特性，亦是縱火案件不斷增加的原因。而國民知識水準的提高，縱火方式也不斷改變與創新，所使用的縱火劑包羅萬象。一般縱火劑依其縱火手法之不同，可大略分為以下四種[38]：

（一）易燃縱火劑（accelerant）：又可分為親水性（如酒精、醇類等）與非親水性（如汽油、煤油、其他有機溶劑等）易燃縱火劑。

（二）一般引火物：包括紙張、衣物、蚊香、火柴、打火機等。這些引火

37 陳金蓮（1994），縱火問題防制對策之研究，警專學報，第37期，頁330-331。

38 徐文郎（2002），都會區縱火災害防治與搶救對策之研究，台北科技大學土木與防災技術研究所碩士論文，頁45-46。

物經高溫燃燒後常已不復存在，所以其證物採集最為困難，但以此縱火者有時為求燃燒迅速，經常會有兩個以上的起火點，且為建立不在場證明，經常會設有延遲、定時點燃的裝置。因此在現場蒐證上，應特別留意是否有蠟燭、吸附易燃液體用之布類或紙張、香菸與火柴的存在。

（三）化學物品：如金屬鈉、無機氧化性物質等。以此縱火者，一般為預謀性或是智慧型的縱火犯居多。其縱火用之化學物經高溫後亦常不復存在，蒐證上亦較困難，必須當事人配合，並瞭解平時化學物品存放位置及使用狀況，方能掌握案情。

（四）電氣：如電熨斗、吹風機、電爐、電熱器等。此一縱火方式即蓄意利用電氣設備作為起火之用，以誤導偵查方向，使偵查人員誤以為是電氣走火所引起之意外。勘察現場時應特別注意電線走向與電氣用品位置，與起火點是否吻合。

而國內研究發現，縱火犯使用一般引火物與汽油縱火者最多，係因這些物質容易取得。至於引火方法則以打火機最為常見，因一般民眾使用打火機極其普遍，且任何超市、檳榔攤、小販均有販售，容易取得。常見的縱火作案手法有：以特定建築物為目標，使用某種點火裝置。而其簽名特徵則包括：在現場大小便、從現場偷走沒有價值的東西等[39]。

縱火的現場特徵包括[40]：

（一）促進劑：增加火的密度及速度，通常是愈簡單愈好，而且可就地取材者更佳，如此較不容易被發現。

（二）爆炸物：包括啟動裝置，有時會包含延遲裝置，使縱火犯能順利脫離現場。

（三）點火方式、起火點：包括單一或多重，多個起火點可確保縱火能成

39 Mavromatics, M. (2000). Serial arson: Repetitive firesetting and pyromania. In Schlesinger, L. B. (Ed.). *Serial offenders: Current thought, recent findings*. FL: CRC Press, p. 90.

40 Turvey, B. E. (2002). Fire and explosives: Behavior aspects. In Turvey, B. E. (Ed.). *Criminal profiling: An introduction to behavioral evidence analysis*. CA: Academic Press, pp. 393-398.

功蔓延。

（四）標的：特定或廣泛目標，包括原來設定的目標和可能波及的對象。

（五）技巧：設計和製造方式，可從中發現縱火犯的經驗和能力。

綜合上述，搜索過程中應該注意的事項有：

（一）縱火裝置的物證：包裝材料、組成物、煙火、爆竹、膠帶等用在犯罪現場的跡證做比對，有時還有使用手冊。

（二）促燃劑：衣物、鞋襪、浴巾或毛巾、地毯、汽車腳墊、容器（用來裝汽油）。

（三）汽油彈：瓶罐、易燃性液體、可用來做纖維比對的布料或衣物。

而在鑑識上則應注意以下事項：

（一）縱火裝置：組成成分（引線、時間裝置、蠟燭、電子計時器、膠帶、電線等）。

（二）促燃劑：汽油、打火機內的油、混合物質（汽油與煤油）。

（三）更複雜的促燃劑：燃料重油、水溶性的物質（酒精類）。

（四）汽油彈：玻璃碎片上的指紋、布料上的纖維比對。

四、縱火的動機

日本火災便覽歸納日本學者之研究，將縱火案的動機區分成以下11類[41]：

（一）與人之爭執：包括親子間、夫婦間、其他親族間、鄰居間、朋友間或與其他人之爭執，其中以夫婦間、情人間之爭執為最大宗。

（二）對世間不滿：此種人平時在社會上有孤立感和不幸感，對社會存有不滿，常藉由縱火來紓解其不滿，且有累犯之現象。

（三）敵意之置換：當憤怒、憎恨時，無法找出敵意表達之對象，而將其不快、緊張的情緒，以縱火的方式來得到紓解。

（四）引起火災時的騷動：有些人平日生活單調，因不確定感和無力感而

41 楊士隆（2019），犯罪心理學，五南圖書，頁241-242。

產生之苦惱，常藉火災發生時之騷動來解除其苦惱。

（五）逃避學校的授課：對學校的授課和教職員感到厭惡，從而縱火燒掉校舍以避免上學。

（六）喜見滅火行動：有些人喜歡觀賞各種滅火行動，有時亦會加入滅火的行列，以表現其「英勇」的作為，因而縱火。

（七）玩火：最初並無縱火動機，但在玩火玩到一半時，卻演變為縱火行為。

（八）犯罪之滅跡：在犯罪後恐留下一些證據，遂將犯罪現場縱火，以消滅一些可能遺留下來的跡證。

（九）自殺縱火：以縱火作為自殺手段，此種情形以女性居多。

（十）竊盜縱火：與「犯罪之滅跡」不同，其乃以竊盜為主要目的，但是竊盜失敗後，即以縱火來洩恨。

（十一）喜見火的顏色和感受其溫度。

第三節 縱火犯罪者的分類

對於縱火犯罪者的分類，有不少國內外研究縱火犯罪的學者，依不同的類型對縱火犯加以分類。文獻資料中對於縱火犯罪者的分類見解不一，有依縱火犯的心理狀態而分類者；有依現場情況分類者；也有依動機和行為加以分類者，互有長短。儘管縱火的行為都很類似，但是縱火犯之間的犯罪動機、心理狀態及作案手法卻仍存在有相當程度的差異，而在犯罪心理學所研究的對象上，區別其特殊性和個別性就顯得特別重要[42]。分別說明如下：

42 張淑慧、曾平毅、廖有祿、陳金蓮（1998），臺灣地區縱火受刑人基本特性及類型分析，中央警察大學學報，第33期，頁200。

一、縱火犯的心理狀態

依縱火犯的心理狀態，縱火可分為[43]：

（一）理性：利益（獲取保險理賠、破壞競爭對手）、恐怖主義、湮滅犯罪證據。

（二）病態：忌妒、報復、虛榮、刺激、性滿足、酗酒等。

二、縱火現場的情況

「犯罪分類手冊」就縱火犯罪者之動機加以分類，並就現場的一般性特徵做如下概述。就犯罪現場常見的指標而言，包括有組織與無組織的縱火犯[44]：

（一）有組織的縱火犯

1. 精緻、複雜的點火裝置（如電子計時裝置、引線等）。
2. 會清理現場故遺留較少跡證，若有強行侵入狀況，則需要其他鑑定技術（如足跡、指紋等）判別。
3. 有計畫的實施（如導引線、多處縱火、使用大量的促燃劑[45]等）。

（二）無組織的縱火犯

1. 就地取材，隨手拾取東西來縱火。
2. 火柴、香菸，或比較常見的促燃劑（打火機內的油、汽油）。
3. 不會刻意清理現場，因此遺留較多跡證（筆跡、足印、指紋等）。

在一個有組織的犯罪現場裡，其特徵包括製作精密的縱火裝置、現場證據的缺乏、作案手法有條理、預先計畫的路線，且可能單獨一人行動、犯罪者通常已成年、屬正常智能。縱火犯通常會使用精密、複雜的縱火裝

---

43 Mavromatics, M. (2000). Serial arson: Repetitive firesetting and pyromania. In Schlesinger, L. B. (Ed.). *Serial offenders: Current thought, recent findings*. FL: CRC Press, p. 70.

44 Holmes, R. M., & Holmes, S. T. (2002). *Profiling violent crimes: An investigative tool*. CA: Sage Publications, p. 107.

45 促燃劑（accelerant）是一種用來點火或加速燃燒物質的統稱，通常是可燃性液體。所以火場中如果有檢驗出縱火劑，不管是汽油、煤油，均統稱為促燃劑。

置（像是電子計時裝置、引線等），他們的作案手法較有條理、有計畫的實施，因此會使用導引線、在多處位置縱火、使用大量的促燃劑等。

而無組織的縱火犯，其特徵則有縱火工具隨手取得、在犯罪現場可發現大量跡證（如足跡、指紋），可能是惡意破壞的放火或病態的放火。隨手拾取東西來縱火，因此火柴、香菸或比較常見的促燃劑（打火機內的油、汽油）等在犯罪現場都可以發現到。

三、縱火犯罪的動機

「犯罪分類手冊」乃文獻當中最為詳盡而且完整之縱火犯罪的動機分類，在此將其所做之縱火犯罪的分類內容詳細說明，並就手冊對於各類型縱火犯之分類統整於附錄以資參考。犯罪分類手冊依縱火犯罪的動機分為破壞、興奮、報復、掩飾犯罪、牟利和偏激型，分別說明如下[46]：

（一）破壞型（vandalism）

破壞型動機的縱火是基於故意或惡作劇性質的動機，由於好奇和好玩而縱火，導致破壞或損失的結果，這一類型主要包括惡意的破壞、同儕或團體的壓力或其他等，通常此類縱火犯年紀較輕，仍然在學，而且是集體進行，多為臨時起意，可能利用放學或蹺課時為之，作案完通常會一哄而散，縱火者以少年為主，挑戰權威為其目的。

（二）興奮型（excitement）

興奮型動機的縱火犯屬於衝動性的縱火，因為他們渴望藉由縱火使其感受到興奮快感，或從中獲得情緒發洩之滿足，且極少有以火傷人的意圖。這類型縱火犯包括有尋求刺激（震撼）者、引起關注者、為求成名者（想成為英雄的心理）、性變態者或其他等，縱火後通常會逗留在現場，隱身在人群之中觀賞他的「精心傑作」。

46 以下參閱Douglas, J. E., Burgess, A.W., Burgess, A. G., & Ressler, R. K. (1992). *Crime classification manual*. NY: Lexington Books, pp. 166-189.

（三）報復型（revenge）

報復型動機的縱火犯是因為感到有所不平而縱火，不管是不是現實上或是想像中的不公平（被害妄想），大多與他人存有矛盾或利益衝突，因權益受損轉而尋求報復，常見者包括遭遣散的工人、被退學的學生、被拋棄的男女朋友等，酒精亦常伴隨這些縱火者（藉酒壯膽或酒後鬧事）。這類縱火犯會比其他類型的縱火犯較具有計畫與單一性，而其中針對報復整個社會的動機而犯下連續縱火案件者，則較少或不會有事前的計畫。很多的縱火案件中，其實除了主要的動機外，多多少少都存有報復的成分。報復型動機的縱火包括對個人的報復（如情敵、前妻）、對社會的報復（如被學校退學、被公司開除）、對機構的報復（例如對於政府機關的縱火）、對團體的報復（像是幫派之間的衝突）、恐嚇威脅或其他等。

（四）掩飾犯罪型（crime concealment）

這種類型的縱火犯，縱火是一種次要或附帶的犯罪活動，縱火行為的主要目的是在掩飾某些類型的犯罪活動，部分縱火犯在進行偷竊、謀殺等犯罪行為後，企圖縱火湮滅證據，此外縱火犯亦可能在別處縱火，以遮掩其竊盜活動之進行（聲東擊西）。掩飾犯罪型動機的縱火包括掩飾謀殺、自殺、破壞與侵入、侵占公款、竊盜、毀損文件紀錄或其他等。FBI的分類將自殺也歸入此類中，但亦有研究認為意圖縱火自殺者，有時並不以刻意掩飾為必要，而自本類型中抽離出來[47]。

（五）牟利型（profit）

牟利型的縱火行為乃是以直接或間接獲得物質上利益為目的，可說是一種營利性的犯罪，而且是在縱火犯罪的動機中情緒激動表露最少的一種。牟利型動機的縱火類型包括詐欺（又可分為詐領保險金、債務清償詐欺、解散公司的詐欺、隱匿財務損失或清理存貨的詐欺）、受僱對他

47 廖訓誠（1995），縱火犯罪之研究—兼論縱火犯之心理描繪，中央警官學校警政研究所碩士論文，頁73-74。

人財物實施縱火、偽造貨物損失的縱火、生意競爭而縱火（針對其競爭對手）、為達恐嚇、勒索之目標而縱火或其他等。以詐領保險金縱火犯為例，通常在縱火前有以下徵兆：已經出現財務不良情況，串通保險員先投保高額保險，將貴重設備或機器搬離現場或以較劣等者代替以減少損失，僱用他人縱火，在火災發生前先約朋友在外面吃飯或聚會（製造不在場證明），事後對損失不太在意且快速申請理賠。

（六）偏激型（extremist）

偏激型動機的縱火一般是指因社會、政治或宗教的理由而犯罪，包括恐怖活動、種族歧視、環保或動保議題、暴亂、內部動亂或其他等。研究指出，這類的縱火犯通常有良好的教育程度與水準以上的智商，且有較高的機動性，並對特定的目標進行縱火，會使用複雜、精密的縱火裝置。犯罪現場顯示是具有組織的，因此也甚少或沒有留下跡證。

另外，有學者則根據犯罪分類手冊之分類，對於破壞型、興奮型、報復型、掩飾犯罪型與牟利型等五種縱火犯的社會與行為特性進行剖繪（相關內容詳列於表7-3-1）[48]。

表7-3-1　五種縱火犯的社會與行為特性

類型	破壞型	興奮型	報復型	掩飾犯罪型	牟利型
年齡	青少年	青少年	成人	成人	成人
社會地位	下層到中產階級	中產階級	下層階級	下層階級	勞工階級
犯罪時間	下午	下午、夜間	下午、夜間、清晨	夜間、清晨	夜間、早晨
犯罪日期	上班日	不一定	假日	不一定	上班日
與父母同住	是	獨居	獨居	獨居	獨居
飲酒或吸毒	否	否	是	是	是

48 Holmes, R. M., & Holmes, S. T. (2002). *Profiling violent crimes: An investigation tool* (3rd Ed.). Thousand Oaks, CA: Sage, p. 105.

表 7-3-1　五種縱火犯的社會與行為特性（續）

距離犯罪現場	< 1英哩	< 1英哩	< 1英哩	> 1英哩	> 1英哩
獨自犯罪	否	是	是	否	否
逗留犯罪現場	否	是	否	否	否
性動機	無	有	無	無	無
教育程度	6～8年（相當於國小畢業）	10年（相當於國中畢業）	10年以上（相當於國中以上）	高中以下	高中以下
職業	無	無	有	有	無
被捕紀錄	青少年時	有	有	有	有
婚姻狀態	單身	單身	單身	單身	單身

綜合上述，以動機為基礎的縱火犯分類，摘要如下[49]：

（一）破壞型：目的在惡意破壞，大多是青少年，有共犯，大多選擇在非假日、不遠處進行。

（二）刺激型：滿足性慾，有妄想症或精神疾病，在夜晚進行，會留在犯罪現場。

（三）報復型：感到真實或想像的不公，和縱火對象之前有關係，選擇非假日單獨進行。

（四）掩飾犯罪：包括掩飾殺人、自殺、入侵住宅、竊盜等，縱火後會離開現場。

（五）牟利型：有計畫，有共犯或受僱，例如詐領保險金，縱火後立刻離開現場。

（六）偏激型：由於社會、宗教或政治目的，通常為有計畫且多人進行。

四、動機及行為分類

Canter和Frizton根據警方調查資料，建立一套動機及行為分類法，他

49　Palermo, G. B., & Kocsis, R. N. (2005). *Offender profiling: An introduction to sociopsychological analysis of violent crime*. IL: Charles C. Thomas Publisher, pp. 142-145.

們強調犯罪現場之正確和可靠的行為指標，要比單獨建立在動機的分類系統，對執法機關的偵查工作更有價值，因為動機只能在縱火犯被捕後才能得知，而現場行為則有助於警方縮小偵查範圍，他們根據動機和行為，將縱火犯的動機分為表達型（expressive）和工具型（instrumental），前者是表達其憤怒和情緒，後者則是要達成某種結果。而行為層面則根據目標的特徵，目標可能是不具個人身分的物體（object），如學校、車輛、機構、公司或住家，以及具備社會身分且對縱火犯有重大意義的個人（person），結合二種動機和目標的特質，便形成以下四種分類[50]（如表7-3-2）：

（一）表達—個人：一般和情緒痛苦有關，如憂鬱或無助，通常有精神疾病或情感問題。

（二）表達—物體：目的是發洩，目標是對縱火犯有象徵意義（如學校或教堂），通常選擇無人居住的建築物，不是要傷害任何人，但會享受觀看火災和救火過程。

（三）工具—物體：例如竊盜犯縱火以湮滅證據，或是廢棄房屋的所有者縱火以詐領保險金。

（四）工具—個人：由於他人造成的憤怒或挫折（如結束雙方關係），想藉由縱火傷害對方，在報復後得到紓解。

表 7-3-2　縱火的四種主題

表達—個人	表達—物體
工具—個人	工具—物體

在實際運用上，以物體為導向的縱火犯，通常不會遠離住處，會事先勘察現場，計畫性縱火且使用促燃劑；以個人為導向的縱火犯，通常認識被害者；以工具為導向的縱火犯，通常有前科（不限於縱火）；而表達

50 Bartol, C. R., & Bartol, A. M. (2013). *Criminal & behavioral profiling*. SAGE Publications, pp. 162-163.

導向的縱火犯，可能有精神方面的疾病，因此偵訊時要特別注意其情感問題。

而火災原因的調查就是要從其縱火行為，探索可能的動機，進而找出可能的嫌犯，尤其如果轄區內發生一連串作案手法類似的縱火案件，就必須將相關案件併同偵查，首先是偵查人員必須親自勘察現場，確定係故意縱火，並保全相關跡證，再從中發覺可能的行為跡證，判定係同一人所為，如果案情重大應成立專案小組，彙整各單位相關情資，根據行為跡證研判其動機，推測縱火犯屬於上述那一種，再根據過去的研究導出其可能特徵，從可疑嫌犯中縮小偵查範圍，但必須注意的是在分類時必須特別謹慎，如果在線索不足情況下，依據主觀想法而任意歸類，就可能犯下過度判斷的錯誤[51]。

第四節 國內案例分析

目前國內有關縱火犯罪剖繪的研究，計有廖訓誠於1995年對縱火犯所做的分析，該研究共有效訪談到34位個案，分析縱火犯的動機、犯罪模式及人格心理歷程，並引進心理描繪技術，有助於縱火案件之偵查、鑑識及逮捕工作，可提供學術與實務界對縱火犯罪的進一步瞭解[52]。另外張淑慧、曾平毅、廖有祿、陳金蓮等學者針對縱火受刑人特性之基礎分析，經由分析縱火犯的基本資料及犯罪事實，再根據各項屬性加以分類並說明其特性，以叢集分析（cluster analysis）將縱火犯分成四大類型[53]：

一、一般縱火犯：犯罪類型與全體縱火犯相似，縱火物質、有無共犯、年齡、教育程度、婚姻關係、交友情況等均與全體縱火犯相近，以被人

51 Brogan, R. (2006). Serial arson. In Petherick, W. (Ed.). *Serial crime: Theoretical and Practical issues in behavioral profiling*. MA: Academic Press, pp. 231-234.

52 詳見廖訓誠（1995），縱火犯罪之研究—兼論縱火犯之心理描繪，中央警官學校警政研究所碩士論文。

53 張淑慧、曾平毅、廖有祿、陳金蓮（1998），臺灣地區縱火受刑人基本特性及類型分析，中央警察大學學報，第33期，頁197-212。

檢舉而破案最多。

二、臨時起意犯：犯罪意圖以臨時起意居多，且多為初犯。使用瓦斯較多，有共犯情形且較一般縱火犯多，年齡稍大，教育程度較低，未婚較少，夫妻感情較融洽，少與他人交遊，常被當場逮捕。

三、前科縱火犯：多有前科紀錄，且多預謀，較常使用汽油，有共犯比例較一般縱火犯稍多，年紀較輕，教育程度與全體縱火犯相近，但國中畢業較多，未婚較多，善於交遊，以現場逮捕或其他方式破案較多。

四、預謀縱火犯：犯罪意圖以預謀居多，多為初犯，使用汽油、瓦斯比例較高，很少有共犯，年齡較大，教育程度較高，未婚較少，大多被人檢舉或當場逮捕。

另外林志信對縱火犯生命歷程與犯罪模式進行質性訪談與量化調查，其中文件分析發現縱火犯罪型態大多是第一次縱火，單獨一人犯案，深夜凌晨放火，以物為攻擊目標不以人為主，大多以住宅建築物為縱火對象，騎樓或大門附近最常遭縱火等特性；犯罪模式中則以一時洩憤後放火居多，大多以汽油為作案工具，前科次數與精神狀況二項因子對縱火犯罪行為與再犯預測均具影響力；質性研究則發現縱火犯之個人特質、家庭結構、家庭生活、學校生活、同儕與不正當休閒、偏差行為及生命重大事故等生命歷程均會影響其縱火行為，縱火犯罪模式則歸納出縱火動機、決意過程、行動準備、情境因素、縱火手法、縱火後情緒與行動反應等因素[54]。

而洪聖儀藉由高雄市87件縱火案件為研究對象，除剖析縱火犯之手法與心理狀態，並針對縱火犯罪之趨勢與特性進行調查，研究發現多數縱火犯罪與縱火犯之教育程度、縱火時間有重要關聯性，而高雄地區之縱火案件多以凌晨時段、事先策劃、缺乏監控、可得縱火工具之場域為主，其縱火動機則為仇恨報復、感情因素與無聊好玩為多數，並指出日後可加強

54 林志信（2010），縱火犯生命歷程與犯罪模式之研究，國立中正大學犯罪防治研究所博士論文，摘要。

縱火犯之嚇阻對策與消防單位之火場辨識能力[55]。

此外尚有學者吳俊宏、廖有祿於2005年針對連續縱火犯的研究，本研究個案以訪談監獄受刑人與偵查人員為對象，共蒐集18名個案以進行連續縱火犯的背景特徵與犯罪行為分析，茲就研究過程中幾點發現闡述如下，並與國外研究的結果相互比較[56]：

一、連續縱火犯的基本背景特徵

本章第二節曾經論及有關連續縱火犯的基本背景特徵，而根據國外學者研究及統計資料顯示，在連續縱火犯的個人背景特徵包括以下幾個部分[57]：

（一）性別與年齡層

國外縱火犯性別上仍以男性為主，且以青少年居多。若就本研究個案來看，我國在連續縱火犯的性別上，亦是全部為男性，但若就年齡層來看，青壯年人比例較高，但此點乃因取樣的關係，係台灣台北監獄與桃園監獄監禁之受刑人主要為成年人，因此較缺乏未滿18歲的青少年樣本數，所以在平均年齡上可能會略有差異。

（二）職業

國外統計發現在職業方面，勞役工作占了不少比例，其次是辦公室助理。在本研究個案裡，大多數在犯案當時都是沒有工作，而觀察他們之前的職業史部分，則可發現除了2名從事商業、2名是學生外，其餘個案所從事過的工作幾乎都是以勞工性質為主，和國外統計相似。

55 洪聖儀（2012）本土化縱火防制策略初探—以高雄市人為縱火案件為例，犯罪學期刊，13卷2期，頁69-107。

56 參閱：(1)Douglas, J. E., Burgess, A. W., Burgess, A. G., & Ressler, R. K. (1992). *Crime classification manual*. NY: Lexington Books, pp. 263-264. (2)Holmes, R. M., & Holmes, S. T. (2002). *Profiling violent crimes: An investigation tool* (3rd Ed.). Thousand Oaks, CA: Sage, pp. 90-100. (3) Rossmo, D. K. (2000). *Geographic profiling*. Fl: CRC Press, pp. 46-48.

57 廖有祿、吳俊宏（2007），連續縱火犯罪偵查之研究—犯罪剖繪技術之運用，警學叢刊，37卷4期，頁89-108。

（三）教育程度與智力狀況

外國文獻指出縱火犯大多數受過九至十二年的學校教育，智力水準在一般程度以上。就這一點而言，本研究個案的教育程度普遍在國中程度以下，亦即平均大約受過六至九年的學校教育，則與國外有些差別。但在智力水準上，根據法院判決書及監所名籍資料顯示，有6名個案在智能上明顯不足外，其餘個案的智力都可謂正常水準。

（四）婚姻狀況

在婚姻方面，外國研究縱火犯大部分都是單身狀態，其次是離婚，而且絕大多數不是沒結過婚，就是僅有過一次婚姻。這一點本研究個案的情況與外國研究類似，大多數都是未婚，結過婚的僅有5名，但其中一名離婚不久，另一名則妻子離家出走。

（五）身心狀況與人際交往

國外研究縱火犯在精神狀態上顯示具有多重心理症狀，有些人還有自殺傾向或是酗酒情形，且在人際交往關係上缺乏穩定性。而就本研究從個案之法院判決書、監所名籍資料與訪談過程中發現，患有精神疾病者有6位，智能障礙併精神疾病者有4位，而有一位除身體殘疾外，同時也具有智能障礙及精神疾病，因此共有高達11位個案患有不同程度的精神疾病，其中6名平時就有飲酒，而且有4名在案發前也的確有喝酒，但並無發現自殺情況。在人際交往關係上，約有8名個案交友狀況並不理想，社交互動較少，而且有幾名個案在與女性的互動上，顯然有某種程度的障礙。

（六）前科紀錄

外國研究資料指出，連續縱火犯過去有很多時間待在少年觀護所或是監獄，而且在前科紀錄上，很多在過去都有多次遭逮捕的紀錄，其中也不乏因縱火而被逮捕者。從法院判決書及監所資料來看，本研究個案約三分之二都有前科紀錄，有幾名個案的前科紀錄甚至高達四、五次以上，過去有縱火紀錄或前科者也有6名個案，而且其中4名還曾經犯下連續縱火案件。

就連續縱火犯的個案背景資料部分可以發現，國外研究與本研究結果有部分相同或類似之處，但也有部分略有差異。茲就此部分的研究結果與國外文獻的比較統整詳列於表7-4-1。

表7-4-1　縱火犯基本背景特徵分析比較表

基本背景特徵項目	國外研究統計發現	本研究個案發現
性別與年齡層	男性為主，且以青少年居多	清一色為男性，青壯年人比例較高
職業	勞役工作占了不少比例，其次是辦公室助理	大多數在犯案時無工作；職業史部分，除各有2名從事商業或是學生外，其餘曾從事的工作幾乎都以勞工性質為主
教育程度與智力狀況	大多數受過九至十二年的學校教育，智力水準在一般程度以上	教育程度普遍在國中程度以下，智力水準上，有6名個案在智能上明顯不足外，其餘個案的智力都在普通程度
婚姻狀況	大部分都是單身狀態，其次是離婚，且絕大多數不是沒結過婚，就是僅有過一次婚姻	大多數都未婚，結過婚的僅有5名，但其中一名離婚不久，另一名則妻子離家出走
身心狀況與人際交往	精神狀態顯示具有多重心理症狀，有些人還有自殺傾向或酗酒情形，且在人際交往關係上缺乏穩定性	高達11位個案患有不同程度的精神疾病，部分個案也有酗酒情形。並無發現自殺狀況，但在人際交往關係上，約有8名個案交友狀況並不理想，社交互動少，且有幾名個案在與女性的互動上顯然有某種程度的障礙
前科紀錄	過去長時間待在少年觀護所或監獄，且在前科紀錄上，有多次遭逮捕紀錄，其中不乏因縱火而被逮捕者	約三分之二有前科紀錄，有幾名個案甚至高達四、五次以上，過去有縱火紀錄或前科者也有6名個案，而且其中4名還曾犯下連續縱火案件

二、連續縱火犯的行為與現場特徵

此部分則就本研究結果與國外文獻研究資料中，有關連續縱火犯的行為與現場特徵進行比較，分析的項目包括以下幾點，並就本研究結果與國外文獻的比較統整詳列於表7-4-2[58]。

（一）縱火時間

文獻指出許多連續縱火犯都是選在下班後縱火，或者是縱火時間大多在入夜之後。而本研究個案除有5名在時間上並不規律外，大部分則明顯是在深夜至凌晨時段，另有一位個案較為特殊，他在縱火初期尚未失業前，大多在上班時間縱火，以製造不在場證明和企圖逃脫犯罪嫌疑。

（二）地緣關係

根據國外統計資料，嫌犯的住所距離縱火現場大都在半哩至二哩之間（1哩約1.6公里，因此換算成公里制，約在0.8公里至3.2公里），大部分的連續縱火犯還是選在自己熟悉的地區縱火。若就本研究個案來看，則絕大多數都在10公里的範圍之內犯案，有6名個案的各起縱火案更在2.5公里以下。而且幾乎犯罪時居住地與犯案地點都在同一個城市或是相鄰的鄉鎮，顯見本研究個案亦是在自己熟悉的區域犯案。

（三）交通工具

連續縱火犯到達現場與離開的方式，國外文獻指出大多採取步行的方式，其次是使用汽車。而在本研究中，完全步行或以公車加步行方式的個案最多，以機車為交通工具者則次之，但兩者差異不多。在國外或許因為地幅遼闊，因此以汽車作交通工具的人較機車為多，但我國地狹人稠，因此就機動性來講，使用機車的選擇比汽車要高。而交通工具的選擇也跟地緣關係有關，選擇步行方式的個案就有不少人居住地距離縱火地點在2公里以內。

58　以下詳見吳俊宏（2005），連續縱火犯罪偵查之研究，中央警察大學刑事警察研究所碩士論文，頁109-111。

（四）縱火對象的選取

國外文獻顯示，連續縱火犯在選取縱火目標時，大多是隨機挑選。本研究個案中則有半數是隨機挑選縱火對象，其他則是有針對特定目標，或是在挑選上有個人的偏好，例如廢棄物、廢棄機車等。而以機車為縱火對象上，由於機車大多密集併排，加上座墊屬易燃物，且車內亦有汽油作為促燃劑，因此常引發較大火勢，而且如果縱火地點是在騎樓下或公寓門口處，常造成火勢往樓梯竄燒且逃生不易，可能會產生重大傷亡。

（五）引火方式

連續縱火犯大多是使用火柴或是打火機來引燃火災，這一點顯然是國內外文獻都相同的一點，本研究個案也都是以打火機作為引燃工具，僅一名是使用火柴。蓋因打火機和火柴在日常生活中極易取得，使用亦簡單。除非刻意以縱火方式來掩飾其他犯行，否則一般連續縱火犯並不會大費周章去準備引火工具，例如以縱火方式詐領保險金案件，即可能以定時裝置或其他引火工具（如以拜拜用的香、煙蒂等來引燃火災）、延遲裝置來實施縱火行為。

（六）遺留或取走現場物品

國外連續縱火犯通常會遺留火柴、汽油桶等證物在縱火現場裡，但本研究的個案則較少，僅有2、3名個案會遺留跡證在縱火現場。而國外研究也發現部分連續縱火犯的簽名特徵如排便、撒尿，偷竊建築物內的東西或帶走某些東西當作紀念品或戰利品（例如拿走女人的內衣），甚至會留下特殊記號，或在牆上塗鴉的行為。在本研究中則幾乎沒有發現，僅有1名因每次竊盜沒有收穫就縱火的個案，會在縱火後取走現場的打火機。

（七）留在現場或返回現場

國外研究在這部分顯示，大部分的連續縱火犯在縱火後會繼續留在現場，或是尋找一個安全的地方觀看火災，至於其他未留在現場的縱火犯裡，也有過半數會再回到縱火現場。本研究亦發現有9名個案會留在現場或附近，或是稍後再返回現場，探究其原因，不外乎是為了觀看火災的發生、消防人員救火的經過、感受整起縱火以及救災過程的氣氛等。

表7-4-2　縱火行為與現場特徵分析比較表

縱火行為與現場特徵	國外研究統計發現	本研究個案發現
縱火時間	很多都是選在下班後縱火	除有5名在時間上並不規律外，大部分都在深夜至凌晨縱火
地緣關係	住所距離縱火現場大都在0.8至3.2公里，大部分連續縱火犯還是選在自己熟悉的地區縱火	絕大多數都在10公里的範圍之內犯案，有6名個案的各起縱火案更在2.5公里以下。而且幾乎犯罪時居住地與犯案地點都在同一個城市或是相鄰的鄉鎮
交通工具	大多採取步行方式，其次是使用汽車	完全步行或以公車加步行方式的個案最多，其次是使用機車，但兩者差異不多
縱火對象的選取	大多是隨機挑選	有半數是隨機挑選縱火對象，其他則有針對特定目標，或是在挑選上有個人的偏好
引火方式	大多是使用火柴或是打火機來引燃火災	幾乎都是以打火機作為引燃工具，僅有一名是用火柴
遺留或取走現場物品	通常會遺留火柴、汽油桶等在現場，部分會出現如排便、撒尿、偷竊建築物內的東西，或帶走某些東西當作紀念品或戰利品，甚至留下特殊記號，或在牆上塗鴉的行為	遺留或取走現場物品的個案較少，僅有2、3名個案會遺留跡證在縱火現場。幾乎沒有發現有取走現場物品者，僅有1名因每次竊盜沒有收穫就縱火的個案，會在縱火後取走現場的打火機
留在現場或返回現場	大部分在縱火後會留在現場，或尋找安全的地方觀看，至於其他未留在現場的縱火犯裡，也有過半數會再回到縱火現場	有9名個案在縱火後會留在現場或返回現場

三、連續縱火犯罪的偵查與證物

當消防鑑識人員鑑定該場火災屬於縱火案件時，接下來的任務就是警方偵查人員，一般而言是由各分局的偵查隊來負責，必要時並請轄區派出所偕同偵辦。然而當一連發生數起縱火案件時，無論轄區派出所或分局偵查隊偵查員，通常就得開始著手偵辦而不待消防人員之火場鑑定調查報告書的結果。而偵查連續縱火犯罪的困難度非其他刑案所可比擬，尤其是在證據的蒐集與可提出於法庭的證據更是比其他刑案少。此部分就本研究過程中，對於連續縱火犯罪的偵查與證據的發現，提出幾點結論以供參考。

（一）被捕原因

根據國外研究資料顯示，連續縱火犯被逮捕的原因，大部分是執法機關調查而將其逮捕，其次則是犯罪者自行供認或因有人目擊而遭逮捕。在本研究中則發現：在縱火過程中被人發現而報警，立即逮捕或在附近被逮捕的現行犯有4名（例如路人發現之後，提供該個案之特徵給警方，然後警察在縱火現場附近逮捕到；或是被害者告知警方該個案之穿著特徵，而在另一個縱火現場被警察逮捕等）；而主要是因為被人發現縱火，或目擊到個案的服飾穿著、交通工具等特徵，經報警循線逮捕者有5名（例如目擊者提供個案的穿著特徵或交通工具，警方在圍捕過程中發現而逮捕；甚至是有記者發現消防隊的出勤紀錄每次都出現同樣的人，感覺疑惑而告知警方，警方循線追查後確定並逮獲）；至於縱火犯行之後，警方根據線索調查而逮獲者則有7名（例如過濾監視錄影畫面、目擊者提供部分線索、現場遺留跡證等而循線調查逮獲；或是有個案在縱火完之後，繼續在街道上散步，調查縱火案的警方覺得可疑，又發現其之前有連續縱火前科紀錄，偵訊之後亦坦承犯案因而破案）；另外則是被共犯供出或因他案被捕。

從上述被捕原因可以發現到，連續縱火犯很多都是因為縱火之後仍停留在現場或是在現場附近，以致於被別人發現，也有些個案是在縱火之前就被人發現出現在犯罪現場，縱火後從該處離開時又被目擊，因而當場遭到逮捕，或事後遭警方循線逮獲。然而，其中卻發現，這些所謂的目擊並非指該個案在實施縱火行為當時，被證人或被害人所親眼目睹，而係該個案在火災發生前、中、後的時候出現在該地點，因此若在證據不充分的情況下，光靠證人的供述或是犯嫌的自白，可能在法庭上很容易就被認定證據不足而判決無罪，由觀察每年法院判決結果可以發現，縱火案件被判刑及定罪處罰的案件，明顯低於消防機關統計之縱火案件數可見一斑。此外當嫌犯被捕後，如果發現縱火案件快速下降，則更能確定嫌犯涉案的可能性，因為縱火犯通常會連續縱火，一旦被捕就會中斷其犯行，當然此點只是參考的訊息之一。

（二）縱火犯罪偵查作為

從上述被捕的原因來看，個案因現行犯被逮捕與遭人指認而循線逮獲者，只有少數幾件是當場目擊個案縱火過程，其他主要都是有人目擊到可疑人士在縱火現場出現而已。儘管被捕原因中，有部分是警方調查逮獲，但也有不少是有目擊證人提供線索，因此對於縱火犯罪的偵查上，的確不是那麼容易偵破，甚至還有像個案中極少數是因為被共犯供出，或因他案被捕才破獲連續縱火案件。

而從訪談過程中可以發現，警方在偵辦連續縱火案件上，其實與其他刑案並無太大差異，但是在跡證上卻又少得可憐。不過可以發現目前的偵查作為與思維都有較過去進步。在此就本研究個案所發現之偵查作為分述如下：

1. 傳統跡證的多維思考：跡證的存在並不只是提供一條辦案線索或一個偵查方向而已，仍需要多方面的思考。在縱火現場中，許多跡證都已遭到人為或大火的破壞，因此對於每一項可能的跡證都不可掉以輕心，也要多維思考每一項跡證可能提供的線索，亦即跡證不僅只有鑑識價值，行為跡證也可能提供犯罪重建的基礎。
2. 監視錄影系統的作用：監視錄影系統在本研究的幾個案件的偵辦上則是發揮了不少功效，例如在縱火前後於火場附近拍攝到嫌犯的身影案發前在加油站拍攝到加油的經過[59]，或是在附近便利商店錄下購買容器或打火機的畫面，雖然監視錄影系統的品質參差不齊，無法完全看出個案及其共犯的面孔，但仍可從畫面看出他們大概的年紀、身材與穿著等，進而針對轄區內的可疑對象逐一清查與過濾，配合在縱火現場埋伏策略的運用而逮捕該個案等人。

3. 串聯相關案件：鎖定犯罪者的犯案時間與犯罪標的物，甚至據此擬定埋伏策略，例如在某些案件中，由於其整個犯罪模式與一般縱火案明顯不同，因此也比較容易在案件之間做連結，在各地警方相互聯繫、情報資訊分享與佈線埋伏之下，在偵辦上也比較有跡可尋，甚至提供偵查方向與契機。例如每個火場掌握不同的線索時，透過案件連結，就可達到互補的效果。
4. 熱心民眾與目擊證人：從本研究中的個案裡可以發現，為數不少的案例都有證人提供目擊線索，無論是否當場看到其犯罪過程或是發現可疑人車等，都可以提供警方作為偵辦方向的參考。不少的重大刑案在案情陷入膠著時，都會有熱心民眾提供可用線索因而發展及擴大偵查方向，甚至是破案的關鍵。另外由於連續縱火案件都是發生在同一個鄉鎮，因而激起該鄉鎮的團結，甚至組成巡守隊來協助警方辦案，都會增加目擊或發現犯罪者的可能性。
5. 口袋戰術的運用：由於縱火犯罪原本在偵辦上可以獲得的線索就不多，甚至不見得有被害人存在或並非以人為目標，因此若是連續縱火犯的犯罪地點相當穩定或是侷限在某一地區，甚至連縱火目標的選擇也是具有固定的類型，警方就可據此擬定策略進行埋伏作為或是其他偵查手段。例如故意在許多可能成為縱火目標的地點安排明哨，而在幾個容易監控的地點安排暗哨，以口袋策略來讓縱火犯落網。或是在縱火案件發生後，在附近加強查察和巡邏，都有可能查獲可疑嫌犯。

59 目前加油站多要求帶容器加油者登記個人資料，但未要求其提示證件，可能會提供虛假資料，但監視器仍能拍攝到加油者的車牌及影像資料，提供後續偵查參考。

6. 縱火現場攝錄影：國內外研究均發現有些類型（如興奮型）的縱火犯，喜歡逗留在現場觀看火勢，欣賞他的「傑作」和享受看到他人忙著救火的成就感，因此在火場應派人對圍觀者攝錄影，但嫌犯不太可能笨到站在人群前沿，因此應將鏡頭聚焦在群眾後頭，如果在不同的火場都出現同一個人，就有可能是連續縱火案的嫌犯。

（三）縱火犯罪的證據

前面曾經提到，若在證據不充分的情況下，光靠證人的供述或是犯嫌的自白，在法庭上可能很容易就被認定證據不足而判決無罪，然而在縱火案件中，各項跡證都會因火場高溫或人為救災而遭受破壞，因此往往喪失許多重要的證據，使得現場可以採獲的證物相當有限。

而本研究也發現，就所有個案的證據部分，有實體證據可以證明該個案犯罪的情況很少，其他很多案件雖然在嫌犯身上搜出打火機，但以當今社會環境來講，身上帶著打火機並不是值得懷疑的事，因此並不能當佐證之用，除非該打火機與犯罪現場具有關連性，但至多也僅能說明犯罪嫌疑人可能到過現場而已。然而證人供述、被告筆錄在法庭上的證明力，並不若實體證據那麼強而有效，至於火場鑑定調查報告書，雖然在證據強度上較沒有問題，但是通常僅能說明是否為縱火（或者是縱火可能性的高低）、起火點的位置與數量、起火原因以及火災蔓延方向等。除非火場鑑識人員在鑑定火場時有發現其他的跡證，不然的話，火場鑑定調查報告書並無法直接或間接證明犯罪者與案件之間的關聯性。

在本研究的個案裡，有好幾件就只有該個案的筆錄與火場鑑定調查報告書，或者再加上證人的供述等就成立連續縱火案，卻也都進入司法程序，最後判刑確定。然而這些個案的自白筆錄與火場鑑定調查報告書就顯得相當重要，一方面要證明個案係未受不正當的訊問所產生的自白筆錄，因此要全程錄影，最好是有該嫌犯的律師或親人在旁邊，並不只是保障被告或嫌疑人的人權，其實也是間接確保警方的偵訊合法；另一方面，火場鑑定調查報告書的功用，不只能鑑定是否係人為縱火、起火點、起火原因、現場燃燒的狀況及火災蔓延方向，甚至縱火物質和縱火方式等的鑑定結果，可以提供偵查人員偵辦的資料、情報外，在偵訊過程或是後來的現場模擬更可作為比對與確認之用。總之，要讓法官相信警方的偵訊過程與被告筆錄的真實性，再加上相關人證、物證，整個案子才可以順利落幕。

第八章　連續殺人犯罪

第一節　定義、類型及特性

一、定義

殺人（homicide）是奪取他人的性命，是人際暴力中最嚴重的犯罪之一，謀殺（murder）則是預謀奪人性命。在探討「連續殺人」之前，應先對其相關名詞加以說明並區別，所謂多重殺人（multiple homicide, multicide）是指殺害二個以上被害人，除雙重（double）及三重（triple）殺人外，又可以分為以下三種[1]（如表8-1-1[2]）：

（一）大量殺人（mass murder）：在同一時間及地點，同時殺害許多人。

（二）瘋狂殺人（spree murder）：在一段短期間內，二個以上地點殺害一群人，中間沒有情緒的冷卻期（cool-off period）。

表8-1-1　殺人的種類

型態	單一	雙重	三重	大量	瘋狂	連續
被害人數	1	2	3	4+	2+	3+
事件數	1	1	1	1	1	3+
地點數	1	1	1	1	2+	3+
冷卻期					無	有

註：+代表以上（含本數）。

1　Rossmo, D. K. (2000). *Geographic profiling*. FL: CRC Press, pp. 6-7.

2　Douglas, J. E., Ressler, R. K., Burgess, A. W., & Hartman, C. R. (2006). In Keppel, R. D. (Ed.). *Offender profiling*. OH: Thomson Corporation, p. 64 (pp. 59-75).

（三）連續殺人（serial murder）：在一段較長期間內，在相同或不同地點犯下三件以上殺人案件，中間有情緒冷卻期。

表8-1-2為大量、連續和瘋狂殺人的差異，可見大量和瘋狂殺人較為相似，而連續殺人則有明顯不同，例如大量和瘋狂殺人不是被警方格斃，就是自殺或投降，因此比較沒有事後偵查的問題，但連續殺人犯會想盡辦法躲避偵查，如轉移陣地或改採不同作案手法；其次雖然這三種犯罪都會引發大眾恐懼，但一般人都會認為大量殺人犯有精神疾病，而連續殺人犯則被視為較邪惡；最後，大量或瘋狂殺人都是在一下子就殺害多數人，但連續殺人則是一次殺害一個人[3]。其共同特性均為重複殺人，而且每一次都是一個加害人和一個被害人，雙方通常是陌生人或不太熟識，殺人原因大多和心理有關，而且缺乏明顯的動機。因此另有學者認為瘋狂殺人的不同犯罪地點如果非常接近，事實上就沒有和大量殺人區別的必要。

表 8-1-2　大量、連續和瘋狂殺人的差異

特徵	大量殺人	連續殺人	瘋狂殺人
殺人是控制他人生命的手段	√	√	√
通常在犯罪現場被捕或格斃	√		√
通常在犯罪後自殺	√		√
躲避逮捕或偵查		√	
可能會旅行以尋找被害人		√	√
引起長期的媒體或大眾關注		√	
殺害單獨個人		√	
在短期內殺害數人	√		√
被視為是單一事件	√		√
凶手通常是白人男性	√	√	√
主要是為了金錢利益或報復	√		√
被害人通常是女性		√	
通常選擇槍枝作為武器	√		√
起因為不由自主的盛怒	√		√

3 Hickey E. W. (2006). *Serial murders and their victims*. CA: Thomson Wadsworth, pp. 16-17.

其中「大量殺人」是在單一事件中屠殺三個以上被害人，可分為家庭（family）大量殺人和典型（classic）大量殺人，前者又可分為外人進行的滅門血案（family killing）[4]及家庭成員殺人（domestic homicide）[5]，即凶手本身係家庭成員，常常殺人後自殺；而典型大量殺人犯則大多與被害人無任何關係，根據不同學者統計，大量殺人犯通常有以下特徵：男性、白人、20-29歲、與被害者無關係、單身或離婚、有偏執狂或憂鬱症、最近在工作或人際關係上遭受重大挫折、殺人後自殺或被殺、孤獨、濫用藥物或酗酒（但作案前大多未飲酒）、過去曾被霸凌、有反社會行為、最近在感情和課業上受挫、可能在追求名人型狂熱（celebrity mania）即享受殺人後成為名人的成就感。

大量殺人的特徵包括在公共場所犯案，對象無特別選定（即無差別殺人，indiscriminate killing），不關心自己被捕或他人死亡，動機大多是為了報復，目的在獲取對他人生命的控制或抗議社會的不公，無法抵抗壓力，最近曾因工作或感情受挫，事前很少會喝酒，大多是單獨進行，常攜帶大量武器，事後選擇自殺以面對問題，又可分為以下類型：

（一）權力型：熱衷追求權力，可能是民兵組織，屠殺時常穿著戰鬥服。

（二）報復型：針對特定人、特殊團體或整個社會，報復他所認識的人。

（三）忠誠型：一群教派成員聽從一位有魅力領導者的指示而殺人。

（四）利益型：如搶劫時殺害被害人和目擊者（殺人滅口），或職業殺手受僱依合約殺人。

（五）恐怖型：犯罪者希望經由殺人傳達恐怖訊息。

另有學者針對大量殺人犯的行為和心理特徵分為以下幾種[6]：

（一）家庭內殺人（family slayer）：殺害家人後自殺。

---

4 如發生於1980年2月28日的林宅血案，美麗島事件被告林義雄在台北市的住家，發生一起震驚國內外的凶殺案件，林義雄60歲的母親及年僅7歲的雙胞胎女兒均被刺身亡，9歲長女身受重傷，此案至今仍未偵破已成懸案。

5 2006年9月花蓮縣吉安鄉發生五子命案，屋主劉志勤的5名子女陳屍並堆疊在浴室，事隔九年，劉氏夫婦的屍骨被發現陳屍荒山，警方懷疑是家中經濟問題，無力撫養子女所致，殺害子女後畏罪輕生。

6 Hickey E. W. (2006). *Serial murders and their victims*. CA: Thomson Wadsworth, pp. 10-11.

（二）謀財害命：為了金錢利益而殺人。

（三）性謀殺：性侵後殺人滅口。

（四）假冒突擊隊員（pseudo-commando）：執迷於奪取槍枝後殺人。

（五）打帶跑（set-and-run）殺手：計畫逃生路線後殺人。

（六）精神病（psychotic）殺人犯：承受慢性或急性精神疾病。

（七）不滿的員工：為了真實或想像的冤屈而殺人。

（八）信徒殺手（disciple killer）：在具魅力領導者的指令下殺人。

（九）意識型態殺人：邪教的首腦煽惑信徒自殺或互相殘殺。

（十）大屠殺（massacre）：因為種族淨化（ethnic cleansing）或宗教盲從而殺人。

研究指出大量殺人犯並無心理、精神或基因上的異常，通常是「邪惡勝於發狂者」，少有精神妄想症患者，大部分表現出社會病態人格傾向，缺乏良心和罪惡感。這些犯罪者通常不分青紅皂白在公共場所殺害被害人並波及許多陌生人，例如被老闆開除的員工在工作場所殺害同事，丈夫在家中殺害全家後自殺，搶劫犯屠殺整屋子的目擊者，種族仇恨者射殺校園內的移民學生等[7]，大量殺人犯通常最後在現場被捕、自殺或被殺，或是向警方投降[8]。

另外大量殺人底下還有一種子類型，稱為種族滅絕（genocide），是故意且有組織地殺害一大群人，主要是因為他們的個人、政治、宗教信仰、國籍或種族因素，通常是由政府針對另一國家或少數族群，或是會與他們競爭或衝突的一群人，例如納粹德國屠殺猶太人，伊斯蘭國（Islamic State, IS）屠殺異教徒等。

例如2007年4月16日在美國維吉尼亞理工學院發生的兩次槍擊事件，連同凶手在內，共有33人死亡，並至少造成23人受傷。槍擊案的凶嫌為

7 Turvey, B. E. (2001). "Mass killings: A study of 5 cases". *Journal of Behavioral Profiling*, 2(1). http://www.profiling.org/journal/subscribers/vol2_no1/jbp_mk_2-1.html.

8 Palermo, G. B., & Kocsis, R. N. (2005). *Offender profiling: An introduction to sociopsychological analysis of violent crime*. IL: Charles C. Thomas Publisher, pp. 56-57.

韓裔學生趙承熙，他在美國長大，並且是大學四年級主修英文的學生，他最後在Norris Hall中自殺身亡。還有2011年7月22日挪威遭遇二次世界大戰以來最大規模的屠殺，32歲男子布里維克偽裝成警察，發起奧斯陸爆炸案與烏托亞島恐怖掃射，以「恐怖攻擊演習」的名義，要求大家上前集合後，從袋子裡拿出武器開始射擊，造成至少93人死亡。

而發生在台灣的大量殺人則是2014年台北捷運隨機殺人事件，發生在5月21日16時22分至26分於捷運板南線從南港展覽館站開往永寧站的列車，嫌犯為21歲的學生鄭捷。當日鄭捷進入新北市板橋區的捷運江子翠站內以悠遊卡進入捷運系統，搭乘列車先行勘察，以手錶計算，決意選在人潮眾多的台北捷運最長站距區間（台北市萬華區的龍山寺站至新北市板橋區的江子翠站間，中有新店溪，兩站之間的行車時間為3分46秒）為犯案最佳時間，他判斷所有乘客皆被封閉在車廂內，無法脫逃的這段時間夠長，有助於他進行殺人攻擊。事件共造成4死24傷，傷者的傷勢多集中在胸部和腹部。

就其行為分析，鄭捷屬於有組織性的行為者，基本上具有良好的衝動控制能力，因為其行為是有序列的計畫，就其本人供稱，對於這個事件他清楚知道自己的所作所為及法律效果，缺乏罪惡感且該計畫已醞釀多時，回溯鄭捷之成長歷程，發現其家境優渥，課業成績良好，與一般殺人案件中主要的低社經地位者不同，然父母給予的厚重期望與缺乏互動，可能造成家庭功能失調，又鄭捷自高中時期校方即知悉其偏好殺人小說，被軍校退學後轉學至一般大學，且犯案時期仍具學生身分，在網路上發布異常訊息後，原就讀大學亦有收到警示通報，雖經輔導約談，仍未挽回憾事，可見校園危機不僅限於校內，學校亦應有更佳之反應及危機應變計畫，以加強社會安全網絡[9]。

而「瘋狂殺人」通常是指犯人在數個地點殺害三名以上的被害者，案

9 劉育偉、許華孚（2015），以鄭捷北捷隨機殺人案之生命歷程探討暴力犯罪成因及其預防，刑事政策與犯罪研究論文集（18），法務部。

件之間無冷卻期存在，通常使用槍枝作案，隨機挑選被害人，多為衝動或臨時起意，如銀行搶匪在銀行裡殺害數名被害者後逃亡，一邊逃亡一邊殺人就是瘋狂殺人犯的例子[10]，也包括無動機的殺人（motiveless killer）和以殺人為樂的凶手（recreational killer）。瘋狂殺人犯通常會因為累積的憤怒而引發動機，試圖以殺人扭轉他們所認知的不公，懲罰那些對他們不好的人，以重新獲得失去的權力和控制[11]，殺人過程中無法控制其心中的憤怒，也不會關心所造成的嚴重後果。

上述「大量殺人」和「瘋狂殺人」的犯罪者通常最後在現場以自殺、被殺、被捕或投降收場，並留下大量證據，因此不會有事後偵查的問題，反觀以下介紹的「連續殺人」，通常在不同時間、地點殺人，甚至案件未被串聯，因此偵查上較有難度。所謂連續殺人即是在三個以上地點殺人（三個被害人似乎是目前最普遍的定義），中間有情緒冷卻期，期間從數日至數週或者數個月都有可能，通常會計畫犯罪細節，選擇陌生人進行尾隨後殺人，但連續殺人有可能轉變為瘋狂殺人[12]。連續殺人絕對不是二十世紀的產物，在古代因為對此現象毫無所知，因此常被歸因於超自然力量，而創造出西方所稱之狼人（werewolf）[13]、吸血鬼（vampire）[14]及變狼人（lycanthropy）[15]等名詞及東方所謂的僵屍（zombie）[16]，事實

10 Bartol, C. R. (1999). *Criminal behavior: A psychosocial approach* (5th Ed.). NJ: Prentice-Hall, p. 241.

11 McGrath, M., & Turvey, B. E. (2003). “Criminal profilers and the media: Profiling the Beltway snipers”. *Journal of Behavioral Profiling*, 4(1). http://www.profiling.org/journal/subscribers/vol4_no1/ jbp_cpm_4-1.html.

12 Lindquist, O., & Lidberg, L. (1998). “Violent mass shooting in Sweden from 1960 to 1995, profiles, patterns and motives”. *The American Journal of Forensic Medicine and Pathology*, 19(1), pp. 34-45.

13 were是man的古英文字，werewolf係指人和狼的結合，而狼則是常被挑選作為惡魔的動物，在非洲有豹人（were-leopard）、豺人（were-jackal），印度則有虎人（were-tiger）的故事。

14 吸血鬼通常只會吸人的血，或是與被害人發生性關係，狼人則是會毀損屍體或吃人肉，也有故事稱吸血鬼也有可能變成狼人。

15 變狼人是指人會妄想他（她）是狼，而表現出想吃生肉、聲調改變，或是想要用四肢走路的情形。

16 僵屍是會走動的屍體，或是會吃活人或死人身體的盜墓者（ghoul）。

上可能就是連續殺人犯[17]。此外在戰爭當中，因為社會秩序蕩然無存，也有可能讓一些人獸性發作而展開瘋狂殺戮，例如二次世界大戰日軍造成的「南京大屠殺」。

連續殺人犯很少會停止殺人，除非他們死亡或被捕，有學者宣稱美國可能占全世界連續殺人犯的四分之三，原因在於其社會開放，機動性高，也可能是因為偵查技術提升的結果[18]。亦有學者估計每年有35名連續殺人犯和5,000名被害人，但其他學者則認為被害人數可能被高估，而犯罪人數卻低估，估計至少同時有100人在活動[19]，尤其現代社會漸趨都市化，所提供的匿名性（anonimity）也造成被害人數節節高漲，但此項數字可能被過度膨脹，目的在吸引大眾注意[20]。

學者指出連續殺人會大量增加的原因有[21]：1.出現新型的掠食性殺人犯；2.此種犯罪早期被低報；3.自我實現的預言（一旦受到關注，就容易出現）；4.對此現象的定義不一致（過去未被列入）；5.媒體的報導和電影的推波助瀾；6.描述暴力的色情書刊充斥；7.高度經濟發展與暴力行為有所關聯；8.女性主義者認為連續殺人是男性想支配女性的象徵。

連續殺人案件上升的原因也可能在於執法技術提升，或以前的殺人案件被低估（可能是未報案），未發現的原因可能是因為發生在不同轄區的案件未被串聯起來，或被害者被列為失蹤人口[22]。連續殺人犯罪並不是一個新的現象，大部分是個人行為但也有團體行動，殺人主要是為了獲得性滿足，不是為了金錢或利益，可能會保留紀念品以回想殺人的情節，在冷卻期會開始幻想並搜尋、尾隨被害人，通常先埋伏攻擊，再帶到安全地點

17 Schlesinger, L. B. (2000). Serial homicide: Sadism, fantasy, and a compulsion to kill. In Schlesinger, L. B. (Ed.). *Serial offenders: Current thought, recent findings*. FL: CRC Press, p. 2.

18 Miller, L. (2000). The predator's brain: Neuropsychodynamics of serial killing. In Schlesinger, L. B. (Ed.). *Serial offenders: Current thought, recent findings*. FL: CRC Press, p. 137.

19 Holmes, R. M., & Holmes, S. T. (2002). *Profiling violent crimes: An investigative tool*. CA: Sage Publications, p. 110.

20 Schlesinger, L. B. (2000). Serial homicide: Sadism, fantasy, and a compulsion to kill. In Schlesinger, L. B. (Ed.). *Serial offenders: Current thought, recent findings*. FL: CRC Press, p. 3.

21 Hickey E. W. (2006). *Serial murders and their victims*. CA: Thomson Wadsworth, p. 138.

22 Rossmo, D. K. (2000). *Geographic profiling*. FL: CRC Press, p. 12.

下手，因為凶手在他們熟悉的周遭環境較有信心，因此不會離住處太遠去犯案。冷靜的殺人犯知道他們正在做什麼，有時也會在現場留下簽名特徵以挑戰警方。

當面臨轄區出現一位可能的連續殺人犯時，執法單位必須儘速成立一個專案小組，其唯一目的就是連結相關案件和儘快找到犯罪者，此項偵查工作必須有充分資訊，但也面臨資訊超載（information overload）的壓力，因此必須從中找到平衡點。由於連續殺人並不常見，因此很少有單位願意成立永久的單位去偵查此類案件，此外可能有部分未報案和未偵測出來的連續殺人犯罪。例如，失蹤人口可能有部分是連續殺人的被害者[23]。

此外，台灣地區近年來出現的「隨機殺人」、「無差別殺人」，係指對象上無差別，地點上不特定，動機上無所謂，有學者對其定義為「隨機殺人，顧名思義就是隨機、無差別的挑選殺害對象，因此動機不能歸因於感情糾葛、金錢糾紛或針對特定對象之復仇」，因此其犯案動機非屬情、財、仇等具體動機，對象上挑選可以達成凶手已身需求，不論是否符合邏輯或僅僅係心理上滿足之特定目的，過去未曾有過接觸與共同生活經驗之陌生人作為加害目標者，認定為隨機殺人[24]。其定義與前述多重殺人之大量殺人、瘋狂殺人、連續殺人似有許多重疊之處，例如大量殺人和瘋狂殺人可能被以現行犯逮捕或自首，連續殺人則多極盡所能躲避追緝，而這三種類型皆可見於隨機殺人，依筆者觀點，隨機殺人大多為單一事件，較少為連續殺人，如當場殺害多人時，則歸類於大量殺人即可，至於瘋狂殺人，有相當多學者認為歸類在大量殺人即可，故隨機殺人較無單獨拉出討論之必要。

---

23 Goldsworthy, T. (2002). "Serial killers: Characteristics and issues for investigators". *Journal of Behavioral Profiling*, 3(1). http://www.profiling.org/journal/subscribers/vol3_no1/jbp_tg_3-1.html.

24 謝煜偉（2014），群眾恐慌下的公眾危安罪—北捷隨機殺人案後續事件解析，月旦法學，第143期，頁68-76。

二、其他類型

除了前述的多重殺人分類外，尚有以下不同類型的殺人犯罪：

大多數殺人案件都是發生在親密關係的人之間，其中家庭內殺人（domestic homicide）是指家庭成員彼此殺害，對象包括配偶、同居人（co-habitant）、子女、老年人。其中最常見者為親密殺人（intimate homicide），即目前或早先有親密關係的人殺害另一方，包括殺害配偶（spousal homicide），最常發生在女性威脅或嘗試離開男性配偶或同居人而引發殺機，它是累積仇恨、長期爭吵或虐待的結果，且經常發生殺害子女及配偶後自殺的情形。因此其危險因素包括：曾有家暴經歷、虐待寵物、占有慾強、有前科紀錄、曾威脅要殺人、酒精藥物濫用、懷疑配偶通姦、爭奪子女監護權、有心理疾病、遭遇環境壓力（如失業）等。而其平常虐待的行為特徵則包括：選擇時間（以晚上居多）、地點（大多發生在住處），傷害部位（可以掩蓋的位置）及傷害程度（不影響其日常工作）等[25]。

此外，弒子（filicide）及弒嬰（infanticide, neonaticide）則是指父母殺害自己的子女，亦是家庭內殺人的一種，可再分為以下類型[26]：

（一）利他：避免父母同時自殺後子女無人照顧，因此弒子後自殺。

（二）安樂死（euthanasia）：解除子女的疾病痛苦。

（三）精神病：因幻聽或幻覺、癲癇發作、產後憂鬱症而殺害子女。

（四）遺棄：產下畸形兒或因為重男輕女而加以殺害。

（五）墮胎：企圖隱匿非婚生子的事實。

（六）憤怒衝動：由於子女經常哭鬧不停，因而毆打致死。

（七）報復配偶：懷疑親子關係，因而殺害子女以報復不貞的配偶。

（八）性虐待：對子女性侵後殺害滅口。

---

25 Turvey, B. E. (2002). Domestic homicide. In Turvey, B. E. (Ed.). *Criminal profiling: An introduction to behavioral evidence analysis*. CA: Academic Press, pp. 473-474, 459-462.

26 Guileyardo, J. M., Prahlow, J. A., & Barnard, J. J. (1999). "Familial filicide classification". *The American Journal of Forensic Medicine and Pathology*, 20(3), pp. 286-292.

（九）吸引關注：企圖引起社會大眾的同情和關注而殺害子女。

（十）疏忽：如一時大意將幼兒留在車上、長期未提供適當照顧而致死。

（十一）嗑藥、酗酒後失去控制而殺害子女。

（十二）殺配偶或他人時不小心失手而殺死子女。

而殺害子女的方法中有可能採取縱火方式，在此類案件中兒童大多年紀較小而無法逃脫，時間大多發生在深夜或清晨，兒童仍在睡夢當中，出入口被封死，兒童身上有可疑傷痕，父母宣稱他們在睡覺，但衣著完整，沒有被火燻黑跡象，只關心財產損失，這些跡象都值得偵查人員注意[27]。

除弒父（patricide）及弒母（matricide）外，最後一種是殺害家中的老年人（domestic elder homicide），通常是指照顧者（家庭成員、護理人員）殺害被照顧的65歲以上老人，或是有生心理疾病而限制其活動能力，而照顧者通常是他們所信任的人，因此遭受虐待後也不太可能去舉發，殺人的動機包括：解除負擔、爭奪利益、仇恨報復或性侵害等原因。通常此類案件不太容易被發現，其可能徵兆如下[28]：照顧者遭受重大情緒壓力、在短期內和年紀差異頗大者發生關係（如結婚）、被害者與其他家人、親戚或朋友隔絕、在養護機構出現不尋常的死亡率、健康上出現過去未有的疾病、被害者的遺囑、財產和保險有重大變更、被害者財產出現不尋常的支出。由於人口逐漸老化，傷害老年人的情形日趨嚴重，通常他們是在家中被害，且由於不會保護自己，加上身體日漸老化，被害後也較難恢復，其中年長的婦女更容易遇害，因為她們大多單獨在家且身體較脆弱，不容易逃脫或抵抗攻擊，因此容易被有動機的犯罪者視為合適的目標[29]。

女性殺人雖然少見但卻日益增加，學者曾從FBI的「補充殺人報告」找出110名女性殺人犯的128個案件，分析發現：81%被害人是白人，凶

27 Huff, T. G. (2004). Fire, filicide, and finding felons. In Campbell, J. H., & DeNevi, D. (Eds.) *Profilers: Leading investigators take you inside the criminal mind*. NY: Prometeus Books, pp. 370-377.

28 Turvey, B. E. (2012). Domestic homicide. In Turvey, B. E. (Ed.). *Criminal profiling: An introduction to behavioral evidence analysis*. CA: Academic Press, pp. 516-517.

29 Safarik, M. A., Jarvis, J. P., & Nussbaum, K. (2006). Sexual homicide of elderly female: Linking offender characteristics to victim and crime scene attributes. In Keppel, R. D. (Ed.). *Offender profiling*. OH: Thomson Corporation, p. 109.

手則是45%白人，55%非白人，較少使用武器（2.8%），犯罪者平均年齡為27歲，大多居住不遠且步行前往現場，90%有前科，其中大多是偷竊（59%），70%無職業，黑人較多強行進入，77%未帶東西到現場，但72%在犯罪後帶走東西如現金、珠寶，大多將屍體棄置在現場，82%採閃擊方式，70%犯案時間在下午8點到上午4點，兩造大多是同種族，上述資訊皆可提供偵查參考[30]。

此外有一種邪教殺人（cult murder），所謂邪教是指非傳統的宗教，過度獻身於奇特的想法、物體或個人，通常是由一個具魅力的領導者，帶領一群受洗腦的跟隨者，平時會以重複的演說、儀式及集體的行為，有系統的教化（systematic indoctrination），在進行惡魔崇拜（satanism）的宗教儀式中殺人作為祭品。如果殺人是為了傳達某種訊息，現場可能遺留大量的符號（symbol）和物品（artifact），會對屍體進行毀損，如果是為了威嚇信徒加強控制，並殺掉被認定信仰不堅定的人，則屍體可能會掩埋隱藏，因此偵查人員必須試著去瞭解這些邪教的教義，才能洞悉這些東西的意涵[31]。

三、特性

連續殺人的特徵包括加害者大多是男性、愛說謊和操縱他人、喜歡看色情刊物、與母親關係複雜、不會傷害妻子或女友、高度計畫和有組織、運用技巧接近被害人、引誘到其「舒適區」、常使用繩索、折磨被害人[32]並延長殺害時間、羞辱貶損被害人、會升高虐待行為、從殺人得到性滿足、曾經殘害動物、殺害娼妓、會帶走紀念品或戰利品、再度回到現場

30 Safarik, M. A., Jarvis, J. P., & Nussbaum, K. (2006). Sexual homicide of elderly female: Linking offender characteristics to victim and crime scene attributes. In Keppel, R. D. (Ed.). *Offender profiling*. OH: Thomson Corporation, pp. 111-118.

31 參見Girod, R. J. (2004). *Profiling the criminal mind: Behavioral science and criminal investigative analysis*. NY: iUniverse, pp. 191-201; Holmes, R. M., & Holmes, S. T. (2009). *Profiling violent crimes: An investigative tool*. CA: Sage Publications, pp. 200-231.

32 有一種稱為BTK連續殺人犯會從捆綁（Bind）、折磨（Torture）及殺人（Kill）中得到樂趣。

等。許多連續殺人（縱火、竊盜）是因為「性」所引起，但從未被法律歸類為性犯罪，因為這些行為的性動力通常隱晦不明，未被執法單位辨認出來[33]。

連續殺人犯大多是年輕男性、單身、有組織且聰明，有正常的工作和家庭，家庭收入穩定，甚至信仰虔誠，平常對人和善，所以經常被偵查單位忽略，他們通常使用較多暴力，和被害人彼此並不認識，大多是為了性慾而殺人，他們通常在當地犯案，年齡普遍低於35歲，喜好的方法是勒頸，被害人通常是年輕女性，與被害人同種族且獨居。而女性連續殺人犯則大多與被害者熟識，通常是為了金錢，喜好的作案手法是下毒[34]，經常選擇兒童和年長者（因為這些人無法抵抗），少部分有男女共犯[35]。

有些連續殺人犯聲稱他們是被迫而殺人，例如William Heirens曾說：「為了上帝的緣故，在我殺死更多人以前趕快抓到我，因為我無法控制自己」[36]，但事實上他們享受殺人且很少會後悔[37]。犯罪者知道他在做什麼，他可以控制自己的行動，但選擇去做的原因是想解除他的緊張狀態，一旦幻想付諸實現，緊張解除，就會感覺放鬆和滿足，所以他並非無法抗拒，因此不能免除刑責。因為雖然一般正常人也有幻想，但他們能控制自己情緒而不會付諸行動。

連續殺人犯較可能屬於有組織的類型，而無組織的犯罪者較容易被捕，要完整瞭解連續殺人，必須將生物、心理和社會等因素都納入考量[38]：

---

33 Schlesinger, L. B. (2000). Serial homicide: Sadism, fantasy, and a compulsion to kill. In Schlesinger, L. B. (Ed.). *Serial offenders: Current thought, recent findings*. FL: CRC Press, pp. 3, 6.

34 美洲有一種稱為黑寡婦（black widow）的毒蜘蛛，雌蛛常會吃掉雄蛛，因此女性連續殺人犯也常稱為黑寡婦，而醫院或安養機構的醫護人員或工作人員殺害他們照顧的病患則稱為死亡天使（angel of death）

35 Palermo, G. B., & Kocsis, R. N. (2005). *Offender profiling: An introduction to sociopsychological analysis of violent crime*. IL: Charles C. Thomas Publisher, pp. 58-59.

36 Rossmo, D. K. (1997). Geographic profiling. In Jackson, J. L., & Bekerian, D. A. (Eds.). *Offender profiling: Theory, research and practice*. England: John Wiley & Sons, p. 159.

37 Miller, L. (2000). The predator's brain: Neuropsychodynamics of serial killing. In Schlesinger, L. B. (Ed.). *Serial offenders: Current thought, recent findings*. FL: CRC Press, p. 151.

38 Schlesinger, L. B. (2000). Serial homicide: Sadism, fantasy, and a compulsion to kill. In Schlesing-

（一）生物因素：遺傳、荷爾蒙、腦傷、神經傳導問題，都和性攻擊有關。

（二）心理因素：虐待行為可解除犯罪者的焦慮，從殘忍的行為感覺他擁有權力，並從折磨他人得到性滿足。

（三）社會因素：環境也會有所影響，譬如戰爭造成社會秩序崩潰，社會規範無法拘束個人的行為。例如在戰爭中發現有些士兵在對平民施暴時，似乎沉浸其中，有些人則喜歡觀看別人做這些事情[39]。

雖然不是每個連續殺人犯的心路歷程皆相同，但其中仍有某些相似的發展過程，此一過程必定有一些外在的刺激，整個過程分為五個階段（如圖8-1-1）。連續殺人犯首先出現曲解的思考（distorted thinking），在這個階段他處於心理上的正向平衡狀態，他不會深思偏差行為的影響，因為在此時他只專注在行為的酬償，不久之後，現實就開始挑戰他的心境，使他陷入到墮落（the fall），可能是許多真實或想像事件的累積，使他進入到第二階段，例如在A、B、C、D事件之後發生E，雖然E可能很微小卻變得很重要（成為壓死駱駝的最後一根稻草），因為他已將先前事件深藏在心中，而且一旦到了墮落階段就不會回到曲解思考了，第三階段是負面內在反應（negative inward response），由於他遭遇了這些負面的現實訊息，因此必須處理這種不快的感覺，所以藉由施暴來確立他的自我地位，在心理上就準備進入到負面外在反應（negative outward response），此種反應變得強迫而必要，以維持自我的優越性，此時他不會考慮其行為的可能後果，他只會選擇脆弱的被害者，因為他不能冒險去遭受更多的負面訊息，最後他會達到恢復（restoration）階段，此時他會注意到其行為的潛在後果，必須小心地處理被害人的屍體，將個人的風險降到最低，一旦完成後，他就回到第一階段（曲解的思考），整個循環就算完成了[40]。

---

er, L. B. (Ed.). *Serial offenders: Current thought, recent findings*. FL: CRC Press, pp. 12-13, 17, 19.

39 Miller, L. (2000). The predator's brain: Neuropsychodynamics of serial killing. In Schlesinger, L. B. (Ed.). *Serial offenders: Current thought, recent findings*. FL: CRC Press, p. 136.

40 Holmes, R. M., & Holmes, S. T. (2006). *Profiling violent crimes: An investigative tool*. CA: Sage Publications, pp. 133-134.

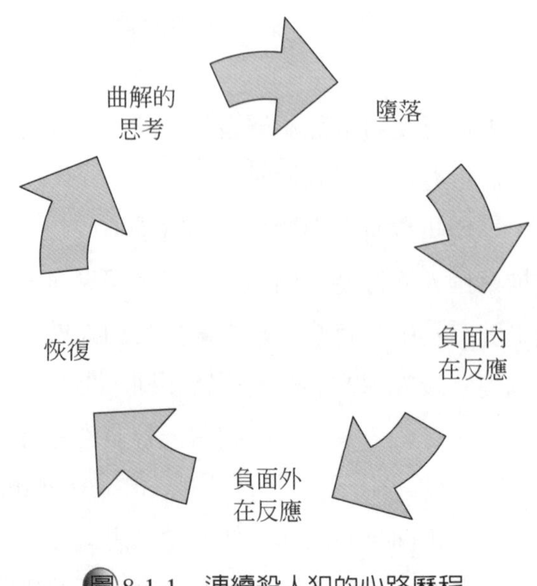

圖8-1-1 連續殺人犯的心路歷程

而殺人的過程亦可分為四個階段[41]：

（一）事前：由於發生某種事件，引發其殺人動機，因此開始預演和計畫。

（二）事中：過程中會依照其事前演練的細節逐步實現，如遭遇非預期的中斷會使其狂怒。

（三）處理屍體：有時會隱藏屍體以免曝光，也有人會故意肢解被害者並公開展示，以達到震驚社會的效果。

（四）事後：有人會向警方自首以求解脫，或隱身在現場默默觀看，大多則是清理現場並儘速脫離。

Norris也將連續殺人犯的儀式分為以下七個階段[42]：

（一）預兆（aura）：從現實情境遁入最初的幻想。

（二）拖釣（trolling）：搜尋並尾隨被害者。

---

41 Campbell, J. H., & DeNevi, D. (2004). *Profilers: Leading investigators take you inside the criminal mind*. NY: Prometeus Books, pp. 87-90.

42 Girod, R. J. (2004). *Profiling the criminal mind: Behavioral science and criminal investigative analysis*. NY: iUniverse, pp. 181-182.

（三）求愛（wooing）：解除被害者武裝，獲取信任，最後引誘到陷阱之中。

（四）捕獲（capture）：突然發動攻擊並加以折磨。

（五）殺害（murder）：使被害者陷入痛苦深淵。

（六）圖騰（totem）：藉由肢解被害者維持殺人的強度，延長權力的感覺。

（七）消沉（depression）：殺人後感到無助和空虛。

連續殺人犯罪的作案手法中，常見勒斃（strangulation）包括用手（manual）或繩索（ligature），原因在於殺人常發生在人際衝突中，由於事出突然，沒有準備犯罪工具，加害者為了壓制被害者的抵抗，勒斃是最容易且方便的殺人方法，而且能避免被害人喊叫而被人聽見。另一方面，勒斃可以直接控制被害人並與其身體接觸，可以親身感受被害人的掙扎，增強加害人的心理回饋。此外勒斃案件常發生在雙方體力不對等（如男性加害人及女性被害人），又因為出現激烈打鬥，比較容易出現跡證轉移的情形[43]。

另一種殘酷的行為稱為挖眼（enucleation, eye gouger），即以手指或器具摘除被害人的眼球[44]，除了用來處罰、折磨、虐待或避免被害人注視外，也可作為灌輸恐懼的手段，更有可能是一種偏執的想法，從他人的眼球中看到惡魔，因而藉由挖眼而逐出惡魔[45]。

此外，連續殺人的作案手法會呈現退化的趨勢，計畫愈來愈少，殺人間隔時間逐漸縮短，暴力程度則逐漸增加。而且會將被害者去人格化

43 Hakkanen, H. (2007). Murder by manual and ligature strangulation: Profiling crime scene behaviors and offender characteristics. In Kocsis, R. N. (Ed.). *Criminal profiling: International theory, research, and practice*. NY: Humana Press, pp. 73-87.

44 2021年9月，屏東縣就發生一件患有思覺失調症的男子在進入便利商店購物時，只因女店員勸他不要抽菸並把口罩戴好，竟心生不滿，衝入收銀台內，抓狂式的攻擊並徒手挖店員的雙眼，造成她鼻梁粉碎性骨折、雙眼重傷，經查他也曾在一家早餐店內持菜刀砍傷一名婦人。

45 Bukhanovsky, A. O. (2004). Assault eye inquiry and enucleation. In Campbell, J. H., & DeNevi, D. (Eds.). *Profilers: Leading investigators take you inside the criminal mind*. NY: Prometeus Books, pp. 229-242.

（depersonalization），亦即將活人當作是沒有用的物品，沒將被害者當人看，就可以正當化其殘暴的行為。例如曾有連續殺人犯將被害人比喻成可丟棄的紙杯，喝過水後就沒有利用價值，不經思考就壓扁和丟棄[46]。

第二節 連續殺人犯罪的特徵

一、社會背景

大部分的連續殺人犯有一些共同的特質，雖然這些特徵不能完全套用在每一個連續殺人犯身上，不過在文獻中，仍然經常可見此種一般性的描述，以下將對各家學者所歸納的連續殺人犯特徵作一整理，以便於瞭解及參考運用。FBI行為科學組在研究許多連續殺人犯的個案後，認為連續殺人犯的一般特徵為[47]：

（一）90%以上的連續殺人犯是白人男性[48]，大多屬一般身材，無身體缺陷。

（二）聰明，智商較一般人略高，雖然智商不低，但在學校表現很差。

（三）低自尊，以自我為中心，孤獨，自認為世界是不公平的，對社會不信任。

（四）很難維持工作，大多為不需技術的工人，如果服役，可能會提前退伍。

（五）來自不穩定的家庭，經常搬家，與家庭附著不良，最常見的是從小被父親遺棄，而被冷漠或跋扈的母親帶大，沒有兄長，欠缺正常的學習典範。

---

46 Holmes, R. M., & Holmes, S. T. (2002). *Profiling violent crimes: An investigative tool*. CA: Sage Publications, pp. 115, 120, 124.

47 Schechter, H., & Everitt, D. (1996). *The A-Z encyclopedia of serial killers*. NY: Pocket Books, p. 51.

48 女性主義者認為：男性連續殺人犯殺害女性被害人，目的在維持男性的主導地位，卻忽略了有男性被害人和女性加害人，見Rossmo, D. K. (2000). *Geographic profiling*. FL: CRC Press, p. 23.

（六）憎恨父母，家族有犯罪、精神問題、濫用藥物及酗酒史，父母教養過嚴或不一致。

（七）大多從小就被虐待（身心及性方面等），虐待者是陌生人、朋友或家庭成員。

（八）有些在童年期就在庇護機構中，無法建立穩定的人際關係。

（九）常做白日夢及幻想，有高度的自殺傾向，且有精神方面的問題。

（十）從小就對窺視、戀物症、施虐受虐（SM）的色情書刊感興趣，經常有性幻想，並有過度手淫情形。

Holmes等人對連續殺人犯的描述為：男性、白人、25-34歲間、聰明迷人有吸引力、視警察為偶像或對警察工作有興趣[49]。Fox等人的描述則為白人、犯案者接近30歲或30歲以上、以陌生人為目標、有特殊偏好、被害人大多是年輕女性、靠近居住地或工作地作案[50]。另外Hickey根據他所蒐集的資料指出：88%的連續殺人犯是男性、85%是白人、教育程度大多高中以上，白領階級、有固定工作、有前科（財產和性犯罪）、殺害第一位被害者的平均年齡為28.5歲、62%的人會選擇陌生人犯案、71%的凶手在特定地方或區域作案（而非移動遠距離甚至跨州犯案）、大多是在居住地或工作地點附近犯案，和一般殺人不同的是，連續殺人的被害者很少是因為其挑釁行為而促發（precipitate）其遇害[51]。

另外有學者指出一般人對連續殺人犯的迷思（myth）或是刻板印象（stereotype）是有問題的，表8-2-1列出這些迷思和實際情況[52]。例如連續殺人犯可能來自不同族群，過去文獻將黑人和其他族群排除在外就是一種迷思，其原因可能忽略了非裔被害人，而媒體也較聚焦在白人男性所致。

49 Holmes, R. M., & Holmes, S. T. (2002). *Profiling violent crimes: An investigative tool*. (3rd Ed.). CA: Sage Publications, p. 115.

50 Fox, J. A., & Levin, J. (1994). *Overkill: Mass murder and serial killing exposed*. NY: Plenum Press, p. 16.

51 Hickey, E. W. (1991). *Serial murderers and their victims*. CA: Brooks, p. 124.

52 Hickey, E. W. (2006). *Serial murderers and their victims*. CA: Brooks, p. 139.

表8-2-1 連續殺人犯的迷思和實際情況

迷思	實際狀況
幾乎全是白人	五分之一連續殺人犯是黑人（註1）
全部是男性	將近17%是女性
犯罪者都是心神喪失	只有少數（2-4%）被法庭認定為心神喪失
全部是色慾殺人	有些案件不涉及性侵、折磨或毀損屍體
殺害十幾個以上被害人	大多數殺害十名以內
單獨作案	四分之一以上有共犯（註2）
被害人被毆擊、刺死、勒斃或折磨至死	有些被害人是被毒死或槍擊致死
犯罪人都是很聰明的	大多數屬平均智力
機動性很高，到處移動	大多是在同一個地方作案（註3）
犯罪人在兒童時期曾遭性虐待	大多是在兒童時就被遺棄

註1：白人約占72%，黑人占23%，西班牙裔占3%，亞洲人占1%，許多涉及幫派及毒品，另外黑人殺害黑人也常被媒體所忽略。

註2：連續殺人犯的共犯大多是同一種族，也就是很少有白人和黑人是共犯。

註3：除非被害人數眾多或手段較為兇殘，否則地區性案件較少受到媒體關注。

Starr等人則指出，許多連續殺人犯都對警察、偵查工作很著迷（police buff），會藉由閱讀、修課、看電影來學習警方的辦案程序。他們可能會模仿警察，試圖瞭解偵查進度，甚至把自己安排到他們所犯罪行的偵查工作中，享受嘲弄警察的樂趣。例如殺人犯John Wayne Gacy在家中有一套警用無線電，Wayne Willisms會像警察一樣在現場照相，Ted Bundy曾在一個犯罪防治委員會工作過，Dinnis Nilsen曾於倫敦警察機關受僱過一年，Edmund Kemper常在警局附近的酒吧中，纏著勤餘的警察詢問關於他所犯罪行的問題[53]。

偵查連續殺人犯罪常面臨的問題有[54]：被害人數眾多，他們認識的人

53 Starr, M., Raine, G., Pedersen, D., Shapiro, D., Cooper, N., Morris, H., King, P., & Harris, J. (1984). *The random killers: An epidemic of serial murder sparks growing concern*. Newsweek, November 26, pp. 100-106. 引自Schlesinger, L. B. (2000) (Ed.). *Serial offenders: Current thought, recent findings*. FL: CRC Press, p. 138.

54 Girod, R. J. (2004). *Profiling the criminal mind: Behavioral science and criminal investigative analysis*. NY: iUniverse, pp. 185-186.

也不少，加上可疑嫌犯人數，導致需清查線索繁多；嫌犯經常會清理現場，所以留下的證物較少，而過早暴露嫌犯身分會導致其湮滅證據；此外案件經常跨越轄區，以致跨機關協調不易，加上媒體異常關注，處理不慎可能妨害偵查；嫌犯有時會變更作案手法，造成案件連結疏漏；偵查工作耗時費力，需大量人力物力支援。

二、早期行為特徵

有許多文獻都提到某些行為叢集（behavior clusters）或前兆（pre-cursors）在預測成人犯罪上有其價值，不過也有學者質疑這樣的說法。最常被提起的行為叢集就是MacDonald的行為三部曲（triad）[55]，這些行為包括遺尿症（enuresis）[56]、縱火（fire setting）、及虐待動物（animal torture）[57]。雖然有這些行為叢集的青少年，將來不必然會成為一個連續殺人犯，但是許多犯罪學家都指出，這個行為叢集至少是兒童期或青少年期有嚴重身心問題的警訊（pathognomic sign），以下分別說明之。

（一）遺尿症

遺尿症比較常見的名稱是尿床（bed-wetting），每個兒童都有不同的經歷，而遭遇挫折也有不同的處理方式，經歷身體、性或情感上的虐待可能會觸發尿床，但不同於縱火和虐待動物，DSM-IV並不將尿床視為行為規範障礙症（conduct disorder）的診斷指標。有很多孩童皆會尿床，但

55 MacDonald triad為青少年時期的行為三部曲，它可用來指出發展中的反社會或心理病態人格。這個理論由1963年的MacDonald及1966年的Hellman與Blackman提出。這些行為包括遺尿症、縱火及虐待動物。參閱Giannangelo, S. J. (1996). *The psychopathology of serial murder: A theory of violence.* CT: Praeger Publishers, p. 108.

56 遺尿症（enuresis）的診斷準則為：A.非自主或故意地反覆尿床或尿褲子；B.此行為至少連續三個月每週二次以上，造成臨床上顯著苦惱，減損社會、學業（職業）、或其他重要領域的功能；C.年齡滿5歲（或同等的發展程度）；D.此行為無法歸因為藥物（如利尿劑）的生理反應，或另一身體病況（如糖尿病、脊裂症或癲癇症）所致。參閱台灣精神醫學會譯（2016），DSM-5精神疾病診斷準則手冊，合記圖書，頁177。

57 Revitch, E., & Schlesinger, L. B. (1981). *The psychopathology of homicide.* IL: Charles C. Thomas, p. 177.

若孩童超過12歲後仍會尿床，就有可能是一個行為警訊[58]。根據FBI對36名連續殺人犯的研究統計結果發現，有68%的連續殺人犯，在童年期會尿床，而到了青春期仍然有60%的人會尿床[59]。

（二）縱火

在精神分析理論架構中，縱火行為被視為是特殊的精神官能症狀，也就是在特定的心性發展階段中，原慾（libido）與相應的心理防衛機轉（defense mechanism）間互動之結果[60]，也可能是要引起別人注意（包括縱火後撲滅火勢）。強調縱火行為以性慾為基礎者，認為其行為乃是遭壓抑的性慾象徵，或被精神分析學家認為縱火與尿道性興奮（urethral eroticism）有關[61]。孩童經常喜歡玩火或觸發假警報是因為火焰會引起他們的探索好奇心，但是在成長初期的連續殺人犯，也會把興趣放在玩火和從旁觀察上。由於殺人與縱火二者皆含有破壞與性的動機，也因此許多連續殺人犯也有連續縱火的歷史，縱火之後就出現更暴力的殺人犯罪。根據FBI對36名連續殺人犯的研究統計結果發現，有56%的連續殺人犯，在童年期曾縱火，而到了青春期仍然有52%的人會縱火[62]。

（三）虐待動物

在連續殺人犯有能力去傷害他人之前，他們經常會把興趣轉到虐待動物上，包括不給牠食物和飲水、不提供遮蔽和醫療，甚至故意折磨、傷害和殘殺動物，更可能肢解其屍體，並將此虐待行為視為正常，最後模仿

58 Schechter, H., & Everitt, D. (1996). *The A-Z encyclopedia of serial killers*. NY: Pocket Books, p. 283.

59 Ressler, R. K., Burgess, A. W., & Douglas, J. E. (1988). *Sexual homicide: Patterns and motives*. DC: Heath and Company, p. 29.

60 劉絮愷、林信男、林憲（1995），縱火犯之犯行與動機，中華精神醫學，9卷4期，頁299-309。

61 Rix, K. B. (1994). A psychiatric study of adult arsonists. *Medicine, Science, & the Law*, 34, pp. 21-35.

62 Ressler, R. K., Burgess, A. W., & Douglas, J. E. (1988). *Sexual homicide: Patterns and motives*. DC: Heath and Company, p. 29.

此種行為到人身上[63]。許多連續殺人犯的個人史中，皆有成長初期虐待動物的行為。虐待動物事實上是連續殺人犯成長期的一個指標，因為害怕對人犯罪的後果，因此以折磨動物滿足其性虐待衝動[64]。而傷害動物的動機包括：報復動物、滿足對某種動物（尤其是貓）的偏見、表達憤怒、用來驚嚇他人、轉移對他人的敵視、虐待（從動物痛苦得到快樂）[65]。最後當狗、貓或其他小動物都無法滿足他們時，就可能會把注意力轉移至人類（小孩或成人）身上，並升高為暴力行為。根據FBI對36名連續殺人犯的研究統計結果發現，有36%的連續殺人犯，在童年期會虐待動物，而到了青春期則有46%的人會虐待動物[66]。

以上三種行為可能會在少數兒童中同時出現，但不幸的是，父母和學校通常只有處罰其行為，而未認知到這些可能是未來更嚴重行為的警訊。

三、犯罪基本特徵

連續殺人犯罪是屬於一種特有的暴力犯罪型態，Holmes等人列舉了連續殺人犯罪的基本特徵，重點著重於犯罪者特性的分析，他們的研究在討論連續殺人犯的特性方面提供了重要的基礎。大多數的連續殺人犯罪並不很精巧熟練，多數的連續殺人犯都保持低調獨居的生活方式，他們的行為表現也通常被社會所接受，大多也有正常工作。周遭的人們並未對連續殺人犯有瘋狂的印象，因此他們多能在未被發現的情況下生活多年，而身分的確認及逮捕通常是在相當意外的情況下發生，家人和鄰居對於他的行為都非常訝異。也由於這樣的緣故，想調查連續殺人犯的實際犯案數字事實上相當困難，此處列舉出五個基本特徵，針對此種犯罪的特性加以分

63 Schechter, H., & Everitt, D. (1996). *The A-Z encyclopedia of serial killers*. NY: Pocket Books, p. 284.

64 Schlesinger, L. B. (2000). Serial homicide: Sadism, fantasy, and a compulsion to kill. In Schlesinger, L. B. (Ed.). *Serial offenders: Current thought, recent findings*. FL: CRC Press, p. 7.

65 Myers, W. C., & Borg, M. J. (2000). Serial offending by children and adolescents. In Schlesinger, L. B. (Ed.). *Serial offenders: Current thought, recent findings*. FL: CRC Press, p. 297.

66 Ressler, R. K., Burgess, A. W., & Douglas, J. E. (1988). *Sexual homicide: Patterns and motives*. DC: Heath and Company, p. 29.

析[67]：

（一）通常為一對一（solo）的關係：此種犯罪鮮少有例外的情形，典型的犯罪模式僅包含加害者及被害者之間的行為。

（二）犯罪者與被害者間並不熟識：雖然凶手與被害者也許偶有往來，但連續殺人犯罪很少發生在親密的朋友之間，因此稱之為「非親近」的關係。

（三）連續殺人犯罪的動機無法明顯看出：由於犯罪者幾乎都是對陌生人犯下暴行，因此他們的動機無法立即明顯看出。凶手的動機表面上看起來似乎是非理性的行為，使執法機關無法明確瞭解其涵義。

（四）連續殺人犯是基於某些動機而殺人：無論過程是如何殘忍對待被害者，到頭來仍是死亡。Holmes等人並未將犯罪動機視為傳統觀念上情緒性的犯罪行為，也未考量犯罪是否因被害者的疏忽而被殺害，因此認定連續殺人必定是出於某種特別的動機。

（五）犯罪者會一再殺人：最重要的一個特徵，就是這些連續殺人犯會一再殺人，倘若未加以制止的話，則凶手會持續殺人。

NCAVC強調瞭解殺人動機對偵查工作不一定有幫助，因為動機是複雜的，犯罪者也不一定清楚，而且其研判都具有推測性[68]：

（一）每位連續殺人犯都有其獨特的動機。

（二）連續殺人可能有多重的殺人動機。

（三）動機在單一案件或連續案件中可能會改變。

（四）動機的分類不應僅限於可觀察的行為。

（五）即使找到動機也不一定對找到凶手有幫助。

（六）利用偵查資源在區別動機有可能會偏離偵查方向。

（七）殺人的動機和受傷害的程度不一定對等。

---

67 Holmes, R. M., & Holmes, S. T. (Eds.) (1998). *Contemporary perspectives on serial murder*. CA: Sage Publications, pp. 76-77.

68 Canter, D., Youngs, D. (2009). *Investigative psychology: Offender profiling and the analysis of criminal action*. UK: John Wiley & Sons, p. 329.

（八）另外有少數殺人犯有嚴重的心理疾病，因此動機不明。

有學者曾探索連續殺人的發展過程，發現幻想（fantasy）在其中扮演重要角色，他們指出許多連續殺人犯在小時候曾有受虐經驗，但因為無法抵抗，於是在心中便假想長大後要報復，但又不敢表現出來，久而久之便形成「解離」現象（dissociation），他們常在心中「演練」（rehearse）犯罪細節，最後從幻想跨越到現實，將這些經常演練的劇本在真實生活中演出來（act out），滿足長久以來積累的念頭，完成後會有解脫（relief）感覺，但不久後就會想重蹈覆轍，而且其暴力的程度會逐漸提升，就像吸食毒品者需要加重劑量才能滿足其毒癮一般。

連續殺人犯選擇被害人傾向尋找容易得手、短暫居住、不被注意的人，即使他們失蹤也不受關注（例如妓女），另外會選擇陌生人的原因在於先前無任何關係，案發後要找到可疑嫌犯就會變得更加困難，他們會精心計畫作案過程，包括轉移到偏僻地點，拘束被害人，棄置在熟悉的地方。

此外有學者研究連續殺人犯挑選被害人的過程，發現他們大多有理想的被害人（ideal victim），也就是具有某些特徵（如長頭髮中分、穿洋裝、著高跟鞋等），一開始會以這些人為目標，但由於在犯罪過程中過度小心（extreme caution），因而放棄了許多理想的被害人，隨著時間流逝，因為再也壓抑不住殺人的衝動（irresistant compulsion），最後常常是「飢不擇食」地選擇其他不符合其理想形象的被害人。例如有一位連續殺人犯在受訪中曾現身說法，並將此過程比喻為獅子在草原中尋找獵物，牠最喜歡的是瞪羚，因此即便是土狼或斑馬經過，牠也無動於衷，但是瞪羚異常精靈，一旦獅子靠近就跑得無影無蹤，因為長時間的挫折加上飢餓，最後通常只能捕捉野兔和瘦弱的猴子充飢，而不是原來喜好的類型[69]。

69 Holmes, R. M., & Holmes, S. T. (2009). *Profiling violent crimes: An investigative tool*. CA: Sage Publications, p. 127.

四、犯罪原因

許多學者試圖解釋連續殺人的背後原因，最大的爭論點在於這些人是與生俱來的（congential）或是後天環境（acquired）造成的（nature vs. nurture）？他們是遺傳基因（gene）的產物，或是不良父母教育（bad parenting）的受害者？另一個終極問題是他們有無教化（rehabilitation）的可能性？或是最好的處理方法就是與世隔絕。這些理論包括生物學、心理學和社會學的不同層次，另外亦有一說是這些變項會產生交互作用，當然此類研究由於樣本較少，資料蒐集不易，因此其推論性仍令人存疑。事實上沒有單一的原因可以解釋，殺人的動機可能來自心理的酬償（psychological reward），例如控制、征服、吸引媒體關注、性刺激等因素。

其中有一種研究途徑是運用陰莖增長測量（phallometry test）去度量連續殺人犯是否會受到觀賞或聽聞性侵情節而產生性喚起，研究發現差異相當明顯，也不會因為目睹被害人痛苦而打退堂鼓，甚至更激起性衝動。另一種研究方法是運用心理變態測驗（PCL-R），研究發現犯罪者大多缺乏同理心和愛的感覺，以自我為中心，沒有罪惡感，殘忍、衝動、尋求感官刺激，反社會生活型態等，這些都是暴力犯罪的重要指標。生物研究均未發現基因和行為之間有直接關聯，遺傳只是會產生犯罪傾向，仍需特定環境才會促發反社會行為。雙胞胎和養子女研究都支持生物和環境因素均會影響反社會人格，各種賀爾蒙（如睪丸激酮）和神經傳導（如血清素）對衝動性亦有影響。而社會學研究主要發現是家庭環境扮演重要關鍵，尤其是父親缺席導致欠缺學習典範，以及母親的忽略和拒絕，都對反社會人格的塑造有關鍵影響。

此外，Hickey也指出有許多途徑會成為連續殺人犯，包括生物、心理和社會因素，而這些人在成長過程中大多出現過創傷（traumatization）經歷，包括身體或性虐待、父母離婚或死亡、在學校被排斥、目睹暴力景象（實際生活或從媒體看到），此種創傷會造成不信任、迷惑和焦慮，使其無法適應其他壓力，並使用攻擊他人作為恢復自尊的方法。另外其他的促進物（facilitator）包括酒精、藥物、色情刊物和幻想，也都會降低抑制而導致殺人，此種說法提供一個寬廣的架構而可以解釋各種連續殺人型態，但缺點則是無法區別個人素質和創傷的關係。

以上學者大多將殺人行為視為壓力和脆弱人格的交互作用，有些著重在生理素質，有些則強調人格發展。最後一種說法是Arrigo和Pukcell整合性偏好症的概念，專門用來解釋色慾殺人，性偏好症（paraphilia）是一種對與性無關的（nonsexual）的物體或行為產生性喚起，再經由幻想維繫，並用手淫來強化的行為，這些人通常有腦部的疾病，包括邊緣（limbic）系統失常，將攻擊和性喚起的訊息連結起來，這些人大多是在青少年早期經歷未解決的創傷事件，低自尊和缺乏附著，等到青年時期沉迷於幻想，以幻想來滿足其性需求，並經常演練幻想情節以達到性高潮，且其頻率逐漸密集，最後在真實生活中真實上演（act out）。當然這種說法有二個疑問，一是腦部疾病尚未被證實，二是幻想的說法大多來自有組織的犯罪者，並不能解釋無組織的犯罪者，而關於性偏好症的說法，Freund等也有一種說法，他們將求偶（courtship）過程分為五個階段，每個階段都有不同的性偏好：找尋（窺視）→邂逅（暴露）→碰觸（觸磨）→交配（強制性交）→分離（尾隨），這些行為大致可以解釋為何某些人從施加他人痛苦中，可以得到性愉悅和滿足，進而成為他偏好的方式。綜合上述理論，生物學的說法是基因異常會導致心理變態，心理學的說法是虐待兒童會造成人格創傷，社會學的解釋是長期暴露在暴力文化的影響，當然這三種因素的交互作用以及自我的理性選擇，都會對人格塑造產生影響，進而導致反社會行為[70]。

基本上殺人犯罪之發生有犯罪之前置因素（antecedent factor）、誘發因素（precipitating factor）與情境詮釋（interpretation of situation），以2016年台北市內湖殺童案為例，嫌犯王景玉認為殺害女童可獲得四川

70 Hormant, R. J., & Kennedy, D. B. (2006). Serial murder: A biopsychosocial approach. In Petherick, W. (Ed.). *Serial crime: Theoretical and practical issues in behavioral profiling*. MA: Academic Press, pp. 205-218.

女子傳宗接代，並且曾有吸食安非他命成癮及毆打母親、毀損公有財物之紀錄，為社區之頭痛人物，再者王嫌案發前仍在國小前徘徊不定，最後於內湖區選擇被害者犯案，王嫌在前置因素上具備失業、鄰里疏離等因素，在誘發因素上可能受到毒品之影響，最後於情境詮釋下，可能又受妄想症驅使，進而隨機性犯案[71]。

因此連續殺人犯罪的原因錯綜複雜，無法用單一因素加以解釋，先天遺傳與後天環境甚至當下的情境都有可能促發犯罪，而一旦形成就很難改變。最後，有關連續殺人犯的一個重要議題是他們有無教化的可能性，基本上這些人大多是心理變態，但在作案當下腦筋是很清楚的，分得清是非對錯，也就是非常冷靜且有詳盡的殺人預謀，事後也不會後悔他的所作所為，因此學者大多認為他們並不符合心神喪失或精神耗弱（mentally abnormal but legally sane）的免刑或減刑要件，而且只要釋放出來，有極高的再犯可能，至於有無可能被教化成功，學者也大多抱持悲觀立場，因為其病態人格乃長期發展的結果，不太可能改變，不但會在治療過程中操弄他人以獲取假釋機會，一旦釋放出去，犯罪計畫甚至更加細密，因此學界大多主張應永久與世隔絕，避免再度危害社會。

第三節　連續殺人犯的分類

對於殺人犯罪有不同的分類，有學者將此犯罪依加、被害者的關係大略分為二種[72]：

一、工具型（instrumental）：此種攻擊有其特定目的，來自於想要取得

71　楊士隆（2019），犯罪心理學，五南圖書，頁207。

72　Miethe, T. D., & Drass, K. A. (2001). Exploring the social context of instrumental and expressive homicide: An application of qualitative comparative analysis. In Godwin, G. M. (Ed.). *Criminal psychology and forensic technology: A collaborative approach to effective profiling*. FL: CRC Press, pp. 106-107, 123; Salfati, C. G. (2006). The nature of expressiveness and instrumentality in homicide: Implication for offender profiling. In Keppel, R. D. (Ed.). *Offender profiling*. OH: Thomson Corporation, pp. 299-319.

被害人擁有的財物（謀財害命）或地位，通常事前沒有想要傷害人，殺人是意外造成的結果，有計畫進行，會攜帶武器，早期曾犯罪，以陌生人為目標，目的在獲利，因此法律制裁可能有效。

二、情感型（expressive）：此種攻擊是來自憤怒引發的情況，如被侮辱、被攻擊，或是個人的失敗，目的是滿足加害人的內心需求（報復社會）並讓被害人承受痛苦，通常是臨時起意，大多就地取材，會持續犯罪，對象是熟人，起因是人際衝突，因此刑罰嚇阻大多無效。

但是殺人有很複雜的原因，僅以此種簡單的二分法太過於粗略。Holmes則依連續殺人犯的空間移動性加以分類，某些犯罪者在住居所同一地點或附近地區殺人及棄屍，就稱為居所穩定型（geographically stable）殺人犯。居所遷徙型（geographically transient）殺人犯則相反，殺人時會移動很遠的距離，這些犯人四處遊蕩，不見得就是在找被害者，更重要的是要躲避偵查。有幾個連續殺人犯在面對訪談時曾表示，如果真要找被害者的話，下個路口就找到了，這類型凶手為了繼續進行殺人，通常以不斷旅行的方式躲避偵查及混淆執法單位，棄屍在不同地點。表8-3-1為連續殺人犯的空間移動性比較[73]：

表8-3-1 連續殺人犯的空間移動性分類

穩定型	遷徙型
在同一地區住上一段時間	不斷旅行
在同一地點或附近地區殺人	以旅行混淆執法單位
棄屍在同一地點或附近地區	棄屍地點廣泛

另外有一種分類是以殺害的對象區分，包括同性戀（殺害同性性伴侶）、專門殺害兒童（獲取兒童信任再進行性行為後殺害）、殺害年長者（因為他們較無力抵抗）、滅門（殺害全家人，通常是為了謀財而害

73 Holmes, R. M., & Holmes, S. T. (2002). *Profiling violent crimes: An investigative tool* (3rd Ed.). CA: Sage Publications, p. 111.

命），還有一種稱為團隊殺人犯（team killer），共犯的角色包括協助搜尋被害人，共謀作案，分工合作，互相壯膽，或是一人作案，其他人旁觀，但即使如此，通常還是由其中一人主導，共犯的關係有夫婦、父母子女、兄弟姐妹等，有親屬關係，或是男女同性戀、異性戀、同學、朋友等無親屬關係，通常他（她）們都是志同道合，有二人一組（dyad）、三人同行（triad）甚至更多人，大多是男性主導，也有少數為女性主導，有些扮演決策者，其他則是主要執行者，另外有些則是被迫或被說服的參與者，一旦被捕，有些首謀會將罪責全部推給追隨者，會透過宗教儀式洗腦或提供金錢及其他報酬，使其聽從指令，有些追隨者最初只是接受指令，但最後則開始享受殺人的過程而樂此不疲，甚至主動參與。另外這些人通常有地緣關係，也就是都居住在附近不遠處，他們通常挑選陌生人，包括婦女和兒童犯案，其中尤以妓女和搭便車者風險最高。槍枝是最常用來控制被害人的武器，通常不會馬上殺死被害人，而是先折磨一段時間，包括性侵、強迫口交、肛交，也有邪教用被害人的血和身體作為祭品，事後也會洗劫財物，犯罪者通常有竊盜、性犯罪前科和精神病史，大多來自不穩定的家庭，包括父母酗酒、離異、曾遭監禁等，小時候可能曾有創傷經歷等[74]。

目前在實務上，以下列分類最具代表性和實用性，但此種基於動機的分類卻常常遭到質疑，而且也很難明確區分，可能會同時跨兩類以上，也就是會重疊而非互斥：

一、幻想型（visionary）

大部分的連續殺人犯並非就是瘋子，他們絕對與真實世界有接觸並未和現實脫節，這些非精神失常的凶手之所以表現得像心理病態，乃因他們人格失序。但是幻想型的連續殺人犯卻有所不同，他們會被所聽到的聲音（幻聽）或看到的影像（幻覺）驅使去殺人，這些脫離現實的幻想命

74 Hickey E. W. (2006). *Serial murders and their victims*. CA: Thomson Wadsworth, pp. 192-219.

令（hallucinated commanding voice）迫使他們去殺某種類型的人，這類型的凶手受到這些聲音的「外部指引」，有時會說是來自撒旦或魔鬼的幽靈。例如某些連續殺人犯堅信上帝命令他去殺年輕女人，因為他認為女人是「邪惡的」，而他是上帝清除女人的工具。這些幻聽或幻覺可能宣稱來自上帝或撒旦，以合理化殺人犯對於被害者（通常為陌生人）的暴力。

幻想型的凶手真的和現實脫節，以精神醫學上的名詞稱之為「精神病患」（psychotic），他們的辯護律師在法庭上可以輕易的宣稱其委託人「精神錯亂」、「心神喪失」或「無行為辨識能力」，這類型的凶手不會從事任何現場變造以掩飾其犯罪目的。有些幻想型凶手並非連續殺人犯，而是大量殺人犯（mass killer），有些則是單一殺人犯（solitary in number）。但幻想型的凶手並非無時無刻均在幻想的控制下，有時是意識清醒且有理智，其他時候則與現實脫離[75]。

二、任務型（mission）

此類型的犯人並非精神失常，沒有幻聽和幻覺，與現實有交集，生活在真實世界且與其互動，表現正常；然而，這種人在意識層面覺得需要消滅某特定一群人，自願承擔義務要清除世界上特定階級的人：如妓女、天主教徒、猶太人、年輕黑人男性等。這些人不是呈現有組織反社會化人格，就是無組織未社會化人格，而前者比較典型。通常這類凶手落網後，鄰居都相當訝異，常會說：「他是一個不錯的年輕人」。此類犯罪者和幻想型相較之下，在犯罪過程呈現較有組織或歸類在混合型。

在一件四名年輕女性被殺害的例子中，其中一位是為人所知的妓女，而其他三人則偶有從事性交易，從被害者的穿著可知她們在提供性服務，且願意為了金錢與他人產生非感情的性關係。凶手提到他在深夜下班後，便跟蹤婦女；他覺得那個時間在街上碰到的女人，給他的訊息就是妓

75　事實上一般人從小到大也或多或少存有幻想，只是不像連續殺人犯會無時不刻沉浸在幻想之中，而且他們還會經常在心中演練其幻想情節（包括細節），最後則是在真實世界中上演，且無法克制其衝動而一再出現。

女，且活該要死在他的手中，而他的任務就是要消滅社區中所有的妓女。被捕後他在偵訊中表示，他知道自己在殺人，但卻有一種因服務社會而產生的驕傲，因他為社區消滅了這些在他心目中要為傳染性病負責的女人；同時亦表示，在殺掉這些女人之前，他與她們有發生性行為。他的說法是，他給這些女人兩種選擇：和他發生性關係或被他殺死。這些被害者都寧可選擇和他發生性關係，然而這卻是致命的選擇；這表示她們是妓女，只有妓女才會同意和陌生人發生性關係，良家婦女即使在槍口下也寧死不屈。

另外1888年在英國倫敦白教堂（Whitechapel）地區，曾發生五件以上連續殺人案，凶手在三個月間共殺害五到六名妓女（因此被認為是任務型連續殺人犯），屍體都被開膛剖肚，凶嫌曾投書媒體聲稱是他做的，且在信末署名開膛手傑克（Jack the Ripper），警方曾列出一些可疑嫌犯，但都沒有破案，時至今日仍有許多書籍討論此案，也曾多次被拍成電影和電視劇。

三、享樂型（hedonistic）

性慾或快感殺人的凶手，是享樂型凶手的子類型，其暴力行為與性滿足間有重要而牢固的關聯，藉由殺人行為獲得愉悅的感覺，殺人對他們而言係情色的體驗。因為他們從殺人中感到愉快，所以這類型的凶手重視整個過程，通常整個過程完成需要一些時間（幻想型和任務型則被形容為注重結果）。享樂型凶手所重視的過程可能包括吃人肉、肢解屍體、戀屍癖、凌虐、毀屍[76]、支配或其他灌輸恐懼的行動，對於被害者的痛苦和折磨無動於衷，且於被逮捕後沉溺於閃光燈或大眾傳播媒體的大幅報導。例

76 有學者將毀損屍體（mutilation）依其動機分為四種：1.防衛型（defensive）：讓屍體難以辨認身分；2.侵略型（aggressive）：毀損屍體是為了洩恨或憤怒；3.冒犯型（offensive）：為了施加痛苦在被害人身上或是要羞辱他；4.屍體狂熱型（necromanic）：將屍體作為紀念品或戰利品以實現戀物幻想。南非另有一種毀損屍體（muti murder）是為了將身體器官作為醫藥或宗教儀式使用，而且是在被害人未死亡前取出更有藥效，而各個身體部位則有不同的功效，見Hickey E. W. (2006). *Serial murders and their victims*. CA: Thomson Wadsworth, pp. 322-324.

如Jerry Brudos將他第一位被害者的腳剁下，並割除另外兩位的乳房，還將乳房作成模型放在壁爐上；Ken Bianchi與Angelo Buono為了凌虐和殺人，將年輕女孩帶回家中，他們通常用塑膠袋套住被害者的頭，直到她們昏厥，稍後透氣使其甦醒以便繼續此種殘酷的儀式。

享樂型連續殺人犯從與無助被害者的互動中汲取快樂，又可分為興奮導向（thrill-oriented）及色慾導向（lust-oriented），前者殺人不是為了性動機，而是為了追求刺激和奇特的經歷，後者則是為了達到性滿足。另有歸類為享樂型凶手，但卻非以性滿足為主要動機，稱為舒適導向（comfort-oriented）連續殺人犯，殺人是為了獲取個人利益，例如職業殺手（professional hit man）係因有利可圖。其他舒適導向連續殺人犯可能為了利益（如爭奪遺產），而殺害與他們有某種關係的人；Herman Mudgett就為了金錢和利益而殺了他的妻子、未婚妻和雇員。通常，女性連續殺人犯多屬此類，如Aileen Wuornos[77]。逮捕遷徙型性慾或快感殺人犯可能十分困難，因為其作案手法使得偵查這類案件較為棘手；除此之外，通常這類凶手比較聰明，如果屬於地域機動性高者，可能得拖延數年才能逮捕。此類犯罪者較偏向有組織，會尋找理想的被害人，其特徵為符合其幻想的對象。

四、權力控制型（power control）

權力控制型追求完全的駕馭、控制被害者的生死為目的，從支配、控制一位無助的被害者中獲得性滿足，有一位連續殺人犯在面談時，告訴訪談者：「有什麼權力比得上掌握生殺大權？」此種連續殺人犯的性愉悅與殺人行為相關，這類凶手愉快感的主要來源並非性，而在於凶手有能力控制和運用權力於無助的被害者身上，因為相信他有權力使其他人成為他

77 Aileen Wuornos於1989-1990年在美國佛羅里達州犯案。她是一位女同性戀者，喝酒會刺激她的殺戮行為以及對男性的怒氣。她沿著佛羅里達的州際公路移動，至少殺了7位被害者，利用身體或可憐的故事引誘他們，最終她自白而遭到判處死刑，死於1992年。參閱Giannangelo, S. J. (1996). *The psychopathology of serial murder: A theory of violence.* CT: Praeger Publishers, p. 106.

想要的樣子而獲得滿足，藉由完全地支配被害人，可以體驗到與性慾快感相同的愉悅。此類犯罪者的行為較偏向有組織，其中一種刺穿癖（picquerism）是經由銳器重複穿刺、切割被害人的身體得到性滿足。

權力控制型凶手在精神上並未脫離現實世界，與享樂型凶手一樣，沒有心理上的疾病；然而可能被診斷為反社會或人格失序。這類凶手瞭解社會文化規範和準則，但卻選擇不理會，他們大多生活在自己的規範和準則中。此類凶手重視過程大於結果，為了從過程中獲得心理上的滿足，他們會擴展殺人的領域，就像絕大多數的連續殺人犯，喜歡使用以手操作（hands-on）作為攻擊武器，特別傾向勒死被害者，以直接感受到被害者的掙扎。

綜合上述，連續殺人犯可分為以下四種類型[78]：

一、幻想型：被幻聽、幻覺所控制（但非全部時間），脫離現實，不會進行現場變造。

二、任務型：清除社會某一種人，活在真實世界，完成行動會很驕傲，鄰居會很驚訝他的行為。

三、享樂型：連結性和暴力，從殺人、肢解、戀屍和毀損屍體，得到性愉悅。

四、權力控制型：從完全控制被害人得到性滿足，會延長殺害時間，喜好使用徒手方式進行。

亦有學者將連續殺人犯的動機分為以下幾種[79]：

一、權力：受到虐待的幻想所鼓舞，折磨和殺害陌生人以滿足控制和支配的目的。

二、報復：可能是小時候被虐待，殺害讓他想起過去經歷的人。

三、忠誠：一群教徒將殺人變成儀式，並以被害人作為祭品。

---

78 Holmes, R. M., & Holmes, S. T. (2002). *Profiling violent crimes: An investigative tool*. CA: Sage Publications, pp. 111-115.

79 Canter, D., & Youngs, D. (2009). *Investigative psychology: Offender profiling and the analysis of criminal action*. UK: John Wiley & Sons, p. 330

四、利益：如下毒殺人或製造假車禍以詐領保險金。

五、恐怖：進行一連串恐怖活動以警告人類即將面臨的厄運。

此外亦有學者針對女性連續殺人犯加以分類，說明如下[80]：

一、舒適型：為了利益，對象是家庭成員，有計畫進行，通常採下毒方式。

二、幻想型：有精神疾病，聽到指令後對陌生人下手，行動後不復記憶。

三、享樂型：男性心理變態者強迫一位被洗腦的女人對第三者進行性虐待。

四、權力型：醫院護理師殺害病患，以減少照顧的負擔。

五、教徒型：一位宗教領袖迷惑服從的女性部屬以執行其命令。

六、非典型：多重原因，例如Ailleen Wuornos被強暴後成為娼妓，以性交易、搭便車作為誘餌搶劫陌生人後加以殺害。

相較之下，女性連續殺人犯雖然為數較少，但有增加趨勢，較多是起因於家庭內的衝突，部分是自我防衛，但也有計畫殺人，可能有男性共犯，雖然手段較不凶殘，但仍達致死結果，且由於計畫周詳，可能不容易被察覺，平均年齡較高，許多為無業或家庭主婦，較少有前科，社經地位較低，出身環境不良，可能經歷過家庭暴力或性侵害，動機多為報復或謀財害命，較少涉及性犯罪，犯案地點集中在住家附近，犯案時間集中在酒醉後、月經週期或分娩前後（產後憂鬱症），常出現殺害子女後自殺情形，可能有心理病態或雙重人格（Jekyll-and-Hyde syndrome）[81]。

總之，女性殺人犯偏好下毒方式，較少使用槍枝、棍棒或刀劍，過程較為隱密，被害人通常是家庭成員（主要是丈夫或熟識者），其中權力型常見於護理師殺害醫院、安養院的病人，犯罪者為女性，被害人大多是老年人、兒童或殘障者，方法包括：下毒（非武力方法）、溺水、窒息，其中有些可能被判定為自然死亡。由於病患大多較為脆弱，依賴照顧人員，

80 Cooper, A. J. (2000). Female serial offenders. In Schlesinger, L. B. (Ed.). *Serial offenders: Current thought, recent findings*. FL: CRC Press, pp. 275-280.

81 Hickey E. W. (2006). *Serial murders and their victims*. CA: Thomson Wadsworth, pp. 220-246.

且醫院中下手的工具不少，也很少進行詳細的驗屍，加上醫療院所的人力較少、監督不足，證據也可能被湮滅而不太容易察覺，因此實際的情況並不明朗，但透過員工的職前過濾可減少其發生的機會[82]。

此外亦有學者將性侵害分類中的虐待型加到連續殺人分類上，研究發現這些人普遍都是孤獨、拘謹的人，來自中上家庭、已婚、有正當工作、小時候可能有創傷經歷、很少顯現暴力行為、很難和他人建立正常社會關係、平常活在幻想當中、有易裝、戀物、同性戀、暴露、偷窺、強迫性手淫傾向，有些具有性功能障礙、會殘害動物、喜好刺激的書籍和影片，缺乏自信，作案前會小心計畫、選定地點，通常選擇陌生人引誘她上當，拘禁被害人，使用各種製造痛苦的性行為，包括束縛、鞭打、折磨、肛交、口交、插入異物，藉由控制被害人，施加痛苦而產生心理的愉悅和性喚起，勒頸以延長殺害時間，常在殺人後感到解脫，事後表現正常，會隱藏屍體，蒐集紀念品，保存性虐待紀錄，不會有罪惡感，但會有再犯傾向[83]。

不同連續殺人犯的犯罪現場特徵如表8-3-2，例如幻想型、任務型、舒適型的殺人犯不會移動屍體，移動屍體代表某種程度的計畫，也部分反映犯罪者的人格，只有幻想型不會找特定被害人，因為他是受到幻聽或幻覺所驅使，享樂型、權力控制型和任務型殺人犯會小心挑選被害人，以實現心理的需求或獲取物質上的利益，只有舒適型凶手會殺害跟他（她）們有關係的人，其他類型則殺害陌生人，而且通常用手持（hand-held）的武器且以暴力方式為之，下毒通常是舒適型的作案方式[84]。

82 Stark, C., Paterson, B., Henderson, T., Kidd, B., & Godwin, G. M. (2001). Nurses who kill: Serial murder in health care institutions. In Godwin, G. M. (Ed.). *Criminal psychology and forensic technology: A collaborative approach to effective profiling*. FL: CRC Press, pp. 193-197.

83 Warren, J. I., Hazelwood, R. R., & Dietz, P. E. (2006). The sexually sadistic serial killer. In Keppel, R. D. (Ed.). *Offender Profiling*. OH: Thomson Corporation, pp. 127-135.

84 Holmes, R. M., & Holmes, S. T. (2009). *Profiling violent crimes: An investigative tool*. CA: Sage Publications, pp. 136-137.

表 8-3-2　不同類型連續殺人犯的犯罪現場特徵

犯罪現場特徵	幻想型	任務型	舒適型	色慾型	刺激型	權力控制型
完全掌控	否	是	是	是	是	是
殘殺	是	否	否	是	否	否
雜亂	是	否	否	否	否	否
有折磨跡象	否	否	否	是	是	是
移走屍體	否	否	否	是	是	是
特定被害人	否	是	是	是	是	是
武器遺留在現場	是	否	是	否	否	否
有關係的被害人	否	否	是	否	否	否
認識被害人	是	否	是	否	否	否
異常性行為	否	否	否	是	是	是
使用折磨武器	否	否	否	是	是	是
勒頸	否	否	否	是	是	是
陰莖侵入	?	是	通常否	是	是	是
異物侵入	是	否	否	是	是	否
戀屍	是	否	否	是	否	是
性別	男	男	女	男	男	男

另一種分類是瞭解加害者與被害者的互動，包括被害者的選擇、地點、職業、脆弱性、身體特徵、正在從事的活動，還有被害人的生活型態、習慣、日常活動等，有學者從加害者對待被害者的方式，分為三種被害者的角色（role of victim）[85]：

一、視被害者為物體（object）：也就是不將被害者當人看待（dehumanize），屍體被肢解（dismemberment）或斬首（decapitation），犯罪者將被害者視為非人類的生物或無生命的物體，對被害者的傷害是多重而嚴重的，包括身體的各個部位，而且完全缺乏同理心。

85 Bartol, C. R. (1999). *Criminal behavior: A psychosocial approach* (5th Ed.). NJ: Prentice-Hall, pp. 147-148.

二、視被害者為工具（vehicle）：被害者被視為是表達犯罪者的慾望或憤怒，被害者通常被賦予特別的意義，會經由折磨、遮眼、道具或特殊的犯罪工具，從事殘忍而直接的剝削，攻擊的本質是自發或臨時起意。

三、視被害者為個人（person）：認知到被害者是具備身分的人，例如在身體的咬痕代表嘗試建立親密的關係，會使用消除疑慮的語言，展示對被害者的知識，與被害者互動，而毀容（facial disfigurement）則是為了模糊被害者的身分。

第四節 國內案例分析

國內有關連續殺人犯罪的相關研究較為少見，本節將分別介紹連續謀財害命的犯罪模式、連續殺人的個案研究、殺人分屍、隨機殺人及殺人棄屍等相關研究。

一、犯罪模式

本章以連續殺人犯為主要研究對象，第一節曾定義連續殺人至少要有三位以上的被害人才能構成，但Jenkins認為要有四位被害人以上[86]，而Egger則認為二位被害人就構成了[87]。由於連續殺人犯罪在我國仍屬一新興領域，且被害人數往往不若國外案例來得多[88]，因此本節將被害人數界定為三位，以增加可資檢討的案例，並符合我國國情實際需求。本研究範

86 Jenkins, P. (1994). *Using murder: The social construction of serial homicide*. NY: Aldine de Gruyter.引自Holmes, R. M., & Holmes, S. T. (2002). *Profiling violent crimes: An investigative tool* (3rd Ed.). CA: Sage Publications, p. 110.

87 Egger, S. A. (1998). *The killers among us: An examination of serial murder and its investigation*. NY: Prentice Hill, p. 5.

88 我國連續殺人犯殺害之人數，大概都是2至3位。由於台灣地狹人稠，犯人往往還未殺害更多被害人前，就已遭懷疑且被逮捕；而且台灣也不像英、美二國一般，有廣大的土地可供犯人藏匿或處理屍體，另外東西方的飲食習慣不同，還有性觀念開放程度等文化差異，可能都有關係。或許是受到這些因素影響，我國的連續殺人犯行皆不若英、美二國來得驚人。

圍針對連續殺害三人以上的連續殺人案件為研究標的，但因國內連續性謀殺案件較少聽聞，因此在作案動機方面，排除連續性謀殺犯，而針對連續謀財害命案件作分析。個案資料來源為刑事警察局資料庫中所登錄之案件，包括刑事資訊系統、犯罪資料網站查詢系統、端末機查詢服務系統等資料庫，將符合研究需求之個案挑出加以分析，並調閱偵查報告、刑案紀錄、移送書、判決書、報章雜誌的報導等，以補充資料庫的不足之處。首先就每件個案進行分析，依序列出犯罪者的基本資料、犯案經過、作案手法、犯罪動機、偵查情形與破案原因等，進行初步分析及一致性的比對。經整理目前國內連續謀財害命案件的犯罪模式如圖8-4-1至圖8-4-4所示[89]：

（一）詐領保險金類

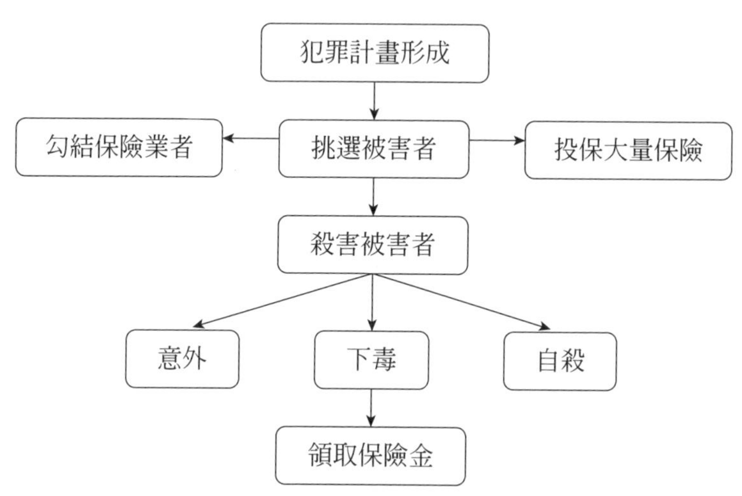

圖8-4-1　詐領保險金犯罪模式圖

此類案件的犯罪嫌疑人，大多會對其犯行作一定的規劃後，再利用各種方式挑選適合的被害者（親戚、朋友、員工等），隨後再替被害者投

89 本節引用廖有祿、粘凱俐（2006），連續殺人犯罪之研究—以謀財害命案件為例，警學叢刊，37卷3期，頁1-27。

保高額保險，並可能與保險業者勾結，將原本的保險受益人改為嫌犯（但在保險法規漸趨完備下，現今此種狀況較無可能發生）。俟時機成熟後，犯嫌下手殺害被害者，再利用其他方式（意外、自殺、下毒）變造真正死因，以達到詐領保險金的目的[90]。

（二）強盜殺人類

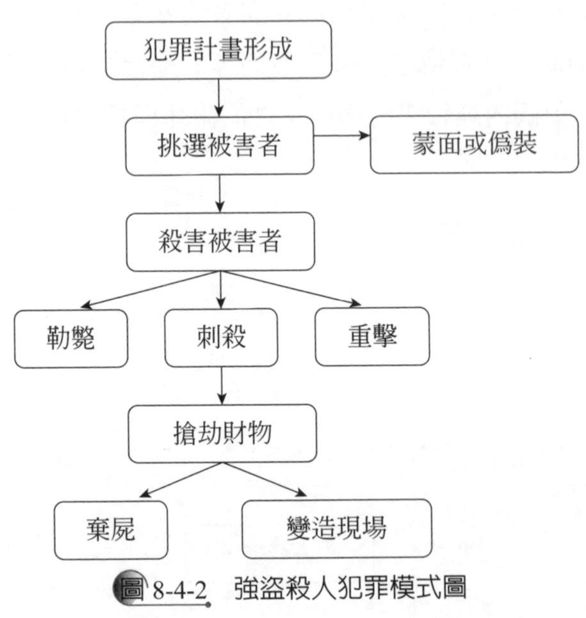

圖 8-4-2　強盜殺人犯罪模式圖

此種案件的嫌犯，大多會對其犯行作一定的規劃，如事先觀察地形、評估犯罪風險後，再挑選適合的被害者（容易得手、具有某種關係等），隨後再下手殺害被害者，常使用的手法則是用電線勒頸、用尖刀刺殺、或用工具重擊被害者。在搶奪被害者財物（或交通工具）後，再將屍體棄置（有關係者棄屍於他處，無關係者則棄屍於第一現場），犯嫌也可能會變造案發的真正原因，如將強盜殺人偽裝成性謀殺或仇殺等，以混淆

90　此一犯罪模式係綜合廖春福製造假車禍詐領保險金案、陳瑞欽加工殺害親屬領取保險金等案資料彙整而成。

警方偵辦的方向[91]。

（三）受僱殺人類

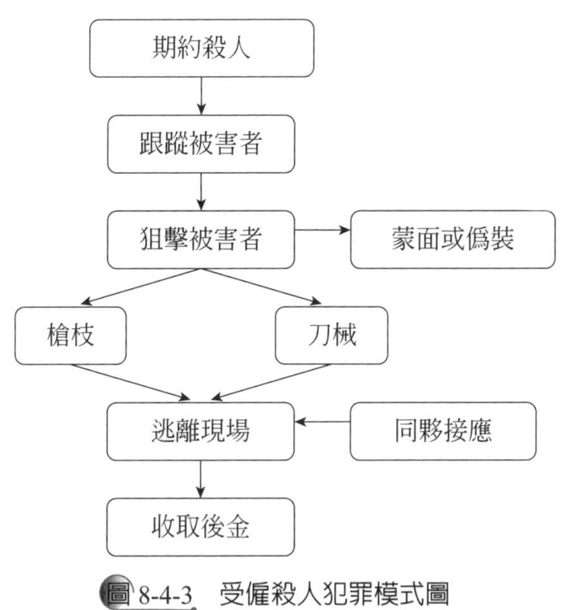

圖 8-4-3 受僱殺人犯罪模式圖

受僱殺人（contract murder）係為了金錢利益，代替其他人殺人，與暗殺（assassin）是為了意識型態而殺人不同。此類的犯罪嫌疑人，大多是經驗豐富的狙擊手或黑道分子，為了使犯行萬無一失，他們必定會作一定的規劃，最常使用的策略則是跟蹤被害者，等待其弱點出現後，再下手殺害被害者。由於此種犯罪僅需被害者死亡就可獲得酬金，因此他們大多會使用立即致命的武器，如刀械、槍枝等。然後針對被害者的致命部位（如頭部或軀幹）下手，確定其死亡後便立即逃離現場（大多有同夥接應），而後再收取後金[92]。

91 此一犯罪模式係綜合吳新華強盜殺人集團案、莊天祝強盜殺人等案資料彙整而成。
92 此一犯罪模式係綜合劉煥榮黑道恩怨殺人案等資料彙整而成。

（四）財務糾紛類

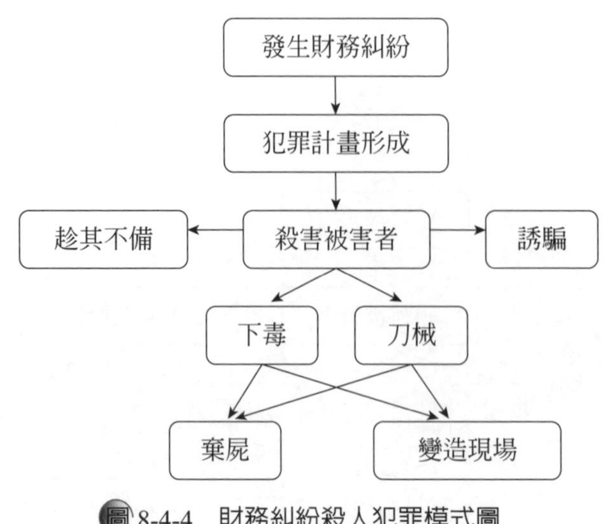

圖8-4-4 財務糾紛殺人犯罪模式圖

此類案件的嫌犯，大多與被害者有一定程度的關係，因為財務問題而引發殺機。嫌犯事前為了能夠順利殺害被害者，對其犯行必定會作一定的規劃，隨後俟機下手。接近被害者的方法通常是誘騙或趁其不備兩種，嫌犯皆是利用被害者對其相當信任方能順利得手。殺害被害者的方式通常有下毒或使用刀械兩種，此二種武器是最容易取得者，因此使用的嫌犯占多數。在被害者死亡後，嫌犯為了排除涉及本案的可能，若時間允許則通常會對屍體作處理，包括移至他處棄屍、變造被害者的真正死因等，以確保自己的犯行不被發現[93]。

二、個案研究

為了對連續殺人犯的成長背景、犯罪經歷及心理狀態徹底瞭解，以作者曾參與的「陳進興個案研究」為例，說明如下[94]：

93 此一犯罪模式係綜合吳應弘財物糾紛殺人案等資料彙整而成。
94 黃富源、廖有祿（2000），性侵害加害者人格特質與犯罪手法之研究—陳進興個案分析，犯罪防治學報，第1期，頁185-208。

（一）研究背景與方法

1997年4月中，台灣地區發生全國矚目的「白曉燕擄人勒贖案」，由於被害者母親白冰冰女士是位知名藝人，因此引起全國民眾高度關注，而警察機關也投入大量警力於偵辦工作；隨後由於肉票慘遭殺害，並被全身綑綁重物丟入排水溝中，因而引發群情激憤，而凶嫌陳進興、高天民、林春生則在警方逮捕過程中逃逸，並開始七個多月的逃亡生涯。

逃亡期間警察出動大批人力緝捕逃犯，卻始終為三嫌逃脫，但在警方持續不斷進行查訪及民眾配合報案下，終使林春生及高天民相繼在五常街及石牌二次圍捕過程中自戕身亡，而陳進興則在林、高二嫌先後斃命後，自知無法逃脫且在急欲為其家屬脫罪的情況下，竟挾持南非駐台武官一家五口，企圖吸引國內外媒體注意，幸經有關單位處置得宜，終使陳進興棄械投案。

由於本案嫌犯陳進興連續犯下撕票（白曉燕）及殺人滅口（方保芳等三人）等命案，符合本章連續殺人的研究標的，因此列為個案研究對象，本研究係經由以下方法蒐集資料：

1. 個案相關資料的蒐集：先向警察機關、檢察署、法院、監所單位調閱研究對象以前的犯罪紀錄、偵查報告、起訴及判決書、服刑紀錄等，以及白曉燕案、方保芳案及十多起性侵害案件之偵查報告及相關紀錄。
2. 側面調查：查閱個案的基本資料，包括家世背景、生活習慣及健康狀況等，以補充資料的不足，並查證其真實性。
3. 深層晤談：此為本研究的主要研究方法，由作者等人與研究對象，在台北看守所內重複進行半結構而開放性的深層晤談，鼓勵其儘量表達，訪談資料將被用來探索犯罪者的內心想法及心理反應。
4. 心理測驗：運用柯氏性格量表所蒐集的資料，檢測研究對象與一般人的心理特質差異情形，作為解讀犯罪者的「心理跡證」和「行為動機模型」的重要佐證，以進一步解析犯罪行為的動機、過程與模式。
5. 繪圖分析：針對個案進行繪圖分析，以深入瞭解其思想、動機、認知及情緒，作為精神狀態分析、行為動機模型分析之參考。

以下即依陳進興的成長背景、犯罪史、精神狀態及行為動機模型分析加以說明[95]：

（二）成長背景及犯罪史

陳進興生父不詳且很早就離開家庭，母親在其幼年與繼父同居並生下四子，從小大多與外祖母同住（有一段期間居住姨媽家中），祖母因需外出做生意而無暇看管，故自國小二年級起即經常逃學打電動玩具及看電影，國小畢業後即在外當學徒，唯因好玩且無耐性，故常更換工作，且常偷竊外祖母金錢，或盜取他人小物品換錢花用。

13歲因偷竊被當場捕獲，經少年法庭裁定保護管束三年，但隔年即因傷害罪進入感化院三年，初入院中曾遭人欺侮，但過後不久即被老師升為幹部，在院中勤練寫字並閱讀不少小說，故具備基本讀寫能力，由於正值青春期，亦習得以手淫解決性慾。出院後即與同伴前往嫖妓，但因無性經驗，第一次便遭妓女欺侮（性器官並未進入陰道），事後曾遇見該名妓女並與之爭執，自此即經常進出風化場所。

18歲又因結夥搶劫被依「懲治盜匪條例」判處有期徒刑十五年（後減刑為十年），唯陳進興始終認為判決不公（認係恐嚇罪），監禁期間曾自澎湖監獄脫逃，但隨即被捕回監並加判一年，此次監禁由於已熟悉監獄生活，故適應良好，入獄後即被選為雜役，在獄中仍維持以手淫解決性慾問題，亦曾對同性戀者進行性侵害，並曾於作業時因不滿管理員而出手毆打，於服刑期間認識高天民、林春生二人。

29歲假釋出獄後仍重操舊業，以恐嚇勒索商家維生，翌年又因盜匪（搶劫情侶）、傷害（殺傷前往逮捕員警）及竊盜（偷車）共判刑五年（後減刑為三年），此次服刑在台北監獄自竊盜犯處習得開鎖技巧。34歲出獄後仍未從事正當職業，開始與友人經營電玩賺了不少錢，並於舞廳

95 詳見黃富源、黃徵男、廖有祿等（1999），性侵害加害人之特質與犯罪手法之研究，內政部性侵害防治委員會。

結識張素真，結婚後育有二子，但仍常與朋友玩樂，由於其性慾頗高，有時於妻子月經來臨時，便前往賓館召妓解決（其中有帶出場舞女不從，仍強行予以性侵情形）。所賺金錢除部分交由妻子貼補家用外，餘皆留存自行花用，陳進興自稱其相當疼愛小孩，唯因具衝動性格，偶有責打小孩情形，亦有因餵食小狗時吠叫不停，一氣之下將其踢死情事，也曾與妻子爭吵後，拳打腳踢以致摔下樓梯造成傷害情形。

1996-1997年因警方開始大力查禁電動玩具，造成收入遽減，無法維持其奢侈生活，故鋌而走險，與林春生、高天民受人指使合謀綁架白曉燕，意圖向藝人白冰冰女士勒贖不成，導致肉票傷重不治，因而展開三嫌共七個多月的逃亡生涯，其間發生十餘起性侵害案件（據陳進興稱大約有卅餘起，可能係被害者未報案所致），造成社會極度不安（陳進興生活大事記如表8-4-1）。

表8-4-1　陳進興生活大事記一覽表

西元年	年齡	大事
1958-62	1-4歲	自小與外祖母同住
1962-64	4-6歲	就讀○○幼稚園
1964-70	6-12歲	讀○○國小，經常逃學
1970-71	12-13歲	當浮雕、車床等學徒
1971	13歲	偷電熱器接頭，交付保護管束三年
1972	14歲	因傷害罪進感化院共三年
1976	18歲	因強盜案判處有期徒刑十五年，後減刑為十年
1979	21歲	自澎湖監獄脫逃，加判一年
1987	29歲	假釋出獄
1988	30歲	犯盜匪、傷害及竊盜罪，共判刑五年
1989-91	31-33歲	於台北監獄服刑
1992	34歲	假釋出獄，與張素真結婚，生有二子
1993-96	35-38歲	經營電動玩具

表8-4-1 陳進興生活大事記一覽表（續）

西元年	年齡	大事
1997	39歲	4月因擄人勒贖開始逃亡七個多月，其間再犯綁架、殺人及多起性侵害案件，11月劫持南非大使館武官後投降
1999	41歲	最高法院判決陳進興三個死刑及一個無期徒刑，褫奪公權終身確定，於台北監獄刑場執行槍決

綜觀陳進興成長背景可以看出其出身破碎家庭，自小即無人看管，以致經常在外遊蕩，而為賺取金錢花用，很早就開始偷竊他人財物，而由其犯罪史亦可看出其係典型慢性犯罪者（chronic offender），大過小錯不斷，經常進出監所，而由其服刑紀錄亦明顯呈現「監獄化」（prisonization）現象，即非常適應監獄生活，且在獄中習得不少犯罪技巧，由其行為亦可看出有衝動性格，動輒出手傷人，再加上性慾明顯高於常人，造成經常侵害女性以解決其性慾衝動。

（三）精神狀態分析

以下依精神醫學統計診斷手冊（DSM-5）探討個案異常人格應屬於何種類型，經查閱手冊評估陳進興應符合反社會人格障礙症（antisocial personality disorder）之準則——15歲開始，漠視他人權益不尊重及侵犯的廣泛模式，表現下列各項準則中三項以上（括弧內係陳進興的行為）[96]：

1. 無法遵從社會規範對守法的要求，經常遊走於法律邊緣，表現於一再做出導致逮捕的行為（犯罪紀錄不斷，41歲有十九年在牢中度過）。
2. 為個人私利或樂趣而詐欺，如重複說謊、使用綽號、哄騙他人（未發現）。
3. 做事衝動（喜開快車，從事性行為時從不戴保險套），無法做長遠打算（在三嫌之中較少出主意，多半居於執行角色[97]）。

96 台灣精神醫學會譯（2016），DSM-5精神疾病診斷準則手冊，合記圖書，頁324-325。

97 舉例來說，三個嫌犯在綁架白曉燕時，係由其他二人開廂型車及開車門，陳進興則負責騎機車尾隨，在巷口停車將被害人推入車內。

4. 易怒且好攻擊（曾毆打妻兒及傷害寵物），不時與人鬥毆（毆打監獄管理員、殺傷警員）。
5. 行事魯莽，不在意自己及他人安危（逃亡時不顧暴露行蹤，仍不時出外性侵他人）。
6. 一貫地不負責（結婚後仍經常在外遊蕩），無法維持工作或亂開空頭支票（沒有耐心，就學及工作時經常逃脫）。
7. 缺乏良心自責（珍惜屬於自己的東西及家人，卻不顧他人死活），表現於對傷害、虐待他人或偷竊他人財物（自小即開始偷別人小東西，卻稱是他人不要的物品）無動於衷或將其合理化（如稱被強暴者為風塵女子，並稱護士鄭文喻等為高天民所殺，本身僅配合行事）。

由上述準則對照陳進興的行為，除第二項不符合外（大多隨興做決定，不經深思熟慮），其餘皆明顯符合準則，但其中第六項無責任感部分，因陳進興曾想盡辦法保護家人而有不同看法，事實上陳進興除拿錢回家外，很少盡到家長的責任，如幫忙家務、照顧小孩，更經常在外遊蕩，當妻子月經來臨時，仍時常外出嫖妓等，可見其責任感仍遠低於一般人，因此大致符合「反社會人格」的各個特性。

（四）行為動機模型分析

美國聯邦調查局曾就性謀殺犯所作之研究，架構出其行為動機模型（motivational model），該架構由五個主要概念框架（conceptual framework）所組成，有助於對犯罪者之心理歷程有更深入的瞭解（如圖1-5-2），以下即依此參考架構，就訪談所得實際資料、心理測驗及精神狀態分析，描繪其心理歷程（如圖8-4-5）：

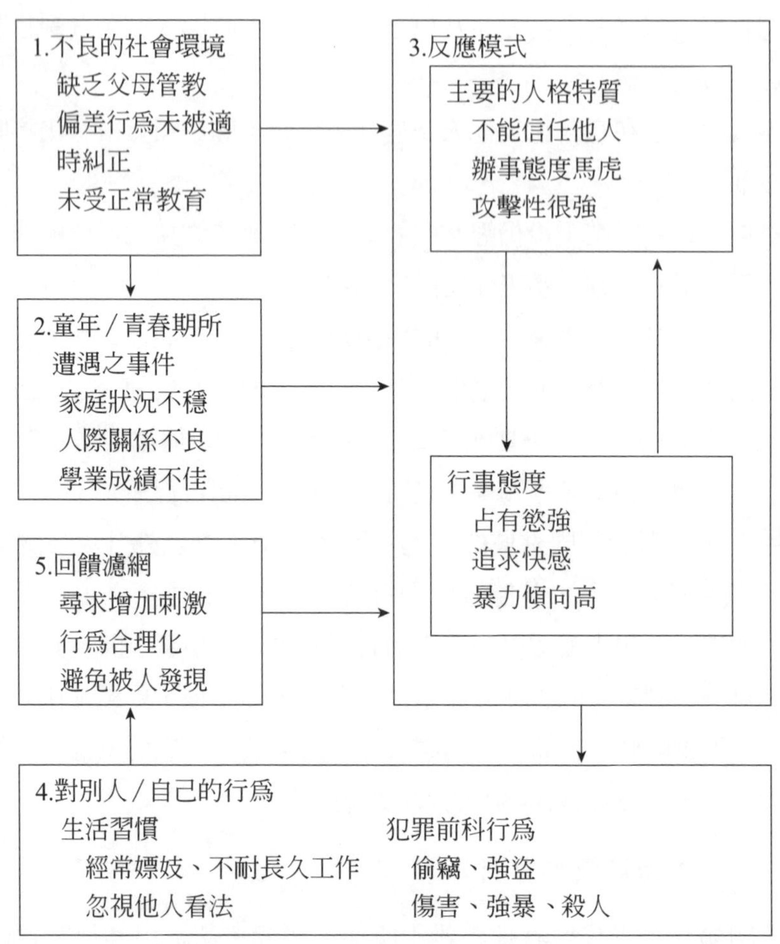

圖8-4-5 行為動機模型分析

1. 不良的社會環境

陳進興自小即缺乏父母管教，外祖母因憐惜其無父母照顧，儘量提供其物質需要，如送到台北讀小學，給足夠的零用金等，唯對其細微偏差行為（如偷錢）並未立即制止，而小學畢業後即未再就學，喪失受教育及導正行為的機會。

2. 童年／青春期所遭遇之事件

陳進興小時候因母親再嫁，暫時交由外祖母照顧，以後再將其接回家中，故家庭狀況並不穩定，就讀小學期間經常逃學，且無較親近同學，人際關係不是很好，加上學業成績不佳，對上課沒有興趣，以致四處遊蕩，遊手好閒。

3. 反應模式

依據心理測驗顯示，陳進興疑心較重，不能信任他人，做事態度馬虎，對時間、金錢、感情態度不嚴謹，且攻擊性甚強，對他人與環境極度不滿，致其行事態度顯現占有慾強、追求快感、使用暴力等傾向。

4. 對別人／自己的行為

由於前述之內在心理思考反應模式的直接影響，因而產生陳進興的下列生活習慣行為，如經常嫖妓、不耐長久工作、忽視他人對自己的看法，只求自我滿足，導致其青少年及成年時期屢有偷竊、強盜、傷害及強暴等犯罪前科。

5. 對犯罪行為的回饋濾網

犯罪者常會透過內心的對話回應及思考過濾，對其所實施的行為加以解釋，以提供作為下次犯罪行為的理由。對照陳進興訪談中表現出企求日益增強的刺激，並對其行為加以合理化，想到的只是如何避免犯行被人發現。

此部分思考的過程，將會再影響其行事態度，繼而產生後來的外在行為，形成此三部分的循環模式。目前國內類似的研究仍相當貧乏，本研究旨在針對陳進興所犯下的一系列重大案件，著手進行犯罪行為及犯罪心理的系統研究，以提供刑事偵防上的有效對策。

三、殺人分屍之研究

國內有學者以文本分析法、次級資料分析法及個案分析法進行研究，研究樣本為11件2000-2013年，經最高法院判決定讞之殺人分屍案例及法務部法醫研究所鑑定報告，並輔以重大刑案採訪之電視節目，針對犯罪嫌疑人、被害人及案件特性三個面向進行分析，研究發現嫌疑人特性有：

（一）殺人分屍案件犯嫌以中壯年男性居多。

（二）殺人分屍與職業、生活背景無必然關係。

（三）犯嫌多企圖以精神疾病脫罪。

（四）犯嫌不一定有前科紀錄。

（五）殺人分屍案判決多為無期徒刑定讞。

被害人特性則有：

（一）被害人大多為單獨一人。

（二）被害人與犯嫌大多具熟識、親密關係。

（三）被害原因多為口角爭執引起殺機。

最後案件特性有：

（一）查證身分為殺人分屍案件的偵查關鍵。

（二）預謀殺人使用藥物迷昏被害人居多。

（三）殺害工具大多為尖銳刀械。

（四）分屍工具至少為一種以上之尖銳刀械，且以刀子及鋸子居多。

（五）分屍地點多在室內空間，且多在浴室。

（六）殺害、分屍與棄屍地點的選擇多與犯嫌有地緣關係。

（七）殺人分屍案件原因多為毀屍滅跡及方便運送。

（八）通常有二個以上棄屍地點，且被害者頭身分離。

總之，殺人分屍案件往往是為了隱匿被害者身分而肢解屍體，在犯罪者有計畫的湮滅證據之後，如何在所剩無幾的犯罪現場中找尋線索，成了破案的第一要務，有形的物證有限，但仍可從現場的犯罪模式、作案手法加以分析，想像自己就是犯罪者，如何在犯案過程中決定及執行。簡而言之，就是以犯嫌的思考模式去模擬犯罪，在現場物證鮮少的狀況下，犯罪剖繪就可提供其輔助偵查功能，提供偵查人員原本沒有想到的偵查方向。例如被害者性器官（陰莖、陰戶、乳房）被切除，在殺人分屍案件的偵查有其特殊意義，這些部位的切除並非殺人的必要手段，甚至是多餘的行為，但因為犯嫌為了滿足個人情緒需求進而切除性器官，生前切除性器官是為了折磨被害人，死後切除性器官，除了有洩憤的意涵，更顯示犯嫌強烈的占有慾，自己得不到別人也別想得到，更有污辱被害人的意識存在，這種情況特別容易發生在男女一方移情別戀或外遇時。此外犯罪者在犯下殺人分屍案件後，通常為了毀屍滅跡，此時會考慮移動的距離，如對該地熟悉程度較高，甚少會長途跋涉，因為移動的距離愈長，被發現犯罪的機率愈高，人生地不熟的地方反顯突兀，因此在殺人分屍案的偵查中，也可以運用地緣剖繪，思考犯罪者的地緣關係，找出舒適區來回推第一現場的範圍[98]。

四、隨機殺人之研究

國內有學者透過案例分析、心智圖及深度訪談具實際經手隨機殺人案件之刑事人員，研究發現隨機殺人案件雖以現行犯逮捕者為多數，嫌犯脫逃經警方啟動犯罪偵查而逮捕者亦占有一定比例，經研究整理出媒體報導隨機殺人事件如表8-4-2。

表 8-4-2　國內隨機殺人事件列表

編號	行為時間	行為人	地點	事件名稱
1	2009.3.9	黃○康	台北	隨機殺害房東事件
2	2009.5.25	黃○菖	台北	公園隨機割喉事件
3	2012.4.7	邱○明	台北	剁骨刀砍人事件
4	2012.12.2	曾○欽	台南	湯姆熊殺人事件
5	2013.3.24	涂○文	台南	周日殺人魔事件
6	2014.5.21	鄭○	台北	捷運大量殺人事件
7	2015.5.29	龔○安	台北	校園割喉事件
8	2015.7.20	郭○君	台北	捷運砍人事件
9	2016.3.28	王○玉	台北	當街殺害女童事件
10	2016.7.20	少年○	台北	國中生砍人事件

98 陳冠齊（2016），殺人分屍案件偵查之研究，中央警察大學刑事警察研究所碩士論文，頁65-73、183-189。

初探2009-1016年間發生的隨機殺人案件，研究發現如下[99]：

（一）事件發生：發生時間幾乎皆在白天，使用刀械砍殺頭頸部位，大部分被害人數為一人共8件，最高26人，被害總人數計44人，嫌犯以現行犯逮捕為多數，經啟動犯罪偵查才掌握對象者亦占有一定比例（現行犯：查獲≒2：1），偵查期間最長耗時近二個月，且未落網期間仍有繼續犯案之可能，不含現行犯亦有2件係當天偵破。

（二）嫌犯特性分析：隨機殺人事件多動機不明，在凶器的選擇上，多數嫌犯會選擇特地為預謀殺人行為而購買新的刀具，或直接在商店竊取，僅有少數會從手邊或生活中取得，選擇被害人時，嫌犯清一色選擇與自己素昧平生的陌生人，在過去的生命歷程中未有任何交集，有刻意避免殺害認識者，而陌生人中，被害人普通為弱小、女性、不易抵抗者，其中一開始便鎖定殺害兒童者即有3件，會在行兇過程中若遇抵抗馬上轉換目標，以達成在最短時間內最高的殺傷成效，雖然隨機殺人凶手具有自殺念頭，曾有自殺紀錄或欲獲判死刑的比例較高，但卻在逃逸者身上普遍不見其厭世想法，嫌犯以男性為主，僅有一名女性，嫌犯當中多數不具刑案紀錄，而有前科者則係暴力犯罪或毒品吸食等行為，在隨機殺人案件中，院檢皆有依職權委請鑑定，多有精神或情緒障礙，且生活多遇長期挫折無法排解。

（三）官方作為分析：隨機殺人案件雖屬重大刑案，但仍多以轄區分局為偵辦主力，少有結合刑大或刑事局之情形，全數地檢署皆向法院聲請羈押獲准，聲請羈押之事由以重罪為主，各案件在審理過程中的重要爭點包括：是否有殺人意圖或主觀傷害犯案動機、有無自首減刑的適用、有無責任能力的阻卻或減輕等，除了傳統鑑識作為外，警方第一時間的處置作為，例如與嫌犯互動的各式紀錄，都提供法

99 鄭伊真（2016），隨機殺人事件偵查處置之研究，中央警察大學刑事警察研究所碩士論文，頁2、44-51。

官產生心證的重要依據。

五、殺人棄屍之研究

國內學者以法務部法醫研究所2014-2018年的120件殺人棄屍案之卷宗資料做質性研究，針對案件搜尋相關新聞報導、破案紀錄影片等資料，以獲取更詳細的案件內容與警方偵查過程，再輔以訪談法，以參與案件之偵查人員為對象，針對棄屍案偵查過程之相關議題，獲取更進一步的偵查過程資料，補足卷宗資料不足、缺漏的部分。

研究發現國內棄屍案件中，犯罪人與被害人多為認識的關係，犯罪人犯案動機多以口角衝突、債務糾紛、感情糾葛、家暴為主，多使用事先準備好的凶器犯案，在屍體的處置手法，屍體是否載運丟棄、棄屍地的選擇以及棄屍距離，會與犯案動機、是否有共犯、處置手法的複雜度、載運工具等有關聯，棄屍距離若為中長程，通常表示犯罪人係選定特定地點棄屍，具有地緣關係。

（一）犯罪模式

利用法醫研究所卷宗之統計資料加以統整，先以被害人與凶嫌的關係區分，分別以「被害人與凶嫌有認識」與「被害人與凶嫌互為陌生人」為出發點，依序由犯案動機、使用凶器、行凶後屍體的處置手法、棄屍地的選擇以及所使用的交通工具等項目，透過交叉分析，製作出犯罪模式圖（如圖8-4-6及圖8-4-7），透過相類似的犯罪過程、途徑、手法，用以瞭解我國殺人棄屍的犯罪模式為何，彙整出具有共通性之犯罪手法集合[100]。

100 翁詩涵（2021），台灣地區殺人棄屍案之偵查研究，中央警察大學刑事警察研究所碩士論文，頁136-140。

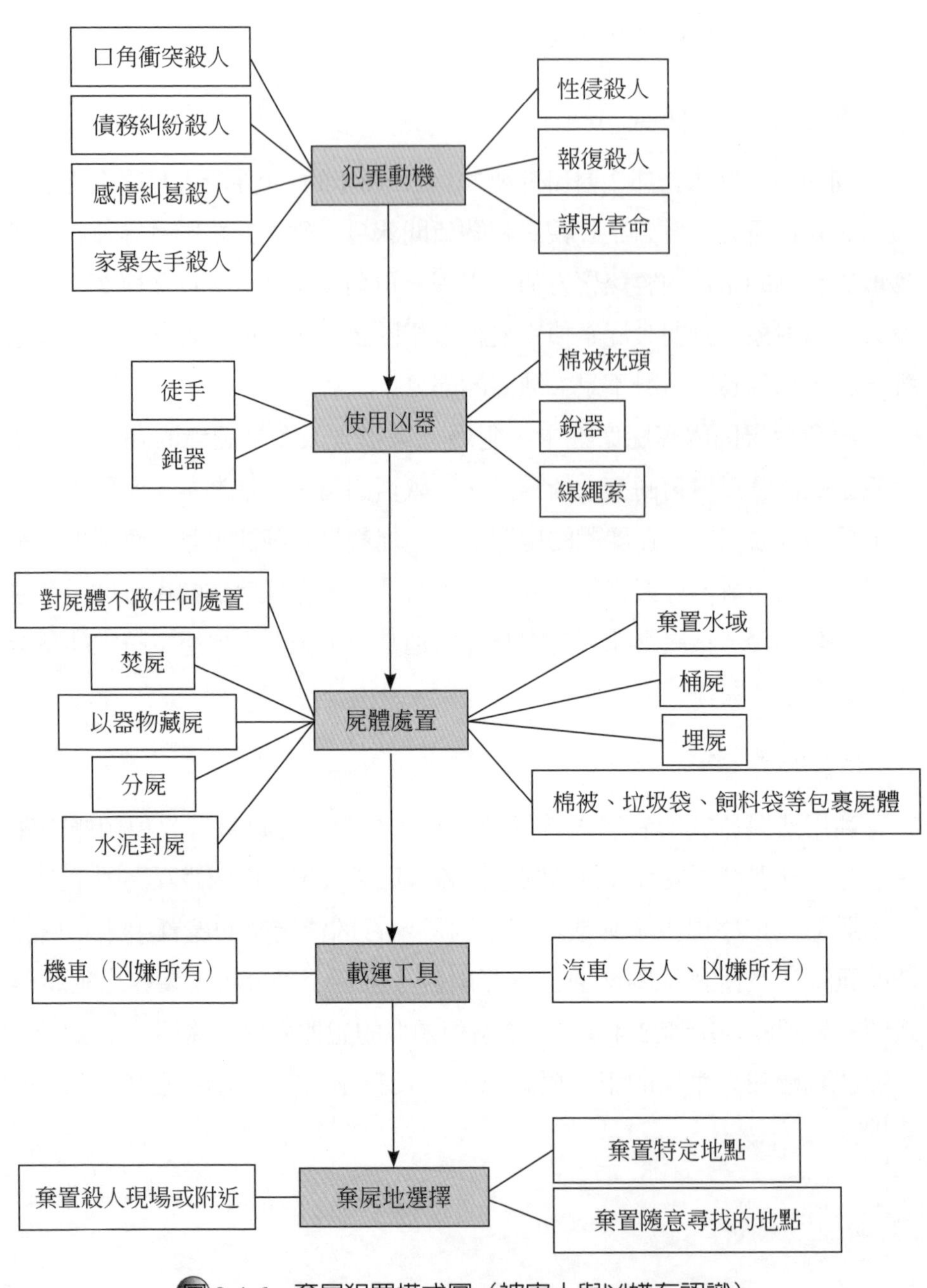

圖8-4-6 棄屍犯罪模式圖（被害人與凶嫌有認識）

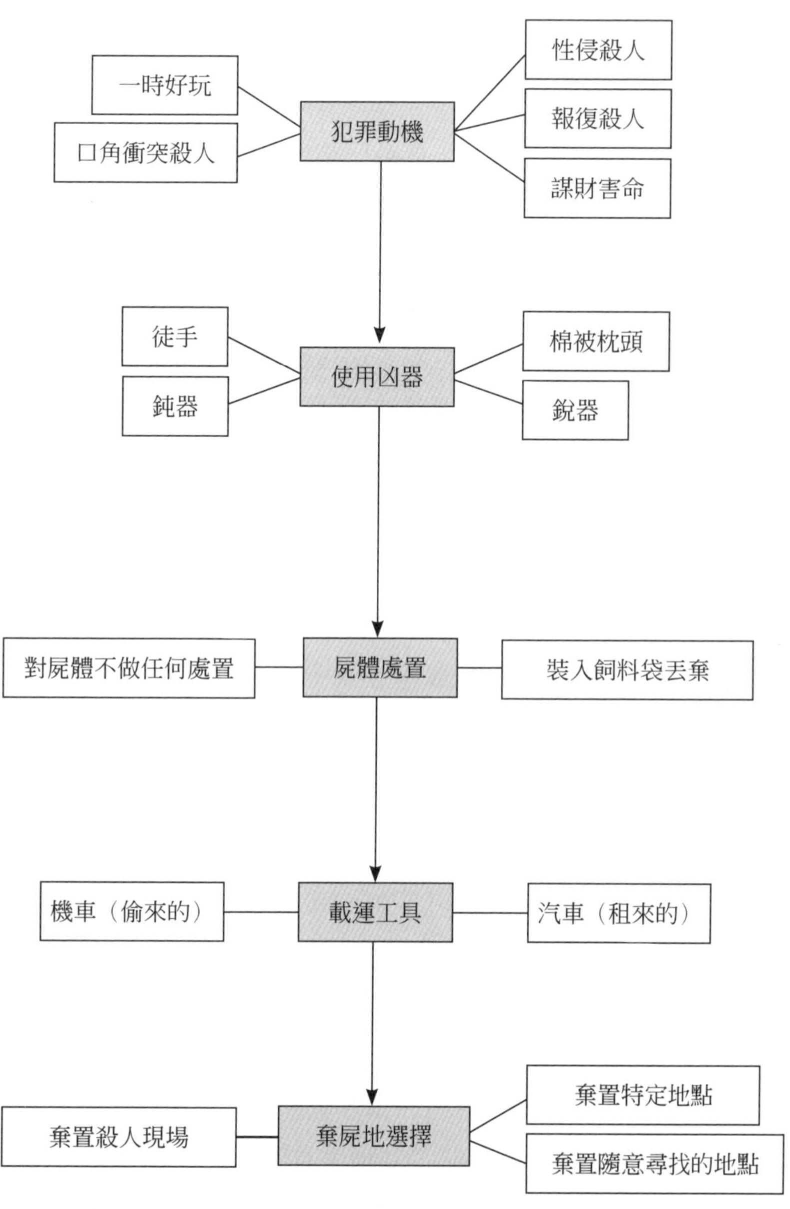

圖 8-4-7　棄屍犯罪模式圖（被害人與凶嫌互為陌生人）

（二）地緣剖繪與棄屍地的選擇

犯罪人選擇特定地點棄屍，主要具有地緣關係，知悉何處適合棄置屍體；或者選擇遠離生活範圍的陌生地區作為棄屍地，然而這些陌生地區均為偏僻山區，在具有地緣關係的情形下，這些地點大多與犯罪人的生活經驗有關，例如曾經工作的地點、平時生活圈的範圍等。根據本研究的統計資料，短程棄屍距離的比例最高，顯示出大多棄屍案犯罪人會就近處理，在日常生活範圍內尋找合適棄屍地點，而這些地點通常都是犯罪人事先選定之特定地點，在中、長程棄屍距離的案件中，棄屍地點也大多為犯罪人特定選擇的地點。而隨意尋找棄屍地點的案例數較少，且棄屍距離也多為短程，顯示出大部分棄屍案的凶嫌，若在殺人後有載運屍體丟棄的計畫，心理地圖（mental map）多呈現出是自己熟悉的地區，不論離自身生活圈遠近，鮮少會到自己陌生的地點棄屍。

（三）有無組織與屍體處置手法

以有組織犯罪來說，凶嫌經過縝密計畫後行動，多會避免留下證據、隱藏死者身分、移走屍體；無組織犯罪者的犯行則很少是有意識的行為，非預謀犯案，大多為臨時起意或一時興起所造成，屍體多遺留現場，不會隱藏屍體。由卷宗資料分析可得知，殺人後將屍體載運他處丟棄較屬於有組織犯罪，其中又可分為對屍體有無特別進行處置作為（如水泥封屍、桶屍、分屍、以垃圾袋等物包裹屍體等），有做特別處置者，目的多為妨礙死者身分辨識、滅證等，顯示凶嫌在殺人後有棄屍計畫；而將屍體棄置原地者則為無組織犯罪，多為非預謀犯案，且大多對屍體不做任何處置就棄置。是否載運屍體丟棄與犯案動機有關，將屍體棄置現場或附近的案例，動機較多為口角衝突，與先前學者之研究無組織犯罪的情形符合[101]。

101 翁詩涵（2021），台灣地區殺人棄屍案之偵查研究，中央警察大學刑事警察研究所碩士論文，頁149-150。

第九章　其他案件

犯罪剖繪目前已成功運用在性侵害、縱火和連續殺人犯罪的偵查工作，但其基本觀念亦可應用於其他案件，本章將分別探討戀童症、性慾窒息死亡、性倒錯行為、連續竊盜、尾隨騷擾、電腦犯罪案件、恐怖活動和校園及職場暴力的偵查及預防。

第一節　戀童症

一、定義

戀童症（pedophilia）是指對於兒童有變態性愛慾望的性偏差行為[1]，可能是同性戀也可能是異性戀，如果被害人與行為人有血親關係，則稱為血親性交（incest）或俗稱亂倫[2]。戀嬰症（infantophile）則是對幼兒產生性幻想、衝動或行為，若加害對象已達青春期則稱戀青少年症（hebephile）[3]。此類行為對一般人而言較難理解，研究的限制在於被害人可能不願或不能報案，自陳報告內容又可能由於兒童不善表達或其他原因（如家庭成員施加壓力）而不可靠[4]，也很少有研究能清楚區別家庭內（intrafamilial）亂倫（血親性交）和家庭外調戲兒童（extrafamilial child molester）的差異。

戀童症通常會經歷誘拐綁架兒童（child abduction），也就是引誘及拘束兒童一段期間，被害人通常不是被事先鎖定，而是在不適當的時間出

1　「戀童症」和「性侵幼童」應有所區別，前者是對幼童有特殊偏好，後者則因受限於本身能力，只能以幼童作為目標，如果能有所選擇，更不會放過成年女性。

2　林山田、林東茂、林燦璋（2002），犯罪學，三民書局，頁353。

3　Holmes, R. M., & Holmes, S. T. (2002). *Profiling violent crimes: An investigative tool*. CA: Sage Publications, p. 159.

4　Greenberg, D. M., Firestone, P., Bradford, J. M., & Broom, I. (2000). Infantophiles. In Schlesinger, L. B. (Ed.). *Serial offenders: Current thought, recent findings*. FL: CRC Press, p. 230.

現在加害人面前（例如在家裡或學校附近），發現被害者生理上已成熟，但又脆弱而容易被控制，因而萌生侵犯念頭。性侵幼童大多會歷經以下過程[5]：選定目標→與兒童或其家庭發展關係→將兒童置於隔離的環境→去除其戒心和武裝→將此關係導向性行為→維持此項關係並防止其對外聲張→避免被發現。觀看兒童色情刊物或影片也會使人對性產生負面的態度和攻擊行為，如果此種習慣成癮就會出現嚴重的問題，有學者就提出自慰制約（masturbatory conditioning）來解釋戀童症的起源，可能是在成長階段對兒童的照片手淫導致戀童傾向，進而和兒童發生性接觸而成癮。

戀童（調戲兒童）者其實不全是年長男性或心理有問題的人，事實上可能來自各種年齡和性別，大多數是情感不成熟和社交關係不良，未婚且獨自居住，失業或從事勞力工作，可能有酗酒或藥物濫用問題，無法控制衝動的性格，有暴力犯罪前科，作案手法相似。大部分是家庭成員或熟識者，而且幾乎都是連續犯，行為內容包括使用威脅、賄賂或攻擊等方式，進行觀看、暴露、碰觸、愛撫、口交和性交等行為[6]。

二、分類

戀童症有不同類別，包括：成年男性、青少年（12-18歲）、少年（12歲以下）、其他（神職人員、童軍老師等），此外女性（單獨或共犯）也可能是戀童症。而依據其行為態樣和動機可分為以下不同種類[7]：

（一）情境型（situational）：不是真的對兒童有性趣，而是因為某種情緒壓力造成，也會侵害其他較脆弱的人（例如年長者或身心障礙者），又分為四種：

1. 退化型（regressed）：原本在成長中發展正常，卻在後來因就

5 Turvey, B. E. (2012). Sex crimes. In Turvey, B. E. (Ed.). *Criminal profiling: An introduction to behavioral evidence analysis*. CA: Academic Press, p. 488.

6 Araji, S. K. (2000). Child sexual abusers: A review and update. In Schlesinger, L. B. (Ed.). *Serial offenders: Current thought, recent findings*. FL: CRC Press, pp. 23-24.

7 Holmes, R. M., & Holmes, S. T. (2002). *Profiling violent crimes: An investigative tool*. CA: Sage Publications, pp. 161-167.

業、社交或性生活方面發生問題（如喪偶、夫妻離異），暫時轉向小孩作為發洩性慾的替代物。

2. 道德紊亂型（morally indiscriminate）：兒童只是其侵害對象的一種，也會性侵成年人。

3. 性紊亂型（sexually indiscriminate）：喜歡嘗試各種花樣（包含以兒童為對象）的性遊戲。

4. 不夠格型（inadequate）：精神疾病患者，不能區別是非對錯，無法與他人建立關係。

（二）偏好型（preferential）：喜好兒童更甚成人，從中得到性滿足，分為三種：

1. 虐待型（sadistic）：在性滿足和個人暴力之間有不正常的連結，手段較殘忍，受害者愈痛苦，其獲得之性滿足愈高。

2. 略誘型（seductive）：針對幼童之弱點加以控制，以照料、關心和送禮物等方式討好、引誘兒童。

3. 固著型（fixate）：在早期心理發展時就固著在幼童身上，無法與其他成年人發展成熟之正向關係，選擇小孩是因為他們較容易掌控。

其中情境型和偏好型的主要差異，在於前者大多是在生活中出現壓力，並非對兒童有特別偏好，會以兒童作為對象，在於幼童不會反抗且較不懂事，也可能侵害年長者和身心障礙者；而後者則是對兒童有特別偏好，如果可以選擇，仍會以幼童為對象。表9-1-1為情境型戀童症的行為差異，而表9-1-2為其中不夠格型、退化型、虐待型和固著型戀童症的特徵比較[8]，可作為犯罪剖繪的參考。

8 Holmes, R. M., & Holmes, S. T. (1996). *Profiling violent crimes: An investigative tool*. CA: Sage Publications, pp. 139, 143.

表 9-1-1　情境型戀童症的行為要素

行為要素	退化型	道德紊亂型	性紊亂型	不夠格型
基本特質	處理技術差	試驗	性實驗	社會不適應
動機	替代	為什麼不	無聊	不安全感、好奇
被害標準	可得性	弱點、機會	新奇、不同	不具威脅者
作案手法	強制	引誘、武力、操弄	參與現有活動	利用身材優勢
蒐集色情刊物	可能	施虐受虐（SM）	高度可能	可能

表 9-1-2　不同類型戀童症的特徵比較

特徵	不夠格型	退化型	虐待型	固著型
傷害孩童	否	否	是	否
侵略性人格	否	否	是	否
反社會人格	否	否	是	否
性別偏好	否	是	是	是
陌生孩童	否	否	是	否
實際性交	否	是	是	否
尾隨盯梢	是	否	否	否
劫持兒童	否	否	是	否
使用電子布告欄	否	否	是	是
大量受害者	否	否	是	是
導致死亡的暴力	否	否	是	否
使用略誘手段	否	是	否	是

三、成因

戀童症之成因至為複雜，非單一因素所能周延解釋，可以下列四種理論綜合說明[9]：

9　楊士隆（2019），犯罪心理學，五南圖書，頁228-229。

（一）情緒相合（emotional congruence）理論

此理論嘗試說明為何一個人尋求與兒童發生性接觸，以滿足自己的情緒與需求，此派大致認為戀童症具有兒童之依賴與情緒需求，故認為與兒童之接觸較為舒服，惟另一分支則認為戀童症患者在其日常生活中面臨低自尊與喪失效能之經驗，故與兒童之發展關係可從中拾回自尊並感覺到自己的主宰。

（二）性喚起（sexual arousal）理論

此派認為戀童症因兒童之某些特性喚起性慾，但由於某些理由，並未對其他正常之成年人有此種感覺，對兒童之鍾愛乃因與兒童進行性接觸時特別感到刺激，甚至獲得以往無法獲取之性興奮與高潮。

（三）阻斷（blockage）理論

此派認為戀童行為之發生，乃因一個人與異性成年人在性與情感關係上阻斷之結果，在面臨此項挫折之同時，因而尋求兒童伴侶，戀童症患者具有退卻、羞澀、浮動、缺乏肯定之人格特質，這些社交缺陷使得其無法與成年異性發展性與情感關係，當婚姻關係趨於破碎時，可能尋求與女兒進行性接觸代替之。

（四）抑制解放（dishibition）理論

此派認為行為人對其行為喪失自我控制與管理，導致戀童行為之發生，衝動控制有缺陷，過度使用酒精與藥物及眾多壓力之累積等，均有可能促進偏差性行為型態之發生，許多戀童症因而將責任歸諸於外界之壓力，拒絕承擔責任，例如我無法克服困難、我不知道怎麼會發生在我身上等，乃成為常見之訴求。

四、處遇

對於戀童症的心理學原因有不同解釋，包括：戀童者具有病態人格、曾在性行為過程中有偏差的性喚起、童年時曾被性侵害或家庭功能失調[10]。在偵查過程中則是要注意以下剖繪要素：選擇對象的方法、誘拐的過程、過程中有無加害儀式行為等[11]。而其處遇（減少再犯）的方式則有[12]：

（一）生物治療：化學去勢、注射雌性荷爾蒙。

（二）心理分析：找出早期衝突和創傷經歷，再進行個別諮商。

（三）認知行為治療：教導如何改變行為，矯正錯誤思考，控制不當幻想（為目前最常使用的方法）。

（四）故態復萌（relapse）預防：找出犯罪行為的前兆，即時加以監督控制。

（五）家庭治療：家庭成員參與是重要關鍵，尤其對青少年和少年較有用。

（六）刑事司法：在沒有適當的處遇計畫和設備情況之下，以刑罰隔離、處罰加害人是最終的選擇。

此外目前網路充斥兒童色情（如聊天室、交友網站），也可能會助長不良風氣，因此預防方法也應包括移除或淨化相關圖片或色情連結，以避免犯罪人學習和防止兒童不幸受害。

第二節 性慾窒息死亡

一、定義

「自體性慾」行為是獨自進行的性活動，手淫（masturbation）只是其中的一種，自體性慾窒息（autoerotic asphyxia）是經由組織缺氧（hy-

10 Araji, S. K. (2000). Child sexual abusers: A review and update. In Schlesinger, L. B. (Ed.). *Serial offenders: Current thought, recent findings*. FL: CRC Press, p. 33.

11 Holmes, R. M., & Holmes, S. T. (2002). *Profiling violent crimes: An investigative tool*. CA: Sage Publications, p. 168.

12 Araji, S. K. (2000). Child sexual abusers: A review and update. In Schlesinger, L. B. (Ed.). *Serial offenders: Current thought, recent findings*. FL: CRC Press, pp. 38-40.

poxia）獲得性刺激，通常是在手淫時伴隨勒頸（strangulation）或窒息（suffocation），由組織缺氧產生的興奮，可以用來強化手淫的感官刺激和性高潮，參與者會使用各種方法來造成缺氧，如上吊、用塑膠袋或膠帶產生窒息，吸入有害的化學藥品（如丁烷或氧化氮）或將頭完全浸入水中。

而自體性慾致死（autoerotic death）則是發生在自體性慾時意外死亡的結果。此種情形出現在上吊時會有反射性勃起，甚至達到射精，由於死者在窒息時因腦部缺氧而產生性刺激現象，在實務中此類案件應屬意外死亡，但經常被誤判為殺人或自殺[13]。行為人通常會使用脫逃裝置，例如當他決定停止時就鬆掉繩子，以免瀕臨危險，但有時會因為行為人已失去意識，或意外情況發生太快，不及反應而導致死亡，因此發生死亡的原因包括運氣不好（misadventure）、計算錯誤（miscalculation），或安全措施發生故障[14]。

性慾窒息（sexual asphyxia）則是故意造成缺氧情況而提高性刺激，也包括二人以上的合意行為，偏好窒息（asphyxiaphilia）在DSM-5中列為性偏好症下性被虐症的一種類型[15]，「性慾窒息死亡」通常是發生意外，而非蓄意殺人或自殺，家人發現後可能會先移置現場證物（如幫死者穿上衣服，移除異性裝扮或將道具及情趣用品藏起來），以避免造成困窘並保全死者的尊嚴，因此在進行勘驗前，應先詢問家人有無變動現場。

自體性慾致死最令人感到困惑，由於上吊會因腦部缺氧導致頭昏（lightheadedness）而產生興奮（orgasm）、陰莖勃起（penile erection）

13 Holmes, R. M., & Holmes, S. T. (2002). *Profiling violent crimes: An investigative tool*. CA: Sage Publications, p. 172.

14 Cooley, C. M. (2000). "Autoerotic death: Historical perspectives and investigative considerations", *Journal of Behavioral Profiling*, 2(1). http://www.profiling.org/journal/subscribers/vol2_no1/ jbp_ad_2-1a.html.

15 DSM-5定義窒息偏好（hypoxyphilia）是性被虐症的子類別之一，診斷標準和其他的性被虐症一樣，具有重複出現和強烈性興奮的幻想及衝動，至少持續六個月，且造成顯著的困擾和功能損害，可能會造成死亡或腦部傷害，這種行為包括用絞索、塑膠袋、胸部擠壓，或用一種藉由讓周邊血管擴張而讓腦部含氧暫時降低的化學物質，因喪失氧氣而達到性興奮，參照唐子俊等合譯，Ann, M. K., Gerald, C. D., John, M. N., & Sheri, L. J.合著（2010），變態心理學，雙葉書廊，頁581。

等情形，因此在古時候曾作為治療性無能的方法。大部分從事者都是由於意外或從他人學到自體性慾行為，有許多人則是從網路學到各種方法，目前到底有多少人正在進行此種性遊戲並不清楚，也沒有明確的統計數字，大多數案件會曝光是由於造成死亡的結果，也就是說倖存者不在統計數字當中。估計參與人數正在增加，目前仍以男性為主，女性較少，大多是中產階級、未婚，而且以年輕人居多（主要是因為年紀輕，較無經驗而容易發生意外，實際上年齡層分布相當廣），現場大多會遺留女用衣服、色情刊物、鏡子、情趣用品、襯墊及脫逃裝置等物品[16]。

另有一種在青少年間從事的類似活動稱為窒息遊戲（choking game）是有人進行激烈活動、氣喘吁吁時，立即以各種方法阻礙對方呼吸，使其因缺氧而昏倒，屬於校園霸凌的一種，會導致先失去知覺，在移除障礙後血液會大量流向腦部，有時會造成死亡，其進行方式為一位窒息者（choker）站在另一人後方，以他的前臂纏繞對方的脖子，施加壓力到使其失去知覺，其本質與自體性慾窒息不同，目前此種遊戲錄影已在網路流傳，有許多學生仿效，造成不少意外事故[17]。

二、類型

依據進行的態樣，性慾窒息有以下不同型式[18]：

（一）窒息（asphyxiation）：在頸部二側施加相同壓力在頸動脈（即上吊），造成大腦缺氧。

（二）液體（aquaeroticism）：自行溺水，但在失去知覺前將頭冒出水面。

（三）化學藥物（chemical eroticism）：使用化學藥物（通常是二氯二氟

16 McGrath, M., & Turvey, B. E. (2002). Sexual asphyxia. In Turvey, B. E. (Ed.). *Criminal profiling: An introduction to behavioral evidence analysis*. CA: Academic Press, pp. 479-480, 482.

17 Bartol, C. R., & Bartol, A. M. (2013). *Criminal & behavioral profiling*. SAGE Publications, pp. 249-250.

18 Holmes, R. M., & Holmes, S. T. (2002). *Profiling violent crimes: An investigative tool*. CA: Sage Publications, pp. 174-175.

代甲烷），會產生頭昏眼花和幻覺。

（四）窒息式性愛（suffocation）：挑選一位夥伴共同進行合意的性行為，以窒息作為前戲，其中一位在窒息前，說出事前約定的關鍵字或暗號以停止行動，此為最安全的方式[19]。

有學者將自體性慾窒息分為二大類[20]：

（一）典型：用繩索、項圈、皮帶纏繞頸部，是最常見的方法但也較危險，因為單獨施作時容易失控而致命，會因為失去知覺而使逃脫裝置（活結、雙腳觸地）失靈，參與者常會在頸部使用保護襯墊以避免造成傷痕。

（二）非典型：沒有使用繩索，利用膠帶包住頭部或整個身體（類似木乃伊），使用面罩、通電、壓迫胸部或腹部。

三、特徵

通常性慾窒息死亡的現場會出現以下特徵[21]：

（一）地點：在隱密隔離位置，如由室內上鎖的臥室、閣樓、地下室、車庫、浴室等。

（二）身體姿勢：臉朝下趴臥、站立（上吊）或跪坐（吊在門把上），以繩索支撐身體。

（三）束縛：使用繩子、皮帶、腰帶或魔鬼氈等綑綁雙手、雙腳或性器官（有捆綁痕跡），或以膠帶封口，通常都是自己動手。

（四）脫逃裝置：使用活結（slipknot）、打洞（塑膠袋）、遙控器（電力設備）、刀子（繩索）、鑰匙（鎖）、鉗子（鐵鍊），可隨時停

19 國內曾發生一件窒息式性愛死亡案，二位男同志於2001年2月間，上網相約到住處，首先用繩子捆綁手腳，接著在鼻孔內塞沾有神仙水興奮劑的棉花，再用膠帶貼住嘴巴，最後拿塑膠袋套住頭部進行肛交，藉肛門收縮達到刺激極大化，遊戲結束後睡著，忘記打開塑膠袋及鬆綁，導致窒息而死，醒來發現後嚇得驚慌失措，匆忙間將屍體塞入行李箱內丟棄，最後因追查BBS對話紀錄而破案。

20 Bartol, C. R., & Bartol, A. M. (2013). *Criminal & behavioral profiling*. SAGE Publications, pp. 248-249.

21 McGrath, M., & Turvey, B. E. (2002). Sexual asphyxia. In Turvey, B. E. (Ed.). *Criminal profiling: An introduction to behavioral evidence analysis*. CA: Academic Press, pp. 482-484.

止以避免發生危險結果。

（五）自虐行為：自己施加生心理痛苦在身體與性相關的部位，如綑綁陰莖、夾乳頭等。

（六）異性裝扮：大多為男扮女裝，暴露部分生殖器官或完全裸體。

（七）保護措施：避免可預見的傷害（如在繩索和身體間加軟襯墊或毛巾，以防止擦傷），經常有痊癒傷痕（顯示過去曾有類似經驗）。

（八）道具：情趣用品、鏡子或色情刊物，用來強化行為人的性幻想和性刺激。

（九）手淫行為：現場出現手淫造成的遺留精液、衛生紙、毛巾、潤滑液等。

（十）其他物品：用來增強生理和心理愉悅，如酒精、藥物、電線（電擊）、塑膠袋（窒息）、有毒氣體（CCl_2F_2）、水盆（溺水）等。

（十一）過去經驗證據：以前留下的傷痕或自己拍攝的錄影帶，過程趨於儀式化。

（十二）沒有明顯的自殺意圖：沒有留下遺書、仍在計畫未來、未發現行為有所改變（如最近面臨感情、婚姻、財務、工作上的問題、學校成績低落，導致睡眠和飲食習慣改變、孤立且避免與人來往、不再從事喜歡的活動、送走喜歡的物品等）。

Turvey指出上述12項指標不一定會全部出現，但現場如有以下特徵，就很有可能是性慾窒息：在有隱私期待的地點、無自殺意圖、現場沒有其他人、有導致缺氧的工具和脫逃設備、行為人自我捆綁，此外應當有重複施作的跡象[22]。有學者依台灣案例分析與訪談結果，分析歸納Turvey所提性慾窒息死亡案12項現場特徵中之必要特徵與參考特徵，認為現場須同時出現7項特徵時方可判定死亡類型為性慾窒息，參考特徵雖非在每一件此類型案件現場中均出現，但其具備極高的辨識率，所以當參考特徵出現愈

22 McGrath, M., & Turvey, B. E. (2012). Sexual asphyxia. In Turvey, B. E. (Ed.). *Criminal profiling: An introduction to behavioral evidence analysis*. CA: Academic Press, p. 225.

多項時，愈能支持判斷性慾窒息死亡之強度，彙整如圖9-2-1[23]。

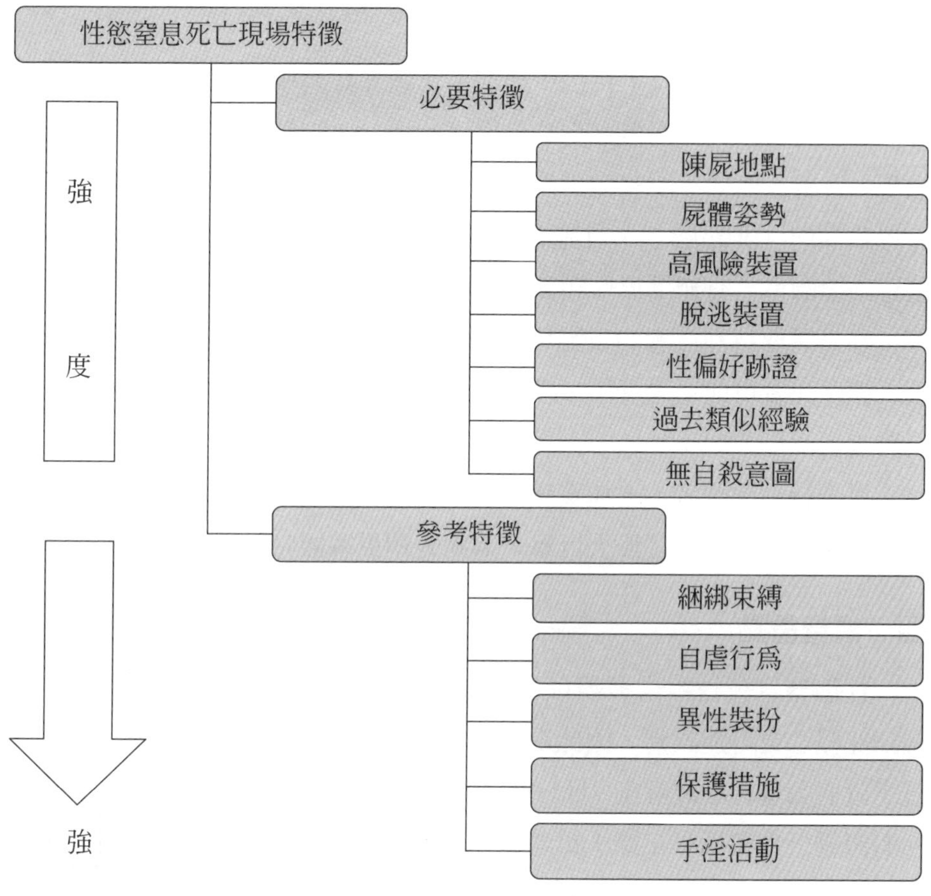

圖9-2-1　判斷性慾窒息死亡現場特徵架構圖

從事性慾窒息行為者目前仍以男性居多（男女比例大約50：1），現場的性別差異如下[24]：

（一）男性喜好使用各種複雜設備和奇怪的道具、錄影帶或照片、繩索和

23 陳薏如（2014），台灣地區自慰性窒息死亡之剖析，中央警察大學刑事警察研究所碩士論文，頁150-151。

24 McGrath, M., & Turvey, B. E. (2002). Sexual asphyxia. In Turvey, B. E. (Ed.). *Criminal profiling: An introduction to behavioral evidence analysis*. CA: Academic Press, pp. 486-487.

鏡子、有色情刊物、異性裝扮。

（二）女性僅使用簡單裝置，以裸體方式，地點更隱密，沒有精緻的道具。

而行為者大多有以下特徵：男性、年輕（長大和有經驗後，失手機會降低）、有正常性伴侶但享受暗自從事此種行為的樂趣、白人、缺乏社交技巧、害羞、內向、朋友較少、學校和工作表現中上、聰明、信仰虔誠、有自殺傾向（罪惡感）、有施虐受虐（SM）跡象（顯示有共犯）、綑綁痕跡（手腳）、有無傷痕（頸部、手腕、腳踝）、是否有留下日記或書信等，都是需要特別注意的重點[25]。另外電腦螢幕可能停留在性慾窒息的畫面，顯示死者可能邊看邊學，因此也可以檢查網路的瀏覽紀錄以獲得蛛絲馬跡。

需要特別說明者，上述資訊大多來自失敗的案例，外人不瞭解是因為大多數是單獨進行而且無人目擊，因此有賴更客觀、科學的研究。

四、偵查重點

性慾窒息死亡經常被誤以為是自殺而非意外死亡，尤其如果偵查人員無此概念更可能誤判，因此現場重建首先必須區別意外或自殺，在此狀況下就必須進行心理解剖（下一章說明）以瞭解死因，偵查重點在於保存所有證物，完整攝影紀錄，重建保存現場，訪談家人和熟人，因為證物可能被家庭成員移除，而如果是獨自進行，因為沒有性伴侶從旁監視，容易發生意外死亡。確定性慾窒息死亡可藉由找到詳細描述其行為的日記或錄影紀錄，發現過去曾進行類似遊戲的證據（如繩索擦傷、器物磨損、觀看色情網站或教人如何進行自體性慾的畫面），將自己關在房內並反鎖，以及沒有證據顯示被害人有自殺的意圖等。另外應評估傷痕是否係自己造成（並非防衛傷），能夠自己完成嗎？是否為雙手可及的範圍？以及是否有重複的傷痕，以判定是否曾從事類似行為。

25 Holmes, R. M., & Holmes, S. T. (2002). *Profiling violent crimes: An investigative tool*. CA: Sage Publications, p. 181.

另外如果驗屍過程發現眼結膜和臉部有瘀斑、臉色灰白、外觀紅腫瘀紫、過去留下的舊傷等，都有可能是窒息造成，而心理解剖（psychological autopsy）發現最近有憂鬱病史、自殺念頭，或是從近親、密友、同事得到有關當事人死亡前透露的訊息，都對評估死亡原因很有幫助。有關性慾窒息死亡的正確詮釋，有賴徹底的現場勘察、犯罪重建和被害調查，表9-2-1比較自殺、自體性慾致死、他殺（與性有關）的現場特徵[26]。

表9-2-1　自殺、自體性慾致死、他殺（與性有關）的現場特徵比較

項目		自殺	自體性慾致死	他殺（與性有關）
死亡方式		自殺	意外	他殺
動機		結束自己生命	好奇或達到性興奮	過失或故意殺人
陳屍現場		原始現場	原始現場	未必是原始現場
現場人數		1人	1人	至少2人
現場勘察	陳屍地點	1. 合理預期不被干擾的隱蔽位置 2. 門窗未遭破壞且常由內反鎖 3. 無他人在場之跡證	1. 合理預期不被干擾的隱蔽位置 2. 門窗未遭破壞且常由內反鎖 3. 無他人在場之跡證	1. 合理預期不被干擾的隱蔽位置 2. 門窗可能遭破壞且無法由內反鎖 3. 可能有他人在場之跡證
現場勘察	屍體姿勢	須確定與自殺方式、屍體解剖發現未發生自相衝突或矛盾	須確定與可脫逃機制、高風險裝置、屍體解剖發現未發生自相衝突或矛盾	可能遭變動，呈現方式可能與屍體解剖發現發生自相衝突或矛盾
現場勘察	高風險裝置	有，須確定死者自己可獨立完成，無須他人協助	有，且有脫逃之機制，且須確定死者自己可獨立完成，無須他人協助	可能有，也可能遭帶離現場，可能有他人協助之跡證
現場勘察	脫逃裝置	沒有	有，且確定死者可依意願操作	沒有
現場勘察	綑綁束縛	1. 吊縊或頭套塑膠袋自殺者多僅綑綁頸部 2. 絞勒方式較少使用在自殺	可能有，須確定死者自己可獨立完成，無須他人協助	可能有，可能死者自己無法獨立完成

26　陳蕙如（2014），台灣地區自慰性窒息死亡之剖析，中央警察大學刑事警察研究所碩士論文，頁154-157。

表9-2-1　自殺、自體性慾致死、他殺（與性有關）的現場特徵比較（續）

項目	自殺	自體性慾致死	他殺（與性有關）
受虐行為	沒有	可能有，有死者施加在性區域或其他部位產生疼痛的器物，或在現場有類似之圖片、影像、異性衣物，前述器物應只有死者自己之DNA	可能有，器物上可能有他人之DNA等跡證
衣物	自殺多穿戴整齊，較少裸體、裸露或著異性衣物	可能著異性衣物、裸體，但亦有可能著家居服	可能呈現裸體或脫衣狀態
保護措施	沒有	可能有	沒有
性偏好症跡證	沒有	有（情趣用品、鏡子、色情書刊或影像、SM網站、異性衣物、自拍照）	可能有，情趣用品等可能有他人之DNA等跡證
手淫活動	沒有（吊縊者之遺精不算）	可能有（須注意是否為吊縊造成遺精之自然現象）	沒有，但現場可能有他人之精液或體液
過去曾有類似經驗	可能有自殺未遂經驗	有，有先前行為留下或死者學習、練習類似行為之跡證	可能有
自殺意圖	有（遺書、曾自殺未遂、近期遭逢巨大變故、曾透露過等）	沒有	沒有
遺書	可能有（注意筆跡）	沒有	沒有
電磁紀錄	可能有遺書、透露輕生念頭之交談紀錄	可能有色情影像、SM網站（與死亡時相同的姿勢或方式）或相關查詢紀錄	可能有聊天室相約之紀錄
精神科就醫紀錄	可能有憂鬱症、失眠等	可能有接受過性異常之心理治療	沒有
藥毒物	可能有治療憂鬱症藥物、安眠藥或服毒自殺之藥物	可能有用來提高性興奮之毒品、興奮劑等	可能有提高性興奮之毒品、興奮劑，或用來使人致命之藥毒物等

表 9-2-1 自殺、自體性慾致死、他殺（與性有關）的現場特徵比較（續）

項目		自殺	自體性慾致死	他殺（與性有關）
偵查作為	監視器影像	案發時間僅死者1人出入	案發時間僅死者1人出入	案發時間有他人出入
	訪查	1. 案發時無特殊事件 2. 死者有自殺紀錄、最近遭逢變故、曾透露輕生念頭等	1. 案發時無特殊事件 2. 曾目擊死者有做過類似行為 3. 死者曾有有關性方面的特殊癖好或特異行為	當發現有他為可能時，須全面清查死者生前社會恩怨關係與各種可能動機
	通聯紀錄	可能發送有關自殺訊息	沒有	須全面清查
屍體解剖發現	屍體解剖發現	1. 可能有猶豫性傷痕 2. 無他人留下跡證或痕跡 3. 屍體表徵、屍體解剖發現與陳屍狀態及屍體姿勢等相符 4. 沒有與自殺無關之藥毒物反應	1. 頸部或其他部位是否有不明的痕跡或已結痂的傷痕（穿戴窒息式設備） 2. 無他人留下跡證或痕跡 3. 屍體表徵、屍體解剖發現與陳屍狀態及屍體姿勢等相符 4. 可能有毒品或興奮劑等之反應	1. 屍體上可能會有掙扎痕跡、防禦傷、抵抗傷、不該在身上留下之傷痕、咬痕、他人之體液、唾液等 2. 屍體表徵、屍體解剖發現與陳屍狀態及屍體姿勢等不相符 3. 可能有足以致命之藥毒物反應

性慾窒息的性滿足主要來自兩方面，生理方面來自於腦部缺氧產生迷幻感覺，心理方面來自於瞭解此行為有危險性所造成的刺激，也有可能使用一些危險的器具，如會發生震動的情趣用品、吸塵器等，或是將異物插入肛門等。性慾窒息死亡和自殺有共同的特徵（包括被害人獨自進行，上吊死亡），因此二者可能互相偽裝，以誤導偵查方向，而性慾窒息死亡和性謀殺也有相同特徵，包括矇眼、塞口和身體束縛，因此有必要加以區別清楚[27]。

27 Cooley, C. M. (2000). "Autoerotic death: Historical perspectives and investigative considerations",

在刑案現場可能發現的性慾窒息證據如下[28]：

（一）死亡地點具合理的隱私期待，門窗閉鎖。

（二）屋內器具有繩索磨損痕跡。

（三）自行錄影和照相，有三腳架或相簿。

（四）上吊繩索通常在後頸部打結，而右撇子在右側，反之亦然。

（五）以塑膠袋或絲襪蓋住臉部。

（六）以假陽具插入肛門。

（七）對稱裝飾出現在身體二側。

（八）無跡象顯示係自殺（如留下遺書），但有時遺書也可能是幻想自殺的道具。

此外謀殺和自殺也可能偽裝成性慾窒息死亡，藉以要求保險理賠[29]。保險公司可能會以自殺理由而拒絕賠償，性慾窒息死亡也會因意外被誤認為謀殺而浪費偵查資源，也會造成無辜者無端被牽連，因此有必要查明真正的死因，而家人也可能因為知道死因是意外造成而非自殺，因而得到些許慰藉。

第三節 性偏好症

一、定義

性偏差（sexual deviance）、性脫軌（sexual aberration）是指任何偏離社會認定為正常（normal）的性行為，它不一定違法，只是被視為不正常，而所謂的性偏好症（paraphilia disorder）是指特殊的性癖好，通常需

Journal of Behavioral Profiling, 2(1). http://www.profiling.org/journal/subscribers/vol2_no1/ jbp_ad_2-1a.html

28 Holmes, R. M., & Holmes, S. T. (2002). *Profiling violent crimes: An investigative tool*. CA: Sage Publications, pp. 182-184.

29 McGrath, M., & Turvey, B. E. (2002). Sexual asphyxia. In Turvey, B. E. (Ed.). *Criminal profiling: An introduction to behavioral evidence analysis*. CA: Academic Press, p. 487.

藉由一般人視為偏差或奇特的性活動才能得到或維持性滿足，而幻想則是促發這些行為的重要元素，許多異常犯罪者都有特殊性偏好的現象，事實上竊盜、縱火、傷害、強暴、殺人等犯罪，常有潛藏的性動機[30]，因此有必要在此探討。

二、類型

精神醫學診斷手冊（DSM-5）一共認定了九種特殊的性偏好行為（當然並不只於這些類型），包括[31]：

（一）窺視症（voyeuristic disorder）：實際去偷窺不知情他人裸體、如廁、脫衣或正從事性行為而體現到重複且強烈的性喚起，呈現在幻想、衝動或行為上。

（二）暴露症（exhibitionistic disorder）：藉由暴露自己生殖器於未預期此情境的陌生人面前，目的在享受他人觀看的震驚及困窘，大多在公共場所針對陌生女性進行暴露，藉由驚嚇女性以增加其優越感。

（三）戀磨擦症（frotteuristic disorder）：藉由未經同意的碰觸（touching）或磨擦（rubbing）而體現到重複且強烈的性喚起，呈現在幻想、衝動或行為上，實務上多發生在公共運輸車輛上，利用人多擁擠之機會，以生殖器部位磨擦女性的身體，藉以得到快感，甚至有射精在受驚嚇女性的案例。

（四）性被虐症（sexual masochism）：被羞辱、痛打、捆綁或其他導致痛苦的實際（非模擬的）行為，並因此得到性興奮[32]。

---

30 Schlesinger, L. B. (2000). Serial homicide: Sadism, fantasy, and a compulsion to kill. In Schlesinger, L. B. (Ed.). *Serial offenders: Current thought, recent findings*. FL: CRC Press, p. 14.

31 以下性偏好症的診斷準則為：A.至少六個月期間，一再出現強烈性興奮的幻想、性衝動或行為；B.此幻想、性衝動或行為造成臨床上重大痛苦，或損害社會、職業、或其他重要領域的功能。參閱台灣精神醫學會譯（2016），DSM-5精神疾病診斷準則手冊，合記圖書，頁333-339。

32 施虐被虐症（sadomasochism）簡稱SM，是性施虐症和性被虐症的合稱，通常為二個人之間合意的性行為，施虐者從施加痛苦得到性愉悅，而受虐者也從中獲得性滿足，通常有四種類型：(1)施加身體的痛苦，如鞭打、滴臘或掌摑；(2)言語或心理的刺激，如威脅、侮辱；(3)支配（dominance）和服從，如一方下令、另一方屈從；(4)束縛（bondage）和懲戒（discipline），如使用繩索、手銬等。

（五）性施虐症（sexual sadism）：藉由使他人身體或心理的受苦而體現到重複且強烈的性喚起，呈現在幻想、衝動或行為上。

（六）戀童症（pedophilic disorder）：與未達青春期（一般而言，年齡為13歲或更年幼）的兒童進行性活動。

（七）戀物症（fetishistic disorder）：愛戀無生命的物體（如女性內衣褲、絲襪、高跟鞋），被使用的物品不侷限於異性裝扮所使用的衣服配件（如異裝症），或設計經由觸覺刺激生殖器的裝置（如振動器），可能會蒐集甚至穿戴這些物品，並伴隨著手淫使用。

（八）異裝症（transvestic disorder）：藉由跨性別裝扮（cross-dressing），大多是男扮女裝，而體現到重複且強烈的性喚起，有時會合併戀物症（藉由衣服產生性喚起），或偏好想像自己是女性（autogynephilia）。

（九）其他特定之性偏好症（otherwise specified paraphilitic disorder）：屬於性偏好症，但不符合任何特定性偏好之診斷準則者，則可使用此診斷分類。實例包含戀猥褻電話症（telephone scatologia）、戀老人癖（gerontophilia）、陰部封鎖（infibulations）、雞姦（sodomy）、戀屍癖（necrophilia）、僅專注於身體一部分的性愛癖好（partialism）、戀獸癖（zoophilia）或人獸交（bestiality）、戀糞癖（coprophilia）、灌腸癖（klismaphilia）、戀尿癖（urophilia）等[33]。

有些人可能同時有二種以上的性偏好症，或是維持一段期間，再由另一種所取代。另有學者將性偏好症分為二大類；一為攻擊性（對他人進行性暴力），包括刀割癖（喜歡割他人身體）、玷污癖（喜歡弄髒性伴侶）、食人癖、性施虐症、戀童症、縱火狂、虐童症等；另一種稱為預備型（性幻想的一部分），包括高跟鞋戀物症、戀長癖（喜好與年長者進

33 此外尚有DSM未探討的類型，如玩三P、交換性伴侶（swing）、一夫多妻或一妻多夫（polygamy）、雜交（promiscuous）、不貞（infidelity），但這些大都屬於道德或法律範疇。

行性行為）、戀屍症、束縛癖、暴露症、磨擦症（碰觸皮膚或毛髮會引起快感）、病態竊盜癖、觸胸癖（喜好碰觸胸部）、窺視症、戀猥褻電話症等[34]。

一般而言，性偏好類型中最常與連續殺人犯連結在一起的是性施虐症[35]，而其他性偏好行為也時常可見，因此以下將舉出與連續殺人犯有關的性偏好行為加以說明。

（一）窺視症與戀物症

連續殺人犯經常有窺視症與戀物症的行為出現，而且由於此二種性偏好行為的影響，使得他們進一步從事竊盜以滿足慾望，而最終則演變成連續殺人行為。Brittain便指出連續殺人犯常有窺視症及戀物症行為，不過他認為二者皆無法與攻擊行為連結[36]。FBI針對36位連續殺人犯的研究也顯示，其中有71%的人有窺視症，而有戀物症者則占72%[37]。

Prentky等人則指出，75%連續殺人犯有戀物症，71%有窺視症，若與只殺一位被害者的性謀殺犯來比較，這些人只有43%有窺視症，33%有戀物症；也就是說，殺害人數愈多的性犯罪者，愈容易有這兩種癖好存在[38]。Schlesinger與Revitch亦認為，窺視症、戀物症、侵入竊盜與性謀殺之間有強烈的關聯，雖然不是所有窺視症及戀物症的患者都有性暴力行為，但連續殺人犯卻經常有這些病史，因此不容忽視[39]。

---

34 Hickey E. W. (2006). *Serial murders and their victims*. CA: Thomson Wadsworth, pp. 178-179.

35 Dietz, P. E. (1986). Mass, serial and sensational homicides. *Bulletin of the New York Academy of Medicine*, 62, pp. 492-496. 引自Schlesinger, L. B. (2000) (Ed.). *Serial offenders: Current thought, recent findings*. FL: CRC Press, p. 141.

36 Brittain, R. P. (1970). The sadistic murderer. *Medicine, Science, and Law*, 10, pp. 198-207.

37 Ressler, R. K., Burgess, A. W., & Douglas, J. E. (1988). *Sexual homicide: Patterns and motives*. DC: Heath and Company, p. 24.

38 Prentky, R. A., Burgess, A. W., Rokous, R., Lee, A., Hartman, C., Ressler, R. K., & Douglas, J. (1989). The presumptive role of fantasy in serial sexual homicide. *American Journal of Psychiatry*, 146, pp. 887-891.

39 Schlesinger, L. B., & Revitch, E. (1999). "Sexual burglaries and sexual homicide: Clinical, forensic, and investigating considerations". *Journal of the American Academy of Psychiatry and Law*, 27, pp. 237-238.

精神醫學家Krafft-Ebing雖然沒有提及窺視症的重要性，但他卻指出戀物症與攻擊行為之間的關係[40]。Yalom也指出許多窺視症患者會去從事性侵害、攻擊他人、侵入竊盜、縱火等犯罪，因此他認為這些犯罪的本質皆包含性的機轉[41]。

（二）戀屍症、吃人、吸血

被害者死後，連續殺人犯經常會吃掉屍體（cannibalism）、吸血（vampirism），同時也會出現與屍體發生性關係即戀屍症（necrophilia）的行為。此外，在實務上也發現過喪葬人員侵犯屍體的案例。Krafft-Ebing也曾指出，吸血有時會單獨出現[42]，不過大多與吃人有關。有些犯人為了要與屍體性交，因而殺害被害者，因此有學者認為殺人的動機有部分是因為強烈的戀屍症所驅使[43]。

此外性偏好行為尚有性謀殺、切割屍體（picquerism）等，都是以不同的替代行為達到性滿足[44]。而預測性偏好傾向可以男權評估（phallometric assessment）量表、先前暴力性犯罪和陰莖增長測驗（penile plethysmography或penile phallometry test）來測量患者對聲光刺激的反應，檢視其能否壓抑性衝動[45]。

---

40 Krafft-Ebing在著作中關於戀物症與攻擊間的描述如下：「破壞迷戀物品的衝動……似乎經常發生」（頁170）、「有衝動去破壞迷戀物……代表對穿著迷戀物女人虐待的要素」（頁183）。參閱Krafft-Ebing, R. Von (1886). *Psychopathia sexualis*. PA: F. A. Davis.引自Schlesinger, L. B. (Ed.) (2000). *Serial offenders: Current thought, recent findings.* FL: CRC Press, p. 14.

41 Yalom, I. D. (1960). Aggression and forbiddenness in voyeurism. *Archives of General Psychiatry*, 3, pp. 305-319.

42 德國連續殺人犯Peter Kurten被稱為Düsseldorf吸血鬼，他殺人的主要目的就是要飲血，他在被處決時曾要求獄方在行刑時能讓他聽到血液從其驅體流出的聲音，他說這是他享受最後愉悅的機會。見Canter, D., Youngs, D. (2009). *Investigative psychology: Offender profiling and the analysis of criminal action*. UK: John Wiley & Sons, pp. 66-67.

43 Schlesinger, L. B. (2000). Serial homicide: Sadism, fantasy, and a compulsion to kill. In Schlesinger, L. B. (Ed.). *Serial offenders: Current thought, recent findings.* FL: CRC Press, p. 15.

44 Badcock, R. (1997). Developmental and clinical issues in relation to offender in the individual. In Jackson, J. L., & Bekerian, D. A. (Eds.). *Offender profiling: Theory, research and practice*. England: John Wiley & Sons, p. 25.

45 Greenberg, D. M., Firestone, P., Bradford, J. M., & Broom, I. (2000). Infantophiles. In Schlesinger, L. B. (Ed.). *Serial offenders: Current thought, recent findings*. FL: CRC Press, pp. 233-235.

另外連續殺人犯常有性幻想（sexual fantasy），也就是故意的想像而會造成性喚起，包括和夢中情人性交、回想過去的性經驗，和陌生人或名人性交，在不同的地點從事性行為等，這些念頭一般人只是在腦海中稍縱即逝，但連續殺人犯則是時常縈繞在心中並會演練其細節，最後如有機會則會強加在他人身上而造成性犯罪。

三、特徵

性偏好行為的被害人大多是單身女性[46]，夜晚時分發生在街道或公園。而加害人大多年紀較大，認識被害人，雖然有性伴侶，但性需求較高，平常會酗酒，有心理疾病且有前科紀錄，以埋伏方式進行且會重複此種行為，可能會發展成窺視症、異裝症及性侵害。此種性癖好大多從兒童時期就開始，而且會漸趨嚴重[47]。

大部分的成年性犯罪者在少年時就有偏差的性行為[48]，而其原因包括：社會學習（大眾傳媒和網路色情造成的不當的性喚起[49]增強）、潛意識壓抑（有兒童發展時期未解決的問題）、性創傷經驗（霸凌、強制性交、性虐待）。其治療應以同理方式溝通，加強其人際關係、憤怒管理和社會技巧，強化性教育，提高挫折容忍力，改變其不良認知，改正其偏差性偏好，並可採取藥物、行為及嫌惡治療（aversive therapy）方式，以預防其再度發生。

此外，性偏好盛行率資料較欠缺的原因在於：此種行為較為隱密、當

46 女性在傳統上被視為被害人而男性則為加害人，事實上也有可能主客易位，但因為文化上的刻板印象而有不同評價，例如一位男性經過公寓停下腳步透過窗戶觀看女性脫衣，可能會依偷窺罪被逮捕，假如角色互換，則屋內的男子可能就變成暴露狂了。

47 Krueger, R. B., & Kaplan M. S. (2000). The nonviolent serial offender: Exhibitionism, frotteurism, and telephone scatologia. In Schlesinger, L. B. (Ed.). *Serial offenders: Current thought, recent findings*. FL: CRC Press, p. 111.

48 Myers, W. C., & Borg, M. J. (2000). Serial offending by children and adolescents. In Schlesinger, L. B. (Ed.). *Serial offenders: Current thought, recent findings*. FL: CRC Press, p. 298.

49 性喚起（sexual arousal）是因性刺激造成的生心理狀態，除了在情緒上處於興奮狀況外，因為血管擴張而造成男性陰莖勃起，女性會產生潤滑效果，而性刺激則包括視覺、聽覺、觸覺都會造成（everything can be eroticized）。

事人大多不願意談論、有些行為被社會、文化、宗教列為禁忌，當事人對其行為也缺乏瞭解，研究者也沒有興趣，但此類行為會逐漸升高，而成為更嚴重犯行[50]，因此應當加以重視，並持續進行相關研究。

第四節 連續竊盜

一、定義

住宅竊盜（burglary）是一種財產犯罪，係指意圖竊盜或犯罪，未經許可非法侵入或嘗試入侵他人的住宅。而病態竊盜症（kleptomania）則是反覆發生無法抗拒偷竊物品的衝動，此被竊物品既非個人使用所需要，也不是為了它們的金錢價值，在從事偷竊之前有精神緊張感增加，進行偷竊時感到愉悅、滿足或舒緩，偷竊不是為了表達憤怒或報復，也不是受妄想或幻覺的指使[51]。此類型為不自主的偷竊習癖者，其可能係藉由偷竊行為來舒緩潛意識裡性需求的不滿足，其成因甚為複雜，包括偷竊之刺激、機會之提供或滿足英雄主義。

竊盜案件大多發生在都市、夜晚，報案及破案率都較低，犯罪者年紀較輕，犯罪時攜帶武器通常是為了不時之需，選擇目標的主要考慮因素包括主人不在家、住在附近或熟悉當地環境、標的物具有價值、可移動性、可見性和逃離容易，門鎖容易破壞及沒有監視錄影設備等，事前會勘察地形，準備犯罪工具，再選定適當時間下手，行竊前會先試探，進入後會避免製造聲響及留下跡證，在最短時間內完成後儘速脫離現場。

研究發現許多房屋成為連續竊盜犯的目標，是由於缺乏自然監控，有良好的脫逃路徑，欠缺保全系統，未採取預防措施，同時座落在高犯罪地

50 Krueger, R. B., & Kaplan M. S. (2000). The nonviolent serial offender: Exhibitionism, frotteurism, and telephone scatologia. In Schlesinger, L. B. (Ed.). *Serial offenders: Current thought, recent findings*. FL: CRC Press, pp. 105-107, 113-114.

51 台灣精神醫學會譯（2016），DSM-5精神疾病診斷準則手冊，合記圖書，頁225。

區，也就是鄰近房屋遭竊會提高它被竊的風險，這種現象稱為鄰近一重複（near-repeat），亦即同一犯罪者會行竊附近的房屋，為何竊賊會回到相同的地點？首先是他想要運用他對現場的知識降低其風險，另外竊賊也已掌握屋主的生活作息，而且可能回到現場取走上次沒有帶走的東西（沒有適當買家、東西太重或太多帶不走），另一個理由是屋主已經買了新的東西，此種「鄰近一重複」現象不僅發生在竊盜，也發生在槍擊、搶劫和汽車竊盜等犯罪[52]。

雖然大部分住宅竊盜的動機是圖利，主要目的是獲取財物，並將贓物轉換為現金，但仍有少部分是由於心理因素，有性方面的動機，理由有時連犯罪者都不清楚[53]。有些住宅竊盜發生時主人在家，部分竊盜犯指出在破門或爬窗時曾達到快感，因此竊盜也可能有性的動機。部分性犯罪者有竊盜前科，而竊盜可能升高為性侵害及殺人，此外許多性謀殺犯也有竊盜前科[54]。事實上竊盜常會引發其他犯罪，例如行竊時主人剛好回家，就可能發生扭打而造成傷害或殺人結果；此外侵入住宅後發現有女子獨自在家，也可能引發性侵害的動機；而竊賊為降低被捕風險，常會攜帶武器以防不時之需，也容易因突發狀況而使用武器，造成重大後果，因此竊盜常是其他犯罪的前身。

戀物及偷竊可能是性侵害和殺人的前兆[55]，大部分性侵害犯有竊盜前科，但是職業竊盜犯很少因為有女人在家就加以性侵害，只有少數有性方面的動機，而刑罰無法嚇阻這類竊盜犯，只能阻止因為環境、情境和衝動等因素的竊盜犯[56]。此外竊盜犯通常有他們喜好的目標和特別的犯案方

52 Bartol, C. R., & Bartol, A. M. (2013). *Criminal & behavioral profiling*. SAGE Publications, pp. 168-169.

53 Schlesinger, L. B. (2000). Serial burglary: A spectrum of behaviors, motives, and dynamics. In Schlesinger, L. B. (Ed.). *Serial offenders: Current thought, recent findings*. FL: CRC Press, p. 188.

54 Palermo, G. B., & Kocsis, R. N. (2005). *Offender profiling: An introduction to sociopsychological analysis of violent crime*. IL: Charles C. Thomas Publisher, pp. 72-73.

55 Rossmo, D. K. (2000). *Geographic profiling*. FL: CRC Press, p. 44.

56 Schlesinger, L. B. (2000). Serial burglary: A spectrum of behaviors, motives, and dynamics. In Schlesinger, L. B. (Ed.). *Serial offenders: Current thought, recent findings*. FL: CRC Press, pp. 201-203.

式，例如破壞物品或隨地大小便，讓被害者心生畏懼因此可藉由簽名特徵和作案手法辨識犯罪者[57]。

性犯罪者通常都有非關妨害風化的前科紀錄，以性侵害犯而言，常見的前科就是闖空門行竊，如果警方正在偵辦一宗連續性侵害案件，而這時候剛好有人因為闖入民宅行竊而被捕，警方就應該深入評估這個嫌犯是否也有性侵害的嫌疑。許多案例都顯示犯罪者初期犯下的小錯，正是未來犯下嚴重暴力案件的前兆；當我們發現屢屢有人犯下偷窺、私闖民宅的罪行時，就應該考慮他有可能是未來的性侵害犯[58]。

雖然多數的竊盜是為了獲取財物，但是有學者已經指出，有一小部分的竊盜犯，他們的犯罪動機及心理，皆與一般以獲利為目的之竊賊不同[59]。Banay便指出，某些竊賊自述他們在翻越窗戶或破壞門鎖的瞬間達到性高潮[60]。也有學者認為，許多犯罪如竊盜、縱火或一些輕微的攻擊行為，可能表面上毫無性的動機，但事實上卻是性的驅使所造成[61]。

但是Baeza和Turvey卻指出竊盜犯有性成分的假設，但並沒有提出資料驗證支持，他們指出有60%的性謀殺犯沒有竊盜前科，而且如果將有竊盜前科的人都列為嫌犯，相關的線索數量將很龐大，勢將浪費偵查的時間和有限的資源，因此仍應蒐集更多的資料，才能證明此一假設[62]。

二、類型

有學者提出住宅竊盜的主題（theme）分類，它是考慮竊盜犯如何影

57 Green, E. J., Booth, C. E., & Biderman, M. D. (2001). Cluster analysis of burglars' Modus Operandi. In Godwin, G. M. (Ed.). *Criminal psychology and forensic technology: A collaborative approach to effective profiling*. FL: CRC Press, pp. 155-156.

58 李宛蓉譯（1999），Douglas, J. & Olshaker, M.合著，惡夜執迷，天下遠見出版，頁82-83。

59 Gibbons, D. C. (1968). *Society, crime, and criminal careers*. NJ: Prentice-Hall.引自Schlesinger, L. B. (2000) (Ed.). *Serial offenders: Current thought, recent findings*. FL: CRC Press, p. 198.

60 Banay, R. S. (1969). Unconscious sexual motivation in crime. *Medical Aspects of Human Sexuality*, 3, p. 24.

61 Guttmacher, M. S. (1963). Dangerous offenders. *Crime and Delinquency*, 9, pp. 381-390.

62 Baeza, J. J., & Turvey, B. E. (2000). "Criminal behavior literature review project". *Journal of Behavioral Profiling*, l(1). http://www.profiling.org/journal/subscribers/vol1_no1/ jbp_cblrp_rs_january2000_1-1.html.

響被害者，竊盜行為不僅提供犯罪者的心理需要，也會擾動被害者的情緒，首先是人際間（interpersonal）的面向，分為隱含（implicit）和明顯（explicit），前者是屋主不在家，犯罪者的目的不是讓被害者不安，後者是屋主在家，除了造成財產損失外，被害者在心理也會產生莫大恐懼，另外一個面向是技術（craftsmanship），低技術是指缺乏計畫、知識和技巧，偷容易帶走的東西，可能留下證據，風險較高，高技術則是有審慎的計畫、專業，花較多時間尋找高價值的物品（如古董、珠寶），通常知道屋主藏放貴重物品的位置，結合上述二種面向，可分為以下四種（表9-4-1）[63]：

（一）小偷（pilferer）：對被害者衝擊最小，只偷容易攜帶的財物（如現金），獲益較低，通常門未上鎖，也沒有保全系統，屋主也不在場，小偷是因為刺激、好奇而進入他人家中，很多是青少年。

（二）劫掠者（raider）：會偷較有價值的財物，沒有敵意，也不會破壞房屋，侵入方式較有技巧，會避免接觸屋主，通常是專業且有經驗的竊盜犯。

（三）侵犯者（intruder）：目的是入侵，會惡意破壞，冒險，甚至準備遭遇被害者，犯案缺乏計畫，是因為短暫的慾望所驅使，因此對被害者衝擊較大。

（四）入侵者（invader）：行為包括工具和表達成分，常會造成房屋雜亂，東西散落一地，會偷一些對被害者具情感意義的東西（如全家福照片），留下簽名特徵或訊息，顯示明顯的敵意或報復。

以上四種主題會持續出現在不同犯罪現場，雖然有時會因情境不同而有些許變化，但其主軸是一致的，所以可以用來連結案件。

---

63 Bartol, C. R., & Bartol, A. M. (2013). *Criminal & behavioral profiling*. SAGE Publications, pp. 166-169.

表9-4-1　住宅竊盜的四個主題

人際＼技術	高	低
隱含	小偷	劫掠者
明顯	侵犯者	入侵者

另有許多學者曾提及二種類型的「性竊盜」，其一為戀物症竊盜（fetish burglary），這類型罪犯會偷竊女性內衣、內褲、鞋子等東西[64]，所以有明顯的性驅力；另一為窺視症竊盜（voyeuristic burglary），這類型罪犯是因為窺視症或四處觀看的強烈慾望而激勵，因而性的驅力並不明顯。許多連續殺人犯早期皆是這兩種竊盜的犯罪者，表9-4-2為Schlesinger及Revitch所整理之連續殺人犯的早期竊盜類型，在這14人中有6人（43%）不是因為殺人而是因竊盜被逮捕；這二位學者也調查了52名性謀殺犯，發現其中有42%的人有竊盜經驗（32%是戀物症竊盜、68%為窺視症竊盜），單獨在女性家中殺人者有77%曾有竊盜經驗[65]。

表9-4-2　曾有竊盜經驗的連續殺人犯

犯罪者	竊盜類型	殺人地點和殺人人數
Jerome Brudos	16歲開始戀物症竊盜 迷戀物為鞋子和腳	在自己家中及戶外 殺了4個女人
Ted Bundy	窺視症竊盜	在被害者住處及戶外 殺了30-40個女人
Richard Trenton Chase	戀物症竊盜 弄髒住宅	在被害者住處 殺了10個女人並吸血

64 過去大多為入室竊盜陽台吊掛衣物，現今社會有許多自助洗衣店，竊賊便入內竊取送洗衣物，竊取後藏放在家中（如抽屜或天花板內），有人會利用聞味道來伴隨手淫，亦有人會穿在身上，享受這些貼身衣物帶來的快感。見Turvey, B. E. (2016). Investigating fetish burglaries. In Turvey, B. E. & Esparza, M. A. (Eds.). *Behavioral evidence analysis: International forensic practice and protocols*. Academic Press, pp. 171-176.

65 Schlesinger, L. B., & Revitch, E. (1999). "Sexual burglaries and sexual homicide: Clinical, forensic, and investigating considerations". *Journal of the American Academy of Psychiatry and Law*, 27, pp. 237-238.

表9-4-2　曾有竊盜經驗的連續殺人犯（續）

犯罪者	竊盜類型	殺人地點和殺人人數
Nathaniel Code	竊盜 在屋內射精	在被害者住處 殺了8個女人
Albert DeSalvo	當兵期間開始窺視症竊盜 在屋內射精	在被害者住處 殺了13個人
Robert Hansen	20歲初期開始竊盜	在被害者住處及戶外 殺了4個妓女
William Heirens	13歲開始戀物症竊盜 用糞便及尿液弄髒住宅	在被害者住處 殺了3個女人及肢解1位孩童
Cleophus Prince	21件日間侵入竊盜	在被害者住處 殺了6個女人
Richard Ramirez	窺視症竊盜	大多在被害者住處 殺了13位男女
Monte Rissell	12歲開始竊盜	在戶外 殺了5個女人及妓女
Danny Rolling	窺視症竊盜 習慣性竊盜	在被害者住處 殺了3男5女和1個小孩
George Russell	青少年初期開始竊盜	在被害者住處及戶外 殺了3個女人
Arthur Shawcross	竊盜	在被害者住處及戶外 殺了3個女人
Timothy Spencer	14歲開始竊盜	在被害者住處 殺了4個女人

有些竊賊提及在破門或破窗一瞬間曾達到興奮（rapist and burglar is similar in “breaking and entering”），此種強迫「性」動機的竊盜可分為二種[66]：

（一）戀物（動機較明顯）：利用沒有生命的物體（如衣物、高跟鞋），以達到性喚起[67]，例如為了自慰的目的，偷女性的內衣褲和物品。

66 Schlesinger, L. B. (2000). Serial burglary: A spectrum of behaviors, motives, and dynamics. In Schlesinger, L. B. (Ed.). *Serial offenders: Current thought, recent findings*. FL: CRC Press, pp. 198-200.

67 Schlesinger, L. B. (2000). Serial homicide: Sadism, fantasy, and a compulsion to kill. In Schlesinger, L. B. (Ed.). *Serial offenders: Current thought, recent findings*. FL: CRC Press, pp. 13-14.

（二）窺視（動機較隱晦）：透過偷看達到性興奮，偷沒有價值的東西，以合理化其侵入行為。

戀物症除了會偷竊女性的內衣褲外，也會蒐集某種顏色的手套、皮包、衣服、鞋子，或其他沒有價值的東西（可能是為了手淫的目的），例如William Heirens強調他在看到打開的窗戶時會勃起，在翻牆的時候會射精，而在離開前會在現場大小便（污染房屋代表對屋主發洩他的憤怒）。

相對於明顯的戀物，窺視則是有隱藏的性動力，此類嫌犯有想要偷看的慾望，幻想自己會看到裸體的女性，會偷小東西，目的在合理化其偷窺行為。某些偷窺者沒有勇氣面對女性，在搜尋屋內時，也無法解釋他在找什麼，並不瞭解他偷竊的動機，最後演變為儀式化的行為，而這些案件可能被誤認為是一般的偷竊案件，因為嫌犯會偷有價值的東西，因此必須深入檢視犯罪者的動機和幻想，才會發現這類行為的本質。

許多表面上非「性」的犯罪，如縱火和竊盜，事實上都可能有性方面的動機，但在法律上因為沒有明顯的性行為，而未被歸類為性犯罪。研究發現許多性謀殺犯有竊盜前科，因此有此背景的人應列為嫌犯，而許多性謀殺犯是在犯竊盜案時被捕，並非因為殺人而被捕，估計性竊盜犯有三分之一是戀物症，三分之二是窺視症[68]。

三、行為跡證與案件連結

住宅竊盜犯多為生涯犯罪人（career criminal）會一犯再犯，對相關案件進行連結對偵查工作有相當助益，因此有必要深入探討。案件連結（case linkage）是將發生在不同時間、地點的案件，透過物證、人證或犯罪行為的連結功能，將多起案件判定係為同一人或犯罪集團所犯之系列犯罪案件，在案件產生連結關係後，偵查人員可將不同案件間的資訊（如物證鑑驗情形、犯罪現場作案手法、被害人調查、周邊查訪紀錄、CCTV

68 Schlesinger, L. B., & Revitch, E. (1999). "Sexual burglaries and sexual homicide: Clinical, forensic, and investigating considerations". *Journal of American Academy of Psychiatry and Law*, 27(2), pp. 227-238.

的影像調閱）合併分析與交叉應用，產生較單獨案件更強而有力的偵查功能。

案件連結的功效主要在於不同案件現場蒐集的證據，可相互應用解釋於同一犯罪人或集團的犯罪行為；將發生於不同轄區的案件連結，可使得原本分別係屬單一偵查人員獨力偵查的案件，轉化為專案小組聯合偵查多起案件的型態，將可減少偵查資源的浪費，進而發揮偵查功能的實質效益。就犯罪偵查而言，連結案件的方法主要有三，分別為：物證、人證與行為跡證等三種。然而，具有「個化」、「類化」特性的物證，雖有「絕對的偵查價值」，但其實際的偵查功能，特別是住宅竊盜的偵查作為，並未若想像中理想；其次，證人則是容易受到記憶、認知的影響，對於案件情節的回憶容易產生扭曲，因而降低連結案件的準確率。故近年來有許多學者相繼投入研究行為跡證與案件連結的應用之相關研究，也獲得不少有助於偵查的線索[69]。

第五節　尾隨騷擾

尾隨和騷擾通常會干擾當事人的正常生活，雖然大多未達違法程度，但卻可能進一步發展成傷害、性侵甚至殺人，因此有必要在此加以探討。

一、尾隨

尾隨（stalking）是在一段期間內，故意、惡意和重複跟隨（obsessional following）和騷擾一個人，導致被害者產生害怕或痛苦而威脅到他人的安全和正常生活，有下列不同類型[70]：

（一）色情狂（erotomania）：妄想別人喜歡他（其實是誤解）。

69　林燦璋、廖有祿、陳瑞基（2011），連續型住宅竊盜犯的行為跡證與案件連結分析，中央警察大學學報，第48期，頁91-113。

70　Paterick, W. (2002). Stalking. In Turvey, B. E. (Ed.). *Criminal profiling: An introduction to behavioral evidence analysis*. CA: Academic Press, p. 498.

（二）名人型（celebrity）：以名人（演員、歌星、運動員、政治人物）為對象，企圖吸引其注意。

（三）先前熟識者：以前有婚姻或同居關係，可能已收到禁制令，但拒絕承認關係已經結束並尋求報復，此類占最多數。

（四）追求者（單戀）：求愛遭受拒絕，但片面誤解雙方互動程度，有自戀傾向。

（五）心理變態：從尾隨被害人獲得權力感，目的不在建立個人關係，會進行計畫及演練，可能導致性攻擊他人。

（六）其他：弱智（無法與異性互動）、謊報型（指控他人尾隨她）、憤怒型（嚇被害人）、陌生人（吸引他人注意）、職業殺手（受僱殺人）、連續殺人（引誘被害人），都可能在加害過程中尾隨當事人。

有學者提出雙方關係（relationship）和情境脈絡（context）的分類（RECON），他首先將尾隨者分為二大類，雙方有關係或兩造原來沒有關係，前者又分為親密關係（如配偶、同居、正在交往）和熟識關係（如熟人、同事及朋友），後者又可分為公眾人物（如名人、政治人物、明星、運動員）和陌生人（如表9-5-1），研究發現親密關係者暴力程度較高且容易再犯，其次為熟識者、公眾人物尾隨者通常年紀較長，較少有犯罪前科，但可能有精神疾病，女性尾隨者的目標通常是男性，較不會去威脅目標，但如果有暴力行為則會非常嚴重，陌生人則是最低比例，通常有精神疾病，有時會用電話或網路騷擾對方[71]。

表9-5-1　RECON分類

先前有關係	先前無關係
親密關係	公眾人物
熟識者	陌生人

71 Bartol, C. R., & Bartol, A. M. (2013). *Criminal & behavioral profiling*. SAGE Publications, pp. 198-200.

另有學者將尾隨行為分無現場和有現場二種，前者是指尾隨者沒有和被害人直接接觸，只有透過打電話、發簡訊、傳真、寫信、留語音或其他訊息、散布流言、騷擾熟人或家人，雖然沒有直接的危險，但仍造成嚴重的騷擾；後者則是和被害者直接接觸，如跟蹤、到工作場所或家裡探訪徘徊、留下簽名、破壞財物、送禮或留下具威脅或性暗示的禮物、展示武器、攻擊或暴力行為等，有可能會造成傷害，當然前者亦可能升高成後者。此外還有一種網路尾隨（cyber stalking）係利用網路進行騷擾，包括利用網路聊天室、論壇、BBS、facebook、LINE、skype等工具持續接觸被害人，也可能是戀童症者透過網路搜尋目標，利用照片、影片和道具引誘兒童，最後進行性騷擾甚至是性侵害[72]。

尾隨的被害人多為女性，而加害者多為男性，通常可能有伴隨暴力行為，但它和一般暴力行為的區別在於加害者通常熟悉或認識被害人，尾隨可能只有間接或暗示威脅被害人，可能持續幾個月到幾年，許多尾隨案件被害者都未曾報案，但從許多自陳報告的研究顯示此種行為非常普遍。根據研究，部分尾隨者有精神病、妄想症、人格障礙症和病態物質濫用（酗酒、嗑藥），而且經常有暴力犯罪和性犯罪前科，分析其特徵後發現大多是男性，年長（34歲以上），未婚、離婚或分居，教育程度中上（高中以上），工作不穩定或無業，不善與人溝通，遊走法律邊緣，而且大多以認識的女性為對象[73]。結果導致被害人呈現某些身心症狀，例如焦慮、失眠、社交功能失調、嚴重憂鬱、煩惱憤怒、失去安全感和對他人的信任等，影響其正常工作和社交生活，甚至不斷搬家以避免繼續被騷擾，但也有部分被害人認為這是私事，因而沒有報案而導致被重複騷擾[74]。

尾隨者因為追求失敗、無法建立或維持親密關係，因此在得悉被害者行蹤後，會以電話、簡訊、信件、電子郵件、塗鴉、送禮、邀約、代訂

72 Hickey E. W. (2006). *Serial murders and their victims*. CA: Thomson Wadsworth, pp. 128-130.

73 Goldstein, R. L. (2000). Serial stalkers: Recent clinical findings. In Schlesinger, L. B. (Ed.). *Serial offenders: Current thought, recent findings*. FL: CRC Press, pp. 168-173.

74 Petherick, W. (2002). Stalking. In Turvey, B. E. (Ed.). *Criminal profiling: An introduction to behavioral evidence analysis*. CA: Academic Press, p. 500.

商品、監視、跟蹤、威脅造訪其住家或在公眾場合藉機接近、不期而遇、偷被害人的物品或破壞其財物等不同方式進行騷擾，比較新的型態則是網路尾隨。另外精神病患會尾隨陌生人，正常人則以熟識者為對象，大部分不會以暴力相向，只是藉由尾隨補償其追求失敗的失落感，或表達憤怒及報復，有時可能是無惡意（innocuous）的舉動，但被害者會感到不勝其擾。尾隨者通常是在兒童時期失去照顧者或遭父母虐待，因此對於被拒絕很敏感，一旦遭到拒絕，便會產生憤怒而執迷於追求行為，而且事後不會後悔，亦不承認其行為有錯，因此對司法制裁無動於衷或拒絕治療。

在尾隨者從事暴力行為的風險評估上，前任配偶或同居人的風險程度最高，亦即關係愈親密，威脅的可能性愈高，其次是先前有暴力行為者，另外持有武器也會提高風險程度，最後有精神疾病也容易在尾隨過程中施暴。

二、騷擾

尾隨與騷擾（harassment）可謂一體兩面，尾隨後經常發生騷擾的行為，其中性騷擾（sexual harassment）是使用威脅或賄賂，傳達侮辱、敵對和貶損態度的言語和肢體行為，是一種性別歧視，雖然與性別無關，但行為人通常是男性，被害人大部分是女性，此類事件廣泛發生在企業界、學術界、政府部門和軍隊，對被害者的職業和個人生活產生負面影響。此種行為有個人因素和情境因素（組織氣候），而某些場合（如聲色場所）也會助長性騷擾。出現的行為包括故意碰觸身體、言語騷擾、甚至長時間目光接觸，只要會造成當事人不舒服，都算是性騷擾。其預防方法包括[75]：

（一）對新進員工進行心理測驗及篩選，可過濾有此傾向的人員，但如果員工知道測驗結果會影響其工作機會，就不會誠實回答。

（二）針對高風險者進行密集監督，將可減少此類行為發生的可能性。

---

75 Pryor, J. B., & Meyers, A. B. (2000). Men who sexually harass women. In Schlesinger, L. B. (Ed.). *Serial offenders: Current thought, recent findings*. FL: CRC Press, pp. 208, 210-211, 218-219.

（三）加強員工的警覺訓練，建立申訴程序，分發指導手冊或海報，一旦發生時能適當處理並立即反映。

（四）一旦找出騷擾者，應進行詳細調查，瞭解事件始末，根據情節輕重採取適當處置，並針對當事人作個別的諮商與輔導，以減輕造成的影響並預防其再犯。

如果能在輕微的騷擾發生時就加以制止，往往可以預防更嚴重的尾隨甚至性侵害行為，因此有必要予以重視。研究發現停止尾隨騷擾的原因有：找到另一個對象、執法機構干預（如逮捕、定罪、限制令），另一個有效方法是盡可能重新安置被害者，讓加害者找不到他（她）的下落。由於尾隨騷擾有重複的性質，因此剖繪也可適用在偵查此類案件上，許多尾隨情節都顯露病態的行為，而這些行為是由犯罪者特徵衍生而來，符合犯罪剖繪中「行為會反映人格」的前提。

目前有關尾隨的文獻較少，研究也並不多見，有些研究發現尾隨某一位被害人，有時也會尾隨和他相關的人，或是放棄目前對象，轉而尾隨其他人，或同時尾隨多人，因此將不同時間、地點尾隨多名被害人的連續尾隨犯（serial stalker）分為接續犯（consecutive）意指在不同時段接續尾隨不同的被害人，以及同時犯（concurrent）指同時尾隨二個以上被害人[76]，而連續殺人犯和強暴犯通常也會跟蹤、尾隨及騷擾他們的被害人[77]。

但最近國內研究尾隨（跟追）行為已有逐漸增多趨勢[78]，目前美國各州都已通過反尾隨法，而國內則於2021年12月1日公布「跟蹤騷擾防制

76 Petherick, W. (2006). Serial stalking: Looking for love in all the wrong aspects? In Petherick, W. (Ed.). *Serial crime: Theoretical and practical issues in behavioral profiling*. MA: Academic Press, p. 145.

77 Goldstein, R. L. (2000). Serial stalkers: Recent clinical findings. In Schlesinger, L. B. (Ed.). *Serial offenders: Current thought, recent findings*. FL: CRC Press, pp. 174-176, 179-183.

78 如：黃壬聰（2000），尾隨的探討——尾隨者的類型和方法；黃靜怡（2007），跟蹤行為及其被害型態實證研究——以國立中正大學學生為例；陳姿君（2008），大專院校女學生被跟蹤騷擾經驗、因應方式與影響之研究；邱筱媛（2011），親密伴侶跟蹤之研究：受暴婦女的經驗和回應方式；李郁薇（2013），公眾人物被跟追行為之研究——以娛樂界名人為例；謝喬伊（2015），家庭暴力事件中跟追問題之研究等。

法」，明確定義跟蹤騷擾行為指以人員、車輛、工具、設備、電子通訊、網際網路或其他方法，對特定人反覆或持續為違反其意願且與性或性別有關的八類行為，包括「監視、觀察、跟蹤或知悉特定人行蹤」、「以盯梢、守候、尾隨或其他類似方法接近特定人之住所、居所、學校、工作場所、經常出入或活動之場所」、「對特定人為警告、威脅、嘲弄、辱罵、歧視、仇恨、貶抑或其他相類之言語或動作」、「以電話、傳真、電子通訊、網際網路或其他設備，對特定人進行干擾」、「對特定人要求約會、聯絡或其他追求行為」、「對特定人寄送、留置、展示或播送文字、圖畫、聲音、影像或其他物品」、「向特定人告知或出示有害其名譽之訊息或物品」及「濫用特定人資料或未經其同意，訂購貨品或服務」，使之心生畏怖，足以影響其日常生活或社會活動。警察機關受理跟蹤騷擾行為案件，應即開始調查，製作書面紀錄，並告知被害人得行使之權利及服務措施，經調查有跟蹤騷擾行為之犯罪嫌疑者，應予行為人書面告誡，必要時並應採取其他保護被害人之適當措施，行為人經警察機關書面告誡後二年內，再為跟蹤騷擾行為者，被害人得向法院聲請保護令，禁止相對人為前述八類行為，並得命相對人遠離特定場所一定距離，禁止相對人查閱被害人戶籍資料，命相對人完成治療性處遇計畫，及其他為防止相對人再為跟蹤騷擾行為之必要措施，而實施跟蹤騷擾行為者則有刑罰規定[79]。

第六節　電腦犯罪與數位證據

一、電腦犯罪

將犯罪剖繪技術應用到電腦犯罪，首推FBI所發展的「電腦犯罪對照矩陣」（computer crime adversarial matrix）（如表9-6-1），它是歸納過去發生的電腦犯罪案例，用來推論駭客（團體和個人）、犯罪者（間諜和

79 全國法規資料庫，https://law.moj.gov.tw/LawAll.aspx?pcode=D0080211。

詐欺濫用）及破壞者（陌生人和使用者）的組織、作業、行為和資源四種特性。它的運用方式是根據犯罪現場（電磁紀錄）所呈現的部分特徵（已知）研判電腦犯罪者的類型，再推敲犯罪者的其他特徵（未知部分）。亦即在對照矩陣中勾選犯罪現場出現的所有特徵（可能在不同類別中會重複），再計算各種電腦犯罪者出現的特徵數，以特徵數出現最多者為電腦犯罪者的類型，最後根據對照矩陣表中的內容，推論目前發生的案件具備過去案例的特徵（尚未掌握的部分）。

虛擬世界中的電腦犯罪其實和真實世界的一般犯罪有高度的相似性，例如電腦駭客在入侵電腦前會和竊盜犯一樣會事先勘察現場（電腦系統），再決定何時從何處下手，入侵時會保持警戒（確認管理者是否在線上並隨時準備退出），也會運用許多犯罪工具（如利用電腦系統的漏洞或使用現成的入侵工具），在最短時間內找到犯罪標的（密碼或檔案），也像竊賊一樣會戴手套、擦拭指紋（刪除稽核紀錄），離開前留下後門以便下次再來，因此傳統的偵查技術也可套用在電腦犯罪案件上。

此項工具能提供電腦犯罪者的一般性特徵，但是它所描述的動機和行為，並不是建立在心理學的研究（只有根據過去發生案例的統計歸納），而且並未區分作案手法和簽名特徵，因此當偵查人員嘗試將此工具運用在特定案件時，其用途就受到限制。平心而論，此矩陣可作為一種協助調查的工具，但它並非確定的描述（可能有誤差）或預測的工具，因為類推人類的行為本來就是件很困難的事情，通常會導致不可靠的結果，而偵查人員通常需要特定而非一般性的答案，因此仍須廣泛的研究和審慎的運用[80]。

80 Casey, E. (1999). Cyber pattern: Criminal behavior on the Internet. In Turvey, B. (Ed.). *Criminal profiling: An introduction to behavioral evidence analysis*. CA: Academic Press, pp. 315-319.

表 9-6-1　電腦犯罪對照矩陣

組織特性			
種類	組織	吸引	國際聯繫
駭客			
團體	反文化取向的非結構組織	同儕團體吸引	和世界各地的其他團體互動或聯繫
個人	無，這些人大多獨自行動	因智力挑戰而被吸引	訂閱駭客雜誌，在駭客布告欄與他人互動
犯罪者			
間諜	有敵對情報單位支助	大多是為了錢，有些是意識型態的吸引	使用電腦網路入侵全球各地的電腦目標
詐欺濫用	可能是以小型的犯罪組織運作或是獨自行動	金錢、權力	利用管道將錢轉到國外
破壞者			
陌生人	獨自行動或小團體，可能相當年輕	報復、智力挑戰、金錢	使用電腦網路及電話系統入侵目標電腦
使用者	通常是職員或前任員工	報復、權力、智力挑戰、不滿	無
作業特性			
種類	計畫	專業程度	使用方法和策略
駭客			
團體	可能有詳細計畫	高	經由電腦網路進入目標電腦，和其他駭客及團體交換資訊
個人	在嘗試入侵前先研究網路	中等到高等，經由社交網絡獲得經驗	可能在線上嘗試錯誤而非仔細研究和計畫，使用BBS分享其他系統的帳號
犯罪者			
間諜	和駭客特性相同	高	可能和駭客訂立契約以蒐集資訊
詐欺濫用	在犯罪前小心計畫	中等到高等，通常對詐欺比程式設計更有經驗	可能使用更傳統的入侵方法如竊聽和陷阱門，會使用基本方法入侵系統

表 9-6-1　電腦犯罪對照矩陣（續）

破壞者			
陌生人	沒有很多計畫，很多是因機會而犯罪	不一定	查看直到可以進入系統
使用者	可能有詳細的計畫和執行	不一定，很多人可能是高度專業	陷阱門、木馬程式、資料修改
行為特性			
種類	動機	個人特性	可能弱點
駭客			
團體	智力挑戰、同儕團體玩樂、其他原因	高智慧、反文化取向	並不認為其行為是犯罪，公開和他人談論其行動
個人	智力挑戰、解決問題、權力、金錢、其他原因	智力中上	會在行動中作筆記或其他紀錄
犯罪者			
間諜	金錢和攻擊系統的機會	可能是以集體或個人行動的駭客	因為要貪得更多資訊而變得不小心
詐欺濫用	金錢、權力或其他個人利益	和其他詐欺犯有相同的個人特徵	變得貪婪而犯錯
破壞者			
陌生人	智力挑戰、金錢、權力	和駭客相同特性	變得厚顏無恥而犯錯
使用者	金錢，解決問題，對組織進行報復	通常有些電腦專長	可能在電腦稽核檔內留下痕跡
資源特性			
種類	技巧訓練	需要基本配備	共犯結構
駭客			
團體	高層次的非正式訓練	基本電腦設備和數據機	同儕團體支持
個人	經由經驗獲得專業知識	同上	BBS、資訊交換
犯罪者			
間諜	不同專業程度	基本電腦設備和數據機，有時會使用更複雜的設備	來自支助情報單位的支援

表9-6-1 電腦犯罪對照矩陣（續）

詐欺濫用	有些寫程式的經驗	電腦加數據機、進入目標電腦的權限	同儕團體，可能是有組織的犯罪企業
破壞者			
陌生人	從基本到高度專業	基本電腦設備及數據機	同儕團體支援
使用者	有些電腦專業，寫程式的知識從基本到進階都有	進入目標電腦的權限	無

而作案手法和簽名特徵的區別，也可以在電腦駭客Kevin Mitnick找到答案，Mitnick有非常進步的作案手法，使得追蹤他非常困難，例如他會入侵電話網路，建立撥接迴路以隱藏其下落，接著使用行動電話撥入網路服務提供者（Internet Service Provider, ISP），並使用高超的技術入侵電腦並偷竊軟體、信用卡和資料，而將偷來的資料儲存在第三者的電腦之中[81]。但是Mitnick卻展現某些非犯罪所必需的特殊行為，例如他入侵電腦安全專家下村勤的電腦並偷竊其軟體，更留下辱罵和威脅的語音訊息，這些行為應可視為簽名特徵。有些電腦駭客在入侵成功後喜歡向他人炫耀，甚至在系統內留言，而不自覺地留下線索[82]。

有學者曾蒐集國內電腦犯罪案例，發現常見的作案手法有：使用公用電腦上網、在電子布告欄、新聞群組發廣告信、申請國外虛擬主機空間、購買免登記個人資料的行動電話和撥接帳號進行聯絡、使用化名、捏造虛偽資料、透過郵局、快遞代收貨款方式郵寄交貨、刪除犯罪紀錄、湮滅證據等。而在簽名特徵方面，發現某些駭客會複製無實際價值的檔案作為戰利品、入侵電腦系統後留下辱罵字句、電腦病毒作者在撰寫病毒中夾雜發洩言語、或在事後向朋友炫耀等行為，都是明顯的例子[83]。

81 Parker, D. B. (1998). *Fighting computer crime: A new framework for protecting information*, NY: John Wiley & Sons, p. 4.

82 Judson, K. (1994). *Computer crime: Phreaks, spies, and salami slicers*, NJ: Enslow Publishers, p. 65.

83 廖有祿、李相臣（2011），電腦犯罪—理論與實務，五南圖書，頁258-259。

此外犯罪剖繪技術對性侵害犯所發展的分類，也可運用到網路犯罪（如表9-6-2）[84]，但此種分類並非絕對，因為每個犯罪者都具備獨特性（individualistic）及變化性（evolutionary）二種性質[85]，例如單一犯罪可能有多重動機，或是作案手法一直在演進，因此不會很容易落入任何一種類型，這是運用時要特別注意的地方。

表9-6-2　網際網路犯罪的分類

類型	行為範例
權力確認型	在電腦網路張貼兒童色情圖片，並公開宣稱他很聰明，警察抓不到
權力獨斷型	入侵保全良好的電腦系統且秘密完成工作，並非尋求他人確認或表達憤怒
憤怒報復型	因為認知錯誤，使用網路服務去騷擾和威脅被害者，包括跟蹤和接觸
虐待型	在線上討論群組找到被害者並安排碰面，從接觸到折磨、強暴至殺害
機會型	在正常網路活動中發現機密資訊，並使用它來從事黑函或間諜犯罪
利益型	將上千張偷來的信用卡號碼燒成光碟販售

二、數位證據

電腦保留許多個人（包括加、被害者）行動的重要資訊，因此數位證據（digital evidence）到處存在[86]，剖繪者有必要瞭解它，並從電腦網路萃取大量的行為資訊，藉由分析這些數位證據，可以深入瞭解現代人類的網路行為，因此剖繪人員要從這種新的環境（包括實體世界和虛擬世界）去辨識和詮釋行為資訊，此項技術不僅適用在電腦犯罪，也可應用在一般犯罪的偵查工作[87]。

84 Casey, E. (1999). Cyber pattern: Criminal behavior on the Internet. In Turvey, B. E. (Ed.), *Criminal profiling: An introduction to behavioral evidence analysis*, CA: Academic Press, pp. 323-325.

85 許春金（1996），犯罪學，中央警察大學，頁323。

86 數位軌跡（cybertrail）不僅存在於電腦網路，如網頁瀏覽紀錄、聊天室對話紀錄、電子郵件收發紀錄，也遍布在日常活動之中，例如行動電話通聯紀錄、信用卡刷卡紀錄、電子收費紀錄、電子錢包消費紀錄、車牌辨識紀錄等。

87 例如逮捕槍擊要犯張錫銘時，就是靠嫌犯有玩網路遊戲習性，進而透過其遊戲帳號，掌握其落腳地點及生活作息，終於能一網成擒。

由於網路有匿名性，可以輕易偽造他人的身分，被認出來的風險很低，而且有其便利性，有些犯罪者便利用網路的匿名性，從事實體世界不敢做的事情。例如，在網路聊天室可以找到許多加害目標，而利用「即時通訊」（instant message）軟體就可以很快和被害者聯繫，從性犯罪者的觀點，網路是一項有用的工具，可以從遠端監視、騷擾被害人，容易獲取目標和從事犯罪，又可隨時改變其作案手法以避免被逮捕，而且由於證據留存時間短暫又容易湮滅，因此使得偵查工作更加困難。

統計顯示在網路上找尋兒童的犯罪者正快速增加，他們大多沒有侵害幼童的前科，有高收入的工作，平時守法且看似正常。而網路使得兒童色情資訊更容易取得，只要輸入特定關鍵字就可以取得大量猥褻圖片，戀童犯更可以匿名方式在網路聊天室和兒童互動，利用角色扮演（role play）進行露骨的性對話，這種案件的偵查大多以釣魚方式約到指定地點再進行逮捕，因此偵查人員必須熟悉其網路用語[88]。

透過數位證據也可以進行被害調查，包括被害者在哪裡使用電腦？使用帳號為何？瀏覽哪些網頁？網路交友情形？有無異常訊息？等，它可以找出被害者和犯罪者的可能關聯及評估被害風險（如表9-6-3）[89]，潛在的被害者如果在網路上參與愈多活動，留下的訊息愈多，將會增加被尾隨的風險，而加害者願意冒較高風險從事犯罪，則可能是因為他被無法壓抑的衝動所驅使。一般而言，主要現場是犯罪發生的地方，數位證據大多集中在此，次要現場則是用來促進犯罪和避免逮捕的地方，存留證據較為分散。但犯罪地點如果涉及網路，則進行地緣剖繪將較不可靠，因為犯罪地點不再只是實體位置，也包括虛擬場所，犯罪者可以利用網路攻擊遠端的被害人，而使用電腦作為跳板，將使追蹤到實際攻擊者的機會更加渺茫。

此外，數位證據比其他證據更容易改變，原因包括被犯罪者湮滅，

88 Young, K. S. (2004). "Profiling online sex offenders: A preliminary study of 22 cases". *Journal of Behavioral Profiling*, 5(1). http://www.profiling.org/journal/subscribers/vol5_no1/jbp_5-1_so.html.

89 Casey, E. (1999). Cyber pattern: Criminal behavior on the Internet. In Turvey, B. E. (Ed.). *Criminal profiling: An introduction to behavioral evidence analysis*, CA: Academic Press, p. 373.

被害者、目擊者（系統管理者）意外破壞，周圍電磁場改變，儲存媒體分解，技術人員和鑑識人員無意中破壞等[90]，但被刪除、破壞的紀錄通常可以特殊工具加以還原，也有可能存在中介的通訊設備中，即使內容無法恢復，仍可掌握其通聯關係。數位證據可以用來重建犯罪的時空關係，但首先需評估數位證據的完整性、正確性、真實性和其意義，否則所提出的剖繪結論會遭到質疑。並應考慮所有可能的解釋，不要基於個人偏見和過去經驗就驟下結論，也不應過度依賴未經證實的假設，有問題應諮詢電腦技術方面的專家，以有效輔助犯罪偵查工作。

表 9-6-3 實體和虛擬世界中加、被害者的風險分析

風險	實體世界	虛擬世界
高風險被害者	無人照料的小孩在上學或返家途中和陌生人交談	無人照料的小孩在網路聊天室和陌生人交談
高風險加害者	犯罪者在有監視器錄影的地區擄獲被害者	犯罪者在有監視或記錄的網路上擄獲被害者
低風險被害者	避免在無人陪伴下去特定場所，不會將個人資料提供給陌生人	避免進入某些網路空間（如交友聊天室），不在網路將個人資料提供給陌生人
低風險加害者	犯罪者戴面具或從事掩飾行為以避免被偵測	犯罪者利用網路提供的匿名性，並進行掩飾行為以避免被偵測

第七節 恐怖活動

犯罪剖繪也可用來瞭解恐怖活動，以下就恐怖活動的定義、恐怖分子的特徵及其類型分別加以說明，並探討恐怖活動研究的困境。

一、定義

恐怖活動（terrorism）通常是以政治為訴求，藉由暴力或威脅達到製造恐怖或強制的目的，恐怖活動是一種政治犯罪，但也是一種暴力犯罪。

90 Casey, E. (2000). "Criminal profiling, computers, and the Internet". *Journal of Behavioral Profiling*, 1(2). http://www.profiling.org/journal/subscribers/vol1_no2/jbp_cpci_may2000_1-2.html.

通常有事前計畫，為了有效達成目標，必須能夠操弄整個社會，以傳達其訴求，這才是其行動的主要目的。暴力犯罪和恐怖活動的差別，在於犯罪者有無犯罪上的動機和意識型態，因此如果是為了個人或金錢利益的爆炸和挾持人質，並不是追求政治或社會目標，就只是一般的犯罪行為，反之恐怖分子也不會認為自己是罪犯，寧願別人稱之為「革命分子」[91]。恐怖活動和仇恨犯罪（hate crime）都是為了政治或社會目的而從事犯罪，它們和其他犯罪的差異在於沒有個人財務或感情上的動機，通常是超越個人利益，目的在於推翻政府或宣傳某種理念，仇恨犯罪通常包含種族、宗教、性別或族群的偏見，而恐怖活動則通常來自政治上的原因，二者的差別是針對的目標，前者通常是特殊的少數團體，而後者的目標通常是政府[92]。

恐怖主義是有計畫的使用或威脅使用暴力，針對平民或政府，意欲推翻或摧毀他們所認知的不公平狀態，達成政治上之目的，他們不會覺得自己是恐怖分子，反而認為自己是對抗政府暴力的自由鬥士（freedom fighter），其主旨與宗教信仰和種族對抗高度相關，目標是推翻現存的社會，進而能夠決定自我的命運，攻擊的目標是無神論者或異教徒，而他們則是代表真神的真正信仰者（true believer），而恐怖活動會為真神所接受，當他們在進行自殺式攻擊時，思緒非常清楚，心智並未喪失，也不是別人認定的瘋子，更不會認為自己是在犯罪，而是在從事一種上帝賦予的神聖任務，事後則被視為是革命烈士甚至被當作神來膜拜[93]。

有學者就認為恐怖分子不是瘋子而是一般心智的正常人，其形成過程的要素包括催化因素、身分認同、加入管道與獲得酬賞，表現出來的特殊心理現象有價值觀的改變、崇拜偶像（首腦），而在行動時也會出現所謂的鳳凰情結（phoenix complex），也就是明知其所從事恐怖活動的風險極高，但是卻不在乎死亡（例如自殺背包炸彈客），緣於他們相信如果能

91 Schmalleger, F. (1999). *Criminology today: An integrative introduction*. NJ: Prentice-Hall, p. 377.

92 Albanese, J. S. (2002). *Criminal justice*. MA: Allyn and Bacon, p. 130.

93 例如在911事件中，挾持民航機撞擊世貿大樓的恐怖分子，在進行此項行動時，絕對不會認為自己在犯罪，反而會有一種從事崇高使命的堅定信念。

犧牲個人的生命，可換取其所追求的理想與希望，並獲得舉世的矚目，個人的生命不但是微不足道的，更像是火鳳凰般的「雖死猶生」[94]。

二、恐怖分子剖繪

由於恐怖組織的多樣性及複雜性，使得剖繪恐怖分子相當困難，尤其是建立在人格的剖繪更加失敗，沒有一組心理特徵、人格特質、社經地位及年齡層可以用來描繪恐怖分子，恐怖分子和一般的犯罪者完全不同，他們自始至終相信公平與正義會站在他們這邊，另外在犯罪中也會一再改變作案手法，甚至經常更換成員，此外目前有許多恐怖活動的目標轉換到電腦網路，恐怖分子通常較為年輕，因為從事恐怖活動是需要體力的，尤其是在訓練過程中，此外年輕人也比較容易灌輸意識型態，而領導者通常年紀較長，教育程度較高，雖然以男性居多，但近來也加入許多女性，以避免被注意及鎖定[95]。

恐怖分子（terrorist）是基於傳統本身信念並要求外界加以重視之目的，進而有系統地使用高壓脅迫手段的個人[96]。有學者曾經對150位聖戰組織（Jihad group）的成員加以分析，發現其中有三分之二來自中產階級，大都出身正常家庭，也受過良好教育，大部分有良好的職業，也沒有精神疾病，三分之二的成員已婚且育有小孩，加入組織的平均年齡是26歲，加入的途徑是透過先前的社會關係，而且大多是主動加入[97]。FBI曾列出中東恐怖分子領導人和追隨者的社會和心理特徵[98]（如表9-7-1）：

---

94 黃富源（2007），恐怖主義研究的新領域—心理學觀點，中央警察大學犯罪防治學報，第8期，頁21-30。

95 Bartol, C. R., & Bartol, A. M. (2013). *Criminal & behavioral profiling*. SAGE Publications, pp. 211-212.

96 張中勇（2002），國際恐怖主義的演變與發展，非傳統安全威脅研究報告，頁33-34。

97 汪毓瑋（2004），國際反制恐怖主義作為，非傳統安全威脅研究報告，頁34-36。

98 Schmalleger, F. (1995). *Criminal justice today: An introduction text for the twenty-first century*, NT: Prentice-Hall, pp. 90-91.

表9-7-1 中東左派團體的背景剖析

背景	領導人	追隨者
性別	男性	男性
學歷	大學畢業或肄業	教育程度低或不識字
年齡	30-45歲	17-25歲
階層	中產階級	下層階級，來自9-15個小孩的大家庭
居住地	居住都市／世故老練	難民，在異鄉適應不良
語言	會講多種語言	口語技巧不良
能力	口才良好	從事非技術性的工作
訓練	受過良好訓練／完美主義	訓練不良或根本未曾接受訓練
忠誠度	獻身革命	有限度的奉獻
個性	個性強烈	在街頭幫派中犯罪活躍
政治投入	先前熱衷政治	未涉足政治

但有學者主張上述針對恐怖分子的剖繪過於簡化且訊息不足，因為許多資訊是基於偏見，而非真正洞察其行為，例如製造Oklahoma市聯邦大樓爆炸造成168人死亡的本土恐怖分子Timothy McVeigh，以及作案長達17年造成3人死亡、23人受傷的大學炸彈客Ted Kaczynski都不符合前述的刻板印象，有些恐怖分子可能有心理變態的特徵，這些被稱為孤狼（lone wolf）的人通常是獨立運作，並不隸屬於任何恐怖組織，也不受他人資助，人際技巧不佳，他們會自己設定目標，安排計畫，精心預謀，選擇作案手法，自己作決定，也有他特別的意識型態，通常都是將他認定不公的事物讓大眾注意，這類孤狼目前明顯增加，造成各國重大威脅，一般平民大眾是他們偏好的目標，爆裂物則是主要的武器選項，槍枝其次，這類孤狼的動機更不容易理解，可能是人際關係不佳而讓他們採取孤立主義者（isolationist）的心態[99]。

99 Bartol, C. R., & Bartol, A. M. (2013). *Criminal & behavioral profiling*. SAGE Publications, pp. 213-214.

無論恐怖活動的動機為何，恐怖分子都會事前計畫，獲取製作爆裂物的材料，設計引爆方式，找到不會被懷疑的藏身處，選定目標後，必須獲取相關知識來計畫攻擊，也需要偽造證件或護照以進入特定區域，準備武器以完成任務及保護自身安全，但是在整個計畫及準備過程中，也可能會有可疑的行為方式會被察覺，並在此階段中止其攻擊企圖，因此發現特殊行為樣態（下章介紹的行為觀察技術）要比根據過往恐怖分子特徵的剖繪更為有用，另外恐怖組織都有相似的作案手法，成員必須彼此聯繫，籌募資金尋求支援網絡，計畫和執行攻擊，建立根據地等，而在這些過程中，都有警察和情治單位可以偵測和滲透的弱點[100]。

此外地緣剖繪的概念也可以運用在恐怖活動，因為連續犯罪和恐怖活動有某些相似性，例如他們都會連續犯案（雖然理由不同），因此可以運用多次犯案的地點，找出恐怖分子的下落，也可利用電腦化程式去預測嫌犯可能住處的機率，但在進行地緣剖繪前，有五個假設必須成立[101]：

（一）剖繪必須建立在多重犯罪地點：恐怖分子通常會在不同地點犯案，根據研究恐怖活動通常至少有5-10處。

（二）犯罪必須能連結到同一犯罪者：恐怖分子通常會宣稱是他們犯下，以便向大眾宣揚其理念。

（三）合適目標的分布（目標背幕）必須平均：除了少數有特定目標的組織，一般恐怖組織並沒有特定的目標。

（四）犯罪者必須是劫掠型而非通勤型：沒有特定的目標，就不太會出現類似通勤型的攻擊型態。

（五）犯罪者在犯罪過程中不能移動住處：通常恐怖分子可能會經常搬家以躲避偵測，此外恐怖組織通常有許多成員可能會有不同住處，因此會限制了預測的可靠性。

100 Bartol, C. R., & Bartol, A. M. (2013). *Criminal & behavioral profiling*. SAGE Publications, pp. 215-216.

101 Bennell, C., & Corey, S. (2007). Geographic profiling of terrorist attacks. In Kocsis, R. N. (Ed.). *Criminal profiling: International theory, research, and practice*. NJ: Humana Press, pp. 189-203.

三、恐怖分子的種類

恐怖組織的首要目標是製造暴力、灌輸恐懼和摧毀人民對政府的信心，恐怖分子可大致分為二種[102]：

（一）外來的恐怖分子

外國的恐怖分子（xenofighter）是接受國外恐怖組織的指令，其目標如下：

1. 吸引國際的注意。
2. 破壞目標國家與其他國家的關係。
3. 製造不安全狀態以破壞目標國家的經濟和公共秩序。
4. 使其國民對政府產生不信任和敵對感。
5. 導致目標國家人民身體和財產的實際損害。

（二）本土的恐怖分子

國內的恐怖分子（homofighter）為獨立於國際恐怖組織的團體及個人，其目標是為了爭取本國人的支持，使其對政府喪失信任，因此必須採取步驟以避免和人民更加疏離，方法之一是劫富濟貧，亦即採取一切可接受的理由，以正當化其行為。例如綁架美國富豪的女兒Patricia Hearst，要求其家族提供食物給貧窮老百姓。國內恐怖分子所採取的策略有：

1. 破壞內部安全、公共秩序及經濟體系，以製造人民對政府維持社會秩序能力的不信任。
2. 藉由正面行動以獲取普遍的同情和支持。
3. 民眾由於政府採取極端的控制措施而產生排斥。
4. 破壞目標國家的利益。
5. 貶損現存政權的國家地位。
6. 導致實體損壞並騷擾代表執政者的個人和機構。

102 Reid, S. T. (2003). *Crime and criminology*. NY: McGraw-Hill, pp. 225-226.

另外有學者將恐怖分子依其動機分為三類[103]：

（一）理性型：有精心計畫，可達成政治、社會或經濟目標，其目標選擇及選用方法會受到組織成員的影響，通常會避免人命傷亡，但會造成建築物的嚴重損害。

（二）心理型：由於能力不佳導致深刻的失敗感，藉由報復來尋求補救，這些恐怖分子通常不願與當局協商，透過暴力來傷害他人，前述「孤狼」多屬於此類型。

（三）文化型：害怕喪失文化認同或文化滅絕，最重要的文化認同在於宗教，這類恐怖分子對採取恐怖活動有極深刻的確信，他們不接受協商，除非其訴求完全被接受。

四、恐怖活動研究的困境

恐怖活動是一種多面向的行為，沒有一個單一的理論可以完全解釋其內涵，但和組織犯罪有許多相似處，因此可以用社會網絡加以分析，恐怖主義不是一種新鮮的現象，很早以前就有一些團體藉由攻擊特定人或建築物來傳達其理念，目前聯合國宣稱全世界共有約150個恐怖組織，其中有50個仍在積極活動，其活動方式包括刺殺重要人物、劫持客機、炸彈攻擊等，研究目的就是要從其行動推敲恐怖分子的主要特徵，但在研究過程中會面臨以下幾種困難：

（一）定義不一致：目前世界各國並沒有一致的法律定義，學者Richardson提出恐怖主義的七項特徵為：政治驅使、使用或威脅使用暴力、傳達某種訊息、行動和被害者具象徵意義、由分支團體行動、被害者和訴求對象不同、故意針對一般平民，算是目前比較為人接受的定義。

（二）接近恐怖分子非常困難和耗時，也很危險，因此資訊來源非常有限。

103 Bartol, C. R., & Bartol, A. M. (2013). *Criminal & behavioral profiling*. SAGE Publications, pp. 212-213.

（三）能夠接受訪談的恐怖分子通常是失敗而被捕的人，因此可能不具代表性。

（四）恐怖分子的說法可能只是宣傳用語，這些聲明通常是其意識型態的觀點。

（五）情治單位的訪談內容不可能公諸大眾，內容也可能被扭曲，加入各別單位的偏見。

（六）每個恐怖組織都各不相同，某一恐怖組織的想法不可能類推到其他組織。

所有的犯罪都會因為機會改變或失敗而演進和修改，恐怖活動也會因時勢變遷而改變，透過社會網絡分析，可協助瞭解其組織網絡、恐怖活動的發展過程。截至目前，對恐怖主義的解釋仍有幾點待澄清的地方：

（一）剝奪是否是恐怖主義的直接原因：恐怖分子通常不是來自貧窮的環境，也受過相當程度的教育，因此經濟條件不是其主要原因，居住在被壓迫政權下的自由剝奪可能才是其根源。

（二）自殺炸彈客是否有心理疾病：這些人平常並非心神喪失，也沒有被藥物或酒精影響，在進行攻擊時表現的冷靜或果斷也不像是有精神疾病。

（三）恐怖分子是否被洗腦：這些人平常是守法的公民，為何會變成從事暴力活動的恐怖分子，可能的解釋是受到某些具魅力的領導者激勵下，接受嚴格的軍事訓練，塑造成獻身革命的英雄志士。

第八節　校園及職場暴力

一、校園暴力

（一）定義

校園暴力（school violence）是指發生在校園內的暴力行為，犯罪者除了校內學生外，也可能是校外人員闖入學校作案，在此主要探討心理剖繪中的威脅評估（threat assessment）運用在校園槍擊案件，也就是識別和發展典型校園槍手的心理剖繪，雖然此類案件在美國經常發生，且造成嚴重傷亡，台灣地區因為有槍枝管制，加上種族和宗教矛盾較少，因此不太容易發生類似案件，但由於地狹人稠，一旦發生（即使只是使用刀械或汽油彈）仍有可能造成嚴重死傷，因此相關研究發現仍有參考價值，校園暴力肇事者通常是認為自己遭受不公平待遇、同儕排擠、追求異性遭到拒絕、或報復遭受霸凌和羞辱，有學者提出校園暴力的早期警訊（如表9-8-1）。

表 9-8-1　校園暴力的早期警訊

經常發脾氣	感到被拒絕和寂寞
經常威脅他人	經常出現謾罵、詛咒和辱罵言語
喜歡暴力主題的音樂	無法控制衝動，尤其是處理憤怒情緒
有違反紀律的紀錄	課業表現不佳
曾經威脅或嘗試自殺	攜帶武器
有暴力或攻擊行為前科	迷戀槍枝或爆裂物
不尊重權威	使用藥物和酒精

對學校而言，如果發現學生出現上述警訊，應該在校內組成一個評估團隊，瞭解這些威脅的本質，評估這些人的風險程度，並考慮採取適當的反應措施，但學者也警告不能光用這些指標當作決策工具，也就是雖然出現這些警訊的人，不見得就會有暴力行為，因此不能反應過度，還要蒐集相關事證[104]。

（二）威脅評估指標

美國教育部曾經與執法機關提出「安全校園倡議」，探索校園槍手

104 Bartol, C. R., & Bartol, A. M. (2013). *Criminal & behavioral profiling*. SAGE Publications, pp. 175-178.

在事件發生前的思考、計畫和行為，發現有10個評估威脅程度的重要訊息[105]：

1. 校園暴力事件很少是突然、衝動的行為：攻擊者通常事前已有計畫。
2. 在事件發生前，同儕（包括兄弟姐妹、朋友或同學）已經知曉他攻擊的念頭和計畫：曾對他人表達他的意圖，但同儕並沒有舉報，理由是並不理解他的想法，擔心不被相信，害怕遭致報復。
3. 大多數攻擊者在事件發生前不會直接威脅其目標：不會在攻擊前直接或間接告訴目標其企圖。
4. 大多數攻擊者在事件發生前曾從事某些行為，導致其他人關注或表示他需要幫助：攻擊者出現一些行為，引起校方、父母、老師、警察或同儕關注，這些行為包括獲得武器，留下顯示其企圖的訊息。
5. 大多數攻擊者不會處理重大失落或個人失敗：出現憂鬱或絕望的念頭，甚至曾考慮或嘗試自殺。
6. 許多攻擊者在事件發生前感到被他人欺侮、迫害或傷害：包括被同儕拒絕、社會排斥、持續霸凌、常常被嘲笑、戲弄、騷擾或追求異性遭拒，也欠缺處理技巧，感覺遭到孤立及迫害。
7. 大多數攻擊者在事件發生前有獲得武器（包括刀、槍、炸彈或爆裂物）或使用經驗。
8. 有其他同學在某種程度下涉入此案件：可能受到他人的影響、鼓勵或幫助進行攻擊行為。
9. 雖然警察有迅速反應，但大多數槍擊案件不是被執法機關制止：大多數攻擊是由學校行政人員、老師或學生制止或是攻擊者自行中止（包括自殺）。
10. 目前並未有參與校園暴力者的正確而有用的剖繪：可能出自各種個人、家庭及社會背景，任何人都有可能，運用剖繪可能有二個風險：(1)大多符合校園槍手剖繪的人並未實際從事此行為；(2)現有研究導

105 Bartol, C. R., & Bartol, A. M. (2013). *Criminal & behavioral profiling*. SAGE Publications, pp. 178-181.

出的剖繪無法找出可能的嫌犯，而錯誤認定一位青少年有潛在暴力行為會負面影響他的成長，所以應聚焦在其行為來判定他是否有計畫犯罪。

（三）評估威脅程度

由臨床及學校心理學家和教育工作者組成校園威脅評估團隊，以評估是否有暴力風險，依據威脅程度分為[106]：

1. 暫時性威脅（transient threat）：沒有持續傷害他人的意圖，只是日常紀律上的問題，其情緒狀態很快會消散。
2. 實質性威脅（substantive threat）：較嚴重而有持續傷害他人的意圖，共有五項指標：
   (1)有計畫細節：如目標的被害人、理由、手段、武器和方法，甚至時間、地點，其意圖用聳人聽聞的字眼傳達出去。
   (2)威脅重複一段時間或傳遞給一些同儕。
   (3)有證據顯示他計畫實施，而且威脅已經發生。
   (4)招募共犯或邀請觀眾來觀看即將發生的事件。
   (5)有證據顯示已取得武器、爆裂物。

依據上述警訊可作為校園暴力發生的指標，出現愈多則威脅程度愈高，有學者設計了一個校園暴力回應指南（如圖9-8-1），學校可以藉由這個指南來降低校園暴力。

（四）校園槍手的心理特徵

首先必須聲明，發現校園槍手的共通特徵並非導出其心理剖繪，研究發現在大多數的校園槍擊事件中，同儕拒絕是最常見的特徵，包括：經歷持續的戲弄、霸凌和排斥、追求異性受阻，而被害者可能就是拒絕和羞辱的人，除此之外，犯罪者顯現三種風險因素：

106 Bartol, C. R., & Bartol, A. M. (2013). *Criminal & behavioral profiling*. SAGE Publications, pp. 181-184.

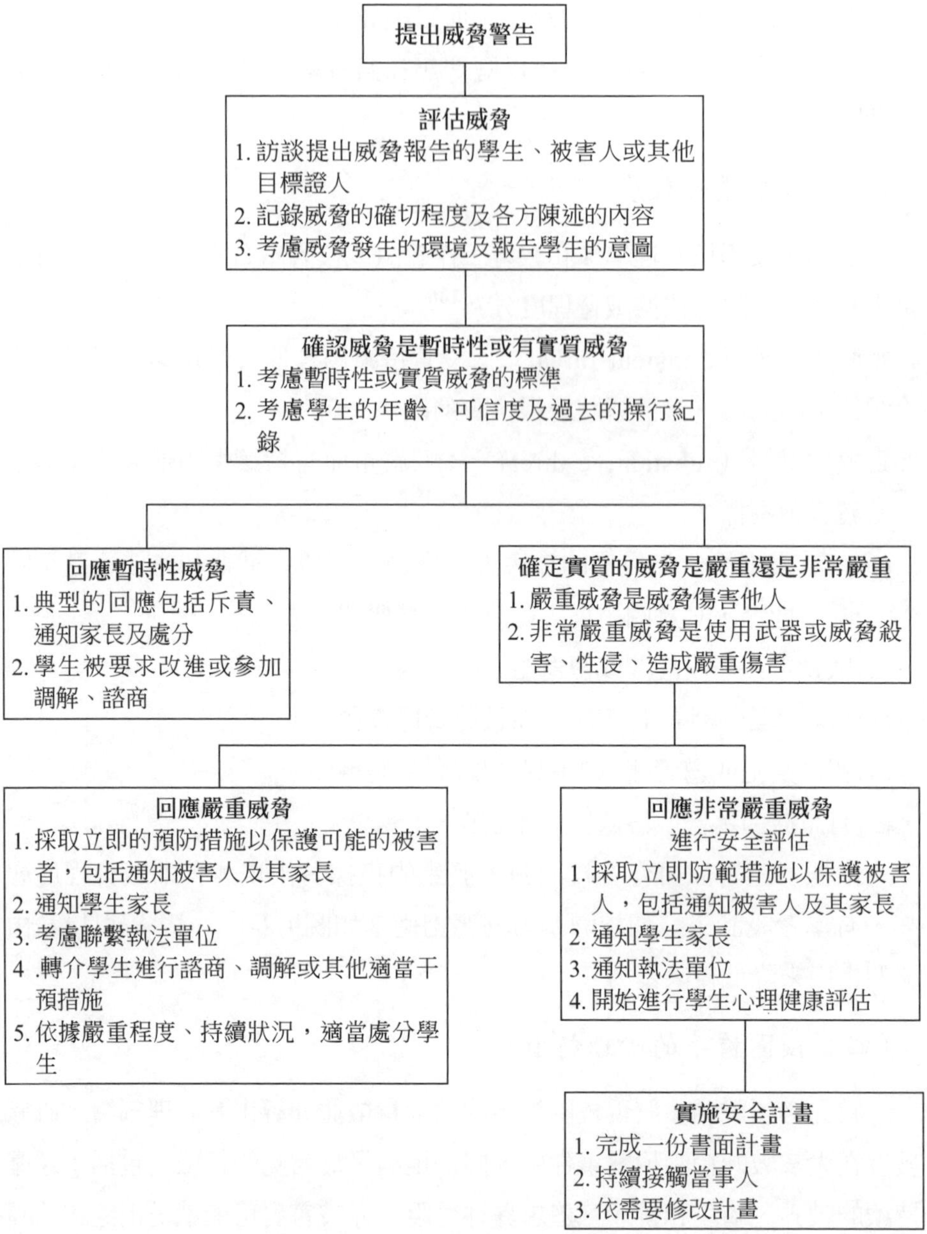

提出威脅警告

評估威脅
1. 訪談提出威脅報告的學生、被害人或其他目標證人
2. 記錄威脅的確切程度及各方陳述的內容
3. 考慮威脅發生的環境及報告學生的意圖

確認威脅是暫時性或有實質威脅
1. 考慮暫時性或實質威脅的標準
2. 考慮學生的年齡、可信度及過去的操行紀錄

回應暫時性威脅
1. 典型的回應包括斥責、通知家長及處分
2. 學生被要求改進或參加調解、諮商

確定實質的威脅是嚴重還是非常嚴重
1. 嚴重威脅是威脅傷害他人
2. 非常嚴重威脅是使用武器或威脅殺害、性侵、造成嚴重傷害

回應嚴重威脅
1. 採取立即的預防措施以保護可能的被害者，包括通知被害人及其家長
2. 通知學生家長
3. 考慮聯繫執法單位
4 .轉介學生進行諮商、調解或其他適當干預措施
5. 依據嚴重程度、持續狀況，適當處分學生

回應非常嚴重威脅
進行安全評估
1. 採取立即防範措施以保護被害人，包括通知被害人及其家長
2. 通知學生家長
3. 通知執法單位
4. 開始進行學生心理健康評估

實施安全計畫
1. 完成一份書面計畫
2. 持續接觸當事人
3. 依需要修改計畫

圖 9-8-1 校園暴力回應指南

1. 心理問題：包括缺乏衝動控制能力，欠缺同理心、嚴重憂鬱、曾有自殺念頭或嘗試自殺行為、攻擊性高、反社會行為、並曾經有攻擊同儕、虐待動物。
2. 對槍枝、炸彈和爆裂物產生興趣：喜歡破壞工具、蒐集刀劍、槍枝、手榴彈、製作炸彈手冊、蒐集製作炸彈所需的黑色火藥、觀看大屠殺的錄影帶。
3. 對死亡和黑暗主題產生病態著魔：不像一般人對此類事物產生害怕，曾在某些黑暗主題網站留下訊息，張貼身著黑色衣服的照片，撰寫殺人小說。

另外在大多數校園槍擊事件中，犯罪者顯然對學校、老師或同儕附著力（attachment）低，研究發現附著力對高學業成就、降低藥物濫用、暴力和高風險性行為扮演重要角色。

二、職場暴力

（一）定義

職場暴力（workplace violence）是指發生在工作場所的身體暴力、騷擾、恐嚇及其他威脅行為，包括現任或離職員工，也包含顧客、訪客、搶犯、配偶、病患或任何接觸員工的人，針對員工實施的暴力行為，其中也包括多重殺人（殺害雇主和員工），其手段包括射殺、搶劫、員工之間的攻擊，通常大多數被害者是女性員工，原因在於女性通常是前台人員，其次是女性通常在人事部門，而成為被解雇員工發洩憤怒的對象，第三是家庭暴力有時也會發生在工作場所，丈夫、前夫或男友可能會跑到工作環境去傷害女性，而便利商店的雇員或速食店的工作人員，則常是搶劫的被害人[107]。

107 Bartol, C. R., & Bartol, A. M. (2013). *Criminal & behavioral profiling*. SAGE Publications, p. 187.

（二）分類

學者根據犯罪者和工作場所的關係，將職場暴力分為四種[108]：

1. 攻擊者和工作場所沒有任何關係，闖入職場從事犯罪如搶劫，被害者通常是便利商店、酒店或速食餐廳的員工。
2. 攻擊者是工作場所提供服務的接受者，例如醫院診所、社會服務、諮商輔導、教育機構或心理治療場所，而醫師、護理師、社工、教師和治療人員常是此類犯罪的被害人。
3. 被開除、資遣、降級、騷擾、降薪的不滿員工，回到職場洩恨。
4. 犯罪者和工作場所沒有任何關係，但和員工有個人或親密關係，例如家庭暴力溢出到職場。

（三）警訊

在職場暴力發生前，員工或主管可以察覺出一些警訊（warning signal），例如會以言詞表達要傷害自己或他人，顯示他是有計畫，或常提及對何事或何人不滿，所以這些威脅的行為及言詞顯示已累積一段時間，而員工在短時間內經常提及對他人的敵意或威脅，有時會針對某個人或某個單位，表9-8-2列出可能導致職場暴力的一些問題行為或警訊，和校園

表9-8-2　員工可能發生職場暴力的警訊

日益增加的好鬥性格	出現威脅的預兆
對他人批評過度敏感	最近取得或喜歡武器
對主管、同事表達不滿	專注在暴力主題
對主管有嚴重的怨恨	對最近發生的暴力事件產生興趣
憤怒情緒爆發	極端的雜亂無章
行為突然有大幅改變	曾經表達殺人或自殺威脅
在工作中使用藥物或酒精	

108 Bartol, C. R., & Bartol, A. M. (2013). *Criminal & behavioral profiling*. SAGE Publications, pp. 187-188.

暴力一樣，這些指標並不必然是職場暴力的前兆，另外不是單一的行為就代表事件會發生，而是許多警訊同時發生才需要受到關注。

學者一再強調，職場暴力通常會有一些威脅前兆，然而卻不容易被察覺，因為它很細微和受到主觀認定影響，但一旦發生就要謹慎面對，尤其是已經出現一些攻擊行為，如持續騷擾、尾隨或不需要的肢體接觸[109]。

（四）預測職場暴力的行為及特徵

預測員工在工作場所從事職場暴力有四種個人因素：

1. 過量使用酒精及藥物濫用會導致誤解情境，將他人行為視為有敵意，加上心智能力降低，言語溝通失能，而產生對同事、長官或部屬的攻擊行為。
2. 具有攻擊和暴力的紀錄，會升高使用暴力解決衝突和紛爭的傾向，要避免此種狀況，需要在雇用前對員工進行背景查核，如果他在前一個單位有對其他員工或雇主有攻擊及威脅行為，在相同的情況下，就有可能訴諸暴力。
3. 缺乏自信：曾經發生一些事件，例如遭受不公平對待，不受尊重，尊嚴喪失，會造成自信心降低，產生對他人的敵意和攻擊。
4. 曾經遭到精神暴力：如同事、長官作弄、騷擾和羞辱（例如因為口吃而被嘲笑）或是績效評比不公，升遷無望，薪資太少或工作努力不被認可，也可能增加職場暴力。

事實上，職場暴力的原因相當複雜，預測一名不滿或憤怒的員工會攻擊他人是非常困難的，當一名員工感覺受到不公平對待（例如性別歧視、種族歧視、對他人性取向或宗教信仰表達不認同的態度），而產生挫折和憤怒，就會提高從事暴力行為的傾向。

總而言之，在職場進行有效的威脅評估，必須徹底分析以下因素：

1. 威脅的本質和脈絡。

---

109 Bartol, C. R., & Bartol, A. M. (2013). *Criminal & behavioral profiling*. SAGE Publications, p. 189.

2. 確定的目標。

3. 產生威脅個人的動機。

4. 實現威脅的能力。

5. 個人的背景，尤其是在過去工作經歷中有暴力紀錄。

而當一個員工被評估為具暴力風險但尚未從事犯罪前，工作單位必須有明確的對策，斷然開除並非良策，此時人事部門應該檢視單位的反暴力政策，監督具暴力傾向的員工，尋求專家進行威脅評估及準備危機管理，保護員工不受職場暴力傷害等，都是適切的方法[110]。

110 Bartol, C. R., & Bartol, A. M.(2013). *Criminal & behavioral profiling*. SAGE Publications, pp.190-192.

第十章　未來發展

第一節　其他應用

犯罪剖繪除了可以描繪犯罪者的背景，也可剖析其犯罪心理，此概念尚可運用在刑案的偵查過程，輔助其他警察工作。本節介紹目前正在發展中的筆跡分析（graphology）、用語分析（text analysis）、談判（negotiation）偵訊（interrogation）、測謊（polygraph test）、催眠（hypnosis）、行為觀察技術、欺騙偵測、文字供述內容分析和心理解剖（psychological autopsy）。

一、筆跡分析

「筆跡分析」和傳統的「文書鑑定」（document examination）有所差異，後者是比對刑案的文書證物（如支票或契約上的簽名）和嫌犯的筆跡，以確定是否為同一人所寫；前者則是透過一個人的筆跡，發現其心理特徵，此種評估和「行為跡證分析」相類似，但有人批評這就像占星術和手相一樣不具科學性，因此筆跡分析在被廣為接受前，還有一條漫長的路得走。

在許多刑案中，嫌犯手寫的訊息，不論是要求贖金、恐嚇、遺書或是投書媒體表達立場，都可能有手寫筆跡，其中字跡的大小和結構、筆壓和筆順、書寫的速度、文字的傾斜都透露了某些訊息，尤其以簽名最為重要（因為寫太多次了，其特徵最難改造），一個人的簽名不會完全相同，但基本上是一致的，字跡可以顯示一個人的個性，例如自信、拘謹、興奮、冷靜，有時也可以看出犯罪者故意偽裝或模仿他人的筆跡（如殺人後仿造被害者字跡書寫遺書）。

在國外，有些著名的案例都曾經進行筆跡分析，如大學炸彈客（Unabomber）、連續殺人魔Ted Bundy、911事件後的炭疽菌信件、選美公主JonBenet Ramsey謀殺案、瑞士炸彈客，甚至希特勒的筆跡也曾被用來分析他的個性[1]。

在國內有幾個案件，犯罪者也曾經投書媒體或留下字條，例如白曉燕命案凶手陳進興就曾寫信給報社，以表達對其妻舅被收押的不滿。而白米炸彈客楊儒門也曾經在炸彈旁留下紙條，以抗議政府的稻米進口政策。另外許多千面人下毒和擄人勒贖等案件，亦常見嫌犯留下的字條，這些都可以進行筆跡分析，藉以發覺犯罪者的心理痕跡和作案動機。

二、用語分析

相對於透過筆跡分析有形的字跡，「用語分析」則是探求特定的言語表達方式、措辭，甚至是個人特有的用語、口頭禪，此種分析方法較為隱晦不明而有賴深層的探討。它的理論基礎是心理語言學（psycholinguistics）[2]，它是分析口說或手寫的文字，用來蒐集陳述該內容的人之相關資訊，由溝通方式的相似性連結犯罪，發覺陳述內容是否有欺騙或隱藏的意圖，它認為每個人的書寫內容是獨特的，且可透露他的屬性[3]。主要是研究人類如何學習與他人溝通，特有的用語可能反映其種族、年齡、性別、職業、教育程度、宗教信仰、家世背景和地域的差異，例如年輕人有不同於成年人的慣用術語，男女性在表達情感時即有明顯的不同，不同行業的人有時在與人交談中會不經意使用其他領域不常使用的專有名詞，而不同的地區（如南、北部）對同一事物也有不同的用語。

除了單一的字彙外，使用語法和句子的結構也有其獨特性，如不同

1 吳懿婷譯（2005），Innes, B.原著，犯罪心理剖繪檔案，商周出版，頁187-202。

2 語言學的知識包括聲音結構（語音學，phonology）、文字結構（語形學，morphology）、文字意義（語意學，semantics）、聲音高低（音調，intonation）及文句意義（語法，syntax），而心理語言學就是用來探索語言知識和語言處理技巧，使人可以感知和理解，見Girod, R. J. (2004). *Profiling the criminal mind: Behavioral science and criminal investigative analysis*. NY: iUniverse, p. 49.

3 Brandl, S. G. (2019), *Criminal investigation*, SAGE publication, p. 226.

的學術背景、職業種類和平時關注的題材，此種分析不但要觀察嫌犯所用的單字，更要探討個別單字在整個句子中的安排，這些都有可能反應其人格特徵和書寫當時的動機、情緒、精神疾病和心境，例如衝動、焦慮、沮喪、偏執或是憤怒，其寫作風格也會在無形中流露出來。

用語分析不但可以應用在書寫的文字上，由於它不需要實體的書寫文字，甚至口語、利用電腦打字列印、透過網路互相傳遞消息或撰寫程式的指令風格，也能用來確認電腦駭客、病毒作者或是其他犯罪者的身分，在某些變造現場的案件中，也可以用來判定是否為真正的自殺留言。

不過在進行筆跡分析和用語分析時，必須特別留意並排除來「攪局」的人，在許多廣受矚目的案件中，經常有些不速之客來「插花」，其目的可能是引起大眾注意或是享受將警察弄得團團轉的快感，此時必須依賴一些旁證來加以過濾，就如同地緣剖繪一樣，專業的分析人員可以結合直覺的心理剖繪技術，察覺獨特的文字特徵，以協助縮小偵查的範圍[4]。

茲舉一例說明用語分析如何運用在追捕大學炸彈客（Unabomber），該案從1978年到1996年，共發生16起爆炸案，目標大多是大學和航空公司，共造成3人死亡，多人重傷，警方投注大量人力、物力在偵查上仍毫無所獲，之後凶嫌Kaczynski寫信給媒體要求刊登一篇約3,500字的宣言（強調工業革命造成人類災難），並聲稱全文刊載後會停止郵寄炸彈，經報社通盤評估後同意刊登出來，後來被凶嫌弟弟認出可能是他哥哥寫的，並將其178篇文件交給警方，FBI以用語分析找出其間關聯，包括書寫格式、引經據典、使用縮格、幾乎無拼字及文法錯誤、修辭方式、不尋常用語、以底線強調重點等，並進行內容分析，找出最常使用的單字（包括社會、權力、科技、自由、心理學等），確定係Kaczynski所寫，最後在Montana的深山小木屋中逮捕他並尋獲許多證物，包括原始手寫宣言及相關文件、炸彈零件、爆炸事件描述、被害者名單，案經審理後凶嫌終於認

4　吳懿婷譯（2005），Innes, B.原著，犯罪心理剖繪檔案，商周出版，頁202-206。

罪[5]。

三、談判

截至目前為止，本書一直關注如何透過罪犯的心理特徵，協助警方查明未知嫌犯的身分。在某些情況下，執法單位已經和嫌犯取得聯繫，或是嫌犯的位置已經確定，如擄人勒贖、劫持人質或自殺威脅的案例，此時瞭解罪犯的心理就很重要。在談判過程中，談判人員首先須心平氣和，必須掌握對方最在意的東西，仔細傾聽，使用談判對象熟悉的語言（甚至可以使用粗俗的俚語、髒話），熟練和彈性的運用溝通技巧，以真誠建立相互信賴的關係，說服他找到解決問題的方法，有時也可以善用其親友緩和其情緒，必要時在合法前提下答應他要求的條件，至少可以藉由彼此鎮定的討論，來減輕對方突然因失控而訴諸暴力的舉動。

在談判的過程中，必須和對方保持某種程度的同理心（empathy），增進對劫持情境下心理壓力的瞭解，如此才能建立彼此的信任，但是需要注意人質可能會發生所謂的「斯德哥爾摩症候群」（Stockholm syndrome）[6]，就是人質對他們的劫持者產生同情的心理，導致危機無法和平化解的情況，此種情形來自俘虜的防衛機制（defense mechanism），一開始他們被迫必須配合挾持者的要求，依賴挾持者提供物質、安全等需求方能生存，並開始領悟到救援行動可能導致他們受傷害，因而必須與嫌犯採取一致的行動，但是隨著時間經過，逐漸瞭解挾持者的觀點和訴求，產生認同（identification）和情感轉移（transference）現象，並開始將不滿歸咎於官方，最後可能會出現反抗警方的救援行動，有時甚至事後拒絕

5 Fitzgeral, J. R. (2004). Using a forensic linguistic approach to track the Unabomber. In Campbell, J. H., & DeNevi, D. (Eds.). *Profilers: Leading investigators take you inside the criminal mind*. NY: Prometeus Books, pp. 193-221.

6 「斯德哥爾摩症候群」一詞源自於1974年在瑞典首都斯德哥爾摩發生的一件銀行搶劫案件，歹徒Olsson與Olofsson綁架了4位銀行職員，在警方與歹徒僵持了130個小時之後，因歹徒放棄而結束，然而所有的被害者在事後都表明並不痛恨歹徒，並表達他們對歹徒非但沒有傷害他們卻對他們多所照顧的感激，而且對警察採取敵對的態度，事後，被綁架的人質中一名女職員Christian竟然還愛上Olsson並與他訂婚。見黃富源（2001），警用談判與危機處理，中央警察大學犯罪防治學報，第2期，頁66-67。

和警察合作。因此在談判過程進行中，必須隨時注意俘虜是否有類似反應，以免在救援行動中發生無法預期的後果。

此種談判技巧的訓練並非一蹴可成，首先談判人員必須具備心理學的相關知識，瞭解談判對象的心理和情緒反應，接著要接受相關訓練，熟悉談判的基本原則和策略，並且要反覆進行演練，透過角色扮演和互換，模擬真實情境，加上彼此的腦力激盪，揣摩可能發生的任何情況並研擬適當的反應方式，最後也要觀看過去發生的案例報告（不論是順利解決或處理失敗）或談判過程錄影，最好再由曾經實際參與談判的人員現身說法，提供其親身經歷與處理的經驗和體會，如此方能面對和處理各種突發狀況[7]。

四、偵訊

犯罪嫌疑人被逮捕後，為推卸刑責，往往會否認其犯行，此時偵訊人員必須妥適運用各類心理學原則，觀察嫌犯可能說謊與罪咎情緒之心理徵候，進而操縱導引其自白，達到發現真實犯罪之目的。

（一）犯罪嫌疑人遭偵訊之否認犯罪心理

1. 反感：對偵查人員之詢問反應，除個人因素外，尚有對政治或法律制度的反感。
2. 心存僥倖：認為偵查人員未獲充分犯罪資料，以為只要不承認犯罪，即可免受刑罰制裁。
3. 恐株連同夥：一般集團犯罪、違反選罷法案件或貪污瀆職犯罪案件，常存此類現象。
4. 顧及個人處境：為顧及家人利害、朋友情義、社會地位、事業前途及避免他人報復等個人處境原因。
5. 推卸刑責：對於推卸刑責的準備具信心，例如有不在場證明、已湮滅證據或已串通證人等。

7　吳懿婷譯（2005），Innes, B.原著，犯罪心理剖繪檔案，商周出版，頁239-252。

（二）犯罪嫌疑人自白之原因

1. 社會因素：諸如因長時間與外界隔離或來自警察之壓力，均有可能使犯罪嫌疑人自白。
2. 情緒因素：犯罪嫌疑人遭逮捕後，承受極大焦慮與壓力，而產生罪咎感及羞恥心，進而坦承犯行。
3. 認知因素：部分犯罪嫌疑人認為其犯行已非常明顯，且相信此項犯行遲早被發現，故不如早日認罪，以爭取執法人員對案情從輕發落。
4. 情境因素：諸如警察拘留時間過久，遭逮捕時未有辯護律師出現等情境因素，均會影響犯罪嫌疑人自白。
5. 生理因素：犯罪嫌疑人本身有各項生理疾病，而無法忍受長時間偵訊，或因智商低而無法因應偵訊者，較易自白。

偵訊人員要瞭解以上所述嫌犯的否認心理和自白原因，方能運用偵訊技巧使其吐實[8]。

嫌犯通常會故意提供錯誤資訊以誤導偵查方向，所以偵訊的主要目的就是要駁斥其謊言並使其吐實，通常人在說謊時情緒也會擾動且很難隱藏，有經驗的偵訊者要能夠偵測出這些細微的反應，例如身體姿勢（bodily gesture）和面部表情（facial expression），編造謊言後還需要再圓謊，並且記住他所說過的話以免自相矛盾，如果面臨質疑時也要維持前後的一致性，抓頭、遲疑、重複、不流暢都是可能的說謊徵兆。訪談者必須仔細傾聽，從中找出矛盾、錯誤的地方，並與手上握有的證據相互比較，測謊技術、催眠、語音壓力分析（voice stress analysis）、腦波測量、改進人際評估方法（Improving Interpersonal Evaluation, IEE）及Reid技術[9]都是可以採行的方法[10]。

8 楊士隆（2019），犯罪心理學，五南書局，頁277-278。

9 Reid技術提出有效偵訊之九大步驟：直接正面質問、主題案例發展、處理罪行之否認、壓制反對理由、獲取及維持犯罪嫌疑人之注意、處理犯罪嫌疑人之消極情緒、提供替代之罪行問題、促使嫌疑犯說出各類犯行細節、轉換口頭自白為文書筆錄。詳見Inbau, F. E., Reid, J. E., & Buckley, J. P. (1986), *Criminal interrogation and confessions*, Baltimore: William & Wilkins.

10 Canter, D., & Youngs, D. (2009). *Investigative psychology: Offender profiling and the analysis of criminal action*. UK: John Wiley & Sons, pp. 236-242.

對於有組織和無組織犯罪者的偵訊方式，已於第四章中略為敘述，此處係討論如何將犯罪剖繪的概念，應用在一般嫌犯的偵訊工作之中。首先是偵訊場所的布置，專家大多建議偵訊室裡的燈光要微弱，而提問者應在暗處，光線朝向嫌犯，以製造出適度之「敵明我暗」的心理壓力。此外也可以運用一種技巧，就是在不致於洩露案情資訊的情況下，將刑案現場的照片掛在周圍牆壁上，並將與案件相關的檔案卷宗隨意放置於桌上，即使裡面是一疊白紙也沒有關係，如此可以製造心理壓力，而已經曝光的重要證物也可以放在周遭，因為嫌犯如果有涉案，必定無法忽略這些物品的存在，並會有意無意地偷瞄，由於心裡有鬼，就可能在無意中洩露案情。

對於性侵害犯的偵訊策略，也因不同類型而應採取不同方法，例如面對權力確認型應儘量採取同理立場，讓嫌犯感覺被理解；面對憤怒報復型時，偵訊者應為男性（因為嫌犯厭惡女性）並可表現歧視女性的假象；對於權力獨斷型及虐待型，偵訊者應先熟悉案情且表現出專業形象，以免被嫌犯識破而功敗垂成[11]。

另外Holmes也曾提出一種技巧，就是由「壞警察」（黑臉）負責侵略式的訊問，然後藉機離開，而「好警察」（白臉）則順勢接手，可先施以小惠，如此通常會使嫌犯鬆弛戒心。另外如果面對一名仇恨女性的嫌犯，可以由女警先行詢問，此時嫌犯通常不會合作，接著進來的男警可以當面斥責女警，或等女警離開後再背後說她的壞話，讓嫌犯誤認負責偵訊的男警官和他是「同一國的」，有時就可以騙取犯人的合作[12]。

此外有學者提出一種協助記憶的認知訪談法（cognitive interview），以確保被偵訊者能提供詳細的說明，因為有許多因素會影響目擊者（eye-witness）和耳聞者（earwitness）證詞的可靠度，例如：光線、移動速度、距離、暴力程度、使用武器、心理壓力等，另外當事人本身的因素，

---

11 Hicks, S. J., & Sales, B. D. (2006). *Criminal profiling: Developing an effective science and practice*. DC: American Psychological Association, pp. 28-30.

12 Holmes, R. M., & Holmes, S. T. (2002). *Profiling violent crimes: An investigative tool* (2nd. Ed.). Thousand Oaks Park, CA: Sage Publications, p. 150.

如年紀輕易受暗示（suggestibility）影響，年紀大的人記憶不佳，尤其人對面貌的記憶（face recollection）最為模糊，認知訪談法就是用來幫助記憶的方法，其步驟如下[13]：建立和諧（rapport）關係、主動傾聽、鼓勵自主回憶、詢問開放性問題、回應後稍微停頓、要求詳盡描述、避免打斷回話、要求集中精神、可以使用比喻（如假想的第三人）、重建原始脈絡、詢問適合問題、嘗試多重恢復記憶的方法。研究顯示雖然要花費更多的時間和精力，但認知訪談法的確可以產生更詳細的資訊，主要是因為此法會讓當事人回到當時的情境，讓受訪者可以回憶更多正確而相關的訊息，當然此法亦有限制，對於年紀小、情緒激動、智力較差的人，就需要運用更多的技巧，才能達到自由回憶（free recall）的效果。

五、測謊

測謊一般係指運用電子儀器對受試者之脈博、血壓、呼吸及膚電反應（Galvanic Skin Response, GSR）等多項生理指標予以衡量，利用其無法抑制之情緒反應與生理變化（如自主神經系統之變化），而偵測出受試者說謊情形之測試，早期稱為多項記錄器（polygraph），因廣泛應用於偵訊，故又稱為測謊器（lie detector）。

當然測謊儀的運用也是利用心理學的原理，但其關鍵不在儀器能測量嫌犯的呼吸、血壓、心跳和膚電反應，而是在於題目的設計，通常會在許多無關緊要的問題中，夾雜一些與案情有關的問題，再將這些對關鍵問題的反應和無關題目的反應做比較，往往就能發覺嫌犯是否說謊。此外在偵訊過程中，嫌犯的肢體語言（body language）有時也會透露一些重要訊息，例如不自覺的手臂或手指交叉、抱胸、雙腳交疊、頻頻摸下巴、鼻子或耳朵、不敢正視發問者、身體過度前傾或後傾、目光飄向某一角落[14]、

13 Canter, D., & Youngs, D. (2009). *Investigative psychology: Offender profiling and the analysis of criminal action*. UK: John Wiley & Sons, pp. 217-222.

14 學者Rabon指出眼睛是靈魂之窗，如果回憶看過的東西（visual memory），眼睛會往左上方飄，如果在建構未曾目睹的事件（visual construction），眼睛會往右方向飄，如果回憶聽過的聲音（external sound），眼睛會往左下方飄，如果創造未聽過的聲音（internal sound），

不時在清喉嚨等，都可能顯示其緊張、不安和焦慮，偵訊者應學習察覺這些無意中透露的線索。最後必須附帶說明一點，就是以上這些技術也可以應用在法庭的交互詰問之中，以協助法官辨明真相[15]。

一般而言，測謊之實施涵蓋某些無關問題（neutral question）、對照問題（enotional question）及考驗問題（critical question），在測驗中逐一提出，藉由不同之圖譜反應，以提高其靈敏度與正確性，完整的測謊程序必須在橫切面及縱切面加以控制，始能獲致良好效果，橫切面包括：儀器、受試者、主測者及施測情境，縱切面則包括資料蒐集、測前會談、主測驗和測後面談，其中以施測人員如何由現場勘察及測前會談中，蒐集有利測謊之資料和掌控受測者的情緒，編製適當的測試題，以及對反應圖譜的正確分析，為最重要的關鍵，除施測者須具有良好的學歷，經過有足夠經驗、資歷者的特殊訓練，檢查報告亦須經專家檢視簽署，而且必須在法庭上出示測驗紀錄時提出解釋，解答疑問及作證，另外敏感度低、無法保持中立客觀、先入為主者都不適合擔任施測者。

最後測謊器之使用並非是萬能的，在受試者方面仍有若干限制，對於生理異常者（如血壓太高或太低、呼吸不正常或有心臟病）、罹患精神疾病者、情緒極不穩定者、老奸巨滑善於說謊者、低能者、幼童及未成年人等均不適合。總之，儘管面臨諸多批評，測謊器測驗已逐漸為執法人員應用，成為偵查犯罪之重要輔助工具，然應注意的是，其使用必須相當謹慎，以免產生錯誤之結果，且由受過專業訓練之人員施測，則為提升其效能之重要關鍵[16]。

六、催眠

此外目前國內學者引進的催眠（hypnosis）偵查，也是利用心理學上

眼睛會往左方向飄。這些眼球細緻的變化，可藉由眼動儀（eye tracker）偵測出來。見Girod, R. J. (2004). *Profiling the criminal mind: Behavioral science and criminal investigative analysis*. NY: iUniverse, pp. 75-80.

15　吳懿婷譯（2005），Innes, B.原著，犯罪心理剖繪檔案，商周出版，頁252-260。

16　楊士隆（2019），犯罪心理學，五南圖書，頁285-287。

的技巧，在獲得犯罪被害人及目擊者的同意合作下，喚起受催眠者儲存於潛意識的回憶，有如重回犯罪現場，再輔以人工素描或電腦組合嫌犯特徵，可以提供犯罪偵查參考[17]，是一種可以輔助辦案的方法，也可運用在剖繪過程，值得國內深入研究，但必須注意此種技術易受暗示影響，在運用時需特別小心避免誤導。

催眠術係指利用催眠原理，在催眠專業人員之引導下，把人的思考由意識狀態帶進潛意識狀態，並且讓一個人能在意識狀態中，將潛意識之資料赤裸裸地解讀之方法，目前催眠術在專家學者之大力倡導下，除可協助心理治療外，並已實際應用至犯罪偵查工作，尤其是當案件陷於膠著時，催眠技術對於協助目擊證人、被害人恢復記憶，重建犯罪現場，提供偵查之參考，扮演重要角色。

（一）應用於偵查實務之催眠過程

在犯罪偵查上催眠技術之援用，除對於證人及受害者之回憶案件有幫助外，有助於追查線索記憶如車型、車號、人像等，並可輔助發現新物證，茲說明應用於犯罪偵查之催眠過程如下：

1. 預備階段：實施催眠者必須與案件承辦人檢閱基本的犯罪資料，簡單記錄調查人員所獲得的資訊，瞭解受催眠對象是否有腦部受傷、聽覺損害、毒品、藥物或精神方面的問題，確認催眠的時間、地點和環境是否適當，避免影響被催眠者的情緒。
2. 誘導前階段：包括啟用錄音、錄影機，戴上麥克風，宣布日期、時間和被調查者姓名，解釋錄製程序，討論主體的反應，解釋每一位現場人員的角色，原則上家人和朋友應被排除於催眠室，以免干擾被調查者情緒，就催眠室內的空間、擺設，徵求被調查者的意見，以獲取最佳的催眠環境。
3. 在進行催眠之前，和被調查者建立良好合作關係，討論有關在催眠上一

17 黃建榮（1996），催眠記憶恢復在犯罪偵查上的運用，刑事科學，第42期，頁35。

般的誤解和錯誤的觀念，並對受遺忘的原因和恢復記憶的可能性，做一簡單的解釋，為了緩和被調查者的焦慮和消除催眠過程的神祕性，應先予試演催眠時將要做的步驟。

4. 催眠誘導階段：典型的技巧包括眼睛固定動作、眼睛轉動、深呼吸、肌肉放鬆和重複的鬆弛誘導。
5. 深化催眠階段：乃是達到被催眠者達到舒服感覺最有效用的階段，典型的深化技巧有：從十倒數到零，想像搭乘電梯下降好幾層樓，意念動作的反應（ideomotor response）如手臂飄浮在空中、張開眼睛及閉上眼睛，以及心像的運用（包括想像海灘、城市或山上的風景）。
6. 開始導出資料的階段：為了幫助被調查者回復記憶，應確定犯罪現場和時間的變項，然後告知被調查者可以放心的去回想更多的記憶，在這個階段如能運用素描專家對嫌犯的描述加以描繪，常會有意想不到的功效，催眠後暗示的階段，可被運用來增強日後回憶的可能性，或為下次的催眠做準備。
7. 解除催眠作用階段：誘導被調查者的情緒趨於平靜放鬆並恢復正常，待被調查者完全清醒後，對他說明今後他將更容易以開闊的心胸，積極的生活方式處理自身所遭遇的犯罪經驗。

（二）催眠的限制

催眠方法之運用，在對象上並非漫無限制，下列對象並不適合催眠：

1. 智能過低，無法與催眠者溝通並集中注意力者。
2. 年齡太小，語言理解能力不夠，注意力亦差，較難被引導進入催眠狀態，年齡太大則腦部開始僵化而難以被催眠者。
3. 精神狀況嚴重者：罹患嚴重精神疾病，因其思想知覺已變異變形，故不適合催眠。
4. 無接受催眠動機者：動機心愈強愈容易進入催眠狀態，然倘若好奇心過強，將自己主觀之意識帶進催眠者，即可能跳至催眠之外。

5. 高難度者：個性太固執，無法溝通，疑心重或對催眠懷有恐懼者，均不適合催眠。

（三）催眠偵查應注意事項

催眠偵查雖有助於回復紀錄，協助案情發展，但亦可能產生一些後遺症，故必須非常慎重，應注意事項大致包括[18]：

1. 只有其他偵查方法已經用盡，仍尚無法突破案情時，才能使用催眠。
2. 催眠之前，由催眠策劃指揮者審查決定催眠之適當性及需要性。
3. 催眠的對象只能運用在自願的關鍵人、證人或被害者，絕不可用在犯罪嫌疑人身上（不可能配合催眠或在過程中刻意造假）。
4. 取得被催眠者或其監護人的同意書。
5. 聘請合格的催眠師。
6. 必要時有專業偵查人員在場，提供諮詢協助。
7. 催眠前須對催眠者實施一般詢問，以決定適宜的催眠方式。
8. 對被催眠者解釋催眠之過程。
9. 被催眠者必須在催眠之前，對催眠師敘述他所記憶的事項。
10. 催眠過程應以錄音、錄影記錄。
11. 催眠之後，再次詢問被催眠者有關先前催眠偵查之內容，以降低暗示程度，避免脫離問題重點。
12. 多方查證，對催眠偵查的線索需要與其他線索一樣抱持懷疑的態度，仔細查證。

事實上，台灣有幾件重大刑案，如劉邦友、彭婉如、尹清楓命案，都曾嘗試請當時的目擊證人，透過催眠找回當時的片斷回憶，進而拼湊嫌犯的圖像，唯大多事過境遷，所能提供的線索有限，但仍是一種可以大膽嘗試的方法，也許能夠提供一些蛛絲馬跡，進而裨益偵查。

18 楊士隆（2019），犯罪心理學，五南圖書，頁287-293。

七、行為觀察技術

行為觀察技術（behavior observation technique）可用在嫌犯剖繪及乘客剖繪，分別說明如下：

（一）嫌犯剖繪

機場除了用X光掃描技術，打開行李檢查，有些機場更部署進階成像技術（advanced imaging technology）進行全身掃描，另外有些航空公司開始引進電腦輔助乘客預審系統（computer assisted passenger prescreening），它運用乘客訂票時揭露的資料，包括票款支付方式，如購買單程機票，用現金付款，單獨旅行，用同一張信用卡幫不同乘客購買機票等，都需要進一步調查，但此系統是依靠乘客提供真實姓名和身分資料，偽造的身分證或文件就可以輕易擊敗這個系統，新版的系統便設計用來確認乘客的身分，進行犯罪及情報資料庫和信用卡檢查，清查其居住地、房屋所有權、收入及旅行和訂購方式，運用這些資訊來判斷每位乘客的威脅等級，但由於本系統有侵犯人權之虞，因此又另外設計一套安全飛行（secure flight）系統，它是將乘客名單比對情治單位資料庫的禁飛（no-fly）名單，另外一套自動鎖定系統（automated targeting system）則是自動比對個人資料，給予一個威脅風險分數，它是根據乘客的來源國、旅費資助來源、犯罪前科、乘客預訂但未出現（no-show）紀錄，甚至是駕駛紀錄來綜合判斷，上述這些資料最後整合為恐怖分子過濾資料庫（terrorist screening database），這個資料庫定期更新已知和可疑恐怖分子名單，因為該名單經常被批評有錯誤，並對申訴者的反應過慢，因此必須確保資料庫是即時而正確的，雖然上述系統尚有許多問題，但近年來成功劫機和破壞飛行器的案例已快速下降，顯示根據行為作為指標的嫌犯剖繪已經奏效，並在某種程度下嚇阻了不少恐怖活動的意圖[19]。

19 Bartol, C. R., & Bartol, A. M. (2013). *Criminal & behavioral profiling*. SAGE Publications, pp. 216-223.

（二）乘客剖繪

另一種稱為乘客剖繪（passenger profiling）的技術是由於許多劫機、乘客攻擊及恐怖活動發生後，心理學家及行為科學家被要求發展可以協助安全人員，從乘客名單中識別出可能的恐怖分子。例如他們穿著的衣服、國籍、旅遊歷史、在機場的行為型態，甚至是他在機場書店買的書籍、購買習慣、穿著方式、文化和社會背景等，這些用來描繪可能劫機者的特徵，就被用來識別恐怖分子，站櫃台的地勤人員被訓練運用此技術來過濾乘客，蒐集有關劫機犯的個人資料，包括年齡、性別、教育程度、購票時的居住地、外觀、舉止、職業、工作狀況，而有關劫機事件的資訊，則包括事件發生機場的描述、飛機運作和保養、天氣狀況、空勤或地勤人員與劫機犯互動的情況，補充資訊則包括航班的起點與終點、飛機型號、飛行日期與時間、機上乘客的數量、使用的武器、隱藏的方法、手持和託運行李的特徵，依據上述資訊做綜合判斷，雖然一開始劫機犯的剖繪是有用的，但由於文化、社會、政治和經濟狀況改變，因此乘客剖繪也必須持續以新的資訊評估、研究和更新，目前嫌犯剖繪的發展是建立在外觀的行為型態，而非國籍或種族等靜態資料[20]。

這些乘客剖繪的資料如種族、國籍或族群都可以運用在過濾乘客，但有許多專家質疑這樣做會侵害人權，另外透過乘客的外觀也可能會不正確和誤導，如忽略有不良企圖的人或攔阻無辜的乘客，同時恐怖組織也瞭解種族和國籍等因素可能被用來過濾乘客，便反過來招募一些不具備被鎖定特徵的新手加入組織，如前所述，乘客剖繪開始聚焦在恐怖分子的行為特徵而非僅靠人口統計變項。

（三）行為觀察技術

行為觀察技術就是要找出人在害怕、壓力或嘗試欺騙時會展現出某些

---

20 Bartol, C. R., & Bartol, A. M. (2013). *Criminal & behavioral profiling*. SAGE Publications, pp. 216-218.

行為特徵，此處以打算劫機的恐怖分子為例加以說明。例如劫機犯在學習開飛機時，對飛機的起降沒有興趣（因為他不需要），恐怖分子需要假護照或假證件，方便他登機與進入目的地，僅購買單程機票，犯罪工具（如挾持武器）無需託運而隨身攜帶等。

行為觀察技術是提供行為偵測人員（behavior detection officer）去識別可能造成的運輸安全風險，它是聚焦於人在面臨壓力、恐懼和欺騙時會表現出的行為，它不是像傳統用偵測器找出嫌犯持有武器，而是透過行為型態和面部表情會洩露一個人想惡意欺騙的意圖，行為偵測人員是站在安檢人員後面，觀察受檢人員的動作和表情，他們事先記下一組根據資料庫設計用來評估可疑乘客的問題指標，當乘客顯現的行為或外觀超出事先設定的臨界值，就要求他們進行進一步的過濾和詢問，雖然這個技術一開始是用來偵測恐怖威脅，但現在已經擴展到可以識別犯罪活動的行為指標。

其中一種方法是從臉部的微表情（microfacial expression），例如緊閉雙唇、眉角揚起都可能顯露欺騙的意圖，再加上將身體姿勢移動及特殊表現列入考慮，例如在大熱天穿厚重衣服，對檢查程序過度關注，因緊張而大量流汗等，都可以提升判斷的正確率，當然研究也發現顯露可疑行為的人有許多是無辜的，尤其是懼怕飛行的人，被掃描檢查的人會感到威脅，或是可能攜帶色情書刊的人害怕被搜出來，都可能會有一些過度反應，而這種執法方式也被質疑僅根據面部表情和肢體動作有非常高誤判的可能，因此其有效性仍尚待評估。

此外目前正在開發一種新的讀心（mind-reading）設備稱為「未來屬性過濾技術」（future attribute screening technology），它假定有不當意圖的人會行為怪異，出現與常規不同的舉止，也會感受到極端的生理反應，在犯罪行為前會有一些肢體動作產生，這套技術是在乘客不知情的狀況下，在詢問的過程中利用遠端攝影機或偵測器蒐集資料，例如呼吸、體溫、心跳、膚電效應，說明如下：

1. 遠端的心血管或呼吸偵測器可以測量心跳、呼吸的速率。
2. 遠端的眼動儀可以追蹤眼睛凝視的位置，測量瞳孔的半徑。

3. 體溫攝影機可以提供臉部皮膚溫度的改變。
4. 高解析度的攝影機可以提供臉部和身體的細微影像，聽覺系統也可分析語調的變化。
5. 其他感應器，例如費洛蒙[21]（pheromone）的偵測器也可列入考慮。

八、欺騙偵測

（一）意義

嫌犯剖繪的一個重要任務是偵測欺騙（detecting deception），執法人員和情報機構經常要面對欺騙，例如在偵訊時，需要判斷嫌犯是不是在說謊，拒絕承認他涉入犯罪或是正在計畫恐怖活動，欺騙是一種企圖隱藏、虛偽陳述、扭曲事實，其目的是在誤導他人，但偵測欺騙是很困難的，很少有人能正確察覺欺騙，儘管如此，人們（尤其是專業人員）更堅定的相信他們可以做到，人們區別說謊和說實話的能力相當貧乏，其中一個原因是他們信賴無用的行為線索（behaviroal cue），例如人們相信說謊的人，不敢正視、玩弄首飾、抖腳或坐立不安，而這些線索通常很不可靠（因為他們反而會直視詢問者、故做鎮定以避免被察覺），尤其某些文化在這些非語言行為有明顯差異，例如不敢正視他人在某些情況下是代表尊敬，另外一個問題是在現今社會，說謊是司空見慣，甚至是日常生活的一部分，導致人們無法區別真實和謊言，此外，某些說謊的人開始相信謊言是真實的（說多了，自己也就相信了），因此他們不會顯現沒有說實話的訊號，他會反覆演練故事情節，導致謊言貌似真實[22]。

（二）偵測欺騙的語言和肢體線索

研究發現觀察者可透過語言線索、肢體動作或臉部微表情偵測出情

21 費洛蒙是一種化學傳訊素（semiochemical），是指由一個個體分泌到體外（如體味），被同物種的其他個體透過嗅覺器察覺，使後者表現出行為、情緒、心理或生理機制改變的物質。

22 Bartol, C. R., & Bartol, A. M. (2013). *Criminal & behavioral profiling*. SAGE Publications, pp. 227-228.

感變化，包括尷尬、不舒服或厭煩，例如乘客在搭機前後可能會緊張，而受過訓練的行為偵測人員就可以透過舉止和反應去察覺會對飛安造成威脅的人，學者Inbau等人提出一種行為分析訪談（behavioral analysis interview）去偵測欺騙，它是訓練警察人員聚焦在非語言行為比談話內容更可能判斷出欺騙，它指出相較於說謊者，說實話的人期待證明無罪，因此更容易提供有用的資訊，例如無辜的人比說謊的嫌犯更加不合作，因為他們瞭解一件事實，就是他們被指控的事情實際上並沒有做，因此無辜者會直接、肯定及有力否認，並表現出反映其言語可信度的非口語行為，例如被阻斷後做出更激烈否認，而有罪嫌疑人否認的方式則較為防衛、緩和及遲疑，被阻斷後只會提出軟弱否認或保持沉默[23]。

比較起來，以蒐集資訊為目標的訪談要比指控犯罪更能偵測欺騙，因為此種訪談大多以開放式問題詢問，回答內容愈多，就有更多的談話內容可以用來找出前後的不一致，進而揭發謊言。相較之下，以指控方式進行偵訊，嫌犯只有簡短的否認，能提供的談話線索就比較少，另外一種有效方法是詢問嫌犯沒有預期的問題，因為在此情況下，他需要當場編造謊言，其中就會漏洞百出，而且需要更多時間思考，因此會有較多的停頓和遲疑，如果詢問內容是嫌犯預期的問題，因為他已經有事先準備，回答就會迅速，而且前後一致較無破綻，此外嫌犯會準備好回答關於過去活動的問題，而對於尚未發生事物的企圖，要編造謊言則較為困難，因此偵測未來意圖的欺騙會比較容易[24]。

（三）偵測欺騙的新方法

1. 溫度成像（thermal imaging）

溫度成像技術是透過特殊的攝影機，察覺臉部因血流的改變而產生溫度的變化，此種設備可用來作為遠端和快速的過濾，而且不需要人員監

23 施志鴻（2018），嫌疑人詢問與自白，收錄於白崇彥等，犯罪偵查學，中央警察大學，頁274。

24 Bartol, C. R., & Bartol, A. M. (2013). *Criminal & behavioral profiling*. SAGE Publications, pp. 228-232.

測，對象也不知道他的臉部溫度正在被測量，因此可以部署在機場，用來即時判斷恐怖分子及毒品走私犯罪成員，當然此種技術也有爭議，因為臉部溫度變化的原因不一定是欺騙，機場裡面充滿許多焦慮的乘客，例如要出國旅行而興奮，或是要在假日拜訪家庭成員的期待心理，研究發現單靠溫度成像技術無法區別說謊者及說實話的人，此項技術最好結合實際訪談，說謊者在訪談時臉部溫度明顯上升，而說實話的人則沒有改變，而且在訪談時可以加入內容判斷和觀察其舉止變化，或是找出臉部溫度有變化的人再進一步偵訊，此外研究也發現生理特徵也會跟說謊或不良企圖以外因素相關，所以單靠生理偵測設備可能產生錯誤，而限制無辜者的自由通行權利。

2. 語音壓力（voice stress）技術

此項技術假定每個人都有獨特的說話型態，它是由於語者的生理結構差異，以及說話時使用舌頭、嘴唇和牙齒的方式不同，聲紋（voice print）則是找出這些獨特發音在儀器上的示波（oscillographic）反應，欺騙的語者在壓力下聲音會改變，而這些改變會反應在微小的震動（micro-tremor），此種變化光靠人的耳朵是聽不出來的，專門設計的儀器可以正確可靠的解讀出來，從而根據受測者說話的聲紋變化，加入檢測其他生理反應（如身體晃動程度、手指脈博波等）測出是否說謊，但是以聲紋作為鑑別謊言和實話的價值還未被科學社群所接受，儘管如此，已經有一些公司開發各種軟硬體來偵測說謊時現場或錄音的聲紋變化，而許多警察單位也使用這些設備在偵訊過程中，他們相信嫌犯在面對可以偵測說謊儀器面前，會被說服說實話，此種技術也被整合到測謊儀器中，結合血壓、心跳和膚電效應，可以更有效的偵測說謊。

九、文字供述內容分析

在犯罪偵查過程中，當事人為擺脫與犯罪的關係及逃避責任，經常可能遭遇說謊的嫌犯、可疑的證人說詞，或偽裝之受害者編出被害創傷的故事，因此偵測欺騙是相當具有挑戰性的工作。而測謊之原理係建立在一般人若下意識刻意隱瞞事實真相時，會產生微妙的心理變化，生理狀況亦隨之改變，進而為儀器所偵測，可以說是用受測人擔心說謊被發現的恐懼心態所表現的生理反應，用來判斷供述的真偽。

但許多研究主張若要直接評估嫌犯、證人或被害者的心智內容，最好的全面方法就是直接仰賴當事人「自己的」語言行為的表達。根據文獻回顧，目前最常被使用的探索模式主要有二種分析方法，分別為「科學性內容分析」（Scientific Content Ananlysis, SCAN）與「語文探索與字詞計算」（Linguistic Inquiry and Word Count, LIWC），分別說明如下：

（一）科學性內容分析（SCAN）

犯罪嫌疑人的供述內容往往是犯罪偵查實務工作者（如警察及檢察官）瞭解犯罪事件重要的線索，因此內容的真偽經常影響偵查的方向，甚至成為是否破案的關鍵，為此心理學家也嘗試判斷犯罪供述真偽的方法，作為協助犯罪偵查的工具之一。

SCAN技術的發展一開始，就清楚明訂以區辨「判斷是否說謊的真偽」，它會要求嫌犯、證人或所謂的被害者寫下「在某重要時段發生的每件事情」，接著由經過訓練的分析師以SCAN準則（如事件的時間順序、省略多少的代名詞等）進行分析，分析結果可判斷其聲明的真實性，或作為後續訊問的指導方針[25]。然而SCAN備受批評的部分是缺乏明確定義的準則及標準化的評分系統，每個準則定義皆不同，且不同分析師依循不同的準則下判斷，因此評分者間的信度非常低[26]。

（二）語文探索與字詞計算（LIWC）

文字內容的文本分析提供了書寫者當下思緒最直接的線索，可用來探索其內在的心理機制。而如何建立一客觀的分析工具顯然是關鍵的必要條

25 Sapir, A. (2005). *The LSI course on Scientific Content Ananlysis (SCAN)*. Phoenix, AZ: Laboratory for scientific interrogation.

26 Vrij, A. (2008). Beliefs about nonverval and verval cues to deception. In Vrij, A. (Ed.) *Detecting lies and deceit*. Chichester: Wiley, pp. 115-140.

件，一般常用的文字內容分析，往往由數名評分員逐篇閱讀文章並評分，不只費時間，最常碰到評分者間信度不高的質疑，這也正是文本分析常因缺乏客觀性而無法被採用的原因，甚至在效度上，因主觀評分的信度有問題，評分結果也無法有效進行預測。為了解決信度與效度的問題，Pennebaker及其同僚從90年代初期，即開始嘗試以程式發展「語文探索與字詞計算」（LIWC）軟體，作為分析文字內容的工具，歷經二十多年的發展與檢驗，目前LIWC已展現穩定的信效度，可將英文質性文本資料有效轉化為量化資料，以利統計分析[27]。

LIWC所發展之語文字詞分析程式方法相當簡單，其運作方式是由文字檔中，逐詞與詞典進行比對，再計算文本的不同類別（譬如代名詞、情緒詞及認知詞）占總詞數的百分比，故其關鍵核心在於其所建立的詞庫，目前LIWC2007的詞典中，包含有64個定義類別，這些相對主觀的類別均經過嚴格的程序建立，針對說謊的文字內容，LIWC也進行說謊文字特徵的檢驗，研究結果發現，不實陳述者的書寫內容呈現較低的認知複雜度，較少第一人稱，較多的第三人稱，較多的負向情緒等類別字詞，顯示它在探索人們內在心理動力的特質或傾向，具有一定程度的區辨與預測的效度[28]。

中文語文探索與字詞計算（C-LIWC）的建立則在2012年由黃金蘭、Chung、Hui等學者及Pennebaker本人，依據原英文版LIWC2007詞典建立之基本程序，並經各階段嚴謹的反覆檢驗，除根據中文的特性加入一些中文特有詞類，文字分類也參考中央研究院「漢語平衡語料資料庫詞集及詞類統計」[29]。

綜而言之，本質上SCAN與LIWC兩種技術都以語言內容形式作為判

27 Pennebaker, J. W. (2011). *The secret life of pronouns: What our words say about us*. NY: Bloombury Press.

28 Tausczik, Y. R., & Pennebaker, J. W. (2010). The psychological meaning of words: LIWC and computerized text analysis method. *Journal of Language and Social Psychology*, 29, pp. 24-54.

29 黃金蘭、Chung、Hui、林以正、謝亦泰、Lam、程威詮、Bond, Pennebaker (2012). 中文版「語文探索與字詞計算」詞典之建立，中華心理學刊，54卷2期，頁185-201。

斷指標，兩者有諸多重疊之處，然SCAN技術的發展一開始，就清楚明訂以區辨「判斷是否說謊的真偽」為主要目的，LIWC則是瞭解語言內容形式背後的「心理機制」為目標，比較起來，LIWC對人類心智活動探索有更廣泛而完整的涵蓋範圍，由於犯罪偵查本質應不只在辨認犯罪嫌疑人或相關人之「文字說話或供述真偽」，瞭解其內在的各種心理意圖或情緒狀態可能更具訊息價值，另外一直以來SCAN缺乏明確定義的準則及標準化的評分系統，然LIWC卻致力在文字內容判斷的客觀性，而且更關鍵的是SCAN在語文上尚無對應的中文系統，而LIWC則在台灣已經有初步中文分析程式的建立，因此以LIWC所建立的中文系統，無論在理論原理的深度、廣度或實務使用的豐富度，皆比原SCAN更具優先實用與應用的價值。

（三）國內研究

刑事警察局委託沈勝昂等進行「文字供述內容分析技術初探研究」[30]，以語言內容來進行受試者分析常模的建立及實證應用之效度檢測，先以124人進行四組隨機分派實驗，以文字供述內容來進行受試者測謊，以中文化的字詞分析工具進行分析，同時透過實證調查，蒐集刑事警察局2014年到案之120位犯罪者的犯罪供述，在供述內容中，犯罪者依照審訊指示，陳述其犯罪行為，由受過犯罪偵查訓練、參與實際刑案資深之偵查員，區辨出真實與謊言的供述，共有75份為真實供述，45份為謊言供述，透過條列式評估表單，檢驗中文化文字供述內容分析技術常模之效度。

研究發現，真實陳述組使用較多的第一人稱單數詞（如我、自己），表示說謊者在心理概念上避免過度涉入自我概念，以防止在供述中出現矛盾或破綻；說謊陳述組使用較多的副詞（如非常、超級），顯示想嘗試透過副詞的使用，來強化其供述的正當性與合理性；說謊陳述組也使

30　沈勝昂、黃健、謝亦泰、董道興（2014），文字供述內容分析技術初探研究，刑事警察局委託研究。

用了較多的頓悟詞（如發現、找到），反映出犯罪且供述謊言者，有更活絡的心理活動，心中正快速運轉著如何編織一個完善的謊言；說謊陳述組也會使用較多的排除詞（如但是、除外），說明他嘗試在心理概念上排除各種涉及自我概念的情形；最後，說謊陳述組與未犯罪但頂替組，都使用了較多的否定詞（如沒有），顯示說謊者不論是否有真實犯罪行為，都更極力透過言語上的陳述否認過去發生的事情，抑或在心理概念的運作上否定自己曾經參與過的事情。

在實證調查中也發現謊言陳述中有較多的排除詞使用，與實驗所得結果一致，此外，填充詞（如嗯、啊）亦達顯著差異，換句話說，當犯罪者試圖以謊言的心態作陳述時，會出現更多不自主且下意識使用的填充詞，從語言學的角度解釋，是為了進行更縝密的口語描述而產生的語言詞彙，透過填充詞的使用，為自己爭取到更多在陳述上的思考時間，儘管只有短短幾秒而已。

綜而言之，透過人類使用的語言形式，確實具有區辨真實或謊言供述的潛在應用性，可以觀察到個人的心理狀態會影響其語言形式之使用。例如若嫌疑人一直使用排除式的用語，則偵訊人員必須釐清排除的內容為何（如人、事、時、地、物），因為這些內容可能正是反向的犯罪相關資訊，本研究建議有以下三點可供實務參考：

1. 過去的犯罪供述採取的是引導方式錄取口供，犯罪嫌疑人的口述內容可能受到偵訊的影響而有所改變，未來可以讓嫌疑人先做出完整的犯案供述後，再由審訊人員進行偵訊口供。
2. 填充詞或虛字的使用，可能反映出犯罪者在審訊時出現心虛的心理狀態，未來在謄寫逐字稿時，謄稿人員應更審慎地將所有犯罪者發出的填充詞或虛字加以完整謄錄。
3. 在語言分析中，自然語言的狀態辨識謊言的精確程度，更勝經過修飾的供述自白書，未來在整理供述自白書時，可以使用原始口供的錄音檔案，以使謄寫出的自白書更接近自然語言的狀態。

十、心理解剖

（一）定義

心理解剖（psychological autopsy）又稱為可疑死亡分析（equivocal death analysis）或重建心理評估（reconstructive psychological evaluation），是指在一個人死亡之後，試圖去瞭解他死前的心理狀態及情境，是藉由遺留下來的證據或蛛絲馬跡，來重新找出他的生活型態、認知過程、死前的心理及行為型態，心理解剖是一種重建過程，用來識別和評估死者的行為、想法、心情和生前經歷什麼可能導致他死亡的事件，此種分析可以用在保險理賠、員工賠償、遺囑認定、產品責任、醫療誤診或犯罪偵查，尤其是死亡原因還是很模糊、不確定和可疑的案件，舉例來說，一個傘兵從高空落地，醫療檢驗可以很快的認定他的死亡是由於器官遭受重大撞擊，但檢驗者無法確認其死亡原因可能是降落傘故障（意外死亡）、跳傘者有意為之（自殺）、降落傘遭人破壞（謀殺）或是跳傘者在跳下時心臟病發（自然死亡），另外有些看似自殺的案件，事實上是殺人後變造現場的結果，在此情況下，就需要做心理解剖[31]。

（二）目的

進行心理解剖主要有三種目的[32]：

1. 研究：心理解剖可以識別和瞭解一個人自殺死亡的心理狀況和外在環境，研究獲得的知識可以改進自殺預防計畫和治療干預措施，例如研究顯示大多數的自殺被害人在自殺前曾與他人（通常不是所愛的人或親近的家庭成員）表明他自殺的意圖，許多被害人也會留下遺書可作為研究和調查資料，解開為何一個人會走向自我毀滅的原因。
2. 臨床實務應用：心理解剖獲得的知識，也可以對死者的家人和朋友有治

31 Bartol, C. R., & Bartol, A. M. (2013). *Criminal & behavioral profiling*. SAGE Publications, pp. 240-241.

32 Bartol, C. R., & Bartol, A. M. (2013). *Criminal & behavioral profiling*. SAGE Publications, pp. 244-246.

療效果，發現自殺的真正原因通常可以減輕他們的憤怒、羞恥和罪惡感，心理解剖也可以由心理衛生機構的臨床人員進行，以瞭解他們治療的病患為何會自殺，作為改進臨床實務的參考，防止類似情況發生。

3. 法律訴訟：在民事案件中，保險公司常會詢問死亡案件究竟是意外謀殺或自殺以決定是否理賠，另外死者在死前是否有能力製作或改變遺囑，或是受到他人控制，在此情況下，心理解剖就可以提供簽署遺囑時心智能力的意見，還有員工自殺時家屬會控告服務單位工作壓力過重，或是同事和上司的騷擾，在這些案件中，如能證明工作壓力導致自殺，死者家屬就可以提出求償。

（三）特殊案例

1. 軍中的心理解剖

根據統計資料，軍中的心理解剖占最大宗，無論是陸海空軍都有案例發生，其調查目的是蒐集資料以防止自殺案件再度發生，心理解剖是在死亡原因可疑時才會進行，並要求從事此項工作的人員必須接受犯罪現場調查、生理解剖和毒物學的基本訓練，並瞭解自殺行為和其決定因素，根據研究發現，軍中自殺的最重要壓力來源依序是婚姻或親密關係失敗、非親密關係失敗、被處罰及民事法律問題，有相當比例的被害者被診斷有心理疾病，儘管如此，對某些家庭而言，即使官方已提出報告，死亡原因卻從未被確認。

2. 利用警察來自殺（suicide by cop）

研究發現另一種自殺方式是被害人利用警察來達到他死亡的目的，亦即下定決心自殺的人，先從事威脅警察的犯罪行為，再迫使警察殺害他們，也就是假警察之手，引發警察使用致命武力，但是此類案件卻很難確認，因為沒有單一的行為或物證可以確定這是一起利用警察自殺的案件，在此類案件中，被害者通常持有真正或假冒的槍枝或刀械，許多被害者有心理疾病，事件發生前有使用藥物或酒精，其行動顯示有自殺的意圖，例如拒絕放下武器並以威脅的方式接近警察，大多數被害者沒有前科，但是有家暴或使用藥物的紀錄，他無法自行了結的原因可能是因為宗教信仰不允許他們自殺、搞砸工作無法收拾或其他個人理由。

3. 監禁中死亡

監禁中死亡（in-custody death）主要是指受刑人在監獄、看守所中監禁，或嫌疑人在警方控制（包括拘留、運送）過程中，發生死亡的結果，調查目的在判定是否為自然死亡（疾病）、自殺身亡、謀殺或其他原因，調查過程需要訪談監獄管理員、其他受刑人、負責逮捕、拘禁或載運的警察人員，也要檢視相關資訊如受刑人或嫌疑人的背景調查、擁有財物、醫療紀錄、是否有飲酒或吸食毒品、監禁紀錄、警方初步調查現場跡證、拍攝照片、屍體傷痕、法醫檢驗報告等，根據所有蒐集到的資料重建發生過程，查明是否有監督不周、疏失或違反相關規定，瞭解監禁人員是否有善盡職責[33]。

（四）進行方式

每一件心理解剖都是獨特的，每個案件的資料來源都各不相同，儘管如此，許多專家主張要建立一套標準程序（例如自殺的操作型定義如表10-1-1），方可使其獲得可信度，但要達成此目標，還要進行很多研究，心理解剖必須由心理衛生專家，包括精神科醫師、護理師、心理學家和社工共同組成。

表 10-1-1　自殺的操作型定義

一、自己造成：有證據顯示是自己造成的，病理解剖、毒物學、調查和心理證據、被害者或目擊證人的陳述可用來協助判斷。 二、意圖：有明確／隱含證據顯示死者在傷害自己的時候，瞭解其行動的可能後果。 1. 明確的口語或行為：表達要殺害自己的意圖。 2. 隱含或非直接的證據表明想要去死：準備去死、和人道別、表達無助、取得自殺工具、演練致命的行為、避免獲救、過去曾嘗試自殺、曾威脅要自殺、遭遇壓力情境、嚴重憂鬱或心理疾病。

33 Turvey, B. E. (2016). Equivocal death analysis, In Turvey, B. E. & Esparza, M. A. (Eds.). *Behavioral evidence analysis: International forensic practice and protocols. Academic Press*, pp. 137-151.

從事心理解剖所需的資料大致來自以下來源：訪談重要他人（包括親密家人、親屬、朋友、上司、同事、老師、健康照護人員）及蒐集各種紀錄（包括醫院、心理衛生、用藥及學校紀錄，還有信件、日記、電子郵件、貼文、造訪網站、下載文件等），都可以提供參考資訊，有助於評估他在特定時間的心理狀態，此外尚有法醫的檢驗報告、警方的調查（如現場圖和照片）、實驗室的檢驗結果（如毒物），也要掌握是否有酒精或藥物濫用、死亡前的行為，如付清保單、送走心愛的東西、安排家人和寵物，也能傳達重要訊息，評估死者與配偶、子女、親密家人的關係尤其重要，此外也要檢視他的經濟狀況，以了解是否有財務上的壓力。

另外造訪死者的家裡和工作場所也很重要，他裝飾這些地方的東西可以反映其個人的風格，包括照片、海報、得獎紀錄、紀念品，這些東西也可以調節他的心情（feeling regulator），此外行為的遺跡（behavioral residue）是指日常生活留下的實體痕跡，如收據、垃圾、東西都安排得井然有序和雜亂的空間都表現出當事人的性格。調查人員也要檢視死亡發生的地點，以瞭解被害者是否有採取避免獲救的措施，例如割腕的深度和長度可以看出其死意是否堅強，從被害人閱讀的書籍和瀏覽的網站，也可以瞭解他是否有計畫和演練細節。

在調查可疑死亡案件時，最重要的資訊來源就是遺書，研究發現大約有1/3自殺的人留有遺書，首先要確認是否為死者親手書寫，查清楚是否有可能受迫或被哄騙的情況，如前所述，不是所有親近家人都清楚死者的自殺意圖，而且在得知親愛家人的死訊時十分震驚，通常會堅持他不會自殺，假如又沒有留下遺書，就會懷疑是被人謀殺，確定遺書的真實性有時非常困難，通常決定在個人的主觀判斷，目前有二種方法可用來協助判斷遺書的可信度，一是語言結構，如每一句的平均長度、名詞和動詞的比例，二是遺書的內容如字數（研究發現真的遺書通常字數較多，但包含許多簡短的片斷句子），對仍然活著的家人交待事情（表達關心），表達正向情感（如使用親暱用語感謝多年來的照顧）及對自殺的解釋，顯示他雖然決心要自殺，情緒仍有十分矛盾。

訪談親密家人和重要他人都要儘快完成，時間拖太長會影響他們的記憶，還有調查的方式也要很小心，要同理心和敏感度同時兼顧，除了要確保知情同意（informed consent）外，也要建立互相信任，並確保個人隱私資料不可外洩。最後調查人員要撰寫完整的報告，包括前面述及的相關訊息，死前發生的重要事件，根據掌握的資訊，提供專業的結論，如：自然死亡、自殺、意外、謀殺或無法確定[34]。

（五）評估

心理解剖雖然已有些許進展，但仍有很多工作要做，有必要評估其信效度並建立一套標準化程序，學者曾提出以下建議：首先是這套步驟和技術不能延伸到死亡以外案件，其次是心理評估不應對死亡時心理狀態下明確判斷，第三是除非有明確證據，不能過度肯定結論的正確性，必須將資料及步驟提呈到法院仔細審查。在標準化方面，由於心理解剖的標準化程序尚未建立，應該建立一套清單去檢視是否相關資料已完整蒐集，該訪談的人還有訪談的問題有無遺漏，分析的過程也要儘量標準化，否則會受到調查人員的個人經驗、訪談技巧、所受訓練及對問題的敏感度所影響。

在信效度方面，信度要求一致性，如果提供相同資料，詮釋的結果卻不相同，其評分者間信度（interrater reliability）就有待提升，而效度是指能夠正確回答問題，也就是心理解剖是否能正確的判斷死亡是自殺、意外或謀殺，這個問題更難回答，因為死者顯然無法提供答案，而家人、朋友、上司、同事、重要他人提供的資料，也可能因為羞恥或罪惡感而提供偏差或曲解的資料，甚至在大眾矚目的案件中，因害怕他說的話會洩露給媒體，因此有所保留，這些都會影響心理解剖的信度及效度[35]。

34 Bartol, C. R., & Bartol, A. M. (2013). *Criminal & behavioral profiling*. SAGE Publications, pp. 250-255.

35 Bartol, C. R., & Bartol, A. M. (2013). *Criminal & behavioral profiling*. SAGE Publications, pp. 255-257.

第二節 電腦分析

利用電腦進行剖繪的過程可由圖10-2-1加以說明，在暴力犯罪或意外事故發生後，將來自媒體的報導訊息、犯罪現場的處理結果、刑案紀錄報告[36]以及先前研究暴力犯罪的發現，輸入電腦系統，如果過去有發生類似的案例，就可以進行犯罪模式的分析工作，同時可以預測未來類似案件發生的可能性，並根據凶手過去的作案手法，來找出凶手的可能身分，此外也可根據以往犯罪剖繪的經驗，發展出有效的偵查策略，並提供未來犯罪預防工作及教育訓練之用。

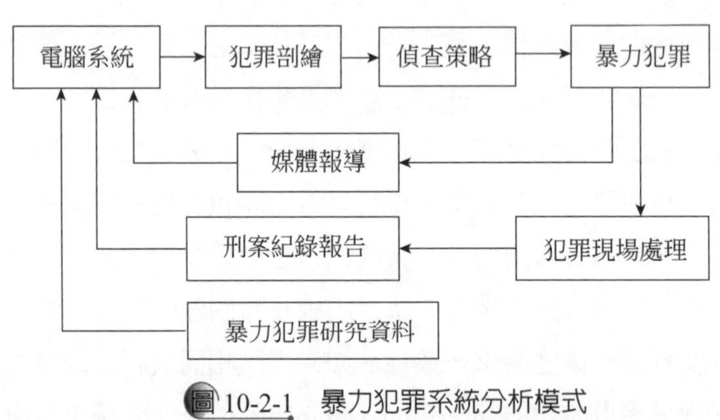

圖10-2-1 暴力犯罪系統分析模式

當新案件的資料輸入後，電腦系統立即同步與儲存在資料庫中的類似案件進行比對，經過處理過程後，一份有關該案的電腦報表就會交到負責該案的分析人員手中，這份報表從犯罪資料庫中抓出若干與該案類似的案件，並依序列印出來，如此就可以正式展開犯罪模式的分析工作。其中資料的正確性會影響剖繪的成效，因此必須讓負責資料輸入的警察有相當誘因（如發現資料有用或其他獎勵措施），才會願意花時間填寫這些大量的表格，內容也要儘量精簡，以減輕填表人員的負擔[37]。

36 聯邦調查局規定當有重大刑案發生時，調查人員必須在犯案現場綜合自己的發現，填入FBI訂定的ViCAP表格內，並提交一份完整的犯罪分析報告。

37 Farrington, D. P., & Lambert, S. (1997). Predicting offender profiles from victim and witness de-

另外聯邦調查局的國立暴力犯罪分析中心（NCAVC）正在發展一套人工智慧（artificial intelligence）和專家系統（expert system），以協助使用人員追蹤並預測暴力犯罪，而不必像往常需以人力來解決，圖10-2-2可說明這套系統的運作以及設計者和使用者之間的關係。首先知識工程師負責將剖繪人員以往的經驗以及暴力犯罪研究的成果，轉換到一個知識庫（knowledge base）中，這套由推論引擎（inference engine）界定出的知識庫必須經常更新，再運用電腦軟體程式轉換後就可成為決策的規則，只要研究人員輸入新案件的資料後，就可經由使用者介面（user interface）獲得案件諮詢的相關資料[38]。

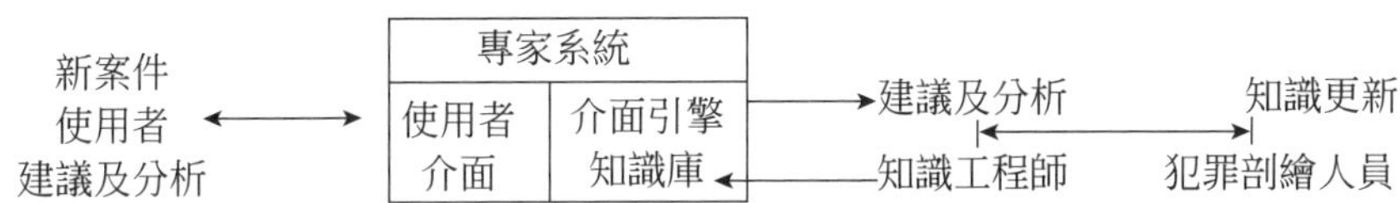

圖10-2-2　犯罪剖繪人工智慧／專家系統概要圖

日本國家警察研究中心亦建立犯罪剖繪流程（如圖10-2-3），當重大案件發生後，將相關資料提供給學者專家，請其針對特定案件提供建議，圖中顯示將所有可能提供的資訊整合到完整的系列架構中[39]。但是電腦只能處理二元資料（布林代數），不能處理介於中間的情況，而事物通常是漸進轉變而非突然發生，因此仍然需要人腦的推理能力和邏輯思考[40]。但無論如何，電腦是可以輔助犯罪偵查的一種有力的技術工具，但是它無法完全替代人類的智慧及經驗，電腦要發揮效果，不但要靠良好的程式設

scriptions. In Jackson, J. L., & Bekerian, D. A. (Eds.). *Offender profiling: Theory, research and practice*. England: John Wiley & Sons, p. 156.

38 李璞良譯（1995），Ressler, R., Burgess, A., & Douglas, J.合著，異常快樂殺人心理，台灣先智，頁353-360。

39 Canter, D., & Youngs, D. (2009). *Investigative psychology: Offender profiling and the analysis of criminal action*. UK: John Wiley & Sons, pp. 412-413.

40 Verma, A. (2001). Construction of offender profiles using fuzzy logic. In Godwin, G. M. (Ed.). *Criminal psychology and forensic technology: A collaborative approach to effective profiling*. FL: CRC Press, p. 50.

計，更需要正確的資料。雖然剖繪過程是一項只能由人類完成的藝術，但是在可預見的將來，電腦化的剖繪程式將會協助執法人員很快地蒐集及分析犯罪資料，以提供正確的資訊，使得剖繪人員可以得到最接近事實的猜測，這種程式要靠偵查人員、理論學者和電腦專家的共同努力[41]。

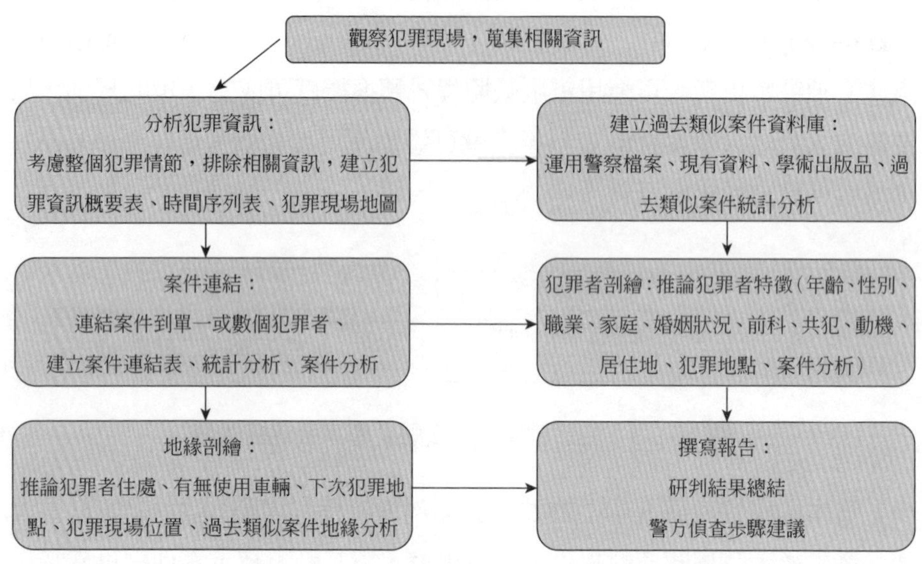

圖 10-2-3　日本國家警察研究中心犯罪剖繪流程

第三節　資料庫建立

犯罪資料庫（criminal data base）是記錄所有關於犯罪資訊的系統，其中包含了加、被害人的資料、刑案現場資料、警方偵查報告及其他相關紀錄等。由於這些大量資訊需要電腦系統儲存和快速存取，方能有效過濾

41　Holmes, R. M., & Holmes, S. T. (2002). *Profiling violent crimes: An investigative tool*. CA: Sage Publications, p. 192.

嫌犯，找出最可能的犯罪者[42]，並能用來連結一系列的犯罪[43]，如果欠缺內容完整的資料庫，剖繪結果再深入也無從比對和分析，因此資料庫對剖繪工作十分重要，以下介紹一些知名的資料庫系統。

一、暴力罪犯逮捕計畫

（一）基本概念

美國FBI體認到一個國家級的資料庫及資訊中心有其成立的必要性，以用來蒐集跨區犯案之犯罪者作案手法的資訊。而連結這些案件以逮捕犯罪者的唯一方式，便是將每個案件的資料輸入電腦資料庫系統，並讓全國各地的執法部門都能查詢。1984年，國立暴力犯罪分析中心（NCAVC）正式成立；1985年，暴力罪犯逮捕計畫（Violent Criminal Apprehension Program, ViCAP）正式上線展開運作，以蒐集、歸納及分析特殊的暴力犯罪案件[44]。

（二）資料範圍以及工作內容

根據FBI表示，ViCAP的主要任務是要協助執法部門間的合作、溝通及協調，並協助偵查、指認、追蹤、逮捕及起訴連續的暴力犯罪者。目前，凡是符合以下標準的案件，就會被ViCAP所接受處理：

1. 一些已破案或是尚未偵破的重大刑案，尤其是那些涉及綁票、隨機作案、性暴力、毫無動機可言，或是明顯為連續殺手所為的案件。
2. 被害人失蹤，且明顯受到挾持或脅迫。
3. 身分未明的屍體，且已知或可能為凶殺案的被害人。

---

42 Stevens, J. A. (1997). Standard investigatory tools and offender profiling. In Jackson, J. L., & Bekerian, D. A. (Eds.). *Offender profiling: Theory, research and practice*. England: John Wiley & Sons, p. 83.

43 Godwin, G. M. (2001). Weakness in computerized linking data bases. In Godwin, G. M. (Ed.). *Criminal psychology and forensic technology: A collaborative approach to effective profiling*. FL: CRC Press, p. 199.

44 Turvey, B. E. (1999). Crime scene characteristics. In Turvey, B. E. (Ed.). *Criminal profiling: An introduction to behavior evidence analysis*, San Diego, CA: Academic Press, p. 216.

最重要的一點就是，即使這些案件的凶手已被逮捕或是身分已被指認出來，仍要將案件資料提報給FBI，這樣ViCAP系統才可以針對資料庫中那些懸而未決的案件做比較及可能性的比對，此一目的在於找出特定的簽名特徵和類似的作案手法，如此可以協助偵查人員確認哪些案件可能是相同的犯罪者所為，並且通知相關單位加以偵辦處理，進而偵破過去的未破積案。

在執法機關提報與案情有關的資料後，NCAVC便會根據被害人資料、驗屍報告、物證、人證對嫌犯的描述、以及嫌犯在案發前中後的行為資料進行分析，再由偵查人員決定這些案件與ViCAP系統檔案內的其他案件間，是否具有相似的特性或共同的模式。

（三）ViCAP連線系統

負責執行ViCAP的電腦系統是安裝在華盛頓特區的聯邦調查局總部內，儲存所有提報至NCAVC的暴力犯罪前科資料，並利用一套安全性極高的通訊網路，與位於Quantico的ViCAP犯罪資料庫連線。當新案件的資料輸入後，ViCAP的電腦系統立刻同步與儲存在資料庫中的類似案件進行比對，在經過一整夜的處理過程後，一份有關該案的電腦報表就會交給負責該案的分析人員手中，這份報表從犯罪資料庫中「抓出」十件與該案類似的案件，並依序列印出來，這時由FBI技術服務部門所設計的犯罪模式分析便正式展開。此外，ViCAP的電腦系統也會選擇性地列印管理系統的報告，按照地域來監控案件的一切活動，希望隱匿在美國任何一個角落的凶手都能無所遁形[45]。

45 李璞良譯（1996），Ressler, R., Burgess, A., & Douglas, J.合著，異常快樂殺人心理—解讀性犯罪，台灣先智，頁356-357。

二、暴力犯罪連結分析系統[46]

（一）系統功能

1991年5月到1992年，加拿大皇家騎警的暴力犯罪分析部門和安大略省警方，共同研發完成著名的「暴力犯罪連結分析系統」（Violent Crime Linkage Analysis System, ViCLAS）。基於研究需要，他們曾花了八個月的時間，對美國最成功的自動化案件連結系統，進行徹底的研究，檢視的系統包括：FBI的「暴力罪犯逮捕計畫」（ViCAP）、愛荷華州的「性犯罪分析系統」（IOWA/SCAS）、明尼蘇達州的「性犯罪分析系統」（MINN/SCAS）、華盛頓州的「殺人案件偵查追蹤系統」（Homicide Investigation Tracking System, HITS）、紐約州的「殺人案件評估與線索追蹤系統」（Homicide Assessment and Lead Tracking, HALT）、紐澤西州的「殺人案件評估與追蹤系統」（Homicide, Evaluation and Assessment Tracking, HEAT）等。

研究結果顯示，上述這些系統均是極為有效的犯罪偵查工具，對加拿大重大刑案資訊系統功能的提升助益甚鉅，但並沒有任何一個系統完全符合加拿大警方的需求。因而，當局決定自行研發一套結合上述系統各項優點的偵查連結系統，即ViCLAS。針對上述美國各個系統的研究，發現一項重大缺點，即缺乏全國性的重大犯罪案件資料連結系統，以FBI的「暴力罪犯逮捕計畫」為例，除了不是全美國警察單位均使用的系統外，亦缺乏追蹤重大性犯罪的功能。因此，ViCLAS除了結合美國各個系統的優點外，亦針對其缺失加以修正，使得該系統的功能更為完整，此外德國警方亦使用該系統，並運用一份168個問題的問卷，內容包含犯罪證據和犯罪者特徵。

46 林煒翔（2000），加拿大的暴力犯罪案件連結分析系統，收錄於林燦璋主編，犯罪剖繪（二）—連續殺人犯罪偵查，中央警察大學出版，頁249-254；侯友宜（2000），暴力犯罪現場剖繪—加拿大暴力犯罪連結分析系統（ViCLAS）簡介，刑事科學，第50期，頁117-126。

（二）資料蒐集

除了檢驗前述各項軟體的功能外，該研究團隊也針對重大、連續性的犯罪資料蒐集方式進行研究。在行為科學專家Peter Collins博士的主動協助及資料提供下，完成了262個問題的犯罪調查總表，問題包含案件所有相關的細節，如被害狀況、作案手法、鑑識檢驗及行為資料等，這些問題內容能夠提供偵查分析人員，依據犯罪者的行為連結各個案件。

建立ViCLAS的另一個考量是資料蒐集的種類，經過縝密的考慮後，下列案件均需詳細的蒐集：

1. 所有已破或未破的殺人案和殺人未遂案；
2. 已破或未破的性侵害案；
3. 失蹤人口（各種狀況顯示有極大的被害可能性，且被害人仍然失蹤者）；
4. 無名屍體（其死亡方式已確定或被懷疑為殺人案件者）；
5. 非雙親所為的誘拐案件和意圖誘拐案件。

（三）系統運作原理

當一件符合ViCLAS報告標準的重大犯罪案件發生時，偵查人員就要填寫問卷手冊，該手冊隨後寄到負責該地區處理案件報告的ViCLAS中心。該中心會先對問卷手冊進行品質確認檢查，確認無誤後，再由專責的資料輸入人員將相關資訊輸入ViCLAS的資料庫中。問卷手冊的資料輸入該系統後，ViCLAS的專家即開始著手分析工作，假如被害者和犯罪者均為已知的話，則整個過程將包括廣泛的背景調查等工作。典型的分析過程包括了所有可能資訊的分析，例如從警方的電腦檢索系統、假釋犯檔案和任何可靠的資料來源所得之各種相關資料。這些專家將檢視所有的供述及證詞、報告和相片，某些案件在必要時亦需直接訪談偵查人員，以獲取更詳盡的第一手資料。

完成各個案件的背景調查工作後，暴力犯罪分析專家將依照個人經驗及專業，來執行ViCLAS電腦系統中各項的分析工作。每一位分析人員都有一套自己的分析方式，但其基本原則是不變的；他們會以某些捷徑，例如犯罪被害狀況、犯罪者的作案手法、在現場所發現的行為資料或鑑識檢驗的各項結果，作為案件連結的基本資料，或是用來顯示犯罪者身分的線索來源。

不論是正面或負面的結果，偵查人員都會收到一份分析結果的建議，通常是以書面資料的形式呈現。在產生可能連結的案件中，暴力犯罪連結分析中心會要求該案的偵查人員進一步提供相關的資料。所謂「可能連結」意指：「當ViCLAS專家有理由相信某個已知或未知的特定人士，可能會涉及二件或以上案件的情況」。當此案件連結出現時，ViCLAS會在資料庫內以「串聯」的形式將案件連結起來。「串聯」的資料會根據偵查人員調查的結果加以確認或否定，而後資料庫上的ViCLAS紀錄亦會隨之更新。

三、縱火資訊管理系統

美國FBI的「暴力犯罪分析中心」所發展出來的「縱火資訊管理系統」（Arson Information Management System, AIMS）即是利用犯罪剖繪之方法所使用的犯罪類型分析軟體[47]。其犯罪剖繪所賴以分析的資料包括有：嫌犯基本資料（種族、性別、年齡、教育程度、職業、婚姻狀況、智商、前科紀錄、成長環境及家庭狀況等）、縱火現場資料（時間、地點、證物、照片、勘驗報告等）、縱火目標的資料以及犯罪行為模式資料等。

四、殺人案件偵查追蹤系統

美國華盛頓州建立的殺人案件偵查追蹤系統（Homicide Investigation Tracking System, HITS）是一套電腦化謀殺及性侵害偵查系統，是由各州的警察單位及矯正機關自願提供殺人、性犯罪、失蹤人口資料，包括案情描述、證據、被害調查、犯罪者特徵、作案手法、共犯、犯罪地點、武

47 李璞良譯（1996），Ressler, R. K., Burgess, A. W., & Douglas, J. E.合著，異常快樂殺人心理—解讀性犯罪，台灣先智，頁336-344。

器、車輛等，經由電腦分析後，提供破案線索、案件連結、證詞檢視、可疑嫌犯、偵查建議等，當案件發生時，要求各地警察單位填寫54頁467欄位的表格（後來因為填表時間過長，修正為250欄位精簡版，30分鐘內可填完）之後，將資料鍵入關聯式資料庫管理系統，並可與ViCAP連結，搜尋資料庫僅幾分鐘便可完成。整個系統共有11名工作人員（管理者1名、偵查人員5名、犯罪分析師1名、程式設計師2名、秘書及資料輸入員各1名），目前此系統已有相當知名度，使用者亦相當普及，本系統除協助偵查殺人犯罪外，尚有以下優點[48]：

（一）協助偵查人員適當安排偵查優先順序及後續步驟。

（二）改進偵查人員的刑事司法訓練課程。

（三）補充針對暴力犯罪的研究和計畫。

（四）讓其他政府部門充分瞭解殺人案件偵查的複雜程序。

HITS是個模範的計畫，其他各州可視其需求加入或複製其成功經驗。此外尚有許多運用於犯罪偵查的資料庫，而這些資料庫的案件檔案均尚待充實[49]。必須注意資料庫只包括被捕犯罪者的資料，並不包括那些較聰明且未被捕獲的嫌犯，因此其代表性仍有疑問[50]。

總之，電腦化剖繪是利用電腦分析累積的大量資料，進行綜合評估，再據以推測犯罪者的特徵，其功能要充分發揮，需仰賴輸入資料的完整性，目前許多警察人員不願花時間去輸入資料，原因在於沒有提供誘因，只要警察發現完整的資料有助於偵查工作，就比較願意填寫相關表格，而這些表格也應該重新設計簡化，不致造成沉重負擔，讓基層員警願意耐心輸入資料[51]，再加上有人去審核資料的正確性，方能使這些資料充

48 Keppel, R. D., & Weis, J. G. (2006). Improving the investigation of violent crime: The Homicide Investigation and Tracking System. In Keppel, R. D. (Ed.). *Offender profiling*. OH: Thomson Corporation, pp. 361-371.

49 Holmes, R. M., & Holmes, S. T. (2002). *Profiling violent crimes: An investigative tool*. CA: Sage Publications, p. 278.

50 Palermo, G. B., & Kocsis, R. N. (2005). *Offender profiling: An introduction to sociopsychological analysis of violent crime*. IL: Charles C. Thomas Publisher, p. 123.

51 Farrington, D. P., & Lambert, S. (2007). Predicting offender profiles from offense and victim char-

分發揮用途，而不是填入一堆沒有用的「垃圾」資料。剖繪可藉助電腦分析的快速性和正確性，但不能取代人類的智慧，因此要充分發揮電腦的功能，尚待偵查人員、理論學者和電腦專家的共同努力[52]。

第四節　倫理議題

一、倫理問題

倫理（或道德）問題（ethical issue）包括偽造（falsification）、捏造（fabrication）和剽竊（plagiarism），例如做偽證、故意忽略重要事實、誇大事實、沒有報告相反結果等[53]。通常道德的標準高於法律，亦即法律是最低的道德標準，但倫理並無法律明文規範，僅能依據個人的道德良知行事[54]，倫理問題強調過程重於結果，但經常在犯罪剖繪中受到忽視。在此舉出三件剖繪人員違反職業倫理而干擾偵查甚至造成副作用的例子，以說明其重要性：

美國華盛頓特區（Washington, D.C.）附近在2002年12月2日至24日發生連續狙擊（serial sniper）殺人案件，在Maryland州Montgomery郡方圓2英哩範圍內，最初16小時共發生5件，四個星期內總共造成10人死亡、3人受傷。為了回應社會大眾的焦慮和恐懼，媒體找來退休的剖繪專家，提供即時的評論和對犯罪行為的看法，由於他們的意見被視為權威觀點，因而吸引了一般大眾的注意，到最後各個領域的人甚至非專業人士都開始

acteristics. In Kocsis, R. N. (Ed.). *Criminal profiling: International theory, research, and practice*. NY: Humana Press, p. 163.

52 Holmes, R. M., & Holmes, S. T. (2002). *Profiling violent crimes: An investigative tool*. CA: Sage Publications, pp. 279-280.

53 Burnett, L. B. (2001). The role of ethics in criminal profiling. In Godwin, G. M. (Ed.). *Criminal psychology and forensic technology: A collaborative approach to effective profiling*. FL: CRC Press, p. 304.

54 Day, A., & Whetham, P. (2001). Ethics and forensic psychology. In Godwin, G. M. (Ed.). *Criminal psychology and forensic technology: A collaborative approach to effective profiling*. FL: CRC Press, p. 322.

提供各式各樣的看法，但這些意見對於案件的偵辦並沒有太多的幫助，甚至有人開始譏諷凶手是怯懦和沒有能力的失敗者，其行動是為了吸引他人注意，會因為在此過程中扮演了類似上帝的角色而達到高潮。此種說法曾激怒狙擊手主動和官方機構對話並再次犯案，雖然有人認為此種故意散布消息的做法，可能會使凶手犯錯而提高破案機會，但剖繪專家McGrath及Turvey卻認為辱罵凶手不會有利偵查，反而可能刺激凶手再度殺人，例如警方宣稱學校是安全的避風港（safe haven），隔天就有一個小孩在校門口遭槍傷，事後凶手便開始勒索金錢以平息整起事件，因此觸怒犯罪者是不負責任的做法，剖繪專家更不應建議此種策略。通常嫌犯會注意媒體的報導，因此不能揭露偵查的細節，此外犯罪者可能會改變作案手法以混淆警方的搜尋，所以發布新聞要考慮其可能的反應，也必須注意避免刺激他人模仿（copycat）。犯罪通常會在相當接近嫌犯的住處附近發生，但不會太靠近，因為犯罪者會在「匿名性」的需求和想要在「舒適區域」內犯案之間求取平衡。犯罪者攻擊的地點能告訴我們嫌犯住在哪裡、在何處工作、經常前往的地方，這些訊息除了有助於偵查外，也可以提醒當地居民提高警覺，因此適度發布相關資訊有時是必要的，但沒有特定目的而隨意發布消息（甚至將歹徒留下的訊息都洩露給媒體）則是有百害而無一利。另有學者嚴厲譴責FBI退休探員頻頻出現在媒體，在不瞭解詳細案情，也沒有檢視相關資料，甚至沒有和偵查人員交換意見的情形下，就驟下結論的作法是相當可議的[55]。本案最後是靠彈匣上的指紋比對資料庫，找出41歲黑人John Muhammad，他離婚後改信伊斯蘭教並曾服役，故熟悉來福槍的操作，另一名共犯是17歲的牙買加移民Lee Malvo，二人在他們改裝成射擊平台的車上輪流對路人開槍，車子最後被一名卡車司機指認出來並雙雙被捕，但剖繪的特徵是嫌犯為20-30歲的白人男性單獨犯案，因為錯

55 McGrath, M., & Turvey, B. E. (2003). “Criminal profilers and the media: Profiling the Beltway snipers”. *Journal of Behavioral Profiling*, 4(1). http://www.profiling.org/journal/subscribers/vol4_no1/ jbp_cpm_4-1.html.

誤的結論導致嫌犯曾多次因不符剖繪特徵而被略過[56]。

另一個案件是發生在1996年7月27日，有一個背包被放置在Atlanta奧運村的公園內，炸彈引爆造成2人死亡、111人受傷，保全人員Richard Jewell曾事前通報警察並協助疏散群眾，由於他的勇敢、專業和快速行動而拯救不少民眾生命，獲得大眾一致喝采，但他堅稱只是在盡他的義務。但是幾天後整起事件似乎有戲劇化的演變，當地媒體引述不明來源，FBI開始懷疑是Jewell放置炸彈，事實是FBI探員洩露資訊給媒體說心理剖繪描述放置炸彈的人以前是警察並渴望成為英雄，Jewell符合此描述並成為主要嫌犯，而且他曾上過二次爆裂物處理的課程，聯邦探員到他的住處搜索，只有發現家裡有一些描述他英雄事蹟的剪報，除此之外毫無所獲，FBI以拍攝訓練影片為由偵訊他，最後排除他涉嫌並向他致歉，洩露訊息給媒體的探員也被停職停薪五天，案件最後也無疾而終，上述二個事件都涉及媒體處理不當等問題[57]。

第三個案件是發生在1989年4月19日，美國海軍戰艦Iowa號在波多黎各海岸進行例行演習，艦上砲塔爆炸，造成47人死亡，海軍在調查時收到一位來自死者家屬來信，詢問有關保險理賠問題，因此開始懷疑這宗爆炸案是否為故意造成，海軍情報局因此開始調查砲手的背景和最近行為，並請求FBI協助調查，發現砲手Clayton Hartwig最近在實驗爆裂物，並對船艦災難產生興趣，探詢發現他最近和一位密友吵架，高中時曾嘗試自殺，在爆炸前也曾和他人談論過自殺，FBI最後下結論稱Hartwig是故意引發爆炸自殺。但是參議院調查委員會並不認同這個調查報告，其中一個理由是FBI都是利用海軍蒐集的資料加以分析，甚至沒有進行訪談，而調查局的探員也一再強調他們的分析是基於過去從事調查累積的專業，但事實上他們的經驗大多集中在刑事案件上，而眾議院也同樣持懷疑態度，他們請專

56 Turvey, B. E., & McGrath, M. (2006). Criminal profilers and the media: Profiling the Beltway snipers. In Petherick, W. (Ed.). *Serial crime: Theoretical and practical issues in behavioral profiling*. MA: Academic Press, pp. 113-135.

57 Turvey, B. E. (2012). Ethics and the criminal profiling. In Turvey, B. E. (Ed.). *Criminal profiling: An introduction to behavioral evidence analysis*. CA: Academic Press, pp. 604-605.

家獨立審查海軍的調查報告，專家也否定FBI的結論，並指稱FBI的分析方法在科學上既不可靠也不正確，而且認為FBI探員過於篤定卻未強調其他可能性，且質疑FBI的分析步驟、方法和正確性，但FBI探員卻聲稱由於分析的對象已經死亡，事實本來就無從得知，而審計總署也找來專家評估海軍的調查報告，最後也認定這是一起意外事故，也就是沒有證據顯示Hartwig應為此事故負責[58]。

由上述案件可見在引人矚目的事件發生時，媒體為了報導新聞，通常會找剖繪專家提供對案情的看法，但剖繪者在接受媒體要求發表意見前，必須先確認自己是否有資格對特定案件陳述個人看法，其次應檢視是否有足夠資訊提供意見，並確定所發表的意見不會妨礙案件調查。一般而言，最好只討論剖繪技術的原理原則，以及如何運用在犯罪偵查工作即可，某些小說太過美化暴力犯罪者和剖繪人員，一些FBI前探員出版的自傳也讓社會大眾將剖繪加入超能力色彩，這些情形都應當加以避免。此外，剖繪可能造成的危害包括提供錯誤線索、指向錯誤的嫌犯、排除可能的嫌犯、牽連無辜者（因為符合剖繪），因此在提供相關訊息時，應當警告使用者：剖繪可能會有錯誤。此外，專業的剖繪人員應獨立判斷，不受上級干涉，或為了取悅上級而改變報告內容，長官也不應試圖影響專業人員的研判，更不可以隨意洩漏案情給媒體，以免危害案件的調查工作[59]。例如在警方包圍大衛教派（Branch Davidian）時，剖繪人員原來擔心攻堅會造成嚴重後果，因此建議採取談判方式與其溝通，但在長官干涉下修改報告，後來改採強力攻堅，造成領導人David Koresh及85名追隨者自焚死亡的悲劇[60]。

58 Bartol, C. R., & Bartol, A. M. (2013). *Criminal & behavioral profiling*. SAGE Publications, pp. 237-240.

59 Turvey, B. E. (2002). Ethics and the criminal profiler. In Turvey, B. E. (Ed.). *Criminal profiling: An introduction to behavioral evidence analysis*. CA: Academic Press, pp. 576-578, 584.

60 Turvey, B. E. (2012). Ethics and the criminal profiling. In Turvey, B. E. (Ed.). *Criminal profiling: An introduction to behavioral evidence analysis*. CA: Academic Press, pp. 614-615.

二、鑑識詐欺

剖繪和鑑識科學一樣需遵守倫理準則鑑識科學不僅以結果為衡量標準，也重視其進行過程，剖繪過程也是鑑識工作的一環，因此剖繪者應做詳細的紀錄，將所有內容記載下來，並且要儘量保持客觀，避免有個人偏見（不可能完全排除，但應儘可能降低其影響），避免提供可疑資訊，不要隱藏和忽略重要證據，有疑問時應尋求其他同事提供意見[61]。

違反科學倫理的行為可大致分為三種：捏造（fabrication）原來不存在的資料，偽造（falsification）是改變研究的結果，而剽竊（plagiorism）則是占用他人的研究成果，沒有適當的引註來源，另外疏忽（negligence）是研究過程不夠謹慎，沒有蒐集到完整的資料，導致結論有所疏漏，以上這些都是應該避免的不當行為[62]。

鑑識發生錯誤無可避免，也有可能是出於意外，但仍有人故意說謊、作偽證和偽造檢驗結果，此種行為不但違反專業倫理，破壞大眾信任，甚至可能已達違法程度，此種鑑識詐欺（forensic fraud）行為如被舉發，可能面臨被解除委託研究和偵查工作，而且可能導致須重新檢視過去鑑定的案件，甚至先前定罪的案件都可能被推翻，並面臨民事賠償責任和往後不能在法庭作證等結果。過去有關單位對此類事件通常輕描淡寫，將其視為單一個案而非嚴重問題，但因部分工作人員冒著可能會丟飯碗的風險出面舉發，才使得此一問題得以浮現。鑑識詐欺主要可分為以下三種[63]：

（一）偽造（simulator）：湮滅、隱藏或破壞證物以保守不欲人知的秘密。

61 Baeza, J., Chisum, W. J., Chamberlin, T. M., McGrath, M., & Turvey, B. E. (2002). "Academy of behavioral profiling: Criminal profiling guidelines". In Turvey, B. E. (Ed.). *Criminal profiling: An introduction to behavioral evidence analysis*. CA: Academic Press, pp. 590-591.

62 Turvey, B. E. (2016). Criminal profiling: Fraud and failures. In Turvey, B. E. & Esparza, M. A. (Eds.). *Behavioral evidence analysis: International forensic practice and protocols. Academic Press*, pp. 14-15.

63 Turvey, B. E. (2003). "Forensic frauds: A study of 42 cases". *Journal of Behavioral Profiling*, 4(1). http://www.profiling.org/journal/subscribers/vol4_no1/jbp_4-1_ff.html.

（二）掩飾（dissembler）：誇大、美化或謊報實際鑑識結果，行為人有足夠的專業知識，卻沒有依照社會期望的標準執行業務。

（三）假專家（pseudoexpert）：偽造具備鑑識能力的文件、證書或工作經歷，大多發生在私人機構[64]。

鑑識詐欺的動機可分為利他（altruistic）、利己（egotistic）、冷漠（apathetic）和無能（inept）四種。其問題根源主要在於[65]：

（一）偏向警方：原因在於鑑識單位是由警察機關所管轄，因此鑑識結果大多偏向偵查單位，解決方法是將它獨立出來，或成立私人的鑑識機構，經由公平競爭來強化鑑識科學的品質。

（二）缺乏能力：教育訓練不完整，缺乏外部審查機制，導致鑑識能力不足，解決方法是加強相關訓練及要求專業認證，並藉由加薪和升遷，提高鑑識人員的工作意願。

三、倫理準則

倫理（ethics）是各個專業團體建立的規則和理想（或最高）的標準，用來引導其成員的行為，許多學術團體均設有倫理委員會，用來教育其成員、保護大眾、進行調查和接受申訴，其針對違反者的制裁方式包括：譴責、停權和開除，但是這些制定的規範是針對其成員而非一般大眾，而且有些規範可能模糊不清而難以執行，因為各種發生的情況都不一樣，因此需要有不同的因應方式。其決策過程如下：找出可能問題→回顧相關倫理規範→瞭解相關法令→諮詢專家→考慮可能的行動方案→評估各種決定的可能後果→決定最佳的處置[66]。有時同儕壓力（peer pressure）

---

64 聯邦上訴法院在1982年曾裁定Richard Walter在法庭做偽證，宣稱他擁有大學助理教授資格，曾參與超過5,000案件的剖繪，最後發現都是假的，見Turvey, B. E. (2016). Criminal profiling: Fraud and failures. In Turvey, B. E. & Esparza, M. A. (Eds.). *Behavioral evidence analysis: International forensic practice and protocols.* Academic Press, pp. 27-28.

65 Turvey, B. E. (2003). "Forensic frauds: A study of 42 cases". *Journal of Behavioral Profiling*, 4(1). http://www.profiling.org/journal/subscribers/vol4_no1/jbp_4-1_ff.html.

66 Day, A., & Whetham, P. (2001). Ethics and forensic psychology. In Godwin, G. M. (Ed.). *Criminal psychology and forensic technology: A collaborative approach to effective profiling*. FL: CRC Press, pp. 315, 319-320.

是確保每一成員依照倫理準則行事的有效方法，因為同儕比較願意挑戰彼此的觀點和作法，才不致於各行其事和專斷卸責。

剖繪技術要讓實務機關充分瞭解並經過驗證或同儕審查，才不會被誤用（misuse）或濫用（abuse），不能由於某人符合剖繪就認定他有罪，仍然需要找出相關證據，例如1989年Iowa主力艦爆炸案、1996年Atlanta奧運爆炸案，在欠缺有力證據的情況下，就將無辜者列為嫌犯，都是犯罪剖繪遭到濫用的例證[67]。但是大部分違反道德的行為都是在不經意的情況下發生（並非故意構陷），不曉得這些作為會嚴重影響當事人，這些例子都應引以為鑑[68]。

而運用未經證實的資料進行剖繪，更是不道德的行為。此外剖繪者在提供專業意見時，應對其剖繪報告負責，有些人為了吸引媒體注意而故意提出一些模糊的術語，也沒有實際做研究，僅靠剪報就發表高論，這些都是不適當的行為，剖繪者不能只是以學者自居，其工作性質讓他有責任協助偵查，因此更應當謹言慎行。

專業化（professionalization）是推動犯罪剖繪進展的很重要關鍵，其中教育訓練扮演相當重要的角色，不是每個人都能宣稱他是剖繪的專家，過多不稱職的從業人員濫竽充數，將會破壞剖繪專業的公信力，因此英國就規定剖繪工作者應在警察首長協會（ICPO）下的國家犯罪學院（National Crime Faculty）下登錄才能執業，這是相當值得推薦的作法[69]。

美國「行為剖繪學會」（Academy of Behavioral Profiling）曾針對犯罪剖繪工作訂立倫理準則如下[70]：

---

67 Kocsis, R. N., & Coleman, S. (2001). The unexplored ethics of criminal psychological profiling. In Godwin, G. M. (Ed.). *Criminal psychology and forensic technology: A collaborative approach to effective profiling*. FL: CRC Press, pp.325, 327.

68 Day, A., & Whetham, P. (2001). Ethics and forensic psychology. In Godwin, G. M. (Ed.). *Criminal psychology and forensic technology: A collaborative approach to effective profiling*. FL: CRC Press, p. 311.

69 Petherick, W. (2006). Where to from here? In Petherick, W. (Ed.). *Serial crime: Theoretical and Practical issues in behavioral profiling*. MA: Academic Press, p. 101.

70 Turvey, B. E. (2002). Ethics and the criminal profiler. In Turvey, B. E. (Ed.). *Criminal profiling: An introduction to behavioral evidence analysis*. CA: Academic Press, pp. 573, 586.

（一）維持專業和正確的態度。

（二）以科學的方法進行研究。

（三）參考別人的想法要適當引用。

（四）對所有的資訊來源都要保密。

（五）維持獨立和公正的工作態度。

（六）避免有預設立場（儘量減少，但不可能完全排除）。

（七）提供意見和結論必須有事實依據。

（八）對分析的結論不要誇大或美化。

（九）避免超出個人專業提供意見。

（十）不要輕率指出某人有罪或無辜。

（十一）儘量提供法院相關的證據。

（十二）如果發現他人有不道德的行為，應報告適當的單位或機構。

最後，參考各個學者所提出的倫理法則，歸納如下：

（一）誠實報告、不應故意誤導或做虛偽陳述，不誇大自己的經驗和專業能力，基於事實、力求客觀，清楚區別事實和個人推論。

（二）瞭解研究限制，對正確性有所保留，在發表報告後如果發現有錯誤，應立即尋求更正。

（三）提升專業知識和終身學習，有疑問應請教其他專業人員，謹慎判斷並避免有預設立場。

（四）保護當事人的權益，有疑問應諮詢專家，意見不同應和同儕討論，努力避免任何不道德的行為[71]。

（五）訪談應事先徵求同意，除非為了保護他人生命財產，否則不應洩漏訪談結果，除非當事人同意，否則應保守秘密，並保障其身分不被暴露[72]。

71 Burnett, L. B. (2001). The role of ethics in criminal profiling. In Godwin, G. M. (Ed.). *Criminal psychology and forensic technology: A collaborative approach to effective profiling*. FL: CRC Press, pp. 305-307, 309.

72 Day, A., & Whetham, P. (2001). Ethics and forensic psychology. In Godwin, G. M. (Ed.). *Criminal psychology and forensic technology: A collaborative approach to effective profiling*. FL: CRC

（六）要有效進行治療，臨床人員必須具備同理心，因此容易錯誤接受犯罪者的合理化理由；而剖繪者的工作是藉由司法保護社會和被害人，因此必須摒除治療者的角色，儘量保持中立、公正、客觀。

（七）觀察現場必須尊重所有的被害人，因為他們也是人，保持客觀不是不關心被害人的痛苦，應適度表達關懷[73]。

第五節　結語

一位成功剖繪人員的重要屬性包括[74]：

一、瞭解犯罪者的心理：必須具備行為科學、心理學和精神醫學等專業知識。

二、偵查經驗：曾參與偵辦刑案工作，對現場調查及刑事鑑識都具備相當的實務經驗[75]。

三、客觀邏輯思考：能排除主觀和個人感情因素的影響，且受過相關的訓練。

四、直覺：屬於常識和藝術層面，直覺在犯罪剖繪過程中仍有其重要性。

有學者指出剖繪人員需要具備以下知識、技巧和能力：熟悉刑事司法運作方式，瞭解各種犯罪偵查方法及鑑識科學，具備心理學、精神醫學、人體解剖、生理學、犯罪學、被害者學等知識，熟悉科學原理、邏輯判斷、研究方法、推理過程、閱讀及撰寫技巧，能夠出席法庭作證，維持客觀、避免偏見、保守秘密、符合倫理規範等要求[76]。但有學者認為此項工

Press, pp. 312-313, 316.

73 Turvey, B. E. (2002). Ethics and the criminal profiler. In Turvey, B. E. (Ed.). *Criminal profiling: An introduction to behavioral evidence analysis*. CA: Academic Press, pp. 574-575.

74 Kocsis, R. N., Irwin, H., Hayes, A. F., & Hunn, R. (2001). Criminal psychological profiling in violent crime investigations: A comparative assessment of accuracy. In Godwin, G. M. (Ed.). *Criminal psychology and forensic technology: A collaborative approach to effective profiling*. FL: CRC Press, pp. 80-83.

75 但偵查經驗固然重要，如果不能從經驗中吸取教訓，並重複犯下相同錯誤，反而會成為偵查工作的障礙而非助益。

76 Turvey, B. E. (2016). Behavioral evidence analysis: Basic protocols for criminal profiler. In Turvey,

作不是警察的專利，研究人員也可以推進犯罪剖繪的發展，成功的剖繪人員應當有研究的基本概念，瞭解統計方法及此領域的最新研究，也要很清楚剖繪過程中經常出現的認知偏誤。

在偵查原則上，要儘量保持客觀，避免個人好惡，考慮所有的可能性，以犯罪者的角度思考，並依賴個人的經驗和常識作判斷[77]，但不要被個人直覺所引導，要儘量讓物證說話[78]。而判斷的依據包括：生活經驗、專業知識、開放思考、常識累積和分析邏輯[79]。其中開放思考（open thinking）是沒有預設立場、不做任何假設，對所有事物持質疑態度，願意考慮和自己不同的意見和各種可能性[80]。此外剖繪工作亦可考慮採團隊合作方式進行，因為每個人都有各自的盲點甚至偏見，而這些問題往往自己無法察覺，因此在報告完成後，可以由其他人或工作小組來審視其推論過程及結論，透過腦力激盪的方式，找出中間可能出現的問題，在此過程中必須採取開放的態度，並分享所有的相關資訊。

犯罪剖繪工作的重要關鍵即在偵查人員必須與犯罪者保持同理心（place the investigator in the role of the criminal），亦即從犯罪者的角度思考（think as the criminal thinks, react as he reacts），在心中重建犯罪過程（mentally reenacting the crime），如此方能深入其內心世界（immerse the self in the head of perpetrator），開啟另一道視窗，偵查人員必須認知犯罪人才是犯罪的專家，他們經年累月在從事此一行為，累積的經驗相當可觀，因此研究者必須放下身段，向犯罪人學習。此外，要瞭解犯罪

B. E. & Esparza, M. A. (Eds.). *Behavioral evidence analysis: International forensic practice and protocols. Academic Press*, pp. 35-36.

77 Turvey, B. E. (2002). Deductive criminal profiling. In Turvey, B. E. (Ed.). *Criminal profiling: An introduction to behavioral evidence analysis*. CA: Academic Press, pp. 48-51.

78 Turvey, B. E. (2002). Crime scene characteristics. In Turvey, B. E. (Ed.). *Criminal profiling: An introduction to behavioral evidence analysis*. CA: Academic Press, p. 190.

79 Hazelwood, R. R., & Napier, M. R. (2005). Crime scene staging and its detection. In Palermo, G. B., & Kocsis, R. N. (Ed.). *Offender profiling: An introduction to sociopsychological analysis of violent crime*. IL: Charles C. Thomas Publisher, pp. 104-105.

80 Turvey, B. E. (2002). Inductive criminal profiling. In Turvey, B. E. (Ed.). *Criminal profiling: An introduction to behavioral evidence analysis*. CA: Academic Press, p. 24.

人就必須仔細觀察犯罪現場（to know the offender, you have to look at the crime scene），就如同要瞭解畫家，就必須從其畫作開始（if you want to understand the artist, you have to look at his paintings），藉由犯罪現場的細密觀察及深入詮釋，不放過任何一個細節，方可洞悉犯罪過程背後潛藏的動機，進而找出可能的犯罪者。

有學者提出犯罪剖繪中理論和實務間的九個重要問題[81]：

一、剖繪有時提供的資訊和常識差不多。

二、研究結論經常有犯罪類型、時空背景、地理環境的限制。

三、針對異常犯罪發展出來的剖繪技術很難用在傳統的偵查方法。

四、由過去犯罪的有限樣本發展的分類，很難適用在眼前的案件。

五、定義上的不一致會妨礙研究的進展，例如何謂「連續」，到底要幾個被害人，各家定義都不同。

六、不同的推理過程（如歸納或演繹）是否可明確區分？有無重疊之處？

七、剖繪是否應該由警察獨占，以免洩露重要資訊，但不對外發表，可能會阻礙其朝科學進展。

八、目前研究較為零散，各種研究沒有整合，可能會有重複研究、重複犯錯、欠缺不同研究途徑的缺點。

九、剖繪還在萌芽階段，各行其是，欠缺客觀認證，缺乏專業規範，也沒有一定標準，產生互不信任的情形。

在實際運作中經常發現：二個不同的剖繪者在檢視同一資訊後，可能提出完全不同的預測，因此可見剖繪是一項高度的藝術，結果因人而異，應當努力使其成為可複製、科學的技術。過去有太多媒體和小說情節充斥在FBI剖繪人員的著作中，這些自傳經常宣稱其正確率很高但卻沒有實際驗證其正確性，另外很少有人會去驗證犯罪剖繪的品質和其實用性。學者指出剖繪過程與結果缺乏一致性，使用方法片斷而沒有統整，還有各個

81 Kocsis, R. N., & Palermo, G. B. (2005). Contemporary problems in criminal profiling. In Palermo, G. B., & Kocsis, R. N. (Eds.). *Offender profiling: An introduction to sociopsychological analysis of violent crime*. IL: Charles C. Thomas Publisher, pp. 332-338 (pp. 327-345).

剖繪單位和人員也經常看法衝突而彼此掣肘。而剖繪結果也常被批評不正確，樣本不具代表性，無法協助破案。總之，犯罪剖繪尚在發展初期，此一領域要發展成熟，必須評估其正確性，並整合各個研究，方能提升其實用程度。

剖繪技術是借用犯罪學的理論基礎，加上刑事偵查人員長久累積的實務經驗，透過對刑案現場及作案手法的深入分析，以掌握犯罪者的心理痕跡及背景特徵。這項技術經過近幾十年來的發展，已成功運用在呈現病態且再現率高的犯罪類型上，的確值得國內加以研究引進，尤其是可以對一些懸而未破的重大刑案提供部分線索，以縮小偵查範圍並重新釐訂偵查方向，或許能藉此而出現破案契機。

但是此項技術如要發揮其功效，必須經由本土化的實證檢驗，亦即透過各類案件完整資料的蒐集以驗證其原理與方法，其中一項相當重要的步驟，即是訪談刑案當事人（尤其是凶手本身），因此除了在刑案發生時要投入偵辦人力外，在緝獲人犯後也要對其實施訪談，以瞭解其犯案的心路歷程，以及警方在偵辦過程中，是否有方向錯誤或其他值得檢討的地方。如果能夠蒐集到廣泛而深入的資訊，必能促進此項技術在國內生根發展。

未來的努力方向包括[82]：

一、增加學術機構和執法單位間的互助和合作。

二、改進暴力犯罪者研究資料的質量，能充分提供給需要的研究單位。

三、增強執法人員有關暴力犯罪及其剖繪的訓練。

四、擴大實證研究的面向，俾深入瞭解犯罪者。

五、駁斥許多有關連續犯罪者的迷思和刻板印象。

六、建立明確的定義以避免混淆。

七、改進資料蒐集和分析的研究方法。

八、建立跨領域的合作，整合各學科的研究成果。

九、說服更多的受刑人願意接受學術研究。

82 Hickey E. W. (2006). *Serial murders and their victims*. CA: Thomson Wadsworth, p. 363.

十、由政府資助相關研究計畫。

當然犯罪剖繪技術並非萬靈丹，更不能替代傳統的刑事偵查和鑑識工作，它只是協助偵查人員辦案的另一種有力工具，未來更要借重電腦科技來輔助犯罪偵查工作，使這門技術可以成為抗制暴力犯罪的一項利器。

參考書目

一、中文部分

1. 孔繁鐘、孔繁錦譯（1997），American Psychiatric Association出版，DSM-IV精神疾病診斷準則手冊，合記圖書出版社。
2. 孔繁鐘編譯（2004），American Psychiatric Association出版，DSM-IV精神疾病的診斷與統計，合記圖書出版社。
3. 台灣精神醫學會譯（2016），DSM-5精神疾病診斷準則手冊，American Psychiatric Association原著，合記圖書出版社。
4. 白崇彥等（2018），犯罪偵查學，中央警察大學。
5. 吳俊宏（2005），連續縱火犯罪偵查之研究，中央警察大學刑事警察研究所碩士論文。
6. 吳懿婷譯（2005），Innes, B.原著，犯罪心理剖繪檔案，商周出版。
7. 呂志成（2002），性謀殺案件之現場特徵分析，中央警察大學刑事警察研究所碩士論文。
8. 李名盛（1997），犯罪模式分析之研究—以台灣海洛因及安非他命交易為例，中央警察大學警政研究所碩士論文。
9. 李佳龍（2007），連續住宅竊盜犯罪之地緣剖繪研究—以高雄市為例，中央警察大學刑事警察研究所碩士論文。
10. 李宛蓉譯（1999），Douglas, J., & Olshaker, M.合著，惡夜執迷，天下遠見出版。
11. 李俊億譯（2003），Lee, H. C.與Palmbach, T. M., & Miller, M. T.合著，犯罪現場—李昌鈺刑事鑑定指導手冊，商周出版。
12. 李郁薇（2013），公眾人物被跟追行為之研究—以娛樂界名人為例，中央警察大學刑事警察研究所碩士論文。
13. 李璞良譯（1995），Ressler, R., & Shachtman, T. 合著，世紀大擒兇—FBI心理分析官對異常殺人者分析手記，台灣先智出版。
14. 李璞良譯（1996），Ressler, R., Burgess, A., & Douglas, J.合著，異常快樂殺人心理—解讀性犯罪，台灣先智出版。
15. 汪毓瑋（2004），國際反制恐怖主義作為，非傳統安全威脅研究報告。

16. 沈勝昂、黃健、謝亦泰、董道興（2014），文字供述內容分析技術初探研究，刑事警察局委託研究。
17. 林山田、林東茂、林燦璋（2002），犯罪學，三民書局。
18. 林山田、林東茂、林燦璋（2012），犯罪學，三民書局。
19. 林志信（2010），縱火犯生命歷程與犯罪模式之研究，國立中正大學犯罪防治研究所博士論文。
20. 林欣穎譯（1999），Ressler, R. K., & Shachtman, T.合著，沈默的怪物—追蹤世界極度殘忍的連續殺人魔，科爾文化。
21. 林茂雄、林燦璋合編（2000），警察百科全書（七）：刑事警察，台北：正中書局。
22. 林煒翔（2000），加拿大的暴力犯罪案件連結分析系統，收錄於林燦璋主編，犯罪剖繪（二）—連續殺人犯罪偵查，中央警察大學出版，頁249-254。
23. 林憲（1993），邊緣障礙及非定型精神病群，中華精神醫學，7卷2期，頁65-78。
24. 林燦璋（1994），系統化的犯罪分析：程序、方法與自動化犯罪剖析之探討，警政學報，第24期，頁111-126。
25. 林燦璋（2000），犯罪模式、犯罪手法及簽名特徵在犯罪偵查上的分析比較—以連續型性侵害案為例，警學叢刊，31卷2期，頁97-123。
26. 林燦璋、施志鴻、陳仁智（2007），白米炸彈客的作案歷程—行為跡證剖析，警學叢刊，37卷5期，頁133-150。
27. 林燦璋、廖有祿、郭若萱（2004），陌生人性侵害案件偵查的行為跡證剖析，中央警察大學學報，第41期，頁379-402。
28. 林燦璋、廖有祿、陳瑞基（2011），連續住宅竊盜犯的作案手法與空間行為模式之實證剖析，警學叢刊，41卷5期，頁99-137。
29. 林燦璋、廖有祿、陳瑞基（2011），連續型住宅竊盜犯的行為跡證與案件連結分析，中央警察大學學報，第48期，頁91-113。
30. 林燦璋、廖有祿、陳瑞基、陳蕾伊（2006），犯罪地緣剖繪—連續性侵害犯的空間行為模式分析，警政論叢，第6期，頁163-190。
31. 林燦璋、廖有祿、趙尚臻（2006），陌生人間連續性侵害犯的作案手法剖析—行為取向研究，中央警察大學學報，第43期，頁191-217。
32. 林燦璋主編（2000），犯罪剖繪（二）—連續殺人犯罪偵查，中央警察大學出版社。
33. 侯友宜（2000），暴力犯罪現場剖繪—加拿大暴力犯罪連結分析系統（Vi-

CLAS）簡介，刑事科學，第50期，頁117-126。
34. 侯友宜（2003），台灣地區性侵害殺人犯罪之研究，中央警察大學犯罪防治研究所博士論文。
35. 侯崇文、周愫嫻等（2000），性侵害案件偵查心理描繪技術運用，內政部性侵害防治委員會印。
36. 洪聖儀（2012），本土化縱火防制策略初探—以高雄市人為縱火案件為例，犯罪學期刊，13卷2期，頁69-107。
37. 唐子俊等合譯（2010），Ann, M. K., Gerald, C. D., John, M. N., & Sheri, L. J.合著，變態心理學，雙葉書廊。
38. 徐文郎（2002），都會區縱火災害防治與搶救對策之研究，國立台北科技大學土木與防災技術研究所碩士論文。
39. 翁詩涵（2021），台灣地區殺人棄屍案之偵查研究，中央警察大學刑事警察研究所碩士論文。
40. 張中勇（2002），國際恐怖主義的演變與發展，非傳統安全威脅研究報告。
41. 張平吾（1999），被害者學概論，中央警察大學出版社。
42. 張春興（1997），現代心理學，華泰書局。
43. 張淑慧、曾平毅、廖有祿、陳金蓮（1998），臺灣地區縱火受刑人基本特性及類型分析，中央警察大學學報，第33期，頁197-212。
44. 張琰、吳家恆、劉婉俐、李惠珍譯（1997），Douglas, J., & Olshaker, M.合著，破案之神—FBI特級重犯追緝實錄，時報文化出版。
45. 粘凱俐（2004），連續殺人犯罪之研究—以謀財害命案件為例，中央警察大學刑事警察研究所碩士論文。
46. 許春金（2010），犯罪學，三民書局。
47. 許薔薔、陳慧雯譯（2001），Michaud, S. G., & Hazelwood, R.合著，人魔檔案—性侵害犯罪實錄，時報文化出版。
48. 郭若萱（2003），性侵害犯罪偵查資料庫之分析研究，中央警察大學刑事警察研究所碩士論文。
49. 陳仁智（2005），地緣剖繪技術應用於連續街頭強盜搶奪犯罪偵查之研究—以高高屏三縣市為例，中央警察大學刑事警察研究所碩士論文。
50. 陳四平譯（2005），Douglas, J., & Singular, S.合著，破案之神III—網路連續殺人魔，時報文化出版社。
51. 陳金蓮（1994），縱火問題防制對策之研究，警專學報，第37期，頁319-343。

52. 陳金蓮（1994），縱火調查技術之研究，文笙書局。
53. 陳冠齊（2016），殺人分屍案件偵查之研究，中央警察大學刑事警察研究所碩士論文。
54. 陳瑞基（2010），連續住宅竊盜犯作案手法與空間行為剖析，中央警察大學犯罪防治研究所博士論文。
55. 陳薏如（2014），台灣地區自慰性窒息死亡之剖析，中央警察大學刑事警察研究所碩士論文。
56. 彭仕宜譯（1997），Douglas, J., & Olshaker, M.合著，哈佛出來的博士殺手，台灣先智出版。
57. 黃金蘭、Chung、Hui、林以正、謝亦泰、Lam、程威詮、Bond, Pennebaker (2012). 中文版「語文探索與字詞計算」詞典之建立，中華心理學刊，54卷2期，頁185-201。
58. 黃建榮（1996），催眠記憶恢復在犯罪偵查上的運用，刑事科學，第42期，頁35-58。
59. 黃軍義、葉光輝（2001），報復洩恨型縱火行為的動機與形成歷程，犯罪學期刊，第8期，頁95-125。
60. 黃軍義、葉光輝（2003），性格特徵及過去與火有關經驗對縱火行為的影響，中華心理衛生學刊，16卷2期，頁21-45。
61. 黃富源（2001），警用談判與危機處理，中央警察大學犯罪防治學報，第1期，頁55-74。
62. 黃富源（2007），恐怖主義研究的新領域—心理學觀點的文獻探討，中央警察大學犯罪防治學報，第8期，頁21-32。
63. 黃富源、黃徵男、廖有祿等（1999），性侵害加害人之特質與犯罪手法之研究，內政部性侵害防治委員會。
64. 黃富源、廖有祿（2000），性侵害加害者人格特質與犯罪手法之研究—陳進興個案分析，犯罪防治學報，第1期，頁185-208。
65. 黃富源、廖有祿（2001），性侵害加害者特性分析之研究，犯罪防治學報，第2期，頁153-179。
66. 黃富源、廖訓誠（1996），心理描繪技術在刑事偵防上的運用，刑事科學，第42期，頁59-84。
67. 黃裕美等譯（1996），大學炸彈客—瘋狂的天才，聯經出版。
68. 楊士隆（2005），台灣地區擄人勒贖犯罪模式之研究，中央警察大學執法新知論衡，1卷1期，頁101-132。

69. 楊士隆（2019），犯罪心理學，五南圖書。
70. 葛佳琳譯（1998），Douglas, J., & Olshaker, M.合著，黑暗之旅—破案之神續集，時報文化出版社。
71. 董紀宏（2006），連續搶奪犯罪手法剖析之研究，中央警察大學刑事警察研究所碩士論文。
72. 廖有祿（1998），社會心理剖繪技術在犯罪偵防上的運用，警學叢刊，28卷6期，頁1-20。
73. 廖有祿、吳俊宏（2007），連續縱火犯罪偵查之研究—犯罪剖繪技術之運用，警學叢刊，37卷4期，頁89-108。
74. 廖有祿、李相臣（2011），電腦犯罪—理論與實務，五南圖書。
75. 廖有祿、粘凱俐（2006），連續殺人犯罪之研究—以謀財害命案件為例，警學叢刊，37卷3期，頁1-27。
76. 廖宗宏（2015），故佈疑陣殺人犯罪類型與偵查指標之實證研究，中央警察大學犯罪防治研究所博士論文。
77. 廖訓誠（1995），縱火犯罪之研究—兼論縱火犯之心理描繪，中央警官學校警政研究所碩士論文。
78. 趙丕慧、朱蕙英譯（2000），Kelleher, M. D., & Kelleher, C. L.合著，嗜血的玫瑰—女性連續殺人犯實錄，平安文化。
79. 趙尚臻（2005），強制性交犯罪偵查研究—作案手法之剖析，中央警察大學刑事警察研究所碩士論文。
80. 劉育偉、許華孚（2015），以鄭捷北捷隨機殺人案之生命歷程探討暴力犯罪成因及其預防，刑事政策與犯罪研究論文集（18），法務部。
81. 劉絮愷、林信男、林憲（1995），縱火犯之犯行與動機，中華精神醫學，9卷4期，頁299-309。
82. 劉體中、霍達文合譯（1999），Ressler, R., & Shachtman, T.合著，破案之神II—解剖動機擒凶錄，時報文化出版。
83. 潘贈媚（2014），鑑識情資—以連續住宅竊盜為例，中央警察大學刑事警察研究所碩士論文。
84. 鄧海平譯（2002），Douglas, J., & Olshaker, M.合著，開膛手與美國七大奇案（上）（下），文苑出版。
85. 鄭伊真（2016），隨機殺人事件偵查處置之研究，中央警察大學刑事警察研究所碩士論文。
86. 盧俊光、廖有祿（2006），新興詐欺犯罪型態、模式及中介物之分析，2006年刑事偵查學術研討會，中央警察大學，頁13-32。

87. 謝喬伊（2015），家庭暴力事件中跟追問題之研究，中央警察大學刑事警察研究所碩士論文。

88. 謝煜偉（2014），群眾恐慌下的公眾危安罪—北捷隨機殺人案後續事件解析，月旦法學，第143期，頁68-76。

89. 韓文正譯（2003），Britton, P.著，人性拼圖—異常犯罪心理剖繪實錄，時報文化出版。

二、英文部分

1. Albanese, J. S. (2002). *Criminal justice*. MA: Allyn and Bacon.
2. Alison, L., & Canter, D. (2006). Professional, legal and ethical issue in offender profiling. In Keppel, R. D. (Ed.). *Offender profiling*. OH: Thomson Corporation, pp. 395-415.
3. Alston, J. D. (2001). The serial rapists' spatial pattern of victim selection. In Godwin, G. M. (Ed.). *Criminal psychology and forensic technology: A collaborative approach to effective profiling*. FL: CRC Press, pp. 231-249.
4. Andreasen, N. C. (1984). *The broken brain: The biological revolution in psychiatry*. NY: Harper & Row.
5. Araji, S. K. (2000). Child sexual abusers: A review and update. In Schlesinger, L. B. (Ed.). *Serial offenders: Current thought, recent findings*. FL: CRC Press, pp. 23-50.
6. Badcock, R. (1997). Developmental and clinical issues in relation to offender in the individual. In Jackson, J. L., & Bekerian, D. A. (Eds.). *Offender profiling: Theory, research and practice*. England: John Wiley & Sons, pp. 9-42.
7. Baeza, J. J., & Turvey, B. E. (2000). "Criminal behavior literature review project". *Journal of Behavioral Profiling*, l(1). http://www.profiling.org/journal/ subscribers/vol1_no1/jbp_cblrp_rs_january2000_1-1.html.
8. Baeza, J. J., & Turvey, B. E. (2002). False report. In Turvey, B. E. (Ed.). *Criminal profiling: An introduction to behavioral evidence analysis*. CA: Academic Press, pp.169-188.
9. Baeza, J. J., & Turvey, B. E. (2002). Sadistic behavior. In Turvey, B. E. (Ed.). *Criminal profiling: An introduction to behavioral evidence analysis*. CA: Academic Press, pp. 427-458.
10. Baeza, J. J., & Savino, J. (2001). "Frame-by-frame analysis: An interview technique".

Journal of Behavioral Profiling, 2(2). http://www.profiling.org/journal/subscribers/vol2_no2/ jbp_jbjs_2-2.html.

11. Baeza, J. J., Chisum, W. J., Chamberlin, T. M., McGrath, M., & Turvey, B. E. (2002). Academy of behavioral profiling: Criminal profiling guidelines. In Turvey, B. E. (Ed.). *Criminal profiling: An introduction to behavioral evidence analysis*. CA: Academic Press, pp. 589-596.
12. Banay, R. S. (1969). Unconscious sexual motivation in crime. *Medical Aspects of Human Sexuality*, 3, p. 24.
13. Bartol, C. R. (1999). *Criminal behavior: A psychosocial approach* (5th Ed.). NJ: Prentice-Hall.
14. Bartol, C. R., & Bartol, A. M. (2013). *Criminal & behavioral profiling*. SAGE Publications.
15. Beauregard, E., Lussier, P., & Proulx, J. (2007). Criminal propensity and criminal opportunity: An investigation of crime scene behaviors of sexual aggressors of woman. In Kocsis, R. N. (Ed.). *Criminal profiling: International theory, research, and practice*. NY: Humana Press, pp. 89-113.
16. Bekerian, D. A., & Jackson, J. L. (1997). Critical issues in offender profiling. In Jackson, J. L., & Bekerian, D. A. (Eds.). *Offender profiling: Theory, research and practice*. England: John Wiley & Sons, pp. 209-220.
17. Bennell, C., & Corey, S. (2007). Geographic profiling of terrorist attacks. In Kocsis, R. N. (Ed.). *Criminal profiling: International theory, research, and practice*. NY: Humana Press, pp. 189-203.
18. Birnes, W. J., & Keppel, R. D. (1997). *Signature killers: Interpreting the calling cards of the serial murderer*. NY: Pocket Books.
19. Bliss, E. C. (1986). *Multiple personality, allied disorders & hypnosis*. NY: Oxford University Press.
20. Boba, R. (2009). *Crime analysis with crime mapping*. Sage Publications.
21. Boon, J. C. W. (1997). The contribution of personality theories to psychological profiling. In Jackson, J. L., & Bekerian, D. A. (Eds.). *Offender profiling: Theory, research and practice*. England: John Wiley & Sons, pp. 43-60.
22. Brandl, S.G. (2019). *Criminal investigation*. SAGE publication.
23. Brantingham, P. J., & Brantingham, P. L. (1991) (Eds.). *Environmental Criminology*. IL: Waveland Press.

24. Brittain, R. P. (1970). *The sadistic murderer*. Medicine, Science, and Law, 10, pp. 198-207.
25. Brogan, R. (2006). Serial arson. In Petherick, W. (Ed.). *Serial crime: Theoretical and Practical issues in behavioral profiling*. MA: Academic Press, pp. 225-245.
26. Bruce, C. W. (2004). Fundamental of crime analysis. In Bruce, C. W., Hick, S. R., & Cooper, J. P. (Eds.). *Exploring crime analysis: Readings on essential skills*. International Association of Crime Analysis, pp. 11-36.
27. Bukhanovsky, A. O. (2004). Assault eye inquiry and enucleation. In Campbell, J. H., & DeNevi, D. (Eds.). *Profilers: Leading investigators take you inside the criminal mind.* NY: Prometeus Books, pp. 229-242.
28. Bumgarner, J. B. (2007). Criminal profiling and public policy. In Kocsis, R. N. (Ed.). *Criminal profiling: International theory, research, and practice*. NY: Humana Press, pp. 273-287.
29. Burnett, L. B. (2001). The role of ethics in criminal profiling. In Godwin, G. M. (Ed.). *Criminal psychology and forensic technology: A collaborative approach to effective profiling*. FL: CRC Press, pp. 303-309.
30. Campbell. J. H., & DeNevi, D. (2004). *Profilers: Leading investigators take you inside the criminal mind.* NY: Prometheus Books.
31. Canter, D. V. & Allison, L. J. (1997) (Eds.). *Criminal detection and the psychology of crime*. Dartmouth: Ashgate Publishing.
32. Canter, D. V. & Youngs, D. (1997) (Eds.). *Investigative psychology: Offender profiling and the analysis of criminal action*. UK: John Wiley & Sons.
33. Canter, D. V. (1997). Psychology of offender profiling. In Canter, D. V., & Allison, L. J. (Eds.) *Criminal detection and the psychology of crime*. Dartmouth: Ashgate Publishing, pp. 485-497.
34. Canter, D. V., & Larkin, P. (1993). "The environmental range of serial rapists". *Journal of Environmental Psychology*, 13, pp. 63-69.
35. Canter, D. V., & Youngs, D. (2009). *Investigative psychology: Offender profiling and the analysis of criminal action*. UK: John Wiley & Sons.
36. Cardona, D. M. (2016). Columbia: Criminal profiling applications. In, Turvey, B. E. & Esparza, M. A. (Eds.). *Behavioral evidence analysis: International forensic practice and protocols*. Academic Press, pp. 113-121.
37. Casey, E. (2000). "Criminal profiling, computers, and the Internet". *Journal of Behav-*

ioral Profiling, 1(2). http://www.profiling.org/journal/subscribers/ vol1_no2/jbp_cpci_may2000_1-2.html.

38. Casey, E. (2002). Cyber pattern: Criminal behavior on the Internet. In Turvey, B. E. (Ed.). *Criminal profiling: An introduction to behavioral evidence analysis*. CA: Academic Press, pp. 547-572.
39. Chainey, S., & Ratcliffe, J. (2005). *GIS and crime mapping*. John Wiley & Sons.
40. Chisum, J. (2000) "A commentary on bloodstain analysis in Sam Sheppard case". *Journal of Behavioral Profiling*, 1(3). http://www.profiling.org/journal/subscribers/vol1_no3/ jbp_basc_1-3.html.
41. Chisum, W. J. (2002). An introduction to crime reconstruction. In Turvey, B. E. (Ed.). *Criminal profiling: An introduction to behavioral evidence analysis*. CA: Academic Press, pp. 81-94.
42. Chisum, W. J., & Turvey, B. E. (2002). Evidence dynamics. In Turvey, B. E. (Ed.). *Criminal profiling: An introduction to behavioral evidence analysis*. CA: Academic Press, pp. 95-112.
43. Chisum, W. J., & Turvey, B. E. (2012). An introduction to crime reconstruction. In Turvey, B. E. (Ed.). *Criminal profiling: An introduction to behavioral evidence analysis*. CA: Academic Press, pp. 253-286.
44. Cooley, C. (2000). "Criminal behavior literature review project". *Journal of Behavioral Profiling*, 1(2). http://www.profiling.org/journal/subscribers/ vol1_no2/jbp_cblrp_lp_may2000_1-2.html.
45. Cooley, C. M. (2000). "Autoerotic death: Historical perspectives and investigative considerations", *Journal of Behavioral Profiling*, 2(1). http://www.profiling.org/journal/subscribers/vol2_no1/ jbp_ad_2-1a.html.
46. Cooley, C. M., & Turvey, B. E. (2002). "Reliability and validity: Admissibility standards relative to forensic experts illustrated by criminal profiling evidence, testimony, and judicial rulings". *Journal of Behavioral Profiling*, 3(1). http://www.profiling.org/journal/subscribers/vol3_no1/ jbp_cc_bt_3-1.html.
47. Cooper, A. J. (2000). Female serial offenders. In Schlesinger, L. B. (Ed.). *Serial offenders: Current thought, recent findings*. FL: CRC Press, pp. 263-288.
48. Copson, G. (2006). Goals to Newcastle: Police use of offender profiling. In Keppel, R. D. (Ed.). *Offender Profiling*. OH: Thomson Corporation, pp. 337-357.
49. Crowder, W. S. (2016). Using a cold homicide case to teach criminal profiling. In, Tur-

vey, B. E. & Esparza, M. A. (Eds.). *Behavioral evidence analysis: International forensic practice and protocols*. Academic Press, pp. 55-61.

50. Crowder, W. S., & Turvey, B. E. (2016). Threathold assessment. In Turvey, B. E. & Esparza, M. A. (Eds.). *Behavioral evidence analysis: International forensic practice and protocols*. Academic Press, pp. 125-136.
51. Davies, A. (1997). Specific profile analysis : A data-based approach to offender profiling. In Jackson, J. L., & Bekerian, D. A. (Eds.). *Offender profiling: Theory, research and practice*. England: John Wiley & Sons, pp. 191-208.
52. Davis, J. A., & Lauber, K. M. (1999). Criminal behavioral assessment of arsonists, pyromaniacs, and multiple firesetters. *Journal of Contemporary Criminal Justice*, 15(3), pp. 273-290.
53. Day, A., & Whetham, P. (2001). Ethics and forensic psychology. In Godwin, G. M. (Ed.). *Criminal psychology and forensic technology: A collaborative approach to effective profiling*. FL: CRC Press, pp. 311-322.
54. DeHaan, J. D. (1997). *Kirk's fire investigation*. (4th Ed.). Upper Saddle River, NJ: Prentice Hall.
55. Dietz, P. E. (1986). Mass, serial and sensational homicides: The investigative perspective. *Bulletin of the New York Academy of Medicine*, 62(5), pp. 492-496.
56. Douglas, J. E., Burgess, A. W., Burgess, A. G., & Ressler, R. K. (1992). *Crime classification manual*. NY: Lexington Books.
57. Douglas, J. E., Ressler, R. K., Burgess, A. W., & Hartman, C. R. (1986). Criminal profiling from crime scene analysis. *Behavioral Science and the Law*, 4(4), pp. 367-393.
58. Douglas, J. E., Ressler, R. K., Burgess, A. W., & Hartman, C. R. (2006). In Keppel, R. D. (Ed.). *Offender Profiling*. OH: Thomson Corporation, pp. 59-75.
59. Egger, S. A. (1990). *Serial murder: An elusive phenomenon*. NY: Praeger.
60. Egger, S. A. (1998). *The killers among us: An examination of serial murder and its investigation*. NY: Prentice Hill.
61. Egger, S. A. (2006). Psychological profiling: Past, present, and future. In Keppel, R. D. (Ed.). *Offender profiling*. Thomson Corporation, pp. 31-45.
62. Esparza, M. A., & Turvey, B. E. (2016). Mexico: Criminal profiling and forensic criminology. In Turvey, B. E. & Esparza, M. A. (Eds.). *Behavioral evidence analysis: International forensic practice and protocols*. Academic Press, pp. 63-77.
63. Farrington, D. P., & Lambert, S. (1997). Predicting offender profiles from victim and

witness descriptions. In Jackson, J. L., & Bekerian, D. A. (Eds.). *Offender profiling: Theory, research and practice*. England: John Wiley & Sons, pp. 133-158.

64. Farrington, D. P., & Lambert, S. (2007). Predicting offender profiles from offense and victim characteristics. In Kocsis, R. N. (Ed.). *Criminal profiling: International theory, research, and practice*. NY: Humana Press, pp. 135-167.
65. Fein, R. A., Vossekuil, B., & Holden, G. A. (2006). Threat assessment: An approach to prevent targeted violence. In Keppel, R. D. (Ed.). *Offender Profiling*. OH: Thomson Corporation, pp. 149-158.
66. Fitzgeral, J. R. (2004). Using a forensic linguistic approach to track the Unabomber. In Campbell, J. H., & DeNevi, D. (Eds.). *Profilers: Leading investigators take you inside the criminal mind.* NY: Prometeus Books, pp. 193-221.
67. Fox, J. A., & Levin, J. (1994). *Overkill: Mass murder and serial killing exposed.* NY: Plenum Press.
68. Freeman, J., & Turvey, B. E. (2012). Interpreting motive. In Turvey, B. E. (Ed.). *Criminal profiling: An introduction to behavioral evidence analysis*. CA: Academic Press, pp. 311-329.
69. Geberth, V. J. (2003). *Sex-related homicide and death investigation: Practical and clinical perspectives*. FL: CRC Press.
70. Gee, D., & Belofastov, A. (2007). Profiling sexual fantasy: Fantasy in sexual offending and implication for criminal profiling. In Kocsis, R. N. (Ed.). *Criminal profiling: International theory, research, and practice*. NY: Humana Press, pp. 49-71.
71. Gerald, G., Mormont, U., & Kocsis, R. N. (2007). Offender profiles and crime scene pattern in Belgien sexual murders. In Kocsis, R. N. (Ed.). *Criminal profiling: International theory, research, and practice*. NY: Humana Press, pp. 27-48.
72. Giannangelo, S. J. (1996). *The psychopathology of serial murder: A theory of violence*. CT: Praeger Publishers.
73. Gibbons, D. C. (1968). *Society, crime, and criminal careers*. NJ: Prentice-Hall.
74. Girod, R. J. (2004). *Profiling the criminal mind: Behavioral science and criminal investigative analysis*. NY: iUniverse.
75. Godwin, G. M. (2001) (Ed.). *Criminal psychology and forensic technology: A collaborative approach to effective profiling*. FL: CRC Press.
76. Godwin, G. M. (2001). A psycho-geographical profile of a series of unsolved murders in Raleigh, North Carolina. In Godwin, G. M. (Ed.). *Criminal psychology and forensic*

technology: A collaborative approach to effective profiling. FL: CRC Press, pp. 289-295.

77. Godwin, G. M. (2001). Death by detail: A multivariate model of U. S. serial murders' crime scene actions. In Godwin, G. M. (Ed.). *Criminal psychology and forensic technology: A collaborative approach to effective profiling*. FL: CRC Press, pp. 125-151.
78. Godwin, G. M. (2001). Geographic profiling. In Godwin, G. M. (Ed.). *Criminal psychology and forensic technology: A collaborative approach to effective profiling*. FL: CRC Press, pp. 275-287.
79. Godwin, G. M. (2001). One offender- five victims: Linking the offenses of the serial killer John William, Jr. In Godwin, G. M. (Ed.). *Criminal psychology and forensic technology: A collaborative approach to effective profiling*. FL: CRC Press, pp. 177-192.
80. Godwin, G. M. (2001). Reliability, validity, and utility of extant serial murder classifications. In Godwin, G. M. (Ed.). *Criminal psychology and forensic technology: A collaborative approach to effective profiling*. FL: CRC Press, pp. 61-78.
81. Godwin, G. M. (2001). Victim target networks as solvability factors in serial murder. In Godwin, G. M. (Ed.). *Criminal psychology and forensic technology: A collaborative approach to effective profiling*. FL: CRC Press, pp. 251-257.
82. Godwin, G. M. (2001). Weakness in computerized linking data bases. In Godwin, G. M. (Ed.). *Criminal psychology and forensic technology: A collaborative approach to effective profiling*. FL: CRC Press, pp. 199-204.
83. Godwin, G. M., & Canter. D. (2001). Encounter and death: The spatial behavior of U. S. serial killers. In Godwin, G. M. (Ed.). *Criminal psychology and forensic technology: A collaborative approach to effective profiling*. FL: CRC Press, pp. 259-273.
84. Gogan, D. (2007). Investigative experience and profile accuracy: A replication study. In Kocsis, R. N. (Ed.). *Criminal profiling: International theory, research, and practice*. NY: Humana Press, pp. 383-392.
85. Goldstein, R. L. (2000). Serial stalkers: Recent clinical findings. In Schlesinger, L. B. (Ed.). *Serial offenders: Current thought, recent findings*. FL: CRC Press, pp. 167-186.
86. Goldsworthy, T. (2000). "Criminal profiling: Is it investigatively relevant?". *Journal of Behavioral Profiling*, 2(1). http://www.profiling.org/journal/subscribers/vol2_no1/ jbp_cp_2-1.html.
87. Goldsworthy, T. (2002). "Serial killers: Characteristics and issues for investigators".

Journal of Behavioral Profiling, 3(1). http://www.profiling.org/journal/subscribers/vol3_no1/ jbp_tg_3-1.html.

88. Goldsworthy, T. (2006). Serial rape: An investigative approach. In Petherick, W. (Ed.). *Serial crime: Theoretical and Practical issues in behavioral profiling*. MA: Academic Press, pp. 161-188.
89. Green, E. J., Booth, C. E., & Biderman, M. D. (2001). Cluster analysis of burglars' Modus Operandi. In Godwin, G. M. (Ed.). *Criminal psychology and forensic technology: A collaborative approach to effective profiling*. FL: CRC Press, pp. 153-161.
90. Greenberg, D. M., Firestone, P., Bradford, J. M., & Broom, I. (2000). Infantophiles. In Schlesinger, L. B. (Ed.). *Serial offenders: Current thought, recent findings*. FL: CRC Press, pp. 229-246.
91. Gudjonsson, G. H., & Copson, G. (1997). The role of expert in criminal investigation. In Jackson, J. L., & Bekerian, D. A. (Eds.). *Offender profiling: Theory, research and practice*. England: John Wiley & Sons, pp. 61-76.
92. Guileyardo, J. M., Prahlow, J. A., & Barnard, J. J. (1999). "Familial filicide classification". *The American Journal of Forensic Medicine and Pathology*, 20(3), pp. 286-292.
93. Guttmacher, M. S. (1963). Dangerous offenders. *Crime and Delinquency*, 9, pp. 381-390.
94. Hagan, F. E. (2003). *Research methods in criminal justice and criminology*. Allyn and Bacon.
95. Hakkanen, H. (2007). Murder by manual and ligature strangulation: Profiling crime scene behaviors and offender characteristics. In Kocsis, R. N. (Ed.). *Criminal profiling: International theory, research, and practice*. NY: Humana Press, pp. 73-87.
96. Hare, R. (1991). *Manual for the revised psychopathy checklist*. Toronto: Multi-Health Systems.
97. Hazelwood, R. R., & Burgess, A. W. (2001) (Eds.). *Practical aspect of rape investigation: A multidisciplinary approach* (3rd Ed.). NY: CRC Press.
98. Hazelwood, R. R., & Napier, M. R. (2005). Crime scene staging and its detection. In Palermo, G. B., & Kocsis, R. N. (Eds.). *Offender profiling: An introduction to socio-psychological analysis of violent crime*. IL: Charles C. Thomas Publisher, pp. 87-112.
99. Herndon, J. S. (2007). The image of profiling: Media treatment and general impressions. In Kocsis, R. N. (Ed.). *Criminal profiling: International theory, research, and practice*. NJ: Humana Press, pp. 303-323.

100. Hickey, E. W. (1991). *Serial murderers and their victims*. CA: Brooks.

101. Hickey, E. W. (2006). *Serial murderers and their victims*. CA: Brooks.

102. Hicks, S. J., & Sales, B. D. (2006). *Criminal profiling: Developing an effective science and practice*. Washington D.C.: American Psychological Association.

103. Hirschi, T., & Gottfredson, M. R. (1994). *The generality of deviance*, NJ: Transaction Publishers.

104. Holmes, R. M., & Holmes, S. T. (1998) (Eds.). *Contemporary perspectives on serial murder*. CA: Sage Publications.

105. Holmes, R. M., & Holmes, S. T. (1996). *Profiling violent crimes: An investigative tool* (2nd Ed.). Thousand Oaks Park, CA: Sage Publications.

106. Holmes, R. M., & Holmes, S. T. (2002). *Profiling violent crimes: An investigative tool* (3rd Ed.). Thousand Oaks Park, CA: Sage Publications.

107. Holmes, R. M., & Holmes, S. T. (2009). *Profiling violent crimes: An investigative tool* (4th Ed.). Thousand Oaks Park, CA: Sage Publications.

108. Homant, R. J., & Kennedy, D. B. (2006). Psychological aspects of crime scene profiling: Validity research. In Keppel, R. D. (Ed.). *Offender Profiling*. OH: Thomson Corporation, pp. 321-336.

109. Homant, R. J., & Kennedy, D. B. (2006). Serial murder: A biopsychosocial approach. In Petherick, W. (Ed.). *Serial crime: Theoretical and Practical issues in behavioral profiling*. MA: Academic Press, pp. 189-223.

110. House, J. C. (1997). Towards a practical application of offender profiling: The RNC's criminal suspect prioritization system. In Jackson, J. L., & Bekerian, D. A. (Eds.). *Offender profiling: Theory, research and practice*. England: John Wiley & Sons, pp. 177-190.

111. Huff, T. G. (2004). Fire, filicide, and finding felons. In Campbell, J. H., & DeNevi, D. (Eds.) *Profilers: Leading investigators take you inside the criminal mind*. NY: Prometeus Books, pp. 370-377.

112. Icove, D. J., & Horbert, P. R. (1990). Serial arsonists: An introduction. *Police Chief*, 57(12), pp. 46-49.

113. Inbau, F. E., Reid, J. E., & Buckley, J. P. (1986). *Criminal interrogation and confessions*. Baltimore: William & Wilkins.

114. Jackson, J. L., & Bekerian, D. A. (1997) (Eds.). *Offender profiling: Theory, research and practice*. England: John Wiley & Sons.

115. Jackson, J. L., & Bekerian, D. A. (1997). Does offender profiling have a role to play? In Jackson, J. L., & Bekerian, D. A. (Eds.). *Offender profiling: Theory, research and practice*. England: John Wiley & Sons, pp. 1-8.
116. Jackson, J. L., Eshof, P., & Kleaver, E. (1997). A research approach to offender profiling. In Jackson, J. L., & Bekerian, D. A. (Eds.). *Offender profiling: Theory, research and practice*. England: John Wiley & Sons, pp. 107-132.
117. Jenkins, P. (1994). *Using murder: The social construction of serial homicide*. NY: Aldine de Gruyter.
118. Judson, K. (1994). *Computer crime: Phreaks, spies, and salami slicers*. NJ: Enslow Publishers.
119. Kemp, J. J., & Koppan, P. J. (2007). Fine-tuning geographic profiling. In Kocsis, R. N. (Ed.). *Criminal profiling: International theory, research, and practice*. NY: Humana Press, pp. 347-364.
120. Keppel, R. D. (2000). Investigation of the serial offender: Linking cases through modus operandi and signature. In Schlesinger, L. B. (Ed.). *Serial offenders: Current thought, recent findings*. FL: CRC Press, pp. 121-134.
121. Keppel, R. D. (2000). "Signature murder: A report of the 1984 Cranbrook, British Columbia cases". *Journal of Forensic Science*, 45(2), pp. 500-503.
122. Keppel, R. D. (2006). Testimony of Robert Keppel in State of Washington v. George W. Russel, In Keppel, R. D. (Ed.). *Offender Profiling*. OH: Thomson Corporation, pp. 215-236.
123. Keppel, R. D., & Walter (2006). Profiling killers: A revised classification model for understanding sexual murder. In Keppel, R. D. (Ed.). *Offender Profiling*. OH: Thomson Corporation, pp. 87-103.
124. Keppel, R. D., & Weis, J. G. (2006). Improving the investigation of violent crime: The Homicide Investigation and Tracking System. In Keppel, R. D. (Ed.). *Offender Profiling*. OH: Thomson Corporation, pp. 361-371.
125. Keppel, R. D., & Welch, K. (2006). Historical origins of offender profiling. In Keppel, R.D. (Ed.). *Offender Profiling*. OH: Thomson Corporation, pp. 3-30.
126. Kocsis, R. N. (2007). *Criminal profiling: International theory, research, and practice*. NJ: Humana Press.
127. Kocsis, R. N. (2007). Schools of thought related to criminal profiling. In Kocsis, R. N. (Ed.). *Criminal profiling: International theory, research, and practice*. NJ: Humana

Press, pp. 393-404.

128. Kocsis, R. N. (2007). Skills and accuracy in criminal profiling. In Kocsis, R. N. (Ed.). *Criminal profiling: International theory, research and practice*. NJ: Humana Press. pp. 365-382.

129. Kocsis, R. N., & Coleman, S. (2001). The unexplored ethics of criminal psychological profiling. In Godwin, G. M. (Ed.). *Criminal psychology and forensic technology: A collaborative approach to effective profiling*. FL: CRC Press, pp. 323-335.

130. Kocsis, R. N., & Palermo, G. B. (2005). Contemporary problems in criminal profiling. In Palermo, G. B., & Kocsis, R. N. (Eds.). *Offender profiling: An introduction to socio-psychological analysis of violent crime*. IL: Charles C. Thomas Publisher, pp. 327-345.

131. Kocsis, R. N., Irwin, H., Hayes, A. F., & Hunn, R. (2001). Criminal psychological profiling in violent crime investigations: A comparative assessment of accuracy. In Godwin, G. M. (Ed.). *Criminal psychology and forensic technology: A collaborative approach to effective profiling*. FL: CRC Press, pp. 79-94.

132. Konvalina-Simas, T. (2016). Portugal: Applications of behavioral evidence analysis and forensic criminology. In Turvey, B. E. & Esparza, M. A. (Eds.). *Behavioral evidence analysis: International forensic practice and protocols*. Academic Press, pp. 79-112.

133. Krueger, R. B., & Kaplan, M. S. (2000). The nonviolent serial offender: Exhibitionism, frotteurism, and telephone scatologia. In Schlesinger, L. B. (Ed.). *Serial offenders: Current thought, recent findings*. FL: CRC Press, pp. 103-120.

134. Lee, H. (1994). *Crime scene investigation*. Taiwan: Central Police University Press.

135. Lindquist, O., & Lidberg, L. (1998). "Violent mass shooting in Sweden from 1960 to 1995, profiles, patterns and motives". *The American Journal of Forensic Medicine and Pathology*, 19(1), pp. 34-45.

136. Mavromatics, M. (2000). Serial arson: Repetitive firesetting and pyromania. In Schlesinger, L. B. (Ed.). *Serial offenders: Current thought, recent findings*. FL: CRC Press, pp. 67-102.

137. McGrath, M. (2000). "False allegations of rape and the criminal profiler". *Journal of Behavioral Profiling*, 1(3). http://www.profiling.org/journal/subscribers/vol1_no3/jbp_farcp_1-3.html.

138. McGrath, M. (2001). "Signature in the courtroom: Whose crime is it anyway?". *Journal of Behavioral Profiling*, 2(2). http://www.profiling.org/journal/subscribers/vol2_

no2/ jbp_mm_2-2.html.

139. McGrath, M. (2000). "Forensic psychiatry and criminal profiling: Forensic match or Freudian slipup?". *Journal of Behavioral Profiling*, l(1). http://www.profiling.org/journal/subscribers/vol1_no1/jbp_fp&cp_january2000_1-1.html.

140. McGrath, M., & Turvey, B. E. (2002). Sexual asphyxia. In Turvey, B. E. (Ed.). *Criminal profiling: An introduction to behavioral evidence analysis*. CA: Academic Press, pp. 479-496.

141. McGrath, M., & Turvey, B. E. (2003). "Criminal profilers and the media: Profiling the Beltway snipers". *Journal of Behavioral Profiling*, 4(1). http://www.profiling.org/journal/subscribers/ vol4_no1/jbp_cpm_4-1.html.

142. McGrath, M., & Turvey, B. E. (2012). Sexual asphyxia. In Turvey, B. E. (Ed.). *Criminal profiling: An introduction to behavioral evidence analysis*. CA: Academic Press, pp. 213-233.

143. Meloy, J. R. (1988). *The psychopathic mind: Origins, dynamics, & treatment*. NJ: Jason Aronson.

144. Meloy, J. R. (1992). *Violent attachments*. NJ: Jason Aronson.

145. Meyer, C. B. (2007). Criminal profiling as expert evidence? An international case law perspective. In Kocsis, R. N. (Ed.). *Criminal profiling: International theory, research, and practice*. NY: Humana Press, pp. 207-247.

146. Miethe, T. D., & Drass, K. A. (2001). Exploring the social context of instrumental and expressive homicide: An application of qualitative comparative analysis. In Godwin, G. M. (Ed.). *Criminal psychology and forensic technology: A collaborative approach to effective profiling*. FL: CRC Press, pp. 105-124.

147. Miller, L. (2000). The predator's brain: Neuropsychodynamics of serial killing. In Schlesinger, L. B. (Ed.). *Serial offenders: Current thought, recent findings*. FL: CRC Press, pp. 135-166.

148. Miller, L., & Schlesinger, L. B. (2000). Survivors, families, and co-victims of serial offenders. In Schlesinger, L. B. (Ed.). *Serial offenders: Current thought, recent findings*. FL: CRC Press, pp. 309-336.

149. Montet, L. (2007). The observations of the French judiciary: A critique of the French Ministry of Justice policy report into criminal analysis. In Kocsis, R. N. (Ed.). *Criminal profiling: International theory, research, and practice*. NY: Humana Press, pp. 289-302.

150. Myers, W. C., & Borg, M. J. (2000). Serial offending by children and adolescents. In Schlesinger, L. B. (Ed.). *Serial offenders: Current thought, recent findings*. FL: CRC Press, pp. 289-308.

151. Norris, J. (1988). *Serial Killers*, NY: Doubleday.

152. Oldfield, D. (1997). What help do the police need with their enquiries. In Jackson, J. L., & Bekerian, D. A. (Eds.). *Offender profiling: Theory, research and practice*. England: John Wiley & Sons, pp. 93-106.

153. Ormerrod, D. (2006). Criminal profiling: Trial by judges and jury, not criminal psychologist. In Keppel, R. D. (Ed.). *Offender Profiling*. OH: Thomson Corporation, pp. 417-450.

154. Osterburg, J., & Ward, R. (1997). *Criminal investigation: A method for reconstructing the past*. Cincinnati: Anderson.

155. Owen, D. (2010). *Profiling: The psychology of catching killers*. NY: Firefly Books.

156. Paclebar, A, Meyers, B., & Brinemann, J. (2007). Criminal profiling: Impact on mock juror decision making and implications for admissibility. In Kocsis, R. N. (Ed.). *Criminal profiling: International theory, research, and practice*. NY: Humana Press, pp. 249-262.

157. Palermo, G. B., & Kocsis, R. N. (2005). Offender profiling: An introduction to sociopsychological analysis of violent crime. IL: Charles C. Thomas Publisher.

158. Palermo, G. B. (2007). Homicide Syndromes: A clinical psychiatric perspective. In Kocsis, R. N. (Ed.). Criminal profiling: International theory, research, and practice. NY: Humana Press, pp. 3-26.

159. Palermo, G. B., & Kocsis, R. N. (2005). *Offender profiling: An introduction to sociopsychological analysis of violent crime*. IL: Charles C. Thomas Publisher.

160. Palmer, C. T., & Thornhill, R. (2000). Serial rape: An evolutionary perspective. In Schlesinger, L. B. (Ed.). *Serial offenders: Current thought, recent findings*. FL: CRC Press, pp. 51-66.

161. Parker, D. B. (1998). *Fighting computer crime: A new framework for protecting information*. NY: John Wiley & Sons.

162. Pennebaker, J. W. (2011). *The secret life of pronouns: What our words say about us*. NY: Bloombury Press.

163. Petherick, W. (2002). "Review of offender profiling and crime analysis", *Journal of Behavioral Profiling*, 3(1). http://www.profiling.org/journal/subscribers/vol3_no1/jbp_

cblp_wp_3-1.html.

164. Petherick, W. (2002). Stalking. In Turvey, B. E. (Ed.). *Criminal profiling: An introduction to behavioral evidence analysis*. CA: Academic Press, pp. 497-512.

165. Petherick, W. (2006). *Serial crime: Theoretical and practical issues in behavioral profiling*. CA: Academic Press.

166. Petherick, W. (2002). "The fallacy of accuracy in criminal profiling", *Journal of Behavioral Profiling*, 3(1). http://www.profiling.org/journal/subscribers/vol3_no1/jbp_wp_3-1.html.

167. Petherick, W. A., & Turvey, B. E. (2012). Criminal profiling: Science, logic, and cognition. In Turvey, B. E. (Ed.). *Criminal profiling: An introduction to behavioral evidence analysis*. CA: Academic Press, pp. 41-65.

168. Petherick, W. (2006). Criminal profiling methods. In Petherick, W. (Ed.). *Serial crime: Theoretical and practical issues in behavioral profiling*. MA: Academic Press, pp. 31-52.

169. Petherick, W. (2006). Induction and deduction in criminal profiling. In Petherick, W. (Ed.). *Serial crime: Theoretical and practical issues in behavioral profiling*. MA: Academic Press, pp. 15-29.

170. Petherick, W. (2006). *Serial crime: Theoretical and practical issues in behavioral profiling*. CA: Academic Press.

171. Petherick, W. (2006). Serial stalking: Looking for love in all the wrong aspects? In Petherick, W. (Ed.). *Serial crime: Theoretical and practical issues in behavioral profiling*. MA: Academic Press, pp. 137-160.

172. Petherick, W. (2006). Where to from here? In Petherick, W. (Ed.). *Serial crime: Theoretical and practical issues in behavioral profiling*. MA: Academic Press, pp. 99-112.

173. Petherick, W. A., & Turvey, B. E. (2012). Criminal profiling: Science, logic, and cognition. In Turvey, B. E. (Ed.). *Criminal profiling: An introduction to behavioral evidence analysis*. CA: Academic Press, pp. 41-65.

174. Petherick, W., & Field, D., Lowe, A., & Fry, E. (2006). Criminal profiling as expert evidence. In Petherick, W. (Ed.). *Serial crime: Theoretical and practical issues in behavioral profiling*. MA: Academic Press, pp. 67-97.

175. Petherick, W., & Turvey, B. E. (2012). Alternative methods of criminal profiling. In Turvey, B. E. (Ed.). *Criminal profiling: An introduction to behavioral evidence analysis*. CA: Academic Press, pp. 67-97.

176. Poythress, N., Otto, R. K., Darkes, J., & Starr, L. (2006). APA's expert panel in the congressional review of the USS Iowa incident, In Keppel, R. D. (Ed.). *Offender Profiling*. OH: Thomson Corporation, pp. 451-463.

177. Prentky, R. A., Burgess, A. W., Rokous, R., Lee, A., Hartman, C., Ressler, R. K., & Douglas, J. (1989). "The presumptive role of fantasy in serial sexual homicide". *American Journal of Psychiatry*, 146, pp. 887-891.

178. Prince, M. (1975). *Psychotherapy & multiple personality: Selected essays*. MA: Harvard University Press.

179. Pryor, J. B., & Meyers, A. B. (2000). Men who sexually harass women. In Schlesinger, L. B. (Ed.). *Serial offenders: Current thought, recent findings*. FL: CRC Press, pp. 207-228.

180. Reid, S. T. (2003). *Crime and criminology*. NY: McGraw-Hill.

181. Ressler, R. K., Burgess, A. W., & Douglas, J. E. (1988). *Sexual homicide: Patterns and motives*. DC: Heath and Company.

182. Ressler, R. K., Burgess, A. W., Douglas, J. E., Hartman, C. R., & D'Agostino, R. B. (1986). Serial killers and their victims: Identifying patterns through crime scene analysis. *International Journal of Violence*, 1, pp. 288-308.

183. Ressler, R. K., Douglas, J. E., Groth, A. N., & Burgess, A. W. (2004). Offender profiles: A multidisciplinary approach. In Campbell, J. H., & DeNevi, D. (Eds.). *Profilers: Leading investigators take you inside the criminal mind*. NY: Prometeus Books, p. 39.

184. Ressler, R., & Shatchman, T. (1992), *Whoever fights monsters*. NY: St. Martins's Press.

185. Revitch, E., & Schlesinger, L. B. (1981). *The psychopathology of homicide*. IL: Charles C. Thomas.

186. Ritchie, E. C., & Huff, T. G. (1999). "Psychiatric aspects of arsonists". *Journal of Forensic Sciences*, 44(4), pp. 731-738.

187. Rix, K. B. (1994). "A psychiatric study of adult arsonists". *Medicine, Science, & the Law*, 34, pp. 21-35.

188. Rossmo, D. K. (1997). Geographic profiling. In Jackson, J. L., & Bekerian, D. A. (Eds.). *Offender profiling: Theory, research and practice*. England: John Wiley & Sons, pp. 159-176.

189. Rossmo, D. K. (1997). Place, space and police investigation: Hunting serial violent criminals. In Canter, D. V. & Allison, L. J. (Eds.) *Criminal detection and the psychology of crime*. Dartmouth: Ashgate Publishing, pp. 507-525.

190. Rossmo, D. K. (2000). *Geographic profiling.* FL: CRC Press.

191. Rossmo, D. K. (2004). Geographic profiling update. In Campbell, J. H., & DeNevi, D. (Eds.). *Profilers: Leading investigators take you inside the criminal mind.* NY: Prometeus Books, pp. 303-304.

192. Safarik, M. A., Jarvis, J. P., & Nussbaum, K. (2006). Sexual homicide of elderly female: Linking offender characteristics to victim and crime scene attributes. In Keppel, R. D. (Ed.). *Offender Profiling*. OH: Thomson Corporation, pp. 107-125.

193. Salfati, C. G. (2006). The nature of expressiveness and instrumentality in homicide: Implication for offender profiling. In Keppel, R. D. (Ed.). *Offender Profiling*. OH: Thomson Corporation, pp. 299-319.

194. Sapir, A. (2005). *The LSI course on Scientific Content Ananlysis (SCAN)*. Phoenix, AZ: Laboratory for scientific interrogation.

195. Schechter, H., & Everitt, D. (1996). *The A-Z encyclopedia of serial killers*. NY: Pocket Books.

196. Schlesinger, L. B. (2000). Serial burglary: A spectrum of behaviors, motives, and dynamics. In Schlesinger, L. B. (Ed.). *Serial offenders: Current thought, recent findings*. FL: CRC Press, pp. 187-206.

197. Schlesinger, L. B. (2000). Serial homicide: Sadism, fantasy, and a compulsion to kill. In Schlesinger, L. B. (Ed.). *Serial offenders: Current thought, recent findings*. FL: CRC Press, pp. 3-22.

198. Schlesinger, L. B., & Revitch, E. (1999). "Sexual burglaries and sexual homicide: Clinical, forensic, and investigating considerations". *Journal of American Academy of Psychiatry and Law*, 27(2), pp. 227-238.

199. Schmalleger, F. (1995). *Criminal justice today: An introduction text for the twenty-first century*, NT: Prentice-Hall.

200. Schmalleger, F. (1999). Criminology today: An integrative introduction. NJ: Prentice-Hall Albanese, J. S. (2002). Criminal justice, MA: Allyn and Bacon.

201. Stark, C., Paterson, B., Henderson, T., Kidd, B., & Godwin, G. M. (2001). Nurses who kill: Serial murder in health care institutions. In Godwin, G. M. (Ed.). *Criminal psychology and forensic technology: A collaborative approach to effective profiling*. FL: CRC Press, pp. 193-197.

202. Starr, M., Raine, G., Pedersen, D., Shapiro, D., Cooper, N., Morris, H., King, P., & Harris, J. (1984). *The random killers: An epidemic of serial murder sparks growing*

concern. Newsweek, November 26, pp. 100-106.

203. Stevens, J. A. (1997). Standard investigatory tools and offender profiling. In Jackson, J. L., & Bekerian, D. A. (Eds.). *Offender profiling: Theory, research and practice*. England: John Wiley & Sons, pp. 77-92.
204. Tausczik, Y. R., & Pennebaker, J. W. (2010). The psychological meaning of words: LIWC and computerized text analysis method. *Journal of Language and Social Psychology*, 29, pp. 24-54.
205. The American Psychiatric Association. (1994). *Diagnostic and statistical manual of mental disorders* (4th Ed.). DC: The American Psychiatric Association.
206. Turvey, B. (2000). "Criminal profiling and the problem of forensic individualization". *Journal of Behavioral Profiling*, 1(2). http:// www.profiling.org/journal/subscribers/vol1_no2/jbp_cpfi_may2000_1-2a.html.
207. Turvey, B. E. (1999). Crime scene characteristics. In Turvey, B. E. (Ed.). *Criminal profiling: An introduction to behavior evidence analysis*, San Diego, CA: Academic Press, pp. 189-218.
208. Turvey, B. E. (2000). "Letter from editor: Renewing the study of criminal behavior". *Journal of Behavioral Profiling*, 1(1). http://www.profiling.org/ journal/subscribers/vol1_no1/jbp_lfte_january2000_1-1.html.
209. Turvey, B. E. (2001). "Mass killings: A study of 5 cases". *Journal of Behavioral Profiling*, 2(1). http://www.profiling.org/journal/subscribers/vol2_no1/jbp_mk_2-1.html.
210. Turvey, B. E. (2001). "Sexual homicide: Literature review and research findings". *Journal of Behavioral Profiling*, 2(2). http://www.profiling.org/journal/subscribers/vol2_no2/ jbp_bt_2-2.html.
211. Turvey, B. E. (2001). "The integrity of the discipline", *Journal of Behavioral Profiling*, 2(2). http://www.profiling.org/journal/subscribers/vol2_no2/jbp_lfte_2-2.html.
212. Turvey, B. E. (2002). A history of criminal profiling. In Turvey, B. E. (Ed.). *Criminal profiling: An introduction to behavior evidence analysis.* San Diego, CA: Academic Press, pp. 1-20.
213. Turvey, B. E. (2002). Case assessment. In Turvey, B. E. (Ed.). *Criminal profiling: An introduction to behavioral evidence analysis*. CA: Academic Press, pp. 53-80.
214. Turvey, B. E. (2002). Crime scene characteristics. In Turvey, B. E. (Ed.). *Criminal profiling: An introduction to behavior evidence analysis*. San Diego, CA: Academic Press, pp. 189-218.

215. Turvey, B. E. (2002). Criminal profiling in court. In Turvey, B. E. (Ed.). *Criminal profiling: An introduction to behavioral evidence analysis*. CA: Academic Press, pp. 357-390.

216. Turvey, B. E. (2002). *Criminal profiling: An introduction to behavior evidence analysis*. San Diego, CA: Academic Press.

217. Turvey, B. E. (2002). Deductive criminal profiling. In Turvey, B. E. (Ed.). *Criminal profiling: An introduction to behavioral evidence analysis*. CA: Academic Press, pp. 35-52.

218. Turvey, B. E. (2002). Domestic homicide. In Turvey, B. E. (Ed.). *Criminal profiling: An introduction to behavioral evidence analysis*. CA: Academic Press, pp. 459-478.

219. Turvey, B. E. (2002). Ethics and the criminal profiler. In Turvey, B. E. (Ed.). *Criminal profiling: An introduction to behavioral evidence analysis*. CA: Academic Press, pp. 573-588.

220. Turvey, B. E. (2002). Fire and explosives: Behavior aspects. In Turvey, B. E. (Ed.). *Criminal profiling: An introduction to behavioral evidence analysis*. CA: Academic Press, pp. 391-410.

221. Turvey, B. E. (2002). Inductive criminal profiling. In Turvey, B. E. (Ed.). *Criminal profiling: An introduction to behavioral evidence analysis*. CA: Academic Press, pp. 21-34.

222. Turvey, B. E. (2002). Offender characteristics. In Turvey, B. E. (Ed.). *Criminal profiling: An introduction to behavioral evidence analysis*. CA: Academic Press, pp. 335-356.

223. Turvey, B. E. (2002). Organized v. disorganized- A false dichotomy. In Turvey, B. E. (Ed.). *Criminal profiling: An introduction to behavioral evidence analysis*. CA: Academic Press, pp. 219-228.

224. Turvey, B. E. (2002). Psychopathic behavior. In Turvey, B. E. (Ed.). *Criminal profiling: An introduction to behavioral evidence analysis*. CA: Academic Press, pp. 411-426.

225. Turvey, B. E. (2002). Serial homicide. In Turvey, B. E. (Ed.). *Criminal profiling: An introduction to behavioral evidence analysis*. CA: Academic Press, pp. 513- 528.

226. Turvey, B. E. (2002). Serial rape. In Turvey, B. E. (Ed.). *Criminal profiling: An introduction to behavioral evidence analysis*. CA: Academic Press, pp. 529-546.

227. Turvey, B. E. (2002). Staged crime scene. In Turvey, B. E. (Ed.). *Criminal profiling: An introduction to behavioral evidence analysis*. CA: Academic Press, pp. 249-278.

228. Turvey, B. E. (2002). Understanding offender signature. In Turvey, B. E. (Ed.). *Criminal profiling: An introduction to behavioral evidence analysis*. CA: Academic Press, pp. 279-304.

219. Turvey, B. E. (2002). Victimology. In Turvey, B. E. (Ed.). *Criminal profiling: An introduction to behavioral evidence analysis*. CA: Academic Press, pp. 137-156.

220. Turvey, B. E. (2002). Wound pattern analysis. In Turvey, B. E. (Ed.). *Criminal profiling: An introduction to behavioral evidence analysis*. CA: Academic Press, pp. 113-136.

221. Turvey, B. E. (2003). "Forensic frauds: A study of 42 cases". *Journal of Behavioral Profiling*, 4(1). http://www.profiling.org/journal/subscribers/vol4_no1/jbp_4-1_ff.html.

222. Turvey, B. E. (2004). "Staged burglary: Technical note and civics lesson". *Journal of Behavioral Profiling*, 5(1). http://www.profiling.org/journal/subscribers/vol5_no1/jbp_5-1_sb.html.

223. Turvey, B. E. (1999). *Criminal profiling: An introduction to behavior evidence analysis*. San Diego, CA: Academic Press.

224. Turvey, B. E. (2003). Criminal motivation. In Turvey, B. E. (Ed.). *Criminal profiling: An introduction to behavior evidence analysis.* San Diego, CA: Academic Press, pp. 305-334.

225. Turvey, B. E. (2012). Infering offender characteristics. In Turvey, B. E. (Ed.). *Criminal profiling: An introduction to behavioral evidence analysis*. CA: Academic Press, pp. 403-446.

226. Turvey, B. E. (2012). Introduction to terrorism: Understanding and interviewing terrorists. In Turvey, B. E. (Ed.). *Criminal profiling: An introduction to behavioral evidence analysis*. CA: Academic Press, pp. 569-583.

227. Turvey, B. E. (2012). An introduction to crime scene analysis. In Turvey, B. E. (Ed.). *Criminal profiling: An introduction to behavioral evidence analysis*. CA: Academic Press, pp. 141-159.

228. Turvey, B. E. (2012). Crime scene characteristics. In Turvey, B. E. (Ed.). *Criminal profiling: An introduction to behavioral evidence analysis*. CA: Academic Press, pp. 287-310.

229. Turvey, B. E. (2012). Domestic homicide. In Turvey, B. E. (Ed.). *Criminal profiling: An introduction to behavioral evidence analysis*. CA: Academic Press, pp. 507-519.

230. Turvey, B. E. (2012). Ethics and the criminal profiling. In Turvey, B. E. (Ed.). *Criminal*

profiling: An introduction to behavioral evidence analysis. CA: Academic Press, pp. 601-626.

231. Turvey, B. E. (2012). Infering offender characteristics. In Turvey, B. E. (Ed.). *Criminal profiling: An introduction to behavioral evidence analysis*. CA: Academic Press, pp. 403-446.
232. Turvey, B. E. (2012). Introduction to terrorism: Understanding and interviewing terrorists. In Turvey, B. E. (Ed.). *Criminal profiling: An introduction to behavioral evidence analysis*. CA: Academic Press, pp. 569-583.
233. Turvey, B. E. (2012). Serial cases: Investigating pattern crime. In Turvey, B. E. (Ed.). *Criminal profiling: An introduction to behavioral evidence analysis*. CA: Academic Press, pp. 533-568.
234. Turvey, B. E. (2012). Sex crimes. In Turvey, B. E. (Ed.). *Criminal profiling: An introduction to behavioral evidence analysis*. CA: Academic Press, pp. 481-505.
235. Turvey, B. E. (2016). Behavioral evidence analysis: Basic protocols for criminal profiler. In Turvey, B. E. & Esparza, M. A. (Eds.). *Behavioral evidence analysis: International forensic practice and protocols*. Academic Press, pp. 33-44.
236. Turvey, B. E. (2016). Criminal profiling and crime scene analysis in postconviction review. In Turvey, B. E. & Esparza, M. A. (Eds.). *Behavioral evidence analysis: International forensic practice and protocols*. Academic Press, pp. 337-357.
237. Turvey, B. E. (1999). *Criminal profiling: An introduction to behavior evidence analysis*. San Diego, CA: Academic Press.
238. Turvey, B. E. (2003). Criminal motivation. In Turvey, B. E. (Ed.). *Criminal profiling: An introduction to behavior evidence analysis*. San Diego, CA: Academic Press, pp. 305-334.
239. Turvey, B. E. (2016). Applied crime scene analysis. In Turvey, B. E. & Esparza, M. A. (Eds.). *Behavioral evidence analysis: International forensic practice and protocols*. Academic Press, pp. 179-220.
240. Turvey, B. E. (2016). Criminal profiling: Fraud and failures. In Turvey, B. E. & Esparza, M. A. (Eds.). *Behavioral evidence analysis: International forensic practice and protocols*. Academic Press, pp. 11-31.
241. Turvey, B. E. (2016). Equivocal death analysis, In Turvey, B. E. & Esparza, M. A. (Eds.). *Behavioral evidence analysis: International forensic practice and protocols*. Academic Press, pp. 137-151.

242. Turvey, B. E. (2016). Investigating fetish burglaries. In Turvey, B. E. & Esparza, M. A. (Eds.). *Behavioral evidence analysis: International forensic practice and protocols*. Academic Press, pp. 171-176.

243. Turvey, B. E., & Freeman, J. (2012). Case linkage: Offender modus operandi and signature. In Turvey, B. E. (Ed.). *Criminal profiling: An introduction to behavioral evidence analysis*. CA: Academic Press, pp. 331-360.

244. Turvey, B. E., & Freeman, J. (2012). Crime scene characteristics. In Turvey, B. E. (Ed.). *Criminal profiling: An introduction to behavioral evidence analysis*. CA: Academic Press, pp. 287-310.

245. Turvey, B. E., & Freeman, J. (2012). Forensic victimology. In Turvey, B. E. (Ed.). *Criminal profiling: An introduction to behavioral evidence analysis*. CA: Academic Press, pp. 163-186.

246. Turvey, B. E., & Freeman, J. (2016). Examing sexual homicide. In Turvey, B. E. & Esparza, M. A. (Eds.). *Behavioral evidence analysis: International forensic practice and protocols*. Academic Press, pp. 251-283.

247. Turvey, B. E., & Freeman, J. (2016). Applied case linkage. In Turvey, B. E. & Esparza, M. A. (Eds.). *Behavioral evidence analysis: International forensic practice and protocols*. Academic Press, pp. 299-315.

248. Turvey, B. E., & McGrath, M. (2006). Criminal profilers and the media: Profiling the Beltway snipers. In Petherick, W. (Ed.). *Serial crime: Theoretical and Practical issues in behavioral profiling*. MA: Academic Press, pp. 113-135.

249. Turvey, B. E., Crowder, W. S., McGrath, M., & Mikuluy, S. (2016). The IAFC Criminal Profiler Professional Certification Act. In Turvey, B. E. & Esparza, M. A. (Eds.). *Behavioral evidence analysis: International forensic practice and protocols*. Academic Press, pp. 47-54.

250. Verma, A. (2001). Construction of offender profiles using fuzzy logic. In Godwin, G. M. (Ed.). *Criminal psychology and forensic technology: A collaborative approach to effective profiling*. FL: CRC Press, pp. 49-59.

251. Vrij, A. (2008). Beliefs about nonverval and verval cues to deception. In Vrij, A. (Ed.). *Detecting lies and deceit*. Chichester: Wiley, pp. 115-140.

252. Warren, J. I., Hazelwood, R. R., & Dietz, P. E. (2006). The sexually sadistic serial killer. In Keppel, R. D. (Ed.). *Offender Profiling*. OH: Thomson Corporation, pp. 127-135.

253. Wiseman, R., West, D., & Stemman, R. (1996). "Psychic crime detective: A new test for measuring their successes and failures". *Skeptical Inquirer*, Jan/Feb, pp. 38-41.

254. Yalom, I. D. (1960). Aggression and forbiddenness in voyeurism. *Archives of General Psychiatry*, 3, pp. 305-319.

255. Young, K. S. (2004). "Profiling online sex offenders: A preliminary study of 22 cases". *Journal of Behavioral Profiling*, 5(1). http://www.profiling.org/journal/subscribers/vol5_no1/ jbp_5-1_so.html.

附錄　犯罪分類手冊

附錄1　殺人犯罪分類一覽表

編號	英文名稱	中文名稱
100	criminal enterprise homicide	犯罪組織殺人
101	contract (third party) killing	受僱（第三者）殺人
102	gang-motivated murder	幫派殺人
103	criminal competition homicide	犯罪競爭殺人
104	kidnap murder	綁架殺人
105	product tampering homicide	損害產品殺人
106	drug murder	下毒殺人
107	insurance/inheritance-related death	保險／繼承有關的殺人
107.01	individual profit murder	個人利益殺人
107.02	commercial profit murder	商業利益殺人
108	felony murder	重罪殺人
108.01	indiscriminate felony murder	無差別重罪殺人
108.02	situational felony murder	情境重罪殺人
120	personal cause homicide	個人因素殺人
121	erotomania-motivated killing	色情狂殺人
122	domestic homicide	家庭殺人
122.01	spontaneous domestic homicide	臨時起意家庭殺人
122.02	staged domestic homicide	故布疑陣家庭殺人
123	argument/conflict murder	爭執／衝突殺人
123.01	argument murder	爭執殺人
123.02	conflict murder	衝突殺人
124	authority killing	官方人物遭殺害
125	revenge killing	報復殺人

編號	英文名稱	中文名稱
126	nonspecific-motive killing	非特定動機殺人
127	extremist homicide	激進分子殺人
127.01	political extremist homicide	政治激進分子殺人
127.02	religious extremist homicide	宗教激進分子殺人
127.03	socioeconomic extremist homicide	社會經濟激進分子殺人
128	mercy/hero homicide	安樂死／英雄式殺人
128.01	mercy homicide	安樂死
128.02	hero homicide	英雄式殺人
129	hostage murder	殺害人質
130	sexual homicide	性謀殺
131	organized sexual homicide	有組織性謀殺
132	disorganized sexual homicide	無組織性謀殺
133	mixed sexual homicide	混合型性謀殺
134	sadistic murder	虐待型殺人
140	group cause homicide	團體因素殺人
141	cult murder	教派殺人
142	extremist murder	激進分子殺人
142.01	paramilitary extremist murder	準軍事激進分子殺人
142.02	hostage extremist murder	人質遭激進分子殺害
143	group excitement homicide	團體刺激殺人

附錄2　縱火犯罪分類一覽表

編號	英文名稱	中文名稱
200	vandalism-motivated arson	破壞型動機縱火
201	willful and malicious mischief	蓄意與惡意的損害
202	peer/group pressure	同儕或團體的壓力
209	other	其他
210	excitement-motivated arson	興奮型動機縱火
211	thrill seeker	尋求刺激者
212	attention seeker	引起關注者
213	recognition(hero)	為了成名（成為英雄）者
214	sexual perversion	變態性慾者
219	other	其他
220	revenge-motivated arson	報復型動機縱火
221	personal retaliation	對個人的報復
222	societal retaliation	對社會的報復
223	institutional retaliation	對公共機構的報復
224	group retaliation	對團體的報復
225	intimidation	恐嚇威脅
229	other	其他
230	crime concealment-motivated arson	掩飾犯罪型動機縱火
231	murder	謀殺
232	suicide	自殺
233	breaking and entering	破壞性侵入
234	embezzlement	侵占公款、財物
235	larceny	竊盜
236	destroying records	湮滅紀錄、文件
239	other	其他
240	profit-motivated arson	牟利型動機縱火
241	fraud	詐欺
241.01	insurance	詐領保險金

編號	英文名稱	中文名稱
241.02	liquidating property	債務清償詐欺
241.03	dissolving business	解散公司（營利事業）的詐欺
241.04	inventory	隱匿財物損失或債務的詐欺
242	employment	受僱對他人實施縱火
243	parcel clearance	偽造貨物損失的詐欺
244	competition	因生意競爭而縱火
249	other	其他
250	extremist-motivated arson	偏激型動機縱火
251	terrorism	恐怖活動
252	discrimination	種族歧視
253	riots/civil disturbance	暴亂或群眾動亂
259	other	其他
260	serial arson	連續型縱火
261	spree arson	瘋狂縱火
262	mass arson	大量縱火

附錄3　性侵害犯罪分類一覽表

編號	英文名稱	中文名稱
300	criminal enterprise rape	犯罪組織性侵害
301	felony rape	結合重罪性侵害
301.01	primary	原發性（搶劫／竊盜後性侵）
301.02	secondary	次發性（性侵後洗劫財物）
310	personal cause sexual assault	個人因素的性侵害
311	nuisance offenses	性騷擾攻擊
311.01	opportunistic offense	機會型
311.02	preferential offense	偏好型
311.03	transition offense	過渡型
311.04	preliminary offense	準備型
312	domestic sexual assault	家庭內性侵害
312.01	adult	成人型
312.02	child	兒童型
313	entitlement	權勢型性侵害
313.01	social acquaintance	熟識型
313.02	subordinate	從屬型
313.03	compensatory	補償型
313.04	exploitative	剝削型
314	anger rape	憤怒型性侵害
314.01	gender	性別型
314.02	age	年齡型
314.03	racial	種族型
314.04	global	全面型
315	sadistic rape	虐待型性侵害
316	child/adolescent pornography	兒童／青少年色情
317	sex rings	性剝削集團
318	multidimensional sex rings	多重性剝削集團
319	abduction rape	綁架性侵害

編號	英文名稱	中文名稱
330	group cause sexual assault	團體因素的性侵害
331	formal gang sexual assault	幫派型性侵害
332	informal gang sexual assault	不良聚合型性侵害
390	sexual assault not classified elsewhere	無法歸類到其他類型的性侵害

國家圖書館出版品預行編目資料

犯罪剖繪——理論與實務／廖有祿著. -- 二版. -- 臺北市：五南圖書版股份有限公司, 2024.05
面； 公分
ISBN 978-626-393-335-4（平裝）

1..CST: 犯罪學

548.5 113006224

1T57

犯罪剖繪——理論與實務

作　　者— 廖有祿（334.2）
發 行 人— 楊榮川
總 經 理— 楊士清
總 編 輯— 楊秀麗
副總編輯— 劉靜芬
責任編輯— 林佳瑩
封面設計— 封怡彤
出 版 者— 五南圖書出版股份有限公司
地　　址：106台北市大安區和平東路二段339號4樓
電　　話：(02)2705-5066　　傳　　真：(02)2706-6100
網　　址：https://www.wunan.com.tw
電子郵件：wunan@wunan.com.tw
劃撥帳號：01068953
戶　　名：五南圖書出版股份有限公司
法律顧問　林勝安律師
出版日期　2016年5月初版一刷（共三刷）
　　　　　2024年5月二版一刷
定　　價　新臺幣600元

經典永恆·名著常在

五十週年的獻禮——經典名著文庫

五南，五十年了，半個世紀，人生旅程的一大半，走過來了。
思索著，邁向百年的未來歷程，能為知識界、文化學術界作些什麼？
在速食文化的生態下，有什麼值得讓人雋永品味的？

歷代經典·當今名著，經過時間的洗禮，千錘百鍊，流傳至今，光芒耀人；
不僅使我們能領悟前人的智慧，同時也增深加廣我們思考的深度與視野。
我們決心投入巨資，有計畫的系統梳選，成立「經典名著文庫」，
希望收入古今中外思想性的、充滿睿智與獨見的經典、名著。
這是一項理想性的、永續性的巨大出版工程。
不在意讀者的眾寡，只考慮它的學術價值，力求完整展現先哲思想的軌跡；
為知識界開啟一片智慧之窗，營造一座百花綻放的世界文明公園，
任君遨遊、取菁吸蜜、嘉惠學子！